60 Cmmon

伊能嘉矩
臺灣地名辭書

Ino Kanori

伊能嘉矩　著

吳密察　譯

翁佳音　審訂

common
master
press+

大家出版

導讀一
《臺灣地名辭書》與臺灣地名的解讀①

吳密察　國立故宮博物院院長、本書譯者

一、《臺灣地名辭書》的緣起與架構

　　1895年，也就是日本領有臺灣的第一年，在該年年底來到臺灣的伊能嘉矩，滯臺大約12年之後，於1908年初離開臺灣，回到日本故鄉岩手縣遠野。該年5月，他接到來自東京帝國大學人類學教授坪井正五郎（伊能嘉矩在人類學方面的啟蒙老師）的一封信：

> 最近遇到吉田東伍氏，談到他的《地名辭書》，內地之部雖已完結，但琉球、臺灣、北海道等則還未出版，富山房雖有意想要整體地出版齊全，但難以找到適當的編著者。關於臺灣的部分，想要請問伊能氏您是否願意接受請託。這雖是一項相當辛苦的工作，但除了您之外畢竟難以找到更適合的人選，因此我推薦您來擔任此事。富山房應該會直接向您聯絡拜託，如蒙您承諾將會是有益於世的事。特此致信。

　　就這樣，伊能嘉矩在坪井正五郎的推薦之下，為吉田東伍所主持、富山房出版的《大日本地名辭書》撰寫了《續編》的臺灣部分，與北海道、琉球部分合併為一卷，於1909年12月出版（北海道部分由藤本慶祐執筆，琉

---

①《大日本地名辭書》原係吉田東伍編著《大日本地名辭書・續篇——北海道・琉球・臺灣》（東京：富山房，1909年）中由伊能嘉矩執筆的臺灣部分。近年本地書店將此伊能嘉矩執筆之臺灣部分復刻單獨發行，題名為《臺灣舊地名辭書》。

球部分由東恩納寬惇執筆）。

伊能嘉矩在 1908 年 5 月應邀撰寫這部《臺灣地名辭書》，此書隨即在 1909 年 6、7 月便已脫稿，總計從接受這項撰述任務到全書完稿，只不過費了約一年多的時日。這不免讓人訝異，伊能嘉矩寫作速度之快！對於伊能嘉矩可以如此快速地完成這部著作，或許可以解讀其原因是：第一，伊能嘉矩在此之前，已經有極為豐富的相關知識與資料累積，所以可以一鼓作氣地迅速撰就此書；第二，伊能嘉矩獲得中央知識界的肯定，受邀參與此項重要出版計畫，因而頗受鼓舞、意氣風發地積極撰述。但能夠在如此短暫的時間內完成如此部帙不小，而且具有開創性意義的著作，不能不令人佩服伊能嘉矩對於相關知識的累積和工作之勤奮。

因為伊能嘉矩的《臺灣地名辭書》是作為吉田東伍《大日本地名辭書》之《續編》而撰作的，因此，以下先對吉田東伍及《大日本地名辭書》稍作說明。

吉田東伍（1864-1918 年），生於新潟地區豪農之家，雖曾進入中學讀書，但不久便退學自修，可謂是個自學有成的「民間學者」。吉田曾任小學教師，對歷史、地理，甚至對考古、人類學也都有興趣，後來專研日本古代史及歷史地理，並獨力編撰完成 7 卷 5,180 頁（據說書稿即達 5 公尺高）之《大日本地名辭書》[2]，是日本近代歷史地理學之先驅研究者，也是日本歷史地理學會創設者之一。並自 1901 年起擔任早稻田大學教授。

《大日本地名辭書》是一部以歷史地理為主要內容的地名辭典。結構上包括「汎論」、「索引」、「各說」等 3 部。「汎論」又分為 3 節：汎論一為「地名總說」（包括「地名轉訛論」、「地名文字論」、「地名起因論」、「地名元義論」、「地名界域與性格論」）；汎論二為「政治沿革篇（附錄行政區改正論）」；汎論三為「國號篇」。汎論一「地名總說」，分別就地名之原意、起因、轉訛與文字化做總體性的說明。即使今日來看，這對於地名學研究仍有其意義。「索引」則分別以國郡、五十音、筆劃，製作了 3 種索引。「各說」是辭典的主要部分（達 4,752 頁，約有 4 萬個辭條），將日本全國依照

道、國、郡、鄉作階層式的排列，以地名辭條為單位記述各地之歷史沿革與山、川、野、津、潟、寺社、島、谷、瀧、城址及主要村落之起源、耕地（田畝數）等，可以說是以地名辭條為經，以時間順序為緯的一部日本歷史。

《臺灣地名辭書》基本上沿襲《大日本地名辭書》之撰述體例，也分成「汎論」、「索引」、「各說」等3部。「汎論」又分為「臺灣地理總說」、「臺灣地名考」、「臺灣政治沿革總說」、「臺灣住民總說」、「土地慣行一斑」5節。「索引」則因應臺灣之特殊狀況，除了以地名漢字之筆劃製作索引之外，又分別以地名之臺灣本地音與日本音拼音製作了索引。③當然，與《大日本地名辭書》相同，「各說」也才是本書的主要部分。「各說」以地名為辭條，匯集該地相關之歷史資料，重建了該地的歷史沿革，也呈現了各地的發展史；如果將全書合併起來看，它也可以說就是一部臺灣史（尤其是「臺灣開發史」）。

《臺灣地名辭書》的地名辭條並不是平面地並列，而是按照府、州縣、堡里鄉澳的階層排列。而且，這種排列還特別凸出了「堡（里、鄉、澳）」這個層級。堡、里、鄉、澳，是州縣以下的區劃，處於官府治理、民間自治的介面地位。清代官治建制的最下層級是州縣，政府對之有清楚、明確的制度設計和運作規範，因此吾人對於州縣的空間範圍、行政具體運作，都相對地清楚。但對於其下部的堡、里、鄉、澳，則不論就空間範圍或實務運作，則不甚清楚。④日本來到臺灣之後，特別重視「堡（里、鄉、澳）」這個向來文獻上較少著墨的層級。在1898年至1905年進行土地調查時，也以堡為重要的基礎單位展開作業，最後並以堡為單位製作了「堡圖」。這應

②《大日本地名辭書》最初以小冊子形式出版，但以後經過多次復刻出版，終於形成7卷本。
③本次翻譯出版，因地名之日本讀音對於國內讀者來說已無甚意義，因此直接捨去。
④戴炎輝教授曾利用《淡新檔案》，對於這個官府治理與民間自治之間的這個介面層級之制度與運作，做出了開創性的研究，並結集出版為《清代臺灣之鄉治》（臺北：聯經出版公司，1979年）。

該具有值得特別注意的意義。我個人認為這應該反映了日本領臺之初，日本殖民政府所認識的臺灣社會之實際狀況，即「堡」在臺灣社會中的重要性。殖民政府初期的地方行政單位，雖然也沿襲清代的府、州縣行政建制，但並不穩定而經常有所調整，反而是在比舊時州縣更小的空間範圍所設置「辨務署」、「支廳」相對穩定。伊能嘉矩的這部《臺灣地名辭書》採取堡為重點單位的編撰敘述架構，應該也反映了清代以來一直到日本殖民統治初期的社會實情。

二、《臺灣地名辭書》引用的史料及其限制

伊能嘉矩編纂這部《臺灣地名辭書》所根據的資料，大別有幾類：（1）清代的方志與清帝國官僚的筆記、詩文等著作，（2）日本統治初期，總督府及官員的調查書，（3）伊能自己的田野調查所得。

伊能嘉矩當年所得以利用的地方志，遠少於當今我們所能使用的。今日我們得以使用的清代臺灣相關方志，不少是20世紀以後才從世界各地的典藏機關（例如，日本的國會圖書館、上海或北京的圖書館）發現的。從《臺灣地名辭書》裡的引用內容來看，伊能當時所利用的清代方志，主要是高拱乾《臺灣府志》（成書於1690年代）、《臺灣縣志》（成書於1720年代）、《鳳山縣志》（成書於1720年代）、《諸羅縣志》（成書於1710年代）、《重修臺灣縣志》（成書於1750年代）、余文儀《續修臺灣府志》（成書於1760年代）、《澎湖紀略》（約成書於1760年代）、《續修臺灣縣志》（成書於1800年代）、《彰化縣志》（成書於1830年代）、《噶瑪蘭廳志》（主要成書於1830年代）、《淡水廳志》（成書於1870年代）、《澎湖廳志》（成書於1890年代）、《雲林縣采訪冊》（成書於1890年代）、《鳳山縣采訪冊》（成書於1890年代）等。

清帝國治臺官員等的著作，也多依賴於沈光文《文開文集》〈平臺灣序〉、郁永和《裨海紀遊》、《番境補遺》、《海上事略》（約成書於1690年

代）、林謙光《臺灣紀略》（約成書於1680年代）、黃叔璥《臺海使槎錄》、《番俗六考》、《番俗雜記》、《赤嵌筆談》（成書於1720年代）、藍鼎元《平臺紀略》（成書於1720年代）、《東征集》（成書於1720年代）、尹士俍《臺灣志略》（成書於1730年代）、朱景英《海東札記》（成書於1770年代）、姚瑩《臺北道里記》（成書於1820年代）、《臺灣十七口設防圖說狀》（成書於1840年代）、《東槎紀略》（約成書於1830年代）、林豪《東瀛紀事》（約成書於1860年代）、吳子光《一肚皮集》（成書於1870年代）。

　　伊能嘉矩所引用的清代臺灣方志、清帝國官僚的文集與筆記，不但在數量上明顯不如今日，而且其內容也必須稍作說明。1920年代以後，臺灣總督府曾經有編纂臺灣史料的計畫，因此從臺灣民間與日本內地徵集了一些臺灣相關方志、史料入藏臺灣總督府圖書館。戰後也持續有這種臺灣方志、涉臺官僚之著作的蒐求徵集工作。因此目前吾人所得以利用的清代方志、清帝國官僚的文集，當然不是1900年代編撰《臺灣地名辭書》的伊能嘉矩可以比擬。而且，伊能嘉矩當時所可以利用的清代臺灣地方志、清帝國官僚的文集，也並非都經過刊刻發行流通，不少是以傳抄的方式流傳的。因此，伊能嘉矩所使用的這些地方志、史料也不如現在有相對穩定的標準化文本，甚至還多有遺漏、舛誤之處。即使已經刊刻發行的官修地方志，有時也難以明確判明版本。[6]

　　西文文獻，伊能嘉矩利用的種類較少，引用最多的應該是 Valentyn 的〈福爾摩沙及荷蘭在此之貿易記事〉，尤其是其中的地圖「Kaart van het Eyland Formosa en de Eylanden van Piscadores」及 Imbault-Huart 的《福爾摩沙島的歷史與地誌》（*L'ile Formose Histoire et Description*, 1893）、Ludwig Riess 的

---

⑤陳淑均編於道光十一至十二年間（1831-32年），以後又於道光二十年（1840年）、二十九年（1849年）續輯，咸豐二年（1852年）刊行。因此，伊能嘉矩在書中對於該部方志的成書時代有各種不同的記述。

⑥例如，《臺灣府志》就有多種版本。伊能嘉矩所引述的高拱乾於康熙三十三至三十四年（1694-95年）所編纂的版本，此版本曾於康熙三十五年（1696年）刊刻發行，但以後又有多次增補、刊刻，甚至十餘年後的康熙四十九年（1710年）周元文仍有增補並刊刻，而且此後也仍有增修、刊刻。因此，伊能嘉矩對於《臺灣府志》的引用在不同處所表述也就不同，甚至有相互矛盾之處。

《福爾摩沙島史》（*Geschichte der Insel Formosa*, 1897）。

其次，伊能嘉矩在臺灣的十餘年間（1895-1908年），正是總督府努力想要在臺灣建立統治基礎，而積極進行各種調查的時代。不但總督府與地方行政機關不遺餘力地進行各種調查之外，還有為了進行地理、地籍調查、確立近代土地所有權而進行「土地調查」（1897-1905年），並設置以調查舊慣、產業為目的的「臨時臺灣舊慣調查會」（1901-1919年），也有官民有志者所組織的調查研究團體，伊能嘉矩也以不同的形式參與這些調查工作。因此，這些調查事業的成果或具有調查採訪記錄性質的刊物，都提供伊能嘉矩參考的資源。此外，伊能嘉矩也利用了總督府的出版物，關於港口的記述，多引用《日本水路誌》（1892年）、《臺灣稅關要覽》（1909年）；對於最新的地方概況，則引用《臺灣統治綜覽》（1908年）；關於地質相關的部分，則多引用目前已經很難尋覓的石井八萬次郎《臺灣島地質圖說明書》、齋藤讓《瑞芳金瓜石礦山視察報告》、井上禧之助《臺灣礦山地質調查報告》、福留喜之助《臺灣油田調查報告》、齋藤讓《澎湖島地質調查報告》等這種專家的調查報告。另外，日本統治初期所編纂之新體裁地方史《桃園廳志》（1906年）、《新竹廳志》（1907年）等也是伊能嘉矩的重要參考資料。

最後，則是伊能嘉矩自己的田野調查與他在田野調查中所獲得的資料。《臺灣地名辭書》關於岸裏大社、日月潭一帶之原住民之地名的拼音記述，從不見於他人之著作當中，應該是伊能嘉矩自己調查所得。另外，《臺灣地名辭書》也讓吾人知道伊能嘉矩在田野調查中，至少從臺灣人手上獲得了類似〈埔水化番總理手抄戶口冊〉、黃煉石〈南庄開闢來歷緣由〉、汪金明〈恆春沿革紀略〉這種地方史史料。

三、以音聲存在的地名留下之歷史痕跡

伊能嘉矩《臺灣地名辭書》雖然大幅引用清代的臺灣地方志與清帝國

治臺官員的文集、筆記，但卻也相當重視田野採集所得的資訊。一般來說，地方志、官員之文集、筆記所表記的地名多取其「意」，但伊能嘉矩從田野裡所採集的地名則多取其「音」。到底地名的解讀應取其「意」或取其「音」，其實牽涉到很複雜的問題。今試稍作說明。

關於地名的性質及其一般的命名起源，已經有不少著作做過解說。例如，吉田東伍在上述《大日本地名辭書》的「汎論」、伊能嘉矩在此《臺灣地名辭書》「汎論‧臺灣地名考」，甚至稍晚成書的安倍明義《臺灣地名研究》[7]，即使戰後流通比較廣的洪敏麟《臺灣地名沿革》[8]都已經有概括性的說明，不再贅述。在此僅就建制性的地名、生活者的地名；地名是否文字化的問題做一些說明。

一般來說，地名可分成建制性的正式地名和生活者的自然地名；也可以分成文字化了的地名與未文字化的地名。

建制性的地名，最常見的就是官府的行政業務中使用的地名。這種地名都用文字書寫表現，標準化程度也最高。例如，雖然「臺」與「台」只是同一個字的繁、簡體寫法，但就清帝國的行政而言，「福建省臺灣府」的「臺」與「浙江省台州府」的「台」，卻是不能互換的。一般來說，設官治理之後的地名就已經成為具有標準意義的建制性地名了。這種地名具有相當的穩定性，也會有標準化的需要，不能也不會率爾更動。

相對於官府的建制性地名，一般生活者自然使用的地名卻未必是、也不見得必須是文字化了的，因此也就不見得是穩定的地名。例如，在被納入清帝國版圖而正式稱為「臺灣」之外，我們這個島「臺灣」其實應該是以其「音」表現的，甚至，可以說，這個以「音」表現的地名在近代之前

⑦安倍明義，《臺灣地名研究》（臺北：蕃語研究會，1938年）。
⑧洪敏麟，《臺灣地名沿革》（臺中：臺灣省新聞處，1979年）。

的民間毋寧是更廣泛通行的（只要考慮當時社會的識字率，便自然可以理解了）。這個音為「Taiouan」的地名，除了目前大家熟悉的以拼音字母寫成Taiwan之外，也曾經被寫成Tayouan、Teijouan等等；另外，也有人以漢字拼寫其音而寫成「東番」（Tang-huan）、「大灣」（Tâi-oan）、「臺員」（Tâi-oân）、「臺灣」（Tâi-oan）、甚至「大冤」（Tâi-oan）、「埋冤」（Tâi-oan）等等。

因為漢字除了「音」之外，還具有從「形」、「義」加以解讀的可能性，因而容易讓人「望文生義」。「東番」、「大灣」、「大冤」、「大宛」、「埋冤」這些用漢字寫成的名稱，也因而都曾被好事者各自做了相當不同的引申，甚至多有過度解讀者。

然而，以「音」表現的地名，也有被轉訛的可能性。最近我經常需要到嘉義地區去，因此特別注意到嘉義水上鄉的一個村落「十一指厝」，以下就以這個地名來說明，以「音」存在的地名如何被不斷地變動，以及建制性的地名如何暴力地介入、改變生活者的地名。

根據耆老的說法，該村落之名稱來自該村落原有十一口井，因此居民自稱為「十一井厝」（Chap-it-chénn-chhuh），但日本時代卻被日本政府書寫成發音類似的「十一指厝」（Chap-it-chí-chhuh），後來又被稱為發音類似的「查某厝」（Cha-bóu-chu）。雖然從漢字的字義來理解，「十一井厝」、「十一指厝」、「查某厝」這三個地名很難被認為所指涉的是相同村落；但若從發音來理解，則這三個地名即使一時無法聯想它們是指相同的村落，不過只要一經說明，便不難理解。也就是說，漢字書寫的地名，經常被其字義所牽引，而發生意義上的「質變」；以音聲存在的生活者之地名，雖也有可能變化，但可能仍保存著原有的痕跡。不過，戰後政府給了這個自然村「十一井厝」（「十一指厝」、「查某厝」）一個行政村（建制性）的名字「龍德村」，這就差異很大了！

就像上述「臺灣」、「十一井厝」的例子，生活者的地名既然一般是以音聲為表達，當它被文字化時，結果就會可能出現各種寫法。這種同音異字的情況，對於以文字為思考的人來說，或許會有理解上的障礙（如果又

是外地人，可能就更甚了）。例如，1949年以後來自浙江的中央研究院院士、臺大歷史系方豪教授，就為了歷史文獻中的「江頭」、「干脰」、「干荳」、「肩荳」、「墌寶」、「甘答兒」、「關渡門」、「甘答門」、「干豆門」到底是何處的地名，而大費周章地特別寫了一篇考證文章，來證明即使這些地名漢字如此地不同，但它們所指的都是現在的淡水地方之「關渡」。其實，對於可以使用臺灣話的人來說，只要將上述這些不同漢字所寫的地名用聲音念出來，就不難知道它們指的應該是同一個地方。

臺灣的地名類似「關渡」這樣的例子不少。例如，現在屏東的「滿州」，清代就曾經被寫成「文蟀」（Bûn-sut）、「蚊蟀」（Báng-sut）、「文率」（Bûn-sut）等漢字，到了日本時代則改成日語大概同音的「滿州」（Manshiu）。這種用日本的漢字（或許也正是日本內地之地名）的音來標記臺灣地名，而達到保留音聲卻改變了地名之文字表現的例子，最有名的可能是用「萬華」（Manka）取代「艋舺」（Báng-kah）、用「高雄」（Takao）取代「打狗」（Tá-káo）了。以「名間」（日語發音Nama）取代臺灣原來之「Làm-á」（湳仔，沼澤溼地之意），也是這樣的事例。另外，花蓮的「立霧（日語發音Takkiri）」，或許很少人注意到它原來是清代的「得其黎」、「擢基利」、荷蘭時代的「Takijlis」吧。

文字化了的地名，雖然相對地穩定，卻也可能依著文字特有的邏輯而被錯誤解讀詮釋，或朝向另外的方向轉變。例如，臺灣很多地名原來有「bâ」之音，這樣的音最初可能被記為漢字的「猫」（一說就是果子貍），但卻因有人以為這個「猫」是「貓」之簡體字，而改「猫」為「貓」，於是漢字的地名表記也就改變了。時間一久，地名之音也從「bâ」轉為「niau」了。嘉義「打猫」（荷蘭文獻作「Davoha」）應近其地名當初之音，有些清代漢文文獻作「打猫」（Tá-bâ）也未大謬，但卻也有一些寫成「打貓」（Tá-niau）了。這個「打貓」（Tá-niau），在日本政府將它改寫成「民雄」（Tami-o），大致還是保留了音聲。不過現在因為直接用「國語」來說「民雄」，於是就變成Min-shiong了。所以，嘉義「民雄」這個地名幾百年來的

演變史就成了：

	荷蘭時代	清代		日本時代	戰後
表記	Davoha	打猫	打貓	民雄	民雄
讀音 1	Davoha	Tá-bâ	Tá-niau	Tami-o	Min-shiong
讀音 2				Min-hiong	Min-hiong

四、再談外部者命名地名的暴力問題

　　地名除了有上述的特性之外，還必須注意它所表示的是絕對性的指涉或者是相對性的指涉。在日常生活中，以下的例子應該並不陌生。例如，如果在臺北有人問我是哪裡人，我的回答可能是「臺南人」；如果在臺南有人問我是哪裡人，我的回答可能是「北門人」；如果在北門有人問我是哪裡人，我的回答就會是更小的地名了。也就是說，這種問題的答案取決於問答者相互之間的立場，這種立場取決於敘述脈絡。另一種案例，則可以說是取決於選取的參照項之不同。例如，A村落的東方一帶，可能被A村落的人稱為「東勢角」，但東方B村落的人可能稱之為「西邊園」。像「東勢角」、「西邊園」這種地名的「東」、「西」，當然是基於一個具體的參照點而來的。因為彼此所選取的參照不同，即使是相同的地點，也就因而有不同的稱呼（地名）了。一如有人打趣地說：「（雲林）北港在南，（臺北）南港在北。」「南港」、「北港」這兩個地名，並不是共用一個參照點，因此，自然不能直接比較了。

　　最後，還是要再回來談外部者的暴力問題。舉世皆然地，移殖者自然地會將原鄉的地名帶到移殖地。16世紀以後從中國東南的福建、廣東地區移殖臺灣的人，當然也將移出地的福建、廣東地名帶來臺灣。這種地名在臺灣俯拾皆是。例如，東石、潮州、同安寮、晉江厝等等。不過，也有一些地名明顯是來自意識型態的刻意安排和改篡、解讀。例如，1949年以後

國民黨政府就以中國各地的地名來命名臺北市的街路，幾乎在臺北市的市區空間範圍內「重建」了一個「秋海棠中國」；在原住民地區設置行政區時，則分別命名為「仁愛」、「信義」、「和平」等。至於對於地名的意識型態解讀，則可以舉 san-na-sai、síam-sai 這兩個地名為例。不少臺灣東北部的平埔人自謂祖先來自 san-na-sai，而 síam-sai 則是彰化縣的一個村落名稱，可是在強調「兩岸之間血濃於水」的意識型態操作之下，san-na-sai 就被非常刻意地解讀為中國的「山西」，síam-sai 則被解讀為「陝西」，於是「大家都來自中原地區」了！

導讀二
《臺灣地名辭書》的遺產與未完課題

翁佳音　中央研究院臺灣史研究所副研究員、本書審訂者

一、本書特色：有標音的中文地名辭書

　　伊能嘉矩於一百多年前出版的《臺灣地名辭書》，一直是臺灣研究者不可視而不見的重要文化遺產，今日再出版這本也許是「過時」的舊作，絕對有其特定的時代意義。我忝為本書的審訂，重點多在校正伊能書中的拼音，以及還原他所引用的中外文獻原文。校刊完畢後，我應命也該寫篇文章交差。

　　由於花了不少時間，將本書之地名由日語假名拼音轉譯為羅馬字拼音，①所以若要我為本書舉出特色或特徵，我首先會說這是一本少見有標音的中文地名辭書。然而，如譯者導讀提到的，本書從撰寫到出版，前後費時不到一年時間，再怎麼厲害的研究者都無法寫得完備，尤其是地名的逐條標音方面，顯然非全為實地調查所得，至少在書中看不到客家語系的發音。從他將「溪（Khe/Khoe）」、「街（Ke/koe）」，一律標為 khoe/koe，可研判他或辭書編輯者的徵詢或參考對象，應以同安腔發音者為主。

　　因此，本書的標音是特徵，而時間因素卻使本書有些標音上的缺點，但這些缺點正可刺激我們日後的研究。我隨手舉例如下：

---

①本書所使用的拉丁拼音系統，是教會羅馬拼音（白話字）。但由於教會羅馬系統的鼻音，以及 o˙ 不易一般電腦打字中表現出來，就仿效其他辦法，將鼻音改成 nn，將 o˙ 改成 ou。教會羅馬系統與現在有教育部的閩南語系統，兩者也差異不多，讀者可翻閱兩系統所編纂的辭典（包括網路辭典）。

（1） 地名有鼻音（nasal）之處，伊能不像語言學家小川尚義等人那樣，有另一套標準的假名標音系統，因此無法將地名中常見的鼻音，如：嶺 níann、城 sîann、圓 înn、山 soann、鼻 phīnn、坑 khinn、三 Sann、泉 chuânn、楊 Iûnn、埕 tîann、墘 kînn、匠 Chīunn、井 chínn、半 Pòann 等等，標示出來（中譯書中我們自行標出）。

（2） 由於此書撰寫時間甚短，手民之誤自然難免，若非如下文所述之因素，我們就將原拼音逕自改正轉譯成羅馬拼音。例如，基隆附近新北市之「馬鎖」，應為「マアソヲ」，書中誤排為「マアソタ Maasota」；高雄鳳山「雙慈亭 Siang-chû-têng」，日本假名排印成「ツァンツウテェン Chuang-chu-teng」，顯然是將「シ」誤排為「ツ」。雲林北港街「旌義亭 Seng-gī-têng」，排成「シェギイテェン」，明顯可見是漏掉「ン」，即原字應為「シェンギイテェン」。這些都是明顯印刷錯誤，而且數量不多，逕行改正不致誤導伊能原意。

（3） 比較重要的是，如下所舉之處，書中拼音從今天角度來看不一定正確，我們卻不糾正或逐條另行註解，而留待有心讀者去探討箇中原因。拼音錯誤，有時似乎非伊能之過，而是所諮詢的臺灣人口音殊異，或誤讀自己鄉里以外的地名有以致之，例如：

- 臺北的「芝山巖」書中標音 Chi-soann gâm，gâm 應為 giâm。
- 「玉山」，通常都用文讀音 giok-san，書中標成白讀音的 giek-soann。
- 臺中沙轆（沙鹿）標音成 Soarok，然而當地人迄今仍說 Soa-lak；臺中大雅「垻雅（Kū-gá）街」（原稱垻仔庄），是直接照漢字拼音，大誤。當地人發音「Pa-á」，「垻仔」是溪埔地，

清代《彰化縣志》寫成「阿河巴莊」。

- 彰化二林一帶的「大突（Tōa-thut）庄」，也應是外地人看漢字發音，彰化在地人通常講：Tāi-thut。

- 雲林「林內（Lîm-lāi）」，亦誤，當地人迄今仍說成：Nâ-lāi。

- 嘉義六腳鄉的「大塗師（Tōa-thôu-su）」，誤，當地人讀音為Tōa-thôu-sai，地名漢字也常被寫成「大塗獅」。

- 彰化、雲林與嘉義常見的「荷苞（嶼）」或「霞苞」地名，書中也是看漢字標記為「Hô-pau（sū）」，原音應是Hâ-pau，至少當地人曾這麼說。

- 臺南著名的舊地名「青峰闕（Chheng-hong-khoat）」，書中誤記為Chhinn-phang-khoat。此非孤例，連臺中聞名遐邇的「霧峰（Bū-hong）」，也被誤標成Bū-phang。也許「峰（hong）」字，被知曉漢字的文人誤讀成「蜂（phang）」了。另外，臺南同樣著名，研讀臺灣史都會注意到的兩個地名：荷蘭人選擇建築城堡街市的「一鯤身（It-khun-sin）」，以及荷蘭時代就已經是鹽田的「瀨口（Loah-kháu）」，也分別被標音成Chit-khun-sin、Nái-kháu，這是不對的。

　　上舉幾條有問題地名以及其他未列舉者，中譯本都保留原標音，同時也在這裡提醒有心研究者，得留意書中標音之缺陷處，不要未經批判便接受，也許可藉此發展出不少地名語言學的議題來。例如，前述彰化的「大突（Tāi-thut）」，原來與荷蘭文獻著名贌社地點Taytoet語音一貫相連。雲林西螺、海豐一帶的「布嶼稟」，書中標記成Pò-sū-lín，但熟悉漢字語音者可知「稟」音pín，即可研判此條拼音錯誤。而此地地名的正確拼音應為Póu-sî-pín，亦即荷語檔案中的Bosipin，這是原住民對當地一條小溪的稱呼。②再由清代史料可得知，此地於清初即有薄昇淼請墾，顯見其並非完全是瘴

雨蠻煙之區。③

　　順便一提，著名的高雄、民雄舊地名「打狗」、「打貓」——老一輩常用此詞戲說臺灣人以前打狗又打貓，虐待動物——，若從長期文獻參照研究，兩地地名原音大抵是：Tancoija、Davoha，即：Tân-kóu-á、Tá-bâ。至少，清代文獻通常寫成「打猫」，猫音bâ；清代文獻曾解釋「打狗」即「打鼓」，且19世紀後半葉的打狗英文通常拼成Takaw，可證遲至19世紀後半，當時語音有別於現在。伊能於本書中已經標音成Tá-káu、Tá-niau，顯然20世紀初，此二地地名發音已有幾近斷裂式的改變。

二、地名基礎研究的「歷史學」遺產

　　現在出版這本書中譯，除了上面提到地名標音的重要性外，還有另一個意義，那就是再喚醒地名研究中，歷史學不可缺席。

　　20世紀戰後的臺灣地名學研究或編輯，通常受古亭書屋影印流傳的日本時代安倍明義《臺灣地名研究》（1938年）之影響；中文著作，則有1960年代以來陳正祥《臺灣地名辭典》等書，以及當時省文獻會印行洪敏麟部分的《臺灣舊地名之沿革》，師大地理學系出版陳國章《臺灣地名辭典》、《臺灣地名學文集》等論著。值得注目的是，國史館臺灣文獻館從1995年（當時名稱為省文獻會）起，有意重修與繼續完成《臺灣舊地名之沿革》未竟之業，委託國立臺灣師範大學地理系施添福教授編纂大部頭的《臺灣地名辭書》，也已將近完工階段。

　　戰後地名研究或辭書編纂，幾乎是由地理學系統進行。這也難怪，近代學術史上，地名學（Toponymy）原是地誌學（Regional Geography／Länderkunde）的一支，歷史學或民族學研究者參與，比較不被注意。伊能嘉矩1909年出版的此書，在學術意義上就是顯露另一支「史地」之「史」的傳統。

　　伊能這本地名著作，如所周知，是吉田東伍《大日本地名辭書》的續

編。吉田氏素來被稱譽為日本地名學研究巨擘，他未受正規教育，一人獨居獨力費時約13年，終於在1907年出版11鉅冊的日本地名辭書。吉田立志編寫地名辭書，是受日本「邑志」傳統鄉土史料的影響，亦即與東亞傳統的方志有一脈相承之處。④作為續編的臺灣地名辭書，除了反映現代性以外，自然也要符合這樣的傳統方志色彩。

　　日本地名紀錄傳統，如太閣檢地中的地名、《和名抄》中的地名，原本就有假名訓讀之注音或形義解釋傳統。臺灣方志中雖然無法像日本那樣逐詞留意讀音，但仍有類似釋名、釋音之處，如「臺何以號？……灣曷由名？」、「山頂圓，形似熬酒桶；故俗呼為熬酒桶山」，以及「大武郡數處平地涌泉，浸溢數里，土人謂之坔水。坔，土音濫，字典中無此字；亦猶大浪泵之泵，字典音聘，土音蚌。又所生少子名曰厴，土音滿，皆以己意譌撰」等等，在在顯示傳統文人注意到了地名的形成與音聲問題。伊能在本書中也多少有所採擷而進一步闡釋之，因此，說他是承繼傳統、再走上近現代學術的臺灣地名研究之先鋒，不算過譽。

　　要而言之，伊能此書的中譯出版，在上述意義下，或可曰是重新提醒我們，地名研究仍有長久的「歷史學」或鄉土方志傳統研究之另一面。地名辭書或地名辭典，英文是Gazetteer；而方志，譬如《臺灣府志》等郡邑府縣方志，以前英譯通常作 *The Taiwan Prefecture Gazetteer*，正是這種親密關係的展現。

②參看 VOC1141, fol. 459r.
③《大租取調書附屬參考書 上卷》，頁9。
④參見：千田稔，《地名巨人吉田東伍》（東京：角川書店，2003年）。

三、伊能地名辭書遺留的問題

　　既然伊能地名辭書有上述學術另一面向之意義，值得關心地名研究初學者、甚至是線上的資深研究者回頭再關注。尤其是伊能這本書，不像安倍明義《臺灣地名研究》一書於戰後又得影印製版刊行，並有差強人意的中文譯本流通於世，一般人不易在圖書館內尋得，似乎只有古亭書屋老闆高賢治先生曾在1980年代影印限定冊數販售。如今本書既然有中譯本問世，有興趣從事地名研究者，除了讚賞前行者的權威與貢獻外，還得注意到前面所說的，伊能嘉矩臺灣學識功力深厚無庸置疑，但由於撰寫時間有限，以及前行者無法避免的資料限制等等現實，因而在下述問題上，讀者仍得具備批判心態面對：

（一）拼音問題

　　地名研究非常強調「聽音辨字」，以及「名從主人」兩大要義。迄今臺灣的地名研究，對聽音辨義所下的功夫，還是有改善與強化的空間。國內地名研究者的論著，一般不太重視標音，多僅以漢字表現地名，因而導致非當地的讀者不知要如何讀漢字，常常逕自從漢字讀出，結果往往與當地地名音聲差異甚大，我們已於前文列舉了本書幾個顯然有疑問的發音（儘管責任不在伊能本人），就是漢字系統地名研究標音上的大問題。

　　然而狡獪的是，本書的價值就在於全書各地名都附有拼音，儘管使用未經再設計符合臺語實際的日語假名標音系統（我們也因而方便直接將假名羅馬字化），而且似乎是統一使用應屬同安腔來標音，這就遺留給我們日後繼續再檢討當地音聲是否如實記錄，或有轉變的情形。

　　伊能在地名解釋時，多少也發揮文化人類學的觀念，指出了哪些地名是外來者命名（Exonym），哪些是本地人（原住民或早期來臺的閩粵漳潮泉移民）命名（Endonym）。不過，讀者仍得持保留態度，他的講法不全然是確論。他對漢族地名解釋有疑問之處，下一段會舉例。他對原住民方面的

論述，如臺北所謂的「凱達格蘭族」，不止日本學者，國內學者依然未見全部首肯。他對中部原住民族稱，還有待日後再檢證。這裡，姑且舉一可用文獻再核證之原住民番社、族群之例。伊能說，彰化之東螺是「平埔番族Poavosa（荷蘭文獻寫作Babosa）部族之Taobari即Tangle（東螺）社所在地」，這不見得全對。荷蘭文獻已記錄「東螺」與雲林的「西螺」是Dobale族群的東西大小社。伊能對該社的拼音與番社名解釋，顯然不符合文獻紀錄。

（二）拘泥於漢字字面

伊能出身漢學世家，他的新式學問學有專精，漢文功力更是深厚。因此，他利用漢籍文獻與闡釋的能力，不遜今日學者。不過，縱使漢學深厚，有時也會因現場知識不足，而產生標點訓讀差錯。他在說明臺中大肚中堡的沙轆番社時，將「土官噯即目雙瞽（白話：名叫噯即的頭目，兩眼皆盲）」標點成土官「噯即目雙瞽」，將五字都視為頭目的名字，因此，把沙轆社頭目名字標音成：「イウチァバクシァンコオ Iuchia Baksiangkou」，標點錯誤，歷史解釋就不一樣。

其實伊能在標點、訓讀有逸脫文脈之嫌，這也是國內學界難避免的習性，漢語文獻與歷史現場知識之間的辯證，乃是研究上的重大課題。例如，伊能將臺灣各地有「大湖」、「湖內」的地名，解釋成「據說地名是起因此地往時為湖水」；以及在解釋宜蘭「頭城」改為「頭圍」之因，是噶瑪蘭建城後，因避冒用「城」而改用「圍」字；這些解釋也是拘泥於漢字，忘卻再進行歷史現場實證，所犯之誤。像前述之「打猫」，「猫」、「貓」在中國與日本的漢字都是指貓，但臺灣的「猫」卻另外有音，有另外指涉。同樣，「湖」與「城」往往與漢字指涉不見得相同。要之，伊能對漢籍文獻的解釋，確實有不少創見。例如臺灣最南端的「沙馬磯」舊地名，一般人都無法理解地名意思，但他舉當地有「沙尾堀」地名，認為兩者有關係，這是他的創見，提醒我們重查明清時代文獻與回到歷史現場，因而更可確定此地名原來是：「沙尾崎頭（Soa-bé-kîa thâu）」，亦即此地地形是沙坡，是航

海顯著的陸地目標。當然，他有時也難免稍拘泥於正統漢字解釋，如上面所舉之例，這是往後要留意與批判的對象。

（三）有新研究可參考

伊能注意新學，而且也大膽利用荷蘭、西班牙文獻補充臺灣地名紀錄與解釋，對當今臺灣地名論述有相當程度之影響力。但有些論點今日已可證明是錯誤的，如上面提到的幾個原住民番社之例，還有目前已經明朗化、分布於彰化、臺中與雲林地區之Favorlang（虎尾壠）族。又如臺南赤嵌一帶的「普羅民遮城（Fort Provintia）」，原本是根據荷蘭聯省的「省（provintie）」而命名，這是原初命名本意，是無疑義的，但伊能引述西方文獻該城名來自「Providentia（天命、天意）」之說，雖然講法不正確，但還是在今天公共資訊中不斷出現。

此外，伊能很喜歡引用荷蘭牧師F. Valentyn《東印度公司誌》中的「福爾摩沙及荷蘭在此之貿易記事」所附地圖。此地圖我與其他研究者已經有新的解釋，可補充伊能當時資料的不足。[⑤]總之，在閱讀此書時，不妨也留意1990年代以來研究者重新利用歐文文獻與檔案的新研究結果，互相參照兩方的論述，讀者再自行研判，這才是學問趣味所在。

四、伊能之後的課題

地名是國家、地區的文化遺產，以前所蒐集與考訂的地名辭書當然也是文化遺產。尤其是臺灣，在進入歷史時代之前，本地人命名之地名（Endonym）遺留寡少，當閩粵漳潮泉以及客家移民來臺後，由「土音」所記錄的地名五花八門，例如，「魍港」、「蚊港」，以及「加老灣」、「加禮遠」，音義如何？到底是原住民名，還是漢族名？地方志還未及澄清前，清代又先後有行政區改易，由中國南方傳統的鄉社都里圖，變更為保庄行政單位。爾後清末地名混亂，例如，預定建立省城的地點突然出現「橋孜

圖」，此外，還有「萬全店」與「雲林坪」等怪異地名。日本時代街庄改正，有些傳統舊地名就被語言經驗不足的官僚書寫成其他漢字與其他語音，我們可在日本時代堡圖標記的地名看到這種現象。緊接著，又來戰後國民黨政府恣意更改地名，以及近來羅馬拼音的不統一，有威妥瑪（Wade-Giles）、通用與漢語拼音互爭。地名背後，確實有政治地理學的一面。

臺灣的地名文化遺產，一直被外來者翻攪而呈現不穩定的狀態，地名所欲透露的時空意義，因而很難澄清展現。譬如傳統文獻中的「臺灣」地名，方志原本定義清楚，但近三十年來因文化界流行「荷蘭時代」，不少人又一窩風採用福州人記錄的「大員」兩字，取代了漳潮泉主流的「臺灣」一詞。臺灣北部中外文獻長期出現的「Basay」、「馬賽」原住民，如今也快被新譯詞「巴賽（=Pasai？）」下架作廢。以上所舉紛爭，光靠地理學者來解釋、調停或界定，顯然力有不足。臺灣地名標音、解釋的複雜性，從伊能這本地名辭書可窺見。地理學、語言學與民族人類學等學者對於地名研究的參與，原屬必要，但歷史學能貢獻的，似乎也同等重要，不應排除。我想，在學術專門化異常嚴重的今日，出版這本可能仍有缺陷卻關照面更廣的地名辭書，應該非過時之舉，的確有它急迫的一面。

⑤例如：翁佳音，〈從舊地名與古地圖看臺灣近代初期史〉，國立歷史博物館編，《臺灣史十一講》（臺北：國立歷史博物館，2007年）。

目次

導讀一　《臺灣地名辭書》與臺灣地名的解讀 ———— 吳密察 ———— 3

導讀二　《臺灣地名辭書》的遺產與未完課題 ———— 翁佳音 ———— 15

翻譯凡例 ———— 26

例言七則 ———— 29

第一部　汎論 ———— 31

　　第一　臺灣地理總說 ———— 32
　　第二　臺灣地名考 ———— 39
　　第三　臺灣政治沿革總說 ———— 46
　　第四　臺灣住民總說 ———— 62
　　第五　土地慣行一斑 ———— 66

第二部　各說 ———— 69

　　臺灣 ———— 70

　　臺灣本島 ———— 75
　　臺北 ———— 75
　　基隆 ———— 115

深坑 ⋯⋯⋯⋯⋯⋯⋯⋯⋯⋯⋯⋯⋯⋯⋯⋯⋯⋯ 140

宜蘭 ⋯⋯⋯⋯⋯⋯⋯⋯⋯⋯⋯⋯⋯⋯⋯⋯⋯⋯ 142

桃園 ⋯⋯⋯⋯⋯⋯⋯⋯⋯⋯⋯⋯⋯⋯⋯⋯⋯⋯ 165

新竹 ⋯⋯⋯⋯⋯⋯⋯⋯⋯⋯⋯⋯⋯⋯⋯⋯⋯⋯ 175

苗栗 ⋯⋯⋯⋯⋯⋯⋯⋯⋯⋯⋯⋯⋯⋯⋯⋯⋯⋯ 201

臺中 ⋯⋯⋯⋯⋯⋯⋯⋯⋯⋯⋯⋯⋯⋯⋯⋯⋯⋯ 216

彰化 ⋯⋯⋯⋯⋯⋯⋯⋯⋯⋯⋯⋯⋯⋯⋯⋯⋯⋯ 238

南投 ⋯⋯⋯⋯⋯⋯⋯⋯⋯⋯⋯⋯⋯⋯⋯⋯⋯⋯ 270

斗六 ⋯⋯⋯⋯⋯⋯⋯⋯⋯⋯⋯⋯⋯⋯⋯⋯⋯⋯ 289

嘉義 ⋯⋯⋯⋯⋯⋯⋯⋯⋯⋯⋯⋯⋯⋯⋯⋯⋯⋯ 313

鹽水港 ⋯⋯⋯⋯⋯⋯⋯⋯⋯⋯⋯⋯⋯⋯⋯⋯ 327

臺南 ⋯⋯⋯⋯⋯⋯⋯⋯⋯⋯⋯⋯⋯⋯⋯⋯⋯⋯ 340

番薯寮 ⋯⋯⋯⋯⋯⋯⋯⋯⋯⋯⋯⋯⋯⋯⋯⋯ 393

鳳山 ⋯⋯⋯⋯⋯⋯⋯⋯⋯⋯⋯⋯⋯⋯⋯⋯⋯⋯ 400

阿緱 ⋯⋯⋯⋯⋯⋯⋯⋯⋯⋯⋯⋯⋯⋯⋯⋯⋯⋯ 428

恆春 ⋯⋯⋯⋯⋯⋯⋯⋯⋯⋯⋯⋯⋯⋯⋯⋯⋯⋯ 447

臺東 ⋯⋯⋯⋯⋯⋯⋯⋯⋯⋯⋯⋯⋯⋯⋯⋯⋯⋯ 468

澎湖群島 ⋯⋯⋯⋯⋯⋯⋯⋯⋯⋯⋯⋯⋯⋯ 504

臺灣近海 ⋯⋯⋯⋯⋯⋯⋯⋯⋯⋯⋯⋯⋯⋯ 536

地名索引 ⋯⋯⋯⋯⋯⋯⋯⋯⋯⋯⋯⋯⋯⋯ 543

【編按】：第二部〈各說〉之目錄劃分，伊能嘉矩使用其著作年代的「20廳」行政區劃（參本書頁 59-60），
與今之建制不同，請讀者留意。

翻譯凡例

一、 本書譯自《大日本地名辭書‧續篇北海道‧琉球‧臺灣》之「臺
灣篇」，日文原書出版於 1909 年 12 月，作者為伊能嘉矩。中譯書
名為求簡潔，定名為《伊能嘉矩‧臺灣地名辭書》。

二、 本書中譯盡可能完整保留伊能嘉矩原本之行文及用語，惟有明顯
筆誤者，則逕改之，不逐一注出。

三、 伊能嘉矩於引用清代中文文獻時，偶有為了與敘述文勢連貫而稍
加更動者，於翻譯時已盡可能復原中文文獻之原文，並盡可能核
校目前通行之中文文獻版本。

四、 關於年代、日期的表述，伊能嘉矩在原書中綜合地使用西元、中
國及日本紀年，並於少數中國及日本紀元年代之後，以圓括號
（）加注西元年代。本書為求體例一致，於中國及日本紀元年代之
後，以方括號〔〕加注西元年代，便利對照；中國紀元之年、月、
日以中文數字（一、二、三……）標記之，西元及改為新曆①之後
的日本紀元之年、月、日，以阿拉伯數字（1、2、3……）標記之。

五、 關於西方人名之拼音，原書多以日本假名標記之，中譯時盡可能
回復原本之羅馬拼音，如有通用之中文譯名亦標記之。

六、 關於地名之拼音，原書在每一地名辭條之右側以日本假名標記該
地名之日本讀音，中譯時不予譯出。原書多數地名辭條之下方及
行文中，有以日本假名標記該地名之現地語言（多為南方福建語
或原住民語）者，中譯時則改以羅馬拼音標記之。除少數原書之
拼寫錯誤者逕予更正之外，盡可能保留原書的拼音方式。

七、 關於原住民，伊能嘉矩有獨自的分類，分為九族。分別為：（1）

泰雅、（2）布農、（3）曹〔鄒〕、（4）澤利先、（5）排灣、（6）卑南、（7）阿美、（8）雅美、（9）平埔。

八、關於度量衡的使用，伊能嘉矩在原書中依敘述脈絡使用各種不同的度量衡及面積計算單位，全書並未統一。以下臚列各種長度單位與一般公制之間的換算，便利讀者閱讀。但因時代、地區的不同，其間的換算也有差異，因此兌換律只是約數。

（1）長度單位（日本）

　　　1里＝36町＝3.927公里

　　　1町＝60間＝360尺＝0.109公里

　　　1間＝6.3尺＝1.818公尺

　　　1丈＝10尺＝303.03公分

　　　1尺＝10寸＝30.303公分

　　　1寸＝10分＝3.0303公分

　　　1分＝10厘＝0.30303公分

　　　1尋＝6尺＝1間

（2）長度單位（中國）

　　　1里＝1800尺＝576公尺

　　　1引＝100尺＝32公尺

　　　1丈＝10尺＝3.2公尺

　　　1弓＝5尺＝1.6公尺

　　　1步＝5尺＝1.6公尺

　　　1尺＝0.32公尺＝32公分

　　　1寸＝0.1尺＝3.2公分

①【譯按】日本於明治五年（1872年）十二月二日的隔日改用西曆，即明治五年十二月三日為明治6年（1873年）1月1日。

1分＝0.01尺＝0.32公分

1釐＝0.001尺＝0.03公分

（3）長度單位（其他）

1浬（海浬，Nautical mile）＝1,852公尺

1哩（英哩，Mile）＝5,280英呎（foot）＝1.61公里

（4）土地面積單位（日本）

1方里＝15.424平方公里＝5.9650平方英哩

1町＝10反＝3000步

1反＝10畝＝300步

1畝＝30步

1步＝36平方尺

1坪＝3.3057平方公尺

（5）土地面積單位（中國、臺灣）：

關於臺灣通用之土地面積單位，伊能嘉矩在本書之「汎論 第五 土地慣行一斑（地積制）」中有所說明，請讀者自行參閱。

九、清帝國以「番」稱呼臺灣原住民，日本帝國則將清代文獻中的「番」改為「蕃」，都具有歧視的性質。伊能嘉矩原書也無法避免此一時代偏見，本書為了保存原書的時代限制，都仍其舊，惟將「蕃」回復為「番」。請讀者自行注意。

十、本書全書採新式標點符號。伊能嘉矩於原書正文中的註解、補充，列於圓括號（）中，中譯仍然沿用。譯者於本書所增加的註解、補充，列於六角括號〔〕中，或以「譯按」之形式註明。括號中之括號，則標記為方括號[]。

十一、原書第23頁有一「備考」註明，即原書付印後，因總督府有地方官制改正之事，雖原書之「汎論」隨即訂正改刷，但未及訂正的8處內文則製作訂正表註明，此8處訂正本書已逕予改正。

例言七則

一、本編〔《大日本地名辭書‧續編》〕臺灣部之記述體裁，雖主要根據《大日本地名辭書正編》之結構，以期彼此統一，但因向來臺灣與本邦內地情況不同，而不得不有多少特殊之結構。汎論分設了臺灣地理總說、臺灣地名考、臺灣政治沿革總說、臺灣住民總說、土地慣行一斑；各說則因臺灣未如本邦內地分為道及國、郡等區劃，而依照現在之慣例，大別為臺灣本島（含附屬島嶼）、澎湖群島等，而於略近本邦內地的郡之堡里或鄉澳之下，順序羅列各條地名。

二、臺灣，依政治地理可區分為2部：一為普通行政區域，一為番地。本編之內容，即記載地名之範圍，以現在普通行政區域為主，其區域外之番地為從。蓋後者之諸般情形，目前尚在進行探究調查中，且屬於古來未鑿之區，欠缺歷史上之沿革，故其詳細記述有待他日拓殖就緒之後。

三、臺灣地名之讀法，除了帝國領有後新命名者或遵循歐美之稱呼者外，於題目右旁附加片假名，乃依照領臺後新改邦讀之漢音，或襲用從前稱呼之慣例；①題目下記載於括弧內之片假名，是向來漢人（即多數之閩人）所使用的南部福建語；正文中記載之地名右旁括弧內附註的片假名，亦依向來閩人所用者；而少數粵人（廣東客家人）之發音，概避煩而省略。

①【譯按】這些臺灣地名之日本讀音，此次翻譯時已逕為刪去。

四、本編所載沿革記事之年號,除引用既成文書之外,為求便利,荷蘭人及西班牙人佔據時代,主要使用西曆,鄭氏佔據時代主要使用明朝年號(在臺灣,永曆之年號持續使用至三十七年),清朝領有時代主要使用清朝之年號,帝國領有後主要使用我國年號。其中,需要彼此對照時,特別於括弧內附註相當之其他年號。

五、本編記載之現在各種統計,根據揭載明治40年〔1907年〕調查的《臺灣總督府第十一統計書》。其他情況,則特別註記年次以資區別。

六、臺灣之地名,外國人各準據該國語言而有多少變化,也有特殊之拼寫用字(例如,最初來自葡萄牙語之Formosa,英、美、德、蘭等國襲用外,西班牙語則慣用Hermosa、法語慣用Formose、俄語慣用Формозє。又原出自中文之「臺灣」,在韓語則轉訛為대만)。本編對於歐美人的稱呼,除特別記載荷蘭人及西班牙人佔據時代的地名外,主要引用英國水路部之海圖所記載,其他則省略。

七、古來成於漢族之手的文書中,對於臺灣之番人多用「番」字。蓋「蕃」與「番」通音,因而慣用如此。總之,其義出於《周禮》所謂:「千里曰王畿……又其外方五百里曰蠻畿……又其外方五百里曰番畿。」我國領臺後之文書,均慣用「蕃」字,因避免同一意義之文字多歧,除其為固有名詞的地名之外,漢族文書中所記載之「番」字也改成「蕃」字。[2]

明治42年〔1909年〕11月　　伊能嘉矩　識

②【譯按】日本時代將原來中文歷史文獻之「番」字改為「蕃」字,此次翻譯時則回復為原來使用的「番」字。

第一部
汎論

第一　臺灣地理總說

　　臺灣，由臺灣本島及附屬島嶼澎湖群島組成，幾乎位於支那海中間位置。西方，近控南部支那大陸，隔著臺灣海峽，以澎湖群島為其中間連鎖。東北，斷續連互琉球列島，與九州之間為跳石之狀。東方，面向太平洋。南方，隔著巴士海峽與菲律賓群島相對。其位置，北緯自21度45分至25度37分，東經自119度18分至122度6分，北回歸線貫穿其中。根據明治37年〔1904年〕結束之臨時臺灣土地調查局實測結果，臺灣本島（包含附屬島嶼）及澎湖群島的經緯度極點如下。

土地	經度之極點			緯度之極點		
	方位	地名	東經	方位	地名	北緯
臺灣	極東	棉花嶼東端	122 度 06 分 15 秒	極南	七星岩南端	21 度 45 分 25 秒
	極西	尖山堡新港庄西端	120 度 02 分 16 秒	極北	彭佳嶼北端	25 度 37 分 53 秒
澎湖	極東	查母嶼東端	119 度 42 分 54 秒	極南	大嶼南端	23 度 09 分 40 秒
	極西	花嶼西端	119 度 18 分 03 秒	極北	目斗嶼北端	23 度 45 分 41 秒

　　其廣袤，本島東西寬約40里，南北長約100里，周圍約290里，面積2,318餘方里；澎湖群島（總數64）及其他屬島（總數14）合算，則周圍約398里，面積2,332餘方里。根據明治37年〔1904年〕結束之臨時臺灣土地調查局實測結果，本島及諸島嶼詳細之周圍及面積如下表。

土地	周圍	面積
本島	290 里 03 丁 07 間	2,318.5148 方里
屬島	25 里 19 丁 40 間	5.6498 方里
澎湖群島	83 里 07 丁 20 間	8.2254 方里
總計	398 里 30 丁 07 間	2,332.3900 方里

（**附記**）臺灣與菲律賓群島之間的巴士海峽內，多數島嶼岩礁碁布，向來欠缺彼我明確之境界。我領臺後，日本及西班牙兩國政府之間，關於兩國版圖境界，協議決定如下宣言。

日本國皇帝陛下之政府及西班牙國皇帝陛下之政府，均希望增進兩國間現存之友好情誼，而相信明確太平洋西部兩國版圖之所領權，為達成上述希望之助力。接受兩國政府委任之以下兩人，即日本國皇帝陛下外務大臣臨時代理文部大臣侯爵西園寺公望及西班牙國皇帝陛下特命全權公使 Don José de la Rica y Calvo 協議決定如下宣言。

第一，此宣言以通過巴士海峽得以航行之海面中央的緯度平行線，為太平洋西部日本國及西班牙國版圖之境界線。

第二，西班牙國政府宣告，在該境界線北方及東方之島嶼，非其所有。

第三，日本國政府宣告，在該境界線南方及東南方之島嶼，非其所有。

明治 28 年 8 月 7 日、西曆 1895 年 8 月 7 日，於東京製作宣言書 2 份，署名之。

侯爵　西園寺公望

本島之形勢，南北長，東西狹，其中央稍偏東大約三分之二處，有南北貫通之山脈。此為本島之脊梁，其最高峰高出海拔 10,000 尺以上者不少（M. Beazeley 之 *Notes of an Overland Journey through the South part of Formosa from Takaw to the South Cape* 謂：「有世界第一之高山，乃 Formosa 之一奇。」蓋以臺灣如此之島嶼而有上述之高山，實可謂一特色）。即以之縱斷全島分為東西兩部，東半部成急激傾斜，西半部緩慢傾斜而展開平坦廣闊之臺地平野。

　　中央山脈中最著者為 Sylvia 山脈，以 Sylvia 山為其主峰。此山脈起自東海岸北部之大南澳鼻（即 Dome 角），距海岸不遠為南澳（Lâm-oh）山，山勢走西南，Sylvia 山即崛起雪（Seh）山之高峰。附近四面，分支延伸出蟠結大致相同高度之峰巒，難以區分。自此漸南，為合歡（Hap-hoann）山、能高（Lêng-ko）山、安東軍（An-tang-kun）山等，自丹大（Tan-tōa）山延伸為秀姑巒（Sìu-kou-loân）山、關（Koan）山等，至南太武（Nâm-thài-bú）山、南崑崙（Nâm-khun-lûn）山，自此以南從霧頭（Bū-thôu）山逐漸低下，經里龍（Lí-lîong）山、老佛（Lâu-put）山至恆春平野，而盡於南岬。

　　並行於 Sylvia 山脈西側者為新高山脈，以新高（Niikata）山為主峰命名。此山脈，自聳立於宜蘭平野西北之阿玉（A-gek）山，經棲蘭（Chhe-lân）山為大霸尖（Tōa-pah-chiam）山，繞 Sylvia 山西北，多數高峰群起，至埔里社北方為白姑（Hatku）山、守城大（Síu-sîann-tōa）山，更南經巒大（Loân-tōa）山及郡大（Kūn-tōa）山，突秀出新高山，南走合 Sylvia 山脈。

　　另有新高山脈西側並行之一山脈，以該番地境界線而名之為番界山脈。起自本島東北端之草嶺（Chháu-nía）、三貂嶺（Sam-tiau-nía），其支翼北走，成為聳立於海中之基隆（Kilung）山，本幹走西南為插天（Chhah-thinn）山，分歧為被稱為大嵙崁方面之內山的東眼（Tang-gán）山及鳥嘴（Chiáu-chhùi）山，南而崛起新竹苗栗方面之主山鹿場（Lok-tîunn）山，自此分歧為往西北之假裡（Ka-lí）山，往西南之洗水（Soe-chúi）山，然後為司馬限（Si-má-hān）山、白毛（Peh-mou）山等，過埔里社西方為集集（Chip-chip）山，綿延連亙於嘉義東方，起阿里山漸往西南為烏（Ou）山，走向下淡水溪谷地西方而盡。其他，北部為低丘陵，一方連於三貂嶺，一方連於東眼山餘脈延伸西走之山嶂，有鉤形之支脈連峰；北方則以七星墩

（Chhit-chhibb-tun）山、大屯（Tōa-tūn）山為主峰，中間包擁著臺北平野。

又，Sylvia山脈之東側自臺東花蓮港南方沿著東海岸，盡於卑南溪北有較低之山脈。此為臺東海岸山脈，其中以龍鑾頭（Liông-loân-thâu）山為其主座。此山脈分開臺東縱谷平野與海岸狹野。

如此，本島全部面積過半為山地，少平地。平野之重要者為自彰化嘉義，經臺南至鳳山之西海岸平野，下淡水溪谷野次之，臺北平野又次之，宜蘭平野及臺東之卑南、奇萊和縱谷平野再次之。臺地存在於山地與平野之間，特別位於新竹、苗栗與臺中方面。此等平野、臺地，皆位於洪積層及沖積層之上，多因河流縱貫灌漑而使其土地開發。總之，臺灣最重要的文明發展形成於平野，政治及經濟中心等重要街市都建置於此，其次之發展源泉則在臺地，其他之山地一帶則屬於最後開發，即將來應該開拓之富源。

至於河流，因大山脈縱貫狹長之本島中央，故無甚長大者，且多急激，上游概為峽流，水底深刻岩層，兩岸曲度極急，其中不少形成數百尺之懸崖、數十丈之瀑布。被束縛於深峽底部的水流，一旦脫出山圍，滔滔洪流四分五裂，漫衍四近，中游形成河磧，下游形成沙洲；降雨一至，因為急曲，突然暴漲，而常崩壞河岸、淹沒田園。河口概為東西開，少南北開者。

稍大之河流，在西部者有淡水（Tām-chúi）河、竹塹（Tek-chhàm）溪、中港（Tiong-káng）溪、後壠（Aû-lâng）溪、房裡（Pâng-lí）溪及大安（Tāi-an）溪、大甲（Tāi-kah）溪、大肚（Tōa-tōu）溪、濁水（Lô-chúi）溪、西螺（Sai-lê）溪、新虎尾（Sin-hó-bé）溪、北港（Pak-káng）溪、牛稠（Gû-tiâu）溪、八獎（Pat-chíang）溪、急水（Kip-chúi）溪、曾文（Chan-bûn）溪、二層行（Jī-chàn-hâng）溪、下淡水（ē-tām-chúi）溪、東港（Tang-káng）溪等；在東部者有濁水（Lô-chúi）溪、冷水（Léng-chúi）溪、花蓮（Hoe-liân）溪、秀姑巒（Sìu-kou-loân）溪、卑南（Pi-nâm）溪等。

本島西部海岸，概為淺渚，泥沙堆積；東部海岸則山趾近海，故成為一帶沙岸，間為斷崖絕壁。全島沿岸，曲折灣入甚少，因此海岸線亦綿延

不大，故缺乏可容大船巨舶之港灣（島嶼形勢，分述於各島條下，茲不重複）。

　　臺灣之氣候，因其位置屬於亞熱帶，酷暑長，不知嚴寒，每日之最高氣溫，早在4月就已達華氏90度以上，最晚至10月仍達相同度數，酷暑之際，可連日90度以上，最高之極普通可達95、96度，雖也有升至100度者，但甚稀少。至於冬季，氣候頗溫和，中部以北雖偶有結霜但屬罕見，降雪則非高山山頂不可見。因氣候如此溫暖，故木葉常綠，花卉時開，且米穀一歲再稔（據《臺灣統治綜覽》）。《臺灣府志》記載本島氣候：「大約暑多于寒，鐘鼎之家，狐貉無所用之，細民無衣無褐，亦可卒歲。花卉則不時常開，木葉則歷年未落，瓜蒲蔬茹之類，雖窮冬，亦華秀」，可謂適切。

　　向來臺灣有（1）里、堡、鄉、澳，（2）街、庄、鄉、社之大小地方區劃，略依天然地勢疆域劃定。里、堡、鄉、澳，包括一以上至數十之街、庄或鄉、社之名稱。舊慣上，里用於臺南以南至恆春地方；堡用於臺南以北至宜蘭一帶；鄉用於臺東；澳用於澎湖，而其性質大體相同。又，街指人家稠密之市街，至少也是指佔一地方之最主要地位者（目前臺南特別稱為市）；庄指街之中心的村邑，鄉則特別是澎湖用之於稱庄者，社則用於稱番人之部落（堡，原出於保甲制，故古用「保」字，今則皆從「堡」。庄，古用「莊」字，或屬於里、堡，或獨立其外，今皆從「庄」字，完全包括於里堡之內。澎湖，原稱鄉、社，今則不用。又，番社有合數社或十數社為一大社者）。現在舉里、堡、鄉、澳及街、庄、鄉、社之總數，如下表。

里　堡　鄉　澳		街　庄　鄉　社	
總　數	細　別　數	總　數	細　別　數
202	75 里	3,609	77 街（市）
	109 堡		2,737 庄
	13 澳		79 鄉
	5 鄉		716 社

（**附記**）明治28年〔1895年〕12月勅令第67號以通過臺灣本島與澎湖群島中間之東經120度子午線規定臺灣之標準時（即西部標準時）。當時，關於此規定之必要理由，東京帝國大學有詳細之建議，其節略如下。

明治19年〔1886年〕勅令第51號取東經135度之時，定為本邦一般標準時間。故今日在交通上、運輸上、軍事上、學術上等，都享有極大便益，此固不必喋喋。然今帝國版圖擴大至東經120度以西。本邦向來之標準時間，與此等新領地之地方時間，產生一個鐘頭上下之差，因此不能採用。然如各地各用其地方時間，各地時間不同則其不便實不堪言矣。故今日在新領地，必須採用一定之時間的理由，與以前設定本邦各地相同之標準時間無異。我政府當時既然已認識到後者，相信今日無疑亦可認識到前者。然更進一步，不可不考究應以如何之時間為新領地之時間的問題。此問題之決定，要考慮新領地及本邦使用之原來標準時間的方便性。所謂新領地的方便，是新採用的時間與各地的地方時間應該差異不大，使日常上沒有困難。所謂向來標準時間之方便，是兩者之關係盡量簡單，不論是從內地至新領地，或從新領地來內地，變更時間之際，或其他需要比較二者時，任何人都不感困難。就此二點之何者來考慮，都以採取東經120度時間定為新標準時間最為良策，其理至明。東經120度子午線，通過臺灣島、澎湖列島之間。新領地之大部分，此時間與地方時間之差僅在8分鐘之內。故新領地採用此時間，極多方便。又，此時間正在向來之標準時間的後1小時，換算甚易。例如，從內地至新領地之人，其時間只要往後撥1小時即可。或時鐘仍照原樣，只要心裡盤算相差1小時即可。亦即，內地時鐘表示10時23分，新領地則為9時23分，兩者之關係未有能較此簡單者。何況如此選定，合乎前年華盛頓召開萬國普通子午線及計法公會決議之精神，與美國及歐洲諸國採定標準時間之主義一致。此等標準時間，與格林威治時間之差，正好1小時或其倍數。美國所採用之5個標準時間，與格林威治時間之差，各為

4小時、5小時、6小時、7小時、8小時，就是以各1小時來變化。本邦已以東經135度時間（即與格林威治時間差9小時）為標準時間，今新領地採用相差8小時之時間，實乃當然之事。若此計時法行於一般世界，則東經120度時間，亦將用於支那東部為一般標準時間。此亦是一方便。此尚有一應注意者，即八重山及宮古諸列島亦應比照採用此新標準時間。

第二 臺灣地名考

臺灣之地，古來便有複雜之住民，經沿革的結果，本身便有多樣之地名變遷。即，最初土著番人根據其固有語言命名（例如，臺北平野之稱呼為Takara）；爾後，歸荷蘭人、西班牙人佔領，亦有被依其國語言附以特殊名稱者（例如，荷蘭人稱澎湖島為Piscadore，西班牙人稱呼淡水河為Kimazon）；既而，漢族（鄭氏及清朝）代而統治，更轉由其文字及言語稱呼之。現在臺灣慣用之主要地名（番地之番地名，暫且視為例外），屬此最後者。其中，雖如今多有已完全失其原義，難以溯源者，但可以將其稱呼之起因及轉訛的通則例示如下。

（甲）地名起因例

（一）本於自然一般形勢位置為地名

（例1）山頂、山腳、北山、後山、坪頂、崁頂、下崁、崁腳、崎頂、崎腳、崙頂、中崙、深坑、深壢等，屬於取自其所在之山地、丘陵及谷地形勢位置之類。

（例2）平埔、大埔、內埔、外埔、埔心、後埔、東勢、西勢、南勢、北勢、東勢角等，屬於取自其所在平地形勢位置之類。

（例3）樹林、林口、林仔邊、四方林、大坪林、坪林尾、竹林等，屬於取自其所在森林形勢位置之類。

（例4）溪洲、洲仔、溪尾、溪南、溪北、港仔嘴、港口、港東、港西、水尾、海口、海尾、深澳、澳底、湖頭、湖口、湳仔等，屬於取自其所在河海湖沼形勢位置之類。

（例5）沙崙，大沙崙等，屬於取自其所在砂丘形勢位置之類。

（二）形容自然特殊地勢為地名

（例1）在山方面。尖山，取其孤峰突起尖立；圓山，取其山崗頂上孤立；觀音山，取其山峰屹立如菩薩端坐之狀；枕頭山，取其山勢逶迤，宛如枕頭；火山，取其山中有噴氣孔；玉山，取其積雪瑩澈光明，晴霽望之輝白如玉；雪山，取其山峰高聳，冬天常戴雪；插天山，取其峰高於眾嶽，觀之如挺插天際；五指山，取其大小五峰並列，如五指張開之狀。

（例2）在河方面。雙溪，取二水合流；三叉坑、三叉河，取分流之三叉；濁水溪，取流水常帶溷濁；鹽水溪，取因海潮逆漲而帶鹹味；苦溪，取其水流險惡，行人苦之之類。

（例3）在島嶼方面。龜山嶼，取形容如龜之浮於海中；雞心嶼，取島形呈不平整圓形，肖似雞心；其他，花瓶嶼、香爐嶼、頭巾嶼、筆錠嶼、方錠嶼、馬鞍嶼等，皆取其形似之類。

（三）本於特殊天然產物為地名

（例1）樟樹林、樟樹坪、楠梓坑、龍眼林、赤柯坪、樹杞林、九芎林、柑仔林、桂竹林、大糠榔、小糠榔、蔴園、菁埔等，取其植物繁茂生育之類。

（例2）鹿滿山，取野鹿群生之地；鳥嶼，取鳥類群集產卵；鯽魚潭，取多產鯽魚（即鮒）之類。

（例3）磺山，取山中出產硫磺之類。

（例4）鹽埕、鹽田等，取製鹽所在之類。

（四）本於山河勝蹟及建造物等為地名

（例1）枕頭山庄，取在枕頭山下；觀音山庄，取在觀音山下；濁水庄，取在濁水溪岸；曾文庄，取在曾文溪岸；鯉魚潭

庄，取其地有鯉魚潭；東港街，取在東港岸之類。

（例2）石門庄，其地岩石對峙狀如關門，取之名為石門；仙洞庄，其地洞窟幽邃奇勝，取之名為仙洞；鶯哥石庄，其地一巨石形似鶯哥鳥，取之名為鶯哥石；龍目井庄，其地之井泉擬象龍目，取而稱為龍目井之類。

（例3）枋寮、田寮、圳寮、廍仔、油車、瓦窯、蚵寮、犁頭店、番薯市等，取最初其地之生業上的建造物之類。

（例4）土城、土牛、石城、石圍、木柵、柴城、隘寮、銃櫃等，取最初其地之防衛上的建造物之類。

（例5）媽宮、媽祖廟、關帝廟、太子宮等，取其地有該廟宮之類。

（五）本於歷史的沿革及古來之傳說等為地名

（例1）紅毛城鄉（澎湖島紅木埕鄉原名）及紅毛樓街（臺南城內），皆因最初荷蘭人建築城樓所在地之類。

（例2）查畝營、五軍營、果毅後、林鳳營等，皆因鄭氏時代鎮營所在地之類。

（例3）林圯埔，因鄭氏部將林圯最初開拓之埔地；吳全城，因道光年間吳全最初企劃開墾，設置城堡防止番害地之類。

（例4）三姓寮庄（大槺榔西堡），因最初閩籍黃、陳、吳3姓建庄地之類。

（例5）烏鬼埔，因有烏鬼（即荷蘭人黑人奴隸）聚居之遺址的傳說；靈潭陂，因有往昔佃人於此陂祈雨靈驗傳說；阿公店，因未開拓之初，一老翁搭一草店，而以阿公（南部福建語老翁敬稱）店稱呼的傳說之類。

（六）本於拓殖及建置當初情形為地名

（例1）五十二甲、一百甲（以1丈2尺5寸為1才，25才平方

積為1甲）等，及三張犁、二十張犁（以5甲為1張犁）等，取其最初墾成之土地廣袤；一結、二結、十六結、三十九結等，取其最初拓殖團體之結首分段數；三鬮，四鬮等，取開拓當時鬮分取得數之類。

（例2）新庄、新園、新開園、新佃、新興、新店、新街等，因第二次拓殖或建置而與舊街庄對稱；又，舊庄、舊街、老街等，與其新街庄對稱之類。

（例3）番社、舊社、社口、社後、番仔寮、社寮等，取其番社所在地或附近，或設有番人交易所之地；番仔路，則是取其通往番社要道之類。

（例4）三間厝、八塊厝等，取最初開拓時所建移民戶數之類。

（七）拓殖及建置當初，選擇佳字為地名

（例1）彰化，清雍正初年於半線番地新設一縣，取「顯彰皇化」之義命名為彰化；光緒初年於瑯𤩝番地新設一縣，因氣候「恆如春」命名為恆春之類。

（例2）明末鄭氏佔據臺灣經營創始，劃其最初墾成區域里名之為文賢、仁和、永寧、新昌、仁德、依仁、崇德、長治、維新、嘉祥、仁壽、武定、廣儲、保大、新豐、歸仁、長興、永康、永豐、新化、永定、善化等；清光緒初年新設恆春縣時區劃宣化、仁壽、至厚、德和、興文、善餘、永靖、泰慶、咸昌、安定、長樂、治平之類。

（例3）八卦山（彰化），清嘉慶年間，彰化知縣胡應魁建太極亭於縣署後，同時以《易經》「太極生兩儀，四象生八卦」之義取名之類。

（八）移住者移用其原鄉名稱，或寓其意為新地名

（例1）潮州（港東上里），因當初粵潮州府人移住；東石港（大坵田西堡），因當初閩泉州府晉江縣東石人移住之類。

（例2）烏牛欄、阿里史、房裡、日南、日北、雙寮、大肚（埔里社堡）等，因同名社（平埔）番族移住之類。

（例3）芝山巖（芝蘭一堡），以該地方之住民從閩漳州府移來，取原籍地名勝芝山命名之類。

（例4）福興庄（桃澗堡），因福建人興業之地故名；廣興庄（桃澗堡），因廣東人興業之地故名之類。

（九）因歷史性的原因改易地名

（例1）嘉義，舊名諸羅，清乾隆末年，林爽文之亂，因士民守義奉公，取「嘉義」之義，清國皇帝欽定改名之類。

（例2）舊港，原稱竹塹港，後另開新港，清嘉慶年間，重新開浚舊港陳跡成港，因而改成如此之類。

（例3）沙轆社（平埔番族Vupuran部族社名）一名迴馬社，清康熙六十一年〔1722年〕巡視臺灣御史黃叔璥《番俗六考》記載：「余北巡至沙轆……抵郡後，聞將社名喚作迴馬社，以余與吳侍御北巡至此迴也」，以此事實命名之類。

（乙）地名轉訛之例

（一）以近音之漢字拼寫漢族以外之語言（多為土番語，偶也有外國語）為地名。如孫元衡《赤嵌集》所記載：「臺地諸山，皆從番語譯出。」不只山名，各種地名也有此類例子。其中也有變化其原名，而拼寫成近音漢字者。這種地名，乍見似出於漢語命名者，實乃假借近似之成語強行轉訛者。

（例1）半線（Poasoa），諸羅（Tsuro），羅東（Roton），艋舺（Banka）等，皆以近音漢字拼寫平埔番族地名之類。

（例2）璞石閣（Pokchiokok），乃變化阿美番族語地名Papako；牡丹（Botan）社，乃省略變化Sinbojian社名，寫成近音譯字者之類。

（例3）蛤仔難（Kapanannu），乃變化平埔番族一部族自稱

Kavarawan；雞籠（Kelang），乃省略變化平埔番族自稱 Ketaganang，以近音譯字從人族稱呼轉而移用為地名之類。

（例 4）三貂角之三貂（Samtiau），原為西班牙人據有北部臺灣時，當初發現東北角而以該國一都府之名取名為 Santiago，後加以變化以近音譯字寫成；富貴角之富貴，取荷蘭人命名為 de Hoek van Camatiao（Hoek 為「岬」之義），而以近音譯字寫成之類。

（二）以近音佳字改易舊來地名

（例 1）基隆（Keelun），原寫成雞籠（Kelang），清光緒年間為通判廳所在地，取「基地昌隆」之義改成如此之類。

（例 2）艋舺土名歡慈市（Hoan-tsû-chī），原寫成番薯市（Han-tsû-chī），以不雅馴而改成如此之類。

（三）因語音自然或故意轉訛而變更文字

（例 1）紅木埕（Âng-bak-tîann），荷蘭人建築城砦之地，因而原稱紅毛城（Âng-mng-sîann），後因自然轉訛而變更如此。車城（Chhia-sîann），建築木柵防番，因而原稱柴城（Chha-sîann），後因自然轉訛而變更如此之類。

（例 2）噶瑪蘭（Katmaran），原寫成蛤仔難（Kapananu），清嘉慶年間，新設一廳時，故意強制轉訛；苗栗（Biâu-lek），原寫成貓里（Bari），光緒年間，新設一縣時，故意強制轉訛之類。

（四）本於舊來地名添改文字為新地名

（例 1）宜蘭，在舊名噶瑪蘭之「蘭」字上添加「宜」字為新地名；新竹，在舊名竹塹之「竹」字上添加「新」字為新地名之類。

（例 2）埔里社之城名大埔城，在「埔」字上加「大」字，在其

下添加「城」字之類。

（五）合併省略既有地名，又添加文字為新地名

（例1）桃澗堡，取其地2主要地名「桃仔園」及「澗仔壢」各
頭1字合為新堡名；雷朗社（平埔番族凱達格蘭部族社
名），取「雷里」及「秀朗」2社頭字、尾字合為新社名；
圭北屯社（平埔番族凱達格蘭部族社名），取「圭柔山」、
「北投」、「大屯」3社2頭字1尾字合為新社名之類。

（例2）諸羅，舊名諸羅山，省略「山」字為縣名；卑南，舊名
卑南覓，省略「覓」字為廳名；錫口，舊名貓里錫口，省
略「貓里」之類。

（例3）八芝蘭林之八芝蘭，以近音譯字拼寫番語地名
Pachiran，然後添加林野意義的「林」字之類。

（六）以數種假借之字音拼寫同一地名

（例1）以埔裏、埔裡、埔里等數種文字拼寫番語地名Pou-ri；
以大姑陷、大科嵌、大姑嵌、大姑崁、大料崁等數種文字，
拼寫番語Tōa-khou-hàm之類。

（例2）轉噶瑪蘭番族自稱之語為地名，而拼寫成蛤仔難
（Kapanan）、蛤仔蘭（Kaparan）、葛雅蘭（Katgaran）、葛
雅藍（Katgaram）等數種文字之類。

第三　臺灣政治沿革總說

　　臺灣，原為土番棲息之域，嘗無所統屬，支那隋代前後以來，漸啟漢族知其存在之緒，降自元代末葉以來，有企圖移殖部份地方者，但總只留其侵略之跡而已，未曾積極經營。西曆1600年代（即明末），荷蘭人前來以南部臺灣為根據，屬東印度公司管轄，始著手經營為殖民地。當時，荷蘭人之求諸於殖民地者，採取所謂商業殖民主義，專以獲得貿易之利益為主要目的，因此採取之策略為：與其於大陸，不如於島嶼佔領良好港灣。故其臺灣之殖民經營事蹟，也顯然置重點於貿易，拓殖土地及獎勵農業則次之。同時，西班牙人以北部臺灣為根據地，與荷蘭人拮抗、保護呂宋支那之間的貿易。但未幾即被荷蘭人驅逐，佔居之年月並不長，所以少見經營成績。爾後，明遺臣鄭成功佔據臺灣圖謀恢復，藉稱臺灣為先人遺物，舉兵力強要，將荷蘭人驅出島外，舉其宗黨部屬移住。其移住之目的，固非具有和平意義之殖民，而屬建設新國家之政治性佔領，因此當初在臺灣之統治並非以和平之制度，實有軍政之形式，即以所謂屯田自強主義進行經營。初以承天府為首都，於南北兩路設萬年、天興2縣。以後，其子鄭經時，改縣為州，更設3安撫司於南北兩路及澎湖。然以始終都在兵馬倥傯之間，行政上之組織未見完全整備，事實上只於明朝亡滅後，尚在本島奉其正朔20餘年，遂被清朝討剿而告終焉。

　　康熙二十二年〔1683年〕，清朝征服臺灣，當時尚是基業鴻模未固、內部海波未靖之秋，清朝有司多不能決定是否舉此孤懸海島為永久領土。多數提議傾向以領有臺灣為不利，而主張只要領有澎湖以為東南保障，建議仍如前明洪武年間徙澎湖島民於閩漳泉間之故例，墟其地，悉徙在臺漢族於本土，將全島棄於版圖之外。當時之水師提督施琅獨以為不可，上疏

論陳臺灣棄留之利害。其疏曰：

　　竊照，臺灣北連吳會，南接粵嶠，延袤數千里，山川峻峭，港道紆迴，乃江浙閩粵四省之左護，隔澎湖一大洋，水道三更，明季設水澎標于金門所，出汛至澎湖而止，水道亦有七更。臺灣一地，原屬化外，土番雜處，未入版圖也。然，其時中國之民潛至，生聚於其間者，已不下萬人。鄭芝龍為海寇時，以為巢穴。及崇禎元年〔1628年〕，鄭芝龍就撫，將此地稅與紅毛，為互市之所。紅毛遂聯絡土番，招納內地人民，成一海外之國，漸作邊患。至順治十八年〔1661年〕，為海逆鄭成功所攻破，盤踞其地，糾集亡命，挾誘土番，荼毒海疆，窺伺南北，侵犯江浙，傳及其孫克塽。六十餘年，無時不仰廑宸衷。臣奉旨征討，親歷其地，備見野沃土膏，物產利溥，耕桑並耦，漁鹽滋生，滿山皆屬茂樹，遍處俱植脩竹，硫磺、水籐、糖蔗、鹿皮，以及一切日用之需，無所不有。向之所少者，布帛耳。茲則木綿盛出，經織不乏，且舟帆四達，絲縷踵至，飭禁雖嚴，終難杜絕，實肥饒之區，險阻之域。逆孽乃一旦凜天威，懷聖德，納土歸命，此誠天以未闢之方輿，資皇土東南之保障，永絕邊海之禍患，豈人力所能致！

　　夫地方既入版圖，土番、人民，均屬赤子。善後之計，尤宜周詳。此地若棄為荒陬，復置度外，則今臺灣人民稠密戶口繁息，農工商賈各遂其生，一行徙棄，安土重遷，失業流離，殊費經營，實非長策。況以有限之船渡無限之民，非閱數年難以報竣。使渡載不盡，苟且塞責，則該地之深山窮谷，竄伏潛匿者實繁有徒，和同土番從而嘯聚，假以內地之逃軍、流民，急則走險糾黨為祟，造舟製器剽掠濱海，此所謂藉寇兵而齎盜糧，固昭然較著者。甚至此地原為紅毛住處，無時不在涎貪，亦必乘隙以圖。一為紅毛所有，則彼性狡黠，所到之處善為鼓惑人心，重以來販船隻制作精堅，從來無敵於海外。未有土地可以托足，尚無伎倆；若既得數千里之膏腴，有以依泊，必倡合黨夥竊窺邊場，逼近門庭，此乃種禍後來，沿邊諸省斷難晏然無虞。至時復動師遠征，兩涉大洋，波濤不測，恐未易再建成效。如僅守澎湖，而棄臺灣，則澎湖孤懸汪洋之中，土地單薄，異于臺灣，遠隔金廈，豈不受制於人。是守臺灣，即所以固澎湖。臺灣澎湖聯為臂指，沿邊水師汛防嚴密，

各相猗角，聲氣關通，應援易及，可以寧息。況昔日偽鄭，所以得負抗逋誅者，以臺灣為老巢，以澎湖為門戶，四通八達，游移肆虐，任其所之，我之舟師，往來有阻。今地方既為我得，在在官兵，星羅碁布，風期順利，片帆可至，雖有奸萌，不敢復發。臣業與部臣撫員會議，部臣撫員未履其地，去留未敢決。臣閱歷周詳，不敢遽議輕棄者也。

伏思皇上建極以來，仁風遐暢，威聲遠播，四海賓貢，萬國咸寧，日月所照，霜露所墜，凡有血氣，莫不臣服，以斯方拓之土，奚難設守，以為東南數省之藩籬！且海氛既靖，內地溢設之官兵，盡可陸續汰減，以之分防臺灣、澎湖兩處。臺灣設總兵一員，水師副將一員，陸師參將二員，兵八千名。澎湖設水師副將一員，兵二千名。通計兵一萬名。足以固守。又無添兵、增餉之費，其防守總兵副參遊等官，定以三年或二年轉陞內地無致久任，永為成例。在我皇上，優爵重祿，推心置腹，大小將弁誰不勉勵竭忠。然，當此地方初闢，該地正賦雜餉殊宜蠲豁，現在一萬之兵食權行全給，三年後開徵可以佐需。抑且寓兵于農亦能濟用、可以減省，無庸盡資內地之轉輸也。

蓋籌天下之形勢，必求萬全。臺灣一地，雖屬外島，實關四省之要害，無論彼中耕種，猶能少資兵食，固當該留；即為不毛荒壤，必藉內地輓運，亦斷斷乎其不可棄。惟去留之際，利害攸係。我朝兵力，比於前代，何等強盛！當時封疆大臣，狃于目前苟安為計，盡遷五省邊地，以備寇患，致賊勢愈熾，而民生顛沛，往時不臧，禍延及今，遺朝廷宵旰之憂。臣仰荷洪恩，天高地厚，行年六十有餘，衰老浮生，頻虞報稱未由。熟審該地形勢，而不敢不言。蓋臣今日知而不言，至後來萬或滋蔓難圖，竊恐皇上責臣以緘默之罪，臣又焉所自逭。故當此地方削平，定計去留，莫敢擔承。臣思棄之必釀大禍，留之誠永固邊圉。會議之際，臣雖諄諄極道，難盡其詞。在部臣撫員等，耳目未經，又不能盡悉其概。是以臣會議具疏之外，不避冒瀆，以其利害，自行詳細披陳，伏祈睿鑒。

此議被採用。翌二十三年〔1684年〕，以臺灣為一府，稱臺灣府，隸福建省之下；府下更分設臺灣、諸羅、鳳山3縣。定府之疆域為「東抵

羅漢門莊內門六十五里，是曰中路；西抵澎湖三百二十里，南抵沙馬磯頭四百六十里，是曰南路；北抵雞籠六百二十四里，是曰北路。東西廣三百八十五里，南北袤一千九十四里」。臺灣縣，東至羅漢門莊內門，以東之山地一帶為化外之番界，南以接紅毛寮溪之依仁里為鳳山縣界，北以上游之新港溪南一帶、下游之蔦松溪以南為諸羅縣界。鳳山縣，北自臺灣縣界，南至沙馬磯頭。諸羅縣，南自臺灣縣界，北至雞籠。然此單只表示版圖上之疆界，只不過是蓋然之區域。實際政化所及者，南限於下淡水溪北岸，北限於大甲溪南岸；東部一帶，如羅漢門，實為奸宄逋脫淵藪狀態。又，澎湖島，古來稱36島，但僅只轄大山嶼（本島）、北嶼（白沙島）、西嶼（漁翁島）3島屬臺灣縣。府治位於今臺南，臺灣縣治亦在此。鳳山縣治在今鳳山西北之興隆里（舊城），諸羅縣治卜定於今嘉義之西南佳里興，皆未建縣署，土地寥曠，未經開闢，且皆毒惡瘴地，知縣及所屬官僚皆僑居臺灣府。鳳山縣，康熙四十三年〔1704年〕，知縣宋永清時，始移駐。又，諸羅縣，康熙四十三年〔1704年〕，更改置縣治於今嘉義，四十五年〔1706年〕，知縣孫元衡時始移駐。

康熙六十年〔1721年〕，朱一貴亂，不旬日全臺淪沒。一時之間，朱賊以中興王名目頒佈政令。翌年〔1722年〕亂平後，受命籌謀善後之藍鼎元主張開拓疆域之第一要議，乃是在臺灣北部更分設縣治。其意見之概要，載於《平臺紀略》。曰：

> 臺灣，海外天險，較內地，更不可緩；而此日之臺灣，較十年、二十年以前，又更不可緩。前此臺灣，止府治百餘里，鳳山、諸羅，皆毒惡瘴地。今其邑者，尚不敢至。今則南盡郎嶠，北究淡水、雞籠以上，千五百里，人民趨若鶩矣。前此，大山之麓人莫敢近，以為野番嗜殺，今則群入深山，雜耕番地，雖殺不畏。甚至傀儡內山、臺灣山後蛤仔難、卑南覓、崇爻等社，亦有漢人敢至其地，與之貿易，生聚日繁，漸廓漸遠，雖厲禁，不能使止也。地大民稠，則網繆不可不密。……顧或謂：臺灣海外，不宜闢地聚民。是亦有說。但今民人已數百萬，不能盡驅回籍，

必當因其勢而利導約束之，使歸善良，則多多益善。從來疆域既開，有日闢，無日蹙，氣運使然，即欲委而棄之，必有從而取之。臺灣，古無人知，明中葉乃知之，而島彝、盜賊，後先竊踞，至為邊患，比設郡縣，遂成樂郊。由此觀之，可見有地不可無人，經營疆理則為戶口貢賦之區，廢置空虛則為盜賊禍亂之所。臺灣山高土肥，最利墾闢，利之所在，人所必趨，不歸之民，則歸之番、歸之賊，即使內賊不生、野番不作，又恐寇自外來，將有日本、荷蘭之患，不可早為綢繆者也。

因而建議割諸羅縣之地兩分，於半線（今彰化）以上別設一縣，管轄600里：「雖錢糧無多，而合之番餉，歲徵銀九千餘兩。草萊一闢，貢賦日增，數年間巍然大邑也。」又，記竹塹（今新竹）地方形勢：「其地平坦，極膏腴，……闢田疇可得良田數千頃，歲增民穀數十萬。臺北民生之大利，又無以加於此。……此地終不可棄。恢恢郡邑之規模，當半線、淡水之中間，又為往來孔道衝要。即使半線設縣，距竹塹尚二百四十里，不二十年，此處又將做縣矣。」這些提議，為當時之有司採用。

雍正元年〔1723年〕，進而新設彰化縣及淡水廳（同知）。彰化縣，東限於南、北投大山麓，南以虎尾溪為諸羅縣界，北以大甲溪為淡水廳界。淡水廳，僅以東方之南山為限，南自彰化縣界，北至雞籠。雍正五年〔1727年〕，設澎湖廳（海防通判），其疆域東至東吉嶼，西至草嶼，南至大嶼，北至目斗嶼，原稱36島，當時稱50島。雍正十二年〔1734年〕，以二贊行溪為臺、鳳2縣交界，以新港溪為臺、諸2縣交界。彰化縣治，卜定於半線（彰化），淡水廳治卜定於竹塹（新竹），澎湖廳治卜定於大山嶼（本島）文澳。當時，彰化縣截至雍正六年〔1728年〕知縣湯啟聲時，未蒞治。淡水廳，截至乾隆二十七年〔1762年〕同知王錫縉時，置淡水廳公館於彰化縣治，在此擔當政務。此時，攝理臺灣知府沈起元撰〈治臺灣私議〉一篇，切論應移府城於諸羅，要曰：「在國家初得臺灣時，亦以人民尚未集、田土尚未闢，可居、可耕之地，惟臺邑左右方百里地耳。故置壁壘、設府縣，皆因偽鄭故址，即其營署、宮室，以為官府駐紮地。今聖教日廣，戶口日

繁，田土日闢，南自瑯嶠北至雞籠，延袤一千七百餘里，皆為人煙之境。地廣則規模宜遠，防險宜密，形禁勢格之道，誠不可不講也。愚以為，諸羅居全臺之中，負山帶溪，形勝獨得，宜遷府治及鎮標三營於此，以控制南北，而後中權之勢始握其要。」又有鳳山縣治應移置南方埤頭（今鳳山）之議，但均不行。

　　乾隆五十一年〔1786年〕，林爽文亂，南北2路騷擾至極，且餘孽多潛匿政化未及之偏陬。五十二年〔1787年〕，亂平後，以埤頭地居南路居民輻湊中心，地當行旅往來孔道，乃移置鳳山縣治於此。又，諸羅縣改名嘉義縣。蛤仔難（即噶瑪蘭。今宜蘭）番地收入版圖之契機，亦萌芽於此際。乃有乾隆末年閩人吳沙者，召集漳、泉、粵3籍流民，企圖開拓蛤仔難。林賊〔爽文〕之亂，慮其餘黨有逃入此地之虞，淡水同知徐夢麟特以負擔防堵匪類之附帶條件，容其開墾。爾來，吳沙更募眾著手，嘉慶元年〔1796年〕，創蛤仔難開拓之緒。爾後，因此地屢為海寇窺伺之區，嘉慶十一年〔1806年〕四月，上諭曰：「朕聞，淡水滬尾以北山內，有膏腴之地一處，為蔡牽素所窺伺，年來屢次在彼游弈，希圖搶佔。著詢明此處係何地名，派令官兵前往籌備，相機辦理。欽此。」嘉慶十二年〔1807年〕，臺灣知府楊廷理奏聞蛤仔難當開，不宜棄置。嘉慶十四年〔1809年〕正月，更發如下之上諭。

> 蛤仔難北境，居民現已聚至六萬餘人，且於盜匪窺伺之時，能知協力備禦，幫同殺賊，實為深明大義，自應收入版圖，豈可置之化外。況其地又膏腴，素為賊匪覬覦，若不官為經理，妥協防守，設竟為賊匪佔踞，豈不成其巢穴，更為臺灣添肘腋之患乎？著該督撫等，熟籌定議，如何設官經理，安立廳縣，或用文職，或駐武營，隨宜斟酌，期於經久盡善為要。

　　於是，總兵武隆阿、知府楊廷理，奉命實地勘查，將之歸入版圖，改蛤仔難為噶瑪蘭。嘉慶十七年〔1812年〕，新設噶瑪蘭廳（民番糧捕通判）。

西限於山，南至蘇澳，以外為番界，北以三貂溪（一名下雙溪）與淡水廳交界，卜定廳治於五圍（今宜蘭）。

乾隆末年以來，多有倡議開拓臺灣疆域者。乾隆五十二年〔1787年〕，林賊〔爽文〕亂平，當時閩浙總督幕僚趙翼，即議臺灣府城位置已偏南不能控制全臺，及彰化縣治移置鹿港之利。乾隆五十三年〔1788年〕，水沙連番地部分開屯，而有漢族企圖入墾未開荒埔者。嘉慶十九年〔1814年〕，隘丁首黃林旺，結合嘉義、彰化2縣民人陳大用、郭百年及臺灣府門丁黃里仁，詐稱水沙連生番通事土目，以積欠番餉，番食無資，請給出漢族佃耕。翌二十年〔1815年〕，獲得臺灣知府之府示，擁眾入山，大肆侵佔，引起番界騷擾。彰化知縣吳性誠得知其情狀，上言：其地逼近內山，道路叢雜，深林密箐，若准入墾，人集日多，恐命盜凶犯從而溷跡。嘉慶二十二年〔1817年〕，將入墾者全數趕出，於集集、烏溪2口立碑嚴禁。但以後又不斷有企圖侵入者。道光三年〔1823年〕，北路理番同知鄧傳安，親自踏察其地倡議開設。爾後，道光二十一年〔1841年〕，臺灣道熊一本等也會同上奏。道光二十七年〔1847年〕，閩浙總督劉韻珂，又實地履勘番界，體察番情，為開設之奏疏，但朝議多傾向以禁為便，遂不果行。開拓今臺東方面之說，亦於此時有所倡議。道光年間成書之《彰化縣志》作者謂：「卑南覓。自山到海，闊五、六十里，南北長約百里。他年此地開闢，可墾良田數萬甲，歲得租賦數萬石，足置一縣治。」

既而，嘉慶十一年〔1806年〕，有復建鳳山縣興隆里舊城之議者，不果行。爾後，道光三年〔1823年〕，再有移置之議，雖再築造縣城，未及成而止。咸豐年間，開放臺灣四港（安平、打狗、淡水、雞籠）；同治九年〔1870年〕，官設開掘臺灣北部雞籠地方煤炭，及增加茶、樟腦生產，內外船舶多進入北路港口，若不於今之新竹置淡水廳，則有控制鞭長不及之虞。因此，臺灣道夏獻綸，乃更有於淡水廳治之地設置一廳，又以淡水廳為直隸州移置臺北、立噶瑪蘭廳為縣之議，亦不果行。

同治十三年〔1874年〕，臺灣番地領域問題交涉，未能和平解決，因

此有我〔日本〕征番之舉。事件結局後,當時任臺灣督辦防務之欽差大臣沈葆楨,籌劃善後之策,企圖大舉刷新臺政,建議先將巡撫移駐臺灣。此議雖終未行,但首開巡撫分駐之例,福建巡撫每年夏、秋2期在本省(福州),冬、春2期駐紮臺灣。此實為後來臺灣分立一省之契機。爾後,有於瑯嶠新設一縣稱恆春縣之議,准可。於是,臺灣南端瑯嶠番地一帶,西部以率芒溪與鳳山縣交界,東部以八瑤灣與卑南覓交界,縣治卜定於猴洞。此在光緒元年〔1875年〕也。

該年〔1875年〕,請開臺地後山舊禁之議准行,南、中、北開通橫斷中央山脈之路。結果,卑南覓番地設卑南廳,以南路海防兼理番同知為南路撫民理番同知,移置於此,管轄臺灣東部一帶,即南自八瑤灣恆春縣界,北至東澳溪南之間,且以東澳溪北為噶瑪蘭廳界;更以曾文溪為臺灣、嘉義之縣界。又,開水沙連及埔里社,埔里社置廳,以北路理番兼海防同知為中路撫民理番同知,移置於此,管轄自埔里水窪地一帶,西限於集集山,南則濁水溪上游、北則北港溪上游之間。

同年〔1875年〕,沈葆楨奏准於臺北建置1府3縣,府稱臺北府,府治卜定於臺北平原大加蚋堡,改淡水廳為新竹縣,改噶瑪蘭廳為宜蘭縣,新設淡水縣,置基隆廳(臺北分防通判)。新竹縣,東至內山番界,南以大甲溪為彰化縣界,北以桃澗堡土牛溝為淡水廳界,縣治位於舊廳治。淡水縣,東至內山番界,南至新竹縣界,北以東遠望坑為宜蘭縣界,縣治位置與臺北府治同。宜蘭縣,西北自淡水縣界,南至東澳溪北,與卑南廳交界。沈葆楨〈臺北擬建一府三縣疏〉,足以知當時詳情,揭諸如下。

　　竊惟,臺灣始不過海外荒島耳。自康熙年間,收入版圖,乃設府治,領臺灣、鳳山、諸羅三縣。諸羅即今之嘉義,嘉義以北未設官也,郡南北各一百餘里,控制綽乎有餘。厥後北壤漸闢,雍正元年〔1723年〕,拓彰化一縣,並設淡水同知,主北路捕務,與彰化縣同城。蓋明知非一縣政令之所能周,特以創建城池籌費維艱姑權宜從事焉。

已耳，雍正九年〔1731年〕，割大甲以北刑名錢穀諸務歸淡水同知，改治竹塹，自大甲溪起至三貂嶺下之遠望坑止，計地三百四十五里有奇。嘉慶十五年〔1810年〕，復以遠望坑迤北而東至蘇澳止，計地一百三十里，設噶瑪蘭通判。則人事隨天時地利為轉移，欲因陋就簡而不可復得矣。

然由噶瑪蘭上抵郡城，十三日始達，由淡水上抵郡城，亦七日始達，而政令皆統於臺灣府。當淡水設廳之初，不特淡北三貂等處榛莽四塞，即淡南各社亦土曠人稀，今則或五、六十里，或七、八十里不等。蘭廳建治以後，由三貂嶺繞至遠望坑，復增地數十里有奇。其土壤之日闢不同，有如此者。

臺北海岸，前僅八里坌一口，來往社船不過數隻，其餘叉港支河僅堪漁捕，今則八里坌淤塞，新添各港口曰大安，曰後壠，曰香山，曰滬尾，曰雞籠，而雞籠、滬尾港門宏敞，舟楫尤多，年來夾板輪船帆檣林立，洋樓客棧闤闠喧囂。其口岸之歧出不同，有如此者。

前者臺北輻員雖廣，新墾之地、土著既少，流寓亦稀，百餘年來休養生息，前年統計戶口，除噶瑪蘭外已四十二萬有奇，近與各國通商，華洋雜處，睚眥之怨即啟釁端，而八里坌一帶從教者漸多，防範稽查尤非易易。其民人之生聚不同，有如此者。

臺地所產，以靛、煤、茶葉、樟腦為大宗，而皆出於淡北。比年荒山窮谷栽種愈盛，開采愈繁，洋船盤運，客民叢集，風氣浮動，嗜好互殊。淡南大甲一帶與彰化毗連，習尤獷悍，同知半年駐竹塹衙門，半年駐艋舺公所，相去百二十里，因奔馳而曠廢勢所必然。況由竹塹而南至大甲尚百餘里，由艋舺而北至滬尾、雞籠尚各數十里，命盜等案層見迭出，往往方急北轅，旋憂南顧，分身無術，枝節橫生，公事之積壓、巨案之諱飾，均所不免。督撫知其缺之難，必擇循吏、能吏以膺是選，而到任後往往賢聲頓減，不副所望，則地為之也。其駕馭之難周，又有如此者。

淡蘭文風為全臺之冠，乃歲科童試廳考時，淡屬六、七百人，蘭屬四、五百人，而赴道考者不及三分之一，無非路途險遠，寒士艱於資斧裹足不前。而詞訟一端，則四民均受其害，刁健者，詞窮而遁，捏情控府，一奉准提，累月窮年，被誣者縱昭雪有期，家已為之破，矯其弊者，因噎廢食，概不准提，則廳案為胥吏所把

持，使無可控訴，而械鬥之釁，萌蘖乎其中。至徒流以上罪名，定讞後解郡勘轉，需費繁多，淹滯數月，賠累不貲，則消弭不得不巧，官苦之，民尤苦之。其政教之難齊，又有如此者。

所以前者臺灣道夏獻綸，有改淡水同知為直隸州、改噶瑪蘭為知縣、添一縣於竹塹之請。臣鶴年、臣凱泰等正飭議試辦，臺事旋起，因之暫停。臺南騷動之時，即有潛窺臺北之患，經夏獻綸馳往該處預拔機牙，狡謀乃息。海防洋務瞬息萬變，恐州牧尚不足以當之。況去年以來，自噶瑪蘭之蘇澳起，經提臣羅大春撫番開路，至新城二百里有奇，至秀姑巒又百里有奇，倘山前之布置尚未周詳，則山後之經營何從藉手。故就今日臺北之形勢策之，非區三縣而分治之，則無以專其責成；非設知府以統轄之，則無以挈其綱領。

伏查，艋舺當雞籠、龜崙兩大山之間，沃壤平原，兩溪環抱，村落衢市蔚成大觀，西至海口三十里，直達八里坌、滬尾兩口，並有觀音山、大屯山以為屏障，且與省城五虎門遙對，非特淡蘭扼要之區，實全臺北門之管。擬於該處創建府治，名之曰臺北府。自彰化以北，直達後山，胥歸控制，仍隸於臺灣兵備道；其附府一縣，南劃中壢以上至頭重溪為界，計五十里而遙，北劃遠望坑為界，計一百二十五里而近，東西相距五、六十里不等，方圍折算百里有餘，擬名之曰淡水縣。自頭重溪以南，至彰化縣之大甲溪止，南北相距百五十里，其間之竹塹，即淡水廳舊治也。擬裁淡水同知，改設一縣，名之曰新竹縣。自遠望坑迤北而東，仍噶瑪蘭廳之舊治疆域，擬設一縣，名之曰宜蘭縣。惟雞籠一區，以建縣治，則其地不足，而通商以後竟成都會，且煤務方興，末技之民四集，海防既重，訟事尤繁，該處向未設官，亦非佐雜微員所能鎮壓，若事事受成於艋舺，則又官與民交困，應請改噶瑪蘭通判為臺北分防通判，移駐雞籠以治之。

臣等為外防、內治，因時制宜起見，是否有當，伏懇天恩飭部議覆，俾有遵循。其建設城署、清查田賦及教佐營汛，應裁、應改、應增，容俟奉旨允准後再由臺灣道議詳核奏，期臻周密。由蘇澳以至岐萊，現恃營堡為固，將來田畝開墾，商民輻湊，應否設官，容臣等隨時察看情形，請旨定奪。謹先將臺北議建府縣緣由，合詞恭疏具陳。伏乞皇太后、皇上聖鑒訓示。

光緒十年〔1884年〕，清法交戰，影響及於臺灣，法軍進而封鎖全島。翌年〔1885年〕，清國與法國締結和平條約後，清國有司更認識到不可輕忽臺灣。內閣大學士左宗棠，本於同治十三年〔1874年〕沈葆楨移駐巡撫於臺灣之奏，奏請臺灣改設行省，「臺灣，南洋門戶，關係緊要，自應因時變通以資控制。宜改福建巡撫為臺灣巡撫，其福建巡撫之事由閩浙總督兼轄」。於是，上諭以臺灣為一省。翌十二年〔1886年〕，以福建巡撫劉銘傳任臺灣巡撫。劉銘傳蒞任臺灣後，親自視察內外形勢，上〈遵旨籌議臺灣改設行省事宜疏〉，奏准，大幅進行機關改造。乃先確定政治中心，卜定全島中位可控制南北之彰化縣藍興堡橋仔圖為省治位置，劃全島為3府1州，中路稱臺灣府，南、北2路為臺南府（臺灣府改稱）、臺北府，東部卑南廳下稱為臺東直隸州。各府下共設置13廳，另於州下設置2廳。即，臺灣府轄臺灣（新設）、彰化、雲林（新設）、苗栗（新設）4縣，埔裏（埔里社改稱）1廳；臺北府轄淡水、新竹、宜蘭3縣，基隆1廳；臺南府轄安平（臺灣縣改稱）、鳳山、恆春3縣，澎湖1廳；臺東州轄卑南、花蓮港2廳。臺灣縣，東至原有之埔里社即埔裏廳界，南以濁水溪上游與雲林縣、以大肚溪與彰化縣交界，西以猫羅堡之同安嶺與彰化縣交界，北以大甲溪與苗栗縣交界，縣治之位置與省治同。彰化縣，南以西螺溪與雲林縣交界，北及東至臺灣縣界，縣治為原來之位置。雲林縣，東至內山番界，西南溯牛稠溪，以上游石龜溪與嘉義縣交界，東北以濁水溪上游與埔裏廳交界，北以西螺溪與彰化縣交界，縣治位置初在林圯埔，後移斗六。苗栗縣，東至大湖內山番界，南以大甲溪，上游至埔裏廳界，下游至臺灣縣界，北以中港溪與新竹縣交界，縣治位於苗栗。埔裏廳，西南至雲林縣界，西至臺灣縣界，北至苗栗縣界。新竹縣，南至苗栗縣界，其他廳縣以原有疆界。基隆廳，改分防通判為北路撫民理番同知，割轄淡水縣下東北三貂、基隆、石碇、金包里四堡，改定其與宜蘭縣交界處於草嶺頂上，廳治位於基隆，其他疆界位置，皆如舊。又，臺東州治位於中央水尾，計畫設卑南廳（州同）於舊廳

治卑南；花蓮港廳（州判）於花蓮港。爾後，光緒十五年〔1889年〕，澎湖廳治自文澳移媽宮澳。二十年〔1894年〕，淡水縣下大料崁地方一帶，因沿山開拓新荒地甚多，且接近番界，腦務頻繁，民人麇集極夥，設置南雅廳（分防通判）。（未及建署，而歸我版圖矣）。

在此之前，光緒十八年〔1892年〕，劉銘傳辭任之同時，中止建置省治於中部藍興堡橋仔圖之計畫，只將之當成臺灣府治，改定省治於臺北府治之地。又，光緒十四年〔1888年〕，中止新設臺東州治，將之置於卑南廳舊治之下。光緒十三年〔1887年〕，閩浙總督楊昌濬、臺灣巡撫劉銘傳聯名合奏〈籌議臺灣郡縣分別添改裁撤以資治理疏〉，可以詳知當時情形。揭諸於下。

> 竊，臣等於光緒十二年〔1886年〕六月十三日會奏臺灣改設事宜摺內，聲明：彰化等縣，地輿太廣，亟須添官分治。奉旨：「該部議奏。」欽此。旋經部咨，議令酌度情形奏明辦理。等因。
>
> 伏查，臺灣疆域，南北相距七百餘里，東西近者二百餘里，遠或三、四百里，崇山大溪鉤連高下。從前所治不過山前迤南一線，故僅設三縣而有餘。自後榛莽日開，故屢增廳治，而猶不足。光緒元年〔1875年〕，沈葆楨請設臺北府縣以固北路，又將同知移治卑南以顧後山。全臺官制，粗有規模。然彼時局勢未開，擇要修舉，非一勞永逸之計也。臣等公同商酌。竊謂，建置之法恃險與勢，分治之道貴持其平。臺省治理視內地為難，而各縣幅員反較多於內地。如彰化、嘉義、鳳山、新竹、淡水等縣，縱橫二百餘里、三百里不等，倉卒有事鞭長莫及，且防務為治要領，轄境太廣則耳目難周，控制太寬則聲氣多阻，至山後中、北兩路，延袤三、四百里，僅區邏所，所設碉堡並無專駐治理之員，前寄清虛，亦難遙制。現當改設伊始，百廢具興，若不量予變通，何以定責成而垂久遠？
>
> 臣銘傳，於上年九月，親赴中路督剿叛番，沿途察看地勢，並據各地方官將境內扼塞、道里、田園、山溪繪圖貼說，呈送前來，又據撫番、清賦各員弁將撫墾地所，陸續稟報，謹就山前後通局籌畫，有應添設者、應改設者、應裁撤者。

查彰化橋仔圖地方，山環水複，中開平原，氣象宏敞，又當全臺適中之地。擬照前撫臣岑毓英議，就該處建立省城，分彰化東北之境，設首府，曰臺灣府，附郭府縣曰臺灣縣；將原有之臺灣府、縣，改為臺南府、安平縣；嘉義之東，彰化之南，自濁水溪始，石圭溪止，截長補短，方長約百餘里，擬添設一縣，曰雲林縣；新竹苗栗街一帶，扼內山之衝，東連太湖沿山，新墾荒地甚多，擬分新竹西南各境，添設一縣，曰苗栗縣。合原有之彰化及埔里社通判一廳四縣，均隸臺灣府，其鹿港同知一缺，應即裁撤。淡水之北東，控三貂嶺，番社歧出，距縣太遠，基隆為臺北第一門戶，通商建埠，交涉紛繁，現值開採煤礦、修造鐵路，商民麇集，尤賴撫綏，擬分淡水東北四堡之地，撤歸基隆廳管轄，將原設通判改為撫民理番同知，以重事權。此前路改添之大略也。

後山形勢，北以蘇澳為總隘，南以卑南為要區，控扼中權厥惟水尾。其地與擬設之雲林縣，東西相直，現開路一百九十餘里，由丹社嶺集集街徑達彰化，將來省城建立，中路前後脈絡呼吸相通，實為臺東鎖鑰，添設直隸州知州一員，曰臺東直隸州，左界宜蘭，右界恆春，計長五百餘里，寬三、四十里，十餘里不等，統歸該州管轄，仍隸臺灣兵備道，其卑南廳舊治擬請改設直隸州同一員；水尾迤北改為花蓮港廳，墾熟田約數千畝，其外海口水深數丈，稽查商舶、彈壓民番，擬請添設直隸州判一員，常川駐紮，均隸臺東直隸州屬。此後路添改之大略也。

謹按，臺灣疆土賦役日增月廣，與舊時羈縻僑置情形迥不相同，因地制宜，似難再緩。況年來生番歸化，狂獷之性初就範圍，尤須分道拊循，藉收實效，輯遐牖邇，在在需員。臣等身在局中，既不敢遇事紛更以紊典章之舊，亦不敢因陋就簡以失富庶之基，損益酌中，期歸妥協。如蒙俞允，臣等擬先委員前往作為署任，主辦畫界分治事務，並請飭部分別換鑄關防印信，先行頒發，俾昭信守。俟全局勘定，再將四至圖冊及作為何項缺分，詳細奏咨，請旨定奪。至教職暨沿山沿隘佐雜、武弁並屯地等官，應添、應改，亦擬於郡縣設定後，分飭各員就近體察，詳請奏咨。其餘未盡事宜，統俟陸續會商，隨時具奏辦理。

既而，明治27年〔1894年〕、28年〔1895年〕戰役結果，28年〔1895年〕

4月17日即光緒二十一年三月二十三日，於下關締結《日清講和條約》，依其第二條二項及三項明文，臺灣全島割讓予我帝國，乃置臺灣總督府為行政機關中樞，初為軍政組織，翌29年〔1896年〕更改為民政組織。爾來，地方分治之機關，大體經5次變遷。

明治 29 年 4 月	明治 30 年 6 月	明治 31 年 6 月	明治 34 年 5 月	明治 34 年 11 月	明治 42 年 10 月
臺北縣	臺北縣	臺北縣	臺北縣	臺北廳	臺北廳
				基隆廳	
				宜蘭廳	宜蘭廳
	新竹縣			深坑廳	
				桃園廳	桃園廳
	宜蘭縣	宜蘭廳	宜蘭廳	新竹廳	新竹廳
				苗粟廳	
臺中縣	臺中縣	臺中縣	臺中縣	臺中廳	臺中廳
				彰化廳	
				南投廳	南投廳
	嘉義縣			斗六廳	
				嘉義廳	嘉義廳
				鹽水港廳	
臺南縣	臺南縣	臺南縣	臺南縣	臺南廳	臺南廳
				番薯寮廳	阿緱廳
	鳳山縣		恆春廳	鳳山廳	
		臺東廳		阿緱廳	臺東廳
	臺東縣		臺東廳	恆春廳	花蓮港廳
				臺東廳	
澎湖島廳	澎湖廳	澎湖廳	澎湖廳	澎湖廳	澎湖廳

即，明治29年〔1896年〕4月置3縣1島廳，30年〔1897年〕6月置6縣3廳，31年〔1898年〕6月置3縣3廳，34年〔1901年〕5月置3縣4廳。同年11月，以必須統一政務與集權中央，改設20廳。42年〔1909年〕10月，以地方之治安與交通機關之整備，不需仍置小區域之地方廳，乃更改為12廳。

現在各廳管轄區域如下（其他地域為番地，屬於普通行政區域之外）。

廳名	管轄區域
臺北廳	大加蚋堡、擺接堡、興直堡、八里坌堡、芝蘭一堡、芝蘭二堡、芝蘭三堡、金包里堡、石碇堡、基隆堡、三貂堡、文山堡內32庄，基隆嶼、彭佳嶼、棉花嶼、花瓶嶼。
宜蘭廳	本城堡、員山堡、浮洲堡、清水溝堡、紅水溝堡、羅東堡、利澤簡堡、茅仔寮堡、二結堡、民莊圍堡、四圍堡、頭圍堡、文山堡內之13庄。
桃園廳	桃澗堡、海山堡、竹北二堡內之1街93庄。
新竹廳	竹北一堡、竹北二堡內之1街38庄、竹南一堡、苗栗一堡、苗栗二堡、揀東上堡內之2庄。
臺中廳	藍興堡、揀東上堡內之1街46庄、揀東下堡、苗栗三堡、大肚上堡、大肚中堡、大肚下堡、貓羅堡、線東堡、線西堡、馬芝堡、燕霧上堡、燕霧下堡、武東堡內之18庄、武西堡、東螺東堡、東螺西堡、二林上堡、二林下堡、深耕堡。
南投廳	南投堡、武東堡內之7庄、北投堡、北港溪堡、埔里社堡、五城堡、集集堡、沙連下堡、沙連堡、鯉魚頭堡。
嘉義廳	嘉義西堡、嘉義東堡、大目根堡、打貓東頂堡、打貓東下堡、打貓南堡、打貓西堡、打貓北堡、白沙墩堡、大坵田堡、他里霧堡、斗六堡、溪洲堡、西螺堡、布嶼堡、海豐堡、尖山堡、蔦松堡、大槺榔東頂堡、大槺榔西堡、牛桐溪堡、柴頭港堡、大槺榔東下堡、鹿仔草堡、大坵田西堡、白鬚公潭堡、龍蛟潭堡、鹽水港堡、太子宮堡、鐵線橋堡、果毅後堡、哆囉嘓東頂堡、哆囉嘓東下堡、哆囉嘓西堡、下茄苳南堡、下茄苳北堡。

廳名	管轄區域
臺南廳	臺南市、效忠里、外武定里、內武定里、安定里東堡、新化里西堡、善化里西堡、蘇荳堡、西港仔堡、蕭壠堡、漚汪堡、學甲堡、佳里興堡、茅港尾東堡、茅港尾西堡、赤山堡、善化里東堡、楠梓仙溪西里、內新化南里、外新化南里、新化東里、新化北里、新化西里、大目降里、廣儲東里、廣儲西里、保東里、保西里、長興上里、長興下里、永康上中里、永康下里、仁和里、新昌里、永寧里、文賢里、仁德南里、仁德北里、歸仁南里、歸仁北里、永豐里、外新豐里、內新豐里、崇德西里、依仁里、長治一圖里、長治二圖里、維新里、嘉祥外里、仁壽上里、仁壽下里、觀音上里、觀音中里、觀音內里、觀音下里、半屏里、興隆外里、興隆內里、赤山里、大竹里、鳳山下里、鳳山上里、小竹下里、小竹上里。
阿緱廳	港西中里、港西上里、楠梓仙溪東里、羅漢外門里、羅漢內門里、崇德東里、嘉祥內里、港西下里、新園里、港東上里、港東中里、港東下里、琉球嶼、嘉禾里、善餘里、咸昌里、興文里、仁壽里、德和里、宣化里、永靖里、治平里、泰慶里、長樂里、安定里、至厚里。
臺東廳	南鄉、廣鄉、新鄉內之 4 庄 3 社、奉鄉內之 2 庄 2 社、火燒島、紅頭嶼、小紅頭嶼。
花蓮港廳	蓮鄉、奉鄉內之 22 庄 35 社、新鄉內之 10 庄。
澎湖廳	東西澳、嵵裡澳、林投澳、南寮澳、鼎灣澳、瓦硐澳、鎮海澳、赤嵌澳、通梁澳、吉貝澳、西嶼澳、網垵澳、水垵澳。

第四　臺灣住民總說

　　現在臺灣之住民，大別為日本民族及漢族、番族3群。

　　【日本民族】臺灣最新的佔領者住民。明治28年〔1895年〕，臺灣歸我版圖後加入為住民，其移住者與年俱增，佔有優勢文化主動者之位置。根據明治38年〔1905年〕10月1日施行臨時臺灣戶口調查之結果，其總數及性別如下。

　　總數56,809人

　　男34,606人

　　女22,203人

　　（附記）《臨時臺灣戶口調查記述報告》，關於在臺日本民族原籍地，記載：「本調查之際，本島現在內地人原籍地分布於內地全境1道3府43縣。然其分布多少不一。概言之，九州地方較多，東北地方較少。除原籍不詳者（20人）之外，最多者為熊本縣（9.1％），最少者為青森縣（0.2％）。2,000人以上之府縣，依序為熊本（5,305人）、鹿兒島（4,860人）、東京（3,156人）、廣島（3,063人）、山口（2,913人）、大阪（2,517人）、長崎（2,328人）、兵庫（2,293人）、福岡（2,163人）、佐賀（2,079人）等2府8縣。1,000人至2,000人之府縣，依序為愛知（1,735人）、大分（1,467人）、愛媛（1,248人）、岐阜（1,184人）、岡山（1,182人）、石川（1,049人）、高知（1,043人）、宮城（1,036人）、京都（1,027人）等1府8縣。其總數達36,343人，即全數之63.7％。故九州7縣當中，除宮崎縣（547人）之外，皆達1,000人以上，而2,000人以上之2府8縣中，九州有5縣。此乃因九州、本

島之間地理上交通至為便利，而且風土上亦不甚懸隔所致；東北佔少數者，則反之，而且近旁之北海道富源就在目睫之間。」

【漢族】佔臺灣住民之最大多數，又屬最早移住者，依其原籍地分類則為：（1）閩人，即福建地方住民。（2）粵人，即廣東地方住民。（3）其他地方漢人三類。其中，閩人最多，粵人次之，其他地方之漢人極少。閩人當中特別多數者，為泉州、漳州2府民，汀州、興化2府民次之；粵人當中特別多數者，為惠州、潮州2府民，嘉應州民次之。向來臺灣開發之主動創始者，乃此等漢族，彼等不但致力於拓殖事業，現今所見街庄之建置也多賴其手。根據明治38年〔1905年〕10月1日施行之臨時臺灣戶口調查結果，其總數及籍別、性別如下。

　　總數289萬0,485人
　　　　閩人249萬2,784人
　　　　　　男131萬9,966人
　　　　　　女117萬2,818人
　　　　粵人39萬7,195人
　　　　　　男20萬6,699人
　　　　　　女19萬0,496人
　　　　其他地方之漢人506人
　　　　　　男347人
　　　　　　女159人

（**附記**）佔漢族多數之閩粵人原籍地，若以地方（縣）表示則如下表。

	泉州府	晉江、同安、南安、惠安、安溪
閩	漳州府	龍溪、詔安、平和、漳浦、南靖、長泰、海澄
	汀州府	永定
	興化府	莆田、仙遊
粵	惠州府	海豐、歸善、博羅、長寧、永安、陸豐、龍川、河源、和平
	潮州府	潮陽、海陽、豐順、揭陽、大埔、饒平、惠來、澄海、普寧
	嘉應州	鎮平、平遠、興寧、長樂

【**番族**】臺灣固有之土著住民，屬於馬來系統人類之一分支，更可細分為9種族：（1）泰雅、（2）布農、（3）鄒、（4）澤利先、（5）排灣、（6）卑南、（7）阿美、（8）雅美、（9）平埔。其中，平埔一族（平埔即平野番人之義，乃漢族稱呼之他稱），向來分布於西部平野一帶，距今約300年前臺灣為荷蘭人、西班牙人佔據，爾後歸漢族領有之結果，或受積極之啟發化育，或被消極地討剿威壓，逐漸減耗拮抗對立之力量，除自稱為賽夏之一部族，被驅逐退卻至北部中央山地，稍存原狀外，其土俗、言語概被漢族同化，漢族不斷居住到番境並逐步佔居其地。此等通常稱為熟番者，如今歸服於普通行政之下。其他各族，進度雖有多少不同，但概未脫蒙昧之域，多數尚屬化外之民，通常稱為生番。其人口總數及種族別、性別如下。

總數16萬1,647人

泰雅族2萬6,004人

男1萬2,937人

女1萬3,067人

布農族1萬4,698人

男7,601人

女7,097人

鄒族2,246人

男 1,193 人

女 1,053 人

澤利先族 1 萬 3,880 人

男 7,056 人

女 6,824 人

排灣族 2 萬 0,866 人

男 1 萬 0,829 人

女 1 萬 0,037 人

卑南族 6,655 人

男 3,278 人

女 3,377 人

阿美族 2 萬 8,472 人

男 1 萬 4,274 人

女 1 萬 4,198 人

雅美族 1,667 人

男 864 人

女 803 人

平埔族 4 萬 7,189 人

熟化部族 4 萬 6,432 人（男 22,708 人，女 23,724 人）

賽夏部族 757 人（男 401 人，女 356 人）

若更將未開化番族（即生番）總數抽出來表示，則為 11 萬 5,245 人（男 5 萬 8,433 人，女 5 萬 6,812 人）。

第五　土地慣行一斑

　　【地積制】臺灣古來之測量土地面積，以甲為單位。此單位名稱始於荷蘭人佔據時代，當時約以10畝為1甲。鄭氏時代亦用甲之稱呼，以1丈2尺5寸為1才，25才平方為1甲。清朝領臺後，亦襲用此制，雍正九年〔1731年〕頒發地租輕減上諭：雍正七年〔1729年〕以後開墾之田園，準據清國之制，改甲為畝，以1甲換算11畝課稅，而以6尺為1弓，定縱240弓、橫1弓為1畝（據此計算，1甲為11畝309。但為了方便換算及減稅，省略尾數，以1甲為11畝課稅）。但這只不過是公定，民間依然以甲算積。又，實際上，只於乾隆五十三年〔1788年〕分別民番地界，並未進行公丈，人民各依自家之丈量，且其所用尺度亦因地方而有不同。因此，雖同謂1甲，但大小不同，大凡1甲之差在我1町1畝乃至1町5段3畝之間，而且申報開墾地積每有多墾少報、隱蔽過半之弊，因此表面上之1甲，往往有及於2、3甲者。地積混亂不可名狀者如此！於是，光緒十四年〔1888年〕，巡撫劉銘傳進行全島清丈，確定地積，賦課一新。頒發諭告：以清國政府公定之弓尺為標準，以其弓尺2弓半即營造尺1丈2尺5寸為1才，以25才平方為1甲，依甲丈量。最後根據雍正改定率，以1甲為11畝，以畝為地積之本位訂定稅率。但實際上，亦因地方而用不同弓尺，其甲積未必各地相同。既而，我領臺後，地積仍從舊制，以甲為單位，其標準準用度量衡法之規定，其尺度以1丈3尺為1才，訂定名稱如下。

　　　　　絲…………甲之萬分之一
　　　　　毫…………甲之千分之一
　　　　　厘…………甲之百分之一

分…………甲之十分之一

甲…………二十五才平方

又，澎湖島，向來不就土地課稅，因此其地積制亦與本島有異，普通以栽計算，其大單位稱千栽，耕地1稜之寬為魯班尺3尺，各株之間隔同為1尺5寸，以四方種植45株方6丈7尺5寸之面積為千栽。

【大租戶、小租戶、現耕佃戶之別】從前臺灣之舊慣，土地之關係產生3階級，即大租戶、小租戶、現耕佃戶，這是與土地開墾同時發生的一種制度。溯其淵源，則臺灣歸入清國版圖之初，支那本土南部地方人民，競相移殖各地從事開拓。當時臺灣之地，雖有一半在政府統治之下，但大半尚屬土番佔有，因此著手開拓，多先或向官府請墾為墾區，或與土番協商獲得埔地，然後再召集多數開墾者，分給劃分地區，約定開拓成功後，將其地區移給管業力墾者，力墾者以後永遠納付一定租額為償（此為後來稱為大租之根源）。該起業者稱為墾首或業戶，力墾者稱為墾戶或佃戶。政府要求墾首保證佃戶之身家，且課以納付田賦之義務。當時，墾首實為地主，有田園萬頃，統數百佃戶。但隨著年所漸久，終於失去與土地之直接關係。而佃戶始終耕作其土地，故逐漸掌握土地實權，其勢力遂而凌駕墾首，形勢轉而為佃戶已非佃農而為第二地主，而至再將管業土地更轉貸佃人（此稱之為現耕佃戶）耕作，每年徵收一定租穀（此為後來稱之為小租之根源）。於是，產生同一耕地「墾首向佃戶徵收、佃戶更向現耕佃戶徵收」的2個收租權利，而出現大租、小租之名稱及所謂大租戶、小租戶、現耕佃戶3級階層。即，結果土地業主權事實上移轉至小租戶，大租戶只不過收納其大租之狀態。光緒十四年〔1888年〕巡撫劉銘傳時，進行清賦，公認小租戶（即舊佃戶）為田園業主，直接負擔田賦義務，下令大租削減十分之四。但南部地方，此政令無法實行，依然以大租戶負擔田賦，反而有增徵大租者。大租性質既然如此，則其存在將阻礙土地買賣之順暢，妨礙產業發展，

經濟政策上不容其長久存續，我領臺後隨著土地調查事業告成，認為必須將之完全廢除，於是發佈律令完全消滅大租權，政府則對消滅的大租戶交付補償金。

第二部

各說

臺灣

臺灣（Taioan）

　　原為漢族之稱呼，關於其命名之早期，諸說不一。其中，其著名者如下。

　　（一）《蓉洲文稿》（清康熙二十三年〔1684年〕諸羅知縣季麒光著）曰：「萬曆間，海寇顏思齊踞有其地，始稱臺灣。」

　　（二）《臺灣隨筆》（清康熙三十四年〔1695年〕徐懷祖著）曰：「臺灣，於古無考。惟明季莆田周嬰著《遠遊編》載〈東番記〉一篇，稱臺灣為臺員，蓋南音也。」

　　（三）《瀛壖百詠》（清乾隆五年〔1740年〕巡視臺灣御史張湄著）序曰：「至明季，莆田周嬰《遠遊編》載〈東番記〉一篇，稱其地為臺員，蓋閩音之謬也。臺灣之名入中土，實自茲始。」

　　（四）《重修臺灣縣志》（清乾隆十七年〔1752年〕成書）曰：「荷蘭，入北港，築城以居，因稱臺灣云。」

　　周嬰，明萬曆時人，其著書所載者，蓋屬文書所見最古稱呼。「員」南部福建語之文讀音為oan，則顯然「臺員」與「臺灣」同音，均為Taioan寫成之文字。如《蓉洲文稿》所說，則謂顏思齊始稱，固屬疑問。但萬曆年間以來往來本島之漢族，給此稱呼，似為事實。《臺灣縣志》則謂荷蘭人據臺築城後始命名，且根據此事實解釋其地名原義為：「荷蘭，設市于此，築磚城，制若崇臺。海濱沙環水曲曰灣，又泊舟處概謂之灣。此臺灣所由名也。」然此有拘泥「臺灣」文字，勉強附會之嫌。因為若依照此說，則必須否定在荷蘭據臺築城以前即存在此稱呼，而其據臺在西曆1624年（即明天啟四年），正是萬曆以後。如上文所述，其年代之前已存在有表音地名，

則此說不妥，明矣。按 Taioan 稱呼之起源，蓋出自土番之語。最初漢族在本島之主要出入地點，為南部今臺南安平地方，與佔居此地區之土著番人（即平埔族之西拉雅部族）接觸的結果，而有了他稱的人族名（另，其他澤利先、排灣、卑南、阿美稱漢人為 Pairang，亦應與此語有關）。亦即，此稱呼被漢人所轉訛，而且從人名移轉為地名，而至於以「臺員」或「臺灣」等近音譯字拼寫。故本來此地名，似只不過是僅限於臺南附近之一地方名稱，如今則在荷蘭人之古文書中，用以作為 Taioan 或 Tayouan 稱呼（據西曆 1637 年荷蘭宣教師 G. Candidius, *A Short Account of the Island of Formosa* 及西曆 1675 年荷蘭人 C. E. S.,*'t Verwaaeloozde Formosa*）。爾後，隨著漢族移殖區域擴大，終至於稱呼全島。證之明末（永曆十六年〔1662 年〕）鄭成功佔據本島，因臺灣音近於埋完（Tâi-oân），惡之，乃改稱東都（據《臺灣縣志》），則可知當時臺灣稱呼已是全島之名。因為如上之理由，鄭氏據臺的二十餘年間，臺灣稱呼廢除不用，以後才與清朝領有同時復活。

拼寫 Taioan 之普通慣用文字，除「臺灣」之外，如上文所記，《東番記》用「臺員」；又，《和漢三才圖會》（我正德年間寺島良安撰）以近音之支那西域固有地名「大冤」文字，移而假用以記其音。

高砂

古日本人所給的稱呼。按，往時臺灣南部地方沿岸的今打狗港是日本人的重要寄航地之一，它原出於 Takau 社番地名，漢族轉訛稱為打鼓山（Takousan）社，以其音近似於本國 Takasago 也。而且，其地風光明媚，亦有因聯想到我高砂浦之形勝而強制轉訛者。最初，單用以稱呼此南部一地，爾後慣用為全島地名。金地院〈異國渡海御朱印帳〉元和元年〔1615 年〕部分，記為「高砂國」即其適例。又有拼寫「高砂」之音的假字，例如《和漢三才圖會》（正德年間〔1711-1715 年〕寺島良安撰）：「塔曷沙古，和用高砂字。」或有近音「高砂」而更以雅字轉訛者。文祿二年〔1593 年〕豐臣秀吉致書臺灣時寫成「高山國」者是。依此推之，可知「高砂」稱呼之

起源，至少於我文祿年間〔1592-1595年〕以前，應是當時經常遠征渡航支那、南洋海者所給。

FORMOSA

16世紀，歐洲人開始北進支那海，通過臺灣海峽，當時葡萄牙之航海者，從海上望見其島形，給予意為華麗島（Ilha Formosa）之稱呼。本書〔《大日本地名辭書》〕汎論國號篇Japan條之一節曰：「威尼斯之Doge宮藏壁畫，號稱十六世紀前半所作，其日本位置頗為明確。標示為Giapan, Ziapangu di M. Polo.，島上記有京都Merco，其南附屬土佐Tousa、豐後Bungo二島，其南畫有大的島嶼種島Tanaxima及Formosa（臺灣）。按，天文十年（1541年）7月葡萄牙人到豐後，十二年（1543年）8月又到種島，如此考慮則此地圖製作年代應是天文時代的事。」徵之此事實，可略知這是慣用此稱呼的初期。當初似尚未以此稱呼全島，而只以此記一部地名。

Huyghen van Linschoten之東亞地圖（成於西曆1599年），將臺灣畫為二個島嶼，南島記為Leyueo Peyueno，北島記為Formosa。西曆1600年代置根據地於南部臺灣的荷蘭人，襲用地名Formosa為除了澎湖島（Piscadores）之外的本島及附屬諸島之總稱，同年代以北部臺灣為根據地的西班牙人將之西語化為Hermosa。

琉球

原為漢族給與之古稱呼。本島之位置，與今之琉球列島一帶斷續相連，當初被認為是一群島嶼，概稱之為琉球。《文獻通考》（宋·馬端臨撰）：「琉球國，在泉州之東，有島曰澎湖，煙火相望，水行五日而至」云云，即明顯包含本島之指稱。然隨著地理情形逐漸闡明，自然產生區別之傾向，而至明代時候，乃稱今琉球列島為大琉球，臺灣為小琉球。明嘉靖十三年（1534年），陳侃《使琉球錄》：「閩中士大夫頻云，鼓山霽日可望琉球，蓋小琉球也爾。若大琉球，借目離婁，何從望之」，屬於最初區別記

載大小琉球之文書。如此之稱呼被當時航海於東洋之歐洲人所襲用，Petrus Plancius之地界地圖（成於西曆1594年），於相當於本島之位置記為Leyueio Minor；Huyghen van Linschoten之東亞地圖（成於西曆1599年），於相當於本島之位置記為Leyueo Peyueno。

東番（Tanghoan）

原漢族指謂本島土著番人之稱呼，蓋應出於東方番人之義。明代周嬰（萬曆時人）《遠遊編》載〈東番記〉一篇，是為最初稱呼東番之文書。何喬遠（明萬曆十四年〔1586年〕進士）《閩書》曰：「東番夷，不知所自始，居澎湖外洋島中，起魍港、加老灣、打鼓嶼、小淡水、雙溪口、加里林、沙巴里、大幫坑（以上四者均為臺灣南部地名）皆其居也，斷續凡千餘里，種類甚蕃。」又，《名山藏》曰：「雞籠淡水夷（臺灣之北部）在泉州澎湖東北，名北港，又名東番」亦是。雖有前者指南部地方、後者指北部地方之差別，但其指稱土著番人則明矣。爾後，此稱呼轉而記地名。初修之《臺灣府志》（清康熙三十三年〔1694年〕成書）記曰：「東番，從列嶼諸澳乘北風航海，一晝夜可至澎湖，又一晝夜可至加老灣（臺灣南部）。」《明史》（成書於清乾隆四年〔1739年〕）〈外國傳〉記曰：「雞籠山（臺灣北部）在澎湖東北，故名北港，又名東番。」

北港

原為漢族稱呼本島北部者。《明史》（成書於清乾隆四年〔1739年〕）〈外國傳〉記曰：「雞籠山，在澎湖嶼東北，故名北港」。爾後，以之襲用為全島地名。《方輿紀要》記曰：「澎湖，為漳泉之門戶，而北港即澎湖之唇齒，失北港則唇亡齒寒，不特澎湖可慮，即漳泉亦可憂也。北港在澎湖東南，亦謂之臺灣」；又記曰：「北港即臺灣」。另，西曆1629年在臺之荷蘭長官的文書中有「稱福爾摩沙為Po'kan」者。又，西曆1771年Benyowsky之《航海記》（*Voyages et Mémoirés de Maurice-Auguste Comte de Benyowsky*）記載：「福

爾摩沙島，普通稱為 Pacca-Himba」，應為北港之轉訛。（成書於西曆1704之 Psalmanazar, "An Historicaland geographical Description of Formosa, An Island Subject to the Emperor of Japan" 雖被批評全為無稽之偽作，但其所記之地名或有多少根據，例如其中所記「福爾摩沙，支那人稱為 Pacando」者，似亦本於北港之轉訛。）

東都

明朝末年鄭成功佔據本島後，改稱臺灣為東都。《臺灣縣志》記其改稱之原因曰：「偽鄭惡臺灣之名（閩音呼似埋完），改稱安平。」爾後，鄭經時，再改為東寧。此稱呼，隨著鄭氏滅亡而廢。

東瀛

清朝領臺後，臺灣的文學之士，或擬本島為東海之瀛洲，而有東瀛之稱呼。但這只用於文藝之士，並非普遍被承認的地名。道光末年有馬克惇《東瀛載筆》，同治五年〔1866年〕有林豪《東瀛紀事》者，即是。

臺灣本島

臺北（Tâi-pak）

　　臺北平野，四周山岳環繞，北部以七星墩山及大屯山為主峰，東延以低丘陵連中央山脈外側之三貂嶺，南部以東方東眼山之餘脈西走為龜崙嶺，向西北延伸至海岸為坪頂山高地，其盡端處為觀音山，與大屯山南北對峙，當中開出淡水河口。淡水河於平原中央合併自南而來之新店、大科崁溪支流，與自東北而來之基隆溪支流，形成宛如Y字狀之橫流，臺北市街大致位於其三叉之位置。淡水河注海之海岸一帶為淡水地方，連接基隆溪流域之紆迴曲折峽谷及海岸一帶為基隆地方。進一步說，臺北窪地及淡水地方、基隆地方，形成臺北平野之大部分。

　　臺北平野一帶，原為自稱凱達格蘭之平埔番族的一部族所佔居之處。就如清康熙六十一年〔1722年〕巡視臺灣御史黃叔璥《臺海使槎錄》記載：「往來日本、琉球海舶率以此山〔雞籠山〕為指南」，古來日本人之進航支那海者，以臺灣之位置宛如介在日本及支那之中間，而以之為一根據地。尤其巍然矗立於臺灣北方海岸之雞籠山（今基隆山），在地勢上自然被當成前來臺灣之目標，結果成為最早的寄航地，今之基隆及淡水2港口即是。當時，便有企圖侵掠其土著番人之事。《臺灣縣志》記載：「雞籠，遭倭焚掠，國遂殘破。初悉居海濱，既遭倭難，稍避居山後。忽中國漁舟，從魍港（即蚊港）漂至，遂往來通販，以為常。」又，何喬遠（明萬曆十四年〔1586年〕進士）《閩書》記載：「東番，嘉靖末遭焚掠，乃避居山，始通中國」。其事在明嘉靖末年，即我永祿年間。如此之侵掠，概不只一回，清嘉慶年間嘉義縣學教諭謝金鑾《蛤仔難紀略》記載：「萬曆二十年（我文祿元年〔1592年〕），倭有侵雞籠淡水之耗。」爾後，我德川初年，特許

朱印船經營海外通商者，屢屢寄航臺灣，不知是否曾經有企圖常住之移植者。此時，早有西班牙人經營東亞殖民，乃至佔有北部臺灣。在此之前，另一方面已有漢族往來通販，徵之前述《臺灣縣志》及《閩書》，明矣。西班牙人佔有之際，基隆港已建有漢族聚落（詳後）。

西班牙最初佔有北部臺灣，事在西曆1626年，即我（寬永三年、明天啟六年）5月，荷蘭人據有南部臺灣之2年後。當時已經佔領菲律賓群島之西班牙人，進一步以保護支那、呂宋間之貿易為名，企圖佔有此地，以Antonio Carreño提督統率12艘帆船從呂宋北方之Apari港出發。此時，其競爭對手荷蘭人已經佔領南部臺灣為根據地，因此不敢通過臺灣海峽北進，航路乃取臺灣東海岸，第3日發現臺灣東北角，命名為San-Tiago。蓋取自西班牙之一都府為名。今三貂（Sam-tiau）之岬角即是，為San-Tiago之近音譯字。爾後，進入今基隆港，以港口之社寮島為根據地，名為San-Salvador。San-Salvador，乃哥倫布發現新世界時最初登陸之Bahamas（巴哈馬諸島）中的一個島名。因此地乃其東方佔有地最初的登陸點，故賦予這個歷史性的名稱。又，將基隆港命名為Santísima Trinidad，以在海岸之漢族移住聚落為Parian。此為該月10日。然後，在San-Salvador海岸及海拔300英呎之山頭、及接近Parian的海岸處，建築4座砲台。又於San-Salvador建天主教會堂，稱為Todos los Santos。1629年（寬永六年，崇禎二年）7月，回航今淡水港，命名該地為Casidor，築Sant Domingo城，而且建築天主教會堂，稱為Nuestra Señora del Rosario。

此時北部臺灣地區，除了有固有土番佔居之外，也有漢族之小聚落與偶而前來貿易的漢族及日本人。為了方便內陸交通，而對相關地域之土番進行宗教之感化，為了聯絡淡水、基隆兩地之間，開通了迂迴基隆北方海岸的道路，但沿途都是翁鬱茂林，路途極為險惡，需要2日。1632年（寬永九年、崇禎五年）3月，西班牙人更溯淡水河進入臺北窪地，命名河流為Kimazon，沿北方支流（即基隆溪）開闢通向基隆之陸路，翌年還探索（三貂角）地方（現時臺北窪地芝蘭二堡有唭里岸庄，往時淡水河至此處附近

擴展為一大湖。因地形類似，西班牙人乃移菲律賓群島呂宋西北灣即 Iligan 地名於此。此地最早開發，《淡水廳志》謂：「淡水開墾自奇里岸始。」）1632 年，淡水之西班牙宣教師 J. Esquivel 之報告記載足以了解當時的情形，報告大致曰：

自港口至 Quipatao 社（平埔族之 Patao 社），可以陸路越過山地而達，但以舟溯 Kimazon 河為便。溯河 2 里（或為從今關渡起算）分歧為二流，經其中一支流可達 Santísima Trinidad（即基隆）。土番部落多沿河而建，此處有 Lichoco（平埔族之里族社）之部落，分成 2、3 部落，戶數約 200、300，皆據於丘地。舟雖得以通達此處附近，但自此以後則樹林叢茂、河中巉岩聳起，舟行艱難者有 36 處之多。而且土番經常埋伏樹叢之中，狙射行人。又 Lichoco 附近，土地開闊，附近又有大湖水，霖雨期河水時有氾濫，水深增 3、4 尋，加上湖水溢漫，多有巨大木材流至港口者（據說曾有採拾這些流木而建築小教會堂者）。Kimazon 本流有一小分流，沿此分流可達 Quipatao 之部落。分成 8、9 部落，多出產硫磺。冒險之支那人進入此地，給土番毛氈及裝飾用瑪瑙珠、手釧、鈴等物交換硫磺，百斤之價凡 5 兩，甚至 17 兩，賣往支那本土；而土番所得，570 斤之硫磺僅得 1 張毛氈。其他鹿皮及麻亦是重要貿易品，狡猾之支那人以粗造的贋品欺騙土番貪利。又，Casidor（即淡水）港口附近之 Senar 番地（今其番社名不存，但該地方之庄仔內 [Chng-á-lāi] 庄或許是其遺址），多產 Mangrove（紅樹林），支那人以之貿易，其皮百斤 4 兩，運往支那本土。日本人也有來此與土番貿易者。此年（寬永九年〔1632 年〕）3 艘帆船入（淡水）港，日本人滿載鹿皮歸航，說明在本國之利益，比絹還要大。

西曆 1634-35 年前後，達到最盛頂點。淡水的西班牙人（包含菲律賓土人）約 200 人，基隆的西班牙人（包括菲律賓土人）約 300 人。基隆港為支那南部與馬尼拉貿易之中心，據說曾有滿載貿易貨物的西班牙商船 21 艘同時進港。清康熙三十六年〔1697 年〕踏查臺北平野之郁永河，在其〈海上事略〉記載雞籠城（即 San Salvador 城）謂：「雞籠，係海嶼，隸臺灣北山，

居淡水上游，其澳堪泊百餘艘。先時，呂宋化人裔佔據此城，與土番貿易。因出米稀少，遠餽不給，棄去」（西班牙人被荷蘭人所逐。因此，最後一句蓋為錯記），即指此。於是，佔領南部臺灣之荷蘭人，為了擴張自己之勢力，於1641年（寬永十八年、崇禎十四年）舉兵強逼西班牙人，終於在翌年9月退出臺灣（根據西班牙國天主教神父Celedonio Arranz之調查）。

　　爾後，荷蘭人佔據基隆、淡水，取代西班牙人著手經營北部臺灣，但其成績不如南部顯著。成書於西曆1726年的荷蘭宣教師Valentyn著〈福爾摩沙及荷蘭在此之貿易記事〉所載地圖「Kaart van het Eyland Formosa en de Eylanden van Piscadores」記載荷蘭人的根據地淡水港為Baey Van Casidor（襲用西班牙人之稱呼）、基隆之社寮島（即San Salvador）為Eyland Kelang。西曆1661年（我寬文元年，明永曆十五年）被明遺臣鄭成功所迫，荷蘭人自臺灣撤退，鄭氏乃代而經營臺灣，建立寓兵於農之制，著手拓殖全島，但其事業不免集中於南部而疏於北部。永曆三十四年（我延寶八年、清康熙十九年〔1680年〕），鄭經毀社寮嶼之西班牙荷蘭時代城塞。翌年〔1681年〕，北路總督何祐等人修復之，以之守備基隆地方。在此之前，我寬永年間發佈鎖國令的結果，日本人在臺灣之足跡漸薄，但似尚有九州地方商人私下往來，社寮嶼為其貿易之處，此徵諸《臺灣府志》在該島條下記載：「福州街舊址（今尚存其土名），偽鄭與日本交易處」，可知。又，永曆二十九年〔1675年〕，鄭經流放洪士昌、洪士恩及楊明卿之眷口共百餘人於淡水、基隆。金包里堡內之國姓埔，亦鄭氏部將所開墾之屯所。另有鄭氏之一族鄭長，亦自中部鹿港至淡水港口之八里坌，遷住今芝蘭一堡內大直庄土名劍潭，此見於其後裔鄭氏（現住大加蚋堡後山陂庄）傳藏之家記。又，劍潭之古寺，相傳鄭氏時代所創建。如此則可知，臺北平原之拓殖區域，自基隆地方之海岸及淡水河口溯該河流域之一部。又，據〈海上事略〉亦記載當時自臺北地方越過中央山脈，想要探索東部臺灣產金地（東部臺灣Turumoan地方多產砂金。基隆地方之En De Eylanden土番常往貿易賣給支那人。此事見於西班牙人之記錄。顯然鄭氏時代亦知有產金地）

之事，曰：「偽鄭時，上淡水通事李滄願取金自效，希授一職。偽監紀陳福偕行到淡水，率宣毅鎮兵及附近土著尚未抵卑南覓社，土番即伏莽以待曰：『吾儕以此為活，唐人來取，必決死戰！』福不敢進。回至半途，遇彼地土番泛舟別販，福率兵攻之，獲金二百餘，並繫其魁令引路，刀鋸臨之終不從。按出金乃臺灣山後，其地土番皆傀儡種類，未入聲教，人跡稀到。自上淡水乘蟒甲從西徂東，返而自北而南，溯溪而進，匝月方到。其出金之水，流從山後之東海，與此溪無異。其地山枯水冷，巉巖峻峭，洩水下溪直至返流之處，住有金沙，土番善泅者從水底取之，如小豆粒巨細；藏之竹籠，或秘之瓻甀，間出交易。彼地人雖能到，不服水土，生還者無幾。」卑南覓，今臺東南部之一番社（屬卑南番族）名，但往時漢族似以之為東部臺灣之通稱，故其所謂到卑南覓者，應是到東部臺灣之意（前記之Turumoan，漢族寫為「哆囉滿」，在臺東之北部。蓋當時之目的地，應為此哆囉滿，即漢族想像自北部臺灣越過中央山脈東進可達此地方。另，參照「哆囉滿」條）。即自淡水河溯基隆溪，達於今暖暖街（石碇堡）地方或瑞芳（基隆堡）附近，但因被土番所阻，似未到達目的地。

（附記）《淡水廳志》兵燹條曰：「康熙二十有二年〔1683年〕六月癸巳，水師提督內大臣伯施琅，進兵雞籠嶼，斬偽將林陞。」此實據徐鼐《小腆紀年》，事實固無誤謬。但認為此為今基隆地方之歷史，則杜撰亦甚。關於此錯舛，林豪《淡水廳志訂謬》已詳加辯明，茲抄記於下供作參考。

按，培桂（《廳志》監修者陳培桂）此言說異、說夢。即此可知其目不識史，於明末海上軼事全未考究，不過捕風捉影如瞽人之說古也。查《臺灣府志》、《澎湖紀略》引施琅奏疏稱：「偽鄭大帥劉國軒統水陸全軍扼守澎湖，以林陞總督水軍。琅分兵三路，以五十艘攻雞籠等嶼、以五十艘攻西嶼等處，自率勁兵七、八十船居中，直擊媽宮港。林陞中箭，遁歸臺灣。國軒單舸由吼門遁去，力勸

偽鄭納土投降。」是澎湖一戰，全臺平定，不再用兵矣。澎湖自有雞籠嶼，並非淡水之雞籠。其時淡水荒土未闢，距澎湖水程八、九更，以一更六十里計之，幾四、五百里矣；琅未取澎湖，豈能分兵向淡水哉？乃培桂誤認澎之雞籠為淡水之雞籠；地方一經移置，使時事刺謬，竟成滿紙虛詞，將何以為傳信之書？

　　清康熙二十三年〔1684年〕，臺灣被收入清朝版圖，臺北平野一帶屬諸羅縣管轄，但當初未及施設政治機關，僅於淡水河口南岸八里坌派撥安平水師，建立半年更換之制。而且，此派兵似亦不久即呈現有名無實之狀。郁永河《裨海紀遊》，於康熙三十六年〔1697年〕實查後記載其情形：「淡水城（即聖多明哥城），亦前紅毛為守港口設者。鄭氏既有臺灣，以淡水近內地，仍設重兵戍守。本朝內外一家，不虞他寇，防守漸弛，惟安平水師撥兵十人，率半歲一更，而水師弁卒又視為畏途，扁舟至社信宿即返，十五、六年城中無戍兵之跡矣。歲久荒蕪，入者輒死，為鬼為毒，人無由知。汛守之設，特虛名耳。」

　　當時郁永河之踏查，乃清朝領臺後於臺北平野之最初探見，彼以採礦之目的，從支那浙江渡臺，自今臺南陸行進入臺北，其啟程出發時臺灣知府靳治揚等止之曰：「君不聞雞籠、淡水水土之惡乎？人至即病，病輒死。凡隸役聞雞籠、淡水之遣，皆欷歔悲嘆，如使絕域；水師例春秋更戍，以得生還為幸。彼健兒役隸且然，君奚堪此？曷令僕役往，君留郡城遙制之。何如？」參軍尹復等人亦勸他：「客秋朱友龍謀不軌，總戎王公命某弁率百人戍下淡水，纔兩月，無一人還者；下淡水且然，況雞籠、淡水遠惡尤甚者乎？」、「縣役某與其侶四人往，僅以身返。此皆近事，君胡不自愛耶？」據此，可想像此地當時是如何地被視為畏途。

　　此時自南部進入臺北平野之路程，乃是從竹塹埔（即新竹地方）向東北，經屬今之竹北二堡的長崗嶺庄西方，從屬於桃澗堡的芝芭里庄附近出南崁之海岸，自龜崙嶺延伸之坪頂山高地西麓海岸到淡水河口岸之八里坌（《淡水廳志》謂：「舊大路，在長崗嶺西海埔，今在楊梅壢、中壢，土牛

故迹尚存。」可知當時在今楊梅壢、中壢方面以東，屬生番佔居區域，築有土牛即土堵防遏；又，芝芭里庄內尚存大路下庄之土名，據說為舊路通過之處）。郁永河《裨海紀遊》謂：「自南崁越小嶺，在海岸行，巨浪捲雪拍轅下，衣袂為濕，至八里分社，有江水為阻，即淡水也」，此為海岸路光景。如此進入臺北窪地後，主要是乘坐土番之獨木舟溯淡水河。從《裨海紀遊》之記載：「水廣五、六里，港口中流有雞心礁，海舶畏之，乘蟒甲（即獨木舟之平埔番語），由淡水港入，前望兩山夾峙曰甘答門，水道甚隘，入門忽廣漶為大湖，渺無涯涘。行十許里，高山四繞，周廣百餘里，中為平原」，可推知在此時之前尚為大湖之情形。甘答門即今關渡，郁永河在距此 10 清里許之處結茅廬暫居，蓋應在今芝蘭一堡士林街附近。《裨海紀遊》記其所見曰：

蟬琴蚓笛，時沸榻下，階前潮汐時至。出戶，草沒肩，古木樛結，不可名狀；惡竹叢生其間，咫尺不能見物。蝮蛇癭項者，夜閣閣鳴枕畔，有時鼾聲如牛，力可吞鹿；小蛇逐人，疾如飛矢。戶闑之外，暮不敢出。海風怒號，萬籟響答，林谷震撼，屋榻欲傾。夜半猿啼，如鬼哭聲，一燈熒熒，與鬼病垂危者聯榻共處。以視子卿絕塞、信國沮洳為何如？柳子厚云：「播州非人所居」；令子厚知有此境，視播州天上矣。余至之夜，有漁人結窩港南者，與余居遙隔一水，曝布藉枕而臥；夜半，矢從外入，穿枕上布二十八扎，幸不傷腦，猶在夢鄉，而一矢又入，遂貫其臂，同侶逐賊不獲，視其矢，則土番射鹿物也。又有社人被殺於途，皆數日間事。余草廬在無人之境，時見茂草中有番人出入，莫察所從來；深夜勁矢，寧無戒心？若此地者，蓋在在危機，刻刻死亡矣！余身非金石，力不勝蠮螉；況以斑白之年，高堂有母，寧遂忘臨履之戒，以久處危亡之地乎？

此處之土番，乃北投、毛少翁等部落之平埔番族，其未脫頑強殺伐野性之事實，更可證諸於該書之記載：「內北投社，在礦山左右，毒氣蒸鬱，觸鼻昏悶，諸番常以糖水洗眼。隔甘答門，巨港依山阻海，划蟒甲（獨木

舟）以入，地險固，數以睚眥殺漢人，官軍至則竄。淡水以北諸番，此最難治。」郁永河來此地之目的為採磺，因此探險北投番社之磺山（芝蘭二堡）。《裨海紀遊》的如下記載，可以瞭解當時芝蘭一、二堡之情形。

余問番人硫土所產，指茅廬後山麓間。明日拉顧君偕往，坐莽葛中，命二番兒操楫。緣溪入，溪盡為內北社，呼社人為導。轉東行半里，入茅棘中，勁茅高丈餘，兩手排之，側體而入，炎日薄茅上，暑氣蒸鬱，覺悶甚。草下一徑，逶迆僅容蛇伏。顧君濟勝有具，與導人行，輒前；余與從者後，五步之內，已各不相見，慮或相失，各聽呼應聲為近遠。約行二、三里，渡兩小溪，皆而涉。復入深林中，林木蓊翳，大小不可辨名；老藤纏結其上，若虬龍環繞，風過葉落，有大如掌者。又有巨木裂土而出，兩葉始櫱，已大十圍，導人謂楠也。楠之始生，已具全體，歲久則堅，終不加大，蓋與竹笋同理。樹上禽聲萬態，耳所創聞，目不得視其狀。涼風襲肌，幾忘炎暑。復越峻坂五、六，值大溪，溪廣四五丈，水潺潺巉石間，與石皆作藍靛色，導人謂：「此水源出硫穴下，是沸泉也」；余以一指試之，猶熱甚，扶杖躡巉石渡。更進二三里，林木忽斷，始見前山。又陟一小巔，覺履底漸熱，視草色萎黃無生意；望前山半麓，白氣縷縷，如山雲乍吐，搖曳青嶂間，導人指曰：「是硫穴也。」風至，硫氣甚惡。更進半里，草木不生，地熱如炙；左右兩山多巨石，為硫氣所觸，剝蝕如粉。白氣五十餘道，皆從地底騰激而出，沸珠噴濺，出地尺許。余攬衣即穴旁視之，聞怒雷震蕩地底，而驚濤與沸鼎聲間之；地復岌岌欲動，令人心悸。蓋周廣百畝間，實一大沸鑊，余身乃行鑊蓋上，所賴以不陷者，熱氣鼓之耳。右旁巨石間，一穴獨大。思巨石無陷理，乃即石上俯瞰之，穴中毒焰撲人，目不能視，觸腦欲裂，急退百步乃止。左旁一溪，聲如倒峽，即沸泉所出源也。還就深林小憩，循舊路返。衣染硫氣，累日不散。

又，該書敘述今大加蚋及興直堡地方情形曰：「武勝灣（今新庄附近）、大浪泵（今大龍洞）等處，地廣土沃，可容萬夫之耕。」更在〈海上事略〉敘述今基隆地方一帶情形曰：「雞籠山，土番種類繁多，秉質驍勇，概居

山谷。按其山川，則形勝奇秀。論其土地，則千里饒沃，溪澗深遠，足以設立州縣。惟少人工居址，荒蕪未闢，皆鳥獸蛇龍之窟，惜哉。」如此，早在康熙中葉即有人云，臺北平野之未開拓地乃可期也。爾後之黃叔璥《臺海使槎錄》，記其地之形勝曰：「上淡水，在諸羅極北，中有崇山大川深林曠野，南連南嵌，北接雞籠，西通大海，東倚層巒，計一隅可二百餘里，洵扼要險區也。」成於雍正二年〔1724年〕的《諸羅縣志》記載：「關渡門。從淡水港東入，潮流分為兩支，東北由麻少翁（今士林附近）、搭搭悠（今錫口附近）凡四、五曲至峰紫峙（今水返腳地方），西南由武勝灣（今新庄附近）至擺接（今枋橋附近）各數十里而止。包絡原野，山環水聚，洋洋乎巨觀也。」其自淡水港通基隆港之道路，已在西班牙人佔據時代開有2條，一迂迴北方海岸，一溯淡水河通過臺北窪地，似一直沿用至此時。該書記載：「淡水至雞籠有東西兩路：西由八里坌渡砲城（即聖多明哥城），循外北投、雞柔、大遜、小雞籠、金包裹諸山之麓，至雞籠內海可一百二十里。沿路內山外海，多巨石，巉巖碁跱，相去數武，其下澗水淺深不一，行人跳石以渡，失足則墜於水。（當時稱此為跳石。即《臺灣府志》所謂：「亂石疊於水面，自八里坌至大雞籠城，跳石而行，計四十五里。惟土番能之。」）東由干豆門坐蟒甲，乘潮循內北投、大浪泵至峰仔峙，港大水深（過峰仔峙不復有潮），泝灘河可四十里，而登岸踰嶺十里許，即雞籠內海。」當時漢族主要利用此水運，與土番盛行交易。郁永河〈番境補遺〉關於臺東北部哆囉滿之產金，記載曰：「淘沙出之，與雲南瓜子金相似；番人鎔成條，藏巨甓中，客至，每開甓自炫，然不知所用。近歲始有攜至雞籠、淡水易布者。」黃叔璥〈番俗六考〉則記載：「澹水社則直臨大海，各有通事，往來郡治。貨物自南而北者，如鹽、如糖、如煙、如布匹衣線；自北而南者，如鹿脯、鹿筋、鹿角、鹿皮、芝麻、水藤、紫菜、通草之類。」如此的民番交通，則成為開拓臺北之端緒。

　　臺北平野之開拓，乃自然之勢，自淡水港、基隆港2方面而來，漸進臺北窪地而結合。康熙末年，今八里坌堡、芝蘭堡、大加蚋堡及基隆堡等

地已見移民。雍正初年，今興直堡、擺接堡、金包里堡已留下移民足跡。康熙五十七年〔1718年〕，八里坌新設北路淡水營都司。（初有黃曾榮者，棄諸生從戎務，補把總，陞千總。康熙五十年間，受臺廈分巡道陳璸之命，至上淡水捕匪犯鄭盡心。當時黃曾榮曾經審相山川形勢，繪圖以進，請以其地設一營。後，陳璸陞湖廣偏沅巡撫，特疏薦黃曾榮，奉旨記名，當時福建已調撫，遂與閩浙總督覺羅滿保合疏奏請添設淡水營，乃以黃曾榮為本營都司，相度營地，創蓋兵房，經理3個月竣功。淡水有守營，實黃曾榮唱首給力，但積勞以官卒。）雍正九年〔1731年〕，該地新設巡檢，為初期臺北平野創施之文武政治機關，該地成為政治及商業中心。爾後，乾隆年間，拓進擺接堡及石碇堡、三貂堡之一部。乾隆二十四年〔1759年〕，北路淡水營都司自八里坌移至艋舺。三十二年〔1767年〕，巡檢自八里坌移至新庄（五十三年〔1788年〕改為縣丞）。至此，文武政治機關移至臺北平野之中央，加以當時淡水河流域稱內港，新庄滬頭巨舟大舶輻湊，與八里坌並為臺北集中區。特別是五十三年〔1788年〕，准八里坌、五虎門（福州）及蚶江（泉州）通販，更促進臺北平野之發展。在此之前，雍正十一年〔1733年〕，開闢南界龜崙嶺路，便於從南方竹塹（今新竹）地方進入臺北窪地。雍正元年〔1723年〕新設之淡水廳廳治雖置於竹塹，但以廳名推之，可知主要以控制淡水河流域地方即臺北平野一帶為目的。嘉慶十四年〔1809年〕，原在新庄之縣丞移至艋舺，其後建立淡水同知半年駐竹塹、半年駐艋舺之制，企圖推進政務，此實北路之統治首部移置臺北平野之動機。爾後，咸豐年間，臺灣道夏獻綸建議於臺北設一直隸州。如此，至同治十三年〔1874年〕，分立臺北府，府治位置亦卜於此地附近，乃成臺北城。光緒十八年〔1892年〕，為臺灣省治。明治28年〔1895年〕我領臺後，為總督府之位置而為全島首府。

地方區劃之堡的沿革。雍正十二年〔1734年〕置淡水廳，始於分轄大甲溪以北至淡水、雞籠一帶之後，臺北平野併以後之桃澗、海山2堡，總稱淡水堡。乾隆、道光之間，分大加蚋、芝蘭、興直、擺接、拳山、石碇6

堡（此時，桃澗、海山2堡亦分立）。光緒元年〔1875年〕，芝蘭堡分成芝蘭、金包里、雞籠（後稱基隆）、三貂4堡，興直堡分成興直、八里坌2堡。光緒十四年〔1888年〕，芝蘭堡分為一、二、三堡。

（**附記**）臺北窪地，四方被第三系之連綿山頭所圍，中為一圓形低地。若從地質上推究，陷沒窪地之證據明顯歷歷。查今窪地北方大屯火山之熔岩狀態，均留於半山之半腹而未流下。此乃因當時臺北並非窪地而是高原所致。若該熔岩噴出之際，為如今之地形，則熔岩流將滔滔流下，臺地之北部將不免被淹蔽。但未見此事態，則可知臺北窪地之成立，係為大屯山噴出後地層大下陷沒而成之地形。地層陷沒之前，今集中於窪地中之大料崁溪，穿過桃仔園、中壢（以上屬桃澗堡）之間注海。現在該地方內部，存在著古河底遺跡之砂礫層，即其旁證。臺北窪地低落，致使河身變轉曲折向北方而成現在之水路（據理學士石井八萬次郎《臺灣島地質圖說明書》）。又徵諸舊記，自其下陷後至某時代，大料崁溪之支流取此舊流路，匯合附近諸水，注入今南嵌港口（桃澗堡）。《（續修）臺灣府志》記載：「大溪：在廳治北五十里。源發自查內山北；又源發於合歡山者，咬吧里溪、田厝溪、茄冬溪，合北內山之流為霄裏溪。過小龜崙山，匯於南嵌社，為南嵌港；西入於海。」今日大料崁溪流域，在大料崁以北一帶，歧而又歧，合而又合，支流有數十條。這些支流之間所形成的洲埔，出現幾多村庄，因此可推知該府志成書之乾隆中葉以前，一部份支流往西通過今霄裏庄（桃澗堡），稱霄裏溪，於龜崙嶺腳合南嵌溪，在南嵌港入海（總督府所藏之康熙年間臺灣古圖，亦於大致符合之位置描繪一條大河流）。同治九年〔1870年〕成書之《淡水廳志》，亦於北路溪之部列記大溪墘之名，或是在此之前河水已經轉流，但尚存溪墘之痕跡。又，康熙中葉之前，陷落之臺北窪地的一部份，成一大湖之形，匯集淡水河各支流，從關渡門放流，這從本文已經引用之《裨海紀遊》所

謂：「水道甚隘，入門，水忽廣，瀦為大湖，渺無涯涘。」可證。又，舉該書所記土地變動之歷史事實為例：「惟一溪流水（按，指淡水河），麻少翁等3社緣溪而居。甲戌（按，康熙三十三年〔1694年〕）四月，地動不止，番人怖恐，相率徙去，俄陷為巨浸，距今不三年耳。指淺處，猶有竹樹梢出水面，三社舊趾可識。滄桑之變，信有之乎。」（《淡水廳志》記：「〔乾隆〕十有九年〔1754年〕夏四月地震。毛少翁社陷為巨浸」，應錯記此時地變。蓋乾隆十九年干支同樣是甲戌，顯然因而混同。）爾來，因河水輸送土砂堆積成沙洲，遂變如陸地之狀，今窪地西部河身二歧，中抱一村落（芝蘭一堡溪洲底庄），進而更合流出關渡門，其遺跡尚存。又，今淡水河南岸和尚洲地方，原稱蘆洲，據說康熙中葉之前屬低濕沼澤之區，蘆葦叢生。其他，仍存中洲埔及溪墘地名，皆可證明往時係為沙洲之地。

大加蚋堡（Tōa-ka-lah pó）

一作「大佳臘」，為自臺北窪地中央往東方基隆、新店兩溪流域間一帶之區劃。大加蚋者，乃佔居臺北平野之平埔番族地名Takara的近音譯字。清康熙末年，漢族墾首陳賴章，自平埔番族瞨得開墾之地。根據康熙四十八年〔1709年〕七月諸羅知縣宋永清所發之給墾單示，其區域記為：「東至雷厘、秀朗（2番社名，後合稱雷朗社），西至八里分（今八里坌）、干脰（今關渡）外，南至興直山腳內，北至大浪泵（今大龍洞）溝。」其告示文曰：

> 臺灣府鳳山縣正堂紀錄八次署諸羅縣事宋，墾給單示以便墾荒裕課事。據陳賴章稟稱：竊照臺灣荒地，現奉憲行勸墾。章查上淡水大佳臘地方有荒埔壹所，東至雷厘、秀朗，西至八里分、干脰外，南至興直山腳內，北至大浪泵溝，四至並無妨礙民番地界。現在招佃開墾，合情稟叩金批准給單示，以便報墾陞科。等情。

業經批准行查。票著該社社商、通事、土官查勘確覆去後。茲據社商楊永祚、夥長許總林周、土官尾帙斗謹等覆稱：祚等遵依會同夥長、土官，踏勘陳賴章所請四至內高下不等，約開有田園伍拾餘甲，並無妨礙，合就據實具覆。各等情。到縣。據此，合給單示付墾。為此，示給墾戶陳賴章，即便招佃前往上淡水大佳臘地方，照四至內開荒墾耕報課陞科，不許社棍閑雜人等，騷擾混爭。如有此等故違，許該墾戶指名具稟赴縣，以憑拿究。該墾戶務須力行募佃開墾，毋得開多報少，致于未便。各宜凜遵毋忽。特示。

雷朗社，今雖稱加蚋仔庄（擺接堡），但應出自大加蚋。爾後，輾轉買賣至郭阿三、郭松鵲等。爾後，郭家將之賣給林成祖，林成祖大肆招集佃人擴大開墾區域。雍正初年，今艋舺始形成肆店，雍正末年、乾隆初年，漸拓東方荒埔，自大安庄、埤頭庄及於錫口街。

臺北城（Tâi-pak sîann）

今臺北城內及大稻埕、艋舺二街，合稱臺北3市街。位於臺北窪地中央，為臺灣首府，今總督府及各官廳、臺北廳等所在地。人口11,619人（男6,973人，女4,646人）。臺北此名稱，起於清光緒元年〔1875年〕新設臺北府，以此地為其府城位置始。原屬大加蚋堡三板橋及圭府聚2庄地內。光緒元年〔1875年〕六月，欽差大臣沈葆楨建議增設臺北府，乃卜府城位置於此。當時沈葆楨之〈臺北擬建一府三縣疏〉曰：

伏查艋舺當雞籠、龜崙兩大山之間，沃壤平原，兩溪環抱，村落衢市，蔚成大觀；西至海口三十里，直達八里坌、滬尾兩口，並有觀音山、大屯山以為屏障，且與省城五虎門遙對：非特淡、蘭扼要之區，實全臺北門之管（鑰）。擬於該處創建府治，名之曰臺北府。

於是，光緒四年〔1878年〕知府陳星聚，建立築城計畫，募集官紳士

民義捐，除捐其地一帶之水田外，並以方1丈之上田1兩、中田80錢、下田60錢之價格徵用，五年〔1879年〕一月興工，八年〔1882年〕三月竣工。城疊砌石築方形，東面、西面各412丈，南面342丈，北面340丈，周圍1,506丈，城外開濠溝，立5門樓及窩舖4座，且修築城門道路。其通大稻埕之北門曰「承恩」，通景尾之大南門曰「麗正」，通艋舺八甲街之小南門曰「重熙」，通艋舺新起街之西門曰「寶成」，通三板橋錫口之東門曰「照正」，北、東2門添建外郭，郭門題「巖疆鎖鑰」。經費20萬餘兩，總理工事者為林維源、潘盛清、王廷理、王玉華、葉逢春、李清琳、陳鴻儀、陳霞林、潘慶清、王天錫、廖春魁、白其祥、林夢岩、陳受益等。城牆計畫完成，同時建立城內市區之設計。爾後，制定市街宅地之制。當時，知府陳星聚發告示曰：

賞戴花翎署理臺北府正堂卓異侯陞陳，為出示招建事。照得，臺北艋舺地方，奉旨設府治，現在城基、街道，均已分別勘定。街路既定，民房為先。所有起蓋民房地基，若不酌議定章，民無適從，轉恐懷疑觀望。因飭公正紳董，酌中公議：凡起蓋民房地基，每座廣闊一丈八尺，進深二十四丈，先給地基現銷銀一十五圓，仍每年議納地租銀兩圓。據各紳會議稟覆，經本府詳奉臬道憲批准飭遵在案。除諭飭各紳董廣招建外，合行出示曉諭。為此，示仰紳董郊舖農佃軍民人等知悉：爾等須知，新設府城街道，現辦招建民房，務宜即日來城遵照公議定章，就地起蓋。每座應深二十四丈，寬一丈八尺，先備現地基銀一十五圓，每年仍交地租二圓，各向田主交銀立字，赴局報明，勘給地基，聽其立時起蓋。至於造屋多寡，或一人而獨造數座，或數人而合造一座，各隨力之所能，聽爾紳民之便。總期多多益善，尤望速速前來。自示之後，無論近處遠來，既有定章可遵，給價交租，決無額外多索，務望踴躍爭先，切勿遲疑觀望。切切。特示。（光緒五年〔1879年〕三月日給）

但地基主等以不應依然存在大租負擔，乃請再發告示，對於給出建築

用地之土地者，爾後免除其附帶大租，同時也豁除大租戶所負擔之錢糧。因此，再議請從其請。但大租戶聞之不喜，皆稟請，大租之收得乃祖先傳來遺祐，亦為永遠不易之權利，豈有以一片告示即失此既得權利之理？於是，更諭示，有城無店屋，何以謂城？地基苟不便，民人何以起店屋？暫俟城基完竣，再行商議。後事遂寢。據說，爾來城內地基主，無納大租者。當初城內之地悉為水田，僅不過田寮、竹圍介在其中。光緒四年〔1878年〕，艋舺人洪祥雲、李清琳等，先自地主吳源昌給出今府後街，以築店屋。此為城內店屋嚆矢。後大稻埕人張夢星、王慶壽等，來府直街地方，各處之人亦相繼來府前街地方，先後起築，漸至形成街衢。同年〔光緒四年，1878年〕建考棚，五年〔1879年〕建府廳，又築造文武廟。此時尚只形成府後街、府前街而已。六年〔1880年〕，起西門街，繼又起北門街。但居住城內者，概係官衙相關人等，極少純然經營商業者。光緒十一年〔1885年〕，以臺灣為一省，以臺北府城為省會之地。首任巡撫劉銘傳考慮新開城市尚人煙稀少，勸誘上海、浙江、蘇州豪商紳士，募五萬元於城內創設建築公司「興市公司」。爾來，城內肆舖繁榮，面目一新。

我領臺後，以臺北城內為中央政廳之位置，同時於明治28年〔1895年〕計畫市區改正，先著手城內外下水道路之改修準備。爾來，著步進展，撤毀城壁，在城外擴建市街，且改造舊來建物，規模一變。臺北公園，殆位於市街中央之府中街。又，臺北為臺灣鐵道之主要車站，且為淡水線之分歧點，車站在市街北端之北門口街（距基隆起點18.2哩）。

艋舺街（Báng-kah koe）

臺北3市街之一，在淡水河支流新店溪東岸，與臺北城之西門街巷相接，為大加蚋堡最老之市街。人口28,572人（男15,297人，女13,275人）。艋舺，據說語出平埔番族，意謂獨木舟之Banka。按，原佔居此地之番人使用一種獨木舟往來淡水河。郁永河《裨海紀遊》謂：「視沙間一舟，獨木鏤成，可容兩人對坐，各操一楫以渡，名曰莽葛，蓋番舟也。」《臺灣府志》

謂：「淡水港，番民往來，俱用蟒甲。」（獨木舟之結構，隨著該番之支那化而不再使用，因而不可知。黃叔璥〈番俗六考〉謂：「蟒甲，獨木挖空，兩邊翼以木板，用藤縛之；無油灰可，水易流入，番以杓不時挹之。」以此推之，應與現在南太平洋諸島土人防止船體翻覆，而以略與船長匹敵之圓材，結著數條從船體中央伸出之橫材，而與浮於海上之船並行的裝置，形式大體相同。）如此，其泊舟地之意義，則稱如Banka，「艋舺」乃近音譯字。（其他，「莽葛」或「蟒甲」也一樣是近音的不同譯字。）又，近音雅字則稱「文甲」（Bûn-kah，道光十七年〔1837年〕，此地建書院名「文甲書院」，即其例）。此地是稱為Samatau（近音譯字用「沙麻廚」或「紗帽廚」）番社之所在地。清雍正初年，漢族已形成茅屋數家之小村，販賣番薯，因此稱為「番薯市」（Hoan-chû-chhī）。（以後市街發展，以近音佳字改為「歡慈市」，今尚存土名。）如此，一方面，隨著新庄（興直堡）之發展，兩地之間彼此開始有渡舟交通。乾隆二十九〔1764年〕年成書之《（續修）臺灣府志》，已見艋舺渡頭街名。渡頭之媽祖宮，創建於乾隆十一年〔1746年〕。水仙宮口街之水仙宮（祭祀夏王禹），亦此時郊商公建。當時沿岸河深，帆檣林立，為臺灣3大港口之一，稱一府（臺灣府臺江）、二鹿（彰化鹿港）、三艋（即艋舺）。嘉慶年間以來，隨著新庄沿岸流淺，船舶集中歸於此地。嘉慶十三、四年〔1808、09年〕，市街逐漸增建（土名舊街。水仙宮口街等早成於此時）。道光元年〔1821年〕，噶瑪蘭通判姚瑩〈臺北道里記〉，記其情形曰：「艋舺，民居舖戶約四、五千家，外即八里坌口，商船聚集，闤闠最盛，淡水倉在焉。同知歲中半居此，蓋民富而事繁也。」道光二十年〔1840年〕，臺灣道姚瑩〈臺灣十七口設防圖說狀〉謂：「艋舺，為淡水最大村鎮，巨商富戶，皆萃於此。」然同治末年以來，沿岸河底漸淺，船舶停泊不便，商勢漸衰。臺灣鐵道縱貫線之車站在街外八甲庄（距基隆起點19.3哩）。

龍山寺（Lêng-soann-sī）

在艋舺街。閩之泉州安海之分派，清乾隆三年〔1738年〕創建，為臺北市街中最古寺觀。嘉慶二十年〔1815年〕地震之際，僅存佛座，全部破壞。現在之建物為其再建者。

祖師廟（Chóu-su-bīo）

在艋舺街。泉州安溪清水巖之分派。清乾隆年間建立。

大稻埕街（Tōa-tīu-tîann koe）

臺北3市街之一，在淡水河東岸。與臺北城之北門街巷相接，人口43,801人（男23,974人，女19,827人）。原Kevotsu（圭母卒）社平埔番族部落所在地（今土名城隍廟前街，尚存遺址）。清乾隆二十九年〔1764年〕成書之《（續修）臺灣府志》，已見奇武卒庄。奇武卒乃Kivotsu之近音譯字，以後更以近音佳字，改為圭府聚（Kefutsu）庄。此地方在漢族移植之初，開闢水田，中有一大埕，農民於稻熟之際，於埕上曝稻，鄉里俗稱之為大稻埕。清咸豐三年〔1853年〕八月，臺北有閩省漳泉移民分類械鬥之變。當時艋舺街外之八甲街為艋舺相連之商業殷賑一小市場，是泉屬同安縣人聚集之處，他們與漳人合作攻擊艋舺之泉屬安溪及晉江、南安、惠安4縣人，驅逐之。安、晉、南、惠人合力反擊，終於燒毀八甲街。於是，同安縣人敗散避退大稻埕，十月於此地新建聚落，乃依土名稱大稻埕街（八甲街因此完全衰頹）。當時只不過是小巷街。

咸豐六年〔1856年〕及九年〔1859年〕，新庄（興直堡）有漳泉人分類械鬥，泉人難避者多移來，咸豐末年漸建新市街（土名中街、南街、中北街、杜厝街等成於此時，並建城隍廟）。既而，同治年間，隨著北部茶業之發展，成為再製及輸出市場之盛況。而且，同治末年以來，艋舺沿岸河底淤淺，船舶改而碇泊此地（土名六館街，成於此時）。最初居留艋舺之外

國人，也多轉居此地。特別是光緒十三年〔1887年〕，巡撫劉銘傳選擇臺北之商業中心地於此，大肆興工擴建市街，勸誘臺北富豪林維源成立建昌公司建築會社，投下50,000元先修築淡水河岸堤防，以防遏每年雨季河水暴漲氾濫市街，然後增建新市街（土名建昌街、千秋街等，成於此時）。至此，外國洋行盡集大稻埕，市街有長足發展。此地為臺灣鐵道淡水線之起點，車站在土名河溝頭街。

臺北水道〔自來水〕[①]

　　臺北市街向來的給水狀態，是在各地鑽井，其數約有800，但隨著市街逐漸膨脹而呈現缺水狀態，而且水源逐漸低下，目前已有不能供應之勢。（清光緒十一年〔1885年〕，首任巡撫劉銘傳以臺北城為省會之地，需要給水而於城內鑽井，但僅數井，且專供官員使用，其他即使城內之一般人民，似不能得其澤潤，何況艋舺、大稻埕住民。因此，舊清國政府時代之狀況，僅能飲用少數不良淺井、塘池之水或採酌不便且污濁之河水。）於是我領臺後，認為不應再以地下水，而需要靠淡水河上流之水源，施設完全之給水裝置。首先，查核市街之區域及人口及將來之預期增殖，算出今後臺北市街人口增加至15萬人，而以平均1人1日消費水量3立方呎，於大加蚋堡林口庄土名公館街設取水口，以唧筒式取淡水河水為一般市街之配水設備，其取入以土管及水路用唧筒井汲上，進而將水送入分水井，然後從分水井自然流下用鐵管送水入沉澱池，以這樣特殊作用將水面下1呎乃至11.5呎之清淨水送入濾過池，然後透過鐵管將淨水送入山丘上的淨水池。淨水池之容量若供應1人1日平均水量3立方呎，則可提供15萬人口，10小時之供水量。池內設導流壁，讓池水流動，並為了遮斷池內淨水的日光照射，防

①【譯按】「水道」一詞為日文，意謂目前吾人所說的「自來水設施」，並非中文的「水道」之意。但因老一輩的臺灣人仍直接以臺語說自來水為「水道」，因此此處仍保留「水道」字樣，但加上括號註明「自來水」。

止植物滋長，設置覆蓋。如此讓淨水自然流下，以鐵管配水。又，配水管乃各街共通，一以當甲街需要大水量時可用乙街配水管流通貯溜以補甲街之急，一以防範長時間貯溜水停滯不流動而有水質衛生變化之虞，以利鐵管內之水新陳代謝。本工程起於明治40年〔1907年〕4月，42〔1909年〕年4月竣工（據《臺灣統治綜覽》）。

大龍洞街（Tōa-lōng-pōng koe）

在大加蚋堡。原 Tōa-lōng-pōng 社平埔番族部落所在，清康熙四十八年〔1709年〕七月諸羅知縣宋永清所發之給墾單示可見「北至大浪泵溝」云云。大浪泵乃 Tōa-lōng-pōng 之近音譯字，可知當時漢族開拓已與此地接界。然雍正末年，尚為樹木繁茂之森林。乾隆初年，閩人贌得開墾，乾隆十一年〔1746年〕成書之《（續修）臺灣府志》可見「大浪泵庄」。街肆成形在嘉慶七年〔1802年〕，更以近音佳字寫成「大隆同」。同治年間，又併用近音「大龍洞」文字，見諸同治九年〔1870年〕成書之《淡水廳志》。該街之保安宮（祭祀保生大帝），創建於嘉慶十年〔1805年〕。(《淡水廳志》曰：「龍洞山，即大隆同，平地突起如龍，北臨大溪，溪底石磴與劍潭山後石壁相接有洞，側身入，以火爐之，僅通人，行約數百武」，而或有附會者，以之為地名起因，其實此不過是番語地名之近音譯字也。)

圓山公園

在大加蚋堡山仔腳庄基隆溪畔丘陵。以丘之形似稱呼圓山仔，冠之為公園之名。又以地近大龍洞亦名龍洞山。原土豪陳維英者建別業稱太古巢。境內廣闊、樹木鬱茂，奇巖起伏其間，遠望亦佳。我領臺後收為公園。明治32年〔1899年〕時，總督男爵兒玉源太郎於丘麓開基一寺，稱鎮南山臨濟護國禪寺。丘之上下均屬石器時代遺跡，有數處貝塚露出。遺物為石器（石斧、石槍）、骨器及陶器等。臺灣鐵道淡水線圓山車站，在山腳庄（距大稻埕起點2.3哩）。

鎮南山　兒玉源太郎

不是人間百尺臺，禪關僅傍碧山開。

一聲幽磬何清絕，萬里鎮南呼快哉。

錫口街（Sek-kháu koe）

　　在大加蚋堡。原為Varishiakau社平埔番族部落所在。閩人進入開拓該堡驅逐之（番人敗餘，退居石碇堡樟樹灣庄），開創初建聚落之端。乾隆二十九年〔1764年〕成書之《（續修）臺灣府志》有「貓里錫口街」，可知此時已經形成市街。該街之媽祖宮，建於清乾隆三十年代。《裨海紀遊》記為「麻里哲口」，《臺海使槎錄》及〈番俗六考〉記為「麻里即吼」，亦指此地。貓里錫口均為Varishiakau之近音譯字。爾後，省略「貓里」二字，單稱「錫口街」。嘉慶二十年〔1815年〕，經過其地之臺灣知府楊廷理〈道中詩〉註「由艋舺錫口，至蛤仔難」，知此時已稱「錫口」。接近臺北市街，沿基隆溪成為一小市場，人口3,030人（男1,451人，女1,579人）。臺灣鐵道縱貫線車站，在土名「媽祖宮街」（距基隆起點14.2哩）。錫口街附近伍份埔庄有永春陂，後山陂庄有後山陂，富山水景勝。

南港（Nâm-káng）

　　屬大加蚋堡，為該堡次於錫口街開拓之處。清乾隆二十九年〔1764年〕成書之《（續修）臺灣府志》稱為南港仔庄者是，今分數庄。為往返文山堡地方之要路，附近富藏煤礦。臺灣鐵道縱貫線南港車站，在南港三重埔庄（距基隆起點11.9哩）。

擺接堡（Pái-chih pó）

　　臺北窪地南部新店溪、大料崁兩溪流域之間一帶的區劃。此地域原乃

平埔番族Paichi社所屬。「擺接」稱呼為近音譯字。清雍正年間，大加蚋堡墾首林成祖購得，著手開墾。乾隆中，於今枋橋街外土名崁仔腳建2、3草店，開始交通新庄（興直堡）。乾隆十一年〔1746年〕成書之《（續修）臺灣府志》所謂擺接庄者，為當時之總土名。東方一帶為蓊鬱森林，移住者漸次伐採而進，在土名枋寮之地建小屋。乾隆中葉後，潘開鳳者更從此地方進而開拓安坑庄（文山堡）一帶。嘉慶以後，雖到處形成村庄，但未有街肆，道光二十六年〔1846年〕後枋橋街始成。

枋橋街（Pang-kîo koe）

　　清乾隆中，隨著擺接堡開墾漸擴區域，移民增加，於今枋橋街外西方土名崁仔腳建2、3草店，在其小溪架木板為橋便利往來。當時俗稱枋橋（枋、板同），是為地名起因。道光二十六年〔1846年〕後，擺接堡墾首林成祖之裔林步蟾者，邀新庄（興直堡）殷戶林國華（臺灣最富者林家之祖）為資主，大事墾拓。林國華父平侯，因係出身閩漳州，故多漳人來集，乃於崁仔腳附近建十餘瓦屋，向來之土稱乃名為枋橋新興街，此為枋橋街前身（本街以後隨著林家之移住，成為其住宅建地）。咸豐三年〔1853年〕八月，臺北漳泉移民分類械鬥，新庄之林家一族避難大科崁（海山堡），平靜後移住枋橋街，因此附近多集漳人。咸豐四年〔1854年〕，形成福德街（舊名小直街）及大東街。咸豐五年〔1855年〕，築堡圍，以後街肆更增加而成為擺接堡集散市場。人口2,679人（男1,330人，女1,349人）。臺灣鐵道縱貫線枋橋車站，在后仔庄（距基隆起點23.1哩）。

興直堡（Heng-tit pó）

　　現時，限於淡水河以南大科崁溪下游流域與自龜崙嶺向西北延伸的坪頂山高地東腳。往時，還包括八里坌及芝蘭堡（二堡）的一部份。原稱興直莊，清道光年間成立為一堡，並以此為名。康熙末年，漢族自平埔番族購得土地，足跡所及。當時此地方之移民為閩粵人，以八里坌為起點，一

溯淡水河，一進觀音山腳。雍正五年〔1727年〕，楊道弘、林天成合資開墾，擴展幾遍全區，稱之為興直莊。據臺北廳新庄區庄長調查，興直地名據說出於「地勢平坦其直如矢，若墾成田，設有市鎮，必有大興氣象」之意。當時贌耕字有「東至武勝灣港岸（指大嵙崁溪岸。Vurawan社番族部落之所在，因有此稱），西至八里坌山（即觀音山）腳，南至海山尾（即龜崙嶺），北至茳山（今頭前庄）」。雍正十年〔1732年〕前後，形成新庄街肆，翌十一年〔1733年〕開南界龜崙嶺，開通從南部直入此地之便道。同時，新庄與大加蚋堡艋舺間的大嵙崁溪渡舟開始，大為促進當地之發展。以後，道光十四年〔1834年〕及二十年〔1840年〕，閩粵分類械鬥，粵人賣卻田業退去桃澗堡中壢地方，今堡內僅有閩人。

新庄街（Sin-chng koe）

屬興直堡，在淡水河支流大嵙崁溪北岸。原Vurawan（武勝灣）社平埔番族部落所在地（庄內尚存「舊社庄」土名），留有清康熙末年興直堡移民足跡，同時開闢其主地，而於雍正十年〔1732年〕左右新置村莊，取其意稱為「新莊」，以地當進入海山地方之要路，一名「海山口」。《（續修）臺灣府志》記載，雍正十一年〔1733年〕，於淡水營添設把總，輪防海山口。可見當時已認為必須控制此地。又，該書記有「新莊街」，該書成於乾隆中葉，可知此時已形成市街。此時，沿岸河港船舶輻湊，實為臺北之商業中心，一稱中港街。嘉慶末年，沿岸河底淤淺以來，舟運失利，漸傾衰微，而至不過為一村市之狀。該地之媽祖宮，雍正九年〔1731年〕創建（據《臺灣府志》），與關渡（芝蘭二堡）之媽祖宮，並屬臺北古廟。（《淡水廳志》謂：乾隆十八年〔1753年〕建，四十二年〔1777年〕巡檢曾應蔚修。應係指再建重修。）

芝蘭堡（Chi-lân pó）

現時為臺北平野淡水河下游流域一帶之區劃，但昔時包括三貂、基隆、

金包里3堡。清同治九年〔1870年〕成書之《淡水廳志》謂「芝蘭堡，東北接噶瑪蘭（宜蘭）界，西北臨海」者是。爾後，光緒元年〔1875年〕定今區劃，十四年〔1879年〕分一、二、三堡。「芝蘭堡」之稱呼，本於此地方早期主地之芝蘭街名。最初漢族建立聚落者，乃明末鄭氏一族在今大直庄土名劍潭（屬一堡）定居。清領臺後，康熙末年，閩人林永躍、王錫棋，率移民來與先住平埔番族和約，於嘎勝別庄之關渡及唭里岸庄（以上均屬二堡）設定根據地，擴大墾拓。《淡水廳志》記載「淡水開墾，自奇里岸始」即是。其形成街肆者，為雍正二年〔1724年〕之芝蘭街（一堡）與滬尾（三堡）地方。概均係閩人移殖，現在一堡地方多漳籍閩人，二、三堡地方多泉籍閩人，此乃咸豐元年〔1851年〕及九年〔1859年〕漳泉分類械鬥，各籍因而形成集團。

臺灣神社

合祀大國魂命、大已貴命、少彥名命及北白川宮能久親王殿下之官幣大社，建於芝蘭一堡大直庄劍潭山。明治33年〔1900年〕起工，34年〔1901年〕完全竣工。34年〔1901年〕10月27日舉行鎮座式，翌28日舉行大祭，爾後以此日舉行例祭。

（**參照**）營造臺灣神社之議，早在北白川宮殿下薨去之際即有人倡議，爾後有貴族、眾議兩院之建議，明治30年〔1897年〕其議漸熟，乃於該年9月當時之乃木總督設故北白川宮殿下宮祠建設調查委員會，以海軍少將角田秀松為委員長，海軍大佐中山長明、陸軍步兵少佐菊池主殿、總督秘書官木村匡、民政局事務官高津慎、民政局事務官橫澤次郎為委員。委員們先選定神社位置，慎重審議神社營造設計及其經費。10月11日，角田委員長向乃木總督提出如下報告書。（在此之前，北白川宮家令恩地轍，贈私信於當時樺山總督，具陳意見：「故能久親王殿下之薨去，如同戰死，皇族殉國忠死之蹟，照我國

史，倭武尊之外，其儔鮮矣。乃崇官幣社一宮，鎮座於新領地，以一臺灣民心之歸向，間接亦裨益於行政」，亦是其動機之一）。

應於臺灣創設故北白川宮殿下宮祠，係貴、眾兩院之建議、天下之輿論。而被任命為取調委員者以秀松等為最名譽。今揭調查之第一步選定建設地之顛末報告如下。

第一，關於臺南、基隆、臺北三地

關於建設宮祠之場所，最初有三意見，曰臺南，曰基隆，曰臺北。委員會選定臺北。請述其理由。臺南為殿下當年親率兵馬南進，冒重患遂致危篤之場所，因謂宮祠應建設於茲。惟古來建立社祠等，卜其人落命之地或其他因緣場所以祀其靈，夫楠公於湊川、菅相於太宰府等好例頗不少。此可謂感情上最宜，亦得慰其人在天之英靈的一法歟。殿下之宮祠選定此地，亦不外此意。然退而思之，殿下大病之發表，不在臺南，而係在歸京之日，表面上殿下之薨去，毋寧不可謂與臺南關係較少。故此地非值得建設殿下宮祠之場所。基隆如何呢？此地接近殿下當年渡臺之際，最初上陸之三貂角，且當時殿下喜愛此地風光，據云殿下有他日設別莊之想，為與殿下有不少因緣之場所。故建設宮祠於此，似亦如殿下生前之本意，在安慰泉下英魂，傳遺績於後世，亦可謂適切地點，而謂應選定此地。但基隆將來有軍港計畫，且雖多少富於風致，奈何部份為偏僻場所，多有不便。是亦不能不謂有不值得建設宮祠之場所。

臺北則如何？此地雖不如前二者與殿下有關係，但此地當臺灣施政中心點，不但四通八達、交通便利，夙已雄視本島，且觀音大屯諸嶺蜒蜒，淡水河洋洋，城壁巍巍，田野坦坦，風致自備，不能不謂最適於建設宮祠之場所。因此委員會選定此場所。

第二，關於臺北城內、城外

既選定臺北，其次則必就臺北之中更選定其場所。此亦有二異見，曰城內，曰城外。而委員會選定城外。

夫城內面積方八丁許，城門巍然防衛四方，文武諸官衙併立，仰之壯嚴。然畢

竟規模狹小，且四方城壁閉遮，風致更無可見者，委員會乃否決而更向城外選定場所。城外如何耶？城外土地廣闊，負山、臨河，有綠樹、有蒼田，不只天然風趣自是可愛，而且大氣清潔，不起俗塵，可謂建設神聖宮祠最適場所。於是，委員會因而選定此場所。

第三，關於城外圓山

既選定城外，其次則必就城外更選定其場所。而委員會經過種種研究，已選定公園地之圓山。蓋圓山為何適當耶？曰公園地常為公眾觀遊之所，雖一夜投宿之他客，尚且欲一覽，如東都之上野、淺草，浪華之中嶋，南都之春日野，自殆為天下眾望注視之所。故如於公園內建設宮祠，一以便公眾之參拜，而神德益仰，一以保公園之神聖，而園庭益親，是一舉兩得之法。且古來於公園設置社祠公，其例不少，蓋應亦不外此理。此委員會選定場所於茲之所以。既選定圓山，其次必就圓山更選定其場所。於是秀松率各委員，全面踏查圓山，審議之。此亦有二意見，曰東部，曰西部，即中央部。而委員會選定西部。蓋圓山之東部，眼下可見臺北市街，風色雖頗可掬，但場所狹少，到底不足以建設宮祠。轉眼見其西部即中央部，土地廣闊，風光清趣，林木森然自有莊嚴之風致，為建設宮祠最適當之場所。是委員選定此為會場之所以。

第四，結果

總括以上所述，則如下：

就臺南、基隆、臺北三地，選臺北；就臺北城內、城外二地點，擇城外；就城外，求諸圓山；就圓山東部及西部即中央部，擇其西部。若得閣下裁定秀松等之調查，委員們則不勝榮幸之至。敬具。

但明治31年〔1898年〕兒玉代而為總督後，變更當初的設計，擴大規模。結果，以原本選定的圓山之地狹隘，且該處地形參差於營造上也有所不便，於是改而決定以隔著基隆河的劍潭山一角為社地。

劍潭（Kiàm-thâm）

在芝蘭一堡大直庄。基隆溪沿大直山麓迂流，溪水成為深潭，名劍潭。故大直山亦稱劍潭山。《淡水廳志》謂：「劍潭，深數十丈，澄澈可鑑，潮漲則南畔東流而北畔西，退則南畔西流而北畔東。」

潭岸之劍潭山麓，有一寺觀稱劍潭寺。相傳，明末鄭氏時，開拓此地之部族在此奉祀觀音菩薩。清乾隆二十九年〔1764年〕成書之《（續修）臺灣府志》載有：「觀音寺，在八芝蘭劍潭。」《淡水廳志》曰：「劍潭寺，乾隆三十八年〔1764年〕，吳廷誥等捐建。寺有碑記，述僧華榮至此有紅蛇當路，以筊卜之，得建塔地。大士復示夢：有八舟自滬（滬尾）之籠（雞籠），可募金。果驗，寺遂成。道光二十四年〔1844年〕，泉郊紳商重修。」該碑記乃道光二十五年〔1845年〕重修後所勒。另據其記載「有僧華榮者，奉大士雲遊至此，露宿古樹下，時未有村社……構茅剎，卓錫其中」，傳說係鄭氏時代華榮祭祀觀音之古蹟，因構茅剎名為觀音寺。寺名既見於府志，推測草創應在乾隆初年。後三十八年〔1764年〕託夢兆募資重修，因在劍潭地改稱劍潭寺。

（**附記**）所謂劍潭地名者，古來傳為古蹟。至於其稱呼之起因，雍正十年〔1732年〕臺廈分巡道尹士俍《臺灣志略》記載「劍潭，有樹名茄苳（今尚存，蓋近300餘年之物）高聳障天，大可數抱，峙於潭岸，相傳荷蘭人插劍於潭側大樹，樹生皮合，劍在內，因以名」。此傳說一轉，潭岸之古樹移至了水底。里俗傳說：「鄭氏時，逐荷蘭人至此地。蘭人乃投劍於潭中，因以為名。」《淡水廳志》採此傳說，此俗傳更被潤飾，《淡水廳志》記為：「每黑夜或風雨時，輒有紅光燭天。相傳，底有荷蘭古劍，故氣上騰也」，至而稱為淡北八景之一「劍潭夜光」。按，此地方早在西班牙人佔據時已為足跡所及，但卻無荷蘭人足跡所至之跡證。所謂鄭軍、蘭人衝突者，歷史關係上固不足置信。

以現在劍潭鄰接處尚存八卦潭之名推考，當初應只不過是取劍及八卦等佳字為地名，後拘泥於「劍」字而有如此假構之稗史性傳說。

劍潭山西麓之村庄，土名稱山仔腳，也以近音佳字寫作「山也佳」。此地存乳井古址。《淡水廳志》記載：「乳井，在劍潭山也佳莊，四圍巨石，有泉，竅鑿之深僅數尺，水色如乳，甘可瀹茗」，今在一民屋後庭，漸歸荒壞矣。

士林街（Sū-lîm koe）

屬芝蘭一堡，人口2,711人（男1,347人，女1,364人）。清康熙末年，唭哩岸（二堡）地方之閩漳泉人，進而購得Moshyoan（毛少翁）平埔番族土地，與土番和約企圖開墾荒埔，取名八芝蘭林（Pat-chi-lân-nâ）。以原平埔番語Pachiran之近音譯字，加上林野意義的「林」字，意即溫泉，以北部山地有溫泉，而取這一帶部份稱之。雍正二年〔1724年〕九月，圍竹建十餘小草店，名店仔（Tiàm-á）街。雍正五年〔1727年〕十月，業戶吳廷誥、曹朝招、賴玉蒼等首倡增建店屋，其在八芝蘭林之市場稱八芝蘭林街。乾隆六年〔1741年〕十月，吳廷誥、曹朝招、李應連、黃振文、張國瑞等捐資創立神農宮街界，後省略地名亦稱八芝林（Pat-chi-nâ）（現里俗慣用此稱呼）。此地西方石牌庄，有以乾隆十七年〔1752年〕淡水同知曾日瑛之名所立的劃定民番地界之石碑（石牌庄名之所由出），曰「奉憲分府曾批斷東、南勢田園歸番管業界」。結果，以其地歸入番界，不准漢族佔有，但在此之前似已有漢族建置村落。爾來，雖禁止漢族佔有番地，但有名無實，芝蘭一堡各地均有已被開拓者，八芝蘭林街儼然為其中心市場之態，乾隆末年已被稱為芝蘭街（據《淡水廳志》）。

咸豐元年〔1851年〕，漳泉人分類械鬥，街肆悉被泉人焚燬。咸豐九年〔1859年〕十月，重新於南方基隆溪岸船仔頭（Chûn-á-thâu）庄建一市街，名「芝蘭新街」，以舊市街稱為「舊街」（今屬福德洋庄）。當時又稱為

士林（Sū-lîm）街。蓋士林者，芝林之口語音 Chi-na 轉為文讀音 Chi-rim，更取用近音佳字也。現時專用此稱呼。（後原住街民曾於舊街故址建立店肆，但同治六年〔1867年〕地震崩壞過半。爾來頹衰，已失舊觀。）臺灣鐵道淡水線車站，在街外（距大稻埕起點3.9哩）。

芝山巖（Chi-soann-gâm）

在芝蘭一堡湳雅庄，孤立於平原之一丘陵，民間以其形狀俗稱圓山仔（înn-soann-á）。《淡水廳志》稱「獨峙」，亦是。頂上有惠濟宮（祀閩漳州鄉土神開漳聖王），清乾隆五十三年〔1788年〕芝蘭街紳士吳慶三等主倡捐建。所以稱之為芝山巖者，以該地移民原皆屬漳籍，擬諸漳州名蹟芝山取名。石磴數十級，中有小石門，門頂題「芝山巖」3字，磴道右側之自然石上刻有「洞天福地」4大字。惠濟宮傍有文昌祠，道光二十年〔1840年〕該街紳士潘定民所建。當時之該祠記曰：

芝山文昌祠記　傅人偉（道光二十年〔1840年〕冬撰）

閩之書院，鼇峰、鳳池而外，泉有清源，漳有芝山，其最著也。然泉則聚石為山，不若漳之傍山而舍。予嘗由泉至漳，見其山川秀麗，人才魁偉，神往其際。己亥〔道光十九年、1839年〕東渡，越歲安硯芝蘭堡，地盡漳人，或言此地亦有芝山，殆不忘其桑梓而名歟。因跡其峰巒四合高插雲霄，原田萬頃中有聳立絕所依傍，怪石則森列如笏，樹木則鬱蔥如畫，溪流則瀠洄如帶，何不一游之乎。六月，潘子定民謀建文昌祠於上，俾諸生肄業其中，邀予至焉，風景之佳有逾所述者。夫東寧，於明季干戈之地也，偽鄭嘗以舟師破紅毛兵數十萬於安平，泝流而上，至芝蘭之八里坌，番人礮臺猶在焉。自我朝版圖一統，易戰爭以禮義，化甲冑為詩書，百餘年間，家有塾，黨有庠，州有序，國有學，科第匹於中華，公卿列於朝右，潘子是舉誠有志也。居是邦者，其亦覩石笏而念書思對命乎，見林木而思百年樹人乎，覩流水而知盈科後進乎。昔為侏儷之厖雜，今為學士之謳吟，昔以禦侮而扼此山，今以志學而履其地。鍾毓所在必有傳人，是烏可不記之。

丘上與寺觀稍隔之東方有「學務官僚遭難碑」。我領臺之初，總督府為普及國語教育，於此處開學堂，派學務部員從事。明治29年〔1896年〕1月1日，土匪蜂起來襲臺北時，部員6名悉死難。靖平之後，官民有志以其功勞偉大，捐建一碑於此，正面題「學務官僚遭難碑」7大字，背面勒其事略，當時之內閣總理大臣侯爵伊藤博文撰文及揮毫。其文曰：

> 臺灣全島，歸我版圖，革故鼎新，聲教為先。正五位楫取道明等六人，帶學務，派八芝蘭士林街，專從其事。會土匪蜂起，道明等死之。時明治二十九年〔1896年〕一月一日也。

丘東半腹有一洞窟，以洞中蝙蝠群集，名「蝙蝠洞」。

北投溫泉

在芝蘭二堡北投庄內磺山麓。泉池（俗稱鐵之湯）其質性為單純泉，無臭透明，澡浴、飲用皆可。泉流（俗稱瀧之湯）其質性為酸性鹽類泉，透明無色，味酸烈。往時徒委諸於叢棘之間，人無所顧者，我領臺後開為遊浴之所，設備浴室、旅舍，爾來變為殷賑之境。北投者，此地方為Pattau社平埔番族之所在，因此是近音譯字。臺灣鐵道淡水線北投車站，在北投庄（距大稻埕基點7.3哩）。

北投硫磺產地

七星墩（Chhit-chhinn-tun）山之南側硫質噴氣孔噴出硫磺，沉澱於孔邊岩石，因稱磺山（Hông-soann），見於清乾隆十一年〔1746年〕成書之《（續修）臺灣府志》。附近之草山（Chháu-soann）及竹仔湖（Tek-á-ôu）等地亦產硫磺。早在西班牙人佔據時代，已知此地出產硫磺。西班牙人就記載Pattau（北投）社產硫磺，漢族到此地與土番交易。（參照「臺北」條西班

牙宣教師Jacinto Esquivel報告）。

康熙二十三年〔1684年〕，臺灣府學教授林謙光《臺灣紀略》謂：「磺產於上淡水，土人取之以易鹽米芬布」，亦指此。康熙三十六年〔1697年〕，浙江省仁和人郁永河始探見此地，於今士林街附近設鑊製煉，其著作《裨海紀遊》記載：當時先與當地土番和約，飲以燒酒，食以糖丸，又給以布，且以布與土番交易硫土，大約以布七尺易土一筐，得二百七、八十觔。《淡水廳志》亦曰：「淡北大屯山邊，出磺之土，謂之磺筍」云。

和尚洲（Hûe-siūnn-chiu）

屬芝蘭二堡，淡水河南岸數庄之總稱（往時屬興直堡，光緒元年〔1875年〕屬芝蘭堡）。原為淡水河與沙洲形成之地，蘆葦叢生而有蘆洲（Lôu-chiu）之名。（根據臺北廳和尚洲區庄長調查書：「水湳庄與樓仔厝庄交界之處，有特產出幼蘆荻，於月上東，蘆荻因之而向東，及月斜西，蘆荻亦因之而向西，以致蘆荻泛月之故事。」）清雍正十年〔1732年〕左右，八里坌地方之漢族招佃，經觀音山腳，欲向新庄（興直堡）移殖，開此地為其中路（今存中路庄名），因河水環拱地形，總稱河上洲。

乾隆時，竹塹（新竹）城隍廟僧梅福，申請官府許可以此地之業產充作關渡媽祖宮油香料，每年來今水湳庄宅徵收租穀。於是，里人稱和尚厝。和尚厝音Hûe-siūnn-chhù，偶與河上洲音Hô-siōng-chiu近似，彼此混同而成和尚洲（Hûe-siūnn-chiu）新地名。

今之樓仔厝（Lâu-á-chhù）庄，因是舊河頭而尚存舊港嘴（Kū-káng-chhùi）土名。嘉慶二十年〔1815年〕左右，在此開立一庄，因近水邊而建樓屋防止浸水，而有樓仔厝之名。以此地為根據，更及於更寮庄（興直堡）、山腳庄（八里坌堡）等。

淡水河（Tàm-chúi-hô）

　　淡水河有3大源，皆發源自中部山地，匯集附近之大小眾流為基隆（Kilung）、新店（Sin-tiàm）、大嵙崁（Tōa-kho-hám）3溪，會合於臺北窪地中形成一大河。一支源發源自東北方山地，往西南流為基隆溪，上游出三貂（Sam-tiau）嶺，流過基隆地方，因此得名。一支源發源自南方山地，往西北流為新店溪，上游至新店（文山堡）乃大，因以此名（於臺北窪地南邊，合景尾[Kéng-bé]溪）。一支源同樣發源自南方山地，往東北流為大嵙崁溪，其上游至大嵙崁（海山堡）乃大，因以此為名。其出山處有石門隘峽，兩山相迫有如屏障，高約500尺，寬僅30間，水流入此處則奔濤狂瀾蔚為奇觀（於三角湧[Sann-kak-éng]附近，會合三角湧溪）。《淡水廳志》記載：「內港二大溪。一曰南溪，其源出大壩尖山，會咬狗寮尖山，西流過祐武乃山，西北至三坑仔，繞觀音亭北至茅草山，過秀才潭西北為石頭溪。又東過鳶山，南會三角湧溪、橫溪，南東過獅頭潭至大安山，北至沙崙會石頭溪，西北至新莊，會海山小龜崙溪。北東至艋舺，南會內湖，青潭溪。東至大隆同，東北過番仔溝，會峯仔峙溪。北至關渡，計百里許。石頭溪自乾隆二十四年〔1759年〕大水沖壓，今為旱溪。一曰北溪，其源出三貂山苧仔潭，過鯽魚坑，出石碇北，東會獅毯嶺西流，西北至峯仔峙，又西北至南港仔，北會八連港。過錫口至劍潭，北過芝蘭，會雙溪。又北至內北投，會磺溪。北西至關渡，計百二十餘里。」淡水河在清康熙末年以前，河幅廣闊呈大湖之形。爾後，因上游輸送土砂堆積為沙洲，遂變成如陸地之形狀，如現今芝蘭一堡溪洲底庄抱於2歧河流之間。總之，淡水河中游以下，流過臺北平野之間，因此非如臺灣多數河流之特色，甚為徐緩，且潮汐之影響達於河口上方約7、8里，因而舟運之便居臺灣河流第一，大凡50、60噸汽船今可上溯至臺北大稻埕（河口上方約5里），其他淺底小舟可溯支流數里之遠，基隆溪可達瑞芳附近（基隆堡），新店溪可達新店，大嵙崁溪可至大嵙崁。淡水河往時西班牙人稱為Kimazon。又，與南部臺灣下

淡水溪對稱，而有上淡水之名。

淡水內港（Tàm-chúi lāi-káng）

　　《臺灣府志》曰：「關渡門。內有大澳，分為二港：西南至擺接社止，東北至峯紫峙（今水返腳附近）止。番民往來，俱用蟒甲。澳內可泊大舟數百，內地商船間亦到此。」《淡水廳志》所謂淡水內港者是。大科崁、新店2溪支流稱南溪，基隆溪之支流稱北溪。南溪沿岸水深，多舟舶碇泊方便之處，如新庄（Sing-chng）及艋舺（Báng-kah）2街，因此為發達因素。但自清嘉慶年間以後，新庄沿岸河底淤淺，舟楫不便，其地商勢逐漸衰微，而至全歸艋舺。嘉慶十四年〔1809年〕，在新庄之縣丞移至艋舺，亦原因於此。咸豐十年〔1860年〕，雖被當成淡水港之一部，設外國人居留地，但同治末年以後艋舺沿岸河底漸形淤淺，船舶往來不便。因此，該年以後外國人等更有移住下游大稻埕者。光緒十三年〔1887年〕，定大稻埕為外國人居留地，商勢便全離艋舺而去，移至大稻埕。

關渡（Koan-tōu）

　　淡水河口上游約1里，大屯及觀音2山支脈歧出，狹迫為峽門，以此分淡水河中游、下游處，稱關渡。屬芝蘭二堡嘎勝別庄，一名關渡門。此地原稱Kantau，為平埔番語地名，郁永河《裨海紀遊》寫作「甘答門」，黃叔璥《臺海使槎錄》寫作「肩脰門，一作干豆」，《諸羅縣志》及《臺灣府志》寫作「關渡門」，都是近音異譯字。嘉慶年間，吳廷華〈社寮雜詩〉：「墩寶門邊淡水隈」，此「墩寶門」亦是「關渡門」之近音雅字。又，近時有近音之「江頭」者。關渡村落在河北岸，乃芝蘭堡漢族最初移殖地。康熙中葉，現在該地之媽祖宮，康熙五十六年〔1717年〕諸羅知縣周鍾瑄創建於北方山頂，五十八年〔1719年〕移至山麓（今位置）。臺灣鐵道淡水線江頭車站（距大稻埕起點8.5哩），在嘎勝別庄土名枷柊腳。

關渡門苦雨　周鍾瑄（康熙五十三年〔1714〕諸羅知縣）

蠻煙如霧復如雲，縷縷連江障夕曛。

猶喜長風能破浪，千山猿嘯雨中聞。

社寮雜詩之一　吳廷華（嘉慶年間人）

坌竇門邊淡水隈，溪流如箭浪如雷。

魁籐一線風搖曳，飛渡何須蟒甲來。

淡水港（Tàm-chúi káng）

　　淡水河入海之處即淡水港，屬芝蘭三堡，在臺灣北端背對基隆港，為臺灣樞要貿易港。河口北岸大屯山、南岸觀音山相對峙，足以稍防風波，港口向西北展開，隔著一葦帶水與清國福建省首府福州相對，往上游約5里之間有舟運之便。特別是從前本島北部特產製茶之輸出，殆以本港為主，船舶出入經常極為頻繁。其廣袤，東西36町，南北達10町，到了上游關渡峽門廣闊形成一灣，往時雖為水深之天然良港，但從上游不斷運來砂土，潮水阻礙不能排泄，加上潮流帶來土砂，均沉澱河底，河床因此逐年淤淺，港內中央部砂洲擴延，滿潮時雖大部分隱沒，水深達4-7呎，但也有已生育樹木完全成為小陸地之部分，因而錨地狹隘，退潮時僅寬11間至23間的一條水路沿北岸通行，船舶出入實只此一條通路，現時已難容巨舶，以2,000噸左右的汽船及支那形船之航運為主。本港與對岸南清地方有定期汽船往來航行，另有多數支那形船隻交通各地，且臺灣首府、全臺貨物之集散地臺北控其上游，航行臺灣沿海之支那形船及小汽船可以溯河，運輸上之便利不少。因此雖港內不深，仍為天然良港，故若加以人為之施設，便容易讓數千噸之汽船可以自由出入，更進而溯航至臺北大稻埕，應非難事（據《臺灣稅關要覽》）。

　　關於本港歷史之變遷，西曆1629年（我寬永六年、明崇禎二年），為

西班牙人根據地，名為Casidor，且日本人亦屢屢往來。爾後，1642年（寬永十九年、崇禎十五年），荷蘭人驅逐西班牙人取而代之，亦著手經營。明末鄭氏時代，似無遑多顧，但出入臺北窪地主要經由此港口。康熙二十三年〔1684年〕，臺灣歸清領有後，港河南岸之八里坌早有派撥安平水師。康熙五十七年〔1718年〕，新設北路淡水營都司；雍正九年〔1731年〕，新設巡檢，亦皆位於此地。雍正九年〔1731年〕，開本港為島內貿易之處。乾隆五十七年〔1792年〕，隨著本島之拓殖，基於與福建沿岸交通之必要，准與五虎門（福州）及蚶江（泉州）通販，本港顯為樞要之地。當初船舶碇繫場之南岸八里坌，於乾隆初年形成圍著城堡之市街，而今之北岸滬尾街則尚不過是寥寥村莊（乾隆二十九年〔1764年〕成書之《臺灣府志》可見「八里坌街」、「滬尾庄」）。爾來，八里坌碇繫場逐漸淤淺，因此碇繫位置遂移至滬尾，此似在嘉慶年間。嘉慶十年〔1805年〕，閩海海寇蔡牽進入本港，以滬尾為根據地，出沒於竹塹、鹿耳門之間，並於翌年侵襲蛤仔難（宜蘭）沿岸。十三年後〔1818年〕，設淡水水師守備，亦出於此等海防上的急迫需要，營署位置在滬尾。道光二十年〔1840年〕，臺灣道姚瑩〈臺灣十七口設防圖說狀〉中謂：「滬尾即八里坌口，府志所云淡水港是也。兩岸南北相對皆山，中開大港，寬七、八里，口門水深一丈七八尺，港內深一丈二、三尺或八、九尺。滬尾在北岸，八里坌在南岸，港西為海口。昔時港南水深，商船依八里坌出入停泊，近時淤淺，口內近山有沙一線，商船不便，皆依北岸之滬尾出入停泊」，乃其變遷情形。

　　咸豐十年（1860年）《天津條約》之結果，開放淡水港。爾後，伴隨本島北部茶業之發展，顯著邁向興隆之運。光緒十年（1884年），清法交戰之際，因法軍封鎖臺灣，本港亦受其餘響。翌年，臺灣獨立為一省，首任巡撫劉銘傳，採進取政策，大開內外航通之道，購買新汽船，創始自本港通航上海、香港，及於新嘉坡、柴棍（西貢）、呂宋等，因而開啟本港大發展之端，但因後任巡撫的退縮政策，忽歸挫折。

（**附記**）在此，另就國際條約上之淡水港區域，稍作說明。當初清國政府在條約上稱淡水港者，指限於滬尾附近之地域。但古來淡水港之名稱，係指河流之特有名詞的同時，普通也指流域一帶之地，因此當時之外國人，特別是德意志領事主張條約上所定之淡水港，並非單限於滬尾一河口，舉凡淡水河流域沿岸適合通商之地，當然也是開港場，因此在臺北艋舺設外國人居留地，以之為淡水港的一部份。但艋舺附近河身水深漸減，畢竟不適船舶航行，外人乃有選擇移居更下游之大稻埕者。當時之巡撫劉銘傳，看出臺北之商業中心地在大稻埕之外別無選擇，於是在光緒十三年〔1887年〕興工，拓展當時小小的市街，設計新市街，且依照從前之習慣定外國人居留地為淡水港之一部分，因而成為助長其發展的助力。如此，淡水河一帶之流域，至大稻埕、艋舺，均稱之為淡水港。此乃外交沿革上之結果。我領臺後，明治30年〔1897年〕亦告示將大稻埕視為淡水港之一部份，遵行至今。

滬尾街（Hòu-bé koe）

屬芝蘭三堡，在淡水河口之上游北岸。清康熙六十一年〔1722年〕，巡視臺灣御史黃叔璥《臺海使槎錄》作「虎尾」，乾隆二十九年〔1764年〕成書之《（續修）臺灣府志》作「滬尾」，均是 Hoube 之近音譯字，蓋 Hoube 原應為番語。（此地經海岸近北端之富貴角有老梅庄，亦 Hoube 之轉訛，則 Hoube 者庶幾此一帶海岸之番語地名。）淡水港之船舶碇繫場在南岸八里坌時，此地只不過是一潦落村莊，隨著該地沿岸淤淺，代而促使此地發展。道光二十年〔1840年〕，臺灣道姚瑩〈臺灣十七口設防圖說狀〉謂：近時商船皆從北岸滬尾出入淳泊，又「循北岸東行二里許，居民街約二、三百家，即滬尾街也」。該地之媽祖宮，創建於嘉慶元年〔1796年〕，初成市街應在此時前後。咸豐十年〔1860年〕，淡水成為國際條約上的通商港，結果滬尾街設外國人居留地，雖稍增殷賑，但仍不甚振興者，蓋本港之貿易殆由臺北

大稻埕及艋舺商人處理，輸出入貨物亦不經由本市街所致。現時人口5,821人（男2,998人，女2,823人）。此地為臺灣鐵道淡水線終點，車站在土名園頂街（距大稻埕基點13.3哩）。

紅毛城（Âng-mng-siann）址

西曆1629年，西班牙人佔有淡水港，乃於其地築Sant Domingo城。《臺灣府志》謂：「淡水砲台在淡水港口，荷蘭（按：西班牙之誤）時築」；《淡水廳志》謂：「礮城，在滬尾街，荷蘭（按：西班牙之誤）時建，山頂建樓，週以雉堞，偽鄭時重修，後圮。雍正二年〔1724年〕，同知王汧重修，設東、西大門二，南、北小門，今為英領事官廨」者是。現在尚屬英國領事館內之一建造物。鄭氏、清朝時代重修，後經改修為外國領事館，大失舊觀，現存基礎。

滬尾紅毛樓記　吳子光（抄錄成書於光緒元年〔1875年〕之《一肚皮集》）
鄭延平之據臺灣也，一切用人、行政，概以峻法繩之，雖親舊無少貸。故事集頗聞宮室車旗，多參用夷人之法。臺地紅毛樓，今存三座。郡城及安平鎮未嘗過而問津焉。淡水紅毛樓則在滬尾山巔，面瞰大海，由巔腳盤登，拾級而上，計數百武，即至其處。樓正方，無門，中開一竇以出入。樓寬廣五丈有奇，高稱是。墻厚五尺許，悉砌磚石成之，其頂平鋪，有下宇而無上棟，闢一小洞以漏天光，但懼雨耳。覆蓋處非瓦非石，頗似黑壤襍蜃灰所為，望視不甚了了。下有一窟空洞約數尺，窺之色黝，然而徑路殊狹，且濕苔痕狼藉，似有水相激注者，方駐視聞，忽有陰風出于穴，其臭腥以穢，人對之輒寒噤，膚隱隱欲起栗，皆大驚亟走避乃已。土人曰：「此荷蘭地道，相傳中設機關，路直達安平鎮，當日荷蘭避鄭氏兵亂恃此。」余曰：「此讕語也！荷蘭非鬼物，果能別為養空游，與九幽使者相寒暄于地下否？茲地又濱海，所謂徑路絕風雲通，鯤鵬扶搖直上九萬里，海運徙于南溟，有此狡獪耳，若奇肱氏則無所施其巧矣，臺士何工傅會耶？」然洞天福地，古蹟流傳，本屬荒誕，今郡邑志所輯名勝，非入莊子寓言，則出齊諧志怪，皆此地道類也，又

奚足怪乎？樓額怪榕一株，根倒生，枝葉一條條相糾結，覆樓前後幾偏，似為此樓作護符然。土人曰：「此樹二百餘年物也，古矣。」于時，宿雨新霽，水天一色，遠望濤頭，一線而至，聲隆隆如雷，令人作吞雲夢八九之想。頃之，夕陽向西下，金光閃爍，氣象萬千，所有兩崖之煙雲竹樹、風帆沙鳥，一齊收入樓臺中，層見迭出，不使人一覽可盡，洋洋乎奇觀哉。然吾于此竊有感也。昔日本始居此地，荷蘭鄭氏環視而起，皆德薄不能遠有，我朝得坐而致之，豈非天施地設以俟大一統之君出乃取。五帝三王以來，禹跡所未經，豎亥所未步，萬古神聖所未開闢之疆域，授之不遺餘力。今海波如鏡，舉瀛壖一千八百里而遙，晏然如金甌之無缺，世界昇平，山水之福，而人民從可知也。此豈徒恃地險哉？語曰：「在德不在險。」觀乎此而治亂興亡之機，決矣。

其他，原有紅毛小城。黃叔璥《臺海使槎錄》謂：「圭柔山麓，為圭柔社（平埔番族部落名Kejiu社近音譯字）由山西下數里，有紅毛小城，高三丈，圍二十餘丈，今圮」者是。該書成於清康熙末年，知其時已廢圮。《臺灣府志》記：「雞籠砲台，在雞柔山社（與圭柔為同音異譯字）南扈尾莊界，與淡水港口砲台（按：即Sant Domingo城）對峙，荷蘭（蓋亦西班牙之誤）時築，以防海口」亦指此。雞籠砲台者，Kejiu社所在一帶地方，往時本稱小雞籠，似脫了「小」字。西曆1726年，荷蘭宣教師Valentyn著〈福爾摩沙及荷蘭在此之貿易記事〉所載地圖「Kaart van het Eyland Formosa en de Eylanden van Piscadores」記載之Medoldarea接近此地。清國時代所築圭柔山堡壘（屬下圭柔山庄）跡址，或即是此。

滬尾（Hòu-bé）水道〔自來水〕

從前滬尾街之飲水依賴淡水河，一旦降雨則極泥濁不適飲用，市街中掘井亦帶鹹味，不潔難用。因此，先預定滬尾街將來有人口20,000人，平均1人1日消費水量3立方呎，而求水源於市街東方約30町芝蘭三堡庄仔內庄雙峻頭嶺山麓湧出之清泉。此源泉，水量固定不變，水質最是良好，不

須沉澱過濾，因此依照自然流下，直接用鐵管送水。別補之水源，以近鄰湧出之同質清泉，於本泉故障時送水。本工程於明治28年〔1895年〕8月訂立計畫，32年〔1899年〕3月完成（據《臺灣統治綜覽》）。

淡水（Tàm-chúe）燈臺[2]

有高燈、低燈。高燈，在滬尾街上丘地。結構，燈竿白色。等級及燈質，第六等、不動白色。照弧60度28分，自北67度30分東，經東至南52度2分東。燈火之高度，自基座起3丈5尺，自水面起14丈2尺。光達距離10浬。低燈，在淡水河口附近土名油車口。結構，鐵造、四角形、白色。等級及燈質，第六等、不動白色。照弧59度3分，自北61度53分東，經東至59度4分東。燈火之高度，自基礎起4丈5尺，自水面起3丈3尺。光照距離9浬。

大屯山（Tāi-tūn-soann）

一作「大遯山」。又，郁永河《裨海紀遊》作「大洞山」。往時，也稱「奇獨龜崙山」。大屯山名，起自其西麓Taiton（大屯）社之平埔番族部落。為聳立於臺北平野北方之祖山，海拔約3,600尺，自澎湖島及南清地方來航本島北部之船舶，以此山為目標。《臺灣府志》曰：「大遯山，在小雞籠，蜿蜒而南，矗起屹立於淡水港東北，即奇獨龜崙山也，勢趨內山，煙霏霧靄，峰巒不可枚舉，諸山起祖於此。」七星墩山，海拔約3,650尺，崛起於大屯之東，其北方有竹仔山，海拔約3,600尺，為金包里地方之主山。大屯山之頂上有火口湖，七星墩及竹仔2山之山腹，有廣大鍋狀火口之痕跡，且共有十數處噴氣孔。七星墩山麓之紗帽（Se-bō）山（以形似而名）亦屬一座側火山〔寄生火山〕。火山破裂之作用，缺歷史記載，但從熔岩布置狀

②【譯按】燈臺，即燈塔。

態觀察，證明往時曾有數回激烈爆發，是北部臺灣火山之一標本，暫時稱之為大屯火山彙。

大屯山隔淡水河口與南岸對峙者，稱觀音（Koan-im）山。海拔約有2,020尺。火山質，遠望其中一峰屹峙，肖似觀音佛趺坐，擬之為名。（臺灣各處多有名為觀音山之山峰，皆出於肖似擬名。）又，因係八里坌地方之主山，也稱八里坌山。山中之八里坌潭，亦屬火山湖。山麓一洞窟，稱寒石洞。

富貴角（Hù-kùi-kak）燈臺

本島之北端稱富貴角，土名打賓（Tá-pin）。蓋佔居此地方的平埔番族Vavi社（即小雞籠社）之一部落所在，打賓係番語地名Tapin之近音譯字。又，富貴角於西曆1726年荷蘭宣教師Valentyn著〈福爾摩沙及荷蘭在此之貿易記事〉所載地圖「Kaart van het Eyland Formosa en de Eylanden van Piscadores」記為de Hoek Van Camatiao，此蓋荷蘭人所命名，取Hoek（岬義）一語，記之以近音漢字「富貴」（Hù-kùi）。富貴角燈臺在角上。結構，鐵造、八角形、黑白橫線。等級及燈質，第二等、不動白色。照弧203度，自北70度東經東、南、西至北87度西。燈火之高度，自基礎起10丈，自水面起16丈1尺。光達距離19浬。又，該燈臺設置壓搾空氣霧笛，於煙霧及其他冥濛天候時，每隔1分吹鳴，吹鳴時間5秒，平穩天候時音響可達約4浬。

八里坌堡（Pat-lí-hūn pó）

總稱今八里坌庄（即往時之八里坌街）為中心的附近一帶，以八里坌為堡名。北部臺灣最初印上漢族足跡之處。康熙末年以來，即有閩粵人開墾。以後，道光十四年〔1834年〕及二十年〔1840年〕，閩粵人分類械鬥結果，此地與興直堡之粵人，均退往桃澗堡中壢地方。

八里坌（Pat-lí-hūn）

　　屬八里坌堡，在淡水河口附近南岸。原為平埔番族 Patlihun 社（一名 Parahe 社）之所在地，以 Patlihun 近音譯字為八里坌。《裨海紀遊》另用譯字作「八里分」。此地之土名有挖仔尾（Oat-á-bé）者，蓋 Parahe 之近音譯字，番社故址應在此地。往時沿岸水深，為船舶碇繫場。清康熙末年，有漢族足跡。雍正二年〔1724 年〕，已有村庄之形。雍正十年〔1732 年〕前後，為淡水港主地，極為殷賑。乾隆初年，已形成一城堡所圍之市街。《臺灣府志》所謂八里坌街者是。該地媽祖宮，建置於乾隆二十五年〔1760 年〕。《淡水廳志》記有：「八里坌城堡，在觀音山西，週圍約里許。乾隆初年，紳民捐建」。然爾來沿岸逐漸淤淺，淡水港主地隨而移往北岸滬尾之結果，至今只不過是寥寥一村落。《淡水廳志》記載：「今堡亦圮，僅存形跡。」該書成於同治九年〔1870 年〕，可知在此之前已歸荒廢。

　　（附記）《淡水廳志》記載：「八里坌，山凡八面，故名」，此不過是拘泥於「坌」字而附會者，實應如本文所述，出諸於番社名。

望海亭（Bōng-hái-têng）址

　　《臺灣府志》曰：「望海亭，在北淡水營盤後山之畔，都司王三元（江蘇華亭人。清雍正十二年〔1732 年〕任）所葺，海市蜃伏，悉屬望中」，據此可知舊淡水營之位置，後建有八里坌城堡，望海亭在其後方山畔，今廢圮。

西雲巖寺（Sai-hûn-gâm-sī）

　　在八里坌堡觀音坑庄（觀音山麓）。《臺灣府志》記載：「大士觀，在新直山西雲岩，乾隆十七年〔1732 年〕置。」《淡水廳志》記載：「西雲巖

寺，在觀音山麓獅頭巖一名龜山，乾隆三十三年〔1768年〕胡林獻地建置，寺絕塵埃，亦一異也。」（蓋清乾隆十七年〔1732年〕肇基，三十三年〔1768年〕建置完成。）

金包里堡（Kim-pao-lí pó）

　　臺北北端海岸一帶區域，以金包里之街肆（屬下中股庄）為主地的堡名。金包里乃出自此地平埔番族之部落 Kishivigawan 社名的近音譯字，也作「金包里」。西曆1726年成書之荷蘭宣教師 Valentyn〈福爾摩沙及荷蘭在此之貿易記事〉所載地圖「Kaart van het Eyland Formosa en de Eylanden van Piscadores」可見 Klip Tellada。明末鄭氏時其部將開屯之地，今有國姓埔（Kok-sèng-pou）其址。往時自淡水港沿西北海岸，經過此地往來基隆地方，因此與基隆均較早開拓，都留有漢族足跡。清雍正末年，閩之泉人已建立金包里街肆，以後粵人亦移住山地。雍正十一年〔1733年〕，淡水營添設把總，兼轄大雞籠港及金包里塘。乾隆末年，閩粵人分類械鬥，結果粵人退去而歸閩人佔有。同治六年〔1867年〕，此地因地震蒙受重大災害。《淡水廳志》記載：「十一月二十三日，雞籠頭金包里沿海，山傾地裂，海水暴漲，屋宇傾壞，溺數百人。」金包里之街肆北方的水尾庄砂丘下有溫泉，其質為單純泉，無色透明，適合澡浴。以金包里為中位之灣港，即馬鎖（Ma-só）半島與富貴角之間，稱金包里灣（一名馬鎖灣），除了西北風浪之外，其他均得防止，但因水淺不適船舶出入，僅勉強足以停泊積量30石左右之小舟。金包里灣外有香爐（Hiunn-lôu）嶼、燭臺（Chek-tâi）嶼等露岩，均以形似為名。

金包里硫磺產地

　　連接七星墩山之竹仔山東北側土名大油磺（Tōa-iû-hông）、大磺嘴（Tōa-hông-chhùi）等硫質噴氣孔噴出硫磺，沉澱於孔邊之岩石。早在清康熙中葉，便知此地出產硫磺。康熙三十六年〔1697年〕，在臺北北投磺山

（Hông-soann）嘗試掘製之郁永河〈番境補遺〉記載：「金包里，是淡水小社，亦產硫。」

基隆堡（Keelung-pó）

基隆港為中心之海岸一帶區域，原稱雞籠（Ke-lang）。蓋本於佔居臺北平野之平埔番族 Ketaganan 自稱語加以省略近音譯字，乃自人轉地，更用於港名、島名、山名、河名。基隆者，以後光緒元年〔1875年〕於此地設置臺北分防通判時，更選擇近音佳字寓「基地昌隆」之意為名。西曆1626年（明天啟六年）西班牙人初據基隆港時，港岸已有漢族移住聚落，命名之為 Parian，先住平埔番族名之為 Basai。（後番族以近音譯字作馬賽[Machai]或馬鍊[Masota]，因此成為此地方平埔番社之一名稱。現時馬鎖[Ma-só]轉音之土名，尚存於西北方半島。即，此稱呼原為番族稱漢族聚落，爾後漢族更轉而稱番族部落者。）此地位置，在今基隆街西方大竿林（Tāi-kan-lîn）庄附近，清乾隆二十九年〔1764年〕成書之《（續修）臺灣府志》所記竿蓁林（Kan-chin-lîn）庄者是。往時，西班牙人之後，荷蘭人據之，以後明末鄭氏設置守城，都只集中於港頭。清朝領臺後，漢族移殖漸多，主要從淡水港口八里坌根據地移來。一以陸路沿西北海岸而進，經金包里地方進入此地；一以海路繞西北，進入基隆港。

康熙末年，臺灣總兵幕僚藍鼎元《平臺紀略》敘述當時情形：「前此，臺灣止府治百餘里，鳳山、諸羅皆毒惡瘴地，令其邑者，尚不敢至。今則南盡瑯嶠，北窮淡水、雞籠以上千五百里，人民趨若鶩矣。」如此，雍正初年，閩漳人開啟創建基隆街之緒。爾來，開拓附近各地。雍正十一年〔1733年〕，淡水營添設把總，兼轄大雞籠港及金包里塘（《府志》）。此時既然須設守備，可知其發達。（稱呼大雞籠者，乃與淡水港口北方一帶海岸為小雞籠者對稱。所以此地之平埔番族部落，稱大雞籠社、小雞籠社，漢族聚落稱大雞籠街、小雞籠庄，此見於《淡水廳志》。不應與今基隆街之區分大、小基隆混同。）乾隆年間，接續而來的閩泉人，以海岸一帶已無餘地而

進山拓殖。何、郭、羅3姓為最有力之墾首。因此現時海岸多漳籍閩人，山地多泉籍閩人。同治二年〔1863年〕，基隆開港。光緒元年〔1875年〕，臺北設置分防通判。此地更因而有長足進步。光緒元年〔1875年〕，欽差大臣沈葆楨〈臺北擬建一府三縣疏〉中謂：「惟雞籠一區，以建縣治，則其所轄之地不足；而通商以後，竟成都會，且煤務方興，末技之民四集，海防既重，訟事尤煩。該處向未設官，亦非佐雜微員所能鎮壓。若事事受成艋舺，則又官民交困。應駐臺北分防通判於雞籠以治之」可徵。

基隆港（Keelung káng）

　　富貴角與鼻頭角之間為基隆灣，基隆港控其中央。港口開向北北西，灣入西南方。東、西、南三面，均以峰巒圍繞，次第連互高山山脈。港口之東北隔2.5浬有基隆嶼，自然為入港目標。基隆嶼往港口方面約1.5浬之間，暗礁突出，與港口之中山仔（Tiong-soann-á）嶼相對。基隆港內，以萬人堆鼻（Bān-jîn-tui-phīnn，一名羅漢石，歐美人稱Image point）為港口西角，以南方0.5浬處之仙洞鼻（Sian-tōng-phīnn，歐美人稱Crag peak）為內角，萬人堆鼻與仙洞鼻之間稍成灣形，稱為火號澳（Hé-hō-oh，歐美人稱Merope bay），稍微向海濱傾斜，雖有平地但散布岩石。另，繞過西濱，仙洞鼻之南有牛稠港（Gû-tiâu-káng）。此間十數町海岸，山腳之岩石成急傾斜，僅通一路。又，東方之桶盤（Tháng-pôann）嶼與西方之萬人堆鼻相對，形成港口。與之相隔一小水路，有社寮（Sīa-liâu）嶼。自此經八尺門（Pat-chhìo-mng）之水路，連於大沙灣（Tāi-soa-oann），山腳之岩石大概斜走海中。八尺門之水路，可通小型汽船及戎克船。自東往南方之灣底，為基隆街所在。港內之南部有一小島，稱鱟公（Hak-kong）嶼（歐美人稱Harbour島）。本港之灣入約有1里，港口寬度4鏈，港內最狹處不過數町，寬處達20、30町，港內大致可以中央處突出之仙洞鼻為界點，二分成內港、外港。現今，數千噸以上之船舶及軍艦，均碇泊於外港，3,000噸內外及其以下與內地交通或通航沿海之汽船及支那形船，碇泊於內港。港內周圍連綿之山

地，雖能遮蔽北風及風勢，但北風強烈時，因港口向西北展開，外港有波浪掀翻之虞。海底之地質，外港雖為砂地，但內港概是泥土便於碇錨（據《臺灣稅關要覽》）。

我領臺後海運狀況一變，大船巨舶往來與日俱增，因感缺乏良港。其中，基隆港與母國航程最近，地當交通咽喉，為本島沿岸航路基點，且為本島唯一良港，但港內壅塞、巨大船舶不能進入，港口展開之形勢無法防遏北風之侵礙，明治31年至34年〔1898至1901年〕的4年間，即有汽船5隻、西洋帆船1隻、戎克船19隻、漁船54隻遭難破損，不難推知本港過去之危險程度。於是，修築防波堤、浚渫港內，以使港灣安全，乃成為本島經濟上、軍備上，最必要之施設。明治32年〔1899年〕以來，開始進行基隆築港工事，該年度至38年〔1905年〕止為第一期計畫，39年度〔1906年〕至45年〔1912年〕止為第二期計畫，今正逐步進行中，待其完全竣成之日，大港內之地形應將可有一大變遷。

關於本港之歷史變遷，西曆1626年（我寬永三年、明天啟六年），為西班牙人根據地，已被稱為 Santísima Trinidad，而且日本人屢有往來，另漢族亦建有聚落。爾後，1642年（寬永十九年、崇禎十五年）荷蘭人驅逐西班牙人代之，亦著手經營。明末鄭氏時，置守城於今社寮嶼。當時碇泊地點，在外港社寮、桶盤2嶼附近地方。清乾隆二十九年〔1764年〕成書之《（續修）臺灣府志》曰：「雞籠港，三面皆山，獨北面瀚海，港口又有雞籠（今社寮嶼）、桶盤二嶼，包裹周密，可泊商船。」又曰：「大雞籠嶼（雞籠嶼別稱），城與社皆在西（城者，西班牙、荷蘭時代之城址也，明末鄭氏曾加修復。社者，平埔番族之部落 Kivukavukan 社，即漢族所謂大雞籠社也），又有福州街舊址（現存其土名），偽鄭與日本交易處。」為其徵據。（另，郁永河〈海上事略〉記載：「雞籠，係海嶼，隸臺灣北山，居淡水上游，其澳堪泊百餘艘。」《臺灣府志》謂：「桶盤嶼，屹立海中，此處可泊巨艦。」）清朝領臺之初，殆呈置之治外之狀。雍正十一年〔1733年〕，淡水營添設把總，兼轄大雞籠港及金包里塘，為此地設守備之嚆矢。

既而，道光二十年〔1840年〕啟端之鴉片戰爭影響及於臺灣，二十二年〔1842年〕英艦砲擊本港。當時雞籠設防情形，臺灣道姚瑩〈臺灣十七口設防圖說狀〉中有謂：「大雞籠。在淡水極北轉東之境，……嶺下三面峰巒環列，中開大澳，東北一面向海，口門極其寬深，澳長七、八里，外寬五、六里，內寬里許。澳內深水二丈有餘，可泊大商艘數百號。……昔紅毛於此建城，久毀。嗣於東口門之大沙灣設礮臺，孤懸難守，海寇之亂，礮數搶失，遂廢，至今未建。而口門寬深，夷必窺伺，今相度形勢，於境內正對口門之二沙灣，……更於向內二里許之三沙灣，築礮墩八座，……戰船四隻，商船二隻，在澳內泊守，使夷人登岸則山峻水深，可以扼險憑高擊之，不足慮矣。」如此，英艦終未能侵入雞籠。爾後，認為此地必須加強防備。同治九年〔1870年〕成書之《淡水廳志》記載：「雞籠港，……離深水外洋十餘里。口門愈出愈闊，難以丈計。深三丈零，兩邊沙線隱沒水底，宜防。三面皆山，獨北面為海，可泊大小船隻出入不必候潮。與福寧、沙埕烽火對峙，為北洋第一扼要。」此前，姚瑩〈設防狀〉謂本港「土產無出，故無大行商」。咸豐十年（西曆1860年）天津條約之結果，同治二年（西曆1863年）開放為淡水港之附屬港。同治九年〔1870年〕，開始採掘煤炭，內外船舶輻湊增加，結果在光緒元年〔1875年〕設置臺北分防通判。光緒十年〔1884年〕清法交戰之際，法軍先進佔本港，作為在臺灣之根據地，防守的清軍退至南界之獅球嶺（Sai-kîu-líann）扼守。光緒十三年〔1887年〕，臺灣成為一省後，巡撫劉銘傳訂立大築港計畫，測量內港深淺，且著手浚渫，但中途而止。明治28年〔1895年〕我領臺之際，清軍之北部防備在此地銳意抗拒，近衛師團從澳底（Oh-tóe）灣上陸，越過三貂嶺攻擊，外加松島、千代田、浪速、高千穗4艦自港外砲擊，6月3日加以佔領，暫時設總督府於此。

基隆街（Keelung koe）

　　一面迫近丘陵，一面瀕海，包括南方灣底之區域稱大基隆，沿著東方

港灣之區域稱小基隆。人口16,846人（男9,295人，女7,551人），原為基隆廳所在地。清雍正初年，閩漳人自八里坌移來者，於今大基隆區域建一小街肆崁仔頂街，是為基隆建街之開端。爾後，至乾隆年間，建新店街、暗街仔等。嘉慶中，隨著噶瑪蘭（宜蘭）納入版圖，為其往來要路，稍致殷賑，但因土地狹隘乃填砌海埔（海埔，最高潮時隱沒於水底，最低潮時露出水面為濱海沙地），建設茅店、漁寮。嘉慶二十三年〔1818年〕，淡水同知發布之告諭中謂：「大雞籠海坡嶺腳及頭二重橋、大沙灣、內外球、仙洞、火號一帶海鳥，因大小船隻遭風停泊，在彼商民貿易無所棲止，逐漸挑石於海坡，填砌築蓋茅屋營生，及搭寮廠捕魚」，可證。同時，建慶安宮（祀媽祖），該諭告也記載以該海埔地基租充當該宮香燈、齋糧諸費。但當時港市尚未十分發達。道光二十年〔1840年〕，臺灣道姚瑩〈臺灣十七口設防圖說狀〉謂：「大雞籠，在淡水極北轉東之境，……港內深水二丈有餘，可泊大商艘數百號。岸上居民、舖戶七百餘家，民居後一望平田約將千畝。惟三面叢山峻嶺，土產無出，故無大行商。」爾後，同治二年〔1863年〕基隆開港為淡水附屬港，此時街肆增建漸多，特別光緒元年〔1875年〕時為臺北分防通判置廳之地，因而顯著發展，小基隆區域街肆櫛比。我領臺以來，基隆港為來自母國之最近航程，為船舶交通咽喉、本島沿岸航路基點，市街殷賑指日可待，且開始築港，整理不規則海岸形狀，為了市街發展填埋面積約30,000餘坪土地，待其完成後將有市區改正，規模將因而一變。此地為臺灣鐵道縱貫線起點，車站在土名罾仔寮街（牛椆港沿岸）。

基隆水道〔自來水〕

從前基隆街飲用水，只賴污濁之掘井與潺溜溪水。本島之關門港頭市街，必須儘速補救此衛生上之不備，於是先以基隆街將來豫定人口50,000人、平均1人1日消費水量3立方呎計算，於距基隆約1.5里之石碇堡暖暖街西方東勢溪、西勢溪合流地點找尋水源。依照自然流下法，開通堰堤取入溪水，經過沉澱池、濾過池，以鐵管送水至市街。本工事起自明治30年

〔1897年〕4月，35年〔1902年〕3月竣工。為了涵養山地水源，經營350町步檜杉造林（據《臺灣統治綜覽》）。

紅毛城（Âng-mng-sîann）址

西曆1626年，西班牙人佔領基隆，即以社寮嶼（即雞籠嶼）為根據地，在港頭300英呎之高山與海岸，建築4座砲台。爾後，1641年荷蘭人取而代之後，大修堡壘。《臺灣府志》記載：「雞籠城，在大雞籠島上。西、南兩門，荷蘭時築。」黃叔璥〈赤嵌筆談〉謂：「雞籠城，貯鐵礦，明崇禎三年（按：指西曆1630年，西班牙人築城後5年）鑄。」《淡水廳志》記載：「雞籠砲城，在港北入口之地，荷蘭時築，俗呼紅毛城」皆指此。既而，荷蘭人退去臺灣後，明永曆三十四年（清康熙十九年〔1680年〕）鄭經曾一度下令毀之，翌年北路總督何祐修復之，以為守備。郁永河〈海上事略〉謂：「康熙庚申（十九年），偽鄭毀雞籠城。先時呂宋化人裔（西班牙人）佔據此城，與土番貿易。因出米稀少，遠餽不給，棄去（按：其實荷蘭人逐之）。後，紅毛（荷蘭人）及鄭成功據臺灣，皆不守。癸卯（康熙二年〔1663年〕），總督李率泰召紅毛合攻兩島（金門、廈門），約復臺灣後許貢，就閩省交商。紅毛於乙巳年（四年〔1665年〕）重修雞籠城，圖復臺灣。丙午（五年〔1666年〕），鄭經令勇營黃安督水陸諸軍進攻，偽鎮林鳳戰死，紅毛處無外援隨棄去。至是，有傳我師（清軍）欲從北飛渡，恐踞此城，乃遣右武衛北哨，密令督兵將城拆毀。辛酉（二十年〔1681年〕），令偽鎮何祐等北汛雞籠，驅兵負土就舊址砌築，並于大山別立老營，以為犄角。」（《淡水廳志》記載：「康熙十二年〔1673年〕，偽鄭毀雞籠城，恐我師進紮；二十二年〔1683年〕二月，偽將何祐驅兵負士仍舊址築之，並於大山別立老營以為犄角。」然恐清軍進紮而一度毀城，應是傳聞清將軍施琅上疏請攻臺灣，此事在康熙十九年〔1680年〕，而翌二十年〔1681年〕鄭軍喪失南清之金廈兩島根據地，防備主力集中臺灣時，雞籠之修守應在此時。何況，二十二年〔1683年〕鄭氏末路之際，內鬨多紛，遑顧北邊防備。故採〈海

上事略〉之年代。)《臺灣府志》謂：「大雞籠嶼，城與社皆在西，上建石城」，黃叔璥《臺海使槎錄》謂：「雞籠港口，有紅毛石城，非圓，非方，圍五十餘丈，高二丈」之石城，應即指何祐砌築之防城。今社寮嶼僅殘存基礎。又，築於港頭海岸及山地者，光緒十年〔1884年〕清法交戰之際，清國防備於二沙灣及小基隆山上2地點，蓋近其址。當時基隆敗戰後為法軍破壞，二沙灣海岸尚可見壞餘殘礎。

番字洞（Hoan-jī-tōng）

　　面向社寮嶼北方海洋之丘腹有一岩洞，洞內參差交錯刻有近千餘大小洋字，其中文字旁又添有1664、1666、1667等西洋紀元年數，故漢族向來稱之為番字洞。成書於西曆1893年，C. Imbault-Huart之《福爾摩沙島的歷史與地誌》（*L'ile Formose*）記之曰：「以港口L'lie Palm（即社寮嶼）防禦，圍繞著珊瑚礁，以一小通路與灣端分離。中央小丘高不過約70米。吾人今日仍能辨識天然山腹之洞窟沙岩內側上，以小刀彫刻之2、3荷蘭人姓名。這與堡壘，蓋均為荷蘭人佔據之紀念。姓名旁邊之年代，顯然證明即使荷蘭人於1662年被Koxinga（國姓爺）自Zeelandia（臺南安平）驅逐，但一直至1668年仍寄寓於基隆。下面所揭，即其往昔署名之影寫」，而抄錄了數行文字。但該書所揭文字，不免有多少誤寫，茲更根據實地踏查所得，抄寫其主要部分如下。

　　　1664. IACOB

　　　SCHELCK

　　　HANS HUBENER

　　　1667 CK HANS HENRICK

　　　ROTENPORY

　　　MICOIAWS IROS

　　　ANNO LIR II (A.D.)1666

蓋如Imbault-Huart之決論，荷蘭人在臺灣南部於西曆1662年被鄭氏驅退，但在臺灣北部則還留了7年，到1668年尚試圖恢復。根據內外文書所記，Ludwig Riess《福爾摩沙島史》（*Geschichte der Insel Formosa*）謂：「1663年荷蘭水師提督Bort受命率16艘軍艦、1386名水兵、1234名陸兵，援助滿清朝廷驅逐金門、廈門兩島的國姓爺之子及海盜集團。即，東印度公司（巴達維亞）想藉此再恢復臺灣。此方針之第一策略實施後，海盜於1664年1月被支那、荷蘭同盟艦隊所破，退出兩島。至於臺灣計畫，借助支那同盟軍一臂之力，致力於恢復基隆城，1668年5月20日雖曾一度佔領，但終又放棄。」郁永河〈海上事略〉謂：「紅毛於乙巳年（按即康熙四年，西曆1665年）重修雞籠城，圖復臺灣。丙午（按即康熙六年，西曆1667年），鄭經令勇衛黃安督水陸諸軍進攻，偽鎮林鳳戰死；紅毛慮無外援，隨棄去」，其年代大致一致。其所刻文字，除表示年數者之外，多為人名綴語。蓋如 Huart 之說明，應可認為是荷蘭人佔據之紀念署名。如現刻文字之Iacob，應是鄭成功率大軍攻擊南部之荷蘭人時，荷蘭東印度公司派遣來的最後之援軍指揮官英雄。（但還應注意，除了上述荷蘭人之署名之外，還有1874、1876、1877、1880、1881等西洋紀元年數，混雜刻記著各種姓名，甚至故意抹毀前人署名、或加以模擬者。此蓋以後屢有探訪此遺跡之歐洲旅行家，特別為遠訪紀念而添刻，或無心之本島民等故意的偶然戲餘手筆。因此應加以甄別。）

法國兵士戰死者墓

清法之役，基隆港激戰死歿法國陸海軍兵士墳墓，在大沙灣庄。中央有方尖形碑，表面刻銘文字如下。

FORMOSE

1885

A LA MEMOIRE

DES MARINS ET SOLDATS

FRANCAIS

DE CEDECIA KELUNG

　　我領臺後，明治30年〔1897年〕3月9日，當時之外務大臣伯爵大隈重信與法國特命全權公使Jules Harmand之間，約定關於此地及澎湖本島之墳墓的保存及修復。爾來，由總督府管理之。爾後，明治35年〔1902年〕9月9日修訂該約定。明治41年〔1908年〕12月26日，外務大臣伯爵小村壽太郎更與法國特命全權大使ア・ゼラール〔A. Gérard〕進而改訂如下協定。

　　日本皇帝陛下之政府及法蘭西共和國政府，均一致認為必須修正並持續明治35年9月9日簽訂之關於臺灣基隆及澎湖島現存法國海陸軍兵士墳墓之保存及修復約定，於是以各該政府之名義協定如下事項。

　　第一，日本政府，以收據從法國大使館領收11,425圓80錢，並以此金額進行基隆法國墓地之必要修繕，即築造護岸石垣及墓地周圍石塀、墓碑及記名碑、移轉用以納骨窖之墳墓、鋪設庭園之砂利及築造鋪砂通路等，一切遵照本約定附屬之計畫書完工。

　　第二，日本政府以每年自法國大使館匯入之96圓10錢，負擔保存及管理基隆及澎湖島現存法國海陸兵士墓地之費用。

　　第三，本約定自用印之日起立即實施，5年有效。但締約國之任何一方，在本約定實施經過4年半之後，如約定期間滿後欲繼續或終了本約定，有權利通知對方。

　　作為以上證據，兩締約國代表者在本約定上記名簽章。

仙洞（Sian-tōng）

　　在基隆堡仙洞庄（仙洞鼻之兩側），一稱仙人洞，斷巖高峙之處有洞窟。洞中更有3個小洞，中央者屈曲數百步可達，海潮侵蝕而成罅隙，洞外題「仙洞」，內壁加以劖鑿，雕刻多有清國官員、文士親留文字。其中，如下之紀念文，足為清光緒四年〔1878年〕征勦臺東加禮宛（Kalewan）番社之參考史料。

　　光緒戊寅（四年〔1878年〕）重九前五日，隨吳春帆中丞，勦加禮宛等社兇番，三日平之。浙東潘慶辰、胡培滋、汪喬年，粵東陳代盛，楚南周德至，浙西嚴樹棠，皖北林之泉，山左趙中雋，江右劉邦憲、傅德柯、李麟瑞，福州施魯濱，同遊基隆仙洞，勒此以誌鴻爪。

　　洞內原有稱為代明宮之祠廟，我領臺後祀弁財天。

基隆燈臺

　　基隆港口之西角，稱萬人堆鼻，一名羅漢石（Lô-hàn-chioh）。海岸無數危岩突出起伏，且均呈波浪剝蝕奇狀。《淡水廳志》謂「羅漢石，或立，或欹，形狀奇古」者是。角頂高390尺，其中腹有基隆燈臺。結構，磚石造、圓筒形、白色。等級及燈質，第五等、不動白色。明弧196度，自南28度東，經南、西至北12度西。燈火之高度，自基礎起算高2丈8尺，自水面起算高13丈3尺。光照距離達15浬。

社寮嶼（Sīa-liâu-sū）

　　歐美人所謂 Palm 島，在基隆港口，周圍約1里。西曆1626年，西班牙人據基隆，取名本島為 San-Sarvador。爾後，漢族稱為雞籠嶼或大雞籠嶼，見於《臺灣府志》等。西曆1726年成書之荷蘭宣教師 Valentyn 著〈福

爾摩沙及荷蘭在此之貿易記事〉所載地圖「Kaart van het Eyland Formosa en de Eylanden van Piscadores」記為 't Eyland Kelang，即襲用此漢稱。社寮嶼之稱呼，初見成於清光緒五年〔1879 年〕之余寵③《臺灣地輿圖說》，如此命名或在同治末年、光緒初年。（同治九年〔1870年〕成書之《淡水廳志》，尚記為「雞籠嶼」。）蓋港外之小雞籠嶼，一般稱為雞籠嶼（以後稱基隆嶼），應是為了避免彼此混同而改名。稱社寮者，乃因島內有平埔番族 Kivukavukan 社（即大雞籠社）之社寮所致。該番族久居此島，乾隆六年〔1741 年〕《臺灣府志（初修）》記載：「其地以在大海中，欲至其他，必先舉烽火，社番駛艋胛（獨木舟）以渡。」

桶盤嶼（Tháng-pôann-sū）

歐美人所謂 Bush 島，是也。社寮嶼西側附近之低矮岩島，周圍 2 町。

中山仔（Tiong-soann-á）

接在社寮嶼西北端，周圍 11 町。《淡水廳志》記載：「擡篖嶼，橫而長，中微高，波濤汩沒，隱約欲動。」

基隆嶼（Keelung-sū）

在基隆港口東北 2 浬半。周圍 20 町，孤立黑岩嶼，島頂高約 600 尺，圓錐形，為進入基隆港最顯著目標。一名「基隆杙」（Keelung-khit）或「基隆尖」（Keelung-chiam）。無人島。黃叔璥《臺海使槎錄》謂：「雞籠港口，遠望為小雞籠嶼，番不之居，惟於此採捕。」往時稱今社寮嶼為大雞籠嶼，相對地，稱呼此島為小雞籠嶼。本島為基隆港之一目標，因此稱為雞籠嶼（後稱基隆嶼），海圖乃以此名記之，而失其大雞籠嶼之名。《臺灣府志》及《淡水廳志》均記為「雞心（Kue-sim）嶼」，取其形似。

---

③【譯按】「余寵」伊能原誤作為「尹寵周」。以下原書「尹寵周」各處皆改為「余寵」，不再另外說明。

（附記）郁永河《裨海紀遊》記此島嶼曰：「有小山，圓銳，去水面十里，孤懸海中，以雞籠名者，肖其形也」。但此不過是拘泥文字之附會，因近於雞籠港而命名，往時今社寮嶼稱大雞籠嶼，本島稱小雞籠嶼，已如本文所記。雞籠嶼，未必是本島之專有稱呼。

距基隆嶼西北側1鏈，有高約100尺之圓錐岩，稱為西北岩（即N. W. Rock）。《淡水廳志》記載：「獅毬（Sai-kîu）嶼，一名半月沉江，以濱海有兩山，大者如獅，小者如毬，故名」，並記基隆嶼、此圓錐岩。二岩或對稱為「大杙」及「小杙」。

彭佳嶼（Bêng-ka sū）

當基隆港外東北，橫於海中。有3島嶼為鼎足狀。一稱彭佳嶼或草萊嶼（Chháu-lâi sū），歐美人稱Agincourt島，距基隆鼻頭角30浬36，在東經122度4分，北緯25度37，周圍1里3町。一稱棉花嶼（Ben-hoe-sū）或鳥嶼（Chiáu-sū），歐美人稱Crag島，距鼻頭角23浬22，在東經122度6分，北緯25度29分，周圍20町。一稱花瓶嶼，歐美人稱Pinnacle島，距鼻頭角距17浬13，在東經121度56分，北緯25度25分，周圍6町。此島嶼最初之詳細實查，以西曆1866年6月英國軍艦Serpent號從支那海回航途中，投錨棉花嶼附近水深9尋處，艦長Bullock少校測定3島位置形勢為開端，因而此時命名為Agincourt、Crag、Pinnacle，此記載於翌年刊行之英國海軍海圖。

第一島，稱為彭佳嶼者，據臺灣島人之記述，意出「此嶼，幽邃不泥俗塵，可以靜養神氣，如古昔老彭祖住居佳景之壽山」。又名草萊者，據臺灣島人之記述，音出「遍山皆草芥，如入無人之境，亦彷彿仙家之蓬萊」。Agincourt者，原是法國Pas-de-Calais地方之村落名稱，西曆1414年英王亨利五世與法國交戰時之佔領地，最初探見者Bullock少校乃取此名。第二島，稱棉花嶼者，《日本水路誌》謂本島：「鳥類，乃沖繩人所謂白磯鳥、黑磯鳥之類，數量多不可數」，夏秋季節，此鳥群渡來遮蔽島面，一齊飛揚

狀似風中飛舞之棉花，因以為島嶼名稱。《淡水廳志》亦謂：「海鳥育卵於此，南風恬時，土人駕小舟往拾，日得數斗。」Crag島名，意為巉岩島，指島中崛起高巉岩之狀。第三島，花瓶嶼之名出於孤立尖形岩石所成之形狀，Pinnacle島之名，亦尖閣島之義，乃本相同意思。

　　三島現在均是無人島，但彭佳嶼往時有住民，存有口碑及遺跡。據口碑所傳，清嘉慶末年、道光初年，似有一群漢族不知從何處航來此島捕海鳥、採食魚介營生，未幾去而再不見蹤影（恐是飄著者）。爾後，咸豐三年〔1853年〕，基隆地方閩漳泉人有分類械鬥，當時泉籍之張、朱、鍾3姓合20餘家，避難移居此島，在西岸形成小聚落，從事漁業及耕墾，且放牧山羊。如此，至光緒十年〔1884年〕的32年間在此定居，但清法交戰之際，八月法軍砲擊基隆港，乃避難基隆而回，爾來不再定居，今唯每年五、六月之交，來航此島捕魚且祭奠祖先墳墓而已。島內尚存廢屋殘壁。棉花嶼不見住屋痕跡，只有前來採拾鳥卵者搭建之小寮。彭佳嶼上則設有燈臺。

基隆炭坑

　　原來臺灣之煤產地，北部最多，中部、南部甚少，而北部地方當中又以基隆煤礦較屬有望，且現時採掘最盛。此煤層極連續，起於北海岸八斗仔，經田寮港、石硬港、叭哩港等，西端連內湖，盡於臺北窪地，延長約10餘里，煤層概4、5寸乃至4尺。其中，木村久太郎以田寮港附近為中心正進行開採中。

　　基隆地方之煤炭採掘既已年久，清康熙末年已經開始，乾隆年間因恐傷龍脈而禁止。《淡水廳志》記載：「雞籠山，向有仙洞，實煤窰也。土人鑿售內地，為甕田用，開挖甚，恐傷龍脈，乾隆間已立碑示禁，淹沒失考」者是。山腳者，相當今日之深澳。然爾後尚有犯禁私掘者。道光十五年〔1835年〕，淡水同知婁雲，據紳民稟請，發令嚴禁。道光二十七年〔1847年〕，同知曹謹又示禁。既而，東西通航，船舶益多，美國注意到臺灣為產煤之地，海軍提督培里（Perry）巡航太平洋西岸之際，隨行者Jones曾登陸

基隆調查煤礦。Ludwig Riess《福爾摩沙島史》記載：「培里提督在題為〈有名之美國人〉一文中，早就發表自己對於殖民臺灣之意見，顯然彼支那人將樂見在基隆建築美國之城砦。因為慣於戰鬥的美國人，將更能保護支那人免於土匪、海寇之騷擾。包含割讓陸地與准許開採煤炭，應是必要的代價。加上臺灣島之地理位置，非常適宜做為美國貿易的轉口站。如此則足以連絡支那、日本、琉球、柬埔寨、暹羅以及菲律賓」，且做結論：「培里熱心地提倡佔領基隆，來當作煤炭的倉庫。」這種意見發表後，更引起世界之注意。西曆1848年即道光二十八年，英國海軍中將 Gorden 亦來航基隆調查含煤地層，介紹其煤質佳良，並稱親眼目擊漢族私掘（"Observation on Coal in N.E. part of the Island Formosa"）。爾後，1850年即道光三十年，英國駐清國公使亦要求在臺灣採煤之特權，未准。1864年即同治三年，福州海關稅務司（英國人）提議租借給洋商開挖，淡水海關稅務司亦同赴福建省呈請入山開煤，當時臺灣紳民以為不可，稟請依舊立禁。福建巡撫徐宗幹，經與總理衙門商量後，立如下之公約。

臺北淡水雞籠山一帶，為合境來龍，靈秀所鍾，風脈攸關。近聞有沿海奸民言訛山根生有煤炭，難保無偷挖之徒，一經傷損，於全臺人民不利，合亟公立禁約：如遇刨挖者，即行圍捕送官，倘敢抗拒，格殺勿論；或內地及各處商販前來，大眾協力阻止。若強行開鑿，富者出資，貧者出力，億萬人合為一心，為全臺保護山脈。有不遵者，公議懲罰。此約。

但煤炭需求日多，加以私掘猖獗，勢不可遏。同治九年〔1870年〕正月，臺灣道黎兆棠、閩浙總督英桂承旨特派委員實地勘查，結果以「海港東邊深澳坑等處，皆係偏僻旁山，無礙正支龍脈，亦無妨礙民居、田園、廬墓，堪以開採」之理由，曉諭山主、紳戶等，商定章程，才以官業採掘。光緒元年〔1875年〕，清國政府更聘英國人 David Tyzack，裝置洋式機械於八斗仔，從事採掘，輸出量亦有增加。光緒十年〔1884年〕，清法戰爭之際，

該煤礦及機械等悉遭破壞，一時中止其業。光緒十三年〔1887年〕，臺灣巡撫劉銘傳，設煤炭局，以張鴻卿為督辦，投下巨資復興煤礦，設備新機械，聘請外國技師進行採掘，竟日出百噸，但因當事者處理不當，收支不能相償，劉乃獨斷將一切事務委諸廣東之商會包辦，因而大招物議，後再恢復官辦。

瑞芳（Sūi-hong）

屬基隆堡龍潭堵庄，基隆、宜蘭間之一小車站。東方控基隆3金山，為進入之關門。原係小村落，清光緒十六年〔1890年〕基隆溪上游發現砂金以來，逐漸發展。光緒十八年〔1892年〕前後，始有市場之形，稱瑞芳店。我領臺後，明治28年〔1895年〕6月2日，近衛師團自三貂嶺進佔此地，作為攻陷基隆之基礎。該地有一碑記其事，為明治31年〔1898年〕4月15日駐留此地之我守備第二中隊所建。

> 明治二十八年〔1895年〕征臺之役，故陸軍大將能久親王殿下，提近衛師團上陸澳底，以6月2日擊破清軍於瑞芳，乃會將於此地，犒之矣。此日，殿下草鞋黎杖，超三貂之險，親督士卒，全軍為之感奮焉。

基隆溪（Keelung-khoe）

淡水河之一支流。見淡水河條。

基隆山（Keelung-soann）

聳立於本島東北端，洗其腳於海洋，海拔約1,800尺，遠望為圓錐形尖峰。其脈曳向東方隆起小基隆山，海拔約1,700尺。峰頂為鋸齒狀，終於水湳洞下，其盡處為懸崖。基隆山之南北兩側雖多急下之絕壁，西側則緩斜伸腳於海中，扼深澳灣。因是基隆地方之主山，故名。原寫成「雞籠山」，

但隨著「雞籠」改為「基隆」而亦改名。以前為從東北方進入臺灣之船舶的目標。黃叔璥《臺海使槎錄》謂：「雞籠山……往來日本、琉球海舶，率以此山為指南。」又，《臺灣府志》謂：「大雞籠山……一望巍然，日本洋船以為指南。」《淡水廳志》謂：「大雞籠山，距城北百五十里，極寒有雪，矗立巍然，日本人以此為指南」，又謂：「同治六年〔1867年〕地震崩缺，改名奎臨。」「奎臨」為「雞籠」近音之轉訛字。

（**附記**）《淡水廳志》記載：「雞籠山，以肖形名」，但此只是拘泥文字之附會。地名之所本，已如本文所述。

雞籠積雪　高拱乾（康熙31年〔1692年〕分巡臺灣道）
北去二千里，寒峰天外橫，長年紺雪在，半夜碧雞鳴，
翠共蛾眉積，災消瘴氣清，丹爐和百煉，漫擬玉梯行。

基隆三金山

位於本島東北端，在基隆港東南約3里處，跨基隆、三貂2堡，地勢扼北方深澳灣，面向海洋，東北則基隆山高聳，亦洗腳於波浪，其脈稍稍延伸東方為小基隆山，南及西2方，自三貂嶺啟遠山起伏，西方以基隆溪上游為地域之限，其間瑞芳、金瓜石（Kim-kue-chioh）、牡丹坑（Bóu-tan-khinn）3金礦鼎立。我領臺後，瑞芳金山為藤田傳三郎，金瓜石金山為田中長兵衛，牡丹坑金山為木村久太郎開礦之處，各山均逐年改良設備，擴張規模，近來有顯著增產之勢。構成此3金山附近地域之岩石，為第三紀生成之砂岩、頁岩及安山岩，域內礦床有真正礦脈及接觸礦床2種。又，真正礦脈中，不只有生成於安山岩及生成於砂岩者2種，礦石亦因產地而性狀不同，有純然石英礦者，有暗灰色及赭色粘土礦者，一部分則為分解之灰白色硅質礦。金瓜石礦區，包含有各種礦床及礦種。瑞芳及牡丹坑礦區之礦床，

則均屬真正礦脈，前者以暗灰色及赭色粘土礦為主，後者以石英礦及暗灰色粘土礦為主。至於製煉法，其順序、方法多少有異，但一般併用混汞法及青化收金法。瑞芳金山，礦石之細碎混汞專用 Huntington 磨礦器，其他 2 山則併用搗礦器及 Huntington 磨礦器。動力於冬季溪水豐富時利用水力，夏季則併用水力與蒸氣力。近時，金瓜石、牡丹坑 2 山，動力則加上水力電氣。明治 40 年〔1907年〕，3 金山之產額，金瓜石金山為 120,718 匁，瑞芳金山為 88,217 匁，牡丹坑金山為 110,314 匁。又，金瓜石金山也產銅。向來銅礦夾在該山金礦脈中成為狹小礦條，隨著坑道降下至底部，脈幅有逐漸膨大之傾向，其處理方法正在研發中，現時該山長仁坑新發現稀有之一大銅礦脈。爾來，開始製煉銅礦，規模逐漸擴張中，如今一箇月產銅 5、6 萬斤。另外，基隆溪上游，有採砂金業者，曾經有 1 日採金者踰 3,000 人之況，但隨著產金量減少操業困難，遂逐漸減少，現在 1 日不過 500、600 人，1 日 1 人所得約 2 分左右（據理學士齋藤讓《瑞芳金瓜石礦山視察報告》及《臺灣統治綜覽》）。

原來此地產金，漢族已知之年久。清康熙二十三年〔1684年〕，諸羅知縣季麒光〈臺灣雜記〉曾記載雞籠金山之事：「金山，在雞籠山三朝（即三貂）溪後山，土產金，有大如拳者，有長如尺者，有圓扁如石子者。番人拾金在手，則雷鳴於上，棄之則止。小者亦間有取出，山下水中沙金碎如屑，其水甚冷，番人從高望之，見有金，捧沙疾行，稍遲寒凍欲死矣。」但爾後因迷信「採金必有大故」（《臺灣志略》），採者絕止。

光緒十六年〔1890年〕，清國政府舖設臺灣、基隆間鐵道之際，架設基隆溪（七堵附近）鐵橋時，偶有在河身砂礫中發現砂金粒者，而且被使役來從事該工事之福建、廣東人，有曾赴美國加里福尼亞及南洋澳大利亞等採金地工作者，因而轉業應用其採取法獲取利潤。漢族敏於趨利，遠近暗傳。光緒十六〔1890年〕年九月之交，已有數千砂金採取者群集，浚渫河床砂礫淘金，漸而隨著流域上下開發，頗極紛擾，因此，光緒十七年〔1891年〕，基隆通判黎景嵩下令禁止。翌年，設置金砂抽釐局於瑞芳，並於流域

間之要地（四腳亭、暖暖街、五堵等）設置分局，抽稅（牌照費）後准許採取。當時採金者多達3,000人以上，但監督官吏私收甚多，政府收入不如豫期。光緒十九年〔1893年〕一月，改為至翌年六月為期，以特許費75,000圓將產金地委給4家商行承包。此期間進而探檢產金地的結果，該年九月先發現九份山（今瑞芳礦區內）金礦床，（試掘淘金，1日竟可產金12乃至45兩，因而立即蜂擁群集，於山腹、溪崖濫開橫坑或豎坑，大有利益，據說多者竟有1日得240-250兩金砂者）。爾後，光緒二十年〔1894年〕，金瓜石（今金瓜石礦區內）及大粗坑、小粗坑、大竿林（今瑞芳礦區內）等地發現礦床，更呈盛況。此年六月，民間商人承包期滿，政府再恢復金砂抽釐局之制，於九份山及小粗坑增設分局，掌管這些產金地區與基隆溪流域之砂金的採掘。

　　既而，我領臺後，明治28年〔1895年〕9月以來，倣舊制於瑞芳創設砂金署，但戰後人心疑懼，因而採取者人數也明顯減少，加上該年12月匪徒蜂起，九份等產金地皆為其巢窟，而使我軍剿蕩此地一帶，造成居民散逸不復有採金者，終至一時廢砂金署禁止採掘。明治29年〔1896年〕9月，制定實施新礦業規則，一改從前因濫掘而只採得3、4成黃金其餘散逸之弊，另外採行劃分區塊避免競爭紛擾，免得減損貴重礦利，由適當的有力申請者提出申請之方針，因此能有現今之景況。

鼻頭角（Phīnn-thâu-kak）燈臺

　　在本島東北端三貂角西北的鼻頭角，為高約400尺之半島，遠望恰如孤島。《噶瑪蘭廳志》所謂「鼻頭山，俗呼泖鼻，以形得名」者是。鼻頭角燈臺在角頂。結構，鐵造、六角形、白色。等級及燈質，第4等、迴轉白色，每30秒發光1次。明弧258度，自南89度東，經南、西至北11度西。燈火高，自基礎算起4丈1尺，自水面算起21丈1尺。光達距離，21浬。

三貂堡（Sam-tiau pó）

　　三貂嶺界限一帶之區域。原稱三貂者，乃本於西班牙人佔據北部臺灣時，最初發見東北角命名為Santiago。明末流寓沈光文〈平臺灣序〉寫成「三朝」，黃叔璥《臺海使槎錄》及《臺灣府志》寫成「山朝」，皆同是Santiago的近音譯字。亦即，轉用一岬角之稱呼冠於山河及番社名，甚至成為堡名。這原是平埔番族稱為Kivanowan社之一群人的地方。

　　清乾隆中葉，漢族初進來此地的當時，分別佔居今舊社、遠望坑、福隆、南仔吝4個聚落，後來因而稱為三貂四社。蓋漢族最初進入此地之人，為宜蘭開拓始祖閩漳人吳沙，住於基隆為人執役，不適意乃進而沿海岸至深澳（Chhim-oh），經山進入澳底，與舊社之番人和約，改名Uke，倣番俗，大獲信任而為根據地，遂於乾隆五十二年〔1787年〕自此地進入宜蘭。

　　在此之前，有一稱為白蘭者從暖暖（Luán-luán）街方面開山打通道路，漢族進入三貂地方者漸多。當時，今頂雙溪（Téng-siang-khoe）地方為樟林密叢之區，其西界有兇悍山番（泰雅族）出沒，屢相衝突，因此乾隆五十三年〔1788年〕設十份寮民隘（《淡水廳志》作「內山叉路口」）、三貂嶺民隘（《淡水廳志》作「三貂社民番交界處」）防護。又，此時於基隆山腳深澳地方發現煤炭，因而採掘，但官府恐有傷害龍脈之虞，於該年底禁止。

　　乾隆五十五年〔1790年〕，閩浙總督伍拉納及福建巡撫徐嗣曾，於〈籌議臺灣新設屯所分撥埔地事宜〉奏議中，言及此地情況：「淡水三貂，處極北，清溪曲澗，道路紆迴。具查所墾之地不過一、二畝至六、七畝，且附近山根，春漲秋潦，俱遭沖失，僅堪栽種芒蔗地瓜，於稻粱粟麥內不合宜」云云，可知墾成者尚少。當時有漳人連喬、吳爾，大募佃人防番開墾，頂雙溪流域一帶漸成田園，乃於嘉慶初年形成一小街肆，此即頂雙溪街。街之東方今槓仔寮（Kùng-á-liâu）庄，往時多有山豬出沒，因設坑窜而稱「坑仔寮」，後轉為近音之「槓仔寮」。《淡水廳志》謂：「謝集成，雞籠人，

原籍漳州，仗義執言，為鄉里所信服。三貂為通蘭要路，為盜藪，又為番擾，請官設隘，患遂絕，行旅至今歌頌不衰」，亦屬此時前後之事。

道光元年〔1821年〕，噶瑪蘭通判姚瑩〈臺北道里記〉記載當時三貂嶺中情形：「籐極多，長數十丈。無業之民，以抽籐食者數百人，山界廣約數十里，內藏生番，其外熟番，有社及街市在。」如此，將山番驅逐至遠方之西南界，蓋以此時為起點。

頂雙溪街（Téng-siang-khoe koe）

三貂嶺與草嶺之間的谷地，沿著頂雙溪流域，因以為名。（本溪，合粗坑〔Chhou-khinn〕溪及坪林〔Peng-nâ〕溪支流而成。雙溪之名出於此，或稱上游為頂雙溪，下游為下雙溪，下雙溪一稱三貂溪。）清乾隆末年，隨著閩之漳人連喬、吳爾開墾此地，嘉慶初年形成街肆。

宜蘭地方開墾之後，成為基隆、宜蘭間之中間站而發達，現時牡丹坑金山仍維持當年之繁盛。頂雙溪街東方之澳底灣（一名三貂灣），展開於三貂角、鼻頭角之間，灣港內水深達15尺，港底無岩礁散佈，且可防風波，便於碇泊。

頂雙溪之河口開於此灣中央，因此出入貨物可靠小舟達於該街。河口附近有土名為舊社（屬澳底庄）之一部落，原為平埔番族Kivanowan社（即三貂社）之所在。頂雙溪街建置前後，漢族購得形成聚落，而以此為舊番社而稱舊社。從此地至基隆港，開始有舟運。

北白川宮征討紀念碑

在澳底灣岸澳底庄。當初我領臺之際，在臺灣之清國官憲不遵國約，擅自擁兵試圖抗拒。命近衛師團鎮定之。該師團於明治28年〔1895年〕5月29日集合於基隆外海，以此地為登陸地點，自30日至31日為登陸準備，6月1日開始從此地向三貂嶺前進。當時該師團長北白川宮殿下露營之處，在該庄海岸之砂濱。臺灣平定後，當時之總督伯爵樺山資紀首唱，在其地

點利用押收之敵軍砲身擬砲彈形狀鑄紀念碑。碑之表面鑄「北白川宮征討紀念碑」9大字，背面刻下列文字。

明治二十八年〔1895年〕戰役之後，臺灣全土歸我版圖矣。而土匪起頑抗，北白川宮以近衛師團長，遂能奏討賊之功。其偉勳赫赫，輝于萬世。三貂嶺，我軍初上陸置師團司令部之地。今乃建石此地，以傳後世。

明治二十末年〔二十九年、1896年〕四月

臺灣總督海軍大將伯爵樺山資紀　謹誌

三貂嶺（Sam-tiau-nía）

與草嶺（Chháu-nía）均屬臺灣東北方互連之群峰，互相對峙，地當基隆往宜蘭之要道。清乾隆二十九年〔1764年〕成書之《（續修）臺灣府志》可見：「山朝山，自雞籠山分歧，雙峰遙峙，高不可極，山南為蛤仔難（即噶瑪蘭）三十六社，生番所居，人跡罕到。」其中謂雙峰遙峙，乃因當時地理不明而併指三貂嶺、草嶺（一名隆隆嶺），山朝則為三貂之近音異譯字（參照「三貂堡」條）。

咸豐九年〔1859年〕成書之《噶瑪蘭廳志》記載：「三貂大山，以地得名，山路崎嶇，谿澗叢雜，雖行旅維艱，而實入蘭之孔道」，「隆隆嶺，以高得名，石磴如梯，煙雨籠樹，為從前入蘭孔道」，乃其嶺路開通後，分記二山情況。蓋此嶺路初開於乾隆中葉，最初路徑自基隆沿海岸而東，從深澳出三貂嶺，甚為迂遠。後有土人白蘭者，開通自暖暖街直入山，經十份寮、楓仔瀨達於頂雙溪地方之嶺路。

道光元年〔1821年〕之噶瑪蘭通判姚瑩〈臺北道里記〉，謂當時殆以非人有能為者：「奇其事，以為神所使云。」嘉慶初年之前，只開三貂嶺路，其他僅不過是往來經過之所，嘉慶十二年〔1815年〕臺灣知府楊廷理入蛤仔難番地，才更選擇從前嶺路之東方經四腳亭、蛇仔形達於頂雙溪，且開

修翻越草嶺之路徑。楊廷理〈道中詩〉註：「由艋舺錫口至蛤仔難，中歷蛇仔形、三貂、崑崙三大嶺，過谿三十六里，危險異常，生番出沒，人多畏之。」而其三貂嶺之新路，實際通行者似不多。姚瑩〈臺北道里記〉記載：「楊廷理新開路東，因其路迂遠，人不肯行，故多由此舊路。」姚瑩所經過者乃舊路，〈臺北道里記〉敘三貂嶺實況曰：「盤石曲磴而上，凡八里，至其巔，嶺路初開，窄徑懸磴甚險，肩輿不能進，草樹蒙翳，仰不見日色，下臨深澗，不見水流，惟聞聲淙淙，終日如雷，古樹怪鳥，土人所不能名，猿鹿之所遊也」，可以想見其險峻、幽邃光景。更記草嶺以東之情形曰：「下嶺（三貂）牡丹坑，有民壯寮守險於此護行旅，以防生番也。頂雙溪、下雙溪，過渡為遠望坑民壯寮，迤北轉東草嶺，下嶺至大里簡民壯寮，則山後矣。自此以下，皆東面海，為蘭北境，沿海南行，番薯寮、大溪、硬枋皆有隘，設丁防護生番」，可知在此之前嶺路隨時有番害之危險。

道光三年〔1823年〕，新庄（興直堡）紳士林平侯，自己捐資修前楊廷理所開三貂嶺路。咸豐六年〔1856年〕，林平侯子國華亦繼父志，開修自基隆經過今瑞芳之三貂嶺路。因此，新開道路行程比較便易，行人通過者多。同治十三年〔1874年〕，臺灣總兵劉明燈經過此嶺路進入噶瑪蘭（宜蘭）時，於三貂嶺頂附近之高丈餘、寬5尺自然岩壁上題刻：「旌旗遙向淡蘭來，此日登臨眼界開。大小雞籠明積雪，高低雉堞挾奔雷。寒雲十里連蒼隴，夾道千章蔭古槐。海上鯨鯢今息波，勒修武備拔英才」詩，並在草嶺頂上附近岩面刻一「虎」字、一「雄鎮蠻煙」4字為紀念。我領臺後，明治28年〔1895年〕6月2日，近衛師團為了攻陷基隆，自澳底（三貂堡）前進三貂嶺路，據說此路之行軍最是困難。以後，守備工兵隊開修嶺路，行徑緩繞山腹，鋤平坡度，終於讓馬轎容易通行。

上三貂嶺　楊廷理（嘉慶十二年〔1807年〕作）

衡嶽開雲舊仰韓，我來何福度艱難。腳非實地何曾踏，境涉危機亦少安。

古逕無人猿嘯樹，層巔有路海觀瀾。敢辭勞瘁希恬養。忍使番黎自眼看。

過草嶺　柯培元（道光十五年〔1835年〕噶瑪蘭通判）

荒草沒人作風浪，我御天風絕頂上。風催飛瀑衝石過，霧漫前山殢雲漲。

老猿攀枝窺行人，怪鳥啼煙弄新吭。千年老樹無能名，十丈懸崖陡相向。

下瞰大海疑幽冥，仰視天光透微亮。安得化險為平夷，中外同歌王道蕩。

　　修三貂嶺路記　仝卜年（道光十一年〔1831年〕噶瑪蘭通判）

憶余宰高明時，林君方司鹺潯州，治皆兩粵之交，繡壤相錯，常得因公晤聚，領
其言論，洞達諳練，宜蔣礪堂相國一見而許為幹濟才。未幾，移守柳州，而余奉
諱歸里，距今一星，終且過矣。

辛卯〔道光十一年、1831年〕，余通守蘭陽，路出新莊，乃知君賦閒後為淡寓公。
淡去蘭不遠，遂匆匆就道。踰三貂嶺，見夫蠶叢萬仞，拾級而登，無顛趾之患。
欲悉其詳，求碑文不可得，咸嘖嘖頌君砌石之功不置，君義聲眾者，費不貲無足
異，獨異君與余盤桓竟日，凡蘭中之風土人情，歷途之險易修阻，瞭如指掌，而
於此不聞齒及，則君久視為固然，而他類此者正多，又何足異。雖然記有之，為
民禦災捍患則祀之，有功於民則祀之，以云報也。君即美報不期，口碑不朽，後
之人將勿以官斯土者為陋而嗤之。余生平樂道人之善，矧此舉，一力獨肩，深合
禦災捍患有功於民之義乎。今余赴任臺防，重越三貂，為志數言，俾履道者知所
自焉。

是役也，鳩功於道光三年〔1823年〕歲在癸未仲春，兩閱月而工蔵，君名平侯，
號石潭，龍溪人。

石碇堡（Chioh-tēng pó）

　　原以本堡之石碇街（今屬文山堡）名為堡名。清乾隆初年，粵人自
淡水港溯基隆溪企圖拓殖者，於今水返腳街附近登陸，與此地平埔番族
Pagashi社約定購得土地，稱峰仔峙（Pagashi）庄。乾隆三十年〔1765年〕前

後，形成街肆。乾隆末年，與後來移住之閩省漳人發生紛爭，終敗退至中壢（桃澗堡）地方。爾來，閩人設私隘防番，前進山地，開通與暖暖街方面之連絡。（自水返腳至暖暖途中尚有五堵、六堵、七堵、八堵等地名。此為當時設有防隘之處。堵者，蓋土垣之義。一丈為板，五板為堵。）嘉慶十三年〔1808年〕，開通自錫口街（大加蚋堡）至水返腳街之陸路，閩人移殖漸多。道光八年〔1828年〕，石碇成街。道光末年，陳光瑞募閩泉州安溪、晉安（江）、安溪、南安、同安諸縣移民，自石碇街進而開拓坪林尾庄（文山堡），因此聯絡深坑及新店（同堡）地方。

水返腳街（Chúi-tńg-kha koe）

在基隆溪南岸，石碇堡最初拓殖之地。此地方原為平埔番族 Pagashi 社部落所在，往時以近音譯字寫為峰仔峙庄。清乾隆二十九年〔1764年〕成書之《（續修）臺灣府志》已見該庄名，其初形成街肆在乾隆三十年〔1765年〕前後。水返腳名稱之起因，成於道光元年〔1821年〕之噶瑪蘭通判姚瑩〈臺北道里記〉謂：「水返腳，小村市。水返腳者，臺境北路至此而盡，山海折轉而東出臺灣山後，故名」；《淡水廳志》謂：「水返腳，謂潮漲至此也。」蓋以後說為是。淡水河之逆漲及於此地附近。人口3,809人（男1,900人，女1,909人）。位於臺北、基隆間之中點的中繼市場，北隔溪流有產煤地叭嗹港（Pat-leng-káng）。臺灣鐵道縱貫線之車站，在土名上街（距基隆起點8.5哩）。

五堵（Gōu-tóu）

與七堵（Chhit-tóu）均為基隆河邊之山隈小村落，為有名之煤炭產地。臺灣鐵道縱貫線五堵車站，在保長坑庄土名保庄坑（距基隆起點7.8哩）；七堵車站，在七堵庄土名七堵（距基隆起點3.9哩）。

八堵（Poeh-tóu）

位在往暖暖街之通路，附近地方為茶及煤炭產地，因此往來稍稍頻繁。臺灣鐵道縱貫線車站在此地（距基隆起點2.5哩）。距庄1里之基隆溪上游四腳亭（Sì-kha-têng）炭礦，出產良質煤炭。

暖暖街（Luán-luán koe）

石碇堡山間之一街肆。原為Noangnoang山番（泰雅族）之所在。清乾隆年代，閩人自基隆來者，將之驅逐入深山，開拓其地，以近音譯自稱暖暖庄。既而，有土人白蘭，初以此地為起點開三貂嶺路，人跡漸繁。道光元年〔1821年〕，噶瑪蘭通判姚瑩〈臺北道里記〉記載：「暖暖，地在兩山之中，俯臨深溪，有艋舺小舟，土人山中伐木作薪炭、坊料，載往艋舺，舖民六、七家，皆編籬葺草，甚湫隘，每歲鎮道北巡及欽使所經皆宿於此」，可見當時尚是寂寥小聚落。爾後，因基隆港開發與基隆河流域開始採取砂金，而使此地形成一市場。

文山堡（Bûn-san pó）

原稱拳山堡（Kûn-san pó），我領臺後改今名。蓋轉自拳山。拳山堡名，出於該地同名山丘。位於大加蚋堡東南一帶，其拓殖亦以大加蚋堡為前進之所，往時橫於大加蚋堡南界墓頭（Bōu-thâu）山以南之地，為蓊鬱森林。清康熙末年，森林北端僅於林口建庄。雍正七年〔1729年〕，有粵人墾首廖簡岳，自淡水港溯新店溪企圖拓殖，與土著平埔番族Shiurong（秀朗）社衝突，一時被殺百餘人，於是與番人和約，漸開此地，築圳為水田（今景尾街東方之霧裡薛〔Bū-lí-sì〕圳，成於此際）。既而，乾隆元年〔1736年〕閩泉州府安溪移民結合成群，自大加蚋堡進入此地，恃眾與粵人爭地，終使粵人退去，而領其墾地，從事大規模開墾。新店溪畔尚存公館街（屬林口庄）土名，為當時墾戶建有公館之遺跡。此時，有郭錫瑠者，引新店溪流

築一大圳用於灌溉（因係錫瑠開築而名瑠公圳），因而架設一跨景尾溪之水梘因此出現梘頭（Kién-thâu）及梘尾（Kién-bé）之地名。如此，大坪林庄大半開拓。乾隆中葉後，林姓一族進而達於新店溪北岸，又同時開拓東方三張犁地方。乾隆四十六年〔1781年〕，與Shiurong社番人君孝仔約定，吳伯洪、張冶金、高鍾潭、高培吉、陳光照、高鍾等墾戶，開萬順寮庄，於此地設民隘防禦山番（泰雅族）。爾後，高姓一族自Shiurong社番贌得深坑仔庄開拓。至此，嘉慶初年，一方面形成梘尾一街肆，稱之為梘尾街（後以同音轉寫成景尾），一方面形成深坑街（屬深坑仔庄）。道光年間，新店溪岸建新店街（屬大坪林庄），經新店灣潭地方聯絡坪林尾，又經深坑楓仔林聯絡石碇。到了咸豐年間，屈尺（Khut-chhioh）地方亦開。爾來，屈尺以南之地屬山番（泰雅族）割據，拓殖未及。光緒十一年〔1885年〕九月，征討此方面番地，番人歸附，開墾地域及於雙溪口，屈尺地方漸發展。同時，討番之銘字軍，開修自新店經坪林尾通宜蘭頭圍之新道路。

文山堡地方，夙來栽培茶樹。道光年間，其產之茶已售賣至清國福州。徵之《淡水廳志》記載：「淡北石碇、拳山二堡，居民多以植茶為業。道光年間，各商運茶往福州售賣」可知。同治三年即西曆1865年，英國人John Dodd來台視察樟腦產地，偶見此地及三角湧（海山堡）栽培茶樹，認為土壤適宜，乃自清國泉州府安溪移植良種，自己投資獎勵栽培製造，於艋舺街設茶館，輸出廈門，稍有好望，於是著步發展，而有今日臺灣北部特產烏龍茶之名聲，成為凌駕支那茶之基礎。文山堡，實冠於全島之良好品質產地。

因云，到了道光中葉前後，本文所記萬順寮隘界，已全無山番足跡，既無防害之必要，乃以從前設定之隘租轉充大甲溪等義渡之費。此可見於道光十七年〔1837年〕淡水同知所發示諭。

石壁潭寺（Chioh-piah-thâm-sī）

於文山堡北界墓頭山一端西走新店溪畔之頂上，稱寶藏巖（Pó-chônggâm）。山麓為溪水潭，稱石壁潭，因以稱寺號。《淡水廳志》曰：「康熙時人郭治亨捨其山園，與康公合建，事在乾隆間，年月失考。後治亨子佛求，即捨身為寺僧。父子墓均在寺旁。其女九歲，死於地震，鬼輒夜哭，祀之乃止。壁有游大川香田碑記，乾隆五十六年〔1791年〕立。門拱獅象，山蒼翠可掬。叢樹集鳥以千百計，有水通舟楫。」

深坑街（Chhim-khinn koe）

屬今深坑仔庄，在新店溪一支流景尾溪上游南岸。清乾隆四十六年〔1781年〕後，深坑仔庄開拓成功，到嘉慶初年建街肆，為文山堡地方產茶集散市場，原為深坑廳所在地。人口1,306人（男664人，女642人）。

新店溪（Sin-tiàm koe）

淡水河之一支流。見「淡水河」條。

石碇街（Chioh-tēng koe）

原屬石碇堡，今屬文山堡。清道光八年〔1828年〕，閩人林先傳募墾戶，自水邊腳街（石碇堡）進入拓墾。爾後，許犁更自此地開拓四份庄附近。至此，以石碇街為此區域之中心地，形成街肆。此地到處多岩石碇置，因以為名。為茶之特產地，道光時所產之茶已售賣福州。地處北部僻阪，古來教化不及，多頑迷之民。《淡水廳志》記載：「信鬼尚巫，蠻貊之習猶存，類皆乘間取利，信之者牢不可破，最盛者莫如石碇堡。」

噶瑪蘭（Kat-má-lân）

宜蘭舊名，原作「蛤仔難」（Kap-á-lân），清嘉慶十六年〔1811年〕收入版圖新設一廳時，以近音改為「噶瑪蘭」。蛤仔難乃佔居此平原之平埔番族自稱語Kavarawan之近音譯字，由人之名轉而為地名。成於西曆1632年之駐臺北淡水的西班牙宣教師Jacinto Esquivel〈東部臺灣地名表〉記為

Kibanuran。「蛤仔難」之地名，見諸漢族之文書者，以明末流寓臺灣之沈光文《文開文集》載〈平臺灣序〉為最早。清康熙三十六年〔1697年〕踏查西部臺灣之郁永河《裨海紀遊》，次之。其他，有康熙六十一年〔1722年〕巡臺御史黃叔璥〈番俗六考〉及〈番俗雜記〉，雍正二年〔1724年〕成書之《諸羅縣志》，雍正十年〔1732年〕成書之藍鼎元《東征集》，乾隆六年〔1741年〕成書之《臺灣府志（初修）》等。又，近音異字之用例有《裨海紀遊》別作「葛雅蘭」（Kat-gann-lân），同時代該人所著〈番境補遺〉作「葛雅藍」（Kat-gann-lâm），嘉慶年代將軍賽沖阿之奏疏中作「蛤仔蘭」（Kap-á-lân），《鄭六亭集》作「蛤仔欄」（Kap-á-lân）。或稱此地為Kap-chú-lân，乃「蛤仔難」或「蛤仔蘭」文字之文讀音。嘉慶年間，進入其地之蕭竹詩中用「甲子蘭」文字，蓋為Kap-chú-lân之二次音譯。

宜蘭（Gî-lân）

開向臺灣東部之北端的一大平野，東面大洋，西、南、北3方圍繞一帶山脈，其間略作不等邊三角形，大小之河流分歧縱橫，除地當其頂點之叭哩沙（Pat-li-soa）原野為荒蕪地之外，概屬沃饒。其西北方為平野障屏之山勢，多急峻傾斜，為斷崖絕壁，雖無高峰秀嶺聳立，但漸往西南聳起高山，南方以南澳（Nâm-oh）山與臺東分界。此方面之山地，現為泰雅番族佔據之處。

宜蘭原稱蛤仔難，後稱噶瑪蘭，後再改為宜蘭。知此地存在而開啟其端之年代亦久，《噶瑪蘭廳志》（咸豐二年〔1852年〕成書）記載，明嘉靖末年，海寇林道乾據臺灣時，竄泊今蘇澳（Sou-oh），以夥伴病損頗多而他徙。又，據西班牙天主教神父Celedonio Arranz調查，西曆1632年（明崇禎五年）西班牙人以北部臺灣為根據時，一艘航向呂宋之船，遇颶風飄來此地的一個港口，船員50人悉被土番殺戮。於是，認為必須在其港口設置守備，率西班牙人及呂宋土人焚毀7處土番部落，殺土番12人。但慓悍之土番退據險隘要處，仗恃不服，西班牙人不能征服，其他馴化之土番見此

情形亦有嘲侮西班牙人怯弱之狀。當時西班牙人將其海岸一帶命名為Sant Catalina，其中之一港口（今蘇澳）為San-Lorenzo，其地由47個土番部落組成，多產金，米及鳥獸魚肉等食物也有餘裕，為往來呂宋、臺灣必經的可期待之地。於是計畫開通自臺北平野橫斷中央山脈達於此地之道路。

蛤仔難，初見於漢族文書者，明末臺灣流寓沈文光《文開文集》中之〈平臺灣序〉謂：「雞籠城外，無路可行，亦無汝澳可泊，舟隻惟候夏月風靜，用小船沿海垵而行，一日至三朝社（即三貂），三日至蛤仔難。」爾後，清乾隆六年〔1741年〕成書之《臺灣府志（初修）》另註記載：「山朝（即三貂）山南，為蛤仔難三十六社生番所居，人跡罕到。」可知，漢族進入此地與土番貿易，早開始於此時。《噶瑪蘭廳志》記載：「蛤仔難，迤北而東僻在萬山之後，自康熙三十四年〔1695年〕間，社番始輸餉於諸羅。」雍正二年〔1724年〕成書之《諸羅縣志》記當時之情形曰：「蛤仔難以南，有猴猴社云。一、二日便至其他，多生番，漢人不敢入，各社於夏秋時則划蟒甲（獨木舟）載鹿脯、通草、水藤諸物，順流出近社與漢人互市，漢人亦用蟒甲載貨物以入，灘流迅流，船多覆溺破碎，雖利可倍蓰，必通事熟於地理乃敢孤注一擲」，可知只在海岸貿易而已，並未深入內地。

雍正十年〔1732年〕成書之藍鼎元《東征集》記載，康熙六十年〔1721年〕朱一貴亂後之善後，檄淡水謝守備搜捕後山：「查蛤仔難·大雞籠社夥長許略、關渡門媽祖宮廟祝林助、山後頭家劉祐、蛤仔難夥長許拔，四人皆能通番語，皆嘗躬親跋涉其地，贌社和番，熟悉山後路徑情形。該弁資以行李餱糧，俾往山後。凡所經歷山川、疆境，一一圖誌。自淡水山門十里至蛤仔難，接卑南覓（臺東）而止，千里毋得間斷。」康熙末年前後，漸知有入蛤仔難內地者。康熙六十一〔1722年〕年巡視臺灣御史黃叔璥〈番俗六考〉記載如下事例，可知當時漢族有留於蛤仔難番地貿易者，而此實介紹蛤仔難番情之最初記錄。

康熙壬寅（六十一年〔1722年〕），五月十六至十八，三日大風，漳州把總朱文炳

帶卒更戍船，在鹿耳門外為風飄至南路山後；歷三晝夜至蛤仔難，船破登岸。番疑為寇，將殺之；社有何姓者，素與番交易，力為諭止。晚宿番社，番食以麨；朱以片臠飼番，輒避匿不食。借用木臼瓦釜，番惡其污也，洗滌數四。所食者生蟹、烏魚，略加以鹽；活嚼生吞，相對驩甚。文炳臨行，犒以銀錢，不受；與以藍布舊衣，欣喜過望，兼具蟒甲以送。蟒甲，獨木挖空，兩邊翼以木板，用藤縛之；無油灰可，水易流入，番以杓不時挹之。行一日至山朝，次日至大雞籠，又一日至金包裏。

但同時成書之黃叔璥〈番俗雜記〉謂：「由雞籠山後，山朝社、蛤仔難、直加宣（臺東）、卑南覓（臺東）民人耕種樵採所不及，往來者鮮矣」，似未有從事內部拓殖者。乾隆三十三年〔1768年〕，林漢生初率眾入此番地企圖開墾，番人頑然不肯，終殺漢生，事止。後倣漢生入番地者，皆不得成功。時有閩漳州人吳沙，初渡臺住基隆為人執役，以不適意，入三貂番社，大得番人信任，更進蛤仔難從事番人貿易。吳沙察其地形一望平疇，溪河分注，實天生沃壤，而且佔居之番人雜處於深林、水窟中，只知捕魚、獵鹿為食，毫不諳耕作，不知顧惜，因陰以為奇貨，致力獲取番人信任，逐漸招集漳泉粵等各地流民，每人給米一斗、給斧一挺，進入其近地，披荊翦棘作阡陌，而番人亦不措意。已而，漳泉粵之人民聞風來聚，甚至無賴逋逃如籔。淡水同知聞之，憂慮或據而作亂，戒諭吳沙不許縱入番社，若不遵將處之以法，加以約束。爾後，乾隆五十一年〔1786年〕，有林爽文之亂，亂波延及臺灣北部，有被賊淪沒之虞。時之同知徐夢麟，懼賊或入蛤仔難為根據地，乃責之以防賊入番境為條件，特許吳沙率部下進入番界開墾。此為乾隆五十三年〔1788年〕事。並為屯田組織。同時，徐夢麟亦自三貂入內山，率生番橫截蛤仔難。

當時，臺灣之主治者亦措意於開拓蛤仔難，吳沙大為得力，與番人通事許天送、朱合、洪掌共謀，大招漳泉粵3籍流民及鄉勇200餘人，善番語者23人，於嘉慶元年〔1796年〕九月十六日進至蛤仔難北部烏石港，在南方番界築土圍為根據地。因其為第一土圍，故名頭城（後隨著建置噶瑪蘭

廳城，委辦開蘭事宜之楊廷理避免冒用城字，改稱頭圍。楊廷理〈抵蛤仔難即事題詩〉中之「亂山行盡是頭圍」句，註：「原名頭城，予為改之」。即今頭圍堡頭圍街）。開拓此地，吳沙實其首領，淡水人柯有成、何績、趙隆盛等出資糧助之。3籍移民多少之比，則是漳人1,000餘，泉人漸減，粵人不過數十。番人見吳沙率眾進入界內，築城開墾，初疑其異圖，舉族抵抗，戰鬥連日，彼此皆多死傷，吳沙之弟吳立亦死之。（今尚傳說曰：當時移民不慣風土，病者達400、500，靠近海岸之Toromioan番社，最為勇猛，暗中自烏石港來襲，鏖殺罹病者。既而，吳沙企圖報復，偵知Toromioan社與附近之Shinahan及Tamayan 2番社有隙，豫謀誘出Toromioan社番，以這2社番為嚮導，民壯30人乘虛入社放火。Toromioan社番駭歸，民壯乃擁擊殺傷無數。可想雙方慘狀。）通事許天送，夙為番人尊敬之長者，且熟通番情，見之，力言制止，但亦不能止。吳沙決定先退回三貂，更徐後圖，乃遣人給番人曰：「此時海寇襲蛤仔難，汝等諸番將盡滅。予奉官命，特來防賊，保護汝等。闢其地耕田，使眾糧足，無他意志。」番人原性樸直，不事耕作，間有耕作亦多不用力，故收效少，加以數次戰鬥屢敗，因恐漢族而稍信吳沙所言。更當番社痘疫流行，番人苦之。吳沙乘機出方施藥，大有效驗，吳沙因而得以恢復番人信任。於是，遵番俗埋石立誓，入其地防禦海寇，以示為外援無侵削土地之意，彼此成立和約。此為嘉慶二年〔1797年〕之事。

吳沙於是致力於防止私墾，且安撫番人，為他日收歸版圖之計。官賞其功，給「吳春郁義春」戳記，疏節闊目，一聽其便。嘉慶三年〔1798年〕，吳沙死，以其子吳光裔不肖，由姪吳化代理其事，另有吳養、劉貽先、蔡添福等幫附之，地乃漸闢，並隨著開闢而建築土圍，用以防備番人，而至二圍（今頭圍堡二圍庄）、三圍（今四圍堡番割田庄），但再有與番人衝突爭鬥，嘉慶四年〔1799年〕又成立和約，進及四圍（今四圍堡四圍庄）。嘉慶七年〔1802年〕，漳、泉、粵人合共1,816人，進而驅逐番人，及於五圍（今本城堡，即宜蘭城所在地）。其間，移民日多。當時以拓殖團隊結首分段

數為名者為一結、二結、十六結、三十九結等地,以鬮分取得數為名者有三鬮、四鬮等地,以開拓完成之廣袤為名者有五十二甲、一百甲等地。又,又酬謝開墾之際與頭人吳沙合力之民壯地稱民壯圍。如此,嘉慶九年〔1802年〕前後,濁水溪以北一帶概已拓墾就緒。

　　該年於蛤仔難之移住者,又更加入一新份子。即,佔居臺灣西部地方之平埔番族中既已漢化之一群(即熟番)岸裡(Ganri)、阿里史(Aarisai)、阿束(Assok)、東螺(Tanrei)、北投(Pattau)、大甲(Taika)、吞霄(Tonshiau)、馬賽(Massai)等各社番千餘人,在岸裡社番目 Toanihan Moke(漢名潘賢文)率領下,翻越山脈進入此地,至五圍爭地。(《東槎紀略》所載姚瑩〈噶瑪蘭原始〉,謂這些平埔番因犯法懼捕,因而越過內山逃來,蓋失其實也。應是隨著當時移住臺灣西部之漢族增多,平埔番地多被侵佔,因抗抵失利,終而退卻而來此地。又,按,馬賽本非番社名,乃出自佔居今基隆地方的平埔番族總稱漢族聚落 Vasai,隨著稱基隆地方為 Vasai 之結果,更也自稱 Vasai 社者。馬賽為其近音譯字。漢族之稱雞籠社者是。)當時阿里史社番人多勢眾,且多鳥銃,五圍之漢族(漳人)不敢與之鬥。相謀:阿里史番無糧,不如助之粟、散其眾。於是陽和,分置諸番,食之。阿里史之番眾大喜,漸換其鳥銃幾盡。阿里史番弱之,始悟悔,但已不能如何。

　　嘉慶十一年〔1806年〕,臺灣西部之漳泉人分類械鬥,泉人走入蛤仔難,投奔此地泉人,因趁勢開始與漳人爭鬥,阿里史諸番及粵人、本地土番皆附之,合漳人攻不勝,泉人所分之地盡歸漳人有,僅存叭哩沙喃溪域溪洲(今屬浮洲堡),構爭殆一年才平息,阿里史諸番乃越濁水溪南開拓羅東(今羅東堡尚存阿里史庄之地)。爾後,漢族亦越濁水溪南進,拓成今二結堡一帶。另,漳人林標、黃添、李觀興等各率壯丁百人,以吳全、李祐為前導,趁夜自叭哩沙喃原野潛出羅東後路攻之,阿里史番眾驚潰,退入其他土番社內,羅東遂歸漳人之手(以後,阿里史番退墾叭哩沙喃之原野,形成今浮洲堡阿里史庄。)

此時前後，漢族入蘭之數，號稱漳人42,500，泉人250，粵人140，漳人仗恃多數，屢屢苦累泉粵人等，甚至勢力拮抗，數次鬥殺，官府視之為化外政治未及之地。（以後，嘉慶十六年〔1811年〕噶瑪蘭通判楊廷理〈出山漫興〉題詩註，記其分籍相睨不和之狀：「卯秋嘉慶十二年〔1807年〕，予乘番艋舺至溪洲，招募民番，漳人立送溪北岸，泉人立迎溪兩岸，均不敢過溪」。）先是，嘉慶十一年〔1806年〕春，海寇蔡牽迫頭圍烏石港將取其地，吳化及五圍頭人陳奠邦等，募鄉勇防之，當時亦併歸附番人防禦之力，終於生擒賊徒13人獻諸將軍賽沖阿。翌十二年〔1807年〕七月，海寇朱濆之船滿載農具到蘇澳，欲據為巢窟。五圍頭人陳奠邦，急告臺灣知府楊廷理。廷理乃會同南澳鎮總兵王得祿，水陸赴援。當時，朱濆分與番人嗶吱及紅布之類，求款其心。廷理諜知，另各給番人嗶吱10板、紅布500疋，番銀千圓，且曉以大義，皆悅而從之。如此，九月九日，廷理自淡水廳下艋舺（臺北）入山，至五圍，集耆老慰撫之，王得祿率舟師至蘇澳港口。賊以巨纜纏鐵鍬，橫沉港口拒之。楊廷理遣義民林永福等領番人，穿山闢路達於蘇澳，與王得祿舟師會合。二十日，夾攻之，大破，終使賊徒遁走。當時，山腳以外之地，概已形成漢族聚落，號稱移住者已有60,000人。於是，考慮蛤仔難之地為要害，屢被賊徒所窺，楊廷理及少詹事梁上國等前後促請清朝，宜設官經理。

嘉慶十五年〔1810年〕，閩浙總督方維甸至臺灣，行次艋舺，蛤仔難蘇目帶同眾人，前來送呈戶口清冊，請遵制薙髮，收入版圖。又請以民人既墾田園，照例陞科，請設官分定地界。因此，一面具狀上奏清廷，一面委辦楊廷理開蘭事宜，授以開疆創始章程十八則，先往為施政準備。楊廷理奉命到任，三月始得就緒。翌十六年〔1811年〕遂收入版圖，總兵武隆阿奏請改蛤仔難為噶瑪蘭，特設噶瑪蘭一廳（當時，墾主何繪等先為首唱，稟請從前墾成田園，將來分則問賦，照設官以前與佃人私約，徵大租田6石、園6石，以完納地租。楊廷理以施政尚屬草創，經費或有告缺之憂，斥其稟請，舉移民大租權由官府收之。從前此地方管下之大租戶不存者，

因此云）。與此同時，按照地理將管內分成7堡，稱第一堡（頭圍、抵美簡莊）、第二堡（四圍、淇武蘭莊）、第三堡（五圍本城）、第四堡（民壯圍、鎮平莊）、第五堡（羅東）、第六堡（鹿埔、順安莊）、第七堡（馬賽、南興庄），此為地方區劃之嚆矢（道光元年〔1821年〕，改分12堡，為五圍三結堡、民壯圍堡、員山堡、溪洲堡、清水溝堡、羅東堡、那美堡、淇武蘭堡、頭圍堡、頂二結堡、茅仔寮堡、利澤簡堡。光緒元年〔1875年〕，改五圍三結堡為本城堡，改溪洲堡為浮洲堡，改那美堡為紅水溝堡，改淇武蘭堡為四圍堡，改頂二結堡為二結堡）。又，另一方面劃定民番區分，設加留餘埔之制（留大社周圍2里、小社周圍1里，為番人自墾耕作之地，不准漢族締結贌約之類），以預防民番紛爭。因幾百年來為鬱塞之區，一旦鑿其苞蒙之際，仍然綏撫困難。道光六年〔1826年〕六月，此地遭颶風之害，番人深信此乃鬼靈不欲開闢此土地而降災，令漢族退卻。當時之通判姚瑩，百方苦心，以身解慰始得釋疑，即為一例。如此，與佔居平地的平埔番族之交涉，經過前防後和，始得成就其拓殖。

平地既拓殖就緒，但山界則是慓悍山番（泰雅族）割據之處。其開墾越進，番人出草加害則越甚，耕民恐慌有不能安堵之情。因此，道光二年〔1822年〕，通判呂志恆乃策定「設隘防守生番，隘丁口糧應分給隘地自行耕收」之制，定一種隘田，永為隘首世襲之業，以固防番護民基礎。爾後，道光十八、九年〔1838-39年〕間，通判季任革新隘關，改撤損益，更畫地，以民壯充官隘之丁，《噶瑪蘭廳志》所見2關20餘隘即是。道光九年〔1829年〕成書之《東槎紀略》〈沿邊各隘〉一篇記載以往情形之沿革：

　　噶瑪蘭地方，東面海，西、南、北三面皆山，所在生番出沒。自設官後，沿山次第設隘，以壯丁守之。二十一、二年間，猶有生番逸出殺人，今則防堵益密，林木伐平，沿山皆成隘田，而居民安堵矣。自三貂入噶瑪蘭，首境為遠望坑（三貂堡），民壯寮在焉，始用以開道，繼以護送行人。過遠望而南為大里簡（頭圍堡），設民壯寮與遠望同。自大里簡以南，乃沿山設隘，各有田園數千口，以為口糧。

曰梗枋、烏石港、金面山、白石（以上頭圍堡），湯圍、柴圍、三圍、四圍一結、四圍二結、四圍三結（以上四圍堡），旱溪（又名枕頭山）、大湖（以上員山堡），叭哩沙喃（浮洲堡），鹿埔（紅水溝堡）、清水溝、崩山、員山莊（以上紅水溝堡），馬賽、施八坑（以上利澤簡堡）以上隘地十九所。北自梗枋，南至施八坑，不過棄界外數百甲之地，免其隘科，隘丁貪利，盡力守之，而蘭民無番患焉。

光緒元年〔1875年〕，改廳為縣，噶瑪蘭也改稱宜蘭。蓋以噶瑪蘭之「蘭」字加上佳字「宜」，合為新名。光緒十三年〔1887年〕，巡撫劉銘傳全廢隘丁民壯舊制，重新配置新隘勇一營，本營設於叭哩沙，為自蘇澳經阿里史至天送埤一帶之施設。

頭圍堡（Thâu-ûi pó）

在宜蘭平野之北部。此地方為宜蘭初闢之區，清嘉慶元年〔1796年〕先成立頭圍，堡名從此出。嘉慶二年〔1797年〕，二圍（Jī-ûi）成，但當時移住之泉人不及百名，乃與頭圍之漳人分地，得此處菜園地開墾。嘉慶十五年〔1810年〕前後，以第一堡之主地稱頭圍為頭圍抵美簡（Thâu-ûi té-bí-kán）庄。因其為平埔番族Tovikan社所在，以近音譯字充當名稱，是為頭圍街前身。

頭圍街（Thâu-ûi koe）

位於宜蘭平野之北方，西、北二方擁山岳，東方面大洋，冷水溪之分流頭圍溪自南而來，至此地之海岸注海，展開烏石港。港相對著在濁水溪口之東港（Tang-káng），一名西港（Sai-káng）。人口2,956人（男1,457人，女1,499人）。清嘉慶元年〔1796年〕，閩漳州人吳沙企圖開拓蛤仔難番地，初築土圍為根據地。以其為第一土圍，因名頭城（Thâu-sîann），後隨著噶瑪蘭廳建城，避免冒用城字而改稱頭圍。地當宜蘭咽喉，且往時水深，石堤可防海波，便於船舶碇泊，為百貨經過之處，但一朝砂堤北連淤塞港口，

若非滿潮，即使吃水淺之支那形船亦不能出入。加以光緒十九年〔1893年〕前後，洪水使淡水溪流分歧注入東港帶來變動，影響頭圍、宜蘭間之舟路，從前在此地出入之貨物，轉而被東港吸引，商勢不若舊時殷賑。但為臺北進入宜蘭必經之要路，今尚有部分出入貨物集散。

石港春帆　烏竹芳（道光五年〔1825年〕噶瑪蘭通判）
石港深深口乍開，漁歌鼓棹任徘徊。
那知一夕南風急，無數春帆帶雨來。

真武廟（Chin-bú-bīo）

在頭圍街，祀北極真武七宿。清嘉慶初年所建。《噶瑪蘭廳志》曰：「北方元武七宿其象龜蛇，而廳之形勢，北有龜嶼在海中，為天關；南有沙汕一道，蜿蜒海口，為地軸。故堪輿家以為龜蛇把手之象，土人因建廟以鎮之。」廟內安有開地祖吳沙牌位。

北關（Pak-koan）

址在頭圍，臺北陸路進入宜蘭必經之中路，因此古來為宜蘭之北門鎖鑰的防衛要地，街之北方大里簡之盡頭，一面山屏如障，一面濱海逼岸之間，設一關門，名北關。今尚見其遺址，存有北關土名。《噶瑪蘭廳志》謂：「北關，在廳北四十里，高山險峻，由山腳至海濱，約二百步，大石磷列，天生門戶，北通三貂嶺，南趨烏石港，為全蘭咽喉。嘉慶二十四年〔1819年〕，通判高大鏞，奉准建關一座，橫直各十二丈，高四尺，厚三尺，週圍四扇，橫直共四十六丈八尺，圍牆地基長一百零八尺，橫八尺，高四尺，厚三尺，城樓垛、坎馬道、階級俱備，內有兵房九間。派外委帶兵防守，專司啟閉，盤詰奸究。北關海潮為蘭八景之一」者是。

北關海潮　烏竹芳（道光五年〔1825年〕噶瑪蘭通判）

蘭城鎖鑰扼山腰，雪浪飛騰響怒潮。

日夕忽疑風雨至，方知萬水東來朝。

四圍堡（Sì-ûi pó）

　　原稱淇武蘭（Ki-bú-lân）堡。此地方初開者為三圍（Sann-ûi），相當今日之番割田庄，時在清嘉慶三年〔1798年〕。當時所設木柵之外的今之柴圍庄，以及二圍、三圍之間的湯圍庄，都是其小砦所在。湯圍以地有溫泉而得名。爾後，嘉慶四年〔1799年〕成立四圍，即今四結庄，更進入辛仔罕。嘉慶四、五年〔1799-1800年〕之間，閩之漳、泉人分爭，泉人被殺傷者多，棄地而走。漳人留下為三圍外之三十九結及湯圍外之奇立丹2處。嘉慶十五年〔1810年〕前後，第二堡之主地四圍淇武蘭庄發達，其地有稱為Ki-bú-lân之平埔番族部落，因以近音之譯字為其名。堡名亦從此出之。同治十三年〔1874年〕，四圍（即四結庄）之地，因係堡之中心而取以改為堡名。在此之前，礁溪庄乃頭圍、宜蘭間之中路，我領臺後，開通自臺北經深坑往宜蘭之山路，以此地為宜蘭方面之起點，乃形成為驛遞的小市場。

本城堡（Pún-sîann pó）

　　原稱五圍三結（Gôu-ûi sann-kat）堡。清嘉慶七年〔1802年〕，閩之漳人吳表、楊牛、林循、簡東來、林膽、陳一理、陳孟蘭，泉人劉鐘、粵人李先等率眾丁1,816人，攻取此地設五圍。當時每人分地5分6厘。因係廳城所在地，光緒元年〔1875年〕改為本城堡。

（**附記**）「謝退谷〈蛤仔難紀略〉（成於清嘉慶年間）曰：『嘉慶三年〔1798年〕，有龍溪蕭竹者，頗喜吟詠，於堪輿之術，自謂得異傳。竹從其友游臺灣，窮涉至蛤仔難，吳沙款之，居且久，乃為標其勝

處為八景，且益為十六景……竹悉為賦詩，或論述其山水，遂為圖以出，其圖於山水脈絡甚詳。時未有五圍、六圍，要其可以建圍之地。竹於圖中，皆遞指之。後悉如其言。」余按：嘉慶三年〔1798年〕吳沙已死，安有款居蕭竹之事？若謂二年〔1797年〕，則是時僅開頭圍，與番爭鬥未息，安得遊覽全勢？以余攷之，蓋款蕭竹者，吳沙之子光裔與吳化輩也。化等既得四圍，與番和，乃延蕭竹進窺其地。」（道光九年〔1829年〕成書之臺灣道姚瑩《東槎紀略》）

宜蘭城（Gî-lân sîann）

　　今稱宜蘭街，原稱噶瑪蘭城。位於宜蘭平野中央，為其首要之中心市場，現為宜蘭廳所在地。人口14,793人（男7,314人，女7,479人）。清嘉慶十五年〔1810年〕，收蛤仔難番地入版圖，置噶瑪蘭廳。被委辦開蘭事宜之楊廷理，卜地五圍三結（今城內尚存三結街土名），植竹為地，環以九芎樹，周圍640丈，垣高6尺餘。爾後，嘉慶十七年〔1812年〕冬，通判翟淦增植莿竹，並搭4門弔橋，門各隨其方向為名。嘉慶二十四年〔1819年〕，通判高大鏞建4門城樓。道光十年〔1830年〕，署理通判薩廉重修。城中有水圳2道，自西向東，引灌田園，開鑿城濠，改而與城之外濠合流，濠深7尺、寬1丈5尺（道光年間，城內民屋因用茅茨，火災頻繁。道光十一年〔1831年〕，通判全卜年蒞任，自出資募工作瓦磚，便宜提供給民人改造家屋，爾來城市面目一新。

　　（**附記**）「蘭城築土圍，春木植桃潘濠河，栽插竹木，俱係漳、泉、粵三籍結首分段輪工，中為五段，漳得其三，泉、粵各得其一。其四城門弔橋，月由城中各舖攤辦，經始於壬申（嘉慶十七年〔1812年〕）臘初，告藏於癸酉（嘉慶十八年〔1813年〕）秋仲，均不歸入工程報銷也。初，庚午歲（嘉慶十五年〔1810年〕），楊廷理環植九芎樹為

城，作詩有「他日濃陰懷舊澤，聽人談設九芎城」之句。及壬申（嘉慶十七年〔1812年〕）秋新設官至，所存活者無過十分之三。詢諸結首，始稱所栽過大，一時不能生根。即十餘年後，成林茂盛，兩旁亦有空隙，不惟人可越過，雖車馬亦能往來。因思山前府廳各縣，當日未甃甎石時，均係插竹為城，登時發穎，勢可凌雲，兩三年內，左右插笋，嚴排密擠，天然藩籬，砲火皆不能入。乃於癸酉（嘉慶十八年〔1813年〕）春初，飭各結首，再就城基上偏插莿竹數週，仍於各旁栽補小九芎，俾得竹圍以先資其捍衛，將來芎樹成陰，即有罅漏，可籍竹枝以彌縫，則內木外竹，而城垣益固於苞桑已。」（《噶瑪蘭廳志》）

民壯圍堡（Bîn-chòng-ûi pó）

隨著五圍開拓完成，酬謝最初與頭人吳沙合力的民壯之地而命名之堡。清嘉慶十五年〔1810年〕前後，已見第四堡之主地民壯圍鎮平庄之名。今存壯一、壯二、壯三、壯四、壯五、壯六、壯七等庄名，為當時民壯分地之土名。

東港（Tang-káng）

屬民壯圍堡廓後庄，原是稱為Kaleouan（加禮宛）之平埔番族的部落所在，一名加禮宛港（「加禮宛」又作「加禮遠」）。濁水溪及冷水溪之分流廓後溪會合向東入海處，形成本港。因港口狹窄、水淺，僅能容200石以下支那形船出入，但港內水勢不急，暴風強雨之際能安全碇泊。但冬季雨期，因運來砂石而使港內深淺位置變遷。本港之主腦為宜蘭街及羅東街，兩地水運方便，因此出入貨物殆有凌駕蘇澳港之狀。港頭尚未形成市街，只可說是船舶碇泊處。《噶瑪蘭廳志》曰：「右則內通於蘇澳，左則外達於頭圍，最為蘭中扼要門戶，不獨羅東一小聚落之咽喉也。」

濁水溪（Lô-chúi-khoe）

見叭哩沙溪條。

冷水溪（Léng-chúi-khoe）

見叭哩沙溪條。

二結堡（Jī-kat pó）

原稱頂二結堡（Téng-jī-kat pó），光緒元年〔1875年〕削去頂字。清嘉慶十一年〔1806年〕前後，越過濁水溪南進之漢族，先開此地一帶。二結庄位於宜蘭、羅東之中途，夙已發達。堡名出此。

茅仔寮堡（Hm-á-liâu pó）

東港以南的海岸地方。今日之茅仔寮庄成立時，最初結茅草構屋於此，因以為名。堡名亦出之。

羅東堡（Lô-tong pó）

清嘉慶十一年〔1806年〕，新移來之平埔番族阿里史（Alisai）等社番，開此地一帶。嘉慶十四年〔1809年〕，閩之漳人襲而侵佔之，初建羅東庄。此為羅東街之前身，堡名亦出此。爾後，成立奇武荖庄。

羅東街（Lô-tong koe）

地當宜蘭、蘇澳之中途，西方控叭哩沙原野，人口3,891人（男1,909，女1,982）。羅東地名，出於此地方平埔番族語之「猿」（Routon）。蓋原來此地有大石在道傍，其狀如猿，終之以之為地名，後以近音漢字書之。或有使用其他近音文字「老懂」（Raoton）者。清嘉慶十四年〔1809年〕，閩之漳州人驅逐先佔之土番後，最初形成聚落之處。

近年隨著東港之發展，羅東街為其中心市場，可見顯著膨脹。蓋此地北方控宜蘭街，南方聯絡蘇澳，東方之東港為吞吐之海口，故集散貨物夥多，殆可與宜蘭街相匹儔。

利澤簡堡（Lī-tek-kán pó）

以利澤簡庄為主腦地，因以為堡名。利澤簡之名，本於其地有稱為Ritekkan之平埔番族部落。此地方之東南端即蘇澳，為宜蘭所知最早存在之港口，靠近未化之番界，為番人出沒之區，因而未見開發。清嘉慶十六、七年〔1811、1812年〕前後，噶瑪蘭通判楊廷理題為「出山漫興」之詩註記載自溪洲（浮洲堡）地方進入蘇澳時之情形：「將至澳口，須翻一山，怪石嵯峨，陡險異常，攀援上下，輿馬竟不能至也」。在此之前，馬賽溪口成立一庄（最初為新移來住之平埔番族馬賽[Machai]社番所形成之部落），稱為馬賽南興，為第七堡之主地。爾後，羅東溪口成立利澤簡庄，為此地方之主腦。嘉慶二十二年〔1817年〕，更有閩汀州32戶40口新移民於今隘丁庄附近設私隘，伐木燒叢以拓地，稍種豆黍番薯，從事耕作，至道光元年〔1821年〕前後漸開水田，四年已成耕地約30、40甲。此為民地進入平埔番族以外之山番地界之嚆矢，當時稱隘丁圍。道光五年〔1825年〕，在蘇澳北方之隘谷設有施八坑（Si-pat-khinn）隘，羅東通往蘇澳之道路漸開。成於道光九年〔1829年〕之《東槎紀略》有〈施八坑〉一篇，記其設隘情形沿革：

> 嘉慶十七年〔1812年〕，民人林朝宗等，請墾蘇澳施八坑。通判翟淦遣役李泉往偵之，回報云：查施八坑，乃由東勢山尾過山盤崙始至其處，西南北俱疊山茂林，惟有一坑，形勢甚狹，坑首西連叭哩沙喃生番社，坑口東出蘇澳港，乃生番出沒隘口。該地離東勢馬鞍山、草山及議設南關之地，約五、六里，阻隔山崙，本生番地界，不與三籍應分埔地毗連。前有民人陳金、鄭觀鳳，在彼欲求設隘開墾，奉批不准，已經棄置。至於坑頭、水崛，皆生番巢穴，尚有埔地若干，不能窮究。

查蘭地自入版圖以來，東勢一帶民番，屢被生番殺害；南風甚發之時，又常有匪船寄泊澳內伺劫，易於藏奸，實屬要地，去城窵遠，最難防禦。似可就地設隘把守，內禦生番逸出，外護居民樵採，如遇匪船寄泊，亦可隨時飛報防守，以杜奸民私墾藏奸之念，似於地方實有裨益。淦未及許，其後稍為泉籍民人私墾。道光元年〔1821年〕，聚居已三百餘人。署通判姚瑩請查造丁冊，籍其田畝以為隘地，未竣而去。

道光七年〔1827年〕，閩之漳人林流水，率36戶60餘口移來，更開墾附近一帶之荒蕪為田園。道光十年〔1830年〕，又買收汀人已墾田園，大事農耕。道光十一年〔1831年〕，閩之漳州府漳浦之民林針，通圳開水田60餘甲。翌年〔1832年〕，其佃業之人口號稱有140餘人。如此，道光十五年〔1835年〕，開拓地域更進入番界，番人出草加害極甚，耕民恐慌有不能安堵之情。翌十六年〔1836年〕，林針請准官府選用民壯，私設圍牆，以防番害。此時，有林永春者，募佃人進入蘇澳南端南方澳附近之白米甕，採伐木材，開拓土地，建設一圍稱永春城，但番害頻起，病者相繼，未幾撤棄。咸豐九年〔1859年〕，淡水廳三角湧之民李家亮者，與民壯20餘名來開蘇澳之西方番界糞箕湖庄，盡力防番，墾耕其地。爾後，同治初年，黃、吳、楊、王、高、蔡等各姓，再率佃人自白米甕向南，企圖開拓東澳之窪地。雖經十年，但因番害及疾病，人煙不成聚落，遂歸中止。

蘇澳港（Sou-oh káng）

位於宜蘭平野南端，南、北、西3方以丘岳圍繞，東方臨海。灣之廣袤，東西19町，南北24町。分為北方澳（Pak-hong-oh）、南方澳（Lâm-hong-oh）2小灣。北方澳，水深10尋乃至13尋，港底皆為黑砂及泥土，錨爪不能爬入。風向，3至6月概吹南風，其他月份則吹東北風，除了東南風之外其餘皆能防蔽，因而是可與本島4大開港匹敵之天然良港。南方澳與北方澳之間有蘇澳小市街，自此地有北方隘谷通羅東街。此港為宜蘭地方最早被

知其存在之港。明嘉靖末年,早已曾為海寇林道乾竄泊之處。爾後,崇禎初年,佔據北部臺灣之西班牙人,企圖於北方之一個港口設置守備命名為San-Lorenzo,蘇澳即是當時之目標。現在是宜蘭百貨經過之一地。往時因接近番界,故往來稀少,物貨主要輻湊頭圍烏石港。爾後,該地(烏石港)因暴風、洪水,港勢一變,巨船出入不便。道光年間,官府特別招徠商戶,從蘇澳移出土產米穀,因而逐漸發展。光緒二年〔1876年〕前後,大小商賈100餘戶,該年七月因洪水市街流壞,再不復舊況。我領臺後一段時間內,被指定為特別輸出港,但地屬偏僻,竟未見貿易上之關係而至於閉鎖。街外有炭酸泉井。

南關(Lâm-koan)

在蘇澳經東北方馬賽(一名武荖坑)溪口通往羅東之咽喉。清道光五年〔1825年〕,蘇澳港設弁汛,巡防澳口,後來因為控制上之需要而設置南關。《噶瑪蘭廳志》謂:「南關,在廳南四十五里,近通蘇澳,為東勢盡頭。原議建關一座以為東方鎖鑰,嗣因新添營制,蘇澳有汛,議於蘇澳建築砲台土堡,將澳汛兵房改置於此。以南關與蘇澳,只一嶺毗連,易於稽察也」者是。

清水溝堡(Chheng-chúi-kau pó)

其地在清水溪流域,故名。以北成庄為中心地。

員山堡(Înn-soann pó)

清嘉慶九年〔1804年〕末,閩之漳人進入此地開拓。最初成立之聚落,為今內員山庄、三鬮庄,爾後為大湖庄。因地有員山而得堡名。

紅水溝堡(Âng-chúi-kao pó)

原稱那美堡,清同治十三年〔1874年〕改成今名。因係Tanavi(打那美)

社平埔番族部落之處，堡因以為名。清嘉慶七年〔1802年〕，閩之漳人與粵人分爭時，粵人力不能敵，為粵人集團退處之所。嘉慶十五年〔1810年〕前後，鹿埔順安庄發達為六堡之主要地點。冬瓜山庄，亦在前後時期發展起來。

浮洲堡（Phû-chiu pó）

原稱溪洲堡（Khoe-chiu pó），光緒元年〔1875年〕改為今名。地處叭哩沙溪流域，到處為溪洲形勢，故名。西邊盡頭為叭哩沙原野。清嘉慶九年〔1804年〕之際，東邊之今溪洲庄一帶，閩之泉人最初成團稱泉州大湖，因該地有大湖山也。嘉慶十六、七年〔1811、12年〕前後，噶瑪蘭通判楊廷理題為「出山漫興」之詩註記載巡察此地情形：「至溪洲，前進則蘆葦叢生，堅狀如竹，溪水汎溢，道路泥淖，每下腳幾欲沒腰，小徑隱隱，生番往來，僕夫縮頸。」

叭哩沙（Pat-lí-soa）

浮洲堡西邊之原野，位於形成宜蘭平原之不等邊三角形的頂點，叭哩沙溪縱橫分流，為洲磧之處。原出於平埔番族之地名 Parisaram，以近音譯字寫作「叭哩沙喃」，我領臺後削去喃字。成於西曆1632年之駐臺北淡水西班牙宣教師 Jacinto Esquivel 之〈東部臺灣地名表〉記為 Parusarum。北方之阿里史庄，為清嘉慶十四年〔1809年〕新移來之平埔番族阿里史等社番，被來自羅東地方之漢族驅逐乃退而所建之部落。道光五年〔1825年〕，設叭哩沙喃隘。《噶瑪蘭廳志》曰：「叭哩沙喃隘，距廳西三十里，在番山前，重溪環繞，過山即額刺王字生番，最為險要，募丁十二名。內另一路，從鹽菜甕番玉山腳，可通竹塹九芎林，係粵籍分得地界。與大湖內山一條，皆開蘭事宜中所謂預籌進山備道，以策應緩急者也。」爾來，久已委之荒蕪矣。光緒十二年〔1886年〕，設撫墾局設以降，纔只就開拓之緒。叭哩沙庄，今為其主地。

沙喃秋水　烏竹芳（道光五年〔1825年〕噶瑪蘭通判）
磧石重重到處勻，青山四壁少居鄰。
秋來積潦無邊闊，水色天光一鑑新。

叭哩沙溪（Pat-lí-soa khoe）

原稱叭哩沙喃溪（Pat-lí-soa-làm khoe，我領臺後，削喃字），發源於西南之中部山地，出叭哩沙原野，縱橫流過，形成洲磧。其幹流分歧二派：一為濁水溪，合自中央山脈發源之清水溪，遠過宜蘭城之南方至東港；一為冷水溪，近繞宜蘭城之北（我領臺後，通稱宜蘭河），更二分，一為頭圍溪，折向東北，沿海岸北流，注入頭圍之烏石港，一為廍後溪，南流至東港合濁水溪注海。

（附記）濁水溪，以水流溷濁故名。其可記述之變遷：清嘉慶十四年〔1809年〕六月，暴風洪水之際，河水一變與清水溪合流，翌十五年〔1825年〕又分歧再循故道。（此似為漢族之一種迷信，噶瑪蘭通判楊廷理題為「出山漫興」之詩註云：「己巳〔嘉慶十四年、1810年〕六月颶後，濁水溪正溜，北徙與清水溪合暴流，居民以清濁不分苦之，今風雨後仍循故道。」《噶瑪蘭廳志》謂：「清濁攸分，居民以為瑞。」）又，冷水溪可記述之變遷：該溪原以東北折注入烏石港為正流，光緒十九年〔1893年〕洪水之際，其折流點二分，一循故道，一南流注入東港，而以後者為正流。

三十六番社

宜蘭平原，原為平埔番族Kavarawan部族佔居之所，往時稱噶瑪蘭

三十六社（此稱呼初見於漢族文書者，先有清乾隆六年〔1741年〕之《臺灣府志》：「蛤仔難，有二港，合諸山灘流，與海潮匯。蛤仔難三十六社番，散處於港之左右，土人謂之平埔番」；康熙六十一年〔1722年〕巡視臺灣御史黃叔璥〈番俗六考〉次之）。噶瑪蘭置廳之際，一面區劃漢族聚落為7堡的同時，大別番社為2區，以濁水溪為分界，在溪南者稱東勢16社，在溪北者稱西勢20社（爾後，因分社而增加部落數達40餘社）。番社名皆以近音漢字譯寫，故多樣並存，總兵武隆阿加以釐定。今將固有番語音之稱呼及釐定之譯字社名，和古來傳存之譯字社名對照如下。

	固有之番稱	釐定譯字	其他譯字
東勢番社	Kivuro	奇武荖	幾穆撈、奇毛字老
	Linao	里荖	里腦、女老
	Tanagan	打朗巷	達魯安、打那岸、打那軒
	Tentsurikan	珍珠美簡	丁魯哩幹、珍珠里簡、珍汝女簡
	Vuhangvuhang	武罕	穆罕穆罕、勿罕勿罕
	Tanavi	打蚋米	達拉米、打那美
	Awaiaawai	歪仔歪	外阿外
	Para-ut	吧咾吻	巴撈屋、吧荖鬱
	Saahusahu	掃笏	沙豁沙豁
	Malobuyan	馬荖武煙	瑪拉胡媽、貓對武、毛老甫淵
	Maloyan	南搭吝	瑪魯煙、毛搭吝
	Kaleeoan	加禮遠	嘎里阿完、佳笠宛、交里宛
	Polosinaoan	波羅辛仔宛	巴嚕新那宛、波羅辛仔遠
	Ritekkan	奇澤簡	里澤簡、利澤簡
	Laolao	留留	
	Kaokao	猴猴	高高

固有之番稱	釐定譯字	其他譯字
Toromioan	哆囉里遠	哆囉妙完、哆勝美仔遠
Kiliputan	棋立丹	幾立穆丹、奇立丹
Toupayatpu	抵把葉	都巴媽、抵百葉、抵馬悅
Tamayan	打馬煙	達馬姃、巴抵馬悅、八知買譯
Tovikan	抵美簡	都美幹、八知美簡、把抵女簡
Laolao	流流	撈撈
Kitpupoan	奇立板	幾立板
Vuarivuhan	蘇里目罕	瑪嚕穆罕
Tovuihok	抵美福	都美鶴
Sinarohan	新仔羅罕	新那嚕罕、礁仔壠岸、礁礁人岸
Pairip	擺離	擺立、擺厘
Tetsunnamoarak	珍仔滿力	賓那瑪拉、屏仔猫力
Moatitenrok	蘇支鎮落	瑪立丁洛、蘇薯珍落、猫里藤角、麻里陳轆
Sinahan	新仔罕	新那罕、辛仔罕、丁仔難、辛也罕、新仔羅罕
Kivanoan	奇武暖	幾穆蠻、奇五律
Tovuitouvui	抵美抵美	都美都美、抵密密、芝密
Taptap	踏踏	達普達普
Marin	馬麟	貓乳、馬儕
Kiravuran	奇蘭武蘭	熳魯蘭、奇武蘭
Tanagan	哆囉岸	打那岸

西勢番社

　　徵之今日慣用地名文字，可知上述譯字社名，爾後也各自使用，並未有一定之譯字。

番界北路

　　清國政府為了決定開山撫番之方策，於同治十三年〔1874年〕訂立計畫，自南、中、北3路進兵，橫斷中央山脈，開通自臺灣西部至臺灣東部之道路。北路，自宜蘭之蘇澳達於臺東之花蓮港，此間號稱200清里，統領羅大春督成之。光緒五年〔1879年〕余寵《臺灣地輿圖說》記其路程曰：「蘇澳二十里東澳，三十里大南澳，三十五里大濁水，二十五里大清水，三十五里得其黎，十里新城，五十里岐萊花蓮港。」但此道路，不久之後即杜絕不通。蘇澳之七星嶺（山路起點）山麓立有一碑，為羅大春所勒，與〈臺灣地輿圖說〉記載一致。曰：

> 自蘇澳至東澳二十里，自東澳至大南澳三十里。
>
> 自大南澳至大濁水二十里，自大濁水至大清水二十五里。
>
> 自大清水至新城四十五里，自新城至花蓮港北岸五十里。
>
> 以上自蘇澳至花蓮港北岸計程二百里。
>
> 同治十三年〔1874年〕陽月 福建陸路提督黔中羅大春 勒石

　　大南澳之道傍亦有一碑，記其開路梗概。曰：

> 大清同治十三年〔1874年〕夏六月丙戌，福建陸路提督黔中羅大春欽奉
>
> 諭旨，巡防臺朔，開禁撫番。秋七月癸丑，師次蘇澳。八月辛未，達大南澳。初
>
> 臺澎道江右夏獻綸，以千人伐木通道，自蘇澳及東澳。七月戊午，還郡。東澳，
>
> 以往萬山茸然，亘古未薙，兇番伏戎，大為民害。大春徵募濟師，斧之，斤之，
>
> 階之，級之，碉之，堡之，又從而以番說番，招撫之。於戲，軍士縋幽鑿險，宿
>
> 瘴食雰，疫癘不侵，道路以闢，朝廷威福也，將校用命也。不可不紀，囑幕次三
>
> 衢范應祥選文，山三應道本書丹，龍眠方宗亮、齊安高士俊選石，勒諸大南澳道左。
>
> 黔中馮安國監造。

臺東之新城也有一碑，建以紀念其成功。曰：

新城，面海負山，居東荒之極北，民番雜處，解耕種，通人理，尚甘喁然，有內
附心。自大南澳遵海而南，踰大濁水、大小清水。天作高山，我軍荒之；彼阻兮豀，
我軍梁之。十月十三日壬子，師次城東，大春喜聲教之已通，而興情之咸慰也，
於是乎書。大清同治十三年〔1874年〕歲在甲戌小春之月，福建陸路提督功加一
等黔中羅大春記，參玉屏、李得陞勒石

龜山嶼（Ku-soann sū）

　　歐美人所謂 Steep 島者。距宜蘭北部頭圍海岸東方約 5 浬。東經 121 度
55 分至 50 分，北緯 24 度 49 分至 50 分，周圍 2 里 8 町。島由 2 個火山質丘阜
形成，呈圓錐形，西丘較大海拔 1,200 尺，東丘較小海拔 800 尺，東丘之東
端為懸崖，西丘之西側為砂堆。住民之聚落，只在西岸一處（稱龜山庄），
丘上已盡開墾。人口 521 人（男 269 人，女 252 人）。該島大、小 2 丘連續
孤立海中，遠望之如海龜浮游，因以為名，又稱龜嶼（東端稱龜頭岸，西
端稱龜尾岸）。其名早見於清雍正八年〔1730年〕陳倫炯《海國聞見錄》。
西曆 1726 年荷蘭宣教師 Valentyn〈福爾摩沙及荷蘭在此之貿易記事〉所載
地圖「Kaart van het Eyland Formosa en de Eylanden van Piscadores」記為 't Eyl
Gaclay。

　　龜山嶼，久為無人島嶼，只有宜蘭濱海漁民，偶而泛小舟至其附近捕
魚。清道光初年，頭圍堡大坑罟庄之漳人，以該島利於漁業，而且內部適
於耕墾，乃結合同志 13 名率先移住。爾後，相繼移來者多（根據西曆 1845
年即道光二十五年，6 月英國軍艦 Samarang 號來到該島時之記載，人口大
約有 150 上下）。清國政府時代，派駐汛兵 24 名，以 2 年為期交替。《噶瑪
蘭廳志》曰：「相傳，乾隆年末，有多羅遠社（平埔番族之 Toromioan 社）

老番，忽見龜山開裂，知漢人將至」。可證該年龜山嶼有火山爆發，向來番人迷信這種地變是敵族襲來之兆（嘉慶十六年〔1811年〕噶瑪蘭通判楊廷理〈九日登高〉詩註：「相傳，吳沙思報陞時，夜夢神人告曰：龜山險開，可歸版圖」，蓋為假託上述傳說之說詞）。現在西丘之舊噴火口內有硫質噴氣孔，硫磺沉積。本島，夙稱宜蘭之海中天關，《噶瑪蘭廳志》曰：「岸臨無際，孤嶼聳起，與玉山遙遙作對，其縈波鼇矗，近復與沙汕蜿蜒，天然作廳治門戶，形勢家所謂龜蛇把口是也，其龍從蘇澳穿海而來，一路石礁，高者如拳，小者如卵，隱隱躍躍，如起，似伏。山週二十餘里，高二百餘丈，朝旭初升，變幻萬狀，蘭陽八景所謂龜山朝日者，此其第一。將雨，則噓霧咽雷，聲如震鼓，中匯一潭，清澄徹水，春夏間時有漁人結網焉。」

　　　　龜山朝日　烏竹芳（道光五年〔1825年〕噶瑪蘭通判）
　　曉峰高出半天橫，環抱滄波似鏡明。
　　一葉孤帆山下過，遙看紅日碧濤生。

　　龜山嶼西南約1浬半，有一平頂岩（周圍2町），稱龜卵嶼（Ku-nn̄g sū）。

桃澗堡（Thô-kán pó）

　　北以一橫崗與臺北平野為界，南接竹北二堡之海岸一區。往時，平埔番族之 Kedaganan 部族分此區域為三，東部為 Ku-lûn（龜崙）社，北部為 Nâm-khàm（南崁）及 Khinn-á（坑仔）二社，南部屬 Shiauri（霄裡）社。

　　明末之鄭氏時代，南嵌之一部雖曾開屯，但不久便歸荒廢。清康熙、雍正年代之際，到處茂林叢樹鬱蒼、麋鹿成群（今桃園街東鄰，尚存大樹林庄地名）。乾隆二年〔1737年〕，粵人薛啟隆，率墾戶數百名從南崁港上陸，設隘壓迫土番，從事開墾，土番失拮抗之力，或遷徙遠避，或歸服遵化，乃能大舉拓殖之業。其區域以今桃園（Thô-hng）為中心，東自龜崙嶺，

西至崁仔腳，南自霄裡，北至南崁，總稱之為虎茅（Hóu-hm）莊。以後，墾戶更招徠開拓，閩粵兩籍民來應者多，乾隆十二年〔1747年〕前後，已形成桃仔園（Thô-á-hng，桃園）街。且有張敦仁者，開通自此地入海山堡（三角湧）之道路。桃園東方之福興庄，當時主要是閩人墾成之處，故名之為福建人業興之地（福興庄）。又，南方之八塊厝庄，初僅有八家移住者，因而得名（乾隆末年，隨著大料崁方面的開拓，此地為其中路而漸發展）。

在此之前，乾隆九年〔1744年〕，粵嘉應州人宋姓一族與戴姓者結伴渡臺，從南崁港上陸，開拓南勢一帶荒埔（今竹北二堡接界之地），成功後成為廣東人業興之地，故初稱廣興庄，但以宋姓為主要墾成者，人皆稱宋屋庄（今稱相同庄名）。爾後，乾隆十五年〔1750年〕有閩漳州人郭天光者，自許厝港上陸，與土番約贌得自此地至中壢老街及新街2溪下游兩岸之地。天光死後，郭龍文、郭玉振、郭樽等繼續拓成流域諸庄，一方面建立大垳園（Tōa-khu-h nñg）街肆為集散市場。乾隆三十年〔1765年〕前後，郭樽更沿老街溪而進，驅逐土番開闢田園，名潤仔壢莊，取潤谷之義也（或曰，初郭光文於乾隆初年結託淡水同知幕僚鄭某，獲許開拓，其給墾區域東至土牛，西至海，南至鳳山崎，北至八里坌，當初用「業戶郭鄭圖記」之印。然開墾成績似僅記其中之一部份）。此地當竹塹（新竹）、淡水（臺北）間往來的中途，行旅眾多，商勢股賑，逐漸形成一街肆。在此年代，開拓大料崁溪岸埔頂、員樹林、番仔寮諸庄（埔頂庄於乾隆四十年〔1775年〕，創建祭祀漳州鄉土神開漳聖王之仁和宮），拓殖區域顯著擴張，但未成一堡。

乾隆五十年〔1785年〕，隨著各方村庄之發展，各取其2中心地桃仔園及潤仔壢（Kán-á-lek）地名之一字，合之為新堡名，稱桃潤堡。已而，道光初年以來，此地方屢有閩粵分類械鬥，終於分成東、西2部，閩人集團性地分居桃仔園一帶，粵人分居中壢一帶。同治初年以來，堡內丘陵所到之處盛行栽培茶樹，為臺灣北部產出最多特產烏龍茶之地，名聲顯著。

南崁（Nâm-khàm）

　　原總稱桃澗堡北部海岸一帶，地名出於平埔番族凱達格蘭部族之Nâm-khàm社分布區域，今寫作南崁，為桃澗堡地方最早開拓處。明末鄭氏屯田時，設營盤（今南崁廟口庄尚存土名營盤坑，或為其遺址）。又，該庄之五福宮，據稱創建於該時代。往時，清康熙、雍正年代，從竹塹埔即新竹地方進入臺北平野之路徑，自芝芭里庄附近出南崁之海岸，自龜崙嶺延伸之坪頂山高地西麓海岸到淡水河口八里坌。芝芭里亦是平埔番之地名Chipari的近音譯字，屬Nâm-khàm社，庄內仍存土名大路下庄，據說為舊路通過之處。既而，雍正十一年〔1733年〕，開通越過龜崙嶺通往新庄（興直堡）之道路，而使此方面之行路往來者減少。又，乾隆初年以前，南北貫流南崁地方之南崁溪，更合大料崁溪之分流及其他附近諸水，自南崁港口（今屬竹圍庄）入海，因而此地成為良港，為船舶寄泊之地。雍正九年〔1731年〕，開本港為島內貿易之處。爾後，隨著河流轉變港勢亦為之一變，現時僅繫留避風濤之難的小船而已。

五福宮（Ngó-hok-keng）

　　在南崁廟口庄。清乾隆二十九年〔1764年〕成書之《（續修）臺灣府志》記載：「元壇廟，在南嵌社」者是。祀元帥爺即趙光明。《桃園廳志》曰：「鄭氏屯軍此地時，懸其所攜之守袋於大樹梢祀之。後人崇拜祈願，靈驗立顯，終建廟宇奉祀。」乾隆五年〔1740年〕重修，廟貌一新。

龜崙嶺（Ku-lūn-nía）

　　東方一帶山脈之餘派西走，與臺北平野劃出境界，此為龜崙嶺。原屬平埔番族凱達格蘭（Ketaganan）部族龜崙社之根據地，龜崙為其近音譯字。清康熙六十一年〔1722年〕，巡視臺灣御史黃叔璥〈番俗六考〉記載：「龜崙（Ku-lûn）、霄裡（Shiauri）、坑仔（Khinn-á）諸番，體盡矲短，趨走促數，

又多斑癬，狀如生番。」往時，因為有此山路之險與番人為難，康熙、雍正年代人皆避之，乃自芝芭里庄之大路下出南崁之海岸，從龜崙嶺延伸之坪頂山高地西麓海岸到淡水河口南岸之八里坌。雍正十一年〔1733年〕，隨著臺北平野新庄（興直堡）之發展，經今之中壢、桃園，渡過南嵌溪上流之小檜溪，經嶺上之舊路坑，出十八份庄（八里坌堡），開通達於新庄之道路。此為通過龜崙嶺路之嚆矢。爾後，乾隆十六年〔1751年〕，更於其南方，開通經桃園新路坑，出埠角庄（興直堡），達於新庄之新嶺路，舊路自然因而廢止（舊路坑及新路坑之土名，因之而起）。龜崙嶺頂（今稱山頂庄）成為一庄，亦在此際。新路坑之壽山巖寺，其後有閩泉州廈門南普陀之僧順寂者，攜帶觀音菩薩木像來此寄寓，靈驗顯著，人民尊崇，歸依者多，遂募集捐貲建立。《淡水廳志》記載：「乾隆二十八年〔1763年〕建。六十年〔1795年〕，臺鎮哈重建。董事呂文明」云云。

桃園街（Thô-hnͤg koe）

清乾隆二年〔1737年〕，粵人薛啟隆以此地方為中心地開拓，總稱虎茅莊，此時有種植桃樹者，乾隆十二年〔1747年〕花盛開紅雲搖曳，因名桃園。此為地名起源。之前已有於此地結草店，與平埔番族 Ku-lûn（龜崙）社交易者，如今形成一肆街。乾隆三十年〔1765年〕，增加店屋，閩粵兩籍民眾多企圖移住。嘉慶十一年〔1806年〕三月，淡水廳下閩人漳泉分類械鬥，當時桃園街肆多住漳人，敗後店屋被燒毀過半。嘉慶十四年〔1809年〕，才初建土壁圍牆，以備防禦，重建店屋。此時草屋變瓦店，市街一新。嘉慶十八年〔1813年〕，於土名中南街建景福宮，崇祀漳州鄉土神開漳聖王，且為公議會宴之所。

道光十四年〔1834年〕，淡水廳下閩粵分類械鬥，匪盜亦乘機在各地蜂起。街之富豪姚蓋有者，與街庄民謀，將土壁改築為石堡，以嚴守禦。高12尺，分2段，基壁厚5尺，上壁厚3尺，周圍凡20町。道光十九年〔1839年〕，徐玉衡等又捐款唱設4門，修補壁堡。最初地名稱桃園，但漳人風

俗稱桃為桃仔（Thô-á），乃稱桃仔園（Thô-á-hng）。乾隆二十九年〔1764年〕成書之《（續修）臺灣府志》已見桃仔園庄。同治九年〔1870年〕成書之《淡水廳志》，或寫作「桃園」，或寫作「桃子園」，未有一定。光緒十四年〔1888年〕土地清丈之際，製作之魚鱗冊（土地臺帳）記為「桃園」。我領臺後，明治36年〔1903年〕土地查定之際，定為「桃園」。人口3,634人（男1,782人，女1,852人），為桃澗堡中心市場，且為此地粗製茶之集散地。現時桃園廳在東門外鄰接之大樹林庄，臺灣鐵道縱貫線桃園車站亦在該庄（距基隆起點35.2哩）。

崁仔腳（Khàm-á-kha）

地當桃園、中壢2街之中途。崁仔腳，以其地勢為名。臺灣鐵道縱貫線車站，在此地（距基隆起點38.9哩）。

中壢街（Tiong-lek koe）

今屬中壢埔頂庄，分2街，其間約隔6町。一老街，一新街。清乾隆三十年〔1765年〕前後，閩之漳州人郭樽，初開此地一帶，取澗谷之義，總稱澗仔壢（Kán-á-lek）莊。以其地當竹塹（新竹）、淡水（臺北）之間來往中途，行旅眾多，商勢殷賑，漸成一街肆，因取竹塹、淡水中間壢地之意稱中壢街。嘉慶八年〔1803年〕，桃園、中壢間之崁仔腳地方匪盜出沒，因移楊梅壢汛兵駐防中壢。因此肆店增建，街市膨脹。道光六年〔1826年〕，竹塹地方閩粵分類械鬥，中壢多粵人，總理彭阿輝首唱建築土壁，高12尺，厚5尺，以充防禦。當時，他處粵人難避來集，遂於街東之地屯營，於其地建草屋。道光八年〔1828年〕，總理謝國賢在此新設一肆店，稱新店。道光十二年〔1832年〕，更經營土壁圍繞，以備防禦，改稱中壢新街，舊市街則稱中壢老街。其後，總理傅盛乾，以新街廛舖齊整，令在老街之商業者移住，一時新街頗為殷賑。道光二十七年〔1847年〕，傅盛乾死後，新街漸衰。咸豐五年〔1855年〕後，商業再恢復於老街，甚至更多有轉移至老

街者。全體之人口 1,884 人（男 944 人，女 940 人）。老街，現為此地粗製茶之集散地。又，新街於道光十二年〔1832年〕因總理傅盛乾之獎勵，開始持續有鍛冶工業，製作品供應臺灣全島。

石觀音（Chioh-koan-im）

在桃澗堡石觀音庄。《桃園廳志》曰：「傳說云，清咸豐十年〔1860年〕四月，竹北二堡石牌嶺庄農民黃等，耕鋤往返途中，於小河流中發現髣髴佛像之自然石。附近人民相集撫摩，建置於路傍，遂斷定為觀音，於路邊築一小堂安置。隨著時日經過，人眾群集祈願，大凡疾病災旱無不靈驗，半歲後經白砂墩庄舉人黃雲中等發起，釀集義金，於咸豐十年〔1860年〕十一月建築寺宇奉祀之，稱福龍山寺。當初發現石觀音時，此地方人家僅有9戶，逐年多有歸依者，參拜者踵接，隨而增建店鋪（庄名自此出）。明治28年〔1895年〕7月，祭祀之際，觀音之靈憑依黃番者，告知發現石像處有湧泉極靈驗。偶有眼疾病者，汲而洗之，即癒。人嘗之，甘美清列，因改甘泉寺。」然普通以石觀音名之。

龍潭陂（Liông-thâm-pi）

桃澗堡南端龍潭陂庄之一大貯水池，東西3町，南北7町餘，周圍20町，水心之深10餘尺。即使天旱彌久川澤水枯，此陂之水不減。水源引自附近溪流及天水瀦溜。原稱靈潭陂（Lêng-thâm-pi）。《淡水廳志》記載：「靈潭陂，乾隆十三年〔1748年〕，霄裡（Shiauri 番社名）通事知母六招佃所置。相傳，昔旱，莊佃禱雨於此，即應，故名。」（《桃園廳志》記：「今里俗尚相傳池中有泉窟，窟中有白石，白石現必降雨。蓋言白石乾則呼雨，近庄人民值旱則來祈雨。」）後轉稱龍潭陂。爾來，漸加修築。光緒二十一年〔1895年〕，業主林本源等重新改修，現為大陂，灌溉田園110餘甲。

（**附記**）《桃園廳志》記載靈潭陂改稱龍潭陂之原因：「靈潭陂，一夕

風雨晦冥，波濤大起，黃龍出沒，因改稱龍潭陂。」但這不過是拘泥於「龍潭」文字之附會傳說。蓋乃靈潭（Lêng-thâm）、龍潭（Liông-thâm）發音相近而轉訛者。

海山堡（Hái-san pó）

桃澗堡南方沿大嵙崁（Tōa-khou-hàm）溪流域接近番界一帶，原以自臺北平野溯大嵙崁溪開拓為最早，鶯哥石（Eng-ko-chioh）及鳶山（Ian-soann）2庄尚存明末鄭氏時代之遺跡。但清乾隆以前，全屬未闢之地。《淡水廳志》記載：「海山，舊為人跡不到。後，內地之人，耕作其中，而內港之路通矣。」乾隆初年，自和尚洲地方（興直堡）進入之閩泉人，開潭底庄，更進而建立橋仔頭、中庄、缺仔庄等。當時自潭底庄南方今樹林庄至三角湧一帶，因大嵙崁溪氾濫成為一大潭，潭岸樹木繁茂，為山番（泰雅族）出沒之境（地名潭底，因此而出）。乾隆二十年代末期至四十年代初期，潭水逐漸涸渴，成為陸地。潭底庄之閩人張必榮、吳夢花，伐採樹木開樹林庄（樹林地名，因此而出），爾後自今鶯哥石庄越過大嵙崁溪，開拓三角湧地方。當時，鶯哥石及三角湧一帶總稱海山莊，後堡名因之而起。乾隆末年，成立澎福、礦溪、三角躅（今三角湧街）、公館後諸庄。割據此方面之山番，一部份沿大嵙崁溪退至今福德坑附近，一部份沿礦溪退至今小暗坑（屬成福庄）。嘉慶初年，三角湧形成一街肆。大嵙崁地方，乾隆末年以前亦屬山番佔居，五十三年〔1788年〕前後，閩人謝秀山為主，募墾戶企圖自桃園中壢地方進入開拓，於大嵙崁建立街肆為基礎，爾後形成頭寮、尾寮等小庄。嘉慶七、八年〔1802-03年〕前後，據說有陳集成者，編成民壯，設隘，驅逐山番，自田心仔庄開拓三層庄，今之內柵庄為當時隘界。道光二十年〔1840年〕前後，自大嵙崁東進之漢族，驅退烏塗窟附近之山番；自三角湧西進之漢族，驅退福德坑附近之山番，均進入山奧。同時，翁姓及另外二名招墾，小暗坑附近山番亦潰退入山奧。同治六年〔1867年〕，潘

永清者，自彰化移住開拓枕頭山下阿姆坪；九年〔1870年〕，黃新興開拓烏嘴山下水流東，大興製腦及栽茶事業。大嵙崁之繁盛，實啟端於此際。

光緒六年〔1880年〕，山番四出，被害無數，人民潰散，市況一時衰頹。光緒十二年〔1886年〕，巡撫劉銘傳之主力經營番地，施設撫墾制度，其總局設於大嵙崁街，以臺灣富豪林維源擔當總局總辦，百般劃策，且倣勇營制度，組織番勇駐紮番界，以此地為中心設北路隘勇5營，配置中營於甘指坪（管理合脗坪至馬武督之間）、前營於外奎輝（管理竹頭角坪至外奎輝之間）、左營於五指山（管理馬武督至田尾、橫塀坪之間）、右營於三角湧（管理屈尺雙溪口至合脗坪之間）、後營於水流東。同時，募墾戶開田園，獎勵開墾。當時，阿姆坪地方有林、李、江3姓，水流東地方有黃姓承墾，聲稱墾丁數約10,000人，墾成地積，阿姆坪約8甲，水流東約40甲。但爾後當局之有司私行不端，撫番施設失宜，而致土番背反，至光緒十五年〔1889年〕兵民之被害日甚，終為討番之舉，但結束於局勢勝敗未決之間，既墾番界田園再歸荒蕪。光緒二十年〔1894年〕，新設臺北府分府南雅廳，管轄北至文山堡屈尺方面，南至竹北一堡五指山方面的番界一帶區域，廳治位置擬定於大嵙崁街（南雅之稱呼，因其開拓中心地有湳仔土名。湳仔音「Nàm-á」，南雅者，固近音佳字也），未見實效即歸我版圖。

樹林（Chhīu-nâ）

屬海山堡彭福庄內。清乾隆初年，此地一帶大嵙崁溪水氾濫，樹林成叢，地名因此而出。乾隆末年，閩人張必榮、吳夢花所開。在此之前，墾戶聚落之區在北方潭底庄，隨而移來此地。臺灣鐵道縱貫線車站，在此地（距基隆起點25.9哩）。

山仔腳（Soa-á-kha）

在龜崙山之東麓，地名因此而出。以此地方為中心，丘崗產煤，概為上層煤，品質中等。臺灣鐵道縱貫線車站在此（距基隆起點28.3哩）。

鶯哥山（Eng-ko-soann）

地當進入三角湧地方之要路，隔大嵙崁溪與鳶山對峙。在西方者稱鶯哥山（屬鶯哥石庄），在東方者稱鳶山（屬鳶山庄）。鶯哥山，山腹有一巨石，以其狀似鶯哥鳥收翼，因以鶯哥石稱呼山名。鳶山，山頂有巨岩，其狀似飛鳶張翼，因以為山名。南部福建語之方言，鳶稱之為 Lāi-hioh 或 Bā-hioh，因此里俗又稱為 Lāi-hioh 山或 Bā-hioh 山。《淡水廳志》曰：「鶯哥山，在三角湧。相傳，吐霧成瘴，偽鄭進軍迷路，礮斷其頸。」又曰：「鳶山，即飛鳶山，在三角湧，偽鄭亦礮擊其尖，斷痕宛然。」蓋往時鄭氏之屯軍，欲探此瘴煙蠻霧之境，猶我日本武尊於伊吹山之傳說，以此兩山神秘化為古傳說者。（據《桃園廳志》記：「鶯哥石，若誤觸此石，菑殃忽臻，六畜斃疫癘流行，地方必蒙其祟，至今人民相戒無近者。」）

鶯哥石（Eng-ko-chioh）

鶯哥山麓之一村庄，因該山有鶯哥石古蹟而為本庄名。今因同音轉換，亦有用「鶯歌石」之字者。臺灣鐵道縱貫線車站在此地（距基隆起點31.2哩）。其西南之尖山（Chiam-soann）庄，為臺灣向來之陶窯所在，庄內有從其業者數戶。據傳，清嘉慶年間，閩之泉州人吳岸、吳糖、吳曾，發現此地之尖山產粘土，適合製作陶器，乃創工起造，其後他姓者亦來此製作，但器皆苦窳龜裂不能成器，因此有非吳姓者不能製陶之諺，乃歸吳姓專業至今。

（附記）原來臺灣之窯業，極幼稚，其原料之粘土，採取後不經舂、淘、水、飛等手續，僅混少許之水軟捏，載之輪車，用足回轉，以指或箆製作器形，首先陰乾，爾後晒乾，完全固燥後窯燒。如此作出者，概只是些粗雜土鍋、土瓶、水甕等素燒陶器，罕用丹釉塗藥。故普通之日用品及精緻之裝飾品的陶磁器類，從前總是輸入支那本土產品，

普通日用品主要從泉州地方輸入，其他則多少從福州、寧波、鎮海、溫州、石碼輸入，裝飾品主要從福州及上海輸入。我領臺後，日用品及裝飾品都漸需要日本製陶磁器，移入數量逐年有增加傾向。

三角湧（San-kak-éng）

在大嵙崁及三角湧2溪會合之處，地域呈三角形。此地原與鶯哥石庄附近，併稱海山莊。清之乾隆末年，建成一庄，名三角躅（Sann-kak-chek）。蓋因地形而命名。此地之福安官（祀土地公），創建於乾隆五十年〔1785年〕。嘉慶初年，形成肆街，改稱三角湧。同治三年〔1864年〕，英國人John Dodd於此地及文山堡獎勵栽培茶樹，並在此地採買樟腦，一時商勢振興。以製造米粉有名，人口1,447人（男737人，女710人）。

大嵙崁街（Tōa-kho-hàm koe）

臨大嵙崁溪東岸，負山，自臺北而來有舟行之便。大嵙崁地名，出自原桃澗堡之平埔族霄裡（Shiauri）社番之地名Toakoham，以近音漢字寫作「大姑陷」。清同治初年，此地之舉人李騰芳，改之為大嵙嵌，但尚是偶而使用之文字。同治九年〔1870年〕成書之《淡水廳志》寫作「大姑嵌」，光緒五年〔1879年〕之《臺灣地輿圖說》寫作「大姑崁」，十二年〔1886年〕寫作「大嵙崁」。乾隆五十三年〔1788年〕前後，閩人謝秀川初開此地，建成街肆基礎；爾後有陳合海建今上街，江番建今下街。同治六年〔1867年〕，隨著番界拓墾，栽茶事業興起，大市街面目一新。光緒十二年〔1886年〕為撫墾總局，二十年〔1894年〕為南雅廳位置。人口3,855人（男1,740人，女2,115人），為海山堡之中心市場。

大嵙崁溪（Tōa-kho-hàm-khoe）

淡水河之一支流。見淡水河條。

觀音寺（Koan-im-sī）

在海山堡內柵庄土名崁下。清嘉慶六年〔1801年〕前後創建，崇祀觀音菩薩。《淡水廳志》曰：「觀音寺，在大姑崁蓮座山，對山有石結觀音一，石僧二，俗呼三生拜蓮。」

竹塹埔（Tek-chhàm pou）

往時大甲溪以北至臺北接境一帶之西海岸平野的一部份，總稱竹塹埔。竹塹稱呼，原出於分布於此的平埔番族道卡斯（Taokas）部族之部落Vutkaru社，一名Tek-chhàm社位置之中心的近音譯字。西曆1600年代，荷蘭人佔據臺灣時，已有逐漸企圖在Takeys即道卡斯之地傳教的記錄，但似未付諸實行。此地初開，在明末鄭氏開屯時代。當時，鄭氏駐屯之部將於大甲（苗栗三堡）鐵砧（Thih-chiam）山，經略竹塹埔，鐵砧山有據傳當時鑿掘之國姓井及鄭成功廟。又，南崁附近（桃澗堡）之營盤坑庄，有據傳是鄭氏時代創建之五福宮。另外，明永曆三十六年（清康熙二十一年〔1682年〕）鄭軍守雞籠時，軍餉因北風盛發不能船運，悉由土番背負，因其督運苛酷，相率為亂，道卡斯部族之Shinkan（新港）、Tek-chhàm（竹塹）等社番附和之，勇衛左協陳絳率兵擒剿，遁入山阪，建柵守之。

康熙三十六年〔1679年〕，經過此地之郁永河的《裨海紀遊》記載：「渡溪（指大甲溪），過大甲社（即崩山）、雙寮社，至宛里社。御車番人貌甚陋，胸皆雕青為豹文，男女悉翦髮覆額，作頭陀狀。規樹皮為冠；番婦穴耳為五孔，以海螺文貝嵌入為飾，捷走先男子。經過番社皆空室，求一勺水不可得；得見一人，輒喜。自此以北，大概略同。……至中港（Tiong-káng）社，見門外一牛甚腯，囚木籠中，俯首跼足，體不得展；社人謂：『是野牛，初就靮，以此馴之。』又云：『前路竹塹、南崁，山中野牛甚多，每出千百為群，土番能生致之，候其馴，用之。今郡中輓車牛，強半是也。』……自竹塹迄南崁八、九十里，不見一人一屋，求一樹就蔭不得；……

途中遇麋、鹿、麐、霞逐隊行，甚夥。既至南崁，入深箐中，披荊度莽，冠履俱敗：直狐狢之窟，非人類之所宜至也。」康熙五十二年〔1713年〕前後，有漢族進入此地企圖開墾荒埔者，當時踏查竹塹埔熟察土俗情形之北路參將阮蔡文有竹塹詩：「南崁之番附淡水，中港之番歸後壠。竹塹周環三十里，封疆不大介其中。聲音略與後壠異，土風習俗將無同。年年捕鹿邱陵比，今年得鹿實無幾。鹿場半被流民開，藝麻之餘兼藝黍。番丁自昔亦躬耕，鐵鋤掘土僅寸許。百鋤不及一犁深，那得盈寧畜妻子。鹿革為衣不貼身，尺布為裳露雙髀。是處差徭各有幫。竹塹煢煢一社耳。鵲巢忽爾為鳩居，鵲盡無巢鳩焉徙。」以後為了保護歸附番人，禁止漢族侵耕，但與未化番接界之處危害仍多，因此依然多委諸為草萊之地。

康熙六十一年〔1722年〕，巡視臺灣御史黃叔璥〈番俗六考〉，對其南方之蓬山地方記曰：「崩山八社所屬地，橫亙二百餘里。高阜居多，低下處少。番民擇沃土可耕者，種芝麻、黍、芋；餘為鹿場，或任拋荒，不容漢人耕種。竹塹、後壠交界隙地中有水道，業戶請墾無幾，餘皆依然草萊。故往年自大甲溪而上，非縣令給照，不容出境。」又，黃叔璥《臺海使槎錄》，對其北方之鳳山崎（Hōng-soann-kīa）方面則記曰：「竹塹，過鳳山崎，一望平蕪，捷足者窮日之力，乃至南崁。時有野番出沒，沿路無邨落，行者亦鮮；孤客必倩熟番，持弓矢為護而後行。野水縱橫，或厲、或揭，俗所云九十九溪也。遇陰雨天地昏慘，回顧悽絕。然諸山秀拔，形勢大似漳、泉；若碁置邨落，設備禦，因而開闢之，可得良田數千頃。」同時期擔任臺灣總兵幕僚之藍鼎元的《東征集》載〈紀竹塹埔〉如下。文中謂「郡城、淡水上下必經之地，不能舍竹塹而他之」，可知當時為交通要道，漢族往來頻繁。

　　竹塹埔，寬長百里，行竟日無人煙。野番出沒，伏草莽，以伺殺人，割首級，剝髑髏，飾金誇為奇貨，由來舊矣。行人將過此，必倩熟番，挾弓矢為護衛，然後敢行，亦間有失事者，以此視為畏途。然郡城淡水上下必經之地，不能舍竹塹而

他之，雖甚苦亦不得不行云。其地平坦，極膏腴，野水縱橫，處處病涉，俗所謂九十九溪者，以為溝澮，闢田疇可得良田數千頃，歲增民穀數十萬，臺北民生之大利，又無以加於此。然地廣無人，野番出沒，必碁置村落，設營汛，奠居民，而後及農畝。當事者往往難之，是以至今棄為民害。不知此地終不可棄，恢恢郡邑之規模，當半線淡水之中間，又為往來孔道衝要，即使半線設縣，距竹塹尚二百四十里，不二十年，此處又將作縣，流移開墾，日增月眾，再二十年，淡水八里坌又將作縣，氣運將開，非人力所能遏。抑必當因其勢而利導之，以百里膏腴，天地自然之樂利，而憚煩棄置，為百姓首額疾癙之區，不知當事者於心安否也。有官吏，有兵防，則民就墾如歸市，立致萬家，不召自來，而番害亦不待驅而自息矣。天下無難為之事，止難得有心之人。竹塹經營，中才可辦，曾莫肯一為議，及聽野番之戕害生民而弗恤，豈盡皆有胸無心，抑中才亦難得若是乎。大抵當路大人，未由至此，故不能知；而至此者，雖知而不能言之故也。留心經濟之君子，當不以余言為河漢夫。

在此之前，康熙五十年代（或曰四十一年〔1702年〕）有閩人王世傑者，既以Tek-chhàm社（在今新竹城之處）為根據，企圖大規模開拓。雍正年間之後，附近一帶漸有漢族足跡。雍正元年〔1723年〕，分割諸羅縣治置淡水廳，分轄大甲溪以北一帶，認為必須加以統治。於是，雍正十一年〔1733年〕，在竹塹（當時稱士林莊）創建廳城。

地方區劃堡沿革。雍正十二年〔1734年〕，置淡水廳，始總稱當時與淡水堡接境之處為竹塹堡。乾隆中葉，分為竹塹、中港、後壠、苑裡、大甲5堡。光緒元年〔1875年〕，竹塹堡分為竹北一、二堡，中港堡稱竹南一堡，後壠堡稱竹南二堡，苑裡堡稱竹南三堡，大甲堡稱竹南四堡。光緒十四年〔1888年〕，新置苗栗縣之結果，竹南二堡稱苗栗一堡，竹南三堡稱苗栗二堡，竹南四堡稱苗栗三堡。

（**附記**）漢族之文書中，往往因竹塹之地名，而將建置於該地之淡

水廳城稱為竹塹。道光九年〔1829年〕臺灣知縣鄧傳安〈淡水廳城碑記〉：「厥初環植刺竹為衛，故以竹塹名城」，即為其例。但該城環植莿竹事在雍正十一年〔1733年〕（據《臺灣府志》及《淡水廳志》）。竹塹地名，早見諸於明末臺灣流寓者沈光文《文開文集》之〈平臺灣序〉，及康熙三十六年〔1697年〕郁永河《裨海紀遊》。竹塹者，為原平埔番族之社名Tek-chhàm之近音譯，已如本文所述。可知這些都只不過是拘泥於「竹塹」文字的附會。尤其，環植莿竹為城衛，往時臺灣諸城堡亦然，並無獨限於淡水廳城而為名稱之理。

竹塹社（Tek-chhàm sīa）

原佔居竹塹埔一帶平埔番族自稱為道卡斯之一群，有Taika即大甲社（分東、西2部落），Tadahannan即日南（Jit-nâm）社，Varaval即日北（Jit-pak）社，Tanatanaha即雙寮（Siang-liâo）社，Waraoral即房裡社，Vau即貓盂（Bâ-û）社，Ounri即苑裡（Oan-lí）社，Honeyan即吞霄（Thong-siau）社，Yattsus即後壟（Aū-lâng）社，Torovaken即新港（Sing-kán）社，Vari即貓裡（Bâ-lí）社，Kashitko即嘉志閣（Kasikok）社，Makalvu即中港（Tiong-káng）社，Vutkal即竹塹社，Hienhien即眩眩（Hên-hên）社數社，竹塹社為其中最有力之大社，最初以鹽水港溪為界分布於今香山附近（竹北一堡）。

明末鄭氏之時（永曆三十六年〔1682年〕），北部平埔番擔當輸送兵餉赴雞籠之任，不堪督運鞭撻而作亂時，竹塹社番亦响應之，因而被勇衛左協陳絳討伐，遁入東邊山陬今寶斗仁庄方面。鄭氏依照吏部洪磊之意見，以通事招撫之，其中一部竟不肯歸嚮，於是立柵防守。寶斗仁庄土名十圍之地，蓋為當時柵圍遺址（以後，分布於自今五指山地方即樹杞林至北埔、月眉一帶，形成賽夏部族）。既而，多數就撫之番人，逐漸北遷。

清康熙四、五十年代，於今新竹城之地界，形成新聚落。根據《新竹廳志》，自新竹城內土名武營頭附近至鼓樓街、暗街仔一帶，為其佔居之中

心地，考棚邊街一帶為番人狩獵、社宴、舉行祭儀之場所。當時，眩眩社分布於其北方今樹林頭庄方面，後離散而合於竹塹社。雍正十一年〔1733年〕築城建市時，官府諭令這些土番遷徙至城地之東門外，集團地以此為根據地，但還有小股雜居於以上各地。今尚存之舊社土名，為其遺址。但此地沿著竹塹溪，乾隆十四年〔1749年〕遭溪水氾濫，因而更遷徙聚落。東方今六張犁庄方面及北方竹塹溪、鳳山崎溪流域之處，稱Vulunmomo（霧崙毛毛），老木槎枒，深邃幽鬱，乃移居此地，而分散於附近荒埔一帶。因為此係新移住之番社，漢族稱之為新社。今新社庄（竹北一堡）之名，尚存。此時土番倣漢族耕種水田，引犁頭山溪水，開陂作田，據說比屋栖住者有400餘口。今尚存番仔陂土名者是。豆仔埔、馬麟厝、蔴園（竹北一堡）、枋寮、鳳山崎、圓山（竹北二堡）等庄，皆其墾成者。

在此之前，乾隆十二年〔1847年〕前後，部分土番沿鳳山崎溪溯向東方，開拓移住北岸（吧哩嘓）荒埔，建立今新埔街（竹北二堡）之基礎。以後，頭人衛阿貴自為墾首，招集粵人進而開墾附近，及於老焿寮、大旱坑、下南片、橫崗、坪林、石崗仔等庄（以上竹北二堡）。自此以東，卻不敵山番（泰雅族）之抗拒，雖一時頓挫，但乾隆五十八年〔1793年〕終於進到今咸菜硼街一帶。該街外現仍存番社庄土名。

竹北一堡（Tek-pak chit pó）

舊竹塹堡之中部，其拓殖系統分中部、西部、東部。

中部，以今新竹街為首之一帶，古為竹塹埔中心地。原來之竹塹埔，清康熙三、四十年代時，開始有通事社商（漢族）出入往來、與土著平埔番族交易，但尚未有定居者。康熙五十年代（或曰四十一年〔1702年〕），閩之泉州同安人王世傑，從竹塹港（今舊港）上陸，自為墾首，率同籍人來竹塹，贌得Tektsam社之番地，以今新竹城一帶為根據，企圖大肆拓殖（參照新竹城條），逐漸及於城外四鄰。康熙末年，著手開拓城西即西勢、城南即南勢（又稱南莊）一帶。同時，閩之泉州人汪仰膽，開苦苓腳庄附近。

雍正年間，粵人加入移殖行列。雍正三年〔1725年〕，粵之陸豐人徐立鵬，越過北方竹塹溪開新庄仔附近。雍正七年〔1729年〕，閩之泉州人汪東文，為今舊港庄一帶墾首。雍正八年〔1730年〕，粵之陸豐人黃海元、張附春，開城東東勢之地。乾隆初年，西勢地方已稱39庄。乾隆末年，已墾成堡內之過半，到處建庄。又，東方六張犁地方，原屬霧崙毛毛（Vulunmomo）荒埔。乾隆二年〔1737年〕，閩之泉州府晉江周姓人，初開此地，後由潘王春公號承接。乾隆十四年〔1749年〕，平埔番族之Tektsam社亦移至此荒埔，建新社，開拓附近。以後，漢族亦雜處開拓。

西部。康熙末年，與竹塹開墾之同時，閩人許、曾、葉3姓人，先企圖開拓香山地方，遭平埔番族反抗，3姓10餘人被殺，一時住民絕跡。既而，到了雍正末年、乾隆初年，隨著竹塹城及西勢諸庄成立，開拓之勢力自然及於此處。泉州府同安人吳祖，先自香山坑庄開香山庄。爾後，泉州府晉江周姓人，開創拓墾南自鹽水港溪、北到客雅溪之海岸一帶的端緒。未幾，挫折，由同籍人潘、王2姓承接。乾隆年間，成立「潘王春」公號，墾成。

東部，為接連東勢諸庄及六張犁的五指山地方。往時樹林茂生。今其中心地樹杞林街及九芎林庄，即因其樹種豐富而得名。其他，今尚存大坪林、柯竹林、赤柯坪、雞油林、籐寮林、花草林等土名。此地界一帶，概屬山番（泰雅族）之鹿場。當初，止於設隘防番（六張犁東南隘口庄，是其遺址之一）。乾隆三、四十年代，粵人始沿竹塹溪溯上開拓，五十年代已在其北岸九芎林建庄（當時拓殖設置公館，因另稱公館庄）。爾後，嘉慶五年〔1800年〕，有粵人老萊湘江者，給資閩人張光彩，企圖開拓竹塹溪南岸樹杞林地方，但與其後前來移殖之粵人發生紛爭，相互分類械鬥，張光彩等閩人延引昔時鄭氏時代曾被驅逐，以後移往北埔月眉方面，再退至此地的平埔番族（Tektsam社之一部）抵抗，終被粵人所破，番族亦多被殺害（今樹杞林街西方尚存番社庄土名，蓋為當時該番聚落處，據說以後更東入上坪之尖筆山）。

嘉慶九年〔1804年〕，閩人張總企圖續墾，未久病歿，舉地歸還老萊

湘江自墾，但給資不足未能成墾。嘉慶十二年〔1807年〕，招粵人彭義勝為墾戶，但因失費甚多、番擾不斷，開墾未成。道光九年〔1829年〕，閩人陳長順，續墾亦不成。道光二十三年〔1843年〕，閩粵兩籍人士企圖大規模拓殖，招11股，後再加3股，稱「全惠成」（據說，初墾時有陸豐、饒平、大埔、嘉應等粵人80餘名）。此時，九芎林為其中心市場，街肆發展，其次開發者為其東南之石壁潭，樹杞林庄只不過是農業要區。

在此之前，粵人姜秀鑾、閩人周邦正等，企圖從竹塹進拓北埔方面，組織金廣福公號，官府在要求設大隘擔保番界寧靖的條件下允准，這使佔居此地一帶之土番更進入東方山界，因而開疆移殖顯著進行。道光二十年〔1840年〕前後，北埔形成市場之基礎（參照金廣福大隘條）。道光末年，上下公館、員崠仔等庄因製腦業而開。爾後，十餘乃至數十團體逐漸形成附近村落。咸豐四年〔1854年〕，開北埔東方田寮坑庄。該年，北埔及樹杞林之間，形成軟橋一庄。同治元年〔1862年〕，九芎林街屢遭竹塹溪水害，市街衰頹，樹杞林庄卻因便於聯絡北埔，改而發展起來，成為五指山地方首要之市場。此時期，成立燥樹排庄為首之附近諸庄。光緒八年〔1882年〕，粵人劉子謙，企圖開墾油羅庄，十四年〔1888年〕成立。又，光緒十一年〔1885年〕，成立尖筆山下之上坪庄。

新竹城（Sin-tek sîann）

古竹塹城，今稱新竹街，人口15,311人（男7,711人，女7,600人）。原平埔番族Tektsam（竹塹）社所在。清康熙五十年代（或曰四十一年〔1702年〕），閩之泉州人王世傑為墾首企圖拓殖竹塹埔時，自土番贌得此區域為根據地（或曰，王世傑佔居於今城內打鐵巷街），率來同籍移民100餘人，開墾自今東門大街至暗街仔一帶，其他100餘人，開墾自今西門大街至南門大街（往時稱外莿腳）一帶，接續及於城外水田及崙仔2庄。康熙五十九年〔1720年〕前後，泉州人林列一族，開苧仔園之地，種作苧蔴類（苧仔園地名，因此而出）。於是，王世傑一方面擴張開拓區域及於附近，同時

與土番交易。於是，雍正元年〔1723年〕割諸羅縣治區，置淡水廳，以此地為廳署位置，當時似稱竹塹士林莊。《臺灣府志》謂：「淡水廳，在竹塹士林莊。」（按，士林或為樹林近音佳字之轉換。何也？此時此地一帶為樹林鬱茂之森林；就如暗街仔，即使白日都還是暗黑之狀而得名，因此應以樹林莊為適當名稱。現在北鄰附近尚存樹林頭一庄，意為在樹林莊之頭邊，乃士林舊名樹林之一證。）

　　最初創置淡水廳，在雍正元年〔1723年〕，此時尚未設城。雍正十一年〔1733年〕，淡水同知徐治民，環植莿竹為城，周圍440餘丈，設東、西、南、北4門，建門樓。（當時淡水同知公館在彰化城內，同知駐留彰化處理政務。乾隆二十一年〔1756年〕，始移廳署於廳城內。）乾隆二十四年〔1759年〕，同知楊愚奉旨於4門城上增建砲台一座，舊址之莿竹悉朽僅存4門樓。嘉慶十一年〔1806年〕有海寇蔡牽之亂，先犯淡水港口之滬尾，爾後出沒沿海各處擄掠，守備兵勇有不能防退之狀，城民築土圍防禦。嘉慶十八年〔1813年〕，同知查廷華，就土圍加高鑲寬，周圍1,400餘丈，高1丈，寬1丈，又於城外植竹寬1丈，竹外開溝，寬1丈，深1丈。當時人民自己派工供食，捐茅草，出有大力，且董事林超英、林光成、吳國步等，並議改建4城門樓，添建窩舖堆房，所需經費照田甲勻捐。道光六年〔1826年〕，閩浙總督孫爾準巡視臺灣時，同知李慎彝、紳士鄭用錫等稟請改建城垣，稟請奉旨批准，臺灣道孔昭虔親自履勘城基，以原建太狹、土圍太廣，乃拆毀內外，更而改定規模，周圍860丈，高1丈5尺，添垜3尺，共1丈8尺，頂高1丈2尺，基寬1丈6尺，深1丈，雉堞974垜，砌石造之，上以間甎建4門，東曰「迎曦」，西曰「挹爽」，南曰「歌薰」，北曰「拱宸」，設城樓4座，座2層，高1丈9尺，東、西、南3門置砲台水洞各1，北門砲台置水洞各2，門內置堆房各1座，座為4間，城外濠溝周圍860丈，南寬1丈2尺，東、西、北寬均8尺，深均為7尺，東、西城外吊橋各1架，長2丈6尺，寬5尺。又改修縣城道路，各寬1丈2尺，總長2丈6尺。七年〔1827年〕六月興工，九年〔1829年〕八月竣工，同知李彝慎、巡檢易金杓等監督，紳士鄭用錫

等總理，經費實要14萬7,498兩餘，皆官民義捐。

捐造淡水廳城碑記　鄧傳安

淡水廳治，距郡城三百里而遙，厥初環植莿竹為衛，故以竹塹名城，後又增礮臺於四門樓上，生聚日久，周遭皆居民，四門如故，竹塹已有名無實。夫民保於城，無城何恃以固？臺郡自南而北，若鳳，若嘉，若彰，或先、或後，並仡崇墉，獨淡水闕焉。道光六年〔1826年〕，閩粵分類之擾，淡水受害，最後而勢甚岌岌，賴制府孫公東來克奏膚功。去疾既盡，即請建城垣，捐廉千金，以勸輸將，得旨嘉許。時信齋李君慎彝，以臺灣令權同知篆，實肩其事。淡水民本好義，感信齋之實心保障，益赴功如恐不及。經始於是冬十一月，至九年〔1829年〕之八月竣工。傳安前後治郡，與聞是役之詳，既已適觀厥成，可無文以應信齋請耶？

考《春秋傳》，楚蒍艾獵城沂、晉士彌牟營成周，功皆豫立，不愆於素。古今事勢不同，今南方城多用甎石，不似古之擇地取土、峙榦束版以築，則無所謂平版榦、稱畚築、物土方、議遠邇者。淡水其難其慎而興斯役，欲求工堅，先朝料實，料之大莫如甎石矣。信齋念海外甎皆鬆脆，難以經久，內外兩面，易甎為石，石條採自內山，石柱運自內地，難計程期，欲如內傳之畢事，不過三旬得乎。淡城周四里，計八百有四十丈，即傳所謂計丈數略基址也。基底堀深尋仞，用石填實，然後層疊而築，下既厚，宅更安矣，計城高一丈八尺，基闊一丈六尺，頂寬一丈二尺，即傳所謂揣高卑度厚薄也。四里之城，約分一十二段，各派紳士督工，其自下而上，分為三層，石條與細石相間，砌至五尺，乃用長石一道為眉，內外如一，中用三合土、碎石層層堅築，至第三層乃甎石相間，城面鋪甎，黏以石灰，不留罅隙，城垛共九百七十四座，礮臺之建如前，其縱橫曲直之布置，皆集群策而成工，其捐輸皆屬殷戶司出納，不假手於在官，即傳所謂屬役賦丈也，所謂度有司慮財用也。

信齋相度有方，然戴星不常厥居。其朝夕巡視，諧協紳耆，獎勸工匠，並程功積事，以稟承於信齋者，則為竹塹巡檢易金杓。信齋職任司馬，易君為其屬吏，殆傳所謂書以授師，而臨以承令者乎。有城不可無池。城既畢，乃濬濠而橋其上，並為

水涵以走潦水。向之竹，今既為城；向之塹，今復成濠。而又以其餘力，修治內外，道路皆平，城工於是無憾。信齋非擅聚米畫沙之韜略也，惟是慮事必周，臨事必果，積誠所動，人自無貳，樂於效命，故雖三年報竣，而人不以為遲，雖糜白金十有餘萬，而人不以為費，雖聚紳輂蕢城嚴寒酷暑，無少暇豫，而人不以為勞。維億之費，出於官捐者十之二，餘皆取於士庶捐助，雖計畝輸粟、按船出算，而入不以為苛。蓋惟公故溥，師古而不泥古。詎僅無負上之委任，併足副當守之勤求矣。

溯臺地初闢，北路最為荒涼，其植莿竹為城之徐君治民，為設淡水廳之第三同知，尚僑寓彰化，王君錫縉，乃自彰移治竹塹，承其後者，即增礮臺之楊君愚也，大約自南而北，無不如履虎尾，慄慄危懼。不謂六十年後，竟得苞桑之固，磐石之安若此。王君創建衙署於先，信齋刱建城垣於後，皆籍隸四川之威遠，亦一異也。信齋已陞通守，復以獲益列薦簡大工之竣，仍須優敘，行見入覲天顏，必得顯擢酬庸，民思藩德雉堞，即甘棠矣。

維時始終此役者。署淡水同知事今陞噶瑪蘭通判前臺灣縣知縣李慎彝，四川威遠縣人，嘉慶戊辰進士。署竹塹巡檢兼司獄事易金杓，江蘇儀徵縣人。總其成，則候選知縣進士鄭用錫、員外郎林國華、生員林祥麟。襄厥事，則副貢生劉獻廷、州同職御林國寶、監生吳國樑、監生羅秀麗、監生周邦正、監生林德修、監生曾青華、監生蘇國珍、監生鄭琛、里人林維藩、陳大彬、陳光義、王呈標、吳文銳、洪德樑等。官海外者。前署臺灣鎮金門鎮總兵官陳化成，福建同安縣人；今臺灣鎮總兵官劉廷斌，四川溫江縣人；前署臺澎兵備道，今陞陝西按察使孔昭虔，山東曲阜縣人，嘉慶辛酉進士；今臺澎兵備道加按察使兼提督學政劉重麟，陝西朝邑縣人，廩貢生；前臺灣知府今陞四川成綿龍茂道徐鏞，安徽相城縣人，嘉慶己巳進士；今臺灣府知府循例引見卸事鄧傳安，江西浮梁縣人，嘉慶乙丑進士；署臺灣府事臺防同知王衍慶，山東聊城縣人，乾隆壬子舉人。其樂輸姓名，書於另碑。

　　道光九年〔1829年〕歲次乙丑秋九月壬辰朔二十七日戊午建

其他，有土城，在城外約6町（1清里）。道光十九年〔1839年〕，臺

灣道姚瑩、同知龍大惇添建。道光二十二年〔1842年〕，同知曹謹因防洋事，與紳民籌在舊址加築土圍，為城之外蔽。高1丈，周圍1,495丈，建4門城樓及4小門，其8門，東曰「賓暘」、小東曰「卯耕」、西曰「告成」、小西曰「觀海」、南曰「解阜」、小南曰「耀文」、北曰「承恩」、小北曰「天樞」。仍從舊制，城外植竹，開溝寬2丈、深1丈5尺，紳士鄭用鐘、洪德梁等董其事。道光二十三年〔1843年〕重修，同治九年〔1870年〕於南門外溪邊添築砲台2座。

雍正年間所築之城，比諸現在城域規模較小，城內今鼓樓街處為北門，關帝廟處為南門，媽祖宮處為西門，暗街仔處為東門。當時似尚未有竹塹街名稱。乾隆初年，住民戶口漸增，形成竹塹街，但尚土番雜居，四鄰為廣漠原野，竹林繁茂，暗街仔、鼓樓街、太爺街等一帶人家三三五五成為聚落，只有2處土地公廟（在城內暗街仔、城外水田庄）為移民保護神。既而，乾隆十三年〔1748年〕建城隍廟於太爺街，泉州人在其後開張店舖為城隍廟後街，該年，又建媽祖宮於西門內，此為媽祖宮口街。如此，乾隆二十一年〔1756年〕，改建廳署於太爺街；四十年〔1775年〕，以此為中心，自南門大街至暗街仔、鼓樓街等連續成為市街。光緒元年〔1875年〕，淡水廳改為新竹縣，從此稱為新竹城。蓋以竹塹之「竹」字合佳字「新」為新名。現為新竹廳所在地，臺灣鐵道縱貫線車站在南門外（距基隆起點63.3哩）。

（**附記**）乾隆五十一年〔1586年〕，有盜在竹塹城外戕害淡水同知潘凱，官不能檢舉犯人，乃誘殺後壠內山之生番結案。蓋犯者為當時倡亂之林爽文黨羽，實非番人犯罪。趙翼《武功紀盛》論之曰：「淡水同知潘凱者，方在署，忽報城外有無名屍當往驗；甫出城，即為人所殺，並胥役殲焉。當事者不能得主名，則詭以生番報，謂番性嗜殺，途遇而戕之也。使人以酒肉誘番出，醉而掩殺之。奏罪人已伏法，而殺人者實脫然事外。於是民益輕視官吏，而番亦銜刺骨」，可見當時此地政治曠廢之情形。

北白川宮御露營遺蹟

　　在新竹城西方一帶橫崗中。因地屬牛埔庄，因稱牛埔山。明治28年〔1895年〕8月8日，我近衛師團挺進尖筆山征討賊徒之際，為師團長北白川宮殿下露營之處。29年〔1896年〕，新竹支廳長松村雄之進建石紀念，正面題「故近衛師團長陸軍大將大勳位功三級北白川宮能久親王殿下露營御遺蹟」，背面銘刻如下文。

　　明治28年〔1895年〕8月8日，我近衛師團長北白川宮能久親王殿下，統鎮南之軍，來張營露於此。初王師之攻尖筆山也，劉賊萃銳據險以嬰守焉，而王師裏萬里之糧，連旬暴露，創病不可舉數。主客之勢，懸絕既如此，而親王親自先陣，凌饑枕弋，櫛浴於風雨，士卒視親王如此，皆振臂飲血，扶乘創痛以爭，因一以當千，滅跡掃塵矣。此役也，全軍安危之所決，而微親王，何以使三軍之士決命如此，乃戰捷亦未可必也。今也，臺灣全歸我版圖，而親王則登遐矣，高勳可仰也，偉蹟可傳也。雄之進菰任於茲土，亦嘗扈從親王在陣，親履其境，今而憶之，有不堪嗚咽者也，乃樹石以傳之。後人一過此，下馬而顧望，必見江山之蒼涼。

　　　　　　　　明治29年〔1896年〕3月8日　新竹支廳長　松村雄之進　撰

竹蓮寺（Tek-liân-sī）

　　在新竹城南門外土名巡司埔。清康熙末年，漢族拓成此地時，建一叢祠祀觀音菩薩，稱觀音亭。爾後，墾首王世傑寄捐地基及租穀。乾隆四十六年〔1781年〕，莊德改建寺觀，稱竹蓮寺。

福林堂（Hok-lîn-tnĝ）

在竹北一堡樹林頭庄。清乾隆五十年〔1785年〕（或曰二十二年〔1757年〕），李天成創建之家廟。光緒十年〔1884年〕，天成裔孫婦黃氏素蓮，持戒為尼，捐資興修為佛堂。《新竹廳志》曰：「素蓮，養尼弟子數人，事佛，又於堂內設備織機數臺織布，以資糊口。是為新竹地方機業之嚆矢。」

靈泉寺（Lêng-chuânn-sī）

在竹北一堡金山面庄土名冷水坑。相傳，清乾隆五十年〔1785年〕，郭、陳、蘇3姓，建立隘防，開墾此地開墾時，祀觀音菩薩，禱求庇佑，當初稱香蓮庵。咸豐三年〔1853年〕，創茅編廟宇。同治年間改建，稱靈泉寺。《淡水廳志》曰：「靈泉寺，有泉，迴繞冷水坑，清可沁脾，故名。」

竹塹溪（Tek-chhàm khoe）

竹塹溪有2大源，均發源於五指山方面之中部山地，一為南方之毛仔（Tok-chú）溪，一為北方之油羅（Iû-lô）溪。二流至石壁潭相會，為竹塹溪。中流，更歧而又合。下游再二分，一為舊港（Kū-káng）溪，一為頭前（Thâu-chêng）溪，從舊港注海。油羅溪內有岩石之奇勝，里俗稱油羅溪石筆。《樹杞林志》記載：「油羅內大河，深淵中長石直豎，約有四丈餘高，上較尖小，望之如筆，白雲飛過時，不啻攤箋而疾書也」者是。

舊港（Kū-káng）

原稱竹塹港（Tek-chhàm-káng），位於竹北一堡舊港庄，在竹塹溪分流之舊港及頭前兩溪交叉注海之三角洲中（溪洲庄地名，因之而出）。港口面向西北，北角稱魚寮（Hî-liâu），南角稱南寮（Nâm-liâu）。港內，東西約15町，南北10町；水深，滿潮時雖有1丈2尺，退潮時只8尺，港外遠淺，不能直入灣內，待滿潮時始能出入。新竹街，為舊港貨物之集散市場，舊

港為其吞吐港，且地當自北方沿岸村落至新竹之要衝，人馬往來相較頻繁，因而形成街區。現時與本港有密接關係之清國貿易地，為福州、獺窟、蓮河、廈門、鎮海（據《新竹廳志》及《臺灣稅關要覽》）。

本港歷史之變遷。最早，清康熙中葉以來為偷渡者之港口，因有竹塹港之名。雍正初年，淡水廳設於竹塹（新竹）之後，施行海防，但因淺淤未能充分使用。乾隆年間，商民鳩資浚渫港內。乾隆二十九年〔1764年〕成書之《（續修）臺灣府志》記載當時情形：「無大商船碇泊，惟臺屬小商船往來貿易。」嘉慶十八年〔1813年〕，港口因遭洪水再度雍塞。商民再次醵資，新開南寮錨泊所，稱竹塹新港。嘉慶二十年〔1815年〕，新港因流砂堆積河床隆起，妨害船舶出入，當時之淡水同知薛志亮諭令商民開設「老開成」號，開浚舊港之河底成港，從此有舊港之名。此次浚渫以來，仍年年淤淺，但因近控竹塹，尚維持漕運。道光二十年〔1840年〕，臺灣道姚瑩〈臺灣十七口設防圖說狀〉謂：「竹塹，居民舖戶頗稠，有文武於此稽查海口。現量外口水深一丈二尺，內港水深六、七尺，內地大商船難入。」同治九年〔1870年〕成書之《淡水廳志》謂：「竹塹港小口，離深水外洋十餘里，淺而多汕，口門闊二十餘丈，深八尺，潮漲至口內半里許而止，一、二百石之船，乘潮可入。」我領臺後，明治32年〔1899年〕8月指定為特別輸出入港。

香山港（Tek-chhàm-káng）

自舊港溪嘴端至中港溪嘴端之彎曲部中央位置的小港。現時即使滿潮時也深不過5尺，退潮時可徒涉，故船舶出入不便，僅能碇繫50石以下漁舟等。但清嘉慶、道光年代，為貨物聚散地，竹塹堡之拓地移民逐漸興盛，與中港均開始與清國對岸地方貿易，一時之間往來出入船舶興盛。道光二十年〔1840年〕，臺灣道姚瑩〈臺灣十七口設防圖說狀〉謂：「香山港，岸去海口甚遠，居民寥寥，港東礁寬六十丈，水深二丈餘，內地商船遭風，每寄泊於此，海灘甚大，不能靠岸」。同治九年〔1870年〕成書之《淡水廳

志》記載：「香山澳，在隙仔溪南。距城西十里，離深水外洋五里。口門闊二十餘丈，深一丈二尺。潮漲至鹽水港而止。退即旱溪。三五百石之船，乘潮可入，為南北大路。」爾後，灣內砂礫沖積，逐年堆起，鹽水港溪口雍塞，附近之匯灣已化為田園。臺灣鐵道縱貫線車站在此地（距基隆起點68.3哩）。

五指山（Ngóu-chí-soann）

在竹北一堡的東部之番界，海拔3,476尺。《淡水廳志》曰：「屹立雲霄，環排秀削，為廳治之祖山。」蓋其聳峙之狀恰如五峰指天，因名。故此地一帶，亦總稱五指山。清光緒十二年〔1886年〕，置大嵙崁撫墾總局之一分局於樹杞林街，稱之為五指山撫墾分局。

樹杞林街（Chhīu-ki-lîm koe）

此地一帶昔時為樹林，特別多樹杞故以之名。樹杞一稱橡棋，或也並存橡棋輦（Chhîunn-kî-liàn）地名。清嘉慶五年〔1764年〕，粵人老萊湘江，最初企圖開墾，道光末年漸成一庄。從前中心市場在九芎林，樹杞林庄只不過是農業要區。同治元年〔1862年〕，九芎林（Kíu-kêng-lîm）屢遭竹塹溪水害，市街衰頹，而樹杞林庄當時已甚殷賑，又因有聯絡北埔街之便，乃代而發達，今為竹北一堡東部最大市場。人口2,036人（男1,042人，女994人）。

金廣福大隘（Kim-kóng-hok tōa-ài）

最初，竹塹城（新竹）之四界，已開於清康熙末年，雍正以後著著步武，歷經乾隆、嘉慶年間，西南已自三灣及於南庄，東北已及於樹杞林、新埔全體。在此之前，曩昔明末鄭氏時代被驅逐，逃竄至香山地方東方寶斗仁山中之平埔番族（賽夏部族），爾後以月眉（Gueh-bâi）、北埔（Pak-pou）一帶為根據地，因此東南方面之一部，一直至道光年間尚斧斤不響、

鋤犁未入，依然為洪荒境地。土番經常出沒於城外咫尺之地，良民遭受番害者不少（道光六年〔1826年〕前後，城南門外巡司埔，曾有巡檢以下7人被土番戕害）。

《新竹廳志》記載：「廳治南部之斗換坪、三灣的開拓，已達南庄；中部之樹杞林，及北部之新埔、咸菜硼方面的開拓，亦有成就。獨接壤東南之地界仍為荒榛之區。蓋南部之開拓，溯中港溪至南庄，一條大溪之左右兩岸有平地，中間雖有丘阜之阻礙，亦不峻隘，因此開拓易成。西部之樹杞林方面，為唯一之平原區，溯竹塹溪可接五指山。北部之新埔方面，溯鳳山崎溪可至咸菜硼，其間別無高山險嶺橫絕。城之東南廂，峰巒雖不高，但崎嶇峻岨，毫無水利之便。地勢險惡既已如斯，棲止者為古來不應招撫之頑番，經常俯瞰竹塹平原。」

道光四年〔1824年〕，青草湖（竹塹南方之埔地）墾戶陳晃、楊武生、倪甘、陳晏、林仕几、吳興等之〈盡墾退就歸管〉之契字曰：「奉憲諭招墾，設隘寮防守生番，就地取糧，所收五穀，不敷丁食，累受生番出擾，把守無力」，可知沿山一帶之困累，這也說明了拓殖沮滯之原因。於是，當時之淡水同知李嗣業，諭令粵人姜秀鑾、閩人周邦正2人，鳩資著手拓殖之大計畫，並悉舉向來該方面設置之官隘歸之，以每年充公租穀成立之隘費400石全數作為補助（另外，提供創業費1,000兩）。姜、周2人乃更釀集閩粵兩籍各12,600兩，道光十年〔1830年〕組織一合資團體，糾結24大股，稱金廣福。金者意味給予保護補助之官府，廣者意味廣東即粵人，福者意味福建即閩人，表示三體一致之旨。如此，其墾地，雖可屬民業，但也帶有開疆之責任，故也同時委諸墾內警察事務、隘防汛防等地方官廳執行之事權，隸屬淡水同知監督，規模雖較小但宛如16、17世紀歐洲人經營之東印度公司組織之類。

道光十三年〔1833年〕，著手墾業，先設圓山仔、金山面、大崎、雙坑、茄苳湖、石碎崙、南隘、鹽水港等一線之隘防，為竹塹城之屏藩，以內山之形勢劃限。道光十四年〔1834年〕，更自樹杞林進入北埔為根據地，先逼

退佔居此地之土番，自南埔庄略中興庄，到月眉庄。爾來，聯絡所開之40個隘所，部署隘丁200，越崙涉溪，隨得隨墾，建寮駐丁，開路設庄，縱斷前進。但遭平埔番族（賽夏部族）加上部分附近山番（泰雅族）協力抗拒，而有蘇布樹排之役，隘丁40餘人被番族所殺，據傳溪水為之赤。其他設隘區域，亦經常激戰，終而土番力盡。第一期，寶斗仁及北埔之間的土番，受到前後兩面之壓迫，全部土崩瓦解退往內層，此地區悉歸金廣福佔領。爾後，第二期的前進，逐漸橫截式地逼近內山。爾後，經咸豐、同治，管理北埔一帶之50、60庄。《淡水廳志》記載同治九年〔1870年〕時候的情形謂：「各隘，因地日闢，已越舊址，乃裁撤歸併為一，移入內山。五指山右角，沿山十餘里均設銃櫃，為各隘之最大者。」故當時名為大隘。《樹杞林志》記載設隘進展情形：「由內面橫截，建設銃櫃，與番血戰數十陣，隘丁戰歿無數，股內傾囊。」如此大規模經營的金廣福，其權力因而極大，乃奏請鑄鐵印為公定戳記，以指揮數百隘丁、區處土番，固非尋常墾業戶可以相比，至其兵權實負守備、都司、遊擊以上之重責。如此，道光二十年〔1840年〕前後，北埔發展為其中心市場，竹塹城附近已全無往日之危虞，且東北可聯絡樹杞林聲息達於九芎林地方，西南則毘連三灣通南庄之呼吸，竹北一堡東部形勢為之一變。

慈天宮（Chû-then-keng）

在竹北一堡北埔庄。清咸豐三年〔1853年〕三月創建，崇祀觀音菩薩。在此之前，道光十五年〔1835年〕，隨著金廣福設隘開疆，為菩薩信仰佑護祈請之所。至是，建廟，且從祀慈惠設隘之淡水同知李嗣業及業首姜秀鸞、姜榮華3人。

軍大王廟（Kun-tāi-ông bīo）

在竹北一堡埔尾庄土名崁下，清同治六年〔1867年〕九月創建。神位稱軍大王。最初開拓此地之際，屢遭兇番抗敵，致死者無數，後人坐享平

成之福，因而建廟以記死者之功，且慰安其靈。

竹北二堡（Tek-pak jī pó）

　　舊竹塹堡北部，清雍正五年〔1727年〕，粵之惠州陸豐人徐裡壽、黃君泰及閩之泉州同安人曾國詰，自南方竹塹（新竹）方面而進，越鳳山崎溪，開拓員山庄、崁頭庄附近。八年〔1730年〕，惠州海豐人郭青山，越紅毛港溪開福興庄，泉州同安人李尚開後湖庄。十二年〔1732年〕，粵之嘉應州鎮平人巫廷政開青埔仔庄，同時代之粵人郭奕榮開猫兒錠庄，粵人汪淇楚開紅毛港庄。如此，乾隆初年，此地帶之海岸，已由閩粵人交相開拓及於北蚵殼港矣。另外，今楊梅壢方面，乾隆中葉之前只是平埔番族凱達格蘭部族Shiauri（霄裡）社隘口，有隘丁等屯駐。（《淡水廳志》謂：「舊大路，在長崗嶺西海埔」，可見乾隆以前情形。長崗嶺在楊梅壢、大湖口之間的西方。）乾隆五十年〔1785年〕，有、朱、溫3姓人，企圖從已開之海岸往此地帶開拓，號為「諸協和」，鄭大謨及黃燕禮為佃首。此時土番亦漸向化，拓殖阻礙少。已而，乾隆五十三年〔1788年〕，黃燕禮代而為主，繼續「諸協和」墾業，拓成這一地帶。（《桃園廳志》曰：此時每開一地便新命名。諸流合為一河之處，名為水尾莊；四面多楊梅樹、中央為一大壢之處，名為楊梅壢；開闢之田逐漸成功7部之處，名為七份仔莊；山形如片月似蛾眉之處，名為月眉山下莊；山大秀麗之處，名為大金山下莊；陂生草多湳泥之處，名為草湳陂莊；山之一半矮一半坪之處，名為矮坪仔莊；開瓦窰之處，名為瓦窰莊；水往東邊流之處，名為水流東莊；秀才居住之處，名為秀才窩莊；期待成為舉人者讀書之處，名為鹿鳴窩莊；「諸協和」業主家屋之處，名為公館莊。）

　　在此之前，乾隆四十六年〔1781年〕，粵之陸豐人20戶60人，自竹塹進開枋寮庄（地名出諸於當初採伐樹林建立木頭小屋），五十八年〔1793年〕及於大湖口。另一方面，乾隆十二年〔1747年〕平埔番族（Tektsam社）之一部的頭人衛阿貴，自舊社（竹北一堡）沿鳳山崎溪開拓其北岸Pah-li-kok（吧哩國）荒埔，移住今新埔地方。以後，衛阿貴自為墾首，招粵人開墾附近。乾隆四十九年〔1784年〕，粵之鎮平人10餘戶30人移住新埔，與土番雜居，形成小街肆。乾隆五十一年〔1786年〕，開田新庄（原稱田心仔）。乾隆五十六年〔1791年〕，衛阿貴以粵人為墾戶，開新埔東方一帶老焿寮、大旱坑、下南片、橫崗、坪林、石崗仔等庄。但石崗仔以東，因山番（泰雅族）甚為抗拒，轉開北方之大茅埔及三洽水（桃澗堡）。乾隆五十八年〔1793年〕，泉州人連蔡盛，投資募丁，開成河背（今之上南片庄），但因番擾不止難奏其功，蔡盛於翌年〔1794年〕放棄墾權逃走。於是，衛阿貴併襲之，開墾地區擴大。嘉慶十年〔1805年〕，更增築隘寮，一邊防禦番害，一邊開墾。嘉慶十七年〔1812年〕，今咸菜硼老街之處形成街肆。道光元年〔1821年〕，衛阿貴病死，孫衛壽宗襲之。雖有粵人彭名英與番丁廖國棟串謀，巧詐爭地，但衛壽宗確實守住遺緒。道光三年〔1723年〕，於今咸菜硼置新街為基礎，至其末年形成苧仔園、十六張、湖肚、茅仔埔、店仔崗、拱仔溝、三墩、牛欄溝等庄，逐漸北進，銅鑼圈庄（桃澗堡）為其驛次，可通大料崁。在此之前，泉人陳長順，於乾隆五十年〔1785年〕前後，率粵人自南界大平地（竹北一堡），進開新城、燥坑、石門諸庄。長順中途病死，其子福成襲之。道光二十五年〔1845年〕，此地一帶開墾完全告成。當時，中間之老社寮，獨為未拓之地，山番（泰雅族）之出草加害集中於此。道光二十九年〔1849年〕，開咸菜硼之衛壽宗及泉人陳福成、粵人戴南仁、黃露柏等4家合同為墾戶，稱「新和合」，從事開墾。光緒十三年〔1887年〕，粵人張秀欽、周源寶、蔡華亮、徐連昌合同出資，開成咸菜硼以東一帶之番界的南湖、十寮等庄。堡內丘地到處盛行栽培茶樹，為臺灣北部特產烏龍茶之高額產地，次於桃澗堡。

安平鎮（An-pêng tìn）

屬竹北二堡草南陂庄。原來桃澗堡及竹北二堡之丘地一帶盛行栽培茶樹，夙以多產臺灣北部特產烏龍茶聞名，安平鎮就在其中間位置。我領臺

後，總督府以改良向來製茶方法之方針，如彼印度錫蘭製茶，利用器械製造以減少生產費用，設安平鎮製茶試驗場，明治36年〔1903年〕9月開始嘗試著手器械製造。臺灣鐵道縱貫線車站在此地（距基隆起點44.9哩）。

楊梅壢（Iûnn-mûi-lek）

清乾隆末年，「諸協和」墾業團體開拓而成，往時其四面多楊梅樹，中央為一大壢谷，地名因之而出。臺灣鐵道縱貫線車站在此地（距基隆起點47.5哩）。

大湖口（Tōa-ôu-kháu）

往時此地附近一帶到處均為湖水，因地勢可證。清乾隆二十九年〔1764年〕成書之《（續修）臺灣府志》記為大湖庄。位於大湖之口邊，因此出現大湖口地名（大湖口之外，現存頭湖、三湖、四湖及番仔湖等庄名）。大湖口附近之湖水涸渴為陸，似在清道光年代以前。道光元年〔1821年〕，噶瑪蘭通判姚瑩〈臺北道里記〉記載：「大湖口，又名糞箕湖，涸湖也。」臺灣鐵道縱貫線車站在此地（距基隆起點53.8哩）。

許厝港（Khóu-chhùh káng）

在中壢老街溪入海處。附近一帶為平地，港口展開不遮風浪，退潮時砂地全部露出，滿潮時水深雖達8尺，但不便碇泊。本港之出入貨物，由東南約30町處之大坵園（Tōa-khiu-oân）庄集散，本港只是海岸之一小村。大坵園，清乾隆年間自許厝港上陸之郭姓漳州人，以後創建街肆之處，昔時對岸廈門及福州船舶經常往來許厝港，隨而大坵園亦甚殷賑，近年則大為衰頹，人散戶減，僅能依稀想像昔時之繁華。街圍之土壁，為咸豐年間閩粵分類械鬥之際，閩人築以據守者。

白砂岬（Peh-soa-kah）燈臺

在臺灣西北岸竹北二堡白砂墩庄之白砂岬。結構，煉瓦石造，圓筒形白色。等級及燈質，第三等閃光，紅白交閃，每10秒閃光1次。照明弧度180度，自北55度50分東，經東、南，至南55度50分西。燈火高度，自基礎算起7丈4尺，自水面算起12丈2尺。光達距離，18浬。

紅毛港（Âng-mn̂g káng）

屬竹北二堡。《新竹廳志》曰：「紅毛港，在紅毛溪口，古昔為屈指之港灣。據說荷蘭人、鄭氏等時代，為船舶寄泊港口。然今港口因土砂壅塞水淺，不為繫泊之所。」又曰：「西曆1646年，荷蘭人曾因船破登陸紅毛港。自紅毛港附近之大庄、外湖庄、埤仔頭庄、頂樹林庄、新庄仔庄等至接近鳳山崎溪之下樹林庄、崁仔腳庄等地，均其足跡所及之處。東南之斗崙庄內，尚留有紅毛田（Âng-mng-chhân）名稱。而且觀乎自紅毛田東北石觀音庄遞北一帶之海濱，留有紅毛港堡名稱，可知西部海濱之地，南北一帶全歸荷蘭東印度公司統治。」當時主要介入經營南部臺灣之荷蘭人，是否真將此地方納入統治範圍之內，不無可疑。但企圖傳教，則倒是事實。西曆1651年在臺灣之荷蘭宣教師呈給巴達維亞之報告，記載了宣教師的配置，其中有云：「Gabriël Happart 牧師，Ponkan 河彼方之 Takeys 及 Favorlang 於同上云。」（參照 Favorlang 番地條）Takeys 應即是道卡斯。道卡斯乃古時分布佔居竹塹埔一帶之平埔番族自稱。臺灣鐵道縱貫線紅毛田車站，在其東方之荳仔埔庄（距基隆起點59.7哩）。

鳳山崎溪（Hōng-soann-kîa khoe）

鳳山崎溪，上游稱馬武督溪，發源自中部山地，從咸菜硼至新埔闊大，從龍潭陂至三洽水會合支流成為巨流，流下鳳山崎之南方，自舊港北方之崁仔腳庄入海。

新埔街（Sin-pou koe）

　　原屬平埔番族道卡斯部族之區域，稱為 Pah-li-kok（吧哩嘓）之荒埔。清乾隆十二年〔1747年〕前後，該族 Tektsam（竹塹）社番開拓殖之端緒。爾後，乾隆四十九年〔1784年〕，粵之嘉應州鎮平人10餘戶30人，與土番約定移住此地，形成小街市。人口2,423人（男1,172人，女1,251人），為竹北二堡東部之集散市場。此地所產之柑橘，品質於北部臺灣號稱第一，以新埔柑仔聞名。

　　（附記）根據口碑所傳，此地之柑種，以嘉慶年間鹿鳴坑庄之楊林福，
　　自粵惠州府陸豐移植為濫觴，因其土地適合而廣植成為特產。

咸菜硼街（Kiâm-chhài-hōng koe）

　　位於竹北二堡東方鳳山崎溪上游馬武督（Má-bú-tok）溪之東岸，人口1,944人（男1,047，女897）。清乾隆五十八年〔1793年〕，閩之泉州人連蔡盛，最初企圖開墾，先開河背，命新名為美里（Bí-lí）莊。蓋取山水幽邃妍雅之意。但因番擾，蔡盛翌年〔1794年〕放棄，平埔番族 Tektsam（竹塹）社頭人衛阿貴繼之，改美里莊為新興（Sin-heng）莊。蓋取化荒埔為新興田園之意。嘉慶十七年〔1812年〕，在今老街之處形成街肆。道光初年，開拓附近番界，同時番產物之交易及樟腦製造之業興起，移住來聚者漸多。道光三年〔1823年〕，建設今新街，九年〔1829年〕稱之為鹹菜甕（Kiâm-chhài-àng）街。後取近音佳字寫為「鹹彩鳳」（Kiâm-chhài-hōng），今用「咸菜硼」（Kiâm-chhài-hōng）文字。

　　（附記）《桃園廳志》記載鹹菜甕地名之起因，曰：「新街建設之當時，
　　川澤多魚，猶食鹹菜（Kiâm-chhài），又其地形象似甕（Àng），因湊

合稱鹹菜甕。」然此只是拘泥文字所作之強解。原平埔番族道卡斯部族，指馬武督溪東岸番界之地名，Tektsam社番故老仍有記憶。

褒忠廟（Po-tiong bīo）

原稱義民亭。在竹北二堡枋寮庄。清乾隆五十一年〔1786年〕林爽文亂之際，此地粵人多有出力奉公者，高宗純皇帝特賜「褒忠」之匾。當時陣亡者極多，其屍累山遍野，亂後尚無安葬之地。當時粵籍林先坤、劉朝珍等首倡鳩貲，收埋遺骸，且建廟宇崇祀其靈。同治年間，福建巡撫徐宗幹頒「同心報國」之匾。光緒年間，臺灣巡撫劉銘傳頒「赴義捐軀」之匾。爾來，粵人之間組織「義民嘗」公業團體，買置田園作為香燈祭祀之費，相傳至今。

竹南一堡（Tek-nâm chit pó）

舊竹塹堡之南部原稱中港堡。其開拓，始於今中港南方海岸。清乾隆元年〔1736年〕，閩人張徽揚，來自彰化地方，從平埔番購得土地，開拓今海口及公館仔庄等地。爾後，乾隆五年〔1740年〕，閩人翁、張、林3姓，招徠泉州府之惠安、晉江、安溪、南安、同安等地之民，土番雜處，從事開墾。乾隆二十年〔1755年〕，已成一大聚落。乾隆三十年代，及於中港附近之鹽館前庄。至於頭份地方，乾隆四年〔1739年〕，泉人林耳順聯合閩粵兩籍30餘人為墾首，自香山地方（竹塹一堡）進而開拓，最初開成蟠桃庄。乾隆十六年〔1751年〕，粵之嘉應州鎮平人林洪、吳永忠、溫殿王、黃日新、羅德達等，墾成今頭份、中港之間地方，築造田寮，號稱居者50餘戶200餘人。此為田寮庄之基礎，為開拓該地一帶之根據地。爾後，自今頭份庄開二份、三份、四份、五份等地（份乃開拓土地之股份）。乾隆三十年〔1765年〕，鎮平人吳有浩，開頭份庄北方之茄苳坑，成為今東興庄。乾隆三十六年〔1771年〕，同籍徐德來，建頭份庄北方之興隆庄。此時，亦有自香山地

方（一堡）南進之漳州府漳埔人許山河等10餘戶30人，開中港地方。或云此地原為平埔番之Makaluvu即中港社所在地。因此，先在今之口公館庄邊（中港之東北）開始與土番交易、和親，然後移住。乾隆末年，閩人洪盛、林主、吳郭鰍、朱英永等合墾，成立口公館庄。

與此前後，閩人蘇紫艷，開尖筆山西方崎頂之一部。嘉慶、道光年間，林、王、陳、施、吳等各姓，逐漸拓成鹽水、中港2溪間的海岸一帶。但屢因風浪而使地形變化，特別是咸豐年間突然出現一脈大沙丘，既成人家田園埋沒過半。截至嘉慶初年，自頭份庄之東方內灣經三灣至大南埔一帶，尚為番地。嘉慶十年〔1805年〕前後，內灣西方之斗換坪（Táu-ôann-phêng）庄，開拓為交易之地，此地為南庄方面開疆之基礎（參照南庄條）。內灣庄之拓成亦在同時。斗換坪東南之銅鑼圈地方，至道光十年〔1830年〕前後仍為鬱蒼森林，經常有土番出擾。翌十一年〔1831年〕，粵人30名合組團體，進行北部小銅鑼圈之開拓，不堪番擾，藉內灣10股之援助終得成就。爾後，有田寮庄之粵人溫克讓，更進入南部大銅鑼圈，以隘丁60名為常設警備。爾來，經20餘年之久，開拓奏功，漸建庄矣。此期間，遭番害斃命者百餘人，其合葬墓地，今尚稱忠烈墓，庄民祭祀不絕。

中港溪（Tiong-káng khoe）

上游稱大東河（Tāi-tong），發源於中部山地，會合自南方而來之南（Nâm）河，於南庄漸為巨流，出龍門口，至內灣庄匯合月眉溪稱中港溪，西流後於中港注海。

中港（Tiong-káng）

在中港溪口，面向西方。港內，東西30町，南北7 0、80間。水深，退潮時，港口4尺，上游約30町處之公館仔庄附近僅2尺；滿潮時，港口1丈7尺，公館仔庄附近水深9尺。漲退潮之間，差異甚大，港灣無自然之價值。但因三面環以丘崗，船舶多來避風。竹塹地方之開發，主要成於從舊

港及中港上陸之移民。清雍正九年〔1731年〕，開本港為島內貿易之處。乾隆二十九年〔1764年〕成書之《（續修）臺灣府志》謂：「無大商船停泊，惟臺屬小商船往來貿易。」同治九年〔1870年〕成書之《淡水廳志》謂：「口門闊三十五丈，深一丈二尺，潮漲至進口十里而止，所泊三、五百石之船，出入在半里許。大船遇風，多泊口外。」光緒年間，臺北一富商協同英國人，曾計畫浚渫本港使汽船出入無礙，且支那形船可溯中港溪往來南庄，但終未及遂行而止。中港溪之運砂作用，有逐年埋沒本港之傾向。中港街位於稍離港口之東北，原屬平埔番族 Makaluvu 即中港社佔居之地，漢族移住後為中港之貨物集散地。嘉慶末年至道光中葉年間，商業最為殷盛。人口3,366人（男1,680人，女1,686人）。臺灣鐵道縱貫線中港車站，在西方三角店庄（距基隆起點74.5哩）。

（**附記**）古來此地一帶之土番，利用自然砂濱，以天日製鹽。《淡水廳志》記載：「近如中港後壠各地熟番，有挑沙瀝鹵自煮鹽，官不徵課。蓋社番歸化時，曾奏准聽其煮海自食也。」

南庄（Nâm-chng）

中港溪支流大東河流域之丘地，四面以山岳圍繞，唯西北龍門口一方，自大南埔開向三灣。明末鄭氏之時（永曆三十六年〔1682年〕），北部之平埔番族，輸送兵餉赴雞籠，不堪督運鞭撻作亂時，道卡斯部族之 Torovaken 即新港（Sinkan）社（其他加上 Makaluvu 即中港社及 Yatsu 即後壠社等）之部分土番響應，而被勇衛左協陳絳討伐，因而遁入東邊山阰，以南庄及田尾為中心，割據今內灣、三灣、大南埔、獅潭各庄一帶（後形成賽夏部族）。爾來久矣，開疆拓殖。清嘉慶十年〔1805年〕前後，粵人黃祈英來到內灣西方今斗換坪（Táu-oānn-phêng，當時之番界），開始與土番交換物品，漸獲土番信任，得啟進入番地之端緒，終娶番婦，自傚番俗，改名斗

乃（Taunai）。嘉慶二十年〔1815年〕，先闢三灣荒埔，後溯中港溪進入南庄，招徠同伴著手開墾其地。因係斗乃進行換番之坪地，而取其意名為斗換坪庄。

南庄人黃煉石一篇題為〈南庄開闢來歷緣由〉的文章，曰：「外山未靖，而內山先闢者，寔出於黃祈英，即俗名斗乃一人之力也。前在嘉慶十餘年時，南庄、田尾，至南浦、三灣、內灣一帶，當屬生番，僅斗換坪之地，開闢已成，番人皆至其地而交易，故名曰斗換坪。黃祈英於嘉慶十餘年間，從廣東嘉應州，隻身渡臺，即至斗換坪與番人交易作活，久而氣誼相投，番人遂邀祈英來田尾，祈英即娶番女，耕種為涯，不數年而生二男一女，男一曰允明，一曰允連。祈英時外出交易，會彰化人張大滿、蔡細滿來移大河底居住，與祈英交好，後三人約為兄弟，祈英即邀二人入南庄，亦娶番女撫番，遂將南庄地方，開田成業。」

如此，自嘉慶末年至道光初年，漢族企圖向此方面地域移殖者漸多，其中以此為未闢之番地，而有成為逋逃之藪叢者。道光六年〔1826年〕四月，彰化縣下之閩粵人分類械鬥，粵人逃入南庄番地，乃與黃祈英結托，煽搖土番，由祈英率領出而騷擾中港方面。當時，閩浙總督孫爾準來臺彈壓緝辦，派大兵剿討番界，擒獲祈英等人，折毀其寮舍，處以死刑。於是，定策預防匪徒進入番界與土番結托滋事之弊根，擴大南庄一帶之開疆防隘，即為了防制匪孽、番患，於此方面之界限設隘，派撥屯把總1員，以竹塹中港方面之平埔熟番為屯丁。道光十二年〔1832年〕，屯把總向仁鑑與三灣墾戶合謀，訂出以祈英二子允明及允連充當社丁，一面和番，一面防番之方針，於是在屯把總認墾之下，大肆獎勵閩粵人入墾。爾後，積極進行此地帶之開疆移殖。道光十三、四年〔1833、34年〕前後，南庄已形成為一個市場。

降及光緒六年〔1880年〕前後，南庄深處之土番，既然久與漢族交通向化，地方之紳士陳朝綱及黃南球等人，先使西南境之獅潭地方土番歸化。爾後，三灣之墾戶陳禎祥，也使南庄深處之土番歸化，以進行拓墾。官府

准許彼等著手拓地，因而勸誘土番。當時土番人等，雖一方面表示從順，但結局還是不肯，其實意向是想要依賴有十分資力的官紳。因此，當時之福建巡撫岑毓英，給道銜分部郎林汝梅（新竹人）南庄未墾埔地之墾批。於是，林汝梅聯合閩籍張姓合夥之「金東和」，著手墾地防隘。但光緒十年〔1884年〕三月土番反抗，襲擊林公館，壅塞通路，包圍隘寮佃屋。當時隘丁佃民80餘人，進退維谷，新竹知縣周志侃諭飭粵籍黃南球協同同籍人黃龍章，糾合丁佃300餘人，趁夜襲擊其後，遂解圍。但林汝梅之事業，至此頓挫，南庄之勢力歸於黃龍章。此時前後，南庄深處之土番，自虎頭山至大崎（今稱辛抱坂）一帶，被 Ririyang（北獅里興）社土目絲大尾一族割據，自大崎以南至小湳一帶，由 Vagasan（南獅里興）社土目日阿拐一族割據，自獅頭驛至大東河一帶，由 Karawang（獅頭驛）社土目張有准一族割據。各土目自招漢民、番人為佃，開墾其地。

苗栗一堡（Biâu-lek chit pó）

屬舊後壠堡之地，清光緒元年〔1875年〕稱竹南二堡，十四年〔1888年〕改為苗栗一堡。後壠溪流域一帶，以苗栗街為中心地。康熙末年，漢族企圖移殖者，從南北二方面進入此地之海岸。自南而來者，從鹿港上陸；自北而來者，從舊港上陸。這些主要是閩之泉州人，杜、謝、蔡、陳等各姓一族200餘人。其中，具優勢之杜姓一族，以今後壠街為根據地。當時，此地為平埔番族 Yatsu 社一名 Aulang（後壠）社佔居之處，贌得其地稱後壠（Aû-lâng）庄。爾來，閩粵人移來漸多。雍正九年〔1731年〕前後，後壠港之航路開通，閩人開拓自後壠至白沙墩的海岸一帶，粵人開拓尖山下造橋附近的山邊一帶。此時，其東方為未化番族之巢窟，從南方通霄至後壠的背後之山崗，經苗栗至東方一帶，築土牛防備番害。乾隆十二、三年〔1747、48年〕前後，粵人更自西方之白沙墩、北方之後壠，向苗栗方面拓殖，先開今西山庄附近，侵佔 Vari 及 Kasikok 二番社之地，以其近音名其庄名為貓里（今苗栗街）及嘉志閣（今嘉盛庄）。乾隆二十年代，後壠形成

為市街。到了乾隆末年，猫里庄亦形成街肆，為此地粵人集中之區。乾隆五十三年〔1788年〕設置之民隘，可見三叉河隘及嘉志閣隘之名，但其東方疆界尚未開拓。嘉慶初年，開銅鑼灣庄及三叉河庄一帶。嘉慶二十三年〔1818年〕，後壠溪東岸之石圍墻庄，以粵人吳琳芳為墾首，分為80股，分配各佃開墾。爾後，公館庄附近亦拓成。蓋石圍墻之名，以石為圍墻防遏番害。公館之名，乃因墾戶在此設公館。咸豐初年，粵人吳立富，更開雞隆山下之雞隆庄，此為開拓大湖方面番界之基礎。

苗栗街（Biâu-lek koe）

原平埔番族道卡斯部族Vari社所在之處。清乾隆十二、三年〔1747、48年〕前後，粵人開拓，稱猫里（Bâ-lí）庄。蓋為番社名Vari之近音譯字。Vari者，道卡斯部族為平原之義。根據《臺灣府志》，當初番社名寫成「猫裡」，民庄名寫成「猫里」，似有區別，以後二者混同併用。乾隆末年，形成街肆，街名猫里（猫裡）。（據臺灣土地調查局編《臺灣土地慣行一班》，當時一般稱公地，任何人得佔有之，建設家屋居住。）街內之媽祖宮，乃嘉慶十六年〔1811年〕林璇璣捐建。同治、光緒年間，此方面之山地興起製腦業，猫里街為其中心集配市場。光緒十二年〔1886年〕，於此地置苗栗縣。蓋苗栗乃猫里（猫裡）之近音佳字，自此稱苗栗街。市街分為2區，稱南苗栗、北苗栗。人口4,381人（男2,160人，女2,221人）。原為苗栗廳所在地。臺灣鐵道縱貫線苗栗車站，在北方社寮崗庄（距基隆起點84哩）。

後壠溪（Aû-lâng khoe）

上游稱汶水（Bûn-chúi）溪，發源於中部山地，至大湖北邊漸大，流往銅鑼灣庄及苗栗街東方，有苗栗溪（猫裡溪）之名，西折過後壠街南部，從後壠港口入海。

後壠港（Aû-lâng káng）

　　後壠溪注海之處。後壠街及苗栗街之吞吐港。港口開向西方，其西方之海面，有闊1鏈之暗礁，且港內不甚廣，因此不能稱為良港。《淡水廳志》謂：「後壠澳，口門較小，內港闊二十餘丈，深八、九尺，大船不能進口」者是。

　　雍正九年〔1731年〕，本港開放為島內貿易之處。後壠街，在距港口東方約1里之北岸。清康熙末年，閩人初建後壠庄，爾後於雍正九年〔1731年〕前後，開通後壠港之航路，當時船舶可以自港口溯行至後壠附近，自然促進該地之發展，到了乾隆二十年代，已形成為市街。乾隆二十九年〔1764年〕成書之《（續修）臺灣府志》已見後壠街之名。該街之媽祖宮，由林進興創建於乾隆三十三年〔1768年〕。爾後，因自上游流下之土砂與近傍丘崗之飛沙沖積，逐漸埋沒河底，且常有洪水破壞沿岸，造成河身變動。同治初年之前，據說載重800石上下之船舶可溯至港口上方約10町處，今其碇泊位置則轉至港口南岸公司寮庄附近。公司寮庄對岸之溪洲庄，嘉慶初年以前，附近數里樹木繁茂，因此無風沙之害，土地亦適宜耕作，為戶數百餘之一大村庄。但庄民濫伐此自然防風林，開發水田，結果不數年土地即轉為乾燥，水田因而變為荒埔，加上冬季北風強烈土沙飛散，田園家屋埋沒變為沙漠，人家減少，而至僅剩30餘戶，皆想轉移至公司寮庄。近年本港之碇泊位置轉於此地附近，更有移住者。咸豐年間僅有2、3漁家點在之該庄，現在已有百戶人家。本港在我領臺後，被指定為特別輸出入港。後壠街為其主腦，人口3,871人（男1,824人，女2,047人）。臺灣鐵道縱貫線後壠車站，在街東約1里的二張犁庄（距基隆起點81.8哩）。

造橋（Chō-kîo）

　　在苗栗一堡尖山西方。以木炭產地知名。臺灣鐵道縱貫線車站，在此地（距基隆起點77.8哩）。此地附近，多瓦斯噴出地，其東南1里餘之赤崎

仔庄土名錦水，狹谷之水田及溪中到處噴發瓦斯，水田中有長20間、寬10間餘之多處噴發口，微帶油臭。

銅鑼灣（Tâng-lô-oan）

清嘉慶初年，粵人開拓，地當通往通霄、苑里（苗栗二堡）等海岸地方之要路，人口1,153人（男527人，女626人）。臺灣鐵道縱貫線銅鑼灣車站，在三座厝庄（距基隆起點90.9哩）。

三叉河（Sam-chhe-hô）

地名出諸於溪流三叉之處。清嘉慶初年，粵人開拓，位於往大湖地方之要路。人口1,537人（男775人，女762人）。臺灣鐵道縱貫線三叉河車站，在雙草湖庄（距基隆起點95.6哩）。三叉河附近之丘地，土地、氣候最適茶樹生育，地積亦不狹小，向來被認為頗有希望，因鐵道貫通，便於聯絡製茶中心市場的臺北大稻埕，更使茶業興盛。

出磺坑（Chhut-hông-khinn）

在苗栗一堡出磺坑庄後壠溪左岸。臺灣唯一的石油產地。根據工學士福留喜之助的調查，「出磺坑產石油，帶淡褐色，透明稀薄具有螢石色彩，稍加冷卻即可析出石蠟（paraffin）。現今精製之比率，揮發油1、燈油8、蒸溜殘滓1」。此地出產石油，夙為漢族所知。根據《淡水廳志》及《苗栗縣志》記載，清咸豐末年，有番割（番人通事）邱苟，勾引生番殺人犯案，逃入山地，於貓裡溪（即後壠溪）頭邊，發現油氣浮於水面，撈取煎煉，足以為用，因將此溪據為己有。同治三年〔1864年〕，暗地裡以1年100餘兩賣與吳某；四年〔1865年〕，復改以1年1,000餘兩賣與寶順洋行。於是，吳與寶順互爭權利，釀成集眾私鬥。同治九年〔1870年〕二月，淡水同知命差役拏獲邱苟，且因有滋事之虞而封禁者，即指此油坑。

光緒十三年〔1887年〕，巡撫劉銘傳新設磺油局，命統領林朝棟兼辦，

旂昌洋行申請採掘，聘美國技師2人，以機械鑿井，成果良好，但深掘200尺時因鐵管破損而中止。後任巡撫邵友濂時，全部裁撤。我領臺後，明治35年〔1902年〕5月，內地人淺野總一郎申請採掘，明治36年〔1903年〕11月，組織臺灣石油試掘組合，翌年〔1904年〕1月分別採美國式鑿井及手掘井，結果手掘井因淹水未達目的，機械採掘則成功採油。明治39年〔1906年〕3月，南北石油會社接續經營，現在1日平均出產原油15、16石。

大湖（Tōa-ôu）

苗栗一堡東方自八角崠山至關刀山一帶，即以大湖街為中心，北至獅潭窪地，南至罩蘭溪北岸河丘之壢西坪地方，原為山番（泰雅族）根據地。清嘉慶末年，全屬未拓之區。咸豐初年，粵人吳立富，開雞隆山下之雞隆（Koe-liông）庄，但東界之山番經常來侵，立富亦曾負傷。於是，咸豐十年〔1860年〕，率壯丁越山進擊番界，發現其地平衍開拓有望。十三年〔1863年〕，率佃人40名企圖侵入。當時，番人之根據地，在今大湖土名草崠庄及水尾坪（Chúi-bé-phêng）附近，與之激烈衝突3回，遂將之逐退至東方大、小南勢之山地，因其地勢而名之為大湖，形成街肆。但爾來番害頻繁，乃一面致力於設隘防衛，一面大肆招募佃人擴大區域，而且製造樟腦。因而，從咸豐十一年〔1861年〕至同治十一年〔1872年〕之間，因番害殞者達800餘人。（墾首吳家，立富長子定貴、四子定來，定貴次子揚喜、三子揚壽，及立富次子定新之三子揚魁，總共5名亦死之。）因此，在街西土名公館庄建一廟祭祀，稱義民廟（其後合祀番害死者，今達1,200餘人）。

在此之前，咸豐二年〔1852年〕前後，粵人詹某，溯房裡溪進入壢西坪，驅逐佔住之番人進行開墾，建立以土名新開庄為首之附近聚落。以後，苗栗人黃南球開大湖南方之南湖，而得聯絡大湖與壢西坪（Lek-sai-phêng）之間。另一方面，光緒九年〔1883年〕前後，粵人劉宏才開桂竹林及八角林2庄。同時，黃南球開獅潭庄，建土名新店。大湖、南湖（Nâm-ôu）一帶地方，不但有人拓地定居，也多有進入番界製腦者，大湖街為其咽喉之

地，苗栗街為集配市場。尤其到了同治、光緒年間，地方更有顯著的發展。光緒十一年〔1885年〕，新置苗栗縣，就是起因於此。光緒十二年〔1886年〕，廢止從前番界之施設的隘丁制，仿效勇營制組織隘勇，以此地為中心配置中路棟字隘勇2營中的1營。自北方獅潭（苗栗一堡），經耀婆嘴至南方罩蘭（揀東上堡）之間一帶，因而逐漸興起墾地製腦事業。

苗栗二堡（Biâu-lek jī pó）

屬舊苑裡堡之地。清光緒元年〔1875年〕，稱竹南三堡。光緒十四年〔1888年〕，改為苗栗二堡。位於苗栗一、三堡中間的海岸地方，苑裡（Oan-lí）街為其主腦地。清康熙中葉以來，已有漢族進入此地一帶。康熙三十年代，有通事黃申，對平埔番族 Tonsiau（吞霄）社，征派無虛日，番人苦之。康熙三十八年〔1699年〕，釀成大亂（參照通霄港條）。但尚未見有拓成一定之土地。雍正末年，越過房裡溪北進之蔡、尤、李、陳、毛、郭6姓漢族，先於溪岸平埔番族 Waraoral 即 Pâng-lí（房裡）社及 Bâ-ū（猫盂）社之地，開啟墾拓端緒，建房裡庄（也作「房裡」）及猫盂庄（據《臺灣府志》，房裡庄即蓬山庄）。爾後，部份漢族企圖開拓苑裡地方今北勢庄，遭到平埔番族 Oan-lí 社抗拒，互生鬥爭，最後番族敗而與之和，乃建庄。乾隆元年〔1736年〕及二年〔1737年〕間，粵人劉、余、高、王、徐、鄭、楊、馬、蔡、陳、張等11姓，進而開墾南勢、北勢、梅樹腳等埔地，成功後形成一街肆，名為吞霄（後改通霄）。大約同時，苑裡街（也寫作「苑裏」）成為市街。乾隆六年〔1741年〕，閩人馬、廖、張、陳、楊、蔡、吳7姓先後購得 Oan-lí 社東方一帶之地，拓成後成為市場。乾隆八年〔1743年〕，粵人賴、曹、曾、溫4姓及閩人田、莊2姓，共同開墾通霄灣庄埔地。乾隆二十年〔1755年〕，閩人駱、錢、陳、王4姓，開墾新埔庄埔地。如此，濱海地方略有拓殖，其他則尚難免未化土番之出沒加害，依然還是荒埔。乾隆三十七、八年〔1772、73年〕前後，粵人葉、嚴、余、鄭各姓，進墾石頭坑庄方面，與此之前後 Bâ-ū 社番人開墾其北方之福興庄，自建移住區

（爾後改稱興隆[Heng-liông]社）。在此之前，乾隆二十二年〔1757年〕前後，詹旺觀企圖開拓今土城庄方面，但番害甚多（地名乃當時築土城防番得名），中途廢棄。以後，嘉慶十一年〔1806年〕，Pâng-lí及Bâ-ū社番招集漢佃，始告成功。

通霄港（Thong-siau káng）

在通霄溪口，是東西只1町40間，南北只25間之小港。水深，最高潮時9尺，最低潮時5尺，乾潮時僅達3尺。每年12月至翌年3月，為北風季節，飛砂埋塞港口，不適船舶出入。6、7月洪水之際，都會洗去堆砂（據《臺灣稅關要覽》）。通霄溪北岸有通霄街，人口1,624人（男779人，女845人）。原屬平埔番族之Honeyan社（一名Thong-siau社）所在。「通霄」為Thong-siau之近音譯字，古作「吞霄」，後以同音而改今字。此地，清乾隆初年，粵人拓成南勢、北勢、梅樹腳等庄，隨而成為街肆。此前，漢族前來與土番交通，似早在康熙中葉，即該三十年代通事黃申在此贌社，征派無虛日，番人苦之。其頭人Tokotovuasen（卓个卓霧亞生），鷙驍，陰謀作亂。三十八年〔1699年〕二月，黃申要求社番捕鹿時須先納錢米。頭人等鼓眾大譟，殺黃申及其黨夥數十人。鎮道遣使招諭，不得，乃廢兩標官兵，委北路參將常泰進剿，又令南部及中部其他平埔番族參與。八月，終於生擒頭人，拘至臺灣府，戮尸市上，傳首梟示諸番。此役勞師7個月，清軍瘴死者達數百人。

苑裡港（Oan-lí káng）

在苑裡溪口，土名北勢庄。港內水深，最高潮時8尺，最低潮時5尺，乾潮時3尺。冬季間總是飛沙埋塞港口，杜絕船舶出入，夏期則又因洪水而完全回復（據《臺灣稅關要覽》）。苑裡（一作「苑裏」）街，距碇泊處東南20町，人口2,794人（男1,872人，女922人）。原屬平埔番族Ouanli社所在，「苑裡」（「苑裏」）為其近音譯字。該街初開於乾隆六年〔1741年〕

以後，街內媽祖宮為三十七年〔1772年〕陳韶盛等捐建。大甲蓆聞名，乃一種藺蓆，為大甲及此地方之主要產物。

（**附記**）大甲蓆，以莎草料屬三角藺草莖編製。蓋古來此地方平埔番族之一生業，據傳，苑里及大甲似特別發達。

苑里地方之起源，以清乾隆年間Ouanli社平埔番婦，採集苑裡溪畔自然生長之藺草編織寢蓆及日常器具之物袋為濫觴。嘉慶十年〔1805年〕前後，有名為Paisiah（擺勺）之番婦，特別有此技巧，乃廣而傳習於苑里地方漢族子女。道光年間，有該地北勢庄農家陳水之妻，移植原料草於自家水田。爾來，製造者漸多，隨致各家競相栽培，而至輸出其他地方。此時，北勢庄民，農暇製造蓆筵及物袋等贈與新竹、臺北地方友人，品質特異，大受好評，需求漸增，不只女子，即使男子，亦有於農隙製作者，遂攜往大甲街販賣於店舖。既而，光緒元年〔1875年〕，有北勢庄女子李孝，更細分草莖巧為編織，且考究加上花紋，因此斯業大為發達，益增需要。

大甲地方之起源，乾隆元年〔1736年〕前後，大甲東社之平埔番婦Rahiomou（蚋希烏毛）及Posirorei（蒲氏魯禮），採集大甲街外鹹水湖、大甲東後湖畔（道光中，溪水氾濫之際被土砂埋沒變為水田，但地盤尚止於低窪之痕跡）自生之藺草，編織蓆筵及物袋為濫觴。乾隆三十年〔1765年〕左右，傳習至雙寮地方Tanatanaha社番婦Karuaboe（加流阿賣），更細分其草莖，做出精巧製品，附近各地同族及漢族皆做製之，又以野生原料草大小長短不一，而改於水田栽培，莖之伸張極佳，因此遠近亦廣為栽植。道光年間，大甲街商莊助，蒐購各種製品輸出各地，特別是開發臺南地方、對岸清國販路。到了光緒初年，品質及意匠更加改良斬新，而成為此地特產需求增多。我領臺後，更試製帽子、煙袋、座墊等，販路更加擴張。

如此，兩地雖各自往不同的方向發展，但其起源則相同。最初乃是番

人自用之粗糙製品，但因投漢族之好，漸增其需求而發展至如今之巧緻。

房裏溪（Pâng-lí-khoe）

源於中部山地，至罩蘭（揀東上堡）而漸大，名為罩蘭（Tah-lân）溪（清雍正年間契字寫作「搭連溝」）。其下游流過鯉魚潭分成二歧：一往西北，在房裏庄（一作「房裏」）海岸入海，稱房裏溪；一往西南注入大安港，稱大安溪（Tāi-an khoe）。《淡水廳志》記載：「受內山之水，直趨至火炎山，山勢屈曲，匯為深潭，曰鯉魚潭。至山角口，水勢復氾濫，其近房裏者，為房裏溪；近大安者，為大安溪，又名頂店溪。或水驟大，四散奔騰，分決難測。」

蓬山（Pang-soann）

一作「崩山」，均為同音異字之地名。原大甲、房裏2溪下游海岸一帶之總稱。地名源自同名之橫崗。清康熙三十六年〔1697年〕，經過此地之郁永河的《裨海紀遊》記載：「大甲社，即崩山社。」成書於乾隆二十九年〔1764年〕之《（續修）臺灣府志》記載：「房裏庄，即蓬山庄」，因此房裡溪以前稱為蓬山溪，該溪注海之處稱為蓬山港。此地帶分布平埔番道卡斯部族8社，因稱「蓬山八社」（即 Taika 大甲東・西 [Tāi-kah tang sai] 社、Oanri 宛裡社、Tadohangnang 日南 [Jit-nâm] 社、Vuaravual 日北 [Jit-pak] 社、Vaū 猫盂 [Bâ-û] 社、Waraoral 房裏 [Pâng-lí] 社、Tanatanaha 雙寮 [Siang-liâu] 社、Honeyan 吞霄 [Thong-siau] 社）。康熙六十一年〔1722年〕，巡視臺灣御史黃叔璥〈番俗六考〉記載：「蓬山番，皆留半髮。傳說：明時林道乾在澎湖，往來海濱，見土番，則削去半髮以為碇繩。番畏之，每先自削，以草縛其餘。」此傳說是否事實不能無疑，但明代嘉靖年間海寇林道乾之足跡，此時似已及於此海岸地方，侵暴土番。

蓬山港（Pang-soann káng）

　　房裡溪（一名蓬山溪）注海之處，今屬房裡庄海口。雍正九年〔1731年〕，開本港為島內貿易之處。成書於清乾隆二十九年〔1764年〕之《（續修）臺灣府志》記載：「蓬山港，無大商船停泊，惟臺屬小商船往來貿易」，當時房裡因此而發達。爾後，港口完全被土砂沖積，不適船舶出入。現時尚存溪南船頭埔庄福德港土名。

大安港（Tā-an káng）

　　在大安溪口。廣袤，東西約7町，南北8町。往時水深，便於大船巨舶出入，今則淺窄，僅容數百石小船出入。其南方，大安溪支流（溫寮〔Un-liâu〕溪）與龜殼（Ku-khak）溪注入海口之處，形成一港灣，名之為腳踏（Kha-tah）港，與大安港近距離並列。廣袤，東西約10町，南北約1里。兩港乾潮時水深7尺。大甲街為此2港貨物集散市場（據《臺灣稅關要覽》）。大安港，《臺灣府志》稱勞施（Lô-si）港，原為安全碇泊之地，故名大安港。清雍正九年〔1731年〕，開本港為島內貿易之處。道光二十年〔1840年〕，臺灣道姚瑩〈臺灣十七口設防圖說狀〉謂：「大安港，昔年水口寬深，內地大商船可到，近淺窄，惟數百石小船出入。」成書於同治九年〔1870年〕之《淡水廳志》謂：「大安港小口，離深水外洋十餘里，口門闊二十餘丈，深七、八尺，港內無山包裹，多石汕，忌溪流衝擊，春夏可泊小舟。」

苗栗三堡（Biâu-lek sam pó）

　　舊屬大甲堡，清光緒元年〔1875年〕稱竹南四堡，十四年〔1888年〕改為苗栗三堡。大安、大甲兩溪下游間之地帶，以大甲（Tāi-kah）街為主腦地。大甲附近，是明末鄭氏開屯之地，為此地方最早開拓者。清康熙四十年代前後，從鹿港地方北進及從大安溪登陸之漢族，著手拓殖。當時，

林、張2姓閩人，邱姓粵人，率眾佃拓成今大安庄、三十甲庄、九張犁庄、日南庄、鐵砧山腳庄等荒埔。四十五年〔1706年〕，在大甲街處，建立閩粵雜居之小肆街。當時之拓殖區域，東至土城庄（此地築土城防番）。大安溪上游本堡東端鯉魚潭（Lí-hî thâm）窪地，為道光二十五年〔1845年〕平埔番族巴宰部族Paiten社番自南方進來開拓移住之區，漢族因此稱為番仔城（Hoan-á sîann）。

大甲街（Tāi-kah koe）

位於大安、大甲2溪下游中間之一市街，原屬平埔番族道卡斯部族Taika社地，往時分為2個部落，一在大甲街東方之今大甲東庄，一在大甲街西方今之番仔寮庄，漢族稱之為大甲東社及大甲西社。大甲為Taika之近音譯字。清康熙四十五年〔1706年〕，閩粵人始建雜居之小肆街。雍正九年〔1731年〕十二月，以此地方為中心爆發番亂，一時漢族之移殖顯然受到打擊。乾隆二十九年〔1764年〕成書之《（續修）臺灣府志》有大甲庄，顯示此時尚未很發達。據說該街之媽祖宮，乃乾隆三十五年〔1770年〕林對丹等籌建，則似乎此後才漸成市街盛區。嘉慶二十一年〔1816年〕，巡檢移置此地，乃稱大甲街。道光元年〔1821年〕噶瑪蘭通判姚瑩〈臺北道里記〉謂：「大甲街，居民頗稠。」既而至道光七年〔1827年〕，在地紳士林聰、林甲成等倡議建築城堡圍街。人口2,877人（男1,406人，女1,471人）。為大安港貨物集散市場。

（**附記**）雍正九年〔1731年〕十二月，大甲西社主動發起番變，實起因於當時移殖漢族對番人極盡侵佔峻削所致。西社番目Limvurak（林武力），結合巴宰部族Vokuari（樸仔籬）等8社番，倡亂彰化，鼓眾肆行焚殺。淡水同知張宏章雖走避得免，居民多被戕斃，北路洶洶。在此之前，臺灣總兵呂瑞麟北巡至淡水，聞變回至道卡斯部族Vaū（猫盂）社被圍，奮身殺出，入彰化縣治駐箚，徵兵府中，累戰未能克。

十年〔1732年〕五月，逆番更結合Vupurang部族Soarok（沙轆）、道卡斯部族Thongsiao（吞霄）等10餘社造反，圍攻彰化縣。百姓奔逃絡繹於途。六月，閩浙總督郝玉麟調呂瑞麟回府彈壓，檄新授福建陸路提督王郡討之。七月四日，巡視臺灣御史覺羅柏修之師同至鹿港，合兵圍Poavosa部族之Assok（阿束）社，火砲齊發，軍兵四面殺人。群逆不能當，皆潛逃而去。王郡乃分兵扼各隘口，絕其去路。八月，渡大甲溪，各路追殺。逆番逃去，糾黨據險自守，鏢箭亂發傷人。清軍乘銳進追，自大甲歷大安溪登大坪山（二堡），直抵生番界之Iugo（悠吾），皆有殺獲，逆番大窘，走南日內山。山峭壁峻絕鳥徑僅通一線。鄉民探知魚貫而上，逆番驚覺踞高顛，矢石如雨下。清軍奮勇而進，鎗砲交攻，聲震山谷，逆番負創四散。因搗其巢，焚其木積，群逆鼠竄，計窮，於是各社相繼獻巨魁來降。擒獲男婦1,000餘名，斬首級41，傷死31名，軍前梟首18名。十一月五日，撫脅從，誅首惡，還集難民，遂班師。此間四閱月。此變以大甲為中心，南及彰化，北至吞霄，所到禍慘。（據《臺灣府志》）。

鐵砧山（Thih-chiam-soann）

在大甲街外。《淡水廳志》謂：「鐵砧山，一名銀錠山，自大甲視之，不高，然欲泊船大安，既見鐵砧半日，方到，又為治東南之鎮」，海拔780尺。山上一祠祀鄭成功神位，為明末鄭氏部將駐屯之所。祠畔一古井。井旁小碣刻「國姓井」（Kok-sèng chínn）三字。《淡水廳志》謂：「相傳，偽鄭屯兵大甲，以水多瘴毒，乃拔劍斫地得泉，味清冽。」（國姓井，更有一傳說。同治五年〔1866年〕林豪《東瀛紀事》記同治元年〔1862年〕戴萬生亂，賊目林日成據鐵砧山時狀況曰：「日成登鐵砧山，山上固有國姓井，相傳明末鄭成功，嘗拔劍斫地，井泉湧出，劍尚埋井中。日成信之，乃祭而祝曰：日成若得大事，劍當浮出；若無成，即以一砲相加可也。祭畢，進犯社尾庄，

兵勇力拒之，日成中砲，折兩齒乃遁。」）

　　國姓井記

臺北府新竹縣大甲鐵砧山國姓井，相傳鄭成功駐兵處，被困乏水，以劍插地，得
甘泉，大旱不涸，年年清明，有群鷹，自鳳山來聚哭，不至疲憊不止。或云，兵
魂固結而成。山麓田螺斷尾能活，謂當時螺殼棄置者，均著奇異。僕曾經其地，
思古蹟不可磨滅，爰集同人建廟立碑為記，以誌久遠云。

　　光緒乙酉年〔十一年，1885年〕天中令節

余望　盛鵬程　張程材

林鏘　郭鏡清　謝鏡源　同立

後里（Âu-lí）

　　據說建在大甲溪北先住平埔番族巴宰部族 Pazefamisan 社，一名 Môa-chî
（麻薯）社之背後，因而得名。地當往大甲溪之要路，臺灣鐵道縱貫線車
站在此（距基隆起點105.5哩）。

大甲溪（Tāi-kah khoe）

　　源於中部山地，至東勢角（Tang-sí kak）地方（揀東上堡）成為大河
流，西流向丘地平野南分為牛罵（Gû-mā）溪，均過大甲街（苗栗三堡）、
牛罵頭街（大肚上堡）之間入海。古來被視為北部臺灣之險溪，清康熙
五十二年〔1713年〕，北路參將阮蔡文踏察北部臺灣時，詠大甲溪：「蓬山
萬壑爭流潏，溪石團團馬蹄蟄。大者如鼓小如拳，溪面誰填遞疏密。水浹
沙流石動移，大石小石盪摩澀。海風橫刮入溪寒，故縱溪流作鬱壘。水方
沒脛已難行，水至攔腰命呼吸。夏秋之間勢益狂，瀰漫五里無從測。往來
溺此不知誰，征魂夜夜溪旁泣。山崩巖壑深復深，此中定有蛟龍蟄。」其
他，道光元年〔1821年〕之噶瑪蘭通判姚瑩〈臺北道里記〉記載：「大甲溪，

溪廣數重，水盛時一望無際，下皆亂石，溪流湍激，舟筏一不慎，即入海不返。每大雨後，行者必守溪數日，水退乃敢渡。」同治九年〔1870年〕之《淡水廳志》記載：「大甲溪，……溪闊三里許，無水時小石犖崒可履，或外陰晴而內山暴雨，則橫流猝至。惟視內山昏黑及有巨石衝擊聲，須急渡，稍遲則水大至不可行。」光緒元年〔1875年〕，吳子光《一肚皮集》謂：「大甲溪，源自東勢角內山。一路曲折，奔騰以達海。土產怪石，如虎牙，如劍鍔，風水相撞擊。舟一葉行石罅中渡亂流。稍一失勢，有性命之慮。以之比灩澦堆、羅剎江、惶恐灘等，其奇險尤百倍。乃全臺第一畏途，行者苦之。然在旱乾時猶可，一遇霖雨，兩涯牛馬不辨，溪流灑作十數道，茫茫水國，波浪掀天，或竟月不得渡溪」，每遇暴漲，行人裹足之天險。於是，往時渡頭舟子以之為貪慾奇貨，每到溪流暴漲之際，即勒索脅迫行客，需索剝掠，所謂「溪故險惡，更桀獝異常，有問津者，則目睒睒作蒼鷹視，攘臂橫索，必至屬足而後已」(《一肚皮集》)，官府不能制。道光十六年〔1836年〕，淡水同知婁雲察覺其弊，講究方策創義渡之制，大便行客。(《淡水廳志》曰：「大甲溪渡，官渡，大船一，小船一，遇有洪水橫流、水道不流，渡筏隨時添設。」)並逐漸及於房裡、中港、鹽水港等諸溪，皆準大甲溪章程，稱之為淡水義渡。

　　光緒十二年〔1886年〕，巡撫劉銘傳，為設計於諸溪架立橋樑，增加鉅額經費，期以其他手段兼濟，其〈請開鐵路疏〉謂：「臺北至臺南六百餘里，中隔大溪三道；春、夏之交，山水漲漫，行人隔絕。大甲、房裏兩溪，每年必淹斃數十人，急須造橋以便行旅。查大甲、房裏、曾文三溪，或寬十里、八里；其次小溪二十餘道，或寬百餘丈、數十丈不等。大甲溪經前任撫臣岑毓英督修石壩以阻漫流，並未修橋，已費洋三十餘萬；數月之後，為水沖刷淨盡。臣現由上游窄處議修，統計大小溪橋工必需銀三十餘萬兩。今該商等承辦車路，此項橋工二十餘處一律興修，暫勿論車路之利，公家先省橋工銀數十萬兩。」但因停止鐵道敷設而終也未落實。

義渡碑記　婁雲（道光十六年〔1836年〕之淡水同知）

嘗思，勞民期在利民，利民必先勞民，勞民者未必盡利於民，利民者無不先勞其民也，特民情憚勞而趨利，未利之而先勞之，民必滋怨，故子產亁殺之歌，先於誰嗣，此固從政之不遑恤者，余嘗三至臺瀛，從事於師徒戎馬間，周歷南北，見夫曲溪陂澤不可以梁，病於濟涉之處甚多，迨丙申承乏淡水，所屬綿亙幾四百里，所謂曲溪陂澤不可以梁者，不可悉數，其間土人駕舟以濟，相安於定章者弗計，惟大甲溪，塊石層疊，支派雜流，水勢西衝直入大海，遇春夏盛漲，極目汪洋，誠險道也，此外如中港房裏柑尾，雖險岨稍減，然或溪面廣闊，火急湍洶湧，皆迫鄰海汊，亦危險莫測者也，此數處非無駕舟待濟之人，大率土豪撐駛，藉索多貲，不少如願，即肆剝掠者有之，行旅之受害也久矣，義渡其容緩歟，余甫下車，即欲籌是舉，顧與吾民周旋日淺，未信而勞賢者，所讓或恐貽以怨讟乎，適又重建文廟，以崇禮教，增造書院，以勵英才，亦既屢興大工重勞，吾民幾乎無須臾暇，詎可復興義渡之舉哉，然繼而思之，擇可勞而勞，因民利而利，從政之道也，若義渡者，吾民所便利而樂勞者也，豈有憚勞而不從事者乎，余又何怨之弗可任也，爰集紳士郊商而耆庶，而諭以意，且先捐廉以為之倡，乃無弗踴躍樂輸，不數旬，共捐洋銀捌千玖百餘員，其不敷者，則搜羅充公租穀以足之，更於四要溪外，若井水港鹽水港，一律設渡，共凡六處，又於塹南之白沙墩，塹北之金門厝，每於九月間，各設浮橋以濟，是又因地制宜者也，其捐項為置田甲，歲收租息，以資經費，並將籌議置舟選，夫歲修工食一切章程，存諸案牘，詳明各憲，勒石以垂永久，今而後勞者安，利者普矣，怨讟余知其免矣，是則勞乃利之攻，而勞乃利之驗也，且勞一時而利於無窮也，利以余而成，勞由民而致，是余與民相與有成也，是為記。

猫霧捒（Bâ-bū-sok）④

　　佔居今捒東下堡犁頭店街附近平埔番族 Poavosa 部族 Vuavusaga 社之近音譯字。（Vuavusaga 社名，亦同樣出自 Poavosa 該語之轉訛。）因該番社所在地為此地方最早開拓者，清康熙六十年代以之為堡名，到了新設彰化縣時，以其疆域過於廣大，更區分為猫霧捒東堡、猫霧捒西堡。爾後，乾隆中刪去猫霧二字，以猫霧捒東堡為捒東上堡，以猫霧捒西堡為捒東下堡，並分出大肚堡。另外，也曾一時設捒東中堡，但不久廢止。雍正九年〔1731年〕新設巡檢，十一年〔1733年〕新設兵汛，均冠猫霧捒之地名。

捒東上堡（Sok-tang siōng pó）

　　北接苗栗二堡，南連藍興堡，西與捒東下堡分界之一區。清康熙六十年代，與該下堡合稱猫霧捒堡。雍正十二年〔1734年〕，分出為猫霧捒東堡。爾後，乾隆中改稱捒東上堡。該堡西部以今葫蘆墩街為中心之一帶地方，乃平埔番族巴宰部族 Rahodobul 即岸裏（Gān-lí）社所屬。康熙末年以來，即歸附清朝，其頭人自為業主從事開拓。雍正元年〔1723年〕，彰化地方墾首粵人張萬振等，透過通事張達京與番人約定，自行投資開鑿水圳，灌溉番田，其報酬則為贌得未墾埔地。該地域相當今神崗庄、頭家厝庄、甘蔗崙庄、茄荖角庄等，潭仔墘庄亦於雍正末年為移民足跡所及。乾隆初年，閩漳州府詔南之人廖舟，贌得拓成該番族今葫蘆墩地方土地，當時稱為岸裏新庄。爾後，隨著其街肆之發達，有閩之泉人及粵人來住者。乾隆三十七年〔1772年〕以來，粵人之在此地者，更溯大甲溪開墾。特別有劉啟東者，富資財有勢力，最初使役匠手百餘名從事伐木。乾隆四十年〔1775

④【譯按】猫霧捒地名源自平埔族 Poavosa 部族之發音，因而應寫為「猫霧捒」，第三字應為「捒」（sa），而非「捒」（sok）。惟伊能寫為「捒」（sok），本書辭條仍維持伊能之寫法，但於內文逕改為「捒」（sa）。以下「捒東上堡」及「捒東下堡」亦同，不另注出。

年〕，粵潮州府大埔人曾安榮、何福興、巫良基等，率眷族渡來大肆開拓土地，建石崗仔庄。其東方存有土牛庄地名，即築土堆防番之處。既而，乾隆四十三年〔1778年〕於今社寮角庄設社寮，粵人劉中立、薛華梅為番割（番人通事），從事交易，遂成為拓成東勢角地方之基礎（參照東勢角條）。

嘉慶初年，閩人在大甲溪畔建溪洲庄。嘉慶七年〔1802年〕，粵人林時猷等五名，設隘防番，開石圍墻庄。地名出於當時設石圍為防墻也。（在此之前，乾隆五十七年〔1792年〕，粵人王振容，陳亮等曾試圖開墾此地，因番害為中止）。嘉慶十二年〔1807年〕，事業就緒，嘉慶十五年〔1810年〕完全告成，漸及校栗埔庄。另外，嘉慶二十一年〔1816年〕，粵人劉半立等開拓水底寮地方（參照水底寮條）。嘉慶二十四年〔1819年〕，粵人劉秉項等開闢石壁坑庄，爾後，粵人江復隆等著手開拓罩蘭地方（參照罩蘭條）。

此時，漢族亦欲開拓七份庄地方，但爾來屢屢遭遇番害，呈忽墾成忽荒地之狀態。咸豐、同治年間，各地建庄，但大坑庄番害特甚，從前漢族有試圖開墾此地者，概皆中道蹉跌。獨有粵人羅德義者，雖再三失敗而不屈，到光緒年間整備水底寮以南一帶防隘，而得於光緒十六、七年〔1890、1891年〕前後達成目的。葫蘆墩附近最適米產，產額豐裕之外品質也最是佳良，特以葫蘆墩米之名為高。

（**附記**）以揀東上堡為首之揀東下堡、藍興堡、大肚上中下3堡一帶，即臺中地方，南帶大肚溪，北控大甲溪，水流縱橫，有無處不有灌溉之利的狀況，加以在東方的中央山脈與西方的海岸大肚山之間，恰如障壁圍繞遮斷來自大陸之風，此自然形勢乃使此地方成為臺灣米產中心。《彰化縣志》謂：「猫霧揀，諸山中開平洋良田萬頃，為邑治一大聚落也。」

葫蘆墩街（Hôu-lôu-tun koe）

　　原屬平埔番族巴宰部族 Rahodobul 即岸裏社地，該番語稱為 Hurudon。葫蘆墩乃近音譯字。清乾隆初年，閩漳州府詔南之人廖舟創開拓之端緒，乾隆二十九年〔1764年〕之《（續修）臺灣府志》可見岸裏新庄，另該書謂「猫霧揀堡，內有新莊小市」，可知該年代以前已建立肆店，而葫蘆墩街名見於嘉慶年間契字。該街之慈濟宮（祀媽祖）創建於乾隆十年〔1745年〕五月創建。不但是中部臺灣北方之米大集散地，而且東方控東勢角（Tang-sì kak）街，也是夙來林產物特別是樟腦之般賑集散地。人口6,230人（男3,348人，女2,882人）。臺灣鐵道縱貫線葫蘆墩車站，在街東土名岐仔腳（距基隆起點110.3哩）。

　　（附記）葫蘆墩地名之因，吳子光《一肚皮集》謂：「葫蘆墩地，鄰東勢，非山，非村，亦山，亦村，固揀東上游大聚落也，墩高數十丈許，形頗似倒葫蘆，故名」，不過是拘泥於葫蘆二字強做解釋。其乃平埔番巴宰部族語之 Hurudon 地名近音譯字，已如本文所記。

潭仔墘（Thâm-á-kînn）

　　原屬平埔番族巴宰部族 Rarusai 即阿里史（A-lí-sài）社地，因存「阿里史」土名。清雍正末年前後，已有粵人移殖足跡及此，現時為此地方次於葫蘆墩街之產米集散地。臺灣鐵道縱貫線車站在此（距基隆起點113.4哩）。

罩蘭（Tah-lân）

　　粵人足跡及於罩蘭溪東岸橫谷罩蘭地方，早在清乾隆四十八年〔1783年〕前後，當時企圖移植東勢角方面，但因番害而中止。爾後，為平埔番巴宰部族 Paiten 社移住區。嘉慶年間，東勢角粵人江復隆，登上東勢角、罩

蘭中界之鳥聲（Chiáu-siann）山，以其地廣闊有望，乃率該族移來此地，著手開墾。然其東北接界，屬山番（泰雅族）區域，屢受襲擊無寧日，復隆善後計窮，產業大半讓予廖似寧。廖似寧主要結信於番人，約和，先於土名上新庄設社寮開始交易，且致力綏撫，刻苦經營，漸得開拓完成部分土地。爾來，粵人移住者益多。道光年間，有同籍廖天送，率來多數民壯，大肆拓殖廣大區域，罩蘭因而成為中心市場。然同時與番人之衝突漸多，一旦破和，如光緒十年〔1884年〕八月，番人400餘大舉襲擊罩蘭，爭鬥由晨至午，彼此多有死傷。光緒十二年〔1886年〕，中路棟字隘勇營分駐此地，乃漸得保有小康局面。罩蘭，乃平埔番巴宰部族所予地名Taren之近音譯字。雍正年間之契字也曾記為「搭連」（Tah-liân）。

（附記）光緒十五年〔1889年〕，巡撫劉銘傳輸入呂宋品種煙草，於本島試殖時，棟字軍統領林朝棟在罩蘭地方獎勵耕作，因土地適宜，其色澤殆不讓麻尼剌產，一時罩蘭煙草（因搬出地的原因，也稱後壠煙草）之名，為本島產葉煙草之最優等者，爾後疏於獎勵結果歸於頹廢。

東勢角（Tang-sì-kak）

大甲溪上游流域縱谷一帶，以其地勢在東方開出一片地方，古來稱為東勢角埔。原為平埔番族Daiyaopul即樸仔籬（Phok-á-lî）5社分布區域。清康熙六十一年〔1722年〕，巡視臺灣御史黃叔璥〈番俗六考〉記載當時情形：「樸仔籬，逼近內山生番，間出殺人。」所謂其逼近內山生番，指與泰雅族接境，大甲溪之一支流中科山溪（Tiong-ko-soann khoe）以東全屬其區域。且各地一帶到處蔽以鬱蒼森林。乾隆四十年〔1775年〕，粵人劉啟東，讓同籍潮州府大埔人曾安榮、何福興、巫良基等，率同族企圖開拓此地，先建石崗仔庄，於其東方築土堆防壓番害。土牛庄地為其址。既而先與附近之平埔番族約和，乾隆四十三年〔1778年〕於今社寮角庄設社寮，粵人

劉中立、薛華梅為番割（番人通事），從事交易（庄名所從出），一方面以此等人為和番工作，防止番害，於是越過大甲溪而進，伐木墾地，開拓今東勢角街外上辛、下辛2地。時番族抗拒益甚，東北方竹頭科（距東勢角街10餘町）罹番害者至以百計，因此於此地築20處銃櫃（防隘），配壯丁60名保護移民。此時大甲溪河幅，未如現時所見之闊，於河岸建匠寮，供移民共同宿泊，漸形成一聚落，稱匠寮（Chīunn-liâu）庄（其他，於南北建南片、北片2庄。北片庄於道光六年〔1826年〕四月、九年〔1829年〕七月、咸豐三年〔1853年〕六月洪水之際，陷沒變為河身，全部落失）。

乾隆五十二年〔1787年〕，林爽文匪黨逃遁，有自頭汴坑（藍興堡）越山，入中科山番界者，泰雅族Mushuvuaieh社番發覺後加以戕殺，當時官府特別嘉獎其功（該社改稱武榮社，在此時）。嘉慶初年，漢族移殖益多，拓殖地域更近番界，有番害亦加之虞，劉中立致力調停民番約和，較得無事，至此形成市街稱匠寮街。嘉慶十三年〔1808年〕，粵潮州府饒平人劉河滿，募平埔番族200餘人，進墾新伯公庄，2年告成（伯公，土地神。土地新開之際，先建土地神祀祠，因名）。然此間番害頻踵，續成無由，乃於界外築石圍為防堡而進墾。嘉慶二十一年〔1816年〕漸成，稱石城庄。翌年〔1817年〕，粵人劉振文、張龍登、林時秋、林勵古等合資招徠民壯，一面設私隘防禦番害，一面以通事劉世衛與之和約，墾成後稱之為新城庄。後，改石城名為下城庄，改新城名為上城庄。道光年間，此地因番界製腦發達之結果，交通頻繁，道光十四年〔1834年〕彰化紳士劉濟川、劉章職、羅桂芳等，鳩資創設東勢角義渡，以濟行人。在此之前，道光六年〔1826年〕，粵人葉華雲，率民壯50人進入中科山，企圖開墾，因番害頻起，不能安業，乃於東界設10處銃櫃，置私隘20名增加防衛。咸豐七年〔1857年〕，通事傅庚處於其間約和，乃成中科庄。光緒十二年〔1886年〕，於匠寮街置撫墾局，稱之為東勢角撫墾局。本街為東勢角地方之主腦地，故我領臺後稱東勢角街，為臺中方面東部一帶林產物，特別是樟腦之集中市場。人口6,683人（男3,186人，女3,497人）。

水底寮（Chúi-té-liâu）

以大甲溪上游流域西岸水底寮為主腦的谷地，原是平埔番族巴宰部族Daiyaopul即樸仔籬小社Tarauel（水底寮）佔居之處。清乾隆三十七年〔1772年〕，閩之漳州人林潘磊，率民壯100餘名，自頭汴坑（藍興堡）地方進入，著手開墾部分地方，稱之為慶西庄。但土著番人不悅，百方抗拒，被害甚大。爾後，乾隆五十一、二年〔1786、1787年〕間林爽文亂之際，其匪黨有逃入此地者，移民或與匪群結黨，或避亂離開，林潘磊力盡棄地而去。既而，嘉慶二十年〔1815年〕左右，粵人劉半立等和同志共同與番人約定贌得土地，亦企圖開拓。未幾，與番人衝突，中途沮喪。降及道光六年〔1826年〕，粵人彭阿才、陳官壽率民壯30餘名，從石崗仔庄方面進入，壓迫番族侵佔其地，開啟拓墾端緒。爾後，同籍張阿古、張捷和、張阿苟一族亦來協力，漸將地域擴至南方番界，受到山番（泰雅族）抗拒，損傷甚大，乃設私隘設防禦。道光十年〔1830年〕十月，因通事鐘阿生約和，稍得無事。在此前後，粵人蘇賢才、張寧壽、張德正、陳立盛、華雲等20餘戶，自水底寮地方越過大甲溪企圖移住大茅埔，當時採伐蓊鬱森林，相對於慶西庄稱慶東庄，墾成28甲田園。爾後，開墾東南方荒埔，稱慶福庄。數甲田園將成之際，道光十五年〔1835年〕遭山番襲擊，一時30餘名被害，乃棄墾地退至慶東庄，但仍番害不絕。道光二十一年〔1841年〕二月，透過通事廖天鳳約和。同治三年〔1864年〕左右，番害再起，因而於土名抽籐坑一帶，配置私隘致力防護。光緒十二年〔1886年〕，中路棟字隘勇營分駐此地之馬鞍寮經二拒、三隻龍至水長流（北港溪堡），防禦番害，因而墾地、製腦之業漸興。

岸裏大社（Gān-lí tōa sīa）

以大甲溪北今葫蘆墩街附近為中心，北至該溪南岸，東至今東勢角附近，南至今潭仔墩一帶，西以大肚山橫崗為界，分布此間之平埔番族為巴

宰部族，岸裏大社即佔居其中心地一群之總名。番人自稱Rahodopul社，漢族則以位於大甲溪北之岸裏的部落而稱為岸裏社（一作「岸裡」），且用以為巴宰之總稱。此部族原分成4群，形成多數大小部落，其區分如下。

（一）Rahodopul社即岸裏（Gān-lí）社。

（甲）Daiyaodarang社。漢族稱岸東（Gān-tang）社，今揀東上堡大社庄地。

（乙）Rahododarang社。漢族稱岸西（Gān-sai）社，在岸東社西鄰。

（丙）Marivu社。漢族稱岸南（Gān-nâm）社，在岸東、岸西2社南鄰。

（丁）Rutouratol社。漢族稱葫蘆墩（Hôu-lôu-tun）社，今揀東上堡葫蘆墩街地。

（戊）Vuauwata社。漢族稱西勢尾（Sai-sì-bé）社，今社皮庄（土名西勢庄）地。

（己）Vuarizang社。漢族稱麻裡蘭（Môa-lí-lân）社，今社皮庄地（在西勢尾社南鄰）。

（庚）Paitahong社。漢族稱翁仔（O-ga-á）社，今揀東上堡翁仔社庄地。

（辛）Paiten社。漢族稱岐仔（Kî-á）社，今揀東上堡下溪洲庄（土名內埔庄舊街）地。

（壬）Pazefamisan社。漢族稱麻薯（Môa-chî）社，今苗栗三堡舊社庄地。

（二）Daiyaopul社，即樸仔籬（Phok-á-lî）社。

（甲）Vuaruto社。漢族稱社寮角（Sīa-liâu-kak）社，今揀東上堡社寮角庄地。

（乙）Karahut社。漢族稱大湳（Tōa-nâm）社，今揀東上堡大湳庄地。

（丙）Tarawel社。漢族稱水底寮（Chúi-té-liâu）社，今揀東上堡水底

寮庄地。

（丁）Santongtong 社。漢族稱山頂（Soann-téng）社，今揀東上堡馬
力埔庄（土名山頂庄）地。

（戊）Papatakan 社。漢族稱大馬僯（Tōa-má-lîn）社，今揀東上堡東
勢角街南方土名番社庄地。

（三）Rarusai 社，即阿里史（A-lí-sài）社。今揀東上堡潭仔漧庄地，分
為南、中、北 3 部落。

（四）Aouran 社，即烏牛欄（Ou-gû-lân）社。今揀東上堡烏牛欄庄地。

蓋清康熙中葉之前，大肚山橫崗以東，屬未化之番界。康熙三十六年
〔1697 年〕，通過西海岸的郁永河《裨海紀遊》記載，他駐足今牛罵頭街
（大肚上堡）附近平埔番族之部落時，曾欲踏查大肚山，但彼社人告之
曰：「野番（指巴宰及少數之 Poavosa 部族）常伏林中射鹿。見人矢鏃立
至。慎勿往。」爾後，康熙三十八年〔1699 年〕二月，平埔番族道卡斯部
族 Honeyan 即吞霄社作亂。當時，北路參將常泰，率南部地方歸附之平埔
番西拉雅部族之 4 社討伐，不能克，乃有獻計者謂岸裏社番（巴宰部族），
穿林越澗如飛，擒亂徒非此不可。乃以通事入說頭人內附協力，且多給糖
煙銀布，巴宰部族大悅，自期收捕以立功。八月，與清軍前後挾擊，終得
擒獲其首魁（據《臺灣府志》）。是即巴宰部族內附之動機。當時通事張達
京，承旨懇諭番人，於是 Rahodopul（岸裏）社頭人 Avok（阿穆）、Daiyaopul
（樸仔籠）社頭人 Davai（大眉）、Rarusai（阿里史）社頭人 Taien（帶煙）、
Aouran（烏牛欄）社頭人 Kunnai（君乃）等，舉其部下社眾歸化。康熙
五十四年〔1715 年〕，閩浙總督覺羅滿保〈提報生番歸化疏〉謂：「今北路
生番岸裡社等五社土官阿穆等，共 422 戶，男婦老幼計共 3,368 名，俱各傾
心向化，願同熟番一體內附。」當時諸羅知縣周鍾瑄發給如下信牌，委之鼓
勵招徠，並專責成。

福建臺灣府諸羅縣正堂加三級周，為特委土官以鼓招徠，以專責成事。照得，諸邑僻處邊隅，山陬野澨，巳盡荒服，悉遵王化。惟有一、二深山窮谷足跡不到，言語難通，向化無由。茲蒙憲委，加意撫綏，招徠歸誠。以是阿莫等岸裡阿史里社，不憚遠趨，傾心向順，仰遵教化。但恐番眾蚩蚩蠢爾，督率無人，合就照例遴委土官總領社務。為此，牌委阿莫即便總理各社土官事務，宜遵王化，興習禮義，勤力捕耕，出入衣裳，毋遇事生端，毋兜酒生非，功則與賞，過則與罰，各宜勉旃，甚無負本縣委用至意也。慎之。須牌。

同時，劃曠原林野一帶之番地永歸番有，漢族不得佔得，且躝免將來之賦租。康熙五十五年〔1716年〕十一月，諸羅知縣周鍾瑄發給如下示諭。

諸羅縣正堂加一級記錄四次周，為食宿無地，籲天垂憐，恩賞片土，以甦番命事。據岸裡五社土番阿穆、大眉帶煙、君乃等具稟前事，詞稱：竊穆等原屬化外，耳目皆無見聞，茹泉食果，不異飛禽走獸。幸逢老爺德澤，廣被招徠撫綏，設通事傳譯教導飲食、起居、習尚、禮義、倫理，穆等深沐化成傾心，照例輸餉。是前為化外異類，今則為盛世王民矣。然禮義倫理雖未盡識，而飲食起居實所諳曉。獨是原居深山窮谷，衣食無資，雖為歸化之民，弗得土地，而起居寢食終屬不安。因查山外有一帶壙平草地，東至大山，西至沙轆地界大山，南至大姑婆，北至大溪，東南至阿里史，西南至揀加頭地，此處人番並無妨礙，不日野番時常出沒之所，漢人皆不敢到，穆等思欲到處開墾耕種，上得輸餉，下資口食，至今眾番出入。但未蒙恩批賞賜，不敢擅自開闢。理合稟請天恩，批賞穆等各社番黎，前去耕種鑿飲開闢之所，則頂戴鴻慈恩深不朽矣。等因。據此，除將校栗林、大姑婆等處壙平草地，穆等前去耕種外，合就出示曉諭。為此，示仰沙轆、大肚等社通事爾等知悉，即便遵照。准得以阿穆等各社土番，雖愚不諳，莫為佔據，抽取租稅。阿穆等亦宜遵照准限管耕，不得執頑侵墾以滋爭端情弊干譴未便，各宜凜遵。毋違。特示。康熙五十五年〔1716年〕十一月初九日給。

亦及，據此則其皇允賜土之境界，東方至中部山地，西方至沙轆（Soarok，大肚中堡）地界的大肚山，南方至大姑婆（Tōa-kou-pô，即今牛埔仔 [Gû-pou-á] 庄，立石牌以為界故該庄南尚存石牌庄名），北方至大甲溪，東南至阿里史（A-lí-sài，即今潭仔墘 [Thâm-á-kînn] 庄），西南至揀加頭（Sok-ka-thâu，即今水掘頭 [Chúi-khut thâu] 庄）一帶。但內附之初，似尚依然舊態。康熙六十一年〔1722年〕，巡視臺灣御史黃叔璥〈番俗六考〉謂：「岸裏、樸仔籬、阿里史、掃揀（同時歸附之 Poavosa 部族的 Sausok 社）、烏牛欄五社，不出外山，惟向猫霧揀交易。樸仔籬，逼近內山，生番間出殺人。」猫霧揀即今犁頭店街（揀東下堡），為此等番人貿易之所。又，雍正二年〔1724年〕成書之《諸羅縣志》曰：「岸裏、阿里史諸社，磴道峻折，溪澗深阻，番矬健嗜殺，雖內附，罕與諸番接。」如此，其完全向化乃在乾隆以後，經 Rahodopul 社的頭人 Avok 之子 Anan（阿藍）至其孫 Atoun（漢族稱為墩仔），資性溫良且通曉名分，夙有傾心投誠之實，乃被舉為岸裏等5社總通事，乾隆二十三年〔1758年〕依漢制，賜姓潘名大由仁，乾隆三十五年〔1770年〕特別由北路理番同知張所受賞給「率類知方」扁額。既而，自乾隆末年以降，漢族之移殖漸加，巴宰部族之地，亦或被侵佔，或以約購得，終於失去足以保其生計餘裕之土地。自嘉慶、道光至咸豐年間，有如下之變遷。

（一）Rahodopul 即岸裏社內合 Daiyaudarang（岸東）、Rahododarang（岸西）、Marivu（岸南）、Vauwata（西勢尾）、Varizan（麻裡蘭）、Paitahon（翁仔）等6小社為一，以 Rahodopul（岸裏）為社名，團結於岸東之地（今之大社庄）成一集團。（根據《噶瑪蘭廳志》記載，嘉慶九年岸裏社及阿里史社，與北部番族6社共1,000餘人，越山進入今宜蘭，統率之頭人為潘賢文〔番名 Toanihan Moke〕）。

（二）Rahodopul 即岸裡社內之 Paiten（岐仔）社，初稱 Hahao 社，乾

隆末年因大甲溪水害，遷徙至葫蘆墩街西方（土名圳寮），稱Touratol社，後移至該街東方（土名岐仔腳），改為Paiten社。既而，嘉慶年間被漢族驅逐，越過大甲、大安2溪進入罩蘭峽谷，道光四年〔1824年〕後又被漢族侵佔，遷徙至罩蘭溪北岸河丘塹西坪（苗栗一堡），但山番（泰雅族）出沒，被害甚大，居住二十年後，舉族再移往舊地岐仔腳之部分地方定居，但一年後已經佔據此地的漢族不肯，因此只好找尋其他良好地方，選擇壯丁64人溯大安溪，而發現南、東、北3面被山崗環繞，只向西方一面展開的自然城廓鯉魚潭窪地，而移住開拓，稱Tava社（漢族以其地勢而稱之為番仔城）。此在道光二十五年〔1845年〕。

（三）Rahodopul即岸裏社內Pazefamisan（麻薯）社，於康熙末年受漢族侵佔，其半越過大甲溪進入Daiyaudarang（岸東）社，乾隆初年，餘族再奪地越過大安溪上，形成溪岸3部落（苗栗三堡頂社、中社、下社3庄），然後於道光五年〔1825年〕進入埔里社窪地。

（四）Rahodopul即岸裏社內之Rutouratol（葫蘆墩）社、Daiyaopul即樸仔籬社內之Varuto（社寮角）社，與該族Pazefamisan（麻薯）社一起進入埔里社窪地。

（五）Daiyaopul即樸仔籬社內之Karahut（大湳）社，咸豐元年〔1851年〕進入埔里社窪地。

（六）Daiyaopul即樸仔籬內之Tarawel（水底寮）社，咸豐元年〔1851年〕進入埔里社窪地。

（七）Daiyaopul即樸仔籬社內之Santongtong（山頂）社，咸豐八年〔1858年〕進入埔里社窪地。

（八）Daiyaopul即樸仔籬社內之Papatakan（大馬僯）社，道光三年〔1823年〕進入埔里社窪地。

（九）Rarusai即阿里史社，道光三年〔1823年〕進入埔里社窪地。（《噶

瑪蘭廳志》記載，嘉慶九年〔1804年〕，岸裏社、阿里史社與其他北部番族6社1,000餘人，越山進入今宜蘭。）

（十）Aorang即烏牛欄社，道光三年〔1823年〕進入埔里社窪地。

亦即，巴宰部族仍保留其原來位置，但僅Rahodopul即岸裏社之一部落稱為岸裏大社，我領臺後於明治36年〔1903年〕土地查定之際，刪去岸裏2字而稱大社庄。

揀東下堡（Sok-tang ē pó）

北隔大甲溪為與苗栗三堡之界，東連揀東上堡，南連藍興堡，西以大肚山橫崗接大肚堡，清康熙六十年代，與該堡合稱猫霧揀堡，雍正十二年〔1734年〕分稱猫霧東堡，爾後於乾隆期間改為揀東下堡。本堡自康熙末年以來，由漢族開啟開拓之端緒，以今犁頭店街所在之地，平埔番族Poavosa（猫霧揀）社地，最早開發。雍正九年〔1731年〕設置巡檢。爾後是馬龍潭（一名馬鳴潭）及水掘頭庄。乾隆二十九年〔1764年〕之《（續修）臺灣府志》，於此地只記載犁頭店街及馬明潭、水掘頭2庄名。但土地開墾似到處都有所成就，雍正十年〔1732年〕彰化地方之墾首張萬振及陳周文、秦登監、廖朝孔、江又金、姚德心等約定共同為業主（稱之為六館業戶），修築樸仔籬口（Phok-á-lî kháu，今揀東上堡尚存朴仔口地名）之大埤，鑿水圳，分其圳水為10份，約定以8份灌溉業戶自己之田，殘餘2份灌溉番人田地，其代價則是從平埔番族巴宰部族獲得同意可以開墾達於Aapopa（阿河巴）之地即自今橫山庄至四張犁及二份埔2庄一帶之埔地。爾後，至道光年間，於葫蘆墩街（揀東上堡）、牛罵頭街（大肚上堡）之通路上形成堀雅（Kū-gá）街（原稱堀仔庄），堀雅及犁頭店2街之中路亦形成西大墩街。

犁頭店街（Lôe-thâu-tiàm koe）

古猫霧捒之地（參照猫霧捒條）。清康熙六十一年〔1722年〕，巡視臺灣御史黃叔璥〈番俗六考〉記載：「岸裏、樸仔籬、阿里史、掃捒、烏牛欄五社，不出外山，惟向猫霧捒交易。」可知康熙末年前後，漢族已經佔居此地，從事與番人之交易。既而，雍正九年〔1731年〕設置巡檢，應是漢族拓殖進行顯著之結果，而當初此地多有製造農具犁頭之鍛冶工匠，於是稱為犁頭店。乾隆二十九年〔1764年〕成書之《（續修）臺灣府志》，已見犁頭店街名，可知建街應在此以前。乾隆五十一年〔1786年〕林爽文之亂時，全罹兵燹，五十三年〔1788年〕再建。該街之文昌祠，為嘉慶二年〔1797年〕紳士曾玉音捐建。人口797人（男437人，女360人）。

藍興堡（Lâm-heng pó）

連接於捒東上、下堡南方之一區。清康熙六十年代屬猫霧捒堡，雍正十二年〔1734年〕屬猫霧捒東堡（後捒東上堡），光緒元年〔1875年〕分立藍興堡。最初此地因係雍正年間人藍天秀、張嗣徽等合墾而成，為當時藍、張2姓新興之地，而稱藍張興庄，乃取為堡名。雍正十一年〔1733年〕，添設猫霧捒汛於今犁頭店（捒東下堡），在今屬臺中街之大墩街（Tāi-tun koe）駐紮分防兵員。《彰化縣志》謂：「猫霧捒汛，千總一員駐大墩」即是。乾隆四十三年〔1778年〕四月立於該街天后宮內之古碑記載：「猫霧捒堡藍興庄之田，奏請充公」，可知當時藍姓墾成之地，歸該宮為營業地。又，大里杙街地方，為民番雜居荒埔，乾隆初年漸被粵人開墾，至五十年代而有內新庄、涼傘樹庄及柳樹湳庄（屬今猫羅堡）共稱4大庄，同時建太平庄、番仔寮庄、塗城庄等。塗城為當初防禦番害建築土堡之地名。光緒十五年〔1889年〕，卜定新臺灣省城位置於大墩街鄰接之橋仔頭（Kiô-á-thâu，一寫成「橋仔圖」），築城墻，建市肆，成為今臺中街之基礎。

臺中街（Tāi-tiong koe）

　　舊臺灣城及城外之大墩街，併稱臺中街。位於藍興堡之西北，附近一望萬頃之田園相連，遠望匝圍連山。清光緒十一年〔1885年〕，以臺灣為一省，卜定省城位置於此，稱臺灣府（舊臺灣府改稱臺南）。相對於臺北、臺南2府，也稱臺中府。橋仔頭（一作「橋仔圖」）庄屬於區域之內，當初並未建有街庄，以之為省城由光緒十三年〔1887年〕巡撫劉銘傳敷設臺灣鐵路之奏疏中的一節可知。

> **臺灣既經分省，須由中路建設省城，以便控制南北。查彰化橋孜圖地方，曾經前任撫臣岑毓英察看地形，可以建省。臣於上年九月，復親往察看。該處地勢平衍、氣局開展，襟山帶海，控制全臺，實堪建立省城。**

　　在此之前，福建巡撫岑毓英來臺視察此地形勢，表示將來可置一首府。光緒十二年〔1886年〕九月，劉銘傳亦親來此地，審加察看後定議（今臺中公園內之墩臺，據說即為當時瞰望地形之址）。於是在光緒十五年〔1889年〕八月興工，先建8門4樓：大東門，門曰「震威」，樓曰「朝樓」；小東門，門曰「退安」；大西門，門曰「兌悅」，樓曰「聽濤」；小西門，門曰「埔順」；大南門，門曰「離昭」，樓曰「鎮平」；小南門，門曰「選正」；大北門，門曰「坎孚」，樓曰「明遠」；小北門，門曰「乾建」。並築衙署、廟宇等。爾後，光緒十六年〔1890年〕，棟軍統領林朝棟親自督率兵勇設計城墻，紳士吳鸞旂等總理之。光緒十七年〔1891年〕十二月，土壁大半告成，周圍稱650丈，經費21萬5,000兩（或曰19萬兩）。後，巡撫劉銘傳辭任，邵友濂代之，主要為了節儉經費，因而不得已中止築城工事，建議曰：

> 前卜定省城之地，雖當中樞，控制南北；而山岳四面圍匝，距臺南、臺北兩府各四、五日程，其間溪水暴漲，交通頗煩。兼以沿海水淺，輪船難以駛入，南北有事，

接濟遲延。又省城必須建築壇廟衙署等，經費浩繁，無由籌辦。伏思臺北居臺灣之上游，衙署局庫略已成工，商民輻輳，鐵路亦通，舟車之利兩備，故擬以該府城為臺灣省會。

此議被採用，終於中止築城。該年改以臺北為省城之地。爾來，臺灣府城之地雖存在，但當初大半完成之建築概歸荒廢，僅見城內新庄仔及下街仔2地形成店肆。

我領臺後，明治29年〔1896年〕4月，重新命名為臺中街。明治34年〔1901年〕6月計畫市區改正，擴大規模，面目為之一變。現為臺中廳所在地，臺灣鐵道縱貫線車站在此地（距基隆基點119.1哩）。人口，包含大墩街為8,915人（男5,642人，女3,273人）。

（**附記**）「前臺灣巡撫劉銘傳，前來遊視此地，山圍四面，地甚廣闊，其水多由地下而生，且距離臺北、臺南各240里，南北如果有變，臺中自可救應，乃奏請建設臺中城。光緒十五年〔1889年〕三月命縣知事黃承乙來守此土，八月間興建縣衙、城隍、考棚、文廟及八門城樓。光緒十六年〔1890年〕棟軍統領林朝棟督率兵勇築造城墻。十七年〔1891年〕十二月，各工務略完竣。聞用金共二十一萬五千兩。」（林汝言手記）

城外之大墩街，以雍正年間成立的藍張興庄之主地發達起來。雍正十一年〔1733年〕，於今犁頭店街（捒東下堡）添設貓霧捒汛，此地駐箚分防兵員（千總），築造砲墩。大墩之地名出於此。乾隆二十九年〔1764年〕成書之《（續修）臺灣府志》記載：「貓霧捒堡，內有大墩小市」，可知當時已形成街肆。乾隆五十一年〔1786年〕十一月二十七日，林爽文之亂，為賊將劉升、王芬等攻陷，爾後又被清軍全燒。街內之天后宮，乾隆十三年〔1748年〕彰化知縣陸廣霖倡建。將軍廟，嘉慶五年〔1800年〕二月創

立（以後光緒九年〔1883年〕，大墩街火災延燒甚多。據說，當時太平庄紳士林志芳，建設店肆之際，以自家所有之家屋多在舊街，希望往來頻繁店肆興盛，故將其他街衢彎屈以止行人，做了今日之暗街）。最初築城漸就緒時，為北自苗栗渡大甲溪，經葫蘆墩過府城至烏日庄，渡大肚溪南入彰化的南北往來幹道，紳士林文欽捐資設大肚及大甲2義渡以便交通。

大里杙街（Tōa-lí-khit koe）

清乾隆年代初葉，粵人開墾。乾隆五十年代，與內新庄、涼傘樹庄及柳樹湳庄（今屬貓羅堡）共稱4大庄。五十一年〔1786年〕啟發禍端之林爽文之亂的根據地。（《彰化縣志》曰：「大里杙，逼近內山，溪磡圍抱，藏奸其中，吏不能問」，林爽文乃乘隙據為倡亂。）翌年十一月戰敗，再退守此地，賊徒於高壘土城內排列巨砲，外設木柵2層，且溪磡重疊有不易拔取之狀。當時將軍福康安揮軍迫近溪磡，賊發巨砲拒之，軍分2路夾攻，遂破之，林爽文攜家眷越東南之火炎（Hé-iām）山逃竄番界，乃剷平大里杙城塹（據說當時清軍押收大小砲160餘門，鳥鎗230餘桿，稻穀數1,000石，牛800餘頭，其他軍械不可勝計。可知謀亂基礎甚為堅固。）大里杙街市發達成為今日之基礎，在此亂後。根據道光十二年〔1832年〕柳樹湳汛（貓羅堡）移駐此地來推測，蓋在其前後。

大肚上堡（Tōa-tōu siōng pó）

大肚山之橫崗以西海岸一區之北部，原為貓霧揀西堡之一部。清乾隆中設立大肚堡（分貓霧揀及半線2堡），光緒元年〔1875年〕更分成上、中、下3堡，為其一。漢族足跡及於此地，早在康熙中葉。康熙三十六年〔1697年〕，最初之旅行者郁永河，自今沙轆（Soa-lok，大肚中堡）經過牛罵頭附近，涉大甲溪北進。開始拓殖其地，在雍正末年。根據閩粵人合約，最初購得平埔番族Vupuran部族之Gūma社地，在今牛罵頭街初建一庄，此為牛罵新庄。乾隆元年〔1736年〕，粵人吳瓊華，從墾首張振萬接受墾批，進入

東方平埔番族Pazehe部族之界域，開拓公館庄之一部。爾後，Gūma社番人，自招盧姓漢族開拓其他一部，同時大槺榔庄地方亦被開拓。乾隆十年〔1745年〕，楊、蕭、趙、王4姓之漢族，進入大甲溪南岸開墾，高美庄一帶就緒，當在其末年，鹿寮庄、三塊厝庄、四塊厝庄、大突寮庄、楊厝寮等告成。

牛罵頭街（Gû-má-thâu koe）

原屬平埔番族Gūma社地，清雍正末年漢族贌得建立一庄，稱牛罵新庄。牛罵者，Gūma之近音譯字。乾隆二十九年〔1764年〕成書之《（續修）臺灣府志》已見牛罵街名，可知此時已經形成一市肆。因其在番社社領之位置，以後乃出為牛罵頭街名。最初為閩粵人合墾而成，乾隆五十一年〔1786年〕林爽文亂後，粵人與附近各庄之同籍人移轉至葫蘆墩及東勢角地方（揀東上堡）。本街介於葫蘆墩、東勢角2街及梧棲港（大肚中堡）之間，夙為其中繼市場而發達。道光元年〔1821年〕寫成之噶瑪蘭通判姚瑩〈臺北道里記〉謂：「牛罵頭，民居稠密，有街市館舍。」人口4,255人（男2,156人，女2,099人）。

大肚山（Tōa-tōu-soann）

為大肚堡東界之橫崗，海拔978尺。清康熙末年，此山以東一帶，尚屬未化番境。大肚山名初見於文書者，在康熙六十一年〔1722年〕巡視臺灣御史黃叔璥〈番俗六考〉之際：「大肚山形，遠望如百雉高城。」在此之前，康熙三十六年〔1697年〕通過山西海岸平埔族番社之郁永河的《裨海紀遊》記此山情形：「不知山後深山當作何狀。將登麓望之，社人謂，野番常伏林中射鹿，見人則矢鏃立至，慎毋往。予策杖，披荊拂草而登，既陟巔，荊榛樛結，不可置足，林木如蝟毛，聯枝累葉，陰翳晝瞑，仰視太虛，如井底窺天，時見一規而已，雖前山在目前，而密樹障之，都不得見，惟有野猿跳躑上下，向人作聲，若老人咳，又有老猿如五尺童子，箕踞怒視，風度林杪，作簌簌聲，肌骨欲寒，瀑流潺潺，尋之不得，而脩蛇乃出踝下，

心怖遂返。」其所謂野番，指平埔番之Pazehe及少數之Poavosa部族。既而，到了乾隆時期，山西海岸一區新設一堡名大肚，亦因形勢上以此山為東護。蓋大肚山之名，以山下平埔番社名為Toatou（大肚），更以此山名為該堡之名。

肚山樵歌　秦士望（雍正十二年〔1734年〕彰化知縣）

山高樹老與雲齊，一逕斜穿步欲迷。人跡貧隨巖鹿隱，歌聲喜租野禽啼。

悠揚入谷音偏遠，繚繞因風韻不低。刈得荊薪償酒債，歸來半在日沉西。

大肚中堡（Tōa-tōu tiong pó）

大肚山橫崗以西海岸一區之中部，原為半線堡之一部，清乾隆中設立大肚堡（分貓霧拺及半線2堡），光緒元年〔1875年〕更分為上、中、下3堡，為其一。漢族足跡及於此地，似早在明末鄭氏時代，黃叔璥〈番俗六考〉記載該時代半線（即彰化）之鎮將劉國軒討伐此地平埔番族Vupuran部族（沙轆）社謂：「沙轆番原有數百人，為最盛。後為劉國軒殺戮殆盡，只餘六人潛匿海口，今生齒又百餘人」。康熙三十六年〔1697年〕，最初之旅行者郁永河，自今大肚（大肚下堡）經沙轆通過牛罵頭（大肚上堡）。

漢族入墾此地蓋在康熙末年，〈番俗六考〉記載：「辛丑（康熙六十年〔1721年〕）七月有大風，糯黍歉收，（沙轆番）間為別番傭工以糊口。土官嚘即目雙瞖Iuchia Baksiangkou，能約束眾番，指揮口授無敢違。社南地盡膏腴，可種水田。漢人有欲買其地者，嚘即伴許之，私謂眾番曰：祖公所遺，祇此尺寸土，可耕可捕，藉以給饔飧、輸課餉。今售漢人，侵佔欺弄，勢必盡為所有，闔社將無以自存。我與某素相識，拒其請將搆怨。眾力阻則無傷也。卒不如其請」，從中可知當時情形。康熙六十一年〔1722年〕，黃叔璥為巡視臺灣御史，據〈番俗六考〉其北巡途中曾來到此地之Soa-lok社：「余北巡，至沙轆……，次早將還郡治，土官遠送，婦女咸跪道傍，

俯首高唱，如誦佛聲。詢之通事，則云祝願步步好處，一社攀送有戀戀意。抵郡後聞將社名喚作迴馬社，以余與吳侍御（吳達禮）北巡至此迴也。」

　　既而，雍正初年，漢族嚴玉漳，騰得南簡庄一帶之地開拓，乾隆初年 Soa-lok 社附近也已見漢族聚落，稱之為沙轆新庄。乾隆二十九年〔1764年〕成書之《（續修）臺灣府志》已見沙轆街名。乾隆三十五年〔1770年〕前後，有來自對岸福建獺窟之一商船，來到臨接牛罵溪口之梧棲港航貿易。乾隆五十年代，梧棲漸成街市。此時前後，各開大庄、鴨母寮、三塊厝等庄。梧棲附近之漁寮及草湳之荒埔，道光五年〔1825年〕由紀于振墾成。

梧棲港（Gô-chhe káng）

　　大甲、大肚2溪口之中央海岸區。當時發源於大肚山之牛罵溪，潮水深侵碇泊不便。乾隆三十五年〔1770年〕前後，有對岸福建獺窟一商船來航貿易。乾隆五十年代，梧棲港（《彰化縣志》作五叉港）漸成街市。數年前新開之大肚溪口塗葛崛港（大肚下堡）為南方要港，梧棲港為北方要港，兩相對峙極為殷賑。但道光初年以來，隨著附近一帶之荒埔開拓，水圳縱橫之結果，流砂掩埋港口，爾後逐漸淤淺堆積，自然喪失港灣價值。降至咸豐年間，船舶出入全絕改而集中至南港塗葛崛。現在港口面西，碇泊處滿潮時水深僅8尺，東西及南北寬度各只6町。但向來本港為此地之貿易港，故雖船舶出入已絕，其名依然膾炙人口，即使今日尚不稱塗葛崛而謂梧棲，其中亦有將梧棲、塗葛崛當成同港異名之傾向。實際就水路上及交通上之關係，也便於將此二者視同一港口，故我領臺後合併為一特別輸出港。梧棲港街人口4,356人（男2,176人，女2,180人）。

龍目井（Liông-bak chínn）

　　大肚中堡龍目井庄的一處古蹟，《彰化縣志》記載：「龍目井……泉清而味甘，湧起尺許，如噴玉花。井旁有二石，狀似龍目，故名。里人環井而居，竹籬茅舍，亦饒幽致。」據云對眼疾有效，今日尚多有各地來尋者。

龍目井　黃驤雲

龍吸三江併五湖，化為泉水似真珠。霖施六合間仍臥，井養千家潤不枯。

洗我兩眶詩眼清，沁人全付熱腸無。分他一勺龍應許，龍目雙睛定識吾。

大肚下堡（Tōa-tōu ē pó）

　　大肚山橫崗以西海岸一區之北部，原為半線堡及猫霧揀西堡之一部，清乾隆中葉建立大肚堡（分猫霧揀及半線2堡），光緒元年〔1875年〕更分成上、中、下3堡，此為其一。漢族足跡及於此地，似早在明末鄭氏時代。半線（即彰化）鎮將劉國軒討伐北方之沙轆（大肚中堡）番人，曾經過此地（大肚街有祭祀鄭成功之小祠，但似非因此地為明末鄭氏時代開屯區域之故。）康熙三十六年〔1697年〕，最初之旅行者郁永河，自彰化經北方阿束（往時番社在溪之南岸。根據〈番俗六考〉，康熙五十七年〔1718年〕大肚溪漲，淹沒部落），渡過大肚溪到今大肚北進。《裨海紀遊》記此地光景曰：「過阿束（A-sok）社，至大肚社，一路大小積石，車行其上，終日蹭蹬，殊困。加以林莽荒穢，宿草沒肩」，可想見當時荒蕪景象。

　　此地最初開拓就緒者，乃大肚庄附近，康熙四十年代閩之漳州人自鹿港上陸，贌得土著平埔番族土地為根據地。到了雍正年間，有林、戴、石3姓閩人，企圖開墾今茄投庄方面，此時該地方自土名田中央至龍目井（大肚中堡）一帶是為荒埔，據說平埔番族以此為承襲祖遺之土地而抗議，官府仲裁其中而均分發給漢番2族。雍正中葉以來，一方面拓殖方向從大肚溪北岸進向東方，先成立勝脂庄，乾隆初年及於王田庄，閩人董顯謨開鑿王田圳講求灌溉之策。爾後，開九張犁庄。在此之前，已開拓至犁頭店街（揀東下堡）一帶的田園。同年代，南方海岸以閩之漳州人開汴仔頭為最早。乾隆二十年代，陳姓閩人開拓水裏港地方，四十年代，張姓閩人開拓塗葛崛附近，然後成立福頭崙庄。但濱海一帶全是沙地，除了水裏、塗葛

崛等港口附近之部分地方，截至嘉慶年間多還是未墾荒埔。嘉慶以來才見有活潑之續墾。結果，有漳、泉分類之鬥及趙、陳異姓紛爭，加上道光年間之大風雨，既墾田園多歸荒廢，庄民四散。爾後才又恢復寧靜，復墾沖壓荒地，形成現在之田園。

烏日（Ou-jit）

另也寫作「湖日」（Ou-jit）。地當臺中、彰化2市街之中途，且為中部地方產米之一集散地。位於大肚溪北岸，又有舟楫之便。臺灣鐵道縱貫線車站在此（距基隆起點123.6哩）。

大肚（Tōa-tōu）

在大肚溪東岸。清康熙四十年代，閩漳州人所開。乾隆二十九年〔1764年〕成書之《（續修）臺灣府志》已見「大肚街」。原為平埔番族Hajiovan（一名Toatou社）之所在，大肚為近音譯字。街內有祭祀鄭成功之小祠，建置年代不詳，但應非明末鄭氏時代之開屯區域。街外有故北白川宮殿下臺灣征討御遺跡地。其由來，有殿下御吟詠：

> 與師團參謀及各團隊長，同至大肚溪右岸偵察敵情，偶為敵所視，砲銃射擊激烈無間斷，雖然全員無傷，遂偵察而歸，時八月二十六日（明治28年）也。
> 偵察敵情河岸臻，彈丸咫尺雨飛頻。一兵不損無違算，即是神明祐我人。

臺灣鐵道縱貫線大肚車站，在其東南約1里王田庄（基隆起點距126.1哩）。

大肚溪（Tōa-tōu khoe）

大肚溪有3源，一為發源於北港溪堡東方山地之北港（Pak-káng）溪，一為發源於埔里社方面中部山地，流過該窪地南方之南港（Nâm-káng）溪

（與同樣發源於中部山地流過北方之眉 [Bâi] 溪，於窪地西端會合），二流在北港溪堡西端相會成為烏溪，出龜仔頭（Ku-á thâu）峽谷（烏溪上流龜仔頭東方幽邃之峽間水，激石碎岩飛珠萬顆，有鏗鏘之聲，土人稱為大石鼓，一奇勝也），更至猫羅堡西端會合發源於集集堡山地之猫螺（Bâ-lô）溪，至此漸大，稱為大肚溪，西北流後從大肚下堡入海。河口即塗葛崛港。

水裏港（Chúi-lí káng）

在大肚溪口北岸今塗葛崛港北方數町一支流之河口。昔梧棲、塗葛崛2港未開之時，已有其名。清乾隆二十九年〔1764年〕成書之《（續修）臺灣府志》記載：「水裏港，海汊小港。」爾後，因流砂沉積而失去港灣價值。屬平埔番族 Vupurang 部族 Vudol 社之所在地，位於港水域內，漢族因而稱為水裏社（另也寫作「水裡」），再轉為港名（今屬塗葛崛庄）。

塗葛崛港（Thôu-kak-khut káng）

在大肚溪口，開向西北，廣袤東西5町，南北15町。碇泊處水深，乾潮時2尺、滿潮時12尺。塗葛崛（《彰化縣志》寫作「塗鑒崛」）街市，在溪口北岸砂嘴負南之處。起初，清乾隆四十一、二年〔1776、1777年〕時，對岸福建獺窟之商船來航貿易，形成一個小聚落。爾後，乾隆五十年代，形成梧棲港（大肚中堡）街肆。爾來，分成塗葛崛、梧棲2港，塗葛崛在南方、梧棲在北方，各設立市場，從事貿易。道光初年後，梧棲港逐漸堆積土砂，自然失墜港灣價值，到了咸豐年間船舶碇泊處遂完全改在塗葛崛。至此，本港商運殷賑，當時商賈只居住於下塗葛崛，同治末年更設新街肆於上塗葛崛，為中部臺灣生產品及需要品之吞吐口，與鹿港（馬芝堡）並稱。對岸清國之主要交通地，為福建沿岸之獺窟、祥芝、蓮河、福州等。

根據口碑，往時船舶碇泊處，比現在之位置稍北。爾後隨著歲月經過，北方逐漸堆積土砂，隨埋隨轉，現在仍然每年變更碇泊處，現在之停泊處位於距陸地約1里處。但因實際水路上及交通上之關係，將本港與梧棲看

做同一港口相對便利，故我領臺後將之合併為一個特別輸出港。但特別輸出港之資格全在塗葛堀。今併上、下塗葛堀稱為塗葛堀庄，人口2,594人（男1,325人，女1,269人）。

半線（Pòann-sòann）

昔時彰化（Chiong-hòa）地方一帶，總稱之為半線。半線之稱呼，出於此係佔居彰化方面之平埔番族 Boabosa 部族 Poasoa 社之中心位置，半線為其近音譯字。明末之鄭氏時代，漢族從鹿港（Lok-káng）上陸著手開屯，當時劉國軒為半線鎮將（彰化城東門外八卦山上有明之鄧國公及蔣國公墓。據《彰化縣志》，係鄭氏將佐埋葬之處。前者有永曆三十六年〔1682年〕，後者有永曆三十七年〔1683年〕之年號）。又，彰化北門外土名柴仔坑（Chhâ-á-khinn）有國姓井（Kok-sèng chínn），傳係鄭氏時所鑿。鄭氏滅亡後，清朝領有之初，康熙二十三年〔1684年〕置北路營，文治之政化及於諸羅（即嘉義）以北。康熙中葉以來，漢族移殖已達到此地，閩之泉州人施長齡、楊志申、吳洛及粵人張振萬等豪族，或從鹿港上陸，或自臺灣（臺南）、諸羅（嘉義）北進，招徠佃戶進行大規模開墾，以今線東、線西各堡為根據，逐步進墾其他諸堡。如此官未治而民先拓之情形，往往不免成為匪賊禍亂之叢淵。

康熙六十年〔1721年〕朱一貴亂後，籌謀善後之藍鼎元，以擴開疆域為第一要義，主張於臺灣北部地方更分設縣治。《平臺紀略》記其主張之要點：「諸羅地方千餘里，淡水營守備，僻處天末，自八里坌以下尚八、九百里，下加冬、笨港、斗六門、半線皆奸宄縱橫之區，沿海口岸皆當防汛戍守，近山一帶又有野番出沒，以八、九百里險阻叢雜之邊地，而委之北路一營八百九十名之兵，聚不足以及遠，散不足以樹威，此杞人所終夜憂思而不能寐者也」，「以愚管見，劃諸羅縣地而兩之，於半線以上別設一縣，管轄六百里，雖錢糧無多，而合之番餉，歲徵銀八九千兩，草萊一闢，貢賦日增，數年間巍然大邑也」。另，當時之巡視臺灣御史黃叔璥〈臺灣近

詠〉中有：「諸羅千里縣，內地一省同。萬山倚天險，諸港大海通。廣野渾無際，民番各喁喁。上呼下即應，往返彌月終。不為分縣理，其患將無窮。南劃虎尾溪，北踞罷雞籠。設令居半線，更添遊手戎。健卒足一千，分汛扼要衝。臺北不空虛，全郡勢自雄。晏海此上策，猶豫誤乃公。」雍正元年〔1723年〕，新設彰化縣，實因於此。縣城位置，卜定於當時已經形成之半線街。其堡之區劃，康熙六十年代，設立半線堡。乾隆年間，分為猫羅堡、北投堡及大肚堡，更二分半線為半線東堡、半線西堡。光緒元年〔1875年〕，改為線東堡及線西堡。

（附記）往時此地山中，似有野牛棲息，番人捕之賣給漢族。黃叔璥〈番俗六考〉記載康熙末年情形：「山有野牛，民間有購者。眾番乘馬追捕售之，價減熟牛一半。」

線東堡（Sòann-tang pó）

北與大肚下堡及線西堡，東與猫羅堡，南與燕霧上堡，西與馬芝堡接境，以彰化街為中心地。原為半線堡之一部，乾隆年間分出一堡稱半線東堡，光緒元年〔1875年〕改為線東堡。半線堡最初之開拓地為本堡，早在明末鄭氏時代已見漢族足跡。到了清康熙中葉，此地方之大墾首閩人施長齡、楊志申、吳溶等以此為根據地。

彰化城（Chiong-hòa-sîann）

今稱彰化街，古為半線街。原為平埔番族Poasoa（半線）社所在地，街名因之而出。清康熙二十三年〔1684年〕，置北路營，即《諸羅縣志》所謂「望寮山下，有北路中軍之旗鼓，則半線之營壘也」之地。雍正元年〔1723年〕，置彰化縣。《臺灣府志》記載：「半線街，分東、西、南、北四市」，蓋為置縣當時之情形。彰化之縣名，從福建巡撫王紹蘭〈彰化縣城碑記〉

中：「實獲眾心，保城保民，彰聖天子丕昌海隅之化歟」可解其命名，換言之即寓意「顯彰皇化」之佳字地名。半線街為建城之位置，因而以彰化為街名。置縣之初未設縣城，雍正十二年〔1734年〕知縣秦士望初倣諸羅知縣周鍾瑄之法，於街巷外圍遍植莿竹為城，立東、西、南、北4門。爾來，經年栽種頗為茂密。乾隆五十一年〔1786年〕，林爽文之亂縣城淪陷，竹種砍伐殆盡。

（**附記**）乾隆五十一年〔1786年〕十一月，林爽文作亂，自大里杙進攻彰化縣城。當時守城兵僅80人。知府孫景燧知以寡兵難以抵抗，與北路理番同知長庚合謀，糾集番眾掘濠插竹，分門戒嚴，但城中有通賊者，二十七日之夜，城陷，孫景燧、長庚及攝縣事劉亨基等死之。至是，賊勢大振，各地匪黨前來會合，於縣城內開設盟主府，推林爽文為盟主，立年號「順天」，爾後北陷淡水、南犯諸羅，到處暴威。乾隆五十二年〔1787年〕十月，將軍福康安率兵約5,000，自鹿港登陸，十一月四日進而佔領縣城東門外八卦山要害，恢復縣城。在此之前，全在賊之掌中。

當時在閩浙總督李侍堯幕中參與戎務之趙翼曾有「移彰化縣城議」，但終未行而止。趙翼《武功紀盛》詳記其始末，其要旨如下。

臺灣既平，有當酌改舊制者：彰化縣城宜移於鹿港，而以臺灣道及副將駐之。康熙中，初取臺地時，僅臺灣、鳳山、諸羅三縣地。鳳在南，諸在北，臺灣居其中。又有鹿耳門海口通舟楫，故就其地設府治。其後北境日擴，閩人爭往耕，於是諸羅之北增彰化縣；彰化之北又增北路淡水同知，則府已偏於南。且舊時海口，僅一鹿耳門，由泉之廈門往，海道八、九百里。今彰化之鹿港，既通往來，其地轉居南北之中。由泉州之蚶江往，海道僅四百里；風順半日可達。此鹿港所以為臺地最要門戶，較鹿耳門更緩急可恃也。幸林爽文等皆山賊，但知攻城，不知扼海口；

故我師得以揚帆至。然海口舟大不能附岸，須鹿港出小船二十里來渡兵。倘賊稍有智計，先攻鹿港，鹿港無城可守，其勢必拔；拔則據海口、禁小舟，我師海舟雖至，亦不得薄而登。所恃以入臺者，祗鹿耳一門耳！兵既由鹿耳入府城，又須自南而北，轉多紆折，必不能如彼處之路捷而功速也。

彰化城距鹿港二十里，不傍山，不通水，本非設縣之地。若移於鹿港，鎮以文武大員，無事則指揮南北，聲息皆便；有事則守海口以通內地應援，與鹿耳門為關鍵，使臺地常有兩路可入，則永無阻遏之患。時上方有旨，修築臺郡各城。余囑李公以此奏；李公以築城事別有司之者，遂不果。然此議終不可廢，後之留意海疆者，或奏而行之，實千百年長計也。

爾後，乾隆六十年〔1795年〕陳周全之亂，縣城再遭蹂躪，圮壞極甚。

（**附記**）乾隆六十年〔1795年〕三月，林賊逸匪陳周全作亂，先陷鹿港，將攻彰化縣城。十三日之夜，文武官員帶兵至東門外八卦山，待各處義民來救。而先義民至，賊眾已集山下，自兩路夾擊，直衝山上，放火鎮番亭，署理知縣朱瀾及文武官員被火焚死，八卦山為賊所佔，爾後拔縣城據之。翌日，各庄匪類持械執旗雲集城中，見周全之兵少而無備，知其必敗，各懷離心，皆暗與義民為約。十七日，周全出襲犁頭店巡檢署，為義民所敗，餘黨四散，周全不敢入城，乘夜奔海口。翌日，城中未見一賊。

嘉慶二年〔1797年〕，知縣胡應魁仍依故址栽植莿竹，又於4門增建城樓，但土性粗鬆，當時又多地震，經10餘年城樓就半傾圮。嘉慶十四年〔1809年〕，閩浙總督方維甸巡視臺灣，彰化紳士王松、林文濬、詹捷能等36名義捐請建築土城，且以八卦山逼近可俯瞰全城，因更設計擴大規模，自竹城舊基連於八卦山，周圍1,028丈，高1丈4尺，並雉堞共高1丈8尺，基厚1丈5尺，頂厚1丈，在土城西面及八卦山添設頂砲台5座。但工費浩

繁，難以立即完成，乃批准仍根據舊有基座建築土城，而在八卦山頂築磚寨、設砲台。王松等人於是再請以磚更易土城，用資鞏固，足垂永久，獲准。知縣楊桂森率先分俸倡捐，州同銜賴應光等16人捐銀2萬5,000兩助之，遂得官紳士民義捐14萬兩餘，乃庀材興工，嘉慶十六年〔1811年〕經始，二十年告成，城之周圍922丈2尺8寸，高1丈5尺，雉堞783垛，垛高3尺，城高連垛高共1丈8尺，壁道高1丈2尺，基寬1丈5尺，深1丈，上寬1丈，門樓4座，各2層高3丈9尺，置砲台12、水洞6、堆房16，東門曰「樂耕」，西門曰「慶豐」，南門曰「宜平」，北門曰「共辰」。

請捐築彰化縣城垣并倉疏　閩浙總督方維甸

奏請據彰化縣義首士民呈請捐築城垣恭摺奏聞，仰祈聖訓事。

據彰化縣漳籍職員王松等、泉籍職員林文濬等、粵籍士民詹捷能等三十六名聯名呈稱：彰化縣圍插莿竹，向無城垣，逼近八卦山，難資岬禦，擬請自竹城舊基連至八卦山，建築土城，統計一千零二十八丈，城高一丈四尺，連雉堞共高一丈八尺，基厚一丈五尺，頂高一丈，並於土城四面八卦山頂，添設砲台五座。職員等仰沐皇恩，未由圖報情願捐輸建城，不敢請動帑項，約略估計共須番銀一十四萬圓，已據呈內有名之賴應光等十六人，先捐出二萬五千圓以為首倡，其餘殷戶業戶郊商踴躍捐輸可期足數，即或不敷情願籌足。等語。

臣查臺灣府廳縣從前均栽莿竹為城，乾隆五十三年〔1788年〕，經忠勇公福康安等遵旨籌議奏請，臺灣府、嘉義縣均改築土城，其鳳山、彰化、淡水等處，仍用莿竹栽插。伏思臺灣為海外巖疆，民情浮動，內守外禦，防備宜嚴。蔡牽滋擾時，府城、嘉義均無重兵，賴有土城，始能固守。其鳳山、彰化、淡水等處，因無城垣，屢次失事。是土城之足資捍禦，勝於莿竹，已可概見。且如嘉慶十年〔1805年〕鳳山失守，火藥局即在城內，因有土圍數丈，經遊擊藍玉芳固守數旬，賊匪屢攻不入。土圍尚可得力，則築城之足資鞏固，益屬可信。今既據彰化縣義首士民呈請捐築縣城，保衛鄉里，尚屬急公。該縣逼近八卦山，從前議建石卡設有防兵，今石卡久已無存。據請於東面展闊舊基，圍築八卦山於城內，山上及城之四面俱

築砲台。臣曾率同總兵武隆阿等,登山親勘尚屬扼據形勢相應,據請轉奏。如蒙俞允准令捐建,一切捐輸出入、給發工價,俱由該士民公舉董事自行經理,祇派廉幹之員,指示做法、稽查工段,不得令吏胥催查擾管致有需索,俟工竣時,核其捐輸之多寡,另行據實開單具奏,仰墾聖恩量加鼓勵。再,彰化縣倉,向在城外,今既築城,自應移入城內,移建工費亦據該士民等呈請一併捐辦。合并陳明,所有彰化縣捐築城垣緣由,謹恭摺奏聞,伏乞皇上睿鑒訓示。謹奏。

請建彰化城垣批回札　臺灣府汪楠

為籌議建城,籲請示遵。嘉慶十五年〔1810年〕四月三十日,奉總督部堂方批:據彰化縣民紳士義首郊商王松、賴應光、林文濬等呈稱:「伏思我國家大一統之規,凡有州縣,即有城池,以資捍衛。彰邑僻在海疆,五方雜處,尤當築垣墉以為保障。夫築城當先審度地勢:彰邑之山,露足送迎,無甚起伏,酷肖出土蜈蚣。欲建城池,似當取蜈蚣守珠之勢。獨是城池所以設險,論建築機宜,必就八卦山高處圍來。蓋高處不圍一旦有警,被奸徒佔踞,恐城中舉止,皆為窺伺。然欲將八卦山概圍入城,工費浩繁,驟難建築;又思城仍舊址,山頂添建石寨,撥兵防守,終屬遠離,救應不及。僉議就八卦山高處,建一礮台,可容二百人。就地廣狹圍起,直至東門兩邊,始循舊址。以城式而窺之,若葫蘆高懸以吸露;就地形而度之,似蜈蚣展鬚以照珠。其最得宜者,山頂與山麓,聲勢聯絡。有事兵勇皆可共登守禦,居高四顧,備知奸宄之去跡來蹤;兼設號旗,隨奸宄以遙指。不特城中免為窺伺,且瞭號旗即知預備,城中直可以逸待勞,而永操勝算。彰城舊址,共七百七十八丈,現欲廣至山頂,多二百餘丈,統計一千零二十八丈。至城式高一丈二尺,連雉堞共高一丈八尺,底厚一丈五尺,面闊一丈。又當於城之東北、東南、西北、西南處所,添設礮台四座;倘奸宄迫近,可用大砲轟擊。彰化倉在城外,不勝防守之難,當移入城中。並將課鹽亦設一館在城,庶無飢困之憂。城中當擇地開溝,流通城外,不致受浸積穢。凡漁潭水漏,有所關礙,悉當填滿,以為民居。但近城各山,多為塚地,築之土,無處掘用,必須就近買田取工,則費用未免加增。公議建城等費,約計必須一十四萬圓,王松等世受皇恩,末由報效,不敢請動國

帑，公同籌議；現據監生賴應光、職員林文濬等呈，當協力籌辦足敷，共襄盛事。現在眾議僉同，惟望憲示遵行，則闔邑生靈，感德不朽矣，合繪圖呈叩大人電察。批府核議飭遵」等情。奉批：「據呈捐築彰化城垣礮台，移建縣倉，以為保障，實屬急公可嘉。現經本部堂察核具奏。俟奉到諭旨准行後，再行飭遵。仰臺灣府傳諭知照，圖存。」等因；奉此，合就行知。札到該縣，即便知照毋違！此札。

光緒六年〔1880年〕，雖曾奏請捐籌經費，擴大城周將要害八卦山圍入城中，但議不果行。人口1,5470人（男7,932人，女7,538人）。原為彰化廳所在地，臺灣鐵道縱貫線車站在北門外西門口庄（距基隆起點130哩）。為南北交通咽喉，其殷賑可與臺南相伯仲。

彰化縣城碑記　王紹蘭（福建巡撫）

彰化之為縣也，始於雍正元年〔1723年〕。負山面海，環竹為城。篠簜雖敷，萑苻屢警。嘉慶十四年〔1809年〕，有醵金興築之謀，民所欲也。前制府方公，因巡海據情而請；帝曰：俞哉。於是縣令楊桂森分俸倡之；士民林文濬、王松等出貲助之。澤皙邑黔，莫不咸奮。畚挶雲集版堵霞張。甄宜赤埴，堅如石也；灰和白蜃，黏如漆也。

城周圍九百二十二丈二尺八寸，高一丈八尺，基厚一丈五尺，上寬一丈。凡為樓者四、礮台十有二、雉堞七百八十有三、水洞六。其內東西徑一里又十分里之四，南北徑一里又十分里之三。庀材鳩工，計費圓銀一十九萬有奇。經始辛未〔嘉慶十六年，1811年〕，告竣乙亥〔嘉慶二十年，1815年〕。又於城東八卦山，建寨設兵為犄角之勢。外濠內溝，將次疏濬。仡仡言言，壯哉縣也。

丙子〔嘉慶二十一年，1816年〕立夏，紹蘭奉命巡閱臺灣，按臨其地，睹高墉之建標，嘉蒸民之好義，用獎乃勞，爰記其事。抑古人有言曰：眾心成城。謂城成在心，得心斯得城也。又曰：民保於城，城保於德。謂保民在城，保城先在德也。然則守斯土者，可不自修厥德，實獲眾心，保城、保民，彰聖天子丕冒海隅之化歟？是役也，董其事者：東門則軍功四品職銜林文濬，南門則拔貢生王雲鼎，西門則

軍功四品職銜陳大用、捐訓導羅桂芳、貢生蘇雲從、監生詹捷能、武生廖興邦，北門則捐職州同加二級五品職銜賴應光義得；附書出貲姓名，具刻碑陰，以表其樂勸之誠云爾。

八卦山（Pak-kòa-soann）

八卦山，一名寮望山，又名定軍山，逼近彰化縣城東門外，登臨一望，遠可矚全邑形勝，近可瞰一城人煙，實縣城要害。《臺灣府志》謂：「寮望山，廣漠平沙孤峰秀出。」古來為彰化八景之一，有「定寨望洋」之稱。清雍正九年〔1731年〕二月，平埔番族Tai-kah（大甲）社，倡亂北路，恣意焚殺，良民多難死者。於是，翌年六月，福建陸路提督王郡，率兵討之，四閱月始平。分巡臺廈道道倪建一亭於山上，名「鎮番亭」，山稱定軍山，以紀武功。乾隆六十年〔1795年〕三月，陳周全之亂，亭燬於火，遺址不存。嘉慶十七年〔1812年〕，改建彰化縣城，翌年又於山上築磚寨，周圍60丈，雉堞56，內高1丈2尺，外高1丈5尺，連雉堞高3尺共高1丈8尺，基寬1丈5尺，上寬1丈，置砲台4座、水洞2、樓門1。八卦山之名，據說因嘉慶年間彰化知縣胡應魁於縣署後建太極亭時，以「太極生兩儀，四象生八卦」之義命名者。

（**附記**）「十八義民者，能知親上死長之民，而舍生以取義也。雍正十年〔1732年〕春，大甲西社番林武力等聚為亂，臺鎮總兵呂瑞麟率兵討之，累戰弗克。逆番勢益猖獗，恣橫焚殺，村落多被蹂躪；縣治戒嚴。淡水同知張宏章，適帶鄉勇巡莊，路經阿束社，逆番突出圍之，鎗箭齊發，矢簇如雨。宏章所帶鄉勇，半皆潰散，幾不能脫。時阿束近社村落，皆粵人耕佃所居，方負耒出，遽聞官長被圍，即呼莊眾，冒矢衝鋒，殺退逆番；宏章乃得走免。是時戰陣亡者，曰黃仕遠、黃展期、陳世英、陳世亮，湯邦連、湯仕麟、李伯壽、李任淑、賴德旺、

劉志瑞、吳伴雲、謝仕德、江運德、廖時尚、盧俊德、張啟寧、周潮德、林東伯：共一十八人。鄉人憫其死，為負屍葬諸縣城西門外，題其塚曰『十八義民之墓』。逆番既平，大憲以其事聞。上深嘉許，賜祭予卹。每人卹銀五十兩，飭有司購地建祠，春秋祭享，以慰忠魂。今祠已廢，而塚猶存。」（《彰化縣志》）

「汪門雙節者，邑民汪家姑婦也。姑劉氏，婦余氏，素慈孝。雍正九年〔1731年〕，大甲西番作亂，焚殺居民。姑急告婦曰：『義不可辱，當各為計。』語畢遂自刎。婦方抱姑屍而泣，逆番猝至，遂觸垣死。乾隆三年〔1738年〕，旌表勒碑縣東門。」（《彰化縣志》）

定寨望洋　黃驤雲

此地當年舊戰場，我來拾簇弔斜陽。城邊飲馬紅毛井，港外飛潮黑水洋。
一自雲屯盤鐵甕，遙連天塹固金湯。書生文弱關兵計，賢尹經綸說姓楊。

定寨望洋　陳書

定軍山上定軍寨，放眼望洋氣壯豪。潮汐去來滄海闊，帆檣迢遞碧天高。
卦亭久見間兵壘，鹿港多看集賈艘。幸際太平登眺目，安瀾全不湧波濤。

定寨望洋　曾作霖

定軍寨倚鎮亭旁，放眼遙看碧水洋。赤劇村莊餘落葉，紅夷海市鬧斜陽。
濤奔澎島掀天動，油遠蓬山特地長。沙鳥風帆明滅外，煙波無際感滄桑。

定寨望洋　陳玉衡

三秋策杖卦山巔，一望重洋思渺然。作楫安瀾如此日，乘風破浪是何年。
氛消絕島魚游泳，氣結全臺象萬千。門戶而今開鹿港，依稀爭看估人船。

鎮番亭（Tìn-hoan-têng）

見八卦山條。

彰化水道〔自來水〕

明治30年〔1897年〕12月，彰化衛生組合在八卦山麓收集2箇湧泉，以鐵管導入市街內之2處給水槽，供街民飲用。隨著其後之發展，既設之水量及有效水源不能充分供應，於是先以將來豫定人口20,000人，平均1人1日消費水量3.5立方呎，明治38年〔1905年〕以後訂定水道改良計劃，更在距原來之水源12町餘之地點的溪底築造埋設堰堤，掘鑿堤之上游部分，下層填充圓石，上層填充砂利及砂，經過濾後將溪水導入一溜井，裝置鐵管送水，41年〔1908年〕4月開始給水（據《臺灣統治綜覽》）。該水源之一，古稱古月井，《彰化縣志》曾記載：「古月井，前係居民李氏園中忽湧甘泉，人爭汲焉，邑令胡公（乾隆二十六年〔1761年〕彰化知縣胡邦翰）乃捐俸購之為井，古月即胡字也。」

彰化文廟（Chiong-hòa bûn-biō）

在彰化城東門內，為舊彰化縣儒學學宮。清雍正四年〔1726年〕，知縣張鎬所建。中為大成殿，東西有兩廡。前為甬道、戟門，東為義路，西為禮門，又前為櫺星門，後為崇聖祠，右為明倫堂，堂後為儒學學廨。乾隆十六年〔1751年〕，知縣程運青捐修，但中途而止。十八年〔1753年〕，知縣王鶚續成之，因經費不足，止於櫺星門。二十四年〔1759年〕，知縣張世珍以砌磚重修甬道，移禮門、義路於櫺星門外，鑿泮池，外為照牆，護以短垣。明倫堂於故址增高2尺餘，堂右建白沙書院，其後為縣學訓導署，左後為縣學教諭署，悉更新之。二十七年〔1762年〕，知縣胡邦翰續修。五十一年〔1786年〕，明倫堂學署罹兵火。嘉慶二年〔1797年〕，歲貢鄭士模修葺聖廟，未及竣工，明倫堂學署仍缺。十六年〔1811年〕，知縣

楊桂森始塗丹艧露臺，護以石欄，自東、西廡至櫺星門增築短垣，以為聯絡，造登瀛橋於泮池上，改建明倫堂於廟左，制禮樂器，招佾生教以歌舞之節。自是春秋丁祭，禮樂蓋彬彬焉。十七年〔1812年〕，職員王松修泮池。二十一年〔1816年〕，署縣吳性誠，即明倫堂舊址，改建文昌祠，更新白沙書院，院後建教諭署。

道光四年〔1824年〕，教諭蔡克全刻臥碑石，置明倫堂之左，……十年〔1830年〕，知縣託克通阿李廷璧率諸紳士捐修，增高正殿舊址2尺2寸，殿高原制2尺7寸，殿前改用石龍柱2枝，石柱凡20枝。露臺增高2尺2寸，護以石欄。增高崇聖祠舊址2尺2寸，祠高原制1尺5寸，東、西廡增高原制8寸，址高2尺2寸。其餘門牆以次增高。崇聖祠畔左建名宦祠，右建鄉賢祠。又掖以廂房，左為禮器庫，右為樂器庫。廟周圍築垣牆以為聯絡，自北而南長39丈2尺，自東而西廣15丈，悉仍舊界。樸斲丹艧，巍然煥然，彰化學宮於是聿觀厥成焉！（據《臺灣教育志稿》）。我領臺之際，因兵亂成為荒壞，後加修理恢復舊觀。

嶽帝廟（Gak-tè-bīo）

在彰化城東門內，鄉里俗稱天公壇。清乾隆二十八年〔1763年〕，閩之泉州士民捐建，夙稱廟貌莊嚴規模宏敞。

觀音亭（Koan-im-têng）

在彰化城內，一稱開化寺，祀觀音菩薩。清雍正二年〔1724年〕，彰化知縣談經正所建。咸豐十年〔1860年〕，罹祝融之災，歸為烏有。爾後，邑中紳士重建，恢復舊觀。乾隆六十年〔1795年〕三月，陳周全作亂，陷彰化城，乃以此亭為根據地。

線西堡（Sòann-sai pó）

北及東以大肚溪與大肚下堡分界，南接線東堡、馬芝堡，西濱海。原

為半線堡之一部，乾隆年間分為一堡，稱半線西堡，光緒元年〔1875年〕改為線西堡。清康熙中葉，閩泉州人施長齡、楊志申、吳溶等之開墾根據地，乾隆三年〔1738年〕前後有德頤新埔十八庄之名。（臨時臺灣土地調查局編《臺灣土地慣行一斑》記載故老記述各庄名起因，曰：「新埔初名德頤新埔。至乾隆三年〔1738年〕，生民漸多，於是分居，別立庄號。福馬圳開一汴門，在其汴門建一庄，故稱汴頭庄；圳下築一埤，於埤墘建一庄，故稱埤仔墘庄；其東方有竹圍，故稱東竹圍庄；於其田之湖內建一庄，故稱湖仔內；在其3座厝（家屋）之處建一庄，故稱三塊厝仔庄；大肚溪逐漸北移後在其舊處建一庄，故稱溪底庄；在其西方草埔處建一庄，故稱草埔仔庄；在有18張犁之田處建一庄，故稱十八張犁庄；在7個墾戶居住之處建一庄，故稱七頭家庄；在丘崙之處建一庄，故稱崙仔頂庄；其後在一有湖水之處建一庄，故稱後湖庄；於馬福圳之水尾建一庄，故稱水尾庄；在該地有6座草寮之處建一庄，故稱六塊寮庄；在田中有一湖之處建一庄，故稱草湖庄；在海尾之處建一庄，故稱海尾庄；周姓之人自泉州移居建一庄，故稱泉州厝庄；於大肚溪口建一庄，故稱溪口厝庄；新開其港，故稱新港庄。」）如此，嘉慶初年，和美線（Hô-bí soànn）庄形成為一街肆，因東有彰化、南有鹿港的交通之便，成為此區域的貨物集散地。

馬芝堡（Má-chi pó）

線東堡之西的一區，以鹿港街為主腦地。清康熙六十年代，建立馬芝遴（Má-chi-lîn）堡。雍正十二年〔1734年〕，分鹿港附近一區為半堡，稱之為鹿仔港堡。乾隆年間，削去遴字改稱馬芝，分為上、下2堡。光緒元年〔1875年〕，再合為1堡，並合併鹿仔港堡。此地方原為平埔番族Boabuosa部族Machirin社佔居之處，馬芝遴為其近音譯字。鹿港，早自明末鄭氏時代就是漢族靠港上陸之地。清雍正年間，閩漳州人許祐德墾成中部自今頂厝庄，北部自今海埔厝庄一帶，因此當初有名為許厝埔者。乾隆初年，北界草港及東界馬明山（今之馬鳴山）建庄。

鹿港（Lok-káng）

　　在鹿港溪（即大武郡溪）與濁水溪之一支流所形成之河口，以塗葛掘港（大肚下堡）為頂角，與彰化街（線東堡），約略成為一個等邊三角形。港口開向西南西，以數座橫蔽沙洲雍塞，甚失港灣之形質。船舶碇泊位置，於距市街西方約1里處，其廣袤東西4町、南北1町，水深滿潮時38尺、乾潮時6尺，不便大船出入。市街與碇泊地之間，主要以雜草地、砂地之平野連接。本港位當南北臺灣之中間，控本島最重要之米產地，佔經濟上中部臺灣之咽喉，而且至少在清乾隆年間之前，與其主腦鹿港市街僅隔數町，港底亦不甚淺，巨大之支那形船舶可自由出入，算是臺灣3大港口之一，號稱一府（臺灣府臺江）、二鹿（即鹿港）、三艋（淡水港內之艋舺）。

　　清乾隆五十二年〔1787年〕十月林爽文作亂之際，將軍福康安率舟師來征，自鹿港登岸，當時「聯檣數百艘，漫海東來，一日齊登鹿仔港口岸」，見於該市街敕建天后宮碑記中。但其後因鹿港溪漲溢與濁水溪支流氾濫，流砂沖積，咸豐年間已頗為嚴重，因此港口位置竟必須求諸於1里之西的沖西（Theong-sai）港。明治33年〔1900年〕12月，商船會社金福隆號更在西方1里處發現碇泊位置，而稱之為福隆（Hok-liông）港或新港。但以相當速度填埋之本港，如今河口前方已可見砂洲變更，運砂作用之力道甚為發達。但以彰化街為中心的本港集散市場地位，還是確定並未動搖（北方大肚溪畫出塗葛掘港勢力範圍，不能越出侵入本港集散區域。南方西螺溪為南部分界線，北港、東石港亦未能侵入其北），對岸清國交通之地蚶江、深滬、梅林、祥芝、獺窟、廈門、福州，又多有最短距離之航路，這兩點成為本港並未俄然失墜其價值的重要原因。

　　關於本港之變遷。漢族原稱鹿仔港（Lok-á káng），西曆1726年荷蘭宣教師Valentyn著〈福爾摩沙及荷蘭在此之貿易記事〉所載地圖「Kaart van het Eyland Formosa en de Eylanden van Piscadores」記為Gierim of Zand Duyne。乾隆四十九年〔1784年〕，福建將軍永德請設本港為正口之疏寫成「鹿港」。

乾隆五十五年〔1790年〕〈敕建天后宮碑記〉寫成「鹿仔港」，可見此時地名寫成「鹿仔港」或省略「仔」寫成「鹿港」，兩者並存。道光十二年〔1832年〕成書之《彰化縣志》將港名寫成「鹿仔港」，街名寫成「鹿港」。此時漸啟一定之端緒，爾後港名、街名均用「鹿港」文字。本港自明末鄭氏時代，已是漢族之上陸地點，與半線（即彰化）地方有所交通。降及清領後，雍正九年〔1731年〕為了開啟島內貿易，乾隆四十九年〔1784年〕，依福建將軍永德之奏疏，更准開蚶江（泉州）通商。《臺灣府志》記載乾隆二十年〔1755年〕情形：「港口有水柵，可容六、七十人，冬日摘取烏魚，商船到此，載芝麻粟豆。」《彰化縣志》記載道光十年代情形：「港口今設正口，配運官粟，大小商船皆泊於此」，又形容其形勝：「烟火萬家，舟車輻輳，為北路一大市鎮。西望重洋，風帆爭飛，萬幅在目，波瀾壯闊，接天無際，真巨觀也。」光緒十年〔1884年〕清法交戰之際，法國封鎖臺灣本島及澎湖島，當時清國以本港維持臺灣與本土之聯絡。我領臺後，明治30年〔1897年〕指定為特別輸出港。

請設鹿港正口疏　福建將軍永德

竊閩省泉、漳等府各屬，民間產米無多，大約取給臺灣。即一切食用所需，亦藉臺地商販往來，以資接濟。凡內地往臺船隻，由廈門查驗出入；自臺地渡回船隻，鹿耳門查驗出入。俱設有同知等官，管轄稽查，不准由別港私越偷渡：此向來之定例也。奴才於上年兼署福建陸路提督，極力跴緝偷渡人犯。其由廈門拏獲者，雖不乏人；而由泉州之蚶江口偷渡盤獲者，二十餘犯。奴才體訪臺地往來海面，其南路臺灣、鳳山等屬，係鹿耳門出洋，由廈門進口，是為正道。至北路諸羅、彰化等屬，則由鹿港出洋，從蚶江一帶進口，較為便易。若責令概由鹿耳門出海，其中尚隔旱路數站，不若蚶江一帶進口較近。是以臺地北路商販，貪便取利，即多由此偷渡。以奴才愚見，莫若於鹿港、蚶江口一帶，照廈門、鹿耳門之例，設立專員，管轄稽查，聽民自便；則民不犯禁，而奸胥亦無能滋弊。倘蒙俞允，其如何設立章程之處，伏乞敕下閩省督、撫，詳悉妥議具奏。

鹿港街（Lok-káng koe）

　　鹿港之主腦地，市街隨著鹿港之開而建。現因港口泥沙沖積，市街距船舶碇泊處東方約1里，但清乾隆年間之前，僅距數町，適於巨船大舶碇繫，為臺灣3大港口之一。最初形成之市街，在土名北橋頭邊，當初稱鹿仔港街，規模不大。雍正九年〔1731年〕，本港開放為島內貿易之處的同時，移設巡檢於此（嘉慶十四年〔1809年〕移至大甲）稽查地方及出入船隻，市區逐漸擴大。雍正十二年〔1734年〕，自馬芝遴堡分出鹿仔港堡之半。《彰化縣志》記載：「鹿仔港堡，係馬芝遴堡屬，因設街市駐海防營汛，人眾事雜，別分為半堡」（光緒元年〔1875年〕，合併於馬芝堡）。乾隆初年，增建以今米市街為中心之街肆。乾隆二十九年〔1764年〕成書之《（續修）臺灣府志》記載：「鹿仔港街，水路輻湊，米穀聚處。」乾隆四十九年〔1784年〕，開放本港與蚶江（泉州）通商，商賈移住更多，船舶出入愈繁。乾隆五十三年〔1788年〕，有移彰化縣城於鹿港、建官署之議（參照彰化城條）。此議雖終不果行，但鹿港海防同知移駐此地（鹿港海防同知，隨著乾隆四十九年〔1784年〕開港而設，兼北路理番同知，駐彰化），且水師遊擊也自安平移來在營。蓋鹿港街之全盛，在此時代以後至道光年間。

　　道光十二年〔1832年〕成書之《彰化縣志》記載：「街衢縱橫，皆有大街，泉廈郊商居多，舟車輻湊，百貨充盈，臺自郡城（今臺南）而外，各處貨市，當以鹿港為最，港中街名甚多，總以鹿港概之。」街名稱為鹿港（省去「仔」字）應在此時，此全盛時代之人口總數號稱約有10萬。爾後，隨著港灣形質之變遷，逐漸衰頹，但依然維持向來與清國對岸及島內重要市場商賈間之親密關係，尚凌駕彰化、臺中，或嘉義之商業勢力。人口19,366人（男9,723，女9,648）。鹿港街外有楊公橋，架於鹿港溪上。《彰化縣志》記載：「楊公橋：嘉慶十七年〔1812年〕，邑令（知縣）楊桂森兼署分府篆（理番海防同知）捐俸倡造，兩旁築堤。由是鹿港永無水患，里人名曰楊公橋。」

道光中，北路理番兼鹿港海防同知陳盛韶有〈固鹿港議〉，建議：「鹿港米、糖淵藪，海舶輻輳，官得之足濟兵糈，賊得之即齎盜糧。……孤懸海岸，既無城池，亦無土堡、竹圍，欲為數百賈人守此蓋藏，其能保乎？且鹿港南抵郡城（臺南）二百里，北抵淡水一百五十里，東至縣城（彰化）二十里，為中軸要區。倘賊佔據鹿港之米粟，倚大海以困彰化，南窺諸羅（嘉義），北窺竹塹（新竹），實可慮也。況海國疆場，以海口為形勢。……城鹿港即所以重海口；固海口即所以鎮撫南北、安全臺之人心也。然請帑則國用維艱，工程不行；勸捐則兵亂方息，年穀不豐。石城既時勢難起，竹圍亦斥鹵難生。惟暫時鑿水為濠，堆土為堡，限年修築。濠日深一日，堡日高一日，俟堡底鹵性解釋，種竹成圍；年豐大有，家給人足，重修石城，則鹿港可守矣。」但終不果行。《彰化縣志》曾記載：「草港（Chháu-káng），海汊在鹿仔港北。」今草港庄（分中庄、尾庄）即是，但現時因沙土沖積已全失港灣形質。

天后宮（Thien-hōu-keng）

在鹿港街。清乾隆五十一年〔1786年〕林爽文作亂，翌年十月將軍福康安奉旨統率巴圖魯侍衛及楚蜀粵黔大兵渡臺，自鹿港上陸進兵，三閱月蕩平奏功。五十五年〔1790年〕，福康安以當時海波靜穩、兵勇鑼重均保無虞者，有賴海神媽祖庇護顯著，因奏請於上陸地鹿港海垵建廟宇。

敕建天后宮碑記　福康安

臺灣僻處海東，自康熙壬戌〔二十一年，1682年〕，隸入版圖，商賈貿易，橫洋來往，咸賴神麻佑濟。乾隆五十一年〔1786年〕冬，逆匪林爽文作亂，滋蔓鴟張，我皇上特命協辦大學士嘉勇公福康安為將軍，統率巴圖魯侍衛數百員，勁旅十餘萬，於五十二年〔1787年〕十月杪，由崇武放洋。時際北風盛發，洪波浩湧，三軍聯檣數百艘，漫海東來，一日齊登鹿仔港口岸；繼而糧餉軍裝，分馳文報，舳艫羅織，均保無虞。維時嘉義一帶，匪徒猖獗，突聞貔貅數萬，鑼重千艘，如期

並集，群醜寒心，知有神助。故軍威大振，所向披靡；剋日擒渠燬巢，收復全臺。
雖曰將士用命，凡此亦皆仰賴天后昭明有赫，護國庇民之功，威靈顯著者也。
將軍奉天子命，崇德報功，就鹿擇地，建造廟宇，以奉祀焉。德明額受將軍委任，
經營匪懈，其一切工程，皆與文武各官紳耆董事人等，同襄厥事。於丁未〔乾隆
五十二年，1787年〕臘月之吉，砌基豎樑；戊申〔乾隆五十三年，1788年〕六月
間，奉像入廟，告藏厥工。費金一萬五千八百圓。蒙賜帑金一萬一千圓餘，未敷
之數四千八百圓，悉歸總董事林振嵩輸誠勉力，自行經理。非敢喜成功之速；惟
始終誠敬，仰冀神靈默鑒，永奠海邦，以垂不朽。是為記。

Favorlang 番地

西曆1600年代荷蘭人佔據臺灣時，其傳教所及之平埔番地中有一
Favorlang名稱。關於此地之位置，向來各種說法不一。文學士小川尚義在
題為〈關於Favorlang語〉（ファヴォラン語に就て）的論文中，比較荷蘭宣教
師Gilbert Happart之Favorlang語荷蘭譯辭典（成於西曆1649年。本書久藏
於爪哇巴達維亞書庫，不為人知，1839年才被Hoevell發現出版，翌年由
Medhurst英譯）所收錄之單語與現時自稱貓霧捒（Boabuosa）之平埔番族
（今住於埔里社）之言語，確認百餘個單語當中完全不同者僅7、8個單語，
其他則相同近似。而且，其位置徵諸西曆1651年在臺灣的荷蘭宣教師呈給
巴達維亞之報告所記載的傳教士配置：Dominus Gilbert Happart idem in de
gewesten Van Takeys end Favorlangh, aan geene Zydeder Ponekanse revier（Happart
牧師在笨港河之對岸的Takeys及Favorlangh）。Ponekanse revier應即笨港溪
（今北港溪），如此可知Favorlangh應即是笨港（北港）以北之地。又，駐
清國廈門之美國領事Le Gendre（李仙得）的《臺灣紀行》（First visit to the
interior of Formosa），在大甲至臺灣府（臺南）項下記載：「靠近Potao（寶
斗即北斗街）。村子在Punkam河支流之傍。支流在Capt. R. Collinson及
Lieut. M. Gordon於1854年製作的航海用臺灣圖中名為Great Favorlang（大虎

尾壠溪），其近海部分畫成完全是另一條河流。莫非有誤耶？Favorlang河，據說霖雨時河水氾濫，岩石、粘土、草木漂流，形勢頗險。昔年荷蘭人欲佔領此地，被此奔流所遮」。所謂近於北斗之一河的支流，顯然是北斗溪，因此其本流Punkam應指西螺溪（蓋Punkam應為笨港之轉訛，因而混錯了西螺溪、笨港）。即，西螺溪下游地域屬Favorlang之地，因而被當成河名，地理上亦符合北港以北。而這與China Review上荷蘭宣教師Valentyn所說的「Favorlang地方，距Zeelandia城（臺南之安平）東北凡5德里，距Soelang（即西螺）河不甚遠」一致。且與Favorlang語近似之平埔番族貓霧捒Boabuosa部族的住地，分布於以今鹿港方面為中心，自其海岸一帶到東方大肚溪北岸的一部分。清乾隆十一年〔1746年〕成書之《臺灣府志》，記載此部族之番俗：「門繪紅毛人像」，可謂當時荷蘭人教化之旁證。顯然，Favorlang即貓霧捒Boabuosa之轉訛。（另，彰化城東門外約3町處，有紅毛井古址，《彰化縣志》記載有荷蘭故井傳說。又，大肚溪北岸大肚下堡之地，有稱為王田庄之區域。所謂王田，為荷蘭人時代被佃耕之田園的總稱，據此推之，則或許乃因當時為王田所在地故名。）

（**參照**）普通荷蘭人拼寫為Favorlang，其他亦有拼寫成Favorlangh、Vavorlangh、Vavorolla、 Vavorolangh、Vavorollang、Vavorollang、Vovarolang、Vovorollang等者。

貓羅堡（Bâ-lô pó）

大肚溪之一支流貓羅溪兩岸流域的一區，其西部稱溪西，東部稱溪東。原屬平埔番族Arikun部族Varo社，貓羅為其近音譯字，一寫成貓螺（堡東之山峰稱貓羅山，溪流稱貓羅溪，亦出於此番社名）。其根據地，在今阿罩霧（A-tah-bū）庄北方2里土名番社巷。最初屬半線堡，清乾隆年間分出為一堡。最初開拓者為溪西地方，雍正初年，閩之泉州人自彰化方面進入

著手開墾，先建快官庄、大好庄等（大好庄開於泉州同安人之手，故後來改為同安厝庄）。爾後。粵之潮州府大埔有曾、何、巫等各姓人渡來進入溪東，開拓柳樹湳（Líu-chhīu-nâm）庄、登臺庄（另也寫成丁臺）之基礎，當時以此地以東屬山番（泰雅族）出沒之區。雍正十三年〔1735年〕十月，番人肆出焚殺，故北路副將靳光瀚、淡水同知趙奇芳討伐之，後設柳樹湳隘。根據《臺灣府志》，此時緝獲眉加臘（Baikara）社番巴里鶴阿尉（Pariho Awi）正法。（Baikara 蓋指現佔居北港溪上游山中之泰雅族 Vaivara 社）。既而，至乾隆七、八年之際，柳樹湳隘地方全開、番害漸薄，漳州府平和人林江率同族，自大里杙庄（藍興堡）進入其南方，贌得土著番族之地建阿罩霧庄。（阿罩霧為番語地名 Atavu 之近音譯字。）乾隆二十九年〔1764年〕成書之《（續修）臺灣府志》已見猫羅新庄者即是，後稱霧峰（Bū-phang）庄，今從舊名。乾隆四十七年〔1782年〕，閩粵分類械鬥，粵人多退往東勢角地方。乾隆五十年代，柳樹湳庄與大里杙、內新、涼傘樹（均屬藍興堡）3庄，併稱4大庄。先是，土著平埔番族之地逐漸被漢族所佔，嘉慶二年〔1797年〕退向南方開墾移住區，稱萬斗六（Bandaurak）社。道光末年，其多數再移至埔里社。如此，該庄成為多數均為漢族者，蓋在此時前後。

猫羅山（Bâ-lô-soann）

橫亙猫羅堡東界之山峰的總稱。《淡水廳志》記載：「猫螺內山，產茶，性極寒，番不敢飲」，顯示此一帶內山，古來有野生茶樹。現在埔里社附近，尚見高達丈餘之茶樹。山下有寶藏寺，清乾隆五十年〔1785年〕創建，以寺後之山林泉石可觀聞名。（根據口碑，猫羅山頂之東西一路有明末鄭氏屯將通過之跡，但無可徵之史據。此時該山屬危險山番之巢窟，推測謂曾通過甚為可疑。其東麓之北港溪堡，雖有國姓埔 [Kok-sèng pou] 即今國姓庄之土名，但應是彼此附會之傳說。《東槎紀略》所載〈埔里社紀略〉將此土名寫成「國勝埔」[Kok-sèng pou]，顯然係國勝之近音轉訛，而非與鄭氏國姓有關。）

燕霧堡（Ìan-bū pó）

　　北接線東堡，東接貓羅堡，南接武東、武西2堡，西接馬芝堡，以東界燕霧山為堡名之所出。清康熙六十年代，立燕霧堡，乾隆年間分上、下2堡。此地在康熙年間，閩泉州人施長齡為大墾首，招閩粵佃人進行開拓。康熙四十八年〔1709年〕前後，全堡大半墾成。雍正八年〔1730年〕前後，於今下堡區域建員林仔庄、燕霧內庄（即大庄）、東山庄等。乾隆十六年〔1751年〕前後，員林仔庄形成一街市，為員林（Înn-nâ）街。上堡區域拓成在稍後，似在乾隆末年。此地一帶富於水利之便，早就開拓水田，為有名之米產地。特別是員林方面，產量、品質兩者都比他處優越，其中以三塊厝庄附近為最。

茄荖腳（Ka-tang-kha）

　　屬燕霧上堡。其南方之茄荖林庄（燕霧下堡），往時為茄荖樹林，當初移民伐採拓地，庄名因此而出，因位於茄荖林之下腳而以茄荖腳為庄名。原屬清乾隆初年開拓之燕霧內（Ìan-bū lāi chng）庄（《彰化縣志》見有燕霧大庄）。臺灣鐵道縱貫線車站在此地（基隆起點距134.1哩）。路通鹿港。

虎山巖（Hóo-soann-gâm）

　　在燕霧上堡白沙坑庄土名大坑內。清乾隆十二年〔1747年〕，里民賴光高募款建寺。《彰化縣志》曰：「巖左右依山環抱，茂林修竹，翠巘丹崖，遊覽之勝與碧山巖等。每當春、夏之交，禽聲上下，竹影參差，清風徐來，綠陰滿地，置身其間，彷彿神仙境界。」

> 　　虎巖聽竹　黃驤雲
> 　虎巖最勝虎邱差，巖勝邱綠竹勝花。肖鳳鳴聲開律祖，學龍吟調譜仙家。
> 　淇園春半風初到，湘浦秋深月又斜。玉版參禪參未了，瓶笙入耳索僧茶。

員林街（Înn-nâ koe）

　　在燕霧下堡南端。清雍正八年〔1730年〕為一庄，乾隆十六年〔1751年〕前後形成肆市，稱員林仔街，後省仔字改為員林街。乾隆二十九年〔1764年〕成書之《（續修）臺灣府志》已見員林仔街。道光十二年〔1832年〕成書之《彰化縣志》見員林街。道光元年〔1821年〕噶瑪蘭通判姚瑩〈臺北道里記〉所記之「下林仔」亦是此地，應是員林仔之轉訛。街內之三山國王廟，據說為雍正十二年〔1734年〕粵民所建。中臺灣南方之米穀大集散地，以員林米之名為人所知。人口2,755人（男1,586人，女1,169人）。臺灣鐵道縱貫線員林車站，在街西之南平庄（基隆起點距139.1哩）。

武東堡（Bú-tang pó）

　　北接燕霧下堡，東接南投堡，南接東螺東堡，西接武西堡。清康熙六十年代，與武西堡合併建立大武郡（Tāi-bú-kūn）堡。雍正十二年〔1734年〕，分東、西2堡，本堡稱大武郡東堡。乾隆年間省略改稱武東堡。原為平埔番族Arikun部族Taivukun社佔居地，大武郡為其近音譯字。堡內之一部，早在康熙年間即由大墾首閩之泉州人施長齡招集佃人著手開墾，康熙四十八年〔1709年〕前後墾成；其他之一部，乾隆初年，蕭姓泉州人自墾首開。當時所建者為枋橋頭、紅毛社、篤奶潭（後改卓乃潭）諸庄。乾隆二十九年〔1764年〕成書之《（續修）臺灣府志》已記載枋橋頭街，可知在此之前已形成街肆。既而，嘉慶年間，隨著社頭庄發達為市場，乃至取而代之。堡之北邊有柴頭井（Chhâ-thâu chínn）庄，庄名出自同名之井泉。其泉清潔，可造紅糀（酵母）。枋橋頭媽祖宮內碑記載：「近莊米糀窰十餘，皆資此泉製造。」

清水巖（Chheng-chúi gâm）

　　在武東堡許厝寮庄大武郡山麓。清乾隆初年，住僧募建寺。《彰化縣

志》曰：「巖左右青嶂環遶，樹木陰翳，曲逕通幽，邱壑之勝，恍似畫圖。春和景明，野花濃發，士女到巖遊覽，儼入香國中矣。」

清水巖　陳書

在山泉水本然清，此寺如何得此名。總為源來澄不滓，非同流出濁旋生。

無沾俗垢無藏污，可泌詩脾可濯纓。好鑿一池供淨益，禪心皓月印空明。

田中央（Chhâng-tiong-nng）

位於武東堡南端，正當往北斗街（東螺西堡）之通路。初為水田，清道光三十年〔1850年〕，沙仔崙（Soa-á lûn，東螺東堡）之街肆，因濁水溪氾濫，流失過半，乃卜此新地，變水田移設店肆。田中央之庄名自此出。臺灣鐵道縱貫線車站在此地（距基隆起點146.2哩）。

武西堡（Bú-sai pó）

北接馬芝堡，東接武東堡，南接東螺東堡，西接二林上堡。清康熙六十年代，合併武東堡建大武郡堡，雍正十二年〔1734年〕分東、西2堡，本堡稱大武郡西堡，乾隆年間省略改稱武西堡。康熙末年，主要是粵人著手開墾，到了乾隆中葉，全堡殆已拓成。當初所建者為埔心（今大埔心庄）、湳港（今湳港舊庄）。永靖街（Ieng-chēng，今屬關帝廳庄），嘉慶年間粵人徐鳴崗等人，以新設街肆為目的，發起6大股共同提供資金，收買水田為地基主以建屋，道光年間形成小市場。以此地為中心，一直至員林街（燕霧下堡）為柑橘特產地，品質本島第一，以員林柑仔聞名。

（附記）根據口碑所傳，員林柑仔栽種之起源，為道光年間有吳某，初自西螺地方移植椪柑（柑橘之一種）。《彰化縣志》曰：「西螺產柑極佳」，可知往時起源地的西螺產佳品，但如今則萎靡不振，反而

需要移入苗株。然此應為良種移植濫觴。中部臺灣原產柑橘已知年久，明末流寓沈光文《雜記》記載：「番橘出半線，與中原橘異，大如金橘，肉酸皮苦。」

社頭（Sīa-thâu）

武西堡中央之一小市場，以建於平埔番族Taivukun社之社頭而為庄名。清嘉慶年間，發達為街肆，人口1,324人（男697人，女629人）。臺灣鐵道縱貫線社頭車站，在南方之崙雅庄（距基隆起點143.6哩）。

二林上堡（Jī-nâ siōng pó）

北接馬芝堡，東接武西堡，南接東螺西堡，西接二林下堡。清康熙六十年代，合併二林下堡建二林堡，雍正十二年〔1734年〕分出深耕堡，乾隆年間更分深耕堡成立二林下堡，本堡改稱二林上堡。原為平埔番族Poabuosa部族Makatoung即Jī-nâ（二林）社所在地，堡名因之所出。雍正年間以來，閩人足跡來到，如今之大突（Tōa-thut）庄為最初自番人瞨得開墾之地，因原為平埔番族Toato社之部落，當初乃以近音譯字寫成大突新庄。

二林下堡（Jī-nâ ē pó）

連接二林上堡西方海岸之一區。原屬二林堡，清雍正十二年〔1734年〕分割二林堡成立深耕堡，本堡屬之。乾隆年間，更分稱二林下堡。三林（Sam-nâ）港（今之溝仔墘庄），早在雍正九年〔1731年〕即開為島內貿易，而有此地集散市場之姿，乾隆末年二林街肆逐漸發達乃代之。

二林街（Jī-nâ koe）

在二林下堡之南隅。清乾隆末年以來，逐漸發達，三林港之商勢移至本街而有支配之勢。道光初年，三林港衰廢，更於距離西北1里處開番挖港為物貨之吞吐口，但二林街依然是本堡之一集散市場。同治初年以來，

受匪燹、水災之影響，住民有移轉至彰化、鹿港等地者，爾後顯著衰頹。人口1,448人（男750人，女698人）。

三林港（Sam-nâ káng）

清雍正九年〔1731年〕開放為島內貿易之所。乾隆二十九年〔1764年〕成書之《（續修）臺灣府志》曰：「三林港，海汊港口有網寮捕魚，商船到此載芝麻、粟豆，港水入至二林止」；又曰：「三林港，臺屬小商船往來貿易」，又曰：「三林港街，在三林街。」可知，乾隆二十年代，三林港代替二林街成為集散市場。今溝仔墘庄為其後身，但因沙土沖積全失港灣形質，到了道光初年，商勢已轉移至南方之番挖港（往時稱番仔挖）。這從道光十二年〔1832年〕成書之《彰化縣志》所記載的「三林港汛，現在番仔挖港，商船幅湊」可知。其北方有王功庄，即古王功（Ông-kong）港（另也寫作「王宮港」）。《彰化縣志》記載：「海豐港街，屬海豐保，……舊有澳口，可泊商船，今隨澳遷移，如王功宮、番仔挖等處，以泊船處為街。」如此，道光初年，與番挖港開始發達之同時，曾一時成為泊船港街。爾後，因泥沖積而喪失港灣形質。

深耕堡（Chhim-khenn pó）

二林下堡西南海岸之一區。原屬二林堡，清雍正十二年〔1734年〕分立本堡，乾隆年間更分出二林下堡。此地一帶荒埔總稱深坑仔（Chim-khinn-á），似最初稱深坑仔堡之近音轉訛而使用「深耕仔」（Chhim-keng-á）文字者。乾隆二十九年〔1764年〕成書之《（續修）臺灣府志》，則寫作「深坑仔堡」或「深耕仔堡」。道光十二年〔1832年〕成書之《彰化縣志》則確定寫成「深耕堡」。康熙末年，閩人曾机祿及曾瑞文，最初招來佃人著手開墾，爾後於雍正年間有閩人陳世輪等更合資加入墾業，拓成這一帶荒埔。道光初年，吳姓人建大城厝庄土名上街，爾後王姓人建下街。特別是同時期番挖港開港，促進了本堡之發達。

番挖港（Hoan-oat káng）

在濁水溪分流之東螺、西螺2溪形成之大三角洲底線中央。附近一帶退潮時遠淺，雖只是100石左右之支那形船及竹筏，也須等待滿潮時才靠近陸地碇泊，巨大之支那形船舶則須碇泊於距海岸18町遠處，稱之為新盤（Sin-pôann）港。水深，退潮時有1丈，滿潮時有2丈2尺。沿岸船舶輻湊，有不讓鹿港（馬芝堡）之勢。港底無岩石，有投錨之便，前方一帶砂堆擴延，退潮時露出可見。冬季北風強烈時，因風浪運砂作用，港灣之形質變遷，碇泊位置逐漸偏移南方，且有更加遠淺之勢（據《臺灣稅關要覽》）。番挖之街市在港頭。本港在道光初年替代三林港（二林下堡）而發達，原稱番仔挖（Hoan-á-oat）。《彰化縣志》記載：「三林港汛，現在番仔挖港，商船輻湊。」又，該書已見番仔挖街。改為「番挖」，似在光緒初年。光緒五年〔1879年〕成書之《臺灣地輿圖說》，見有「番挖港」、「番挖街」。人口3,047人（男1,609人，女1,438人）。

東螺東堡（Tang-lê tang pó）

位於濁水溪分流之東螺、西螺2溪間所形成之大三角洲頂點之一區。原於清康熙六十年代，合併東螺西堡成立東螺堡，乾隆年間分成東、西2堡，為其一。平埔番族Poavosa部族之Taobari即Tangle（東螺）社所在地，堡名因之而出。康熙末年，閩泉州吳姓一族，首先著手開墾，堡內北部、中部拓成過半。康熙六十年〔1721年〕，黃仕卿引濁水溪開十五莊圳，其灌溉區域包括15村莊而得此名。雍正初年，閩漳州人林廖亮，開南部溪岸地方。乾隆末年，東螺溪北岸出現沙仔崙（Soa-á-lûn，屬內三塊厝庄）街肆，其西南一帶相繼出現頂坝（後改頂霸）、下坝（後改下霸）、下水埔等各庄。道光三十年〔1850年〕，被洪水侵害，沙仔崙街肆流失過半，因不適於做為市街地，乃更卜地移設於市街之適地今田中央（武東堡），而終歸衰廢，頂坝庄甚至埋沒於溪底。

（**附記**）原佔居濁水溪流域之平埔番族，飼育野馬。雍正二年〔1724年〕成書之《諸羅縣志》記載：「東、西螺以北之番，好飼馬，不鞍而馳驟；要狡獸、截輕禽，豐草長林，屈曲如意。擇牝之良者，倍價而易之，以圖孳息。」

二八水（Jī-pat-chúi）

從東螺東堡南部的濁水溪之一渡頭名轉為庄名。該渡名，見於清乾隆二十九年〔1764年〕成書之《（續修）臺灣府志》。道光十二年〔1832年〕成書之《彰化縣志》記載：「二八水渡，一名香椽渡，二八水與沙連往來通津。」可知，從此時起該地為通向東方沙連番界之溯濁水溪舟路的起點。我領臺後開始之巒大山（Loân tōa soann）伐木，亦從此地靠濁水溪搬出。臺灣鐵道縱貫線車站，在此地（距基隆起點149.8哩）。

八堡圳（Pat-pó chùn）

自沙連下堡濁水庄分流濁水溪，疏鑿水圳（灌溉水路），灌溉區域跨東螺東堡、東螺西堡、武東堡、武西堡、燕霧下堡、馬芝堡、線東堡八堡，自古以來名為八堡圳。區域之八堡內達103庄，灌溉約19,000甲田地，中部地方之最大水圳。根據《彰化縣志》，清康熙五十八年〔1719年〕，庄民施長齡（此地方之墾首）創開，故名「施厝圳」；又記為「濁水圳」，蓋引濁水溪水故也。

（**附記**）八堡圳之疏鑿，實彰化人林先生者設計指授而成。據《彰化縣志》，林先生，不知何許人也，衣冠古樸，談吐風雅。康熙五十八年〔1719年〕墾首施長齡，欲引濁水溪灌田，屢濬圳道難通。先生聞之，見長齡曰：「聞子欲興彰邑水利，功德固大，但未得法耳。吾當

為公成之。」問之以名字，笑而不答。固請，乃曰：「只呼林先生，可也。」越日，果至，繪圖以教疏鑿之法。長齡悉如其言，遂通濁水，八堡農民皆受其利。圳成，長齡將以千金為謝。先生辭不受，未幾不知其所之。（今尚崇祀其靈於東螺東堡鼻仔頭庄內，春秋祭祀不絕，且配祀墾首施長齡之靈。）

東螺西堡（Tang-lê sai pó）

連接於東螺東堡之西方，北方及西方與二林下堡為界，南方隔西螺溪與西螺堡為界。清康熙六十年代，合併東螺東建立東螺堡，乾隆年間分為東、西2堡，為其一。此地一帶，康熙五十四年〔1715年〕，粵人黃利英為大墾首企圖開拓，當初招徠同籍佃戶。雍正至乾隆年間，多數閩之漳泉人連接而來，勢力竟然壓過粵人，或因兩者軋轢粵人因而退去，或被閩人富豪買收，到了嘉慶初年時粵人竟然絕跡。其初墾拓成就者，為本堡北部東螺溪南一區之舊社樣仔、新社店、眉裏新庄等（今屬舊眉庄內）。雍正初年，閩人建立一街肆。乾隆二十九年〔1764年〕成書之《（續修）臺灣府志》所見之東螺街者是。雍正五年〔1727年〕，中部之三條圳庄有泉人移住，同時粵人羅泉開拓新庄仔庄（以後，雍正十一年〔1733年〕被漳人廖玉等買下）。既而，乾隆三年〔1738年〕，粵人已墾之牛稠仔庄一帶由泉人買收後，退去永靖街（武西堡）及東勢角地方（挾東上堡）。爾後，張仲和，在西螺堡地方招集泉人開西部之荒埔，乾隆七年〔1742年〕逐漸就緒。乾隆十三年〔1748年〕前後，南部之西螺溪北一區，泉州人移住潮洋厝庄附近的已墾地。在此之前，康熙末年，東螺溪所形成的河洲，已被墾成。嘉慶初年，李、謝、林3姓人，建立了寶斗（Pó-táu）庄及其東方之悅興（Iat-heng）街，該街與東螺街對峙，一時之間有成為全堡中心市場之姿。嘉慶十一年〔1806年〕，漳泉人分類械鬥，東螺街全罹兵焚，以後又遭東螺溪水害沖壞市街。道光二年〔1822年〕，更卜地於北方河洲內之寶斗庄，創建今之北斗街，而

至兼併悅興街。

北斗街（Pak-táu koe）

　　在東螺（Tang-lê）溪分合流纏繞的大河洲中部。本街之前身為清乾隆三年〔1738年〕建於該溪南岸舊社樣仔庄附近（今屬舊眉庄內）的東螺街，街名早見於乾隆二十九年〔1764年〕成書之《臺灣府志》。嘉慶十一年〔1806年〕，漳泉人分類械鬥之際，全街罷兵燹，後又被東螺溪水害，沖壞市街。道光元年〔1821年〕，更在河洲創建寶斗庄，設計新市街，二年〔1822年〕完成。因音近寶斗，乃以佳字稱北斗街。又因係東螺街移建，一稱東螺北斗街（見於《彰化縣志》）。街內立有建北斗街記碑，乃該年二月彰化知縣吳性誠所撰。其節略曰：

> 故東螺之有街，由來久矣。先在舊社內，丙寅歲〔嘉慶十一年、1806年〕始遭兵燹焚毀，繼被洪水衝崩，士女失棲依之所，商賈無鬻販之區，建街首事陳聯登、楊啟元、陳宣捷、高培洪、吳士切、謝嘜等，爰相聚而議曰，是不可以不謀徒建，因於距街里許，得一地焉，名曰寶斗……街成之日，更名北斗，則取酌量元氣，權衡爵祿之義焉……。

　　《彰化縣志》記之曰：「故東螺街，被水沖壞，舉人楊啟元、林煥章，武舉陳聯登，監生陳宣捷，總理高培洪等，議移建於此，街分東西南北，中為大街，縱橫整齊。」尚慣用舊地名，稱寶斗街或寶斗仔街，事見同治五年〔1866年〕成書之林豪《東瀛紀事》。人口5,058人（男2,718人，女2,340人）。

濁水溪（Lô-chúi khoe）

　　濁水溪，橫流西海岸平野幾乎中部之臺灣第一巨流，發源於埔里社方面之中部山地，匯流幾多大小支流而漸大，於牛輼轆（Gû-un-lok，沙連堡）

會合發源於南方山中的陳有蘭溪，更會合附近諸水，出集集西南內觸口之峽間，河幅更大，至外觸口一名牛相觸（擬兩山相迫對峙狀如牛奮角相觸而名。《雲林縣采訪冊》謂：「溪之左，為獅子山，右為象鼻峰，論者以為獅象守口。」又，象鼻山有洞門之水道及高橋之棧道。該書謂：「其山如象鼻，危崖絕壁，怪石恂嶙，盤踞濁水溪中，乾隆年間於山麓鑿洞百餘丈，導濁水通於社寮隆興陂，山上皆羊腸鳥道，有小徑，僅可容足，居民於斷壁處，駕以竹排，名曰高橋，大水時多由此出入。」），與來自南方之清水溪相會（古來稱清濁同流者是），自此出平野成2大分流。一向東北，於其分歧點與河口之間形成一大河洲（東螺西堡北斗街處），在漢寶園庄（二林下堡）入海，為濁水溪幹流因存濁水溪名，又名東螺溪。其圍繞北斗街之支流，別存北斗溪名。往時從其北方之管嶼厝庄（馬芝堡）入海，明治31年〔1898年〕大洪水之際，流域變更，改從今河口注海。一向西，過西螺街（西螺堡）之北，在下海墘厝庄（深耕堡）入海，稱西螺（Sai-lê）溪。

濁水溪流，上源混著黑粘板岩粉末，又因流急不能沉澱，水色溷濁而有此名。至其下游，黑泥大量堆積，渡涉大為困難。《臺灣府志》謂：「水濁而迅，泥沙滾滾。人馬牛車渡此，須疾行；稍緩，則有沒腹埋輪之患。夏、秋水漲，有竟月不能渡者」者是。下游一帶，或分而合，或合而分，縱橫貫通，其間形成廣闊磧地，平時河水滲入礫下流水幾絕，一旦降雨水量增加，則分流磧地盡合便成巨流，濁流四面漲溢，殆無涯際。因此河身常變無常態。關於濁水溪溷濁，古來漢族相傳一迷信。清道光十二年〔1832年〕成書之《彰化縣志》曰：「水色皆黑，土人云，水清則時事有變。」又，光緒二十年〔1894年〕成書之《雲林縣采訪冊》曰：「黃河五百年一清，則必有聖人在位，而是溪之水渾濁挾泥，似有類於黃河，然溪水一清，則臺地必生反側，如同治元年〔1862年〕水清三日，戴萬生亂幾達三年；光緒十三年〔1887年〕水清半刻，則施九緞以丈田事激民為變，共攻彰化，旋經剿撫解散。故老謂：溪清之時日多寡，實與寇盜起滅久速相應。屢試不爽云。」蓋河水時而溷濁、稀薄之事實，似與水量增減有關。蓋其上流洗淬

粘板岩，混成粉末形狀，激觸河身兩岸之該岩，水量漸減時此洗淬度少也。（因曰，同治五年〔1866年〕林豪《東瀛紀事》記載：「嘉彰分界處，有潦水溪，源出內山，流急而濁」，即指此河。潦水、濁水，異字同音。）

濁水溪流域海岸二林地方之砂丘，往時被害甚劇，明治31年〔1898年〕大洪水之際，濁水溪域變更的結果，沖積於新溪墘及舊墘之細砂，冬季乾燥期被東北強風吹起逐漸堆積為山狀，年年向南方移轉，被害區域約亙8,000甲步，埋沒田園達約4,000甲步，將來有更擴大被害區域之狀。如此則防備施設，最為急務。總督府自明治33年〔1900年〕度起，每年約投下3,000圓經費，持續造林防砂。

濁水溪　陳肇興

滾滾沙兼石，奔流疾似梭。九州添黑水，一笑比黃河。

雷雨馳聲壯，滄桑閱世多。不堪頻喚渡，平地有風波。

溪洲堡（Khoe-chiu pó）

在西螺、虎尾2溪所形成之大三角洲頂點，新虎尾溪貫流其中央。清光緒十四年〔1888年〕，分東螺、西堡2堡新置一堡，名溪洲堡。溪州之堡名，實本地勢而出。原是隨著東螺、西螺、本堡之拓成，而於乾隆年間開墾就緒之地，閩人黃、張、王3姓為最初之墾首。（往時，本堡墾業主所收大租，稱麻租，以有胡麻繳租之慣行。爾後雖或便宜行事地納銀，其收單上仍併記麻之石數。）

西螺堡（Sai-lê pó）

北接東螺西堡，東接溪洲堡，南接他里霧、大坵田兩堡，西接布嶼堡。清康熙六十年代，立一堡。原是平埔番族Loa部族Saile社所在地，堡名自此出，西螺為其近音譯字。雍正初年以來，閩人著手開墾，王玉成即北部

中部一帶之墾首，先拓成西螺店庄。此為西螺街前身，乾隆二十九年〔1764年〕成書之《（續修）臺灣府志》，已見該街名。爾後，吳姓閩人，初為南部地方墾首企圖開墾，墾業未成便由張姓之人取而代之（今存吳厝庄地名，蓋或為吳姓初闢之根據地）。乾隆末年，莿桐巷庄亦發達為小肆店。

西螺街（Sai-lê koe）

在西螺溪南。原稱西螺店（Sai-lê tiàm）庄，清乾隆初年以來逐漸發達，形成街肆。街內之廣福宮（祀媽祖），乾隆二十五年〔1760年〕本堡紳董捐建。為西螺堡主腦地。人口5,485人（男2,895人，女2,590人）。

布嶼堡（Pòu-sū pó）

介在西螺、海豐二堡間之一區。清康熙六十年代，成立一堡稱布嶼稟（Pò-sū-lín）堡。此地一帶，屬平埔番族 Loa 部族 Bazikan（猫兒干）社，即南社之所在地，因該番人而稱地名，堡名亦因之而出，布嶼稟為其近音譯字。乾隆年間，削稟字改為布嶼，分東、西2堡，我領臺後合為布嶼1堡。乾隆九年〔1744年〕，巡視臺灣御史六十七〈臺灣番社采風圖考〉記載：「南社、猫兒干二社（其實非二社，乃同社異名）番，其祖興化人，渡海遭颶風，船破漂流到臺，娶番婦為妻」云云，蓋指往時閩之興化府地方航海者，因颶風船破漂到此地方海岸，與土著番人和約通婚定居者。今舊番社址之番社庄南方有興化厝（Heng-hòa chhù）庄，或為其最初定居地。雍正二年〔1724年〕，南部一帶之龍巖厝、潮洋厝、馬崗厝（今寫成馬公厝）、埔姜崙各庄，乃閩人薄昇燦最初開墾之處。爾後，雍正四年〔1726年〕，閩之泉州人張方高，進入中部地方，設一公館，招募佃戶拓墾荒埔，在公館處設竹圍，因而有竹圍庄（今屬新庄仔）之名。雍正八年〔1730年〕，閩人陳、張、石3姓合資，開拓西南部月眉、馬鳴山、同安厝等諸庄。雍正十三年〔1735年〕，張方高引虎尾溪，鑿通大有圳，開拓中部大有庄方面田園。乾隆二十九年〔1764年〕成書之《（續修）臺灣府志》可見布嶼稟大庄（今

舊庄）名，似為當時之中心地。南部埔姜崙庄，於乾隆五十一年〔1786年〕林爽文之亂，被堡內各庄匪賊肆擾，庄民庠生張源勲與同族糾集鄉勇，固守數月，屢挫賊鋒。翌年，更隨從將軍福康安，率鄉勇致力討剿。亂平，賜「褒忠」2字為庄名，因改褒忠（Po-tiong）庄，後稱褒忠街（其最初形成肆店，據說在咸豐元年〔1851年〕前後）。新庄仔庄，有蓮花潭（Liân-hue thâm）。《雲林縣采訪冊》曰：「蓮花潭，俗名蓮池，泉甘土肥，蓮不種自發，分紅、白、淺紅三色。花開之候，遠近遊觀，為本邑名勝。」

（**附記**）此地方之番人，往時於海岸以自然乾涸之法採鹽。康熙六十一年〔1722年〕，巡視臺灣御史黃叔璥〈赤嵌筆談〉記載：「南社，冬日海岸水浸浮沙凝而為鹽，掃取食之，不須煎曬，所產不多，漬物易壞。」

海豐堡（Hái-hong pó）

接連於布嶼堡之西的海岸一區，清康熙六十年代成立為一堡，稱海豐港堡。蓋該港當時既開，且以堡內主腦地為堡名。光緒十四年〔1888年〕，削港字改為海豐堡。全堡開拓就緒，在雍正年間。雍正八年〔1730年〕，閩人陳、張、吳3姓合資為墾首著手開墾，乾隆三十九年〔1774年〕拓成後，陳姓分管南部今東勢厝庄附近，張姓分管中部今麥寮庄附近，吳姓分管北部今施厝寮、雷厝庄附近。乾隆末年以來，閩之泉州人開拓海濱一帶崙仔頂庄、沙崙後、橋頭、許厝寮等各庄就緒。

清領當初置諸羅十七莊之一的臺仔挖（Tâi-á oat）莊，屬本堡內。乾隆二十九年〔1764年〕成書之《（續修）臺灣府志》記載：「虎尾溪，出白沙墩之北，至臺仔挖入海。」但爾後因地形之變遷與河口之轉動，其位置不詳。

海豐港（Há-hong káng）

在海豐堡。《臺灣府志》所謂海防港者是。雍正九年〔1731年〕開為島內貿易之處，往時港灣水深，商船每避風寄碇，早就形成肆店。乾隆末年，新虎尾溪新開河口時，被溪沖壞，街肆荒廢，商勢完全移至東南之麥寮。

麥寮街（Bē-liâu koe）

在海豐堡中央，新虎尾溪北岸。此地附近原多產大麥、小麥，地名因之而出。往時不過是一小村，清乾隆十五年〔1750年〕新虎尾溪之流水分叉，西北之海豐港被沖壞，商勢乃移至此地，漸成街肆，道光年間一時之間極為殷賑。但被舊來之北港（Pak-káng）街所壓而不振，《雲林縣采訪冊》記載：「交易則赴北港，以麥寮無大郊行故也。」人口1,195人（男635人，女560人）。

五條港（Gô-tiâu káng）

在海豐堡南方海岸。本港之名不見於《臺灣府志》等記載，始見於道光十二年〔1832年〕成書之《彰化縣志》。雖往時多少有與對岸之交通，但此附近一帶為砂濱，因冬季北風之飛砂與潮流之運砂作用，港底逐年埋塞，港灣形質變遷，乃至碇泊不便，自然衰頹。且其位置為一小河口，港口距碇泊處約1里，不得不溯彎曲之水道。港口浪高不便碇泊，僅滿潮時露出水面，退潮時則見砂地（據《臺灣稅關要覽》）。

北投堡（Pak-tâu pó）

北方、西方接貓羅堡，東方接北港溪堡，南方接南投堡之一區。原與南投堡合稱南北投堡，見於清道光十二年〔1832年〕成書之《彰化縣志》。光緒元年〔1875年〕，分立北投堡。此地方為平埔番族 Arikun 部族 Savava 社所屬，分南、北2群，稱之為 Namtau（南投）、Paktau（北投），併為堡名。

雍正年間，隨著南投堡開拓就緒，閩人足跡來到本堡，贌得Paktau（北投）社地。乾隆十六年〔1751年〕，池良生引北方之烏溪開鑿險圳，增加北投埔方面灌溉之便。《彰化縣志》記載：「險圳，源從烏溪分派，至茄荖山，穿山鑿石數十丈，流出灌溉七十餘庄之田，里人名為石圳穿流。」又，該書謂「北投街，屬南北投保，分為新、舊街」，可知道光初年已街肆發達。東界之土城庄（今屬南埔庄），往時稱內木柵，為設壘柵防番之地，此時亦已開拓就緒。該書記載：「與火炎山中隔烏溪而突起於平地者，曰茭荖山（又寫成茄荖山），山後一窩平地，為內木柵庄。茭荖山關欄於外，若水口之鎖鑰焉。」又謂：「內木柵山，在北投之東，地頗平曠，雖草萊新闢，而居民數店。」爾後，此地為進入埔里社窪地之北路的外關，草鞋墩（Chháu-ê tun）庄則發達成為關外驛站。特別是隨著光緒初年埔里社置廳，形成新街肆。

南投堡（Nâm-tâu pó）

北接北投堡，東接埔里社堡、五城堡，南接集集堡、沙連下堡，西接武東堡之一區。與北投堡合稱南北投堡，見於清道光十二年〔1832年〕成書之《彰化縣志》。光緒元年〔1875年〕分立南投堡。雍正三年〔1725年〕前後，閩之漳州人進入彰化地方，贌得土著之平埔番族Savava社之南群，即Namtau（南投）社之地，開拓萬丹庄（今屬新街）地方，以後拓殖擴大，乾隆二十四年〔1759年〕新設南投街縣丞。道光十二年〔1832年〕成書之《彰化縣志》記有南投舊街、新街之名，可知此時已有南北相對之舊新2街。此地方夙開陶窯，製造粗糙之日用陶器，供應中部臺灣之需要。

南投街（Nâm-tâu koe）

在南投堡內西部。此地方原為平埔番族Savava社之南群，即Namtau（南投）社部落所在，街名由之出。南投、北投2堡之中心市場。清乾隆二十四年〔1759年〕，置南投縣丞之處，現為南投廳所在地。人口3,343人（男1,753人，女1,590人）。

碧山巖（Phek-soann-gâm）

在南投堡施厝坪庄內之丘東。清乾隆十七年〔1752年〕，住僧募款建寺。《彰化縣志》曰：「巖有樹木，溪流環其前，林泉幽寂，頗饒遊觀之趣。清晨四望，崇山峻嶺，羅列寺前。爻峯九十九尖，狀似玉笋排空，參差無際，洵屬奇觀。」

　　碧山曙色　　黃驤雲
碧山碧色重復重，九十九尖峰間峰。天雞喚醒金烏鳥，玉女擎出青芙蓉。
混沌初開早世界，盤古四顧無人蹤。我來扶杖入煙翠，口嚼飛霞如酒濃。

北港溪堡（Pak-káng khoe pó）

埔里社堡之北界北港溪的上游區域，堡名亦出於此。地當進入埔里社窪地之北路的關頭。清嘉慶二十二年〔1757年〕，禁止偷越埔里社時，於此地龜仔頭（Ku-á thâu）坪（道光二十七〔1847年〕年閩浙總督劉韻珂〈奏勘番地疏〉寫成龜紫頭；《東槎紀略》所載〈埔里社紀略〉寫成內龜洋）立石碑示禁。咸豐年間，有漢族犯禁進入埔里社者，此地方已見聚落。隨著光緒元年〔1875年〕新設埔裏社廳，此地亦開為北方之要路，稱北港溪堡，龜仔頭即為早期形成之一庄。光緒十二年〔1886年〕，撤廢從前番界施設之隘丁制度，另外倣效勇營制度組織隘勇，以此地方為中心配置中路棟字隘勇2營中之1營。即，自北方水底寮馬鞍寮（挾東上堡）至水流東，經北港溪，至南方埔里社之間一帶，因而促進此地之開發。龜仔頭坪西方與貓羅堡分界之處，有火炎（Hé-iām）山（海拔2,489尺）。《彰化縣志》謂：「峰尖莫數，秀插雲霄，狀如火燄，樹木茂密，上多松柏，其下為烏溪之流所經」者是。松柏崙（Chheng-peh lûn）之嶺路，開於其南端，其名早見於道光二十七年〔1847年〕劉韻珂奏疏中。古來，九十九峰又稱九十九尖，自

彰化地方遠望此峰尖而得名。《彰化縣志》形容其為：「玉筍瑤參，排空無際，有萬物朝天之象。」「燄峰朝霞」為彰化八景之一。

埔里社堡（Pou-lí sīa pó）

幾乎位於臺灣本島中央之平沃窪地，東、南、北3方山岳連亙，西方低峭屏立，其間2條河流橫過東西，在北者稱眉（Bâi）溪，在南者稱南港（Lâm-káng）溪，2流相會於窪地西端，因而灌溉之便亦多。原為Pouli（或寫成音譯字「埔裏」或「埔裡」及「埔里」）及Bairi（寫成近音譯字「眉裏」或「眉裡」）2社土番佔居之處，以眉溪為界，Pouli社割據溪南，Bairi社割據溪北，Pouli社之位置在今枇杷城（Pî-pê sîann）庄附近，Bairi社位置在今牛眠山與史港坑之中間。埔裏社地名為人所知，早在清康熙末年。雍正二年〔1724年〕成書之《諸羅縣志》記載：「埔里社水沙連各地，嘖嘖豔羨。」道光二十七年〔1847年〕，踏察其地之閩浙總督劉韻珂〈奏勘番地疏〉中謂：「埔裏社，社名加冬（Ka-tang）里，里北十餘里為眉裏社。」蓋謂埔里社故地近茄苳腳（Ka-tang kha）庄者，乃西部平原之平埔番族移進此窪地之最初根據地，因而一時給予加冬（茄苳之略）里地名。南方之水沙連（Chúi-soa-liân）番地（五城堡窪地），雖康熙年間以來已有漢族足跡，但埔裏社番地截至嘉慶初年，除了僅為交易而有少數通事、社丁出入之外，全屬未知之域。嘉慶十九年〔1814年〕，有漢族之一次大侵略，其方向自南界的水沙連番地而來。《東槎紀略》載〈埔里社紀略〉曰：

> 嘉慶十九年〔1814年〕，有水沙連隘丁首黃林旺，結嘉、彰二邑民人陳大用、郭百年及臺府門丁黃里仁，貪其膏腴，假已故生番通事土目赴府言：「積欠番餉，番食無資，請將祖遺水裏、埔裏二社埔地，踏界給漢人佃耕。」知府某許之。大用隨出承墾，先完欠餉，約墾成代二社永納，餘給社眾糧食；儻地土肥沃，墾成田園甲數，仍請陞科，以裕國課。二十年〔1815年〕春，遂給府示，並飭彰化縣予照使墾；然未之詳報也。其受約者，僅水沙連社番而已，二十四社皆不知所為。

郭百年既得示照，遂擁眾入山，先於水沙連界外社仔墾番埔三百餘甲。由社仔侵入水裏社，再墾四百餘甲。復侵入沈鹿，築土圍，墾五百餘甲。三社番弱，莫敢較。已乃偽為貴官，率民壯佃丁千餘人至埔裏社，囊土為城，黃旗大書開墾。社番不服，相持月餘。乃謀使番割詐稱罷墾，官兵即日撤回，使壯番進山取鹿茸為獻。乘其無備，大肆焚殺。生番男婦逃入內谾（埔里社窪地之北部眉溪南岸），聚族而嚎者半月。得番串鼻熟牛數百，未串鼻野牛數千，粟數百石，器物無數。聞社中風俗，番死以物殉葬，乃發掘番塚百餘，每塚得鎗刀各一。既奪其地，築土圍十三，木城一，益召佃墾。眾番無歸，走依眉社、赤崁（埔里社窪地之北部眉溪北岸今赤崁庄）而居。先是，漢番相持，鎮道微有所聞，使人偵之，皆還報曰：「野番自與社番鬥耳。社番不諳耕作，口食無資，漢佃代墾，以充糧食。又人寡弱，倚漢為援，故助之；所殺者，野番也。」二十一年〔1816年〕冬，武鎮軍隆阿巡閱臺北，悉其事，嚴詰之。於是，彰化縣令吳性誠請諭墾戶驅逐眾佃出山。而奸民持臺府示不遵。有希府中指者，言漢佃萬餘，所費工資甚鉅，已成田園，一旦逐之，恐滋變。性誠上言曰：「埔地逼近內山，道路叢雜，深林密箐，一經准墾，人集日多，竊恐命盜兇犯，從而溷跡；儻招集亡命，肆行無忌，奈何！且此埔素為生番打鹿之場，即開墾後明定界址，而奸貪無厭，久必漸次私越；雖番性愚蠢，而兇悍異常，一旦棲身無所，勢必挺而走險，大啟邊釁。不若乘未深入，全驅出山，尚可消患未萌。」鎮道深納其言，飭臺府撤還。二十二年〔1817年〕六月，傳諸人至郡會訊，予郭百年以枷杖，其餘宥之。署鹿港同知張儀盛、彰化縣知縣吳性誠、呂志恒赴沈鹿拆毀土城。水、埔二社耕佃盡撤。生番始各歸社。集集、烏溪二口，各立禁碑（集集之禁碑，立於雞胸嶺麓之風谾口。烏溪之禁碑，立於龜仔頭坪）。然二十四社自是大衰。漢人稍稍復入。社仔、社番被逐，並入頭社，猫蘭並入水裏社，而哆咯啷、福骨兩社與沙里興為鄰，混入兇番。眉裏、致霧、安里萬三社亦暗通兇番以自固。埔裏人少，雖與水裏和睦，而不能救援，甚自危。

即，最後因禁止入埔而一時異族絕跡，但不久之後又有漢族越入水沙連番地。道光年間，西部平原之平埔番族，更企圖強力地移進埔裏社番地。

蓋此移進之動機，主要有自動、被動2種原因。其一，嘉慶、道光年間，漢族移殖加劇生齒日多，西部平原已無曠土，先住之平埔番地或被墾或被侵佔，這些番族幾乎墮入無法生存競爭之境地。彼等知道有平沃之埔里社窪地，為了求得今後生活之餘裕，認為此地是天賜的退卻之地。其二，埔裏社番地原屬平沃，漢族豔羨不止，但因為有越界之禁，畏法不敢妄動。乃先驅使番族潛入開墾，俟其墾成再溷入佔有，趁著番族喪失故地沉淪窮境，以百方詭計教唆煽動。（〈埔里社紀略〉謂：「道光三年〔1823年〕，遂有萬斗六（Bān-táu-lak）社革通事田成發詭與埔社番謀招外社熟番為衛，給以荒埔墾種，埔社聽之。田成發乃結北投社革屯弁乃猫詩、革通事余猫尉招附近熟番潛往復墾，而漢人陰持其後，俟熟番墾成，溷入為侵佔之計」，即描述此中內情之一面。）這2次移動，讓土著番人同意和平約束，實發端於道光三年〔1823年〕。平埔番族之各部族先後移來，當初集團性地雜住於1、2部落，後來隨著同族之增加，而獨立分居各地。此期間，對於先住之Pouli及Bairi 2社與移進之平埔番族各社的情形，道光三年〔1823年〕實察埔里社的北路理番同知鄧傳安之〈水沙連紀程〉中有所記載：「二十里平曠，中惟埔裏一社，草萊若闢可得良田千頃。今熟番（即平埔番）聚居山下者二十餘家，猶藉當日民人佔築之土圍以為蔽。」道光二十年〔1840年〕，臺灣道熊一本〈條覆籌辦番社議〉記載：「埔裡社，道光三、四年間，慮被漢人佔奪，招引熟番（即平埔番），開墾自衛，熟番勢盛，漸逼生番（即埔里社番）他徙，二十年來熟番已二千人，生番僅存二十餘口。」道光二十七年〔1847年〕，閩浙總督劉韻珂〈奏勘番地疏〉記載：「埔里社，約可墾地四千餘甲，其社南之一千甲，先經熟番（即平埔番）私墾，間有生番（即埔里社番）自墾之地，均係畸零小塊，不成片段，現住生番大小男婦二十七丁口，熟番約共二千人。眉裡社可墾地二千餘甲，現住生番（即Bairi社番）大小男婦一百二十四丁口」，可得知其概要。（光緒二十年〔1894年〕埔水化番總理手抄之戶口冊，謂埔社男女共計13名，眉社男女共計11名。比之道光二十七年〔1847年〕，可知減耗加速。又，道光三年〔1823

年〕移住平埔番之總數20餘戶，假定一戶5人，則約100餘人，較諸二十七年〔1847年〕有約2,000人，亦可知加速增殖。）這樣的團體移進，同治元年〔1862年〕前後仍殘留於故土之平埔番族，個別地隨著同族之腳跡而移住，至近年還是不斷地進行著。（據明治38年〔1905年〕之臨時戶口調查結果，埔里社堡內熟番現在之人口總數，男1,991，女2,245。）

這些平埔番族，大概與先住之番人和平共處，但其中仍有欺侮寡弱、肆行橫暴橫者。道光二十七年〔1847年〕，閩浙總督劉韻珂〈奏勘番地疏〉中記載，今春新來熟番徐戀棋一犯，倡墾番地，發掘改努（Kainu）幼姪墳塚，拋棄屍骸，焚毀番寮，搶奪牛物。移來定居平埔番族之部群及其前來移住之方向如下。Arikun、Pazeh、Vupuran、Poavosa、Taokas等5部族自北路口進入，Loa部族自南路口進入。如此，埔里社之番地一帶，漢族先染手，平埔番族爾後插足其間。於是，當時有司之間，亦有開埔之議。

道光三年〔1823年〕九月，北路理番同知鄧傳安，進入埔裏社實地視察。翌四年〔1824年〕，以其地膏腴，建議傚開墾噶瑪蘭（宜蘭）之例。當時之臺灣知縣姚瑩，以尚非其時而加以否定，臺灣知府方傳穟贊同姚瑩意見，乃決定劃界封鎖，於入山隘口設汛專防，又以北路理番同知及彰化知縣每年輪往巡查，以杜偷越。道光二十一年〔1841年〕，總兵武攀鳳、臺灣道熊一本、臺灣知府仝卜年，復履勘其地，先後詳稟切陳應該開墾。當時，給事中朱成烈，奏以臺灣曠地甚多請准，閩浙總督顏伯燾則覆奏與番人爭利難防後患，事遂止。道光二十六年〔1846年〕，北路理番同知史密、北路協副將葉長春、南投縣丞冉正品，率通事、番目，實地巡查稽察，各社番目來請獻地，切求開墾。史密乃提出〈籌辦番地議〉，先說番情、番事，次論控制、撫綏、馭治、備禦之法。於是，閩浙總督劉韻珂，基於史密之稟稱，更實地履勘番地後上〈奏勘番地疏〉及〈奏開番地疏〉。但此議最後亦不獲准行。（劉韻珂之履勘水沙連番地，事在道光二十七年〔1847年〕。該年三月二十四日，自閩省福州出發，四月十四日於泉州蚶江登舟，次日在鹿港上陸，北路理番同知史密、淡水同知曹士桂、北路副將葉長春、北路

參將呂大陞等文武員弁辦隨同，帶著兵勇於五月十三日從彰化之南投至集集入山，經田頭、水裡、貓蘭、審鹿、埔里、眉裡社，二十日從內木柵出山，經北投歸還彰化。）

（**附記**）當時進入埔里社窪地之南北2路已通，〈埔里社紀略〉記其情形：「埔裏大社，地勢平闊，周圍可三十餘里，南北有二溪，皆自內山出，南為濁水溪源，北則烏溪源也。烏溪為入社北路，自彰化縣東之北投，北行過草鞋墩，至內木柵，阿發埔，渡溪東北行，至火燄山下，五里過大平林，入山十里，愈內龜洋，至外國勝埔，更渡溪面南二十五里，至埔裏社，自水沙連入，可兩日程，北路為近，然常有兇番出沒，人不敢行，故多從水沙連入。水沙連則番社之久輸貢賦者也。」劉韻珂〈奏勘番地疏〉記載：「南以集集舖為入之始，南投係其門欄，北以內木柵為番界之終，北投係其鎖鑰。」

但這只是官府未開，劉韻珂〈奏勘番地疏〉也記載：「而匪徒等明知水沙連內山為兵役緝捕難至之區，遂各相率逃入」，不啻匪徒潛跡之區。咸豐年間，漢族再啟移進之端。即，閩之泉人鄭勒先，引率若干壯丁進入埔里社，與先入之平埔番族交易。番人恐因此會有被侵佔之虞，舉族抗拒。勒先為表示無異心，遵番俗且改名Vaieku，盡力撫慰番人，逐漸博得信任得以居住。爾後，閩人聞風移來者漸多，5、6年後而至形成一肆市集團。因本來番社社名而稱埔里社街。當時，番人強多，漢族寡弱，漢族專以和平協約對之，但仍經常有利害衝突，械執與番人爭鬥，街市竟有2次被番人燒毀。爾後，或訂約進入番人部落寄居，或獨立建立漢族之村庄。光緒初年，有1街30餘庄，乃置中部撫番拓殖之策源地埔里社廳（光緒十二年〔1886年〕改稱埔裏廳），於埔里社街築大埔城，以城街為中心，分東角、西角、南角、北角4堡。我領臺後改為埔里社之一堡。

埔里社街（Pou-lí sīa koe）

在埔里社堡之中央。清咸豐年間，偷越閩人初建街肆，以其地原為Pouli（埔里）社番人之所在地而為街名。爾來，發達為此地方之主腦。光緒元年〔1875年〕，鹿港之北路理番同知改為中路撫民理番同知（當時稱埔里社廳。光緒十二年〔1886年〕改為埔裏廳），廳署建於埔里社街內，築土垣，環植竹，設東、西、南、北4門，名大埔城（Tōa-pou sîann），為當時臺灣鎮總兵吳光亮經營所成。《臺灣地輿圖說》記載：「今上御極之年，海防戒嚴，開山議起，臺灣鎮總兵官吳光亮，適略兵中路，爰有招撫埔裏六社之請，以向駐鹿港之北路番同知，改為中路撫民理番同知，就大埔城建造城垣衙署。」人口3,327人（男1,804人，女1,523人）。

水沙連（Chúi-soa-liân）

往時包含今埔里社堡，起於五城堡經集集堡至沙連堡的濁水溪流域一帶番境，總稱沙連。沙連，原為番語地名Soa-liân之近音譯字。日月潭（五城堡）附近，為土著番群之根據，佔住中心位置，因而有水沙連之名。清康熙二十三年〔1684年〕，諸羅知縣季麒光〈臺灣雜記〉，寫成沙連。康熙三十六年〔1697年〕，旅行西部臺灣的郁永河《番境補遺》寫成水沙廉，亦是同音異字。使用水沙連文字之最古文書，為康熙六十一年〔1722年〕巡視臺灣御史黃叔璥〈番俗六考〉、雍正初年成書之藍鼎元〈紀水沙連〉（載《東征集》）及雍正二年〔1724年〕成書之《諸羅縣志》。以後，以臺灣府、縣志為首，《彰化縣志》等次之。此方面，漢族企圖進入拓殖，早在康熙中葉以前（但被認為是其中之一部的今沙連堡地方，被認為在明末鄭氏開屯時代已經開拓就緒，參照沙連堡條）。郁永河《番境補遺》記載康熙中葉之情形：「水沙廉雖在山中，實輸貢賦。其地四面高山，中為大湖；湖中復起一山，番人聚居山上，非舟莫即。番社形勝無出其右。自柴里社轉小徑，過斗六門，崎嶇而入，阻大溪三重，水深險，無橋梁，老籐橫跨溪

上，往來從籐上行；外人至，輒股慄不敢前，番人見慣，不怖也。其番善織罽毯，染五色狗毛雜樹皮為之，陸離如錯錦，質亦細密；四方人多欲購之，常不可得。番婦亦白皙妍好，能勤稼穡，人皆饒裕」，可知此時已輸賦，漢族、番人也有交易。該書所謂「能勤稼穡，人皆饒裕」，應是當時漢族重視此地之動機。《諸羅縣志》也記載康熙末年的這種情形：「埔裏社水沙連各地，外人嘖嘖豔羨。」雍正初年，藍鼎元踏查此地，對日月潭附近番人居於湖水中島嶼有所記載：「番人服教未深，必時挾軍士以來遊」，對山邊之番群則曰：「皆鷙悍未甚馴良。」當時漢族之目的，主要是進入番界交易，因此挹注其力以獲利。其進入之方向，自牛相觸口（Gû-siong-chhiok kháu）沿濁水溪而溯（據說在沙連堡，可出入大水窟附近），越雞胸嶺（Kue-heng níann，今集集、五城 2 堡交界），足跡及於日月潭以北之地。〈番俗六考〉記載：「通事另築寮於加老望埔（Ka-lāu-bōng pou），撥社丁，置煙、布、糖、鹽諸物，以濟土番之用；售其鹿肉皮筋等項，以資課餉。每年五月弔社，七月進社，共計十箇月，可以交易、完課；過此，則雨多草茂，番無至者。」加老望埔者，該書記載：「水沙連過湖半日，至加老望埔」，顯然即湖北之地名。另，據該書，水沙連更分記南港、北港 2 番，大體分布於今埔里社方面之番群稱北港，分布於五城堡方面之番群稱南港。即，此時，往番界之交通，漸擴張至北方，埔里社一帶被看做是水沙連。該書又敘南、北港番情：「南港之番，居近漢人，尚知有法。而北港之番，與……接壤野番（指未與漢族交通之番群），最為兇頑。」

　　乾隆二十九年〔1764 年〕成書之《（續修）臺灣府志》記載有水沙連 24 社（或 25 社）之社名。此則指稱直接或間接與漢族通事、社丁交易之番人。其中開啟歸附之端緒者，不過是以日月潭為中心之附近數社番人而已。這些就撫之番人，馴悍相半，往往不免一朝皆睚反覆忽而釀亂者。〈番俗六考〉謂：「康熙六十年〔1721 年〕，阿里山、水沙連各社乘亂殺通事以叛。六十一年〔1722 年〕，邑令孫魯多方招徠，示以兵威、火礮，賞以煙布、銀牌。十二月，阿里山各社土官毋落等、水沙連南港土官阿籠（Arang）等就

撫。雍正元年〔1723年〕正月，水沙連北港土官麻思來（Moasurai）等亦就撫。」《臺灣府志》記載：

> 水沙連，舊為輸餉熟番；朱逆亂後，遂不供賦。其番目骨宗（Kutchong）等自恃山溪險阻，屢出殺入。迨雍正四年〔1726年〕，復潛蹤出沒，恣殺無忌。九月，總督高其倬檄臺道吳昌祚到省，面詢情形，授以方略，委為總統，分路進攻，務獲首惡；以北路參將何勉副之，仍調淡水同知王汧協征。時巡察御史索琳亦帶親丁，會巡道斗六門酌議勸撫。十月，勉等攀巖援木，冒險深入，直抵水沙連。北港之蛤仔難社，諸番震懾就撫（所謂蛤仔難社就撫者，應有疑問。若實際考慮當時之地理情況，自埔里社越山往東北5日或可達蛤仔難，則可認為是誤解北港就撫包括蛤仔難）。越數日，復入南港水裏湖，擒獲骨宗父子三人，搜出藏貯頭顱八十五顆。既復擒獲兇黨阿密氏麻著（Avisimoachi）等二十餘番，亦搜出頭顱無數。皆押回軍前，解省伏誅。於是南、北港二十五社畢服，依舊輸課。水沙連平。

此水沙連番地之剿撫，雖未能確保25番社是否完全歸附，但使日月潭附近數社番人服屬則是事實。雍正十二年〔1734年〕，已設置包括今沙連、集集、五城的水沙連堡。在此前後，今集集街地方一帶，樹林蓊鬱連接東北之集集大山，東界有稱為Sī-á（社仔）之土番部落，為其鹿場，漢族越界接近山地抽籐伐木者，屢遭殺害罹難。降及乾隆三十六年〔1771年〕，閩之漳州人邱、黃、劉、許4姓，合資招佃企圖進墾此地帶，而於西南邊形成一聚落，稱林尾庄，以其地位於森林尾端也。乾隆三十七年〔1772年〕，進而建湳底庄，以其地多野沼平坦適於墾田故名。乾隆三十八年〔1773年〕，佃人愈多，開墾益廣，遂大肆砍伐樹木，剪除草萊，不數年焚伐殆盡，全變為平原曠野。乾隆三十九年〔1774年〕，吳姓人招佃戶開墾草地，以其墾首之姓因稱吳厝庄。乾隆四十年〔1775年〕，漸進東界，砍伐巨圍大樹，於溪水（北勢坑）上架橋，方便往來，橋頭建一庄因稱柴橋頭庄。乾隆四十一年〔1776年〕，其附近開水田8張犁，因稱八張犁庄。至此，漢族多

來集者，西方林尾、東方柴橋頭之間已形成肆店，因位於兩地中間故稱半路店（Pòann-lōu tìam）。乾隆四十五年〔1780年〕，漸成街市稱集集街。而引濁水溪流灌溉該街附近數庄田地之大圳，四十八年〔1783年〕十月動工，翌年十二月竣工。當時進入此地方之要路，自牛相觸口只有沿溯濁水溪之一路，四十八年〔1783年〕前後更開集集大山西方之草嶺（Chháu-níann），聯絡南投街（南投堡），結果促成沿山一帶開拓，四十九年〔1784年〕開屯田庄（以後此地為提供番人屯餉之田，庄名故稱），五十二年〔1787年〕進入東界建洞角庄，五十六年〔1791年〕前後已見集集大山西南麓之大坵園，五十八年〔1793年〕前後則有草嶺東南下之草嶺庄。當時邱、黃、劉、許4姓業戶之間紛爭，集集街有楊怡德者，夙有過人勢望，為眾人所敬服，於是致力居中調停，因而替代4姓訂定握有業主權之協約，向當初各地既墾田園收租（集集街東方土名公館庄，為其建有租館之處）。如此，經油車坑，以東方雞胸嶺（一名土地公鞍嶺）西麓風箜口為番界總路隘口。當時邊界尚不免番害，於是設隘寮於雞胸嶺東麓。今尚存銃櫃庄名，為其遺址。（相傳，集集一帶地既開，但Sī-á社番兇害依然，人民患之。偶有堪輿家曰：Sī-á社番，隔南方溪流之龜仔頭山二龜目所照，故其勢如此。陰暗中請工人毀二龜目。Sī-á社兇番壯丁果然死亡，老弱者亦驚逸，久而其社自然四散。此蓋為比喻後來漢族侵佔、番人敗亡之古老傳說。）在此之前，乾隆四十六年〔1781年〕，閩漳州府漳浦人黃漢，自集集街進入水沙連番地，於日月潭附近與番人貿易，傍而撫育番人。

越五十一年〔1786年〕林爽文亂，翌年十一月首魁爽文攜家眷自其根據地大里杙（藍興堡）東南之火炎山，經北港溪方面番界進入集集街，以保餘喘，於溪坎環繞之處砌巨石、橫大木，防遏行進。將軍福康安之一隊，自斗六方面沿濁水溪進入集集，力戰破匪黨，佔領集集街。當時黃漢倡議率領歸附之化番，搜捕有力。社丁杜敷，縛獻爽文父林觀、母曾氏、弟林疊及妻黃氏。於是，次年亂平後，黃漢因功被舉為水沙連化番世襲總通事，編組番人為屯練兵，分給養瞻埔地自耕。爾後，開拓屯田充作屯餉。黃漢

死後，其子天肥襲之，番人之改化漸見績效。當時歸附之化番，在南港（即五城堡窪地）者，Tevato即水裏（Chúi-lí）社，Shinnatsaki即田頭（Chhân-thâu）社，Saporo即猫囒（Bâ-lân）社，Shimrok即審鹿（Sím-lok）社，Sī-á即社仔社，Hokkut即福骨（Hok-kut）社，Tororon即哆咯嘓（To-lou-long）社；在北港（即埔里社窪地）者，Pouli即埔裏社，Vairi即眉裏社，此稱為埔水化番。《東槎紀略》所載〈埔里社紀略〉，記載嘉慶初年水沙連地利曰：「乾隆五十三年〔1788年〕開屯，水裏、埔裏二社內屯田一百餘甲，未墾荒埔無數。」

　　乾隆二十年〔1755年〕春，水沙連隘丁首黃林旺，嘉義、彰化二縣漢族陳大用、郭百年結託臺灣知府門丁黃里仁，貪其地膏腴，擁眾入山，企圖侵佔，大肆焚殺，極力掠奪，而使番人不知所歸。〈埔里社紀略〉所記「遂擁眾入山，先於水沙連界社仔墾番埔三百甲，由社仔侵入水裏社再墾四百甲，復侵入沈鹿築土圍墾五百餘甲，三社番弱莫敢較」，蓋為其實況。更乘勢進入埔里社之番界（參照埔里社項）。二十一年〔1756年〕冬，臺灣總兵武隆阿巡閱臺灣北部，知悉其事，嚴詰之。彰化知縣吳性誠上言，主張應驅逐眾佃於山外，消滅患害於未萌。二十二年〔1757年〕六月，法辦郭百年，盡撤耕佃，立禁碑於集集雞胸嶺麓之風崆口及埔里社外烏溪岸龜仔頭坪，嚴禁越界。然此禁令終是有名無實，不久復有漢族侵佔。〈埔里社紀略〉記載：「漢人稍稍復入，社仔番被逐併入頭社，猫蘭併入水裏社，而哆喀嘓、福骨二社混入兇番」，據此可知。今記南港所屬各化番社之變遷如下。

（一）Sī-á即社仔社，原住今之社仔（Sī-á）庄（集集堡），被漢族驅
　　　逐，併合於Shinnatsaki社。

（二）Shinnatsaki即田頭社，又稱頭（Thâu）社，原住今頭社庄一帶，
　　　因漢族建庄而使其區域縮小。

（三）Tevato即水裏社，又稱水（Chúi）社，原住於日月潭內之珠仔山
　　　及湖西水社庄，因全為漢族部落而移至湖之南面，建Tarimkan

即石印（Chioh-in）社。（其中少數分住水社庄東北方之竹湖庄內，光緒十四年〔1888年〕進入大茅埔庄內民番雜居。）

（四）Saporo 即猫囒社，原住今猫囒庄，但多數與 Tevato 社併合。（少數進入小茅埔庄內民番雜居。）

（五）Shimrok 即審鹿社，又稱沉鹿（Tîm-lok）社。原住今魚池庄，多數併合於 Tevato 社。（少數於光緒八年〔1882年〕進入魚池庄北方之興新庄內民番雜居。）

（六）Hokkut 即福骨社，又稱剝骨（Pak-kut）社。原住於日月潭東岸今卜吉庄附近，被漢族驅逐混入山番。

（七）Tororon 即哆咯嘟社，原與日月潭東岸 Hokkut 社鄰接，被漢族驅逐混入山番。

　　道光四年〔1824年〕以來，有司屢屢有開疆入版之議。道光二十七年〔1847年〕，踏查其地之閩浙總督劉韻珂〈奏勘番地疏〉中記其戶口及可墾地積為：田頭社80、90戶288人，可墾甲數約700、800甲；水裏社80、90戶434人，可墾甲數約300、400甲；猫囒社30餘戶95人，可墾甲數約700、800甲；審鹿社52人，可墾甲數約4,000餘甲（光緒二十年〔1894年〕，〈埔水化番總理手抄戶口冊〉記載：頭社31戶156人，水社37戶131人，猫囒社9戶30人，審鹿社11戶35人。可知道光、光緒之間減耗甚大。）如此土廣人少，乃有更多企圖求此利源而進入移殖之漢族。特別是道光二十八年〔1848年〕，有王增榮及陳坑，受番人給墾今五城堡內一帶未拓埔地，約定縠1車（即10石）抽出粟5斗（即5%）為番口糧，年年貼納番社，永為定例。此稱之為「亢五租」（亢五者，零五之意）。結果，乃見漢族形成聚落，今之銃櫃、水社、猫囒、司馬按、新城等5庄特別為集中之區，乃於庄外設竹圍為防。因而，俗稱五城。又，道光中葉以來，有沿濁水溪南岸開拓而進者。初有林偏者初採伐樹林建牛輴輵庄（起初散在溪岸低地，洪水幾將整庄浸沖，乃更集體移往高地），爾後沿其支流陳有蘭溪建成

竹仔腳庄。咸豐九年〔1859年〕前後，又成立了窪地東北部之魚池庄及木屐蘭庄。氣勢如此，官乃不能禁，又於未開之間私墾完成。光緒元年〔1875年〕，分沙連、集集、五城3堡。

五城堡（Gō-siânn pó）

連於埔里社堡之南的窪地，原屬水沙連堡，清光緒元年〔1875年〕分立一堡。道光末年，移住此地方之漢族漸多，今之銃櫃、水社、猫囒、司馬按、新城5庄更是集中之區，乃於庄外設竹圍防衛，里俗因稱五城，為堡名。五城之稱呼，同治年代，似慣用為此地總名，同治五年〔1866年〕成書之林豪《東瀛紀事》云水沙連五城。

日月潭（Jit-gueh-thâm）

幾乎在五城堡窪地中央之湖水，原稱Soaren（沙連）番地為水沙連者，蓋因有此湖水也。清乾隆二十九〔1764年〕年成書之《（續修）臺灣府志》已見「水裏湖」。蓋屬Tevato即水裏社番人所在，以之為名（水裏社一稱水社，因又名水社湖）。道光初年北路理番同知鄧傳安〈遊水裏社記〉記載：「水分丹碧二色，故名日月潭。」道光十二年〔1832年〕成書之《彰化縣志》記載：「水裏社潭，一名日月潭。」歐美人稱Doragon湖者是。湖中偏西方有一山嶼，《臺灣府志》記為「水沙嶼」。鄧傳安〈遊水裏社記〉記為「珠山」（Chu-soann）。《彰化縣志》記載：「珠仔山（Chu-á soann），狀如珠故名。」又，《彰化縣志》記載：「堪輿家以此潭為螢龍池。」古來以形勝區稱。康熙中葉成書之郁永河《番境補遺》記載：「其地，四面高山，中為大湖，湖中復起一山，番人聚居山上，非舟莫即番社，形勝無出其右。」康熙六十一年〔1722年〕巡視臺灣御史黃叔璥〈番俗六考〉記載：「水沙連四周大山，山外溪流包絡。自山口入，為潭廣可七、八里，曲屈如環；圍二十餘里，水深多魚。中突一嶼，番繞嶼以居。空其頂，為屋則社有火災。岸草蔓延，繞岸架竹木浮水上，藉草承土以種稻，謂之浮田。隔岸欲詣社

者，必舉火為號，社番刬蟒甲以渡。嶼中圓淨開爽，青嶂白波，雲水飛動，海外別一洞天。」其他，藍鼎元〈紀水沙連〉及鄧傳安〈遊水裏社記〉，皆讚賞其絕勝。

紀水沙連　藍鼎元（康熙六十一年〔1722年〕臺灣總兵幕僚）

自斗六門沿山入，過牛相觸，溯濁水溪之源，翼日可至水沙連內山。山有蠻蠻、猫丹等十社，控弦千計，皆鷙悍未甚馴良，王化所敷、羈縻勿絕而已。水沙連嶼在深潭之中，小山如贅疣浮游水面。其水四周大山，山外溪流包絡，自山口入，匯為草潭，廣八、九里，環可二、三十里，中間突起一嶼，山清水綠，四顧蒼茫，竹樹參差，雲飛鳥語，古稱蓬瀛不是過也。番繞嶼為屋以居，極稠密，獨虛其中為山頭，如人露頂。然頂寬平甚可愛，詢其虛中之故，老番言，自昔禁忌，相傳山頂為屋則社有火災，是以不敢。嶼無田，岸多蔓草，番取竹木結為桴，架水上，藉草承土以耕，遂種禾稻，謂之浮田。水深魚肥，且繁多。番不用罾罟，駕蟒甲，挾弓矢射之，須臾盈筐。發家藏美酒，夫妻子女大嚼高歌，洵不知帝力於何有矣。蟒甲，番舟名，刳獨木為之，划雙槳以濟。大者可容十餘人，小者三、五人。環嶼皆水，無陸路出入，胥用蟒甲。外人欲詣其社，必舉草火，以煙起為號，則番刺蟒甲以迎；不然，不能至也。嗟乎，萬山之內，有如此水；大水之中，有此勝地。浮田自食，蟒甲往來，仇池公安足道哉！武陵人誤入桃源，余曩者嘗疑其誕。以水沙連觀之，信彭澤之非欺我也。但番人服教未深，必時挾軍士以來遊，於情弗暢，且恐山靈笑我。所望當局諸子，修德化以淪浹其肌膚，使人人皆得宴遊焉，則不獨余之幸也巳。水沙連內山產土茶，色綠如松蘿，味甚清冽，能解暑毒，消腹脹，亦佳品云。

遊水裏社記　鄧傳安（道光初年北路理番同知）

遊之適，無過山水，而水中有山尤佳。小洲小渚、一邱一壑，誠不若孤山、孤嶼，若金若焦，聳峙於江湖中者之得大觀。顧濤驚浪險，涉險而遊，遊者弗暢，往往嘆羨澄潭邃谷之為勝境焉。

《東征集》所謂水沙連者，山在水中者也。其水不知何來，瀦而為潭，長幾十里；闊三之一。水分丹、碧二色，故名日月潭。珠山屹立潭中，高一里許，圍五之。藍鹿洲喜得一遊，比諸武陵人誤入桃花源。余慕之十餘年矣；幸因改官東渡，又有事可假行。誠哉，與茲山水有緣也。

於是反自埔裏社停輿而宿，刺舟而遊。舟名蟒甲，或曰甲舵。長而狹，蓋刳獨木所為，有槳無篙，蕩漾緩行。水分兩色處，如有界限，清深見沙，游鱗往來倏忽。時已初冬，四山青蒼如夏。滿潭皆菱芡，浮水白蓮如內地之六月菊。自北而南，艤舟山後，攝衣披草而登，不數十步，見美人蕉一畝，又見萬年菊一畝，紅黃相映，俱是蔓生。木果亦天成，石榴已殘，林檎尚可食。風清雲淡，鳥語花香，怡愕忘疲，惜荒蕪中無處可列坐而休耳。

鹿洲所云：番黎繞嶼為屋以居，架竹木水上藉草承土為浮田以耕者，《府志》亦載之，今皆不見；但見庋木水中，傍嶼結寮為倉，以方箱貯稻而已。其實番黎不解菑畬，既視膏腴如繞确，又安用此浮田為哉？山麓望潭不知原委；望遠山不知脈絡。欲躋山頂以得寥廓之觀，而草深樹密，無路可尋，悵悵而反；仍令刺舟繞嶼緩行，以愜幽意。

從舟中望傍嶼之寮，懸髑髏纍纍，據稱馘首北港之野番。考乾隆五十二年〔1787年〕，水裏社番毛天福以助討林爽文受賞。《府志》載：雍正四年〔1726年〕，水沙連社番骨宗作亂戕民，巡道吳昌祚討擒之，搜出頭顱八十餘顆；蓋前後之順逆不同矣。彼纍纍者番耶，遊者果無戒心。奚庸護衛之挾弓矢耶？

嗚呼，臺灣乃海中一嶼耳，嶼之中有斯潭，潭之中復有斯嶼，十里如畫，四時皆春；置身其間，幻耶、真耶？仙耶、凡耶？溯鹿洲來遊時，於今近百年矣。倘向之憑恃險阻，漸次剷削消磨，俾遊屐于之而來，歡欣眷戀而不能去；更因造物設施之巧，而增以人工，凡山之峙、水之長，皆有崇臺、怪閣、層梯、曲榭及嘉木、異石、芙蕖、菡萏之點綴；彼江左、浙西諸湖山，能獨擅其美耶？山水有靈，必不終棄於界外。吾姑記之，以俟後之遊者。

湖，南北闊約 1 里餘，東西闊約其半。(《彰化縣志》記載：「潭長八、

九里，闊三、四里，深二十餘丈」，可知道光年代之廣袤與今亦無太大不同，該書亦記：「潭底有大茄苳樹一株，水清可見。」）今嶼中番人絕居，但尚佔居湖邊，使用一種獨木舟往來湖上。記載其舟構造之詳悉者，成於道光年間之閩浙總督劉韻珂〈奏開番地疏〉記載：「以大木分為兩開，刳其中而毫無增益，呼為『蟒甲』船；木質堅如鐵石，長者二丈有奇，短亦丈餘或八、九尺，闊三、四、五尺不等」，與現在所見無大差。（劉韻珂記舟之番語為蟒甲，乃「Banka」近音譯字，是北部地方番族語，此地土著番人稱舟為Ruzo。）又，黃叔璥〈番俗六考〉記康熙末年情形：「岸草蔓延，繞岸架竹木浮水上，藉草承土以種稻，謂之浮田。」鄧傳安〈遊水裏社記〉記道光年間所見：「今皆不見；但見庋木水中，傍嶼結寮為倉，以方箱貯稻而已。」今水倉亦皆不見矣。

（附記）埔里社窪地，亦如臺北平原，在山圍之中形成一低地，如埔里社、木屐蘭、水社湖、頭社等，或成湖水，又有嘗為湖水之證跡。但該窪地，雖其最下底亦在海平面上1,200尺餘。如此高地，以水社湖如此湖水，若未實踐其地之人，難以想像該湖為火山湖。然該湖附近若無火山岩，則非火山湖。水社湖西岸數町之間有岩石截立之處，又湖底有急落處，其他則瀉為淺泥。以之推察，水社湖似為斷層所陷。而不只水社湖，木屐蘭、埔里社、頭社等亦為一大斷層或一連之弱點所起之數條小斷層南北並列之盆地（理學士石井八萬次郎《臺灣島地質圖說明書》）。

　　日月潭　陳書
　　珠潭埔社稱奇特，一嶼孤浮四面空。但覺水環山以外，居然山在水之中。
　　色分丹碧東西異，象判陰陽日月異。試誦媚川靈運句，低徊合璧興無窮。

日月潭　曾作霖

山中有水水中山，山自凌空水自間。誰劃玻璃分色界，倒垂金碧浸煙鬟。

蓬萊可許乘風到，艋舺知為舉火還。別有洞天開海外，人家雞犬絕塵寰。

集集堡（Chip-chip pó）

　　橫亙濁水溪上流以北，集集大山以南之一區，以集集街為主腦地，堡名出於此。原屬水沙連堡，清光緒元年〔1875年〕分立一堡。光緒四年〔1878年〕以來，此地製腦業興盛，更增山地開拓。集集堡、五城堡之中界雞胸嶺，早在乾隆五十三年〔1788年〕已通小路。道光四年〔1824年〕，王增榮及陳坑為墾首，企圖開拓今五城堡番地，乃先投資開修嶺路，方便集集地方交通。嶺頂似馬鞍，開路後建立土地公小祠，因稱土地公鞍嶺（Thóu-tue-kong oann níann）。

　　光緒十三年〔1887年〕，臺灣道陳鳴志，根據統帶鎮海後軍副將張兆連建議，橫斷中央山脈，開通自集集街至臺東水尾之道路，總兵章高元率砲隊及鎮海中軍前營、定字左營及練兵700人，開通自拔社埔（集集東南）之山界至丹大山120清里。又，張兆連同時開通自水尾至丹大山60清里。東、西2面剋期進行，正月至三月竣工。爾來，於此山路要處設塘碉，派撥兵勇護衛人民交通。該年七月，惹起沿道山番（布農族）反抗，終撤兵，不得不絕止往來。

集集街（Chip-chip koe）

　　在濁水溪上流北岸。清乾隆四十一年〔1776年〕前後，此地方漢族開拓就緒，先成立林尾、柴橋頭2庄，乃因在其中間形成肆店，故稱半路店（Pòann-lōu tìam）。爾後，至四十五年〔1780年〕，漸成街市，稱集集街稱，蓋取四方來集之意。該街之土地公祠，建於四十一年〔1776年〕肆店創始之同時，媽祖廟建於五十八年〔1793年〕。夙為番界要區，道光十二

年〔1832年〕成書之《彰化縣志》記載：「民番交易之處，為入山要路。」為此方面一帶生產之樟腦的集散地，市況之盛衰全以腦業為左右。人口1,317人（男814人，女503人）。（媽祖廟後有一池水，稱制火潭〔Chùe-hé thâm〕。關於其名之由來，傳有一迷信，今尚遵行其禁。里民之手錄「集集街後大潭記略」謂：「昔年集集堡民，有於此潭斷水捕魚，街上忽然失火數所。自此以後，街眾出示永禁，不敢再有斷水捕魚之事，此因水以制火，亦集集一大奇事」云云。）

沙連堡（Soa-liân pó）

連接於集集堡南方之一區。五城、集集2堡原合稱水沙連堡，光緒元年〔1875年〕分成以上2堡，沙連堡之名存於此區。明末鄭氏時代，林圯埔一帶，其部將林圯已驅逐土著番人開拓（參照林圯埔條）。又，東北方濁水溪南岸社寮庄、後埔仔庄一帶，同時也已由杜、賴2姓部將驅逐土著番人開拓（參照社寮條）。既而，清康熙末年，漢族足跡已及於水沙連茶產地之今大水窟庄附近（參照大水窟條），但只與番人交易而出入往來，尚未定居。社寮地方東部之番仔寮庄、大坵園庄方面一帶，往時為樹林、萱茅遮蔽，且為番人出沒之區，乾隆五、六年〔1740、1741年〕時，閩漳州人程志成，引率壯丁12人，沿濁水溪而進，驅逐土著番人，略取其地分配給12人，各自拓墾。番仔寮之西方尚存外城土名，大坵園之南方尚存內城土名，為當時防番築有堡圍之址。然經10餘年，忽遭番人襲擊，悉被慘殺，已墾埔地再歸荒蕪。乾隆二十一、二年〔1746、1747年〕時，閩泉州人許廷瑄，自林圯埔方面東進，企圖開拓大坪頂（Tāi-phêng-téng）一帶，先開成初鄉庄，爾後以新寮庄為根據地，逐漸成立坪仔頂、羗仔寮、車桃寮、小半天、內樹皮各庄。五十年代，已成一方要路。五十二年〔1787年〕，匪首林爽文敗入小半天山，此地住民皆出力奉公，搜捕有功，後因稱大順嶺（Tāi-sūn níann）。

爾來，閩人相繼移住。嘉慶末年，已有大坪頂七庄之名。該年，王間

伯祿，著手恢復昔因番害而全歸荒燕之番仔寮、大坵園地方，一面懷柔約和番人，一面招徠佃人力墾，至是拓成。道光元年〔1821年〕，林施錦開大鞍山北麓大鞍庄，爾後莊姓漳人開大水窟庄。道光中葉，邱姓漳人率壯丁，更越鳳凰山而進。因此地帶為阿里山番（鄒族）狩獵區域，乃先與之和約，給以布豚換地。所到之處乃一大茅叢，墾成後因而稱內茅埔庄（死後，庄人謚邱葉公，祀於庄內）。爾後，有一冒險者，自內茅埔進至爐竹湳，和番拓地、交易。光緒元年〔1875年〕，中路統領吳光亮督兵3營，自林圯埔橫斷中央山脈，開築達於臺東璞石閣之道路，大坪頂為其要路而發達起來。《雲林縣采訪冊》記載大坪頂：「前臺灣總鎮吳光亮從此修築，為入後山八通關等處之路，山路平坦，即大坪頂七處，民居稠密，煙火萬家。七處山產，甲於全堡」，又謂當時情形：「新寮街，為大坪頂七處交易之區，入後山臺東州總路。」（然此方面之山地，至近年仍番害不絕。《雲林縣采訪冊》謂：「在大坪頂漳雅庄，祀陰林山祖師，七處居民入山工作，必帶香火，凡有兇番出草殺人，神示先兆，或一、二日，或三、四日，謂之禁山，即不敢出入動作。有違者，恆為兇番所殺，故居民崇重，為建祀廟。」）大坪頂7庄住民，感於吳光亮之德，光緒二年〔1876年〕建如下之頌德碑於新寮庄外。〔編按：碑文原文為直排，以下編排與原書樣式不同。〕

德遍山陬
記名提督軍門前任閩粵南澳總鎮新授福寧鎮誠勇巴圖魯吳，貴籍廣東，光亮，號霽軒公。視民艱辛，稟撤禁例；軍餉等費，悉暨消除。沐恩戴德，永頌不忘。以石為碑，依附告示。
時維光緒二年〔1876年〕三月，沙連大坪頂等處紳士、民人、各匠等同叩立

林圯埔街（**Lîm-kí-pou koe**）

在沙連堡西部。明末鄭氏時代，部將林圯率部下200餘名自牛相觸口

入，企圖於此地開屯，以今竹圍仔庄為根據地，驅逐土著番人退至東北方之東埔蚋（Tong-pou-la，一作「東埔蠟」）庄附近。番人乘夜逆襲，林圮及部下百餘人悉遭戕害。林圮等人遺族追擊掃蕩，番人遠退山後，因得以在此拓地，因而命名林圮埔（街內有崇本堂，祀林圮靈位，題「開闢水沙連右參軍銜林圮公一位神主」。又，街外西北存林圮墓。）林圮埔，《諸羅縣志》作「林冀埔」，《臺灣府志》作「林既埔」，蓋同音異字。又，《諸羅縣志》也將此地均視為「二重埔」。東埔蚋之沙東宮，祀鄭成功，傳為當時所創建。（《雲林縣采訪冊》記載：「里眾祈穀禱雨，甚有靈感。」）《（續修）臺灣府志》已記載有「林既埔街」，該書成於乾隆二十九年〔1764年〕以前，可知此時已形成街市。該街之連興宮（祀媽祖），《雲林縣采訪冊》記載：「乾隆中，彰化縣邑令公胡邦翰，捐置山租若干，為寺僧香火之資。」（胡邦翰於乾隆二十六年〔1761年〕就任，因此該廟應是建街當初已經創立。）此地當斗六（斗六堡）、集集（集集堡）2街中間要路。《彰化縣志》記載：「為斗六門等處入山總路。」又，《雲林縣采訪冊》記載：「為沙連堡貿易總市。」光緒十二年〔1886年〕，新設雲林縣，縣城位置擇定於街外土名雲林坪（Hûn-lîm phêng），十九年移至斗六街（參照雲林條）。十二年，又置撫墾局。人口3,114人（男1,581人，女1,533人）。林圮埔街東北之江西林庄丘地，乾隆五十二年〔1787年〕十一月討勦匪首林爽文於小半天山時，為將軍福康安大營扎置之地。（《彰化縣志》記載：「嘉勇侯統福兵，駐東埔蚋。」據《雲林縣采訪冊》可知是此地：「江西林……山穿田突起，勢如橫屏，山頂坦平……四面玲瓏秀麗，山背二峰，形如獅、象，俯瞰清、濁兩溪」，可知足堪控制其形勝，而且還記載：「乾隆中，福中堂平林爽文之亂，曾駐大營於山上，故老猶能道其營址。」）

社寮（Sia-liâu）

濁水溪南岸之小肆場，《雲林縣采訪冊》記載：「社寮街，為社寮等處交易總市，又為往來南北及埔里社孔道。」明末鄭氏時代，北方一帶，原為

杜、賴2姓部將驅逐土著番人所開，後與番人和約，設置社商草寮從事交易。社寮地名從此出之。該庄土名頂埔甘泉井，《雲林縣采訪冊》記載：「甘泉井（Kam-chôann chínn），在社寮頂埔，前福中堂〔福康安〕駐兵大營邊，泉清而甘，大旱不涸。前臺灣總鎮吳光亮閱兵過此，飲而甘之，遂鳩工修築，四面皆環以石。因水甘，遂以甘泉名井。」

小半天山（Sío-poàn-thian-soann）

阿里山支脈鳳凰山之分派西走，起大半天及小半天2山，山勢幽深危險。清乾隆五十二年〔1787年〕十一月，匪首林爽文敗後，自其根據大里杙（藍興堡）越東南之火炎山，經北港溪方面番地入集集。再敗，十二月遁入此山中，恃險自固。即於小半天山頂，內作石牆，外列木柵，斷樹塞道為死守計。清軍自西方之大坪頂挺進，猿攀蟻附而上。賊兵投石放銃，頑抗尤力，但終潰散，林爽文逃匿水沙連番界。將軍福康安指畫內山，歧途仄徑皆以大將嚴兵守之。翌年〔1788年〕正月，林爽文知不能自免，密潛脫界到老衢崎，往訪曾經親善之高振，告曰：讓汝富貴矣。高振縛獻於官。爾後，爽文弟林躍及賊目等人皆就縛。此為蕩平林匪逆亂蕩之第一期。迄光緒年間，小半天山麓之小半天庄與大坪頂之七庄，已成集落之區。《雲林縣采訪冊》記當時情形：「小半天山，高插雲霄，山徑窄狹，屈曲幽深，山上居民不一，煙火將及百家，所產猫兒筍、麻竹筍，為居民之利。」蓋乾筍製造，盛行於此地之山地，為供給島內及對岸清國之特產。

大水窟（Tōa-chhúi-khut）

鳳凰山之分派，北開崠頂（Tòng-téng）山丘陵處稱大水窟，以該地有大水窟池水為地名。《雲林縣采訪冊》曰：「大水窟，又名蓮花池，池中多產蓮花，在崠頂山之麓，鳳凰山之前。池周廣二、三里，四面屏環列翠，泉源甚盛。紅、白蓮花，浮擎水面；青筒、綠蓋，布滿池中。傳聞，昔時曾開金滾白蓮，鮮妍異常，香韻尤絕。池中魚族甚繁，採蓮取魚，必駕竹

筏。每當春夏良辰，東峰倒景，輒見鴛鴦浮游。巖際風過，香聞數里。為縣東名勝。」古來水沙連為知名茶產地，丘地多栽植茶樹。清康熙六十一年〔1722年〕，巡臺御史黃叔璥〈赤嵌筆談〉記水沙連茶之事：「水沙連茶，在深山中，眾木蔽霧露濛密密，晨曦晚照，總不能及，色綠如松蘿，性極寒，療熱症最效，每年，通事與各番議明入山焙製」，可知當時已有漢族出入往來。其他，雍正初年藍鼎元〈紀水沙連〉（載《東征集》）記載：「水連內山產土茶，色綠如松蘿，味甚清洌，能解暑毒、消腹脹，亦佳品云。」《臺灣府志》記載：「茶出水沙連，可療暑疾。」《雲林縣采訪冊》記茶樹栽植區域：「崠頂山，自鳳凰山分龍，蜿蜒六、七里，路皆平坦，至大水窟頭東，脈聳起山二、三里，高低不一，森然屹峙，明媚幽雅。巖頭時有白雲封護，居民數十家自成村落。巖隙曲徑，多植茶樹。昔藍鹿洲（鼎元）遊臺，到沙連，稱此茶為佳品，謂氣味清奇，能解暑毒、消腹脹，邑人多購焉。」道光初年，閩漳州莊姓人初建村庄，庄民今尚稱「莊開山公」，庄內建祠祀之。庄外東方及北方，尚存頂城及二城土名，蓋開拓當時築搗堡牆備番之遺址。

番界中路

　　清國政府為了實行開山撫番政策，同治十三年〔1874年〕立定計畫，分南、中、北3路進兵，橫斷中央山脈開通自臺灣西部至臺灣東部之道路。其中路自林圯埔達於臺東璞石閣，號稱265清里，統領吳光亮督成之。光緒五年〔1879年〕成書之余寵《臺灣地輿圖說》，記其路程：「璞石閣四十里打淋社，三十一里雷風洞，十三里雅托，十二里大崙溪底，四里粗樹腳，五里雙峰仍，五里加木札，十三里八母坑，十三里八同關，十三里鐵門洞，十里陳坑，五里東埔坑頭，七里霜山橫排，三里東埔社心，十一里合水，八里南仔腳蔓，五里頭社仔坪，五里紅魁頭，八里茅埔，十四里平溪，四里鳳凰山麓，三里頂城，四里大水窟，七里大坪頂，十七里林圯埔。」此道路雖不久之後即通行杜絕，今尚到處可辨認其磴道之遺跡。現在尚存當時

吳光亮勒石於鳳凰山麓之「萬年亨衢」（高約3尺，寬約6、7尺）及陳有蘭溪岸之「山通大海」（高約6、7尺，寬約3尺）。又，據《雲林縣采訪冊》，「過化存神碑，在八通關（即八同關）山頂，俗稱水窟碑，高七尺，寬三尺餘，前鎮軍吳光亮立」，今失其所在。

（附記）八同關（Pat-tông-koan）又稱八通關（Pat-thong-koan），新高山之東方嶺路頂，海拔9,372尺，據說開路當初立一關門為標誌（光緒十四年〔1888年〕成書之〈臺灣番地圖〉所記八通關描繪成關門狀）。原稱八同關者，初見於道光十二年〔1832年〕成書之《彰化縣志》，其「山勢總說」條下謂：「東南三峰並峙，高插雲霄，若隱若現，奇幻不測，在諸羅八同關地界。」佔居新高山西方之阿里山鄒族稱新高山為Pattonkoan，則八同關應是其近音譯字。爾後，漢族將之作為諸羅內山之總名。就如《彰化縣志》之記載，若從其前後文脈推論，似可比定為是新高山（即玉山），但尚有不明確之處。而且在玉山條下，未加區別提到八同關名稱。此文字如採狹義的稱呼，應近於是稱呼新高山。光緒元年〔1875年〕吳光亮開路以其命名山東之嶺路頭，進而光緒十年代之〈臺灣番地圖〉，八同關改寫成同音佳字的八通關，乃擬四通八達中央關路之意擬，與此同時顯示此名稱本出於指新高山之番語地名。八通關為玉山之異名，後因開路而至於稱呼山東之嶺路頭。光緒二十年〔1894年〕之《雲林縣采訪冊》記載：「八通關山，又名玉山。前臺灣總鎮吳光亮，由此修通路後山。」

沙連下堡（Soa-liân ē pó）

　　沙連堡北方隔濁水溪之鄰接一區，原屬水沙堡，清光緒十四年〔1888年〕分立。濁水庄為其中心，地當從南投街（南投堡）通往林圯埔街（沙連堡）之中路，又沿濁水溪而溯可達集集街（集集堡）。濁水溪之渡頭原稱

永濟渡，光緒五年〔1879年〕創設。《雲林縣采訪冊》記載：「永濟渡，在濁水庄，為沙連適臺、彰二邑（臺中、彰化）要津。光緒己卯年〔五年，1879年〕，童生董榮華倡建義渡，鎮軍吳光亮捐俸置義渡租粟。」

鯉魚頭堡（Lí-hî-thâu pó）

斗六堡東連阿里山番界之一區，虎尾溪之上游清水溪貫流其西方。堡內最初之開拓地，為此溪流沿岸之小區域。清乾隆二十九年〔1764年〕之《（續修）臺灣府志》所載堡名中有「鯉魚頭港」。蓋該溪自南界之鯉魚頭山發源，該溪流沿岸因取此地名，後隨著拓殖區域漸及於山界而削去港字。初，乾隆二十二、三年〔1757、1758年〕時，閩漳州人林虎、吳存，自西方諸羅（嘉義）地方；閩漳人劉宗、張春槤，自北方林圯埔地方，進而與番人約，給與酒肉、布帛購得土地，為其開拓起源。本堡山地，古來以麻竹、桂竹、貓兒竹等原料，製造竹紙。

虎尾溪（Hóu-bé khoe）

上游稱清水（Chheng-chúi）溪，自鯉魚頭堡山中發源，向北流出牛相觸口與濁水溪會合，分向西南經斗六（斗六堡）北方，至大坵田堡中央，生一分流南下入北港溪，幹流則自海口厝庄（海豐堡）入海。清乾隆末年洪水之際，虎尾溪更分流貫流西螺、虎尾2溪中間，經過麥寮街（海豐堡）之南方入海。因此稱新虎尾（Sin Hóu-bé）溪，一名麥寮（Bē-liâu）溪（據說，此時衝毀瀕臨其流域的今布嶼、海豐2堡12聚落成為河身。）又，新虎尾溪麥寮街以西的流域海岸形成砂丘，古來為此地帶之患害。道光初年，麥寮街北方形成一高7丈餘之大砂丘（俗稱觀音山），有肆壓麥寮街之虞，街民因此集資栽植草木，防止之。光緒初年以來，被害甚大，有數村落被埋沒。光緒七年〔1881年〕，彰化知縣朱幹隆，發米1,000餘石賑恤，募集各村壯丁，在砂丘種植草木以防風沙患害。蓋為舊清國政府時代砂防造林施設之著者。

斗六堡（Táu-lak pó）

　　北方接溪洲堡，東方接鯉魚頭堡，南方及西方接他里霧堡。清康熙六十年代，成立一堡，稱斗六門（Táu-lak-mng）堡。古來斗六門為此地方之主腦，因以為堡名。堡內北部之林內庄附近，早在明末鄭氏時代，已是開屯區。中部以南，康熙末年，官府給吳英開拓今大北勢庄、九老爺庄、大潭庄、大崙庄、水碓庄、高林仔額庄一帶，斗六門為其外界。雍正年間，楊仲熹自今之咬狗庄北開拓九芎林庄，斗六門為咽喉之地，佔有諸羅東界鎖鑰位置。乾隆初年，斗六門已有建街之基礎。既而，道光十五年〔1835年〕設縣丞，或稱斗六門分縣（斗六街有道光二十五年碑記），或稱斗六縣丞（斗六街有道光二十八年碑記），並不統一。斗六堡、斗六街之名稱，見於光緒五年〔1879年〕《臺灣地輿圖說》、光緒十四年〔1888年〕《臺灣圖》、光緒二十年〔1894年〕《雲林縣采訪冊》。此項改名（削門字）當在光緒年間。

斗六街（Táu-lak koe）

　　在斗六堡西部，原為平埔番族 Loa 部族之 Taurak（斗六）社，即柴裡社所在地。清康熙末年，此地之開拓逐漸就緒，因稱斗六門，為諸羅東界鎖鑰。雍正十一年〔1733年〕，初添設斗六門汛。乾隆初年，閩泉州人楊仲熹，開啟建街基礎，乾隆十七年〔1752年〕告成，二十六年〔1761年〕置巡檢。乾隆二十九年〔1764年〕之《（續修）臺灣府志》已見斗六門街（光緒年代之諸文書均記為「斗六街」）。其地東方連接山界，古來為盜匪出沒之區，治安之妨礙有阻害地方發達之虞。道光年代，臺灣道全卜年〈時事論〉謂：「斗六門，東通內山、西抵他里霧、北臨虎尾溪，與彰化縣之西螺等莊緊相毘連。該處素多匪類，而虎尾溪北之西螺等莊尤多匪徒溷迹其中。地方有事，則彼此勾結，謀為不軌；無事，則溪南、溪北偶因纖毫小忿，互相械鬥，連年不休。至其聚眾攔途劫搶，則尤視為故事，竟至道路不通，洶

為一方大害」（〈上劉玉坡制軍論臺灣時事書〉），實為當時情形。道光十五年〔1835年〕，斗六門巡檢改為縣丞，蓋此善後政策之結果，乃設清庄聯會守望相助之法，每年九月至翌年四月為防守期，於四處要道派撥鄉勇晝夜警戒。訂立擒一盜賞錢16千文、格斃一名賞錢20千文、拒敵致死給賞葬費120千文、受傷酌給醫資之章程，以示鼓勵。此見於道光二十八年〔1848年〕六月臺灣總兵及兵備道立於該街福德廟口之石碑。本街因防衛所需而發達起來，光緒十九年〔1893年〕雲林縣移置此地。現為斗六廳所在地，人口4,896人（男2,593人，女2,303人）臺灣鐵道縱貫線車站在此（基隆起點距160.8哩）。

（**附記**）此地方之平埔番族，最初住於今斗六街南方，後似北進。黃叔璥《臺海使槎錄》記載康熙年間情形：「斗六門舊社去柴裏（今尚存柴裏庄土名）十餘里，在大山之麓，數被野番侵殺；後乃移出。今舊社（即柴裏庄）竹圍甚茂，因以為利；逐年土官派撥老番數人，更番輪守。」柴裏社名蓋基於此。根據口碑，康熙二十八年〔1689年〕，因被漢族佔略故地而移轉現地。爾後，與漢族移民和約雜居，此狀態維持至近年。《雲林縣采訪冊》記載光緒年間狀況：「柴裏社番潘姓，在縣城東門內（又曰，東和街在東門，俗稱番社）……現則雜處居民（漢族），舊俗革除殆盡……分住城外及尖山坑內者，男女多販柴為活。」又，雍正二年〔1724年〕之《諸羅縣志》記載：「斗六門，舊有番長，能佔休咎，善射，日率諸番出捕鹿。諸番苦焉，共謀殺之。血滴草，草為之赤，社草皆赤，諸番悉以疫死，無噍類。今斗六門之番，皆他社來居者」，應述說了該番族之古老變遷。

林內（Lîm-lāi）

在斗六堡之東北角。地當從斗六街往林圯埔（沙連堡）之中路。早在明末鄭氏時代即為開屯區，據說為部將鄭萃興所據之處。庄內有祀鄭成功之小祠。人口1,783人（男1,069人，女714人）。臺灣鐵道縱貫線車站在此（基隆起點距154.9哩）。

雲林（Hûn-lîm）

歷史上所謂雲林之地名，包含2個市街。一為林圯埔（Lîm-kì pou，沙連堡），一為斗六（Táu-lak）街（斗六堡）。清光緒十二年〔1886年〕，新設雲林縣。翌年〔1887年〕二月，擇地於沙連堡林圯埔土名雲林坪（雲林坪地名，來自此地東界一帶山脈入夜後雲霧深鎖森林之形勢），知縣陳世烈募集地方士紳義捐，築土垣，環植竹3重，為周圍1,300丈、寬6尺之城。完成後，於城外建旌義亭旌表紳士義心，亭內立石題為「前山第一城」。因在雲林坪，稱雲林城（當時雲林之稱呼，自然用為林圯埔之代表）。

光緒十三年仲春月

前山第一城

嶺南陳世烈題

雲林縣竹城旌義亭記

臺灣四界環海，延袤三千餘里，土沃山高，民殷物阜，屹立天險，雄峙海東。日本、呂宋、西洋諸國，梯航萬里而來，時作耽耽之視者，莫不指為閩粵各省藩離，南北洋之鎖鑰也。康熙壬戌〔二十一年，1682年〕，靖海將軍施侯平臺後，初設郡縣，環竹為城，以固民志。乾隆初，築臺灣。嘉慶城諸羅、彰化。道光城鳳山、竹塹。近年城恆春、城埔社、城臺北，或磚、或石及三夾土，皆不若植竹衛、垣土城堅固，如大中丞合淝劉爵帥批指機宜之洞悉邊情也。

公自平邊患，籌措臺防，抒朝廷之南虞，吏民倚若長城。予奉檄調補臺南，於光緒拾貳年〔1886年〕丙戌春仲，道出鷺門，東渡淡津。初謁見，即荷委以設縣分治、度地築城、撫番招墾之任。附駛兵艦，南來斗六門攝篆，相度形勝，卜城於沙連埔九十九崁上之雲林坪，居中路之心，扼後山之阮，萬峰環拱，雙水匯流。先後偕劉都戎、歐陽司馬覆勘詳明。十月朔，自斗移雲，專督城工、撫墾，經營草昧，事當創始，工費浩繁，延紳董以贊襄籌畫，議版築，而捐辦土垣，劃界未分，人懷觀望，因先圍竹以實垣基，得陳茂才捐篪競奏勸辦，有方、葉、林、魏諸生，亦互相勉勵。二月朔興工，初三蕆事，不日成之，計周一千三百丈有奇，均寬六尺，植竹三層，石、林、鄭各董事與武孝廉陳安邦，率鄉眾負踵爭先。竣工後，慮西北高阜乾旱，議分鄉灌溉。適初五日，沛然降雨。民心尚義，感召和天，豈偶然哉！厥後滂沱數日，四野歡呼，新種竹皆勃然發笋，宛如滕侯爭長薛侯氣象，城成眾志，瞻彼猗猗，天心民力以固吾圍。在紳董之踴躍，急公固可嘉，而蚩蚩者裹糧恐後，明大義識尊親，出於至誠者，尤可嘉也。昔賢有亭成喜雨以誌名者，今雲林城成喜雨以旌義。爰築亭誌名，勒石而為之記。

光緒十三年〔1887年〕丁亥春二月中浣，嶺南陳世烈撰

　　然每年夏期之際，橫於縣城疆域南北之濁水及清水2溪氾濫，有交通斷絕之虞。光緒十九年〔1893年〕，知縣李烇，更選定南方4清里斗六之地，移置縣城，築周圍1,160丈、高5尺、寬8尺之土墻，環植竹，設東西南北4門，城外鑿濠深7尺、寬8尺。於是，仍襲用舊稱雲林城。（結果，雲林之稱呼，乃轉而用為斗六之代表。我領臺後，暫時因有此緣由而仍稱雲林，後來則改為本來地名斗六。）

他里霧堡（Tha-lí-bū pó）

　　北接西螺堡，東接斗六堡，南接打猫東頂堡及打猫北堡，西接大坵田堡界。清雍正十二年〔1734年〕，成立為一堡。他里霧莊（諸羅十七莊之一）為中心，因此成為堡名。本堡南部自今埤頭庄、林仔庄至石龜溪庄、南勢

庄一帶及阿丹庄中部之新庄等，早在明末鄭氏時代即為開屯區。據說，前4庄為蔡、黃2姓部將，阿丹庄為阿陳，新庄則為蒲姓所拓（阿丹庄尚存阿陳墓）。既而，康熙二十九年〔1690年〕，閩人沈紹宏，開拓中部之大東庄、小東庄方面。與此前後，閩人李陽，開拓田頭庄；閩漳人吳、陳、劉等各姓，開拓東部溫厝角庄、蘇園庄、庵古坑庄。雍正年間，閩人蔡媽生，開拓南邊茄苳腳庄；閩人林仔芳，開拓西邊佃仔林庄。乾隆初年，閩人沈紹宏，開拓埔羌崙庄。至於他里霧街附近，則係Tarivu社番人（平埔族）自資墾成。乾隆元年〔1736年〕，漢族亦進入建立街市於番社之北方。乾隆二十九年〔1764年〕之《（續修）臺灣府志》，已見「石龜溪（Chioh-ku khue）街」之名。

他里霧街（Tha-lí-bū koe）

幾乎在他里霧堡中央。原為平埔番族 Loa 部族 Tarivu 社之所在，「他里霧」為其近音譯字。清領當初所置諸羅十七莊之一。康熙末年以來，漸有漢族足跡，有些人與土著番人和約雜居。康熙四十二年〔1703年〕，臺防同知孫元衡〈過他里霧〉詩，可想像當時光景。

> 翠竹陰陰散犬羊，蠻兒結屋小如箱。
> 年來不用愁兵馬，海外青山盡大唐（番稱內地為唐）。
> 舊有唐人三兩家，家家竹徑自迴斜。
> 小堂蓋瓦窗明紙，門外檳榔新作花。

初成街市，蓋在乾隆元年〔1736年〕。街內朝天宮（祀媽祖）之創建，亦在同時。道光元年〔1821年〕，噶瑪蘭通判姚瑩〈臺北道里記〉記載：「他里霧，大莊市。」人口 1,918 人（男 982 人，女 936 人）。臺灣鐵道縱貫線他里霧車站，在土名社頭（距基隆起點 165.6 哩）。

大坵田堡（Tōa-khu-chhân pó）

　　隔新虎尾溪與布嶼堡分界之一區。清雍正十二年〔1734年〕，新立一堡，相對地稱為大坵田西堡、大坵田東堡。我領臺後，單稱大坵田堡。蓋其地富於坵田形勢，堡名因此而出。雍正年間，已可見來此地之漢族足跡。乾隆二十四年〔1759年〕，郭、林2姓之閩人墾首，招佃開拓。今土庫（Thôu-khò）庄（一作「塗庫」）附近為其中心，漸及於全堡皆告成功。土庫，初建街肆於道光十一年〔1831年〕。

白沙墩堡（Peh-soa-tun pó）

　　接連於打貓北堡西方之一區。清雍正十二年〔1734年〕，新立一堡。基於其地之自然情形命名本堡。乾隆年間，吳大有為墾首，開拓全堡大部分地方。

打貓東頂下堡（Tá-niau-tang-téng ē pó）⑤

　　西連打貓北、南堡，東接阿里山番界之一區。清雍正十二年〔1734年〕，基於打貓莊（諸羅十七莊之一）地名，分成4堡後之東堡。光緒十四年〔1888年〕，再分為打貓東頂及打貓東下2堡。光緒二十年〔1894年〕，《雲林縣采訪冊》記為一堡。我領臺後，亦分為頂、下2堡。堡內最初拓殖區域，在東頂堡之西部崁頭、崁腳2庄一帶。康熙中葉，閩漳州人陳石龍等數名為墾首墾成（據說，後來陳將其大租權賣與翁拱，翁更買收附近土地，甚至大量霸佔民業，但最終全被官府沒收）。中部以東，原屬阿里山番（即鄒族）。康熙四十七年〔1708年〕，與番人訂約，開創墾拓之緒。當初移民

⑤【譯按】民雄之舊稱「打貓」，考察其原音，應為「打猫」（Tá-bâ），參見本書譯者導讀之說明。惟伊能寫為「打貓」（Tá-niau），本書辭條仍維持伊能之寫法，但於內文逕改為「打猫」（Tá-bâ）。以下「打貓北堡」、「打貓南堡」、「打貓街」、「打貓西堡」亦同，不另注出。

不多，僅墾成今梅仔坑庄附近之小區域。爾後，賣讓予薛大有，新開水圳，招佃續墾。康熙末年，翁雲寬開拓其南方雙溪、大草埔、九芎坑各庄；薛大有開拓西部內林庄一帶。爾後，東進之移民，達於圳頭、大半天寮、大坪各庄地方。至於東下堡，西部之北新莊（今北勢仔庄）為清領當初諸羅十七莊之一。康熙末年，步武更進。閩漳州人蔡廷，著手開墾西部塗樓庄；薛大有及蕭某，開墾中林庄一帶；葉某，開墾葉仔寮地方；吳舉，開墾大垞園、山仔門、番仔潭各庄。陸續在乾隆初年墾成。同時，又有林、蕭2姓開拓羌仔科地方。本堡山地，古來利用蔴竹、桂竹、猫兒竹等原料製造竹紙，特別以樟湖庄、大湖底庄、苦苓腳庄等為其主腦地。

打貓北堡（Tá-niau pak pó）

接連於打貓東頂堡之西，西以虎尾溪與白沙墩堡分界。清雍正十二年〔1734年〕，基於打貓莊（諸羅十七莊之一）地名，分成4堡後之北堡。康熙末年，漢族著手開墾。呂姓之人，開拓中部排仔路庄；薛大有，開拓東部大莆林庄；陳姓之人，開拓東部甘蔗崙庄；翁雲寬，開拓北部大湖庄。雍正年間，許、陳2姓墾首，拓墾從西部之游厝庄達到舊庄北界之大埤頭、蘆竹巷庄等。

大莆林（Tōa-pou-nâ）

在打猫北堡內之東部。清康熙末年，薛大有墾首最初開拓之處。乾隆二十九年〔1764年〕之《（續修）臺灣府志》已見「大莆林」街名。道光元年〔1821年〕，噶瑪蘭通判姚瑩〈臺北道里記〉記載：「大莆林，居民稠密。」人口742人（男390人，女352人）。臺灣鐵道縱貫線大莆林車站，在南方之潭底庄（距基隆起點距170.8哩）。

打貓南堡（Tá-niau nâm pó）

打猫北堡南連之一區。清雍正十二年〔1734年〕，打猫莊（諸羅十七莊

之一）分成4堡後之南堡。明末鄭氏時代，早已開拓其中一部分，清領當初設打貓莊，即今打貓街。此地一帶，康熙末年至雍正初年，概開為官莊，由閩粵人之佃戶拓成。

打貓街（Tá-niau koe）

幾乎位於打貓南堡中央。原為平埔番族 Loa 部族 Taniau 社所在，打貓為其近音譯字。清領當初所置諸羅十七莊之一。根據臺灣土地調查局編《臺灣土地慣行一斑》記載，打貓街名已見於康熙雍正年間之契字。向來發達，為南方嘉義街（嘉義西堡）、西方北港街（大槺榔東頂堡）之通路。道光元年〔1821年〕，噶瑪蘭通判姚瑩〈臺北道里記〉謂：「打貓，大村市。」人口2,876人（男1,503人，女1,373人）。臺灣鐵道縱貫線車站，在街外土名中庄（距基隆起點174.5哩）。

打貓西堡（Tá-niau sai pó）

打貓南堡西連之一區。清雍正十二年〔1734年〕，打貓莊（諸羅十七莊之一）分成4堡後之西堡。康熙末年至雍正初年，概開為官莊，以閩粵人之佃戶拓成。西部北港溪岸之舊南港庄，即往時笨港（Pūn-káng）街之一部。明末鄭氏時代，早已開拓，其創置在康熙年代（參照北港街條）。新港街，成於乾隆四十七年〔1782年〕。

新港街（Sin-káng koe）

位於打貓西堡南部，原稱蔴園寮（Môa-hng liâu）庄。閩人翁姓初開，清乾隆四十七年〔1782年〕閩漳泉人分類械鬥之際，北港街漳州人避難移住形成一新市街。在打貓、北港2街之中間，居於中繼市場位置。人口3,965人（男2,038人，女1,927人）。

大槺榔東頂堡（Tōa-khun-nûng tang téng pó）

清雍正十二年〔1734年〕，本於大槺榔莊（諸羅十七莊之一）地名，成立大槺榔堡，爾後分東、西2堡，本堡為其東堡之一部，現在區域沿著北港溪之西北。光緒十四年〔1888年〕，單稱大槺榔堡，我領臺後改稱大槺榔東頂堡。本堡南部北港溪岸之北港（Pak-káng，古笨港），明代早已是漢族移住者寄航上陸之地。鄭氏時代，陳姓部將開屯於西部地方（今土間厝庄、水燦林庄等屬之）。既而，清朝領有之初，官府給陳立薰為墾首，著手開墾其他大部分地區。雍正九年〔1731年〕，北港街為設置縣丞之地。

北港街（Pak-káng koe）

臨於北港溪北岸之一市街。明代以來為漢族寄航地，清朝領有之初，經陳立薰開拓，往時稱笨港街。早在當年閩漳州人即已創建肆店，當時北港溪水深便於船隻溯舶此地。雍正九年〔1731年〕，笨港開為島內貿易之處，且新設縣丞，稽查地方，兼查船隻。最初，合併今本街及溪南之舊南港庄（打猫西堡），總稱笨港街，富豪巨商多集中於南部。但，乾隆十五年〔1750年〕，北港溪流因洪水變更，新生水路中穿市街，因稱之為南笨港及北笨港。北港街之稱呼，即初生於此。此時成立半堡，稱笨港南堡、笨港北堡。爾後，南堡屬打猫西堡，北堡屬大槺榔東堡。乾隆二十九年〔1764年〕《（續修）臺灣府志》記當時情形：「笨港街，南屬打猫堡，北屬大槺榔堡。港分南、北，中隔一溪，曰南街、曰北街。舟車輻湊，百貨駢闐，俗稱小臺灣。」

乾隆四十七年〔1782年〕，閩漳泉人分類械鬥之際，北港街之漳州人避難移轉至東方，建新港（Sin-káng）街（打猫西堡）。爾後，嘉慶八年〔1803年〕再遭水患，南、北2街均被浸淹，富豪多避而遷徙於北方建設新街，一時有股賑人多移此地之勢（至是，南笨港完全衰落。爾來，僅舊南港[Kū nâm-káng]庄地名可以令人回憶起昔日繁榮景象）。道光三十年〔1850年〕，

再有漳泉人分類械鬥，而有北港街之漳州人移轉至新港街、泉州人移轉至北港街，因此增建肆店。咸豐七年〔1857年〕，新街因水害崩壞，於是新街泉人舉而移來本街，乃至市況一新。

爾來，北港溪水淺沙積逐年增加，此時笨港之碇泊處移至北港溪下游北岸下湖口（尖山堡）。光緒五年〔1879年〕成書之余寵《臺灣地輿圖說》記載：「笨港，即下湖口。」各種輸入貨物，於下湖口由竹筏轉載，溯溪運入本街各地分配。光緒二十年〔1894年〕，《雲林縣采訪冊》記載：「下湖港，為外海汊港，南北小商船由此出入，交易貨物則歸北港街行棧」，即近年情形。西曆1726年，荷蘭宣教師Valentyn〈福爾摩沙及荷蘭在此之貿易記事〉所載地圖「Kaart van het Eyland Formosa en de Eylanden van Piscadores」記載之Kanaal Voor Pomkan即指笨港。人口6,559人（男3,598人，女2,961人）。

（附記）朱景英《海東札記》曰：「臺地多用宋錢，如太平、元祐、天禧、至道等年號，錢質小薄，千錢貫之，長不盈尺，重不逾二觔。相傳初闢時，土中有掘出古錢千百甕者。或云，來自東粵海舶。余往北路，家僮於笨港口海泥中得錢數百，肉好深翠，古色奇玩，乃知從前互市未必取道此間，畢竟邈與世絕哉。然爾來中土不行小錢，洋舶亦多有載至者」，亦可為古來此地漢族貨船往來之旁證。

朝天宮（Tiâu-thian-keng）

在北港街，崇祀媽祖。清雍正八年〔1730年〕創建。乾隆十六年〔1751年〕，笨港縣丞薛肇廣、貢生陳瑞玉等捐資重修。今之廟宇，為咸豐十一年〔1782年〕嘉義縣學訓導蔡璋倡捐擴修。古來靈威赫耀，每歲春期，臺灣全島漢族來詣者絡繹不絕。

《雲林縣采訪冊》記載：「廟貌香火之盛，冠全臺。」該書亦謂：「神

亦屢著靈異，前後蒙領御書匾額，現今鉤摹敬謹懸挂。他如捍災禦患、水旱疾疫，求禱立應，官紳匾聯多不勝書。宮內住持僧人，供奉香火，亦皆恪守清規。」以下例舉事例。

（一）匾　「神昭海表」匾，在天后宮，嘉慶間御賜。「慈雲灑潤」匾，光緒十二年〔1884年〕嘉邑大旱，知嘉義縣事羅建祥屢禱不雨，適縣民自北港迎天后入城，羅素知神異，迎禱之，翌日甘霖大沛，四境霑足，轉歉為豐。詳經撫部院劉公具題，蒙御書「慈雲灑潤」四字，今敬謹鉤摹，與嘉慶年所賜，併懸廟廷。「海天靈貺」匾，道光十七年〔1837年〕，福建水師提督王得祿統兵渡臺，舟次外洋，忽遇颱風，禱神立止，兼獲順風以濟，遂平臺亂，上匾誌感。

（二）天后顯靈事　昔先王之以神道設教也，蓋以功德及民與夫捍災禦難者，尊崇而奉祀之，所以崇德報功彰善癉惡也。我朝歷聖相承，攸崇祀典，神亦顯靈效順，輔翼皇圖，每見奏報之中，筆難盡紀。然其威靈顯著，功德昭然者，惟關帝、天后為最著。相傳，后司東南七省水旱，故舟車所至，莫不廟貌巍峨，而商舶之來往海中者，尤加崇奉。北港實為海汉，通金廈、南澳、日本、呂宋等處，商船萃薈，廟貌尤宏，神之威靈卓著，凡水旱疾疫，禱無不應，所尤顯者，惟同治元年〔1730年〕顯聖退賊事。先是，正月十五日，居民迎神輿，至廟廷，籤擔忽飛起，卓立神桌上，大書「今夜子時速以黑布製旂二面，各長七尺二寸、闊三尺六寸，上書『金精水精大將軍』字樣，立吾廟庭左右」，居民見神示異，敬謹製備，然莫知何用也。及戴萬生反，圍嘉義，居民惶惶，聚議不決，乃相率禱於神，卜避不吉，卜戰吉。於是增壘浚濠，聚民習戰。事方集而賊至，無所得旂，遂迎神命所立旂為前隊崇禦，賊不戰退，我民亦不敢逼，恐有

詐也。後賊焚新街，民激於義，爭相赴援，救出被難男婦，並擒賊二人。詢以當日不戰故，賊云：「是日見黑旂下人馬甚聚，長大異常，疑是神兵，故不敢戰。」居民知神祐，相率詣廟叩謝，勇氣百倍。自是每戰以黑旂先，屢敗賊，擒斬數百人，相持二、三月，港民傷斃不及二十。七月官軍至，義民導之，復新街，解嘉義圍，黑旂所至，賊盡披靡，蓋神祐也。余獨異，夫港民五方雜處，不習戰，一旦臨以巨寇，能不駭散奔潰，乃蒙神示先機，聖顯當場。使軟弱之民拒方銳之寇，已極難矣。況賊踞我新街，寇仇密邇，相持數月，壓挫兇鋒，卒能助官軍，復土地、解嚴圍，視險如夷，處變不亂，若非仰仗神威，數萬生靈非有官司為之董率，三月相拒能不有意志所見不同，乃眾志成城，萬夫一心，摧強寇如拉朽，則神之功其庸可思議乎？所惜當時未有據以實告者，故神之績弗彰。然至今港民感神靈，奉祭祀粢牲告潔酒醴申虔，則崇德報功，上合神道設教之旨，而捍災禦難，下拯斯民水火之中。神之所以護國祐民者，功豈淺哉！因為紀其本末如此。

旌義亭（Seng-gī-têng）

在北港街。清乾隆五十二年〔1787年〕，林爽文亂，賊擾及本街。紳民結壘固守，屢挫其鋒。是歲五月十三日，設伏，賊陷壘害遇者108人。事聞，高宗純皇帝乃御書旌義二字賜紳民。因鉤摹刻石立於街內（高3尺7寸，寬1尺7寸），設亭名旌義亭，以為感恩紀念。其後，建義民祠，祀死難諸人，更從祀同治元年〔1862年〕戴萬生之亂殉難者。

彌陀寺（Mî-tô-sī）

在北港街，祀阿彌陀佛。《雲林縣采訪冊》曰：「相傳前因溪有溺兒，

每於白晝現形，曳人落水，街民恐懼，視為畏途。嘉慶三年〔1798年〕，王福基由此經過，為鬼所困，幾瀕於危；朗誦阿彌陀佛數聲，鬼遂隱；乃告街眾立石焉。後五年，居民於黃昏時，每見石現火光，遂鳩資建寺。同治五年〔1866年〕，增廣生鄭來臣等勸捐重修，頗著靈應。」

大榐榔東下堡（Tōa-khun-nûng tang ē pó）

清雍正十二年〔1734年〕，本於大榐榔莊（諸羅十七莊之一）地名，立大榐榔堡，以後再分成東、西2堡，本堡為其東堡之一部，現在區域佔居大榐榔堡西堡之東方。光緒十四年〔1888年〕，以本堡全區名大榐榔東堡。我領臺後，稱大榐榔東下堡。本堡最初拓殖就緒時代，早在明代末期。永曆二十七年（康熙十二年〔1673年〕），閩漳州府漳浦人向媽窮，入東部後潭庄；閩泉州府南安人陳水源，入中部茄苳腳庄，招佃開墾為濫觴。永曆三十年（康熙十五年〔1676年〕），漳州府平和人林一，開北部崙仔頂庄。清領之後，康熙三十年〔1691年〕，泉州府晉江人楊古，移來西部港仔墘庄；乾隆二年〔1737年〕，漳州府詔安人邱仁義，移來東部梅仔厝庄；乾隆五年〔1740年〕，漳州詔安人呂承基，移來東部埔心庄，給墾佃人，此帶荒埔因而全變為田園。

大榐榔西堡（Tōa-khun-nûng sai pó）

清雍正十二年〔1734年〕，本大榐榔莊（諸羅十七莊之一）地名，立大榐榔堡，以後再分東、西2堡，本堡為其西堡之一部，現在區域佔居牛稠溪及柴頭港2堡之西部。本堡最初拓殖就緒時代，早在明代末期。尤其鄭氏開屯時，大半就已成緒。當初，閩泉州同安人陳德卿、陳士政等溯北港溪，開拓南岸竹仔腳庄，為此地漢族足跡之開端。爾後，明永曆十八年（清康熙三年〔1664年〕），閩漳州府龍溪大楊巷摘及陳士政等，開拓北部之六腳佃庄。翌年〔1665年〕，漳州府詔安人徐遠，開拓西南部之大榐榔庄。往時，此地（連東北之小榐榔庄）為榐榔林，因此成為地名。清領最初所

置諸羅十七莊之一。永曆二十年（康熙五年〔1666年〕），泉州府同安人陳元、陳水地等，開拓西部之林內庄；永曆二十二年（康熙七年〔1668年〕），漳州府平和人林寬老、李達，開拓北部之潭子墩庄。永曆二十五年（康熙十年〔1671年〕），泉州府南安人侯成、劉傳等，開拓西部之下雙溪庄；永曆二十八年（康熙十三年〔1674年〕），漳州府平和人林虎、陳天楫等，開拓西部之後崩山庄；永曆三十一年（康熙十六年〔1677年〕），泉州府南安魏善英、侯堪民等，移住中部土獅仔（Thôu-sai-á）庄。土獅仔，即今大塗師（Tōa-thôu-su）庄，清領最初的諸羅十七莊之一。永曆三十三年（康熙十八年〔1679年〕），泉州府南安之黃雄、陳巨郎等，開拓中部蒜頭庄；永曆三十五年（康熙二十年〔1681年〕），泉州府南安人侯定、侯住等，開拓中部溪墩厝庄，同籍人蘇澤恩、姚承等開拓北部北港溪岸之蘇厝墩庄，同籍人陳意境、陳能意等建立東北部灣內庄。相同年代，泉州府安溪人林馬，著手開拓今樸子腳地方荒埔。康熙二十二年〔1683年〕清朝領臺後，漳州府龍溪人蔡振龍、陳隆等開拓中部更寮庄。二十四年〔1685年〕，泉州府南安人黃放、李碧等開拓北部港尾寮庄，同籍人蔡為謝開拓北部崙仔庄，漳州府龍溪人張濫，黃信等開拓北部六斗尾庄。康熙二十八年〔1689年〕，泉州府同安人李惜、黃英等，開拓西南部下竹圍庄；康熙四十年〔1701年〕，泉州府同安人陳智、侯東興、侯朝等，開拓中部之小槺榔庄及雙溪口庄：雍正三年〔1725年〕，同籍人曾才，開拓北港溪岸之溪南庄。翌年，泉州府同安人陳金生，溯猴樹（Kâu-chhiū）港從事商業，爾來此地形成一中心市場，即樸仔腳（Phok-á-kha）街是也。雍正五年〔1727年〕，漳州平和人江冉，開拓東南部之東勢寮庄；雍正八年〔1730年〕，泉州府南安人陳耍，開拓東部之田尾庄；雍正十一年〔1733年〕，同籍人陳星吉，開拓東北部之雙涵庄。乾隆元年〔1736年〕，同籍人黃、陳、吳3姓，建立北部之三姓寮庄（庄名出自該墾首之3姓）。同時，同籍人洪集，開拓東部之新埤庄；翌年，粵人朝瑞，開拓東南部之大堡庄。

樸仔腳街（Phok-á-kha koe）

　　在大槺榔西堡之西南部。原寫成「朴仔腳」，為古猴樹港（Kâu-chhiū káng）街。清乾隆二十九年〔1764年〕《（續修）臺灣府志》所記：「朴子腳街，舊為猴樹港街，今更名」者是。明永曆三十五年〔1681年〕，閩泉州府安溪人林馬，開拓此地荒埔，當時牛稠溪水深大船可溯航至本街附近。清雍正四年〔1726年〕，泉州府同安人陳定生，沿溪來到此地，乃定居從事商業。翌年〔1727年〕，同籍商賈渡來，設一、二肆店從事貿易。初，肆店傍有一大朴樹，因名朴子腳。爾後，成為此地方之中心市場發達起來。雍正九年〔1731年〕，開為島內貿易之處。《臺灣府志》記載：「猴樹港，臺屬小商船往來貿易。」既而，嘉慶末年，西方牛稠溪口之東石（Tang-chioh）港開發為港地（蓋隨著該河口之變移，市況一變。但以地當嘉義通往東石港之要路，從前東石港輸出入貨物必經本街。人口7,005人（男3,678人，女3,327人）。

荷苞嶼湖（Hô-pau-sū-ôu）

　　在大槺榔西堡下竹圍庄。清康熙末年，為廣闊湖水，湖內之洲嶼稱為荷苞嶼，早已形成住民之一聚落。爾後，逐漸沖塞，湖面縮少，今只為小湖（現在廣袤約170甲。有洲嶼2，一稱荷苞嶼，一稱同按寮）。

　　　紀荷苞嶼　藍鼎元（康熙六十一年〔1722年〕臺灣總兵幕僚）
　　辛丑（康熙六十年）秋，余巡臺北，從半線遵海而歸。至猴樹港以南，平原廣野，一望無際，忽田間瀦水為湖，周可二十里，水中洲渚昂然可容小城郭，居民不知幾何家，甚愛之，問何所？輿夫曰：「荷苞嶼大潭也。淋雨時，鹿仔草大槺榔坑埔之水，注入潭中，流出朱曉陂，亦與土地公港會，大旱不涸，捕魚者日百餘人。洲中村落，即名荷苞嶼庄。」時斜陽向山，驅車疾走，未暇細為攬勝，然心焉數之矣。水沙連潭中浮嶼，與斯彷彿，惜彼在萬山中，為番雛所私有，不得與百姓同之，

未若斯之原田膴膴，聽民往來耕鑿，結廬棲舍於其間，而熙熙相樂也。

余生平有山水癖，每當茂林潤谷、奇峰怪石、清溪廣湖，輒徘徊不忍去，慨然有家焉之想。而吾鄉山谷幽深，崇巒疊嶂，甲于天下，所不足者河湖耳。是以余之樂水，更甚於樂山，而過杭州則悅西湖，過惠州又悅西湖，入臺以來，則悅水沙連。杭州繁華之地，惠州亦無礦土，水沙連又在番山，皆不得遂吾結廬之願。如荷包嶼者，其庶乎建村落于嶼中，四面皆水，環水皆田，艤舟古樹之陰，即在羲皇以上，釣魚射獵無所不可，奚事逐逐於風塵勞壞間哉！所恨千里重洋，僻在海外，不得常觀光上國。恐子孫渺見寡聞，如夜郎之但知自大，是則可愛也。姑紀之，以志不忘焉。

尖山堡（Chiam-soann pó）

連接於大槺榔東頂堡西方之海岸一區。堡名以其東南部有名為尖山之丘陵而來。清雍正十二年〔1734年〕，成立一堡。最初，康熙末年，閩人陳姓大墾首招來漳泉佃人開墾，為本堡肇基。爾來，至乾隆、嘉慶年間，拓成大半。最初所建之庄為東部之蔡厝庄，乾隆初年泉人所建。乾隆三十年代，漳人開拓尖山附近之尖山庄、植梧庄、大溝庄，及東部之謝厝寮庄、萬興庄、牛桃灣庄，中部之蚵寮庄、牛尿港庄，西部之下崙庄等。爾後，乾隆五十年代，漳人開拓中部之外埔庄、內湖庄，南部之水井庄、食水掘庄、下湖口庄，東北部之溪底庄等；泉人開拓中部之口湖庄、西部之飛沙庄、三條崙庄，北部之溪尾庄等。嘉慶初年，漳人建立中部之羊稠厝庄，東部之四湖庄；泉人建立北部之林厝寮庄，西部之箔仔寮庄、三姓寮等。三姓寮之住民，最初於今新港庄之西北海岸建立三界庄聚落，但連年遭海波侵蝕遂淹埋沒於海底，因而轉移至此地。既而，道光中，吳姓漳州人於西海岸中部新建新港庄。據云係因下崙庄異姓分爭所致。咸豐年間以來，笨港碇泊地移至下湖口庄之結果，逐漸促成地方之發達。

北港溪（Pak-káng khoe）

　　即古笨港（Pūn-káng）溪，會合發源於打猫東頂堡方面山中之三疊（Sam-tiap）溪（一寫成「山疊」）與石龜（Chioh-ku）溪，更會合虎尾溪之分流，沿北港溪之南往西南流，轉西從下湖口（尖山堡）入海。往時，流過今舊南港庄（打猫西堡）之南岸，因而併北港街及舊南港庄成為笨港市街。乾隆十五年〔1750年〕洪水之際，溪水中穿市街分成南、北笨港。爾後因而出現北港街名，溪名亦因而從之改變。

下湖口（ē-ôu-kháu）

　　北港溪口北岸附近之一村落，清咸豐年間笨港之碇泊處移來此地，《雲林縣采訪冊》記載：「下湖港，為外海汊港，南北小商船由此出入，交易貨物則歸北港街行棧」，為此時代以後至近年之情形。碇泊處廣袤東西1.5里，南北2.5里，自北方之箔仔寮庄突出帶狀砂洲與外港為界，形成天然之防波堤，而港口北港溪突出海面且狹窄之處，形成一大內灣。進入港口0.5里處，往時為外國貿易船之碇泊處，水深滿潮時32尺、退潮時24尺，今深度甚減。自此更進15町內海處，為沿海通航船之碇泊處。水深滿潮時5、6尺至8尺。港底全是泥土，適於投錨。

　　下湖口，我領臺後，於明治32年〔1899年〕1月指定為特別輸出入港，但港汊每年埋沒甚大，已不符港口之名，明治34年〔1901年〕更將稅關（支署）移置北港溪口北岸土名鵞尾墩，而稱北港溪，蓋港灣相同也。明治40年〔1907年〕7月，取消特別輸出入港。向來與本港關係密切之集散市場，與東石港（大坵田西堡）相交錯，今全歸東石港勢力範圍（據《臺灣稅關要覽》）。

　　附近海岸一帶之砂泥平灘，盛行養蠣，其場所稱蚵塘（其養殖法為割開長2尺5寸至3尺之竹幹上端，挾入去蓋殼之母介，插植2尺至3尺適宜距離，多者萬支，少者千支，用以著生蠣子），尖山堡中部之蚵寮（O-liâu）

庄，以古來養蠣業者建有寮屋而名。

牛稠溪堡（Gû-tiâu-khoe pó）

牛稠溪中游南北兩岸之一區，清雍正十二年〔1734年〕建立一堡。關於本堡沿革，文書無所徵考。臺灣土地調查局編《臺灣土地慣行一斑》記載：「關於本堡之開墾。當初移民之富豪，稟請官府取得廣大地區之開墾權，分給眾佃墾闢。從毗連各堡狀況推估，大致似在康熙、雍正年間。」

蔦松堡（Chiáu-chhêng pó）

連接大槺榔西堡西方之海岸一區。清光緒十四年〔1888年〕，自大槺榔西堡分立出一堡，以蔦松庄主地為堡名。明末鄭氏時代，陳姓部將於今大槺榔東頂堡西部地方開屯，其範圍達到本堡東部蔦松庄地方。爾後，清康熙三十年〔1691年〕，閩人李恒升從中央開發北部海埔。康熙末年，閩泉州府晉江移來之黃姓1人、吳姓8人、蔡姓3人協力開拓鰲鼓庄一帶之海埔，以後又逐漸招集佃戶墾成田園。

大目根堡（Tōa-bak-kun pó）

介於牛稠、八獎2溪中間，東接阿里山番界之一區。清雍正十二年〔1734年〕，成立一堡。當地有大目根山（後以近音佳字稱「大福興 [Tōa-hok-heng] 山」），堡名從此而來。清康熙中葉，閩漳州府詔安朱姓人為墾首，從諸羅（嘉義）東進開拓荒蕪。

當時到處野鹿成群，墾民獵之以資生計，因稱此地為「鹿滿山」（Lok-móa-san）。（往時，諸羅地方多產鹿。根據荷蘭人之記錄，其時課徵一定之稅後准支那人進入土番地域獵鹿。Tirosen 即諸羅山番地內，狩獵收成好的時候收入可達979 real）。此為今鹿蔴產庄之起源（當時拓殖區域逐漸擴大，此地為集散要路，遂發達成一肆街，以近音佳字改稱為「蘆蔴產」（Lôu-môa-sán），後用「鹿蔴產」文字。乾隆二十九年〔1764年〕之《臺灣

府志》所謂「蘆蔴產街」即是）。

　　爾後，康熙末年，漳州府詔安人蕭姓者，率佃人更進而開墾竹頭崎庄、覆鼎金庄地方。雍正初年，已建一小聚落。雍正、乾隆間，漳人蔡姓人進開金獅寮庄。又，粵人劉、朱2姓，更進住篤鼻山下出水坑，並從閩汀州府移植桂竹，以之製造竹紙。爾後，漳人黃姓者進入交力坪開墾，同時亦製造竹紙（至今，此地帶為竹紙之主要產地）。乾隆末年時，大湖山東大湖庄附近為蓊鬱之一大森林，移住鹿蔴產之粵人邱章義，進入此地伐木，終於建枋寮定居。爾後，粵人移來者增加，形成一聚落。降及嘉慶年間，漳人王姓人，招募佃人自交力坪而進，著手開墾風吹磧一帶，此地土地陬遠不毛，且移民不服風土，只能於山間形成一小聚落。幼葉林庄，亦大概建於同時。既而，光緒初年幼葉林人林梓，因採集山產進入阿里山番界，見糞箕湖地方可以開墾，乃招集同志移住建立一聚落。其地三面負山，開向一方，恰似畚箕，因以為地名。

　　（附記） 當時，此方面拓成之際，披荊伐棘，冒瘴衝癘，半途斃者多數，而無家眷、無近親，死後無人收其遺骸，不免委棄於荒叢之間。現金獅寮口萬善同歸墓（道光三年〔1823年〕九月修造）有如下碑記（拾租碑記）。

　　　立碑記人張江纘，因通事公朝英路由金獅寮口，視其數位枯骨漂淋無歸，眈視不忍之言，何無發心人乎？誰收此骸者，有榮昌之日也。纘遂誠發心，即將鳩拾葬竹一坎，文立萬善同歸之墓，修整既美矣。又念有坟必有祭，但祭資無出，纘將買陳家田一段該小租穀四石正捨之。通事見纘陰功甚足，通事亦將陳、劉二項大租穀三石五斗正同捨，落以為祭掃之資。此乃萬載傳流，永世有賴，後日不得爭廢。立碑記為照。道光十年〔1830年〕八月吉旦立。

　　本堡為臺灣著名龍眼肉產地，且以品質佳良聞名，有約200年前之老

樹。所到之處都栽植龍眼樹林，特別以金獅寮庄附近聞名。金獅寮庄內龍眼林，古來慣習屬該地玄天上帝廟所有，庄民則以採取果實作為收入，習以為常。

諸羅（Chu-lô）

嘉義之舊名。諸羅山者，平埔番族 Loa 部族 Tsurosen 社所在，「諸羅山」為其近音譯字。早於荷蘭人佔據時代（西曆1624-1661）即有經營形跡（今嘉義城內尚存紅毛井古跡，東南有紅毛埤庄。又，舊西方海岸今塭港附近之青峰闕，據說乃荷蘭時代所築）。明末鄭氏時代，拓殖逐漸創緒，鄭成功時置天興縣，鄭經時改縣為州，置北路安撫司。康熙二十三年〔1684年〕，清朝領臺之初，為諸羅山莊（諸羅十七莊之一），乃擬定為縣城地，因而稱諸羅縣。但當初置縣於佳里興（Ka-lí-heng）里（今佳里興堡佳里興庄）。《臺灣府志》記載：「諸羅縣，原在佳里興里，康熙四十三年〔1704年〕移駐今所」者是。蓋當時此地方雖已有漢族移殖，但尚寥曠未達建城規模，加以當時政策姑息偷安之結果，乃於此時先暫時擇定北路要道佳里興里，而冠諸羅之名，欲於將來統轄諸羅中心之北路一帶地方。猶如雍正元年〔1723年〕為了統轄淡水一帶地方，新設淡水廳，但截至乾隆二十一年〔1756年〕同知仍留駐彰化縣城內掌理政務，如出一轍。但佳里興僅駐有巡檢，實際並未設縣署，知縣則僑居臺灣府治內。

既而，隨著此地逐漸發達，康熙四十三年〔1704年〕，署理知縣宋永清，才就諸羅山莊建木柵為城。康熙四十五年〔1706年〕，攝理知縣孫元衡，設公署駐留。雍正十二年〔1734年〕，設立一堡，稱諸羅山堡。此時，臺灣知府沈起元提議：今之臺灣已非古之臺灣，府治應遷全臺中心之諸羅，以控制南北。此議雖不果行，但可想像此年代諸羅已是四民集中之要區。沈起元之提議要旨曰：

國家初得臺灣時，亦以人民尚未集、田土尚未闢，可居可耕之地惟臺邑左右方百

里地耳，故置壁壘、設縣府，皆因偽鄭故址，即其營署宮室以為官府駐札地。今聖教日廣，戶口日繁，田土日闢，南自郎嶠、北至雞籠，延袤一千七百餘里，皆為人煙之境。地廣則規模宜遠、防險宜密，形禁勢格之道，誠不可不講也。愚以為諸羅居全臺之中，負山帶溪，形勝獨得；宜遷府治及鎮標三營於此以控制南北，而後中權之勢始握其要。

後，乾隆五十二年〔1787年〕，諸羅縣改稱嘉義縣，此堡亦改稱嘉義堡。

（**附記**）諸羅地名之因由。據今漢族間所傳之解說，取「諸山羅列」之形勝。（《臺灣府志》敘諸羅縣形勝謂：「諸羅縣，……疊岫參差，連岡撼 」，蓋為導引出此等解說的源頭。）以「諸羅」2字來代表「諸山羅列」，不但不妥當，而且如本文已述，明顯是誤解了此原來是 Tsurosen 番社之近音譯字的簡稱。此地於漢族足跡未到時，荷蘭人佔據時代的蘭人文書早已記有番社名 Tiroeen、Tiraoeen、Thilaoeen、Tironeeen 稱呼，此顯然即指 Tsurosen，而非出於漢族之命名。總之，以諸羅來自諸山羅列的解說，不過是拘泥於文字的勉強解釋。

嘉義西堡（**Ka-gī sai pó**）

　　古之諸羅山堡，後之嘉義堡的一部。清道光年間，分成東、西2堡，屬其一，以嘉義城為中心，介於牛椆、八獎2溪間之一區。明末鄭氏時代，已拓殖就緒。今嘉義城內外，翁、陳、玉等姓部將開屯。康熙二十三年〔1684年〕，清領初期建立諸羅山莊（諸羅十七莊之一）。該年，墾首林日壽，更開拓其北方之臺斗坑、埤仔頭、後湖各庄。續於乾隆初年，達於東方之蘆厝、山仔頂、紅毛埤各庄，南方之車店庄。同時，葉五祥開拓西北部之水虞厝、過溝2庄。爾後，蕭利見開拓竹圍仔、北社尾、竹仔腳諸庄。諸羅十七莊之一大龜壁（Tōa-ku-piah），指今水掘頭（Chúi-khut-thâu）街，

可知該地初闢亦久矣。乾隆二十九年〔1764年〕《(續修)臺灣府志》記載：「竹仔腳街，屬外九莊」，可知此時該庄為一方之小市場。

嘉義城（Ka-gī sîann）

今稱嘉義街，為古諸羅山（Chu-lôu-san）莊。原為平埔番族 Tirosen（諸羅山）社所在，莊名出於此。里俗今尚稱嘉義地方為山仔（Soann-á），蓋省略諸羅山之諸羅。

清康熙二十三年〔1684年〕諸羅設縣時，當初置縣地於佳里興里（今佳里興堡佳里興庄）。康熙四十三年〔1704年〕，署理知縣宋永清移諸羅山，初建木柵。此為建城之始。城之周圍680丈，設東、西、南、北4門。爾後，攝理知縣孫元衡建縣署於城內。《臺灣府志》記載：「中和街，在縣署前。十字街，四城之中。布街。總爺街。內外城廂街。四城廂外街。新店街，西門外街，尾橋頭」，蓋為當時城市內外規模。雍正元年〔1723年〕，知縣孫魯改築土城，周圍795丈2尺，壁基寬2丈4尺，壁道寬1丈4尺，壁外開鑿4丈濠塹，周圍835丈5尺，深1丈4尺，寬2丈4尺。五年〔1727年〕，知縣劉良璧建城樓，築水涵，東曰「襟山」，西曰「帶海」，南曰「崇陽」，北曰「拱辰」，各門備砲2位。雍正十二年〔1734年〕，知縣陸鶴，於土城外部環植莿竹。乾隆五十一年〔1786年〕，林爽文之亂，南北諸縣相繼陷落，諸羅縣城亦被圍，不解者達數月。城中士民，誓死與清兵協力固守，終於得全。乾隆皇帝嘉其義，詔改諸羅為嘉義。於是始稱嘉義縣城。

（附記）乾隆五十一年〔1786年〕十一月，林爽文作亂，北路陷彰化、淡水，爾後陷南路鳳山，諸羅縣城亦被包圍，獨臺灣府城得保餘喘。諸羅位當南北之中，屏蔽府城，故賊攻擊之首力，先集中於此城。十二月，福建進剿軍自安平及鹿港上陸，總兵柴大紀率兵二千，進向企圖恢復諸羅縣城，當地義民奮力響應合力進擊，五十二年〔1787年〕正月漸克復之。當時霖雨連日，水溢山野，清兵病死者佔十之

五、六，終不能戰，諸羅縣城再陷入重圍。城中救援不至，糧餉不繼，兵民盡迫於饑餓，遂以地瓜、野菜，甚至油粕充食，反而賊營糧食豐富山積，且詭計宣傳出降者將濟以米殼。但城中士民皆守義不降，固守殆亙10個月。乾隆五十二年〔1787年〕十月，將軍福康安率約5,000兵到鹿港，以賊勢猖獗連絡諸羅縣城不得通，乃勸柴大紀暫時棄城護衛兵民出城，另謀克復之計。柴大紀答曰：「諸羅為府城北障；諸羅失，則賊尾而至府城，府城亦危。且半載以來，深濠增壘，守禦甚固；一朝棄去，克復甚難。而城廂內外義民不下四萬，實不忍委之於賊，惟有竭力固守待援。」十一月八日，福康安進軍解諸羅縣城重圍，完全克復。事聞，乾隆皇帝流淚嘉其效死不去之義，詔曰：

> 大紀，當糧盡勢急之時，惟以國事民生為重，雖古名將何加茲，其改諸羅縣為嘉義縣。大紀封義勇伯，世襲罔替。并令浙江巡撫以萬金賞其家，俟大兵克復，與福康安同來瞻覲。

當時，皇帝御作詩，題曰「福康安，奏大剿諸賊，開通諸羅，並進攻斗六門，賊勢潰敗。信至，詩以誌慰。昨改賜諸羅縣名為嘉義。合縣士兵，守城之忠，實堪彰善也」。

> 笨港雖攻取。諸羅仍艱進。辛早續發兵。重臣威名震。勇將選以百。新兵強夙振。渡海雖遲日。以遲翻成迅。齊力遂羈羸。一日風資順。進由鹿仔港。三朝倏臨陣。大克崙仔頂。一當百以奪。蔗田及草寮。蹂躪嘉禾盡。即解諸羅圍。資賊糧胥運。勞軍及義民。歡呼逭飢饉。全活數萬命。旌功恩不吝。彰善樹風聲。嘉義名新晉。籌攻斗六門。破竹應解刃。佇剿大里杙。賊首生擒訊。指日以俟之。速遞大捷信。

（**附記**）亂平之後，五十三年〔1788年〕八月，特允於臺灣建福康安等功臣生祠，賜御製詩如下（漢、滿文字，今存嘉義城內）。

三月成功速且奇。紀勳合與建生祠。垂斯琬琰忠明著。消彼萑苻志默移。

臺地期恒樂民業。海灣不復動王師。曰為約毀似特似。

近年似各省建立生祠，最為欺世盜名惡習。因令嚴行飭禁，並將現有者概燬去。若今特命臺灣建立福康安等生祠，實因臺灣當逆匪肆逆以來，荼毒生靈無慮數萬，福康安等於三月內掃蕩無遺，全郡之民咸登衽席。此其勳績固實有可紀，且令奸頑之徒觸目警心，亦可以潛消很實。是此舉似與前此禁毀跡雖相殊，而崇實斥虛之意則原相同，孰能橫議？且勵大小諸臣果能實心為國愛民，確有美政者，原不禁其立生祠也。

於是，五十三年〔1788年〕，知縣單瑞龍請國帑築磚矼之城。嘉慶年間，重修城垣。道光十二年〔1832年〕，張丙作亂，首攻嘉義縣城，城因此大有毀損。

（**附記**）道光十二年〔1832年〕十月，張丙之亂作，藉口殺貪官污吏，自號開國大元帥，圍攻嘉義縣城。典史張繼昌，據城拒守。總兵劉廷斌北巡途中聞變，突圍入城共謀固守，但縣城陷在包圍之中。十一月，陸路提督馬濟勝率兵二千來，自鹿耳門上陸剿討，逐漸解圍。

爾來，繼因地震、霪雨，城大坍壞，紳士王得祿等義捐修理城垣，築月城及砲窩，更立義倉，以供備荒禦亂之用。十三年〔1833年〕九月起工，十六年〔1836年〕二月竣工，經費119,360兩。

臺灣嘉義縣城工義倉碑記

嘉義，為全臺中權握要之地，郡城之輔。嘉義一動搖，則郡南之鳳山，信息猶可相通；郡北之彰化、淡水、噶瑪蘭，道路阻塞。初入版圖時，名諸羅，栽竹為城。乾隆五十一年〔1786年〕，林爽文之亂，固守經年不破，高宗嘉其義，改名嘉義。

五十五年〔1790年〕，請帑築磚矼，歷四十二年。道光十二年〔1832年〕十月，張丙等變起，首攻嘉義。福建巡撫署閩浙總督魏公元烺，調陸路提督馬公濟勝，帥內地漳、泉兵平賊。圍解後，屢經地震，繼以霪雨，城遂圮壞。欽差將軍瑚公松額、總督程公祖洛，辦善後事宜，奏請前任水師提督王公得祿督勸紳民捐修。王公之議曰：「城雖修，不建月城，不能固也。」乃添建四門月城，以作唇齒之勢。再議曰：「月城雖建，無礮台不能轟擊也。」乃低窪雉洞，舖石置礮，以為平峙之形。再議曰：「雖有月城、礮台，無粟不能守也。」乃於城西北立義倉，貯穀一萬七千八百四十二石，平時用以備荒，變時用以禦亂。凡用銀一十一萬九千三百六十一兩零，興工於十三年〔1833年〕九月初二日，告成於十六年〔1836年〕二月。今年春余北巡至嘉，公引余周歷堞垣，盤視糧儲，乞文以誌。余謂，公以靖平林爽文得功，累陞至提督，閩浙舟師總統，旋以殄蔡牽功，封一等子爵，尋加太子少保，受三朝之厚恩，雖在籍猶奉朝命督建城工，蓋臺灣為沿海七省之保障，嘉義為全臺之保障，不獨固桑梓、全閭里，古人所謂乃心固不在王室，公之功直與城俱永也。至於倉以衛城，其規模、條例俱詳備，宜刻於碑陰，使後之人有所守焉。

賜同進士出身誥授通議太夫按察使銜福建臺灣兵備道兼提督學政加三級濰陽劉鴻翔次白氏記，時龍飛道光十六年〔1833年〕四月日立石。

同治元年〔1862年〕，又再遇地震災害，城壁大半崩壞，修理之。光緒十五年〔1889年〕，知縣包容及紳士林啟重修，城外植莿竹。明治39年〔1906年〕，地震之際，市街大半壞落。爾後，市區再建，規模、面目一新。現為嘉義廳所在地。人口19,323人（男10,140人，女9,183人）。臺灣鐵路道縱貫線車站，在土名牛墟尾街（距基隆基點180.2哩）。

紅毛井（Âng-mn̂g-sîann）

在嘉義城內。《臺灣府志》曰：「紅毛井在縣署之左，鑿自荷蘭，因名。方廣六尺，深二丈許，泉甘列於他井。相傳居民汲飲是井，則不犯疫癘。今更名為蘭井。」清乾隆二十七年〔1762年〕，諸羅知縣衛克堉選「蘭井泉

甘」為諸羅八景之一。

水堀頭街（Chúi-khut-thâu koe）

在嘉義西堡南部。據說清領當初所置諸羅十七莊之一的大龜壁（Tōa-ku-piah）即指本街，可知建庄由來久矣。因佔西方樸仔腳街（大榔樹西堡）及東石港（大坵田西堡）之咽喉，故而殷賑。人口1,642人（男870人，女772人）。臺灣鐵道水堀頭車站，在街北粗溪庄。（屬柴頭港堡。距基隆起點184哩。）

嘉義東堡（Ka-gī tang pó）

古之諸羅山堡，後之嘉義堡的一部，清道光年間分成東、西2堡，分屬其一，自嘉義西堡東方連接阿里山番界。康熙、雍正年代，八獎溪中游南北兩岸之番仔路庄、社口庄等以東，為阿里山番（鄒族）境界，番仔路（Hoan-á-lôu）為番界要路，社口（Sīa-kháu）當番社往來門戶，因此為名。當時於此地區，官府設置通事專事撫番，「嘉義則有阿里山八社生番通事為之長，可以與彼頭目商議，安撫各生番，俱受約束，不敢私出生事」（《噶瑪蘭廳志》），應為當時情形。彼等剽悍嗜殺，良民屢屢被其所害，即使連接佔居之平埔番族，亦常畏避。徵之《諸羅縣志》記載：「阿里山番剽悍，諸羅山（即Tirosen社）哆咯嘓（即Toroko社）諸番皆畏之，遇輒引避」可知。康熙末年，通事吳鳳，銳意安撫番人竭力化育。康熙五十七年〔1718年〕，吳鳳為番人殺害。康熙六十年〔1721年〕，其餘波延續釀成番亂。翌年〔1722年〕，諸羅知縣孫魯，多方悃諭招徠，順者賞以煙布、銀牌，逆者示以兵威、火砲。在此之前，該番社內疫病流行，番人死者多，番人乃迷信為吳鳳亡靈作祟，部分番目與眾立誓不再無故殺人，才得就撫。

乾隆初年，林日壽開拓位於西界八獎、沄水2溪合流間之頂六庄、下六庄一帶。爾後，鄭國楸開拓位於南部之竹頭崎庄。乾隆末年，閩之漳州人蔡德泉、程會等2、3同志，越過往時之番界，沿八獎溪東進。爾來，

見有開墾效果，移殖者遂踵繼其跡。漳人黃腰建觸口庄，漳人江原建竹山庄，中埔庄為本堡中心。此時，番人足跡後退至東方鬼仔嶺，嶺麓之公田庄為番界要路，只有番人通事草寮，因屢有番人外出壓迫與匪徒入內侵犯之虞，而無長久定居之移民。道光年間，居住於觸口庄之郭某，與打猫東頂堡頭崁厝庄人劉玉相謀，佃率進入此地，與番人定約拓地，並從事交易，始見形成村落。其東南角之後大埔庄窪地，久屬阿里山番（鄒族）區域，為 Kanavu（簡仔霧）社所在，稱 Raravu，自竹頭崎方面進入之粵人所開。與已墾之西界大埔庄（哆囉嘓東頂堡）相對地稱後大埔（此前之大埔庄，稱前大埔）。因地勢四面山崗圍繞，近年以前被視為匪巢。

吳鳳廟（Gô-hōng-bīo）

在嘉義東堡社口庄土名社寮。往時為阿里山生番通事社寮所在。清康熙五十七年〔1718年〕，通事吳鳳（字其玉），為了矯正番人嗜殺弊風，竟遭番害，而卻也因此契機，爾後得以斷絕番擾。鄉里人感其德澤，立祠廟祀之，安置有神主（題「皇清阿里山通事安撫身功吳諱鳳公神位」）及木像（乘白馬揮刀狀）、道光二十四年〔1844年〕所揭「靈昭北極」匾。

吳鳳，打猫東堡番仔潭庄人，少讀書，知大義，能通番語。康熙初年，臺灣內附，依照靖海侯施琅建議，設官置戍，招撫生番，募通番語者為通事，掌各社貿易之事。然番性嗜殺，通事畏其兇，每買遊民以應。及鳳充通事，番眾向之索人，鳳思革弊無術，又不忍買命媚番，藉詞緩之，屢爽其約。歲戊戌（康熙五十七年〔1718年〕）番索人急，鳳度事決裂，乃豫戒家人，作紙人持刀躍馬手提番首如己狀，定期與番議。先一日，謂其眷屬曰，「兇番之性難馴久矣，我思制之無術，又不忍置人於死，今當責以大義，幸而聽，番必我從，否則必為所殺。我死勿哭，速焚所製紙人，更喝『吳鳳入山』，我死有靈，當除此患。」家人泣諫不聽。次日番至，鳳服朱衣紅巾，出諭番眾：「以殺人抵命王法具在，爾等既受撫，當從約束，何得妄殺人！」番不聽，殺鳳以去，家屬如其戒，社番每見鳳乘馬持刀入其山，

見則病，多有死者，相與畏懼，無以為計。會社番有女，嫁山下居民，能通漢語，習聞鳳言歸告。其黨益懼，乃於石前立誓，永不於嘉義縣界殺人，其屬乃止。居民感其惠，立祠祀之。至今上四社番猶守其誓，不敢擾打貓等堡。（據《雲林縣采訪冊》）

弔吳其玉　後藤棲霞
一死成仁見偉才，混蒙天地豁然開。口碑千古靈如在，服冕乘風策馬來。

柴頭港堡（Chhâ-thâu káng pó）

嘉義西堡西連之一區，清雍正十二年〔1734年〕立一堡。柴頭港庄為中心地，因為堡名。原係官府自己招徠移民墾成地域（從幾乎位於堡內中部之柴頭港及其東方港仔坪地名來看，往時似乎牛椆〔Gû-tiâu〕溪流過此方面形成一港。《臺灣府志》記載該溪流經樸仔腳街之南，以此推知，或可信。）

回歸線標

臺灣之位置，跨溫、熱2帶，北半部屬溫帶圈，南半部屬熱帶圈。貫穿其中間的北回歸線雖每年有多少變移，但明治41年〔1908年〕將該線定於北緯23度27分4秒51。本標位於北緯與東經120度24分46秒50之交叉點，屬柴頭港堡下寮庄，位於從臺北通往臺南之幹道上（距臺北67里12町，即臺灣鐵道縱貫線基隆起點182.5哩）。明治41年〔1908年〕10月，紀念臺灣縱貫鐵道全線通車，建設此回歸線標（北回歸線，每年以0秒468南移，因此每年向正南移14米396。故10年後，則相當於北緯23度26分59秒38，即自本標向正南移143.96米）。

大坵田西堡（Tōa-khu-chhân sai pó）

瀕臨牛棚、八獎2溪下游之一區，2河口開於堡內。清雍正十二年〔1734年〕，立一堡。地富坵田形勢，因此為堡名。康熙四十年代，逐漸著手開墾，往時牛棚溪口的蚊港（今之塭港）地方，為其初闢之地。西部之大坵田（Tōa-khu-chhân，今內田庄）、東部之龜仔港（Ku-á-káng），為清領當初的諸羅十七莊之一。堡內大部份，為閩泉州府晉江移民蔡、陳及鄭等各姓墾首劃地招佃所墾；西南之新塭庄，為以後該籍人蔡構，從陳姓給出海埔開設新魚塭之處（庄名因出）。如此，康熙末年，全堡墾拓告成。雍正九年〔1731年〕，蚊港開為島內貿易之處。乾隆二十九年〔1764年〕之《（續修）臺灣府志》，已見大坵田街名。嘉慶末年，東石港亦已開。

牛棚溪（Gû-tiâu khoe）

牛朝溪，古又寫成「牛跳溪」。發源於大目根堡方面之東方山地，西流後自嘉義地方過樸仔腳（Phok-á-kha）街北部，稱樸仔腳溪，從東石（Tang-chioh）港入海。往時溪流經樸仔腳街之南，從今溪口北方之塭港（即古之蚊港）附近注海。清乾隆二十九年〔1764年〕之《（續修）臺灣府志》記載：「牛朝溪，⋯⋯西至猴樹（Kâu-chhīu）港（即今樸仔腳），南出青峰闕（《府志》曰：「青峰闕，在蚊港口。」）入海」，可知。又，今尚存口碑。現時河口之東石港，最初在嘉慶末年形成街肆。其河口轉移至此地，應在嘉慶初年之後。

八獎溪（Bat-chióng khoe）

古寫成「八掌溪」。發源自嘉義東堡方面之東方山地，於嘉義之南部合沄水（Ûn-chúi）溪西南流，更過鹽水港之南，分鹽水溪注布袋嘴港，幹流自大坵田西堡新塭庄土名蚊港入海。往時與今溪口不同，經布袋嘴附近北折，從塭港（即古蚊港）附近注海。乾隆二十九年〔1764年〕之《（續修）

臺灣府志》記載：「八掌溪……西入冬港（Tang-káng，即今布袋嘴附近），南由青峰闕（《府志》曰：青峰闕在蚊港口）入海」，可知。又，尚存口碑。

蚊港（Báng-káng）

《臺灣府志》曰：「蚊港，西面臨海，旋青峰闕，為蚊港。」又曰：「青峰闕砲台，在蚊港口。」青峰闕故址，現雖不存，但顯然在塭港海岸（參照青峰闕砲台條）。古之蚊港，應即今之塭港（Un-káng），塭港即蚊港之轉訛。蚊港，清雍正年間開為島內貿易之港。《臺灣府志》記載乾隆二十年代情形：「臺屬小商船往來貿易。」何喬遠（明萬曆十四年〔1585年〕進士）《閩書》記載臺灣港灣中之魍港，亦應指蚊港。《臺灣縣志》記載：「雞籠……忽中國漁船從魍港（Báng-káng）飄至，遂往來通販以為常」，可知既往的蚊港為支那船舶往來要路。早在荷蘭人佔據時代，即築有一砲台（即青峰闕）為外防（今八獎溪口尚存蚊港土名。蓋原蚊港即自今塭港注海之八獎溪，一旦流域隨著現地變遷，地名也伴隨著轉變）。西曆1726年，荷蘭宣教師Valentyn〈福爾摩沙及荷蘭在此之貿易記事〉所載地圖「Kaart van het Eyland Formosa en de Eylanden van Piscadores」之 'tkanaal Van Wankan應指此地。

青峰闕砲台（Chhinn-phang-khoat phàu-tâi）址

清乾隆二十九年〔1764年〕之《（續修）臺灣府志》曰：「青峰闕砲台，在蚊港口，荷蘭時築，今圮。」蓋似為今大坵田西堡塭港庄土名鄭仔寮附近之海，塭港應即蚊港之轉訛。《府志》又曰：「牛朝溪（今牛椆溪）南出青峰闕入海。」又曰：「八掌溪由青峰闕入海。」現時此2溪之河口，一變均轉向南方，但尚存往年在今塭港附近注海之口碑。（今八獎溪河口尚存蚊港土名。蓋隨其變遷地名亦轉。）嘉慶年間，海寇蔡牽侵擾臺灣西部海岸時，福建水師提督王得祿築砲堡，據說亦在其舊址附近。現時，地形完全一變，土地一半被海波決潰，其他則為堆砂埋沒，完全無可資辨認殘跡。

東石港（Tang-chioh káng）

在牛桐溪（一名樸仔腳溪）河口。碇泊處之廣袤，東西僅1、2町，南北約5町，因港形細長而無多船碇泊之餘地。港口有大三角洲。其水深滿潮時15尺、乾潮時減到9尺，幾不過為一海汊小港，但利用潮水時還是足供300石左右船舶吞吐。自港口南連布袋嘴、北連下湖口（尖山堡）一帶為沙原，為天然之外海防波堤。每年冬季，強烈北風捲起砂塵，河身遂每年向南方推移。又，每年溪水氾濫，侵壞海岸，有無法停止之狀。我領臺後，明治36年〔1903年〕，於港口附近施作護岸工事，乃漸得防遏。本港，嘉慶末年，閩泉州府晉江縣東石移民卜居此地，於港內養蠣。因其原籍地，乃稱東石港為濫觴。爾來，其他泉漳人移來漸增，於北岸形成街肆，而取代樸仔腳港。對岸清國貿易之對象，為泉州府晉江各港及獺窟、蚶江、祥司、永寧、崇武、深滬，物質集散區域並不甚廣，但以嘉義街、樸仔腳街為中心，又及於附近各地方。我領臺後，明治31年〔1898年〕，指定本港為特別輸出港。街市人口1,933人（男1,059人，女874人）。

布袋嘴（Pò-tē-chhùi）

在八掌溪之支流鹽水（Iâm-chúi）溪口。冬季北風強烈時，波浪帶來之土砂埋塞港底。小型支那形船舶，雖能深入港內；但汽船及大型支那形船，不得不碇泊外海，因此遇風波強烈時，常避難澎湖之媽宮港。原稱冬港（Tang-káng），係在東邊之今前東港（Chîan tang-káng）、後東港（Aū tang-kang），船舶碇泊在彼處，爾後因地形變遷，而轉來本港。古來製鹽發達，往時之洲南場即在此。人口4,147人（男2,278人，女1,869人）。明治28年〔1895年〕10月10日，我南進軍混成第四旅團自本港上陸，經曾文溪迫進臺南側面。

鹿仔草堡（Lok-á-chháu pó）

北方與大槺榔東下堡，東方及南方與下茄苳南、北堡，西方與白鬚公潭堡分界之一區。清雍正十二年〔1734年〕，以初闢之地鹿仔草莊（諸羅十七莊之一）地名，立一堡。鹿仔草莊名，蓋往時此地方鹿仔草（《臺灣府志》曰：「鹿仔草，即楮也。以其枝葉為鹿所嗜，因名之」）繁茂，因名。初康熙二十四年〔1685年〕十月，沈紹宏得到官府准許著手開墾，季嬰為管事負責招佃拓地，以鹿仔草為中心發展。康熙四十七年〔1708年〕，全部開墾權讓與閩泉州府同安人陳允捷、林龔孫、陳國祚、陳立勳。爾後，由此4墾首劃分招墾，雍正末年全堡幾乎全告拓成。

白鬚公潭堡（Peh-chhiu-kong-thâm pó）

臨接於大坵田西堡南方之一區，清雍正十二年〔1734年〕立為一堡。堡名以堡內南部有白鬚公潭（湖名）而出。龜佛山（Ku-put-soann）及南勢竹（Nâm-sì-tek）2庄，皆為清領當初諸羅十七莊之一。爾後，迄乾隆年代，全堡過半拓殖就緒。乾隆二十九年〔1764年〕之《（續修）臺灣府志》已見白鬚公潭街，當今頂潭、下潭2庄。

龍蛟潭堡（Liông-kau-thâm pó）

白鬚公潭堡之西南所連接之一區，清雍正十二年〔1734年〕立為一堡。堡名以堡內中部之龍蛟潭（湖名）而出。西部之後鎮庄，為明末鄭氏時設置鎮營之處。雍正年間，閩漳人開頭竹圍庄、新庄等。爾後，乾隆、嘉慶年代，其他各庄逐漸墾成。

下茄苳堡（ē-ka-tang pó）

介於八獎、為水2溪中游之間的一區，往時寫成「下加冬」，清康熙六十年代成立一堡。雍正十二年〔1734年〕，分成下茄苳南、北2堡。蓋下

茄苳為其主地，因出堡名。明末鄭氏時代，為開屯之區，已拓成一部分。南堡之後鎮庄、本協庄等，為當時設置鎮營之處。爾後，清領之初，北堡之下茄苳，開為諸羅十七莊之一。雍正初年，閩漳州范姓人，開拓北堡西部之新港東庄、竹圍後庄、長短樹庄等。爾後，李、趙等諸姓前後為墾首，招致漳泉兩籍佃戶，開成全堡各地田園。乾隆二十九年〔1764年〕之《（續修）臺灣府志》已見「下加冬」（北堡）及「大排竹」（Tōa-pâi-tek，北堡）街名。既而，嘉慶初年，已見店仔口（Tiàm-á-kháu）街之發達。又，道光年間瑪蘭通判姚瑩〈臺北道里記〉記載：「下茄苳，大村市。」

後壁寮（Aū-piah-liâu）

屬下茄苳北堡之土溝庄，在下茄苳北方。臺灣鐵道縱貫線車站所在（距基隆起點189.8哩），地當往店仔口街要路。

店仔口街（Tiàm-á-kháu koe）

在急水溪支流白水（Peh-chúi）溪之北岸。往時在北方大排竹形成一街肆。清嘉慶初年，店仔口街發達而代之，此地成為一小散集市場。人口1,749人（男923人，女826人）。

哆囉嘓堡（To-lô-kok pó）

北方與下茄苳南堡，東方與嘉義東堡，南方與善化里東、西堡，西方與太子宮、果毅後、赤山各堡分界。清雍正十二年〔1734年〕，成立哆囉嘓堡，以山地、平原分成東、西2堡。原為平埔番族Loa部族Toroko社所在地，堡名因之出。哆囉嘓（也寫作「倒咯嘓」）為其近音譯字。康熙年間以來，漢族漸進其地瞨得番地開墾，初稱哆囉嘓莊（諸羅十七莊之一）。乾隆二十九年〔1764年〕之《（續修）臺灣府志》已見「哆囉嘓街」，今番社街（哆囉嘓西堡）即是。康熙末年，粵人足跡及於東方今前大埔（Chîan tōa-pou，哆囉嘓東堡）窪地，即諸羅（嘉義）武舉人李貞鎬與番人約定獲

得土地，招徠粵民開墾，形成一聚落稱大埔庄。當時以其地僻遠險隘，屢屢成為匪黨逋逃之藪。特別以康熙六十年〔1721年〕朱一貴亂時，最甚。藍鼎元《東征集》〈紀十八重溪示諸將弁〉記載：「自諸羅邑治，出郭南行二十五里，至楓子林，皆坦道，稍過則為山蹊。十里，至番子嶺，嶺下為一重溪，仄逕紆迴，連涉十五重溪，則至大埔庄，四面大山環繞，人跡至此止矣。東南有一小路，行二十五里，至南寮。可通大武壠，高嶺陡絕，由大山峭壁而上，壁間鑿小洞可容足，如登梯然。行者以手攀樹藤，足踏洞，高甚險。北路山寇，捕急，每從此遁大武壠通羅漢門、阿猴林，而為南、中二路之患」云云可知。於是，政略上，下茄苳守備李郡，塞山蹊，掘去窩洞，斷藤伐樹，而使道阻不可行。乾隆初年，再有漢族企圖移住者。嘉慶初年，全堡幾乎都已拓成。光緒十四年〔1888年〕，更分東堡為東頂、東下2堡。

關仔嶺（Koan-á-nía）溫泉

在注入哆囉嘓東下堡東北枕頭山（即玉案山）北麓關仔嶺庄內，急水溪支流白水溪的滾水溪之左岸。泉質為硫黃泉。山間閑境，氣候快適，風光佳麗，我領臺後因此開闢為遊浴所。新開自後壁寮（下茄苳北堡）車站，經店仔口街（下茄苳南堡）至此地的新路。溫泉附近，多燃質瓦斯發散地，到處可見表土燃燒變成赭色之痕跡。工學士福留喜之助《臺灣油田調查報告》記載溫泉附近燃質瓦斯：「自溫泉通往關仔嶺部落之坂路傍噴出的瓦斯最大，廣約2坪許，燃燒熾烈，附近表土多處留有燃燒變成赭色之痕跡。又，滾水溪下游1町餘之間，溪中有10數處噴出氣泡，流礫集結構成中島處及左岸山麓、溪畔噴出熾烈瓦斯，附近之表土呈赭色的燃燒區域廣大，是其表證。此外，溫泉浴槽中，噴騰石油瓦斯之小氣泡，浴室傍以竹管插入地中導引瓦斯提供夜間點燈。總之，此等瓦斯發出赤燄、多油臭。」自古以來，與枕頭山南的土名火山，均被認為是火山地（參照火山條）。

火山（Hóe-soann）

在哆囉嘓東下堡東北枕頭（Chím-thâu）山（即玉案 [Gek-àn] 山）西南麓之六重溪庄。燃質性瓦斯之發散地，古來因稱為火山。工學士福留喜之助《臺灣油田調查報告》記載參考前面的統一意見：「枕頭山之南面中腹，有宏大莊嚴一廟，名火山巖碧雲寺，附近土名火山，有整年燃燒之三大瓦斯發散地，自廟往東微南直徑6町、麒麟尾山徑之稍南，該處燃燒者，是由大珊瑚石灰岩塊前面數多孔隙及其下底熾噴出，強烈散發著油臭，火燄掩蔽岩面，且焰高六尺餘，進而讓附近各處附著煙煤。此瓦斯為本島屈指可數之大瓦斯，自古早已為眾人所知，土民隆重信仰，常在火焰前置放線香與其他供物，蓋本島民亦古來有拜火之習俗耶？由此向六重溪之山徑走下，向西南約直徑三町之處，於路之上方有第二之瓦斯，由此更往西南走下約直徑三町許處，路旁有第三瓦斯。這兩處此二瓦斯之噴勢，雖不若第一瓦斯之盛，卻同樣都火焰甚熾，散發油臭，據傳土人已知利用在石灰石上點火，以焚燒田園雜草。」

蓋漢族知此地方及關仔嶺一帶存在火山地，其年代已經久矣。雍正十年〔1732年〕，藍鼎元《東征集》〈紀火山〉記載：「在邑治以南左臂玉案山之後，小山屹然，下有石罅，流泉滾滾，亂石間火出水中，無煙而有燄，燄騰高三、四尺，晝夜皆然。試以草木投其中，則煙頓起，燄益烈，頃刻之間，所投皆為灰燼矣。其石黝然堅不可破，石旁土俱燃焦，其堅亦類石。信宇宙之奇觀也。」乾隆六年〔1741年〕《臺灣府志》：「玉案山後山之麓，有小山，其下水石相錯，石隙泉湧，火出水中，有燄無煙，燄發高三、四尺，晝夜不絕，置草木其上，則煙生燄烈，皆化為燼」，乾隆二十九年〔1764年〕成書之《（續修）臺灣府志》記載：「火山，在諸羅縣治東南二十五里，山多石，石隙泉湧，火出水中。」又：「康熙五十五年〔1716年〕夏，諸羅十八重溪出火數日乃熄，溪內石洞三孔，水泉圍繞，忽火出其上，高二、三尺，後至壬寅歲（六十一年〔1722年〕）亦有見焉。此處水熱，或謂即

溫泉。蓋礦氣鬱蒸，水石相激而火生焉。」另，相傳土著番人之間古來有一種迷信，康熙二十三年〔1684年〕諸羅知縣季麒光《臺灣雜記》記載：「火山，在北路野番中，晝則見煙，夜則見火。有大鳥，自火中往來，番人見之多死。」

火山巖碧雲寺，一稱大仙巖（原寫成「大山巖」），《臺灣府志》記載「大山巖，創建不知何年，巖極峻聳，頂圓平，廣可數畝，僧舍在焉。寒花古木，遍列階前，煙景溪山，俱來目下」者是。此地土名亦因之稱岩前庄。

鹽水港堡（Kîam-chúi-káng pó）

介於八獎、急水2溪之間的一區，清雍正十二年〔1734年〕立為一堡。以鹽水港為主腦地，堡名因之出。本堡最初開拓就緒，在明末鄭氏時代。永曆十六年（清康熙元年〔1662年〕），部將閩泉州人何積善及范文章等，以今鹽水港附近為根據地招墾為其嚆矢。鹽水港南方之舊營庄，為鄭氏時代設置鎮營之處。鹽水港北部土名井水港（Chíann-chúi káng），為清領當初所置諸羅十七莊之一。雍正初年，陳有慶、陳德昌，開拓其中之未墾地。雍正九年〔1731年〕，開鹽水港為島內貿易之處，且置巡檢。

鹽水港街（Kîam-chúi-káng koe）

在八獎溪南岸。往時西方海岸線的港深入東部，自八獎溪支流注入之河口的冬港（今布袋嘴東方之前東港、後東港）至本街附近，船舶出入。《臺灣府志》記載：「鹽水港由冬港東入」；又記載：「鹽水港，臺屬小商船往來貿易。」鄰接本街有井水港，《臺灣府志》記載：「井水港，鹽水港分支於北，為是港」者是。潮水進入港內有鹽水，因名鹽水港。北鄰稱為井水港者，乃初為淡水，亦因此當成地名。又，環繞舊時之街為港，因地形呈彎曲狀，而稱月港或月津。明永曆十六年（清康熙元年〔1662年〕），鄭氏部將何積善初建聚落定居之處。其次，移民集中於北鄰之井

水港。清領當初所置諸羅十七莊之一，有井水港之名。鹽水港街內之天后宮，號稱康熙五十五年〔1716年〕所創建。既而，雍正九年〔1731年〕，鹽水港開為島內貿易之處。翌年，佳里興（Ka-lí-heng）巡檢移至鹽水港。乾隆二十九年〔1764年〕《（續修）臺灣府志》記載鹽水港、井水港均為街市。爾後，因地勢變遷，本街附近全失港形。余寵《臺灣地輿圖說》記載：「鹽水港，大潮水深三、四尺，潮退見底。」南部臺灣特產砂糖的一個集散市場。人口7,170人（男3,824人，女3,346人）。原為鹽水港廳所在地。

太子宮堡（Tài-chú-kiong pó）

接連於鹽水港堡東南之一區，清雍正十二年〔1734年〕成立為一堡。以太子宮庄為中心地，堡名因之出。明末鄭氏時，與南鄰之鐵線橋堡，皆由部將何替仔分給閩漳人，著手開墾。東界之新營庄，為鄭氏鎮營所在。中部之太子宮庄，雍正六年〔1728年〕十月，閩人許志遠募捐資1,000兩創建太子宮（祀哪吒太子），亦因此成為本庄名。

新營庄（Sin-îann-chng）

在太子宮堡之東界。明末鄭氏時代設置鎮營之處，庄名因之出。地當通往鹽水港街要路，人口3,768人（男1,998人，女1,770人）。臺灣鐵道縱貫線車站在此地（距基隆起點194.5哩）。

果毅後堡（Kó-gī-aū pó）

連接於鐵線橋堡東方之一區，清雍正十二年〔1734年〕成立一堡。堡內中部之果毅後庄，為明末鄭氏時設置果毅後鎮營之處，堡名亦因之出。其逐漸開墾就緒，在清領當初。西部之新厝庄，閩漳州府詔安人段福；北部之大腳腿庄，漳人林百材、籃鳳、李月等數人；小腳腿庄，閩泉州府同安人周必得、鄭昌等數人；東部之山仔腳庄，泉人黃捷高，招集同籍移民墾成。

鐵線橋堡（Thih-sòann-kîo pó）

接連於太子宮堡南方之一區，清雍正十二年〔1734年〕成立一堡。乾隆二十九年〔1764年〕《（續修）臺灣府志》記載：「倒風之水分三港：北為鐵線橋港。」往時因急水溪於今鐵線橋庄處形成一港。堡名因之出。（鐵線橋地名，本於原在此地之急水溪架橋而名。《臺灣府志》記載：「鐵線橋，舊時冬春編竹為橋，上覆以土，夏秋水漲，漂蕩無存，設渡濟人。康熙五十五年〔1716年〕，諸羅知縣周鍾瑄建木橋，監生陳仕俊捐銀五十兩助之。然水潦衝決，時壞，時修。乾隆二十七年〔1762年〕年，貢生翁雲寬等倡建，廣大堅固。」）明末鄭氏時，與北鄰太子宮堡由部將何替仔分給閩之漳人，著手初開。中部之查畝營、東北之五軍營，為鄭氏鎮營所在之地名。

赤山堡（Chhiah-soann pó）

東方以烏山 Ou-soann 山脈為界，西方連接於茅港尾東、西堡之一區。明末鄭氏時代，立開化里，屬其一部。清初襲之，康熙六十年代立為一堡。以東方赤山一峰崛起，為堡名（赤山莊名，別見於《臺灣府志》）。明末鄭氏時，拓殖就緒。明永曆二十年（清康熙五年〔1666年〕），鄭氏部將林鳳，以林鳳營庄為根據設置鎮營，開屯周圍之今龜仔港、港仔頭、中社、青埔等各庄一帶，二鎮及中協2庄亦為設置鎮營之地，官佃庄亦其官田所在。既而，清朝領臺之初，閩泉人黃捷高、林鳳於開屯之地，為墾首招佃拓成。大致與此同時，閩漳人蔡五常、蔡玉崑開水漆林庄、二甲庄、七甲庄。爾後，雍正、乾隆間，徐任開角秀庄，胡允開烏山頭庄，蕭明亮開六甲庄，庄長福開三結義庄。乾隆末年，逐漸東進及於山邊。閩之泉人胡、陳2姓墾首，拓成九重橋庄一帶。往時總稱赤山莊，蓋指此地方。

林鳳營（Lîm-hōng-îann）

赤山堡最初開拓地。明末鄭氏時，部將林鳳設置鎮營之處。林鳳營地名，因之出。小村落為此地方之物資集散驛次。臺灣鐵道縱貫線林鳳營車站，在庄東之港仔頭庄（距基隆起點199哩）。

赤山巖（Chhiah-soann-gâm）

屬赤山堡七甲庄，赤山麓之古寺，祀觀音菩薩。明末鄭氏時，參軍陳永華所建。繞其寺域之北、西、南3方有一池，稱巖埤（Gâm-pi），池中植蓮。古來為此地方之名勝。巖埤往時稱龍湖（Liông-ôu），因一名龍湖巖。《臺灣府志》記載：「環邃幽邃，前有潭，名龍湖，中植荷花，左右列樹，桃柳、青梅、蒼檜，遠山浮空，宛入圖畫」者是。

> 龍湖巖　陳輝（乾隆三年〔1738年〕科舉人）
> 野竹迷離翠作垣，微茫山色古雲門。煙侵晚岫通幽徑，水隔塞隄援遠村。
> 曲檻留陰間睡鹿，疏鐘倚月冷啼猿。昔年曾得遊中趣，依舊湖光瀲灩存。

番仔田（Hoan-á-chhân）

在赤山堡西部。清乾隆末年間，原住西方麻豆地方平埔番族Moatau社移來開墾荒埔，形成一部落（往時受荷蘭人教化，知以羅馬字拼寫番語用於文書契字上。嘉慶十七年〔1812年〕九月，官府示禁佔墾番地，曾以羅馬字綴寫頭目通事之名，副署刻石，立於庄外，但今失其所在）。地當通往麻豆街要路，臺灣鐵道縱貫線車站在此地（距基隆起點202.4哩）。

茅港尾堡（Hm̂-káng-búe pó）

連接於赤山堡西方之一區，清雍正十二年〔1734年〕立一堡稱茅港尾

堡。乾隆二十九年〔1764年〕《（續修）臺灣府志》可見：「倒風之水分三港，……南為茅尾港」，往時急水溪在今茅港尾庄形成一港。堡名因出之。明末鄭氏時代的開屯之區，下營庄為其遺址。清領後，閩人開拓其他之未墾荒埔。茅港尾街之名，見於《臺灣府志》。道光元年〔1821年〕成書之噶瑪蘭通判姚瑩〈臺北道里記〉記載：「茅港尾，民居街市頗盛」，昔為一堡，後分東、西2堡。

學甲堡（Hak-kah pó）

連接於鹽水港、鐵線橋、茅港尾3堡之西的海岸一區。往時，分屬以上諸堡，清道光間分立為一堡。《臺灣府志》有：「鹽水之西，學甲社」云云。學甲（Hak-kah）為此地平埔番族之一小社（今之學甲庄，應為古學甲社）。最初，康熙三十二年〔1662年〕，閩人張茂為墾首企圖開墾此地方，後張茂將之賣讓給李雲龍、林登山，林登山更賣讓給數姓墾戶。當時土地貧瘠，不適耕種，加上風土不良，移民犯瘴癘者多，各有不安其堵之狀，眾議於今學甲庄建吳真人廟（祀保生大帝。疾治多奇效，閩人最崇信），乾隆年間建成之慈濟宮為地方守護神。至是，逐漸堅固建庄定居之基礎。本堡拓殖與該廟深有關係，據說徵收廟租以充當香燈之資的田園，現仍存於全堡。

急水溪（Kip-chúi-khoe）

上游稱白水溪，發源於哆囉嘓東堡方面之東方山地，自店仔口至新營庄附近，會合來自東南之龜仔重（Ku-á-têng）溪，過新營庄之南西流，從學甲堡之蚵寮庄入海。往時，該溪河之河身深且大。流域分支，於今鐵線橋及茅港尾至麻豆之間，形成稱為倒風港之一港。清乾隆二十九年〔1764年〕《（續修）臺灣府志》記載：「倒風港分三支：北為鐵線橋港，南為茅尾港，西南為麻豆港。麻豆南曰灣裏溪。」者是。爾後，河水淤淺，土地隆起，地形變遷，現在全港已失其形跡。道光元年〔1821年〕，噶瑪蘭通判

姚瑩〈臺北道里記〉記為「汲水（Kip-chúi）溪」，蓋為「急水溪」之近音異字。又，西曆1726年荷蘭宣教師Valentyn〈福爾摩沙及荷蘭在此之貿易記事〉所載地圖「Kaart van het Eyland Formosa en de Eylanden van Piscadores」中記載之Mattamia Riv，即指急水溪。

北門嶼（Pak-mn̂g-sū）

在學甲堡之西海岸，往時為一孤島。見於清乾隆二十九年〔1764年〕《（續修）臺灣府志》所載諸羅縣圖。蓋北門嶼之名，應因係為臺灣府北方之島嶼。嘉慶十二年〔1741年〕成書之《（續修）臺灣縣志》所載地圖，已描繪成陸地之一部，其變遷應在乾隆末年、嘉慶初年之間。又，《臺灣府志》可見「青鯤身（Chhinn khun-sin），西臨大海」之記載，該書諸羅縣圖將之描繪成一島嶼。今漚汪堡之口寮庄土名青鯤身，口寮庄蓋或為當時之海口。其他，此間又描繪有南、北鯤身（Nâm Pak khun-sin）島嶼，且記載：「南、北鯤身，皆沙阜堆聚，與七鯤身同」、「馬沙溝（Soa-bé kau，今屬漚汪堡，在北門嶼青鯤身中間之海岸），西臨大海」，其臺灣總圖描繪如海岸，諸羅縣圖描繪成島嶼，蓋或為此時因海潮漲退，則或接續陸地、或分離於海中（此等島嶼、沙阜，現時皆連接陸地，新砂洲逐漸築成於其海岸）。北門嶼，為州北場鹽埕所在。《臺灣府志》記載乾隆二十年代情況：「安平水師……千總……一員，……兼轄外海北門嶼、馬沙溝、青鯤身等汛。」現時北門嶼附近海岸一帶，成為魚塭、鹽田，此間開有一小港口，口外擴延成一大砂洲與外海為界，為天然防波屏障，因而形成內灣，其側邊開有王爺港（Ông-îa káng）水道，便於船舶出入。自內灣更割掘深入陸地，適於小形支那形船出入。堀割之水道，水深滿潮時僅5尺，乾潮時幾無水深。內灣之支那形船碇泊場，退潮時6尺至10尺，滿潮時12尺至16尺。小蒸汽船碇泊場，退潮時10尺至13尺，滿潮時16尺至19尺。外海無阻隔潮水，水深有40尺至50尺。近年隨著製鹽業發達，多有船舶寄航碇泊。

佳里興堡（Ka-lí-heng pó）

　　麻荳堡西方連接之一區，屬明末鄭氏時代所立開化里之一部，清初襲之。康熙六十年代，立一堡。鄭氏時早已為開屯之地。清朝領臺當初，即康熙二十三年〔1684年〕，諸羅縣治擇定於佳里興里，即今佳里興庄，可知古已拓殖就緒。當時雖未見實際建署，但已設置巡檢，雍正十年〔1732年〕移至鹽水港。康熙三十六年〔1697年〕，郁永河《裨海紀遊》記其行程：「麻豆……至佳里興……，孰宿處為問，則營中」，可知當時此地已開為北路要道。

麻荳堡（Môa-tāu pó）

　　佳里興堡東方連接曾文溪北之一區，清雍正十二年〔1734年〕立一堡。麻荳，原寫成「麻豆」，為佔居此地之平埔番族Moatau社的近音譯字。最初以麻豆庄為主地，因用為堡名。Moatau社之根據地，在今麻荳庄。西曆1600年代，荷蘭人著手教化番人，建教堂及學校，當時稱Mattau（根據荷蘭人記錄，西曆1648年，為了培養土番之教師，有設備學校之議。Mattau有四方圍繞樹木之廣闊土地，其處建有東印度公司石造倉庫，旁有磚造的學校，乃以之充為校舍。此地多魚類，又近鹿場，便於獲得肉類。而且地形介於2河之間，可以防止學生逃亡，因此決定設於此地。由此可知荷蘭人經營此地之情形）。既而，鄭氏開屯時代以來，逐漸為漢族足跡所及。乾隆二十九年〔1764年〕《（續修）臺灣府志》已記麻豆街之名。又，該書也見記載：「倒風港分三支：……西南為麻豆港。」往時，急水溪在麻荳庄形成一港。堡內沿著曾文溪流域之寮仔廊、溝仔墘、磚仔井、安業、謝厝寮等諸庄，原為一帶溪埔，為乾隆四十三年〔1778年〕臺灣道八房吏員出資招佃拓地之處（故清國政府時代，此地方所收官租稱道八房租。後，道光年間，溪水氾濫，既墾田園悉變沙埔，曾暫時停止收租。同治七年〔1868年〕因再度浮覆，光緒十五年〔1889年〕再納租）。本堡向來為知名之柚類（即朱欒）特產地，麻荳文旦甚有名。

（**附記**）麻荳文旦之起源，根據明治34年〔1901年〕原臺南縣之調查，康熙四十一年〔1702年〕安定里西堡鄭拐庄有文旦者，自清國移入柚苗栽植。後經數年，麻荳堡厝祖廟庄人郭藥分得數株，試栽於自家庭園，結實甘酸適當有佳味，大得世人珍賞，乃逐漸移植附近各地，而發展至以文旦之果聞名。

漚汪堡（Au-ong pó）

接連於佳里興堡西方之海岸一區。往時屬蕭壠堡，清道光年間立為一堡。漚汪，原寫成「歐王」，為佔居此地之平埔番族 Siaulang（蕭壠）社一名 Auong 社的近音譯字。當初以該番社之名的漚汪庄為主地，因以為堡名。本堡內開墾最早者，為中部之將軍庄。康熙二十二年〔1683年〕，將軍施琅因征討鄭氏綏靖臺灣之功績，此地被賜予為世襲業地而分由漳泉移民開墾。將軍庄名，因之出（向來附帶稱為施侯租之大租的田園，皆屬之）。爾後，雍正、乾隆間，前後渡來之移民開墾全堡各地，成立漚汪庄、角帶圍庄、巷口庄、口寮庄、芩仔寮庄、山仔腳庄等。

（**附記**）從前附帶有施侯大租的土地，分布於本堡及學甲、打猫西、牛稠溪3堡，觀音中、半屏、大竹、興隆內、興隆外、小竹上、仁壽上、仁壽下、觀音下9里。當初，設置施侯租館10處，掌管收租事宜。道光年間，施琅後裔（在北京），出售6處租館，將剩下之4處出贌由管事管理。我領臺之際，施家子孫喪失帝國民身分，該租編入為官租。另，根據傳聞，附帶施侯租之田園，並非全是賜給施琅之未墾埔地而招佃所拓之地，對於鄭氏時代已墾成之田園，亦有濫用權力徵收大租者。（據《臺灣舊慣調查會第一部調查報告書》）。

蕭壠堡（Siau-lâng pó）

連接漚汪堡之南方的一區，原屬清康熙六十年代所立之安定里西堡。雍正十二年〔1734年〕，與漚汪堡合併分立一堡。蕭壠，為佔居此地平埔番族Siaulang社之近音譯字。當初以該番社名所稱之蕭壠庄為主地，因而成為堡名。Siaulang社之根據地，為位於今蕭壠（本堡）、漚汪（漚汪堡）2庄中間之番仔寮庄（而後形成漢族聚落，因以番社名為庄名，取同一番社之稱呼為名，一方稱蕭壠庄，一方稱漚汪庄）。西曆1600年代，荷蘭人設置教化番人之教堂之處，當時稱為Soulang。荷蘭人一方面致力於精神的教化之同時，另方面也從事物質的授產。宣教師Gravius（西曆1647-1651年在臺），特別自巴達維亞東印度公司借入金4,000，買121頭牛，牧養於此番社。西曆1726年，荷蘭宣教師Valentyn著〈福爾摩沙及荷蘭在此之貿易記事〉所載地圖「Kaart van het Eyland Formosa en de Eylanden van Piscadores」所記載之't Bosch Van Soulang（蕭壠之森），應即此處。古來稼穡發達。康熙三十六年〔1697年〕，郁永河《裨海紀遊》記其情形：「歐王（即蕭壠）……近海，不當孔道，尤富庶。」康熙以來，漢族逐漸移殖，贌得番地。乾隆二十九年〔1764年〕之《（續修）臺灣府志》記載：「蕭壠街，濱海，民番貿易。」

善化里堡（Sīan-hòa-lí pó）

連接於新化里之北，瀕臨曾文溪中游之一區。明末鄭氏時，立一里，稱善化里。清領後沿襲之。後，康熙六十年代，堡分東、西。其西堡之大部份地方，鄭氏時代概已拓殖就緒。康熙、雍正年間，持續開墾。乾隆二十九年〔1764年〕之《（續修）臺灣府志》已見西堡之灣裏街（後寫成「灣裡」）、噍吧哖街（屬今楠梓仙溪西里）、東堡之番仔渡頭街名。乾隆三十年〔1765年〕前後，閩漳人胡楚，開墾東堡北界之社仔庄，開通與九

重橋（赤山堡）地方之連絡。本堡最盛於栽培南臺灣特產之砂糖的原料甘蔗，其中以東堡之東勢寮庄土名風堀及茄拔庄等，為其中心地帶。

灣裡街（Oan-lí koe）

一作「灣裏」，為平埔番族 Siraia 部族 Toavuran（大武壠）社之所在地。西曆1600年代，接受荷蘭人教化（荷蘭人之記錄記為 Tevoran）。明末鄭氏時代，被漢族侵佔，退向東方尋找移動地。爾來，漢族早已形成一庄。清乾隆二十九年〔1764年〕之《（續修）臺灣府志》，已見灣裏街名。發達為臺南、嘉義間之要道。道光十五年〔1835年〕，置巡檢。人口3,390人（男1,812人，女1,578人）。臺灣鐵道縱貫線灣裡車站，在東方10餘町之北仔店庄（距基隆起點206.7哩）。

安定里東堡（An-tēng-lí tang pó）

連接於善化里西堡及新化里西堡之西，沿曾文溪之東南的一區。明末鄭氏時，屬永定里。清領當初，稱安定里。康熙六十年代，分立安定里西堡。據乾隆二十九年〔1764年〕《（續修）臺灣府志》，今直加弄庄稱直加弄港，與西港仔（安定里西堡）漸形成一港（港仔尾及港口之庄名，亦因此關係）。此地方，原為平埔番族 Siraia 部族 Bakaruwan（目加溜灣）社所在地。西曆1600年代，荷蘭人教化番人之處（荷蘭人記錄可見 Bacloan）。爾後，明末鄭氏時，即永曆十六年（清康熙元年〔1662年〕），明太僕少卿沈光文（字文開，號斯庵）流寓臺灣，為鄭成功幕賓，鄭經嗣立，因以賦寓諷幾罹不測之禍，乃變服為僧入山，後旋於此番社教番人讀書，以醫藥治病。沈光文在清領（康熙二十二年〔1683年〕）後，移住臺灣府城，但約20年間在番社從事教化。如此，康熙年間，堡內之一部份地方既已拓殖就緒，唯港仔尾、港口、六塊寮等一帶，往時為塭埔未經開拓。嘉慶十年〔1805年〕間，陳姓人著手招墾，爾後屢遇溪流氾濫，以致沖崩沙壓。道光七年〔1827年〕以來，名為道永昌之公號逐漸將之墾成。

西港仔堡（Sai-káng-á pó）

北連蕭壠堡，東連安定里東堡，南連外武定里之海岸一區。明末鄭氏時，屬永定里。清領當初，稱安定里。康熙六十年代，分立安定里西堡，後改今堡名。往時，本堡大部份為海埔，如今之西港仔庄實為瀕海之汊港。乾隆二十九年〔1764年〕之《（續修）臺灣府志》記載：「西港仔街，濱海民番貿易」，可證。西港仔東北之後營庄，為明末鄭氏時設置鎮營之處，本堡早已拓殖之區域限於東北部，其他則為乾嘉以後，隨著浮覆逐漸拓成。

國聖港（Kok-sèng káng）

地當古加老灣（Ka-lâu-oan）港之一部，另也作「國使（Kok-sài）港」（《臺灣地輿圖說》）、「各西（Kok-sai）」（《日本水路誌》）等。港口有一大砂洲，恰似小島之形，而且分內灣、外海，每年雨季因曾文溪支流氾濫，港底不免變遷。水深，港口滿潮時7尺，退潮時3尺，內灣滿潮時12尺，退潮時7尺。

新化里（Sin-hòa lí）

在曾文溪中游南方。明末鄭氏時，立一里，稱新化里。清領後，襲之。以後，隨著拓殖區域擴大，道光年間分東、西、南、北4里。光緒十四年〔1888年〕，更分南里為內新化南里、外新化南里2里。北里之大營庄，外南里之左鎮庄，有鄭氏設置鎮營之跡。又，北里之北勢洲庄、大社庄，東里之山仔頂庄，外南里之草山庄等，係其開屯之地。西里之新市街附近，原稱新港庄。當初荷蘭人之時，為臺南地方平埔番族Chhìah-khàm，即新港（Sin-káng）社移置之處。康熙中葉，漢族已有移殖，當初為新港社因而稱新港庄。康熙五十二年〔1713年〕，歐節牛進而開拓外南里左鎮庄以東之內庄仔庄。爾後，乾隆初年，李姓人開拓內南里一帶。本堡南部，盛產臺灣特產砂糖原料甘蔗，其中以北里之大社庄及西里之新市街附近，為其中心。

新市街（Sin-chhī koe）

　　原佔居效忠里喜樹（Hí-chhīu）庄地方至臺南一帶之平埔番族西拉雅部族 Chhìah-khàm 即新港社番人，西曆 1626 年接受教化，1650 年荷蘭人築 Zeelandia 城（臺南）之際，移轉而來之地。荷蘭人在此建立教堂及學校。既而，清康熙中葉，漢族企圖進入拓殖，多數番人二度移動，退而向東方之隙仔口（新化東里）、東南之崗仔林（外新化南里）及其東南之舊新木柵（羅漢內門里）、東方之柑仔林（羅漢外門里）等地找尋土地。因原為新港社地而名為新港庄，漢族所建。此為本街前身（新市街附近，今有社內庄及番仔寮庄）。地當灣里街（善化里西堡）、大目降街（大目降堡）之中途。此地方隨著製糖業之發達，交通極為頻繁。臺灣鐵道縱貫線新市車站，在街南之新店庄（距基隆起點 211.3 哩）。

鹽水坑（Kîam-chúi-khinn）鹽水泉

　　外新化南里草山庄土名鹽水坑，有鹽水泉，鹽水坑名因之而出。理學士井上禧之助《臺灣礦山地質調查報告》謂：「自鹽水坑庄沿溪流而溯，溪中砂礫披著白色物質，嘗之呈鹽味，特別是噴出鹽水之附近的水，有如海水的鹽分。此地噴出鹽水之處有二。一在山腰中腹 20、30 尺高處。噴出口甚清晰，殆作圓形，徑約 1 尺 5 寸，當中湛有泥水。噴出口離水僅 5 寸，此地谿谷呈東西向，自噴出口向南方傾斜，流出甚多泥土。噴出狀態，一日一回作高柱狀噴出，噴出後完全靜止。根據以上事實觀察，其噴出蓋因瓦斯壓逼，其原因或與間歇性溫泉相同。其西方 2 町處，甚多泥土流出。噴出口雖不如前者之甚，但位於山之中腹。此等噴出口之位置，據說 20、30 年前（從明治 33 年〔1900 年〕溯算）有變。一在其西方，河床有噴出鹽水及瓦斯之處，雖亦成噴出口之狀，但幾多破裂而常變其形。現今有噴出口 6 個相連，皆小而大抵作橢圓形，不斷噴出鹽水及瓦斯。此等噴出口附近，可見泥土流出，應也來自大破裂所致。」

大目降里（Tōa-bak-kàng lí）

連接於新化里南方、西方之一區，原為平埔番族西拉雅部族Tauvokkang社所在地。西曆1600年代，荷蘭人教化番人之處（荷蘭人記錄為Tavokang）。明末鄭氏時代，為開屯之地，清朝領臺當初稱大目降莊。大目降即Tauvokkang番社名之近音譯字。爾後，移民漸多，分上、下2堡，上堡多農民，下堡多商人。今之大目降街，據說為昔時之下堡。既而，乾隆年間，閩人開東部礁坑仔地方之山地。道光年間，立大目降里。光緒十四年〔1888年〕，更分東、西2里。我領臺後，合為1里。

大目降街（Tōa-bak-kàng koe）

一作「大穆降」，在大目降里之西部。原為平埔番族Tauvokkang（大目降）社所在。清領當初，置大目降莊。後分上、下2堡，本街屬下堡，早為商民集中區。街肆發達，乾隆末年，遂為大目降里主腦地。街內之真武廟及吳真人廟，為明末鄭氏時代創建。人口4,000人（男2,152人，女1,848人）。

廣儲里（Kóng-tû lí）

連接於永康上中里東方之一區，早在蘭人鄭氏時代拓殖已就緒。鄭氏時，立廣儲里，清領後沿襲之，康熙六十年〔1721年〕分為東、西2里。西里之王田庄，為荷蘭時代之墾田遺址。東里之大坑尾庄，屬鄭氏開屯之區。

內外武定里（Lāi-gōa Bú-tēng lí）

連接於臺南市北方之海岸一區。明末鄭氏時代，其中一部份已拓殖就緒，立武定里，清領後沿襲之，後分內、外2里。當初開拓之區，為東部之內里。內里之三崁店庄，外里之溪心寮庄、海尾寮庄、媽祖宮庄的全部，和順寮庄之一部、安順寮庄之一部、鄭氏寮庄之一部等地，原為海灣（臺江之北岸），乾隆末年至嘉慶末年逐漸浮覆，農民耕墾此等海埔試植番薯及

雜穀，但因多含鹽分生長不良，收支不能相償。道光初年起，鹽分漸退，漸有收成，但產生爭墾之弊，經常有私鬥不穩之狀。於是，當時之臺灣道將未墾浮埔收歸道管，給墾徵租以充修港之費。當時各自墾地之境界，交叉錯雜，押領盛行，經常相互紛爭不絕。黃本源、吳掗、林洪等豪戶，居間調停紛爭，遂自為墾首，取得已墾地及未墾地廣大地區之開墾權，向原來之力墾佃戶徵收大租。此為道光二十年〔1840年〕之事。

曾文溪（Chan-bûn-khoe）

發源於阿里山，南下出後大埔（嘉義東堡）窪地後稱後大埔（Āu tōa-pou）溪，匯合大小諸流過噍吧哖（楠梓仙溪西里）之西北方，更合發源於楠梓溪西里山中之後堀仔（Āu khut-á）溪，彎向灣裡（善化里西堡）北方，而有灣裡（Oan-lí）溪（一作「灣裏」）之名。西流於西港仔西部分流，幹流從西南之外武定里媽祖宮庄入海，分流稱三股仔（Sann-kóu-á）溪，往西從國聖港入海（今西港仔堡十份塭、青草崙、土城仔諸庄，於此形成三角洲）。本溪河口，往時似在現在河口北方，乾隆二十九年〔1764年〕之《（續修）臺灣府志》記載：「灣裏溪……出歐汪（Au-ong）溪入海。」歐汪溪（即漚汪溪）從今歐汪、學甲2堡中界入海，一名將軍溪。乾隆二十年代以前，與該溪會流後直接向西，於馬沙溝（漚汪堡）方向注海。

鄭成功墓址

《臺灣縣志》曰：「鄭成功墓，在武定里洲仔尾（Chiu-á-bé），男經祔焉。後奉旨遷葬內地南安縣。」洲仔尾，屬今外武定里鄭仔寮庄。今其遺址不詳。蓋清國領臺後，康熙三十九年〔1700年〕，太祖詔曰：「朱成功係明室遺臣，非朕之亂臣賊子。」因特旨成功及經之柩，歸葬閩泉州府南安縣石井。臺灣之墓址，遂因而圮廢。康熙二十三年〔1684年〕，臺灣府學教授林謙光《臺灣紀略》記載：「辛酉年（明永曆三十五年，清康熙二十年〔1681年〕），經預立其庶子鄭欽為監國，退閒於洲仔尾，築游觀之地：峻宇雕墻、

茂林嘉卉，極島中之華麗；不理政務，嬉遊為樂。」可知，當時洲仔尾或為濱海之名勝區，乃擇此境為其宅矣。

保東里（Pó-tang lí）

與保西里均為連接於廣儲東西里南方之一區，明末鄭氏時立一里稱保大（Póu-tōa）里，清領後雍正十二年〔1734年〕稱保大東里、保大西里，後省略大字稱保東里、保西里。康熙末年，多屬未墾荒埔。爾來，逐漸開墾就緒，全堡拓成。

永康里（Áng-khong lí）

臺南城東方向東北延伸之一區。早在蘭人鄭氏時代，即已拓殖就緒。鄭氏時代，立一里稱永康里，清領後沿襲之。光緒十四年〔1888年〕，分成上中里、下里2里。上中里之蔦松庄，乾隆二十九年〔1764年〕之《（續修）臺灣府志》謂：「蔦松街，係北路」，可知為當時北路要肆。

開元寺（Khai-goân-sī）

在臺南城大北門外永康下里。明末鄭氏時，為鄭成功夫人董氏（董先容之女）所建，稱北園別館。清康熙二十九年〔1690年〕，臺廈分巡道王效宗、總兵王化行等改建為寺，稱海會寺，後稱開元寺。《臺灣府志》謂：「佛像莊嚴，寺宇寬敞」。另一名榴環寺。

（附記）「鄭氏北園，去郡治五、六里，從海視之則直北矣，故名園。在平壤，無邱壑亭臺曲折峻峻之致。丙寅（康熙二十五年〔1686年〕）臺廈道周昌，因其地仍其茂林深竹，結亭築室，為之記且繪而圖之。季麒光（諸羅知縣）顏曰『致徹』，有〈秋夜遊北園記〉。昌於道署後，築小園，名『寓望』，蓋取左史『盍有寓望』之言。麒光亦有記。」（黃叔璥〈赤嵌筆談〉）

海會寺　錢琦（乾隆二十六年〔1761年〕巡視臺灣御史）

草莽英雄地，樓臺歌舞春。荒煙迷斷礎，淨業懺前因。

潮長龍歸缽，亭空鳥喚人。自今依慧日，無復海揚塵。

海會寺　盧九圍

月戶雲扉半草萊，猶誇常日起樓臺。寒枝莫辨金環處，貝闕誰留玉帶來。

織水真機魚活潑，榮花幻夢蝶徘徊。高僧自證無生訣，懶向他年論劫灰。

鯽魚潭（Chit-hî-thâm）

　　臺南城東方永康、長康、廣儲西3里中界之湖水，眾流匯注成形，其狀為長橢圓，長20餘清里、面積360甲，湖中多產鯽魚（鮒），故名。清康熙二十二年〔1683年〕，臺灣府學教授林謙光《臺灣紀略》記載：「離臺灣縣（即今臺南城）八里，曰鯽魚潭，採捕之利，足供軍需」，可知古來此湖水於採捕頗有利益。於是，當初官置董事，看守湖水，每年漁業者徵收350元餉銀。爾後，湖水之一部份浮起，新招佃人開墾，每年徵收租銀300元，充當該知縣管轄之蓬壺書院學費。道光二十年〔1840年〕以後，疊次被洪水所害，湖水全部溪砂壓塞，加以當時地方遭逢擾亂，佃人等全都東西流離，不數年該潭一帶變成荒埔。既而，道光末年，鯽魚潭董事陳組聲督墾，經許可開墾荒埔，招徠眾佃開為田園，董事負擔官租（向來其所屬官衙並不一定，同治年間歸臺灣道所管）。清國政府時代，稱鯽魚潭租，實起源於對湖水漁業者課餉，後則變為一種地租。雖潭名尚存，但現時湖水形質已經消失。今長興上里之大灣庄、永康上中里之蜈蜞潭庄、埔姜頭庄、網寮庄等，為開墾潭址荒埔所成之聚落。

長興里（Tn̂g-heng lí）

連接於永康下里之東方的一區，早在蘭人鄭氏時代即已拓殖就緒，鄭氏時立一里稱長康里，清領後沿襲之，改稱長興里。光緒十四年〔1888年〕，分上、下2里。下里之太子廟庄的玉皇子宮，據說為鄭時創建，庄名因之出。

臺南（Tâi-nâm）

臺灣本島最早拓殖就緒者，為今臺南地方。季麒光《蓉洲文稿》敘述此地方形勝概觀：「緣高邱之阻以作屏，臨廣洋之險以面勢」，此應為往時出入支那海之東西航海者，往來之重要交會處。除了一時的寄航暫住之外，創立永遠定居之基礎者，在明天啟年間以後。在此之前，明嘉靖四十二年〔1563年〕，林道乾寇亂閩之沿海。都督俞大猷征之，北逐至澎湖島。道乾走遁臺灣，佔據往時開向今臺南海岸之內港（即臺江）。大猷偵知水路，危險不敢進，令偏師駐屯澎湖，只偶而指配巡哨港口之鹿耳門外。既而，道乾以此地非久居之地，遂避開哨船監視，從橫於港口之一鯤身、二鯤身2小島之間隙遁走，退去占城（交趾支那之廣南）。於是，罷澎湖駐師，鹿耳門巡哨亦撤。既而，西曆1624年即天啟四年，佔有澎湖島之荷蘭人，與明朝約定放棄其地，轉而自臺江（荷蘭人稱 't Walvis Been）進入臺灣，企圖開為Batavia（爪哇）荷蘭東印度公司管轄下之一處新殖民地。西曆1630年（明崇禎三年），於臺江門戶之一個小島一鯤身築Zeelandia城，以防備外海。西曆1650年（明永曆四年），於臺江西岸之地（今臺南城內）築Providentia城，為政務廳。其地稱Saccam，蓋出於原佔居此一帶平埔番族西拉雅部Chhìah-khàm社，古漢族以其近音用「赤嵌」（Chhìah-khàm）襲用者（參照赤嵌條）。在此之前，明海寇顏思齊等，萬曆年間，出入臺灣，成為一根據地。荷蘭人據臺之翌年，思齊仍率部下企圖移住，與當時往來支那海上、而且足跡及於臺灣之日本人結托，自稱日本甲螺。思齊死，其徒鄭芝龍代之，

與荷蘭人均貿易臺灣，且時常剽掠海上，因倚以為巢窟（分10寨）。明黃宗羲《賜姓始末》記載：「崇禎間，……值大旱，民饑，……芝龍乃招饑民數萬人，人給銀三兩，三人給牛一頭，用海舶載至臺灣，令其芟舍開墾荒土為田。厥田惟上上，秋成所獲，倍於中土。其人以衣食之餘，納租鄭氏」，蓋當時情形。清初諸羅知縣季麒光《蓉洲文稿》記載：「臺灣之有中國民，自思齊始」，應指此為漢族定居拓地。此時，對岸閩人前來移住者益多，恐與荷蘭人任意貿易，延而釀為邊患之導火。徵諸明朝給事中何楷奏疏：「初，窮民至其處，不過規漁獵之利已耳；其後見內地兵威不及，往往聚而為盜。近則紅夷築城其中，與奸民私相互市，屹然成大聚落矣」，可知。因此，政略上，明朝招撫芝龍，授以太師平國公，在臺4年後，去而歸還本土。爾來，臺灣有歸荷蘭人專有之姿。

當時荷蘭人總數，據說官民不過600、守兵2,200，漢族全數則約20,000餘。在留之日本人，其數不詳。林謙光《臺灣紀略》記載此時代之情況：「先是，北線尾日本番來此搭寮經商，恣出沒於其間，為沿海之患。」既而，荷蘭人向在住之日本人及漢族，為一定之課稅，日本人等主張自己為先住者而不肯，可知佔有勢力之地位。《臺灣府志》謂：「荷蘭紅毛，築臺灣城（即 Zeelandia 城），復築赤嵌樓（即 Provintie 城）與相望，設市於城外，而漳泉之商賈集焉」，即此時代光景，為今臺南市街基礎。此時，荷蘭人在此地之事業重心，是與日本及支那之貿易，將臺灣特產鹿皮、砂糖等輸出日本，一年鹿皮上達4、5萬張，砂糖7、8萬擔，又向支那輸出臺灣產之米及購自本國之金屬、藥料等，更從支那輸入生絲、陶器類送往 Batavia，輸出入總額可獲30、40萬利益。又，另外銳意加強內地殖產興業，獎勵支那移民，提供陂塘堤圳修築經費、資給耕牛、農具、籽種，墾耕未開地。西曆1652年（明永曆六年）時，米作面積殆達甘蔗園3倍。（當時荷蘭人之勸墾方法，訂立便利之合墾制，合數十佃為一結，選通曉事理且有資力者為首，名小結首，又從數十小結首中，舉富力強、公正眾服者為之首，名大結首，按人口多寡分給耕地徵租，是所謂王田。如今廣儲西里王

田庄名稱，蓋即基因於此。其他荷蘭人工事遺蹟存於臺南城內外者，據《縣志》記載：「磚仔橋，在西定坊，紅毛時用厚磚和蜃灰砌成，其堅如石；荷蘭井，在鎮北坊赤嵌樓東北隅，距樓可二十餘丈，紅毛所鑿，磚砌精緻；馬兵營井，在寧南坊，紅毛時鑿，以灌園者。大井，在西定坊，傳係紅毛所濬，紅毛築赤嵌城，恐有火患，鑿此井以制之。烏鬼井，在鎮北坊，紅毛所鑿，水源甚盛，大旱不竭，南北商船悉於此取水，以供日用。荷蘭陂，在新豐里，紅毛所築。烏鬼橋，在永康里，紅毛時所築。」）臺南地方此類富源開發，主要靠漢族之力甚大，漢族亦自恃力強，動輒有與荷蘭不能調和之傾向。此時有郭懷一（荷蘭人所謂 Fayett），藉口荷蘭人苛政，私下煽動城市內外漢族企圖叛亂，計畫將之驅逐於島外，襲擊 Provintie，殘酷屠殺荷蘭人之事。（當時荷蘭人亦用兵力，對漢族作報復性的迫害。根據荷蘭人記錄，叛徒死者達 4,000 人。《臺灣縣志》記載，漢人在臺者殆盡遭屠殺。）

　　既而，明永曆十四年，即西曆 1660 年，支那明清朝代交替。明遺臣鄭成功企圖恢復，但金陵一敗後，事與志違，退而固守廈門孤島，聞臺灣地方沃野千里，實為霸王之區，乃欲更東進佔有臺灣為其根據。翌年〔1661年〕四月，自率舟師航向臺灣，乘荷蘭人不備，自鹿耳門入臺江，上陸地點位置截斷 Provintie 及 Zeelandia 二城間之連絡，對戰 8 個月後（即該年十二月），終於驅逐荷蘭人代之（據說，此時鄭軍一旦航向臺灣，在臺灣之漢族，或暗中通款內應，或競相投歸其軍，荷蘭人有勢不能不退去臺灣之勢）。於是，改 Provintie 城為承天府，改 Zeelandia 城為安平鎮，創設施治。其後，成功親自踏勘附近各地，見土地膏腴足以墾闢，即以侍衛 2 旅之兵鎮守承天府及安平鎮 2 處，其他鎮營兵分駐各地，遵照所謂寓兵於農主義創立屯田制。乃改稱王田為官田（其耕作者，稱官佃）。又，讓鄭氏宗黨及文武官、士庶有力者，招佃耕墾，收納一定租穀者為私田，稱為文武官田；鎮營兵駐屯地自耕自給者，稱為營盤田。既而，成功卒，其子經嗣立，內則整備朝閣組織，外則更加獎勵地方諸鎮開墾，興進種穀及插蔗、製糖、滷鹽、煉瓦、伐木等各業。明末流寓者沈光文〈平臺灣序〉中謂：「鄭成

功之攻克臺灣也，里有文賢、仁和、永寧、新昌、仁德、依仁、崇德、長治、維新、嘉祥、仁壽、武定、廣儲、保大、新豐、歸仁、長興、永康、永豐、新化、永定、善化、感化、開化諸里，坊有東安、西定、寧南、鎮北四坊」。清初臺灣府學教授林謙光《臺灣紀略》謂：「鄭經自廈門來嗣位，於是興市肆，築廟宇，新街、橫街皆其首建也」，可知里坊市肆經營情形。《臺灣府志》〈參軍陳永華傳〉謂：「臺郡多蕪地，永華募人闢之，歲入穀數千石，比穫悉以遺新舊，量其所需，或數十百石各有差，計已所存，供終歲食而已」，可見土地耕墾之一斑。

　　永曆三十七年（康熙二十二年〔1683年〕），清之大軍東進，踏上征臺之途，經子克塽，察事已不可為，請降，臺灣遂歸清國版圖。當時清朝廟議，欲只領有澎湖為東門鎖鑰，臺灣則將其住民悉移本土後，棄之於版圖之外。同年八月，當時之征臺將軍施琅入鹿耳門，歷察今臺南地方「野沃土膏，實肥饒之區、險阻之域。逆孽乃一旦懍天威、懷聖德，納土歸命；此誠天以未闢之方輿資皇上東南之保障，永絕邊海之禍患」，陳奏棄之不可。乃於翌年隸福建省，設臺灣一府，以舊承天府治之地，定為臺灣府治位置。此為今臺南城（原臺灣府城）建置之濫觴。如此，隨地畫區，設里堡之制。以臺南為其首府，置於其外。我領臺後，準據此舊制，稱臺南市，亦獨立於里堡之外。

　　（附記）「臺灣人稱內地曰唐山，內地人曰唐人，猶西北塞外稱中土人曰漢人。蓋塞外通於漢，海外通於唐，相沿其來久矣。至土人呼府城為仙府，鄉村為草地，則闔郡始有此稱。」（《海東札記》）

臺南城（Tâi-nâm-sîann）

　　今稱臺南市。西曆1650年（即明永曆四年），荷蘭人據而設 Providentia 城；明末鄭氏時，置承天府之處。古來即為臺灣之首府，蘭人鄭氏時代，

已經形成街市。康熙二十三年〔1684年〕，清國領臺後，亦定此地為臺灣府治（初卜建城之地於現今位置東方之永康里，但終不行而止），沿襲鄭氏時代之制，為東安、西定、南寧、鎮北4坊，且擴大規模。《臺灣府志》記載今大西門內建市情形：「大井，在西定坊。來臺之人在此登岸，名曰大井頭。開闢以來，生聚日繁、商賈日盛，填海為宅，市肆紛錯」，為其一斑。康熙三十六年〔1697年〕，實查臺灣之郁永河《裨海紀遊》記載：「街市以一析三，中通車行，傍列市肆，髣髴京師大街，但隘陋耳」，應為當時規模之大致情況。其地土性鬆浮，且多地震，不適築城，未建設城垣。康熙六十年〔1721年〕，朱一貴作亂，府城治轍失守，不旬日全臺淪陷。當時擔任善後經營之任的藍鼎元提出意見：「築城鑿濠，臺中第一急務，當星速舉行者也」，又致書巡視臺灣御史吳達禮〈論築城書〉。但當時正值亂後餘弊，物力困憊，有司不免難以措其財源。鼎元乃計畫價廉工省之案，立築城之策曰：

> 環萬壽亭、春牛埔，將文武衙署、兵民房屋、沿海行舖，俱包在內。種竹圍一周，護以荊棘。竹外留夾道，寬三、四丈，削莿桐插地，編為藩籬。逢春發生，立見蒼茂。莿桐外開鑿濠塹，但臺地粉沙無實土，淺則登時壅淤，深則遇雨崩陷，多費無益，止可略存其意，開濠廣深六、七尺，種山蘇木濠內，枝堅莿密，又當一層障蔽。沿海竹、桐不周之處，築灰牆出地五尺，高可蔽肩，為雉堞便施鎗砲。開東、西、南、北四門，建城樓四座，設橋以通來往。量築窩舖十二座，以當砲台。如物力不敷，城樓未建，植木柵為門兩重，亦可暫蔽內外。

此議採用。雍正元年〔1723年〕，臺灣縣知縣周鍾瑄，建木柵為城，周圍2,662丈。四方設7門。正東倚龍山寺曰「大東門」，自大東門抱山川壇亙東南曰「小南門」，度正南拱府學文廟之前曰「大南門」，又自大東門亙以北右營廳至東北曰「小東門」，於正北城守營曰「大北門」，逼西北烏鬼井曰「小北門」，獨缺其正西，後設一門補之曰「大西門」。（康熙六十一

年〔1722年〕，巡視臺灣御史黃叔璥〈赤嵌筆談〉記載：「鳳諸二縣各築土堡，郡治居民亦欲倣而行之」，可知築城之必要，為當時官民之輿論希望。）爾後，雍正十一年〔1733年〕，福建巡撫鄂彌達，請於臺灣築城。因由督撫議奏。時浙閩總督郝玉麟、福建巡撫趙國麟，奏請因地制宜，於舊城址外周植莿竹，以資捍衛。於是，自小北門旋回至南門，植莿竹17,983株。其西方則因係海面不復植竹，而築造大砲台2座（一在北小門口，一在小西門外）。

（**附記**）雍正十一年〔1733年〕，上諭：「從前鄂彌達條奏：臺灣地方，僻處海中，向無城池，宜建築城垣礮台，以資保障。經大學士等議覆，令福建督撫妥議具奏。今據郝玉麟等奏稱：臺灣建城，工費浩繁，臣等再四思惟，或可因地制宜，先於見定城基之外，買備刺竹，栽植數層，根深蟠結，可資捍衛；再於刺竹圍內，建造城垣，工作亦易興舉等語。朕覽郝玉麟等所奏，不過慮其地濱大海，土疏沙淤，工費浩繁，城工非易，故有刺竹藩籬之議；殊不知城垣之設，所以防外患，如必當建城，雖重費何惜。而臺灣變亂，率皆自內生，非禦外寇比，不但城可以不建，且建城實有所不可也。臺郡門戶曰鹿耳門，與府治近，號稱天險。港容三舟，旁皆巨石，峰稜如劍戟，舟行失尺寸，頃刻沉沒；內設礮台，可恃以為固，其法最善。從前平定鄭克塽、朱一貴，皆乘風潮舟行入港，水高港平，眾艘奔赴，無所阻礙。大兵一入，即獲安平港之巨舟，賊無去路而撫其府市人民。南北路商賈一聞官軍至，絡繹捆載而來，相依以自保。物力既充，軍氣自倍。賊進不能勝，退無可守，各鳥獸散，終無所逃遁，故旬日可以坐定。向使賊眾有城可據，收府市人民財物以自固，大兵雖入，攻之不拔，坐守安平，曠日相持，克敵不易。蓋重洋形勢與內地異，此即明效大驗，固未可更議建制也。若謂臺灣築城，即以禦臺灣外寇，是又不然。從前兩征臺灣，皆先整兵泊舟於澎湖之南風澳，以候風潮之便，歲不過一

時，時不過數日。若盜賊竊發，或外番窺伺，泊舟澎湖，則夕至而朝捕之。至南北二路，可通之地雖多，然如南路之蟯港，北路之八掌溪、海豐港、鹿仔港、大甲、二林、三林、中港、竹塹、蓬山，惟小船可入；其巨港大舟可入者，不過南路之打鼓、東港，北路之上淡水，其次則北路之笨港、鹹水港，去府治較遠，縱有外寇，亦不取道於此。備設礮台，派撥汛兵，朝夕巡視，自足以資控禦。今郝玉麟等請於見定城基之外，栽種刺竹，藉為藩籬，實因地制宜，甚有裨益。其淡水等處礮台，務須建造，各屬並應增修，不可惜費省工，或致潦草。應如何舉行之處，著郝玉麟、趙國麟妥協定議具奏。欽此。」

　　乾隆元年〔1736年〕，始發國帑，斲石築7門，建樓於其上，護以女墻，每門周圍25丈，高2丈8尺，又別建窩舖15座。二十三年〔1758年〕，木柵缺壞，同知攝縣事宋清源，奉命修理。二十四年〔1759年〕，知縣夏瑚於莿竹以外植綠珊瑚，環護木柵。四十年〔1775年〕，知府蔣元樞，補植竹木，且多所修繕炮台、窩舖等，又建小西門於土墼埕，終為8門。五十三年〔1788年〕，林爽文亂平後，大學士公爵福康安、工部侍郎德成、福建巡撫徐嗣曾等，奉命改築磚瓦城，實地調查舊基形狀，以運搬磚瓦甚為困難，決定應築土城。此時，進士鄭光策建議臺灣城工可緩議：

　　臺地土脈鬆浮，每歲震動不常，有自數次至數十次者；溪澗道路，尚且崩坍遷徙，歲無定形。改建崇城，實為無益。且臺地多沙少土，基址難堅。內山雖有山石，而水門淺小，殊難運出。即陡遇溪漲，亦不過數日即消，不可恃以集工。查紅毛舊立赤崁一城，係三合土所築，以制小而矮，所以僅存。若城工大段俱用三合土，制既袤長，一遇震動，必成斷缺。斷缺之後，興工修補，以新合舊，必不膠粘。此事費恐不貲，未可輕舉。且臺城所以不守者，非竹城之難守，以兵力單而人心散也。若經理得宜，自有眾志之城，亦不藉天設之險。鄙意宜且仍舊；或多栽刺竹、深掘濠溝，自足為守。

但當時奉明旨興工，其議自不能容。其修城工事，東、西、南3方悉依舊基修築，西方近海畫小北門以南至小西門，縮小150餘丈。即，城周2,560丈，以東、南、北為弧，以西為弦（當時擬半月沉江狀）。城壁高1丈8尺，上寬1丈5尺，下寬2丈。新建大西門臺於宮後街，建「小西門」於土礱埕之側，「大東」、「小東」、「大南」、「小南」、「大北」、「小北」6門，仍依舊基，8門皆樓，置窩舖16座。此役起於五十三年〔1788年〕十月二十七日，至五十六年〔1791年〕四月十一日峻工，費金124,060餘兩。

重建郡城碑記　蔣元樞

《易》有之，重門擊柝，以待暴客；蓋取諸豫言有備也。《周禮》〈夏官〉掌固，掌修城郭溝池樹渠之固。《鄭氏注》，樹謂枳棘之屬，有刺者也。《漢書》晁錯言，高城深塹，具藺石，布渠荅，為中州虎落。如淳曰：藺石，城上雷石也；蘇林曰：渠荅，鐵蒺藜也；師古曰：虎落者，以竹篾相連遮落之也；皆豫備之具，其制如此。

臺灣，海外島，既郡縣之，宜築城以衛。議者以地濱大海，土疏沙淤，不果興建。雍正癸丑〔十一年，1733年〕，欽惟世宗憲皇帝廟謨宏遠，頒諭督臣，深以臺灣建城非宜，且附近府治，有鹿耳門號稱天險，備設炮台，撥兵巡視，自足以資捍禦。復允督臣請，於見定城基之外，栽種刺竹，藉為藩籬。實因地制宜，甚有裨益，著為令，遵行迄於今。先是癸卯歲〔乾隆四十八年，1783年〕，臺邑周令創樹木柵，周二千一百十七丈，闢門凡七，規模略具而已。乾隆初元，甃七門以石，樓堞窩舖稍稍飭備。厥歲既久，雖屢有修治，然完善實未易易也。

歲乙未〔乾隆四十年，1775年〕，余來守郡，甫至，輒籌所以繕葺之者。爰請於大府，謀諸寅好，各捐俸以倡。又遴各邑紳士之愿謹者，醵金董事，就舊柵周遭增植之，洞其中而加崇焉。列樹木之有槎枒者，實洞腹以刺竹，視舊倍稠，內外各通一道，以便巡邏。約半里許，增敵台一座，凡一十有八。添設窩舖如其數，置兵役防守，聯絡迴環，摫金鳴柝，東南北相續也。西面距海，整飭其舊炮台二座，又增設三座；復添植木柵，翼厥左右，而趾漱其流。凡敵台與七門樓櫓，其崇相垺，

而別創水西門廠大門各一，彌望皆巍煥改觀。

是役也，密蒔竹木，以蔽以藩。蓋竊取《周官》樹渠之義；而其增植木柵，廣設敵台，遍羅窩舖，猶仿《漢書》蘭石、渠荅、虎落之遺而變通之，凡以為豫備計也。仰惟世廟睿慮之周，越今四十餘年，始告成功。噫！何其難也。方今聖化翔洽，海宇乂安，農嬉於野，賈游於市。守險之說，宜無所用。然於無警之時，亦有不弛之備。一侯尉於東西，復綢繆於風雨，所為鑒前毖後者，不從可識與？獨愧余承乏茲郡，幸此舉得請於列憲，獲襄於同官，又賴諸鄉賢俵助之力，閱六月而蕆事；則所藉以盡守職者，酬國恩將於是乎在。敢紀其事，鑱諸石以告來者。

改建臺灣府城碑記　楊廷理

古來郡邑之設城郭，在國中則謹啟閉，以待四方之　；在邊境則嚴鎖鑰，以資寇盜之防。凡民之奠其居、樂其業，足以長恃久安，而無不依賴焉。我朝自京師以至荒徼，一郡一邑，莫不臨江踐華因其地，飛樓雉堞壯其觀；外則有郭，下則有池；制之而盡善，費之而不惜。其使民有安居之休，吏有盤詰之治，何其盛歟！

臺郡越在東南大海中，自前代不隸華夏，里居僻陋，村落參差。即鄭氏竊據，亦非中國規制。是以有可設之險，無捍衛之固。迨歸入版圖，其始也，大吏以瀕海沙淤，不宜環築；又以時有地震，雖築之亦不固，因周植木柵為垣，而繞以刺竹；隨時修補，以為守禦之防，蓋百有餘年矣。丙午歲〔乾隆五十一年，1786年〕，逆匪滋事，猝然而至，各屬無所備，城市為墟。惟郡城以居民稠密，而木柵完固，乃得統率兵民，力為保護，始獲安全，誠海外天險之區也。

夫殊域形勝所關，區區竹木，誠不足以恃為屏翰；而況今昔異其宜、土地殊其利，一勞而永逸，不得不酌其情焉。於是大將軍協辦大學士嘉勇公福公康安、工部侍郎正白旗滿洲副都統公中佐領德公成、兵部侍郎巡撫福建提督軍務徐公嗣曾，相時度勢，條陳善後事宜，首以改築土城入告。奉旨俞允；爰發帑藏以速成。舊制七門缺其西一面，今添設券臺一。計袤延二千五百二十餘丈，估工程十有二萬四千六十餘兩。自戊申〔乾隆五十三年，1788年〕仲冬至庚戌〔乾隆五十五年，1790年〕季夏，凡城樓、城垛、城門以及卡房、馬道、水洞之屬，俱告竣。所謂

遠邇量事期計徒庸餼糧以令役，實加電勉焉。今則烟火萬家，猶之內郡；襃裳至止者，爰樂閭閻之休。予忝守茲土，安敢不仰體聖上南顧之心，更化其獷悍之氣，有屏垣之衛，無不虞之來乎？後之君子，亦望戴之以恕、御之以寬，為保障，勿為繭絲。二三子遺，庶有多焉。不然者，雖金城湯池，究何補於黎庶蒼生之治哉？是役也，始終襄事、日身編於畚鍤之間不辭勞瘁者，惟原任臺灣太守萬公綿前、前署馬巷別駕張公鼎、粵東孝廉陳超、蘇州上舍陳維修及郡人吳天河、陳必琛、林廷佐、韓高翔、戴鳳群、林朝英、黃國樑、郭友直、程拔魁、杜朝聘、林九尾。因記城工之始末，並誌於石。

時乾隆五十五年〔1790年〕秋八月穀旦　知臺灣府事柳州楊廷理識

　　道光初年，南北匪徒大起。官紳皆請於大小南北及小東5門，各增築外郭，以保護城工樓門於是，大東門增築一東郭門，多植莿竹，又於大東門左右設「仁和」、「永康」2門，於小西門城垣南畔設一「鎮南門」，於小北門內城垣西畔於設一小城門，以通往來，扼要隘。同治元年〔1862年〕五月十一日，大地震，城樓及城垣、女墻、窩舖等破壞遍半，修理不易，唯為期堅固，以磚瓦修理之，至九年〔1870年〕峻工。光緒元年〔1875年〕，欽差大臣沈葆楨，奏請發國帑重修城，允，大興工事修理。其報明臺郡城工完竣片（光緒元年〔1875年〕四月十三日）如下。

　　再，臺郡城垣，上年六月間暴風猛雨迭作，倒塌千有餘丈，經臣等奏奉諭旨：著即飭令發款興修，認真經理；務期修築鞏固，不准草率從事。等因。欽此。八月間又因風雨坍塌數十丈，續奉諭旨：臺郡城池，關繫緊要，著督飭該地方官速行修葺，務期鞏固。等因。欽此。欽遵在案。

　　本年〔光緒元年，1875年〕三月初三日，據臺灣道夏獻綸詳稱：查臺郡城垣周圍二千七百餘丈、垛子三千九百六十八個，分設八門；上年內垣傾圮六百九十丈有奇、外垣傾圮五百八十四丈有奇、垛子一千一百二十二個、礮台八座、礮房三十一間盡行坍塌。經該道督飭臺灣府周懋琦、臺灣縣白鸞卿勘明坍塌處所，分派委員、

紳士趕緊修築，所需工料銀兩即在海防經費項下動支；計自上年七月二十五日興工，至上年十二月十五日將內外城垣、垛子、礮台、礮房、溝道均行修築完竣。旋經該道會同鎮臣張其光，履勘所修內外城垣用三合土舂築堅實，垛子、礮台、礮房均各整齊；雖舊存者難保不復傾圮，而新修者可期一律完固矣。又臺地向無軍裝火藥局，上年辦理防務購買洋礮、洋槍以及軍火器械等項，必須慎為存儲，方不虛糜；因於小東門內擇出空地，委員同洋匠按照洋式起造火藥局一所。於上年六月初三日興工，凡築內圍牆五十六丈、外圍牆一百零二丈、房屋三十三間、亭子二所以及照牆、柵欄，均於上年十一月三十日完竣。又於小西門官地建軍裝局一所，上年六月初四日興工，凡築圍牆八十五丈五尺、建房屋四十二間，於上年十月十三日完竣。該道覆核俱屬堅固，並無偷減工料。所有動用銀兩，應俟核明彙案造報。等因。前來；臣等理合附片陳明，伏乞聖鑒。謹奏。

　　市街之發達，清領以來逐年顯著，最初限於城內，隨著面海之西方逐漸隆起為陸地，大、小西門外也擴開，後增加4坊之區劃為6坊2堡，即大東，小東2門內之東安上坊、東安下坊，大南、小南2門內之寧南坊（舊寧南坊），大西、小西2門內外之西定上坊、西定下坊、下西堡，大北、小北2門內之鎮北坊、鎮北堡。至咸豐初年，城內改分東、西、南、北、中5段，大、小西門外改分南、北2段。大西門外之街肆，乾隆五十四年〔1789年〕，郭聚三請官府發給大西門外南畔之一處空地，建築店屋，翌年〔1790年〕竣工。當時知府發下照票，保護其掌管權。

　　光緒十一年〔1885年〕，以臺灣為一省，添設新府州，隨著中路（即省會位置）一府稱臺灣府，舊臺府改稱臺南府。從此有臺南城之名。本來稱臺灣府或臺南府，城名乃因府名而出，乃以其建城位置總稱其城市。300年間連續為臺灣首府，因而城市規模極為宏壯，家屋稠密亦冠全臺。南部臺灣之貨物集散大市場，特別是南部特產砂糖之中心市場。我領臺後，進行市區改正，街衢外觀面目一新。人口53,794人，（男28,843人，女24,951人），戶數約13,000。現為臺南廳所在地，臺灣鐵道縱貫線車站在土名市仔頭街

（距基隆起點218.5哩）。

　　大西門外至安平街之道路，為浮覆地所成，向來迂曲低濕未有一定。光緒元年〔1875年〕，臺灣道夏獻綸認為有修路必要，散發官費起工，先鑿兩側魚塭，以其餘土堆積為行路。爾後，光緒十年〔1884年〕臺灣道劉璈，更開修大路，才成為車道。兩地之間的通路，因係以沙堆相連，若遇風雨旅行者行步艱難。當地豪賈捐資，於中途之側建一亭，為避息之所，因稱半路亭（今廢）。又，自大西門外通安平港有狹窄運渠，高潮時可賴以搬運貨物。

　　（附記）臺南市移住漢族之變遷，根據臺南縣調查之〈臺南縣下移民之沿革〉記載：「原漳州人佔移住者最大多數，多於城內開設店舖，向島內各地配運貨物。所謂臺南6條街之竹仔街、大井頭街、關帝廟街、武館街、帽仔街、下橫街等是。泉州人，多於城外開設店舖行郊，自對岸輸入臺灣需要之貨物，供給城內6條街之各店舖，更向海外輸出臺灣土產，即南郊、北郊、糖郊者是，稱之為三郊。與之相對，城內6條街之商舖稱為內郊。然現時形勢一變，泉人佔7分，漳人減退至2、3分。至於粵人，原非多眾移住者，以前於大東門外有一些移民，但因缺水利之便，不適農耕，因而往南北找尋適耕地而去。同治末年，吳光亮（粵籍）任臺灣鎮時，雖有來開商舖者，但隨著吳之去任，亦自臺南撤去，現時市內住者不及10戶。」

赤嵌樓（Chhiah-khàm-lâu）

　　址在臺南城大西門內土名縣口街。西曆1650年（明永曆四年）荷蘭人築 Providentia 城之處。蘭語 Providentia 者，「攝理」之義。漢族古來稱赤嵌樓或紅毛樓。赤嵌之名，乃因地在 Chhìah-khàm 而稱；紅毛之名，乃因荷蘭人所築而稱。荷蘭人自臺灣退去後，鄭氏以之為火藥軍器貯藏所。清領

後，臺灣道特派撥兵士看守之，管理啟閉。康熙六十一年〔1722年〕，朱一貴方亂，門終不能閉，賊乃取門額之鐵字製器。爾後，因頻年地震，屋宇傾歪，四壁徒立，唯周垣堅固如舊。乾隆十五年〔1750年〕，臺灣知縣魯鼎梅，嚴關加鎖，歲時灑掃，准觀覽其勝概。既而，光緒五年〔1879年〕臺灣知縣潘慶辰，於舊址建文昌閣及海神廟，又購文昌閣右方民屋，築蓬壺書院，現存基礎一半，因可知全體規模。據荷蘭人記錄，「城在高地，下瞰市街，築四處五稜磚廊，作為護城。市街下部面海之處，尚設二處五稜廓，還有其他主宰者之邸宅、倉庫及各種建物。此等建物，連接城壁，或特設牆壁縈環。市街距城之外廓不過半里，其結構頗為整頓，駐有數名支那富商及荷蘭人商賈。城之前面有港，諸船可近海岸，常有支那船舶碇泊」，可知其規模梗概。成於漢族的紀錄當中，《臺灣府志》記載：「赤嵌樓，在鎮北坊，又名紅毛樓，彫欄凌空。」《臺灣縣志》記載：「赤嵌樓，在鎮北坊。明萬曆末，荷蘭所築。背山面海，與安平鎮赤嵌城對峙。以糖水糯汁搗蜃灰，疊磚為垣，堅埒于石，週方四十五丈三尺，無雉堞，南北兩隅瞭亭挺出，僅容一人站立，灰飾精緻，樓高凡三丈六尺有奇，雕欄凌空，軒豁四達，其下磚砌如巖洞，曲折宏邃，有後穴窖，左後浚井，前門外左復浚一井，門額有紅毛字四，精鐵鑄成，無能辨。因先是湖水直達樓下，閩人謂水涯高處為墈，仄聲，訛作嵌，而臺地所用磚瓦，皆赤色，朝曦夕照，若虹吐，若霞蒸，故與安平城俱稱赤嵌。」（謂萬曆末築城，誤。又，「赤嵌」即Chhìah-khàm之名稱，以之為來自城之形式，亦失考其乃出於土番社名，荷蘭人築城以前，漢人已如此稱呼。參照赤嵌條。）黃叔璥《臺海使槎錄》謂：「赤嵌，其城名紅毛樓，方圓半里，在海邊。」

赤嵌樓秋眺　孫霖
作意金風故故催，涼秋一望客懷開。樓高突兀荷蘭築，笑指詩人破蘚來。

臺南文廟（Tâi-nâm bûn-bīo）

　　在臺南城大南門內土名菜市埔，舊臺南府（原臺灣府）儒學學宮。清康熙二十四年〔1685年〕，臺廈巡分道周昌、知府蔣毓英商議決定，增築鄭氏學堂舊址創之。中為大成殿，分設東、西兩廡，南為戟門及櫺星門，北為啟聖祠。康熙三十九年〔1700年〕，巡道王之麟、臺灣鎮張玉麒、知府靳治揚、鳳山知縣劉國輔、諸羅知縣毛鳳綸等共同捐俸及1府3縣4學文武生員楊定機等160人捐貲，鳩工重修大成殿。越明年，於大成殿東新設明倫堂。康熙五十一年〔1712年〕，巡道陳璸，創建名宦祠、鄉賢祠、學廨、各齋舍於明倫堂之左；設文昌祠於廟門之左，右設土地祠，分東西2門，一云義路，一云禮門。該年冬，建朱子祠於明倫堂之東，其祠後建文昌閣。康熙五十四年〔1715年〕，泮池穿出戟門之外，其工費由巡道陳璸捐出，不動公帑，不藉民力。五十七年〔1718年〕，知府王珍，移泮池至櫺星門外。明年，巡道梁文瑄改建大成殿（雍正元年〔1723年〕，清世宗改啟聖祠稱崇聖祠）。乾隆十年〔1745年〕，巡道攝府事莊年，捐款重修大成殿。乾隆十四年〔1749年〕，廩生侯世輝等、官吏、紳士等捐貲，得11,800兩改建大成殿，以中央正廟之左右為兩廡，前為大成門，又前為櫺星門、泮池，殿後為崇聖祠，自左右兩廊達於廡。祠之左右為禮樂庫、典籍庫，門之左右為名宦祠、鄉賢祠，門外左為禮門，右為義路。又，修廟左之明倫堂、堂左之朱子祠、祠後之文昌閣，堂後為教授署，閣後為訓導署。乾隆五十六年〔1791年〕，臺防同知清華首倡各官捐貲，再重修大成殿。嘉慶二年〔1797年〕，地大震，殿宇破壞，巡道遇昌、知府慶保首倡，185人捐貲得10,000餘兩，移土地祠於官廳之右。道光十三年〔1833年〕，巡道劉鴻翔、知府熊一本、教授許德樹捐俸及紳士等捐貲，得10,000餘兩，重修大成殿及祭器所，道光十五年〔1835年〕六月竣功。同治元年〔1862年〕，再大地震，堂宇破壞，官民協力捐1,000餘圓修理（據《臺灣教育志稿》）。我領臺之際，因兵亂荒壞，後修理恢復舊觀，其規模宏大冠於全臺。

天后宮（Thian-hōu-keng）

在臺南城內天后宮街。清康熙二十二年〔1683年〕，清軍征討臺灣鄭氏，順風平波，先得進入澎湖，以有神祐靈異。翌年，水師提督施琅，就明末流寓寧靖王故居，建宮廟崇祀。康熙六十年〔1721年〕，朱一貴亂之際，清軍進入鹿耳門時，水漲數尺，舟師因得安全，並於七日克復，亦以為神祐。雍正二年〔1724年〕，巡視臺灣御史禪濟布奏聞，四年〔1726年〕御賜「神昭海表」區額。凡祀媽祖之廟內，必見揭有此四字之區，實基於此。

開山神社（Khai-san-ông-bīo）

在臺南城內油行尾街。最初，明末鄭氏時，何姓之人與同志捐資建一廟宇祭鄭成功，名開山王廟。清朝領臺後，祀絕（嘉慶十二年《（續修）臺灣縣志》見「開山王廟，今圯」），只存舊址。同治十三年〔1874年〕，船政大臣沈葆楨，特別奏請賜謚鄭成功、建祠，以列國家祀典，得敕謚忠節。乃就舊址，擴張規模。光緒元年〔1875年〕，花費7,400兩起工，福州人陳謨（崇文書院山長）董其事。工成，改稱明延平郡王祠。祠凡3進，共9楹，有前後2殿、東西2廊及儀杖所、祭器庫、廨舍等。前殿祀鄭成功，配祀部將甘輝及張萬禮，安置其衣冠塑像，神位作「御謚忠節明賜姓延平郡王神位」，後殿中央為太妃祠，祀鄭成功生母（邦人所謂田川氏，漢族所謂翁氏），神位作「翁太妃之神位」，右方為寧靖郡王祠，祀明寧靖王及從死之5妃（袁氏、王氏、秀姑、梅姐、荷姐），神位作「明甯靖郡王諱術桂神位」及「明甯靖郡王五祀之神位」，左方為監國祠，祀監國鄭克臧及夫人陳氏，神位作「監國王孫諱克臧神位」及「監國夫人陳氏之神位」，又於東西兩廊，祀明末海彊殉難諸臣各57名，共114名。其官氏名如下。

（東廡列位）○明太子太保文淵閣大學士路公振飛○明東閣大學士曾公櫻○明尚貴唐公顯悅○明都察院左副都御史徐公孚遠○明兵部侍郎總督軍務王公忠孝○明太僕寺卿沈公光文○明兵科給事中辜公朝薦○明兵科給事中謝公元忭○明御史沈公佺期○明南京主事郭公符甲○明中貴舍人陳公駿音○明浙江巡撫盧公若騰○明監紀推官諸葛公斌○明內監列公九皋○明內監劉公三清○明戶官楊公英○明惠來縣知縣汪公匯○明吏部主事攝周安縣葉公翼雲○明同安縣教諭陳公鼎○明參軍柯宸樞○明參軍潘公賽鍾○明咨議參軍陳公永華○明舉人李公茂春○明定西侯張公名振○明定西伯徐公仁爵○明仁武伯眺公志姚○明閩安侯周公瑞○明懷安侯沈公瑞○明平鹵伯吳公淑○明興明伯趙公得勝○明崇明伯甘公煇○明建安伯張公萬禮○明建威伯馬公信○明忠振伯洪公旭○明慶都伯郝公文興○明五軍都督張公英○明五軍戎政陳公六御○明征北將軍曾公瑞○明總練使王公起俸○明督理江防事柯公平○明戎旗鎮林公勝○明義武鎮邱上公○明智武鎮陳公侃○明智武鎮藍公行○明殿兵鎮林公文燦○明進兵鎮吳公世珍○明正兵鎮盧公爵○明正兵鎮韓公英○明中權鎮李公泌○明侍衛陳公堯策○明前鋒鎮張公鴻德○明參宿鎮謝公貴○明斗宿鎮施公廷○明火武鎮公其志○明同安守將林公壯猷○明同安守將金公繢○明同安守將金公作裕

（西廡列位）○明副將洪公復○明副將林公世用○明副將蔡公參○明副將魏公標○明副將楊公忠○明副將黃公明○明江南殉難楊公標○明江南殉難張公廷臣○明江南殉難魏公雄○明江南殉難吳公賜○明戎旗五鎮陳公時雨○明援剿後鎮劉公猶○明援剿後鎮萬公宏○明援剿後鎮陳公魁○明援剿後鎮金公漢臣○明右先鋒鎮楊公祖○明左先鋒鎮後協康公忠○明水師四鎮陳公陞○明水師後鎮施公舉○明侍衛中鎮黃公德○明潮州城守馬公興隆○明水師三鎮薛公衡○明打衝左鎮林公順○明中提督中鎮洪公邦柱○明中提督前鋒鎮陳公營○明中提督後鎮楊公文炳○明右提督後鎮王公受○明後勁鎮黃公國助○明總兵沈公誠○明戎旗二鎮吳公替○明火攻營曾公大川○明左鎮衛江公勝○明右提督右鎮余公程○明宣毅左鎮黃公安○明宣毅左鎮巴公臣興○明護衛右鎮鄭公仁○明援剿右鎮黃公勝○明親隨一營王公一豹○

明親隨一營公黃經邦〇明奇兵鎮部將呂公勝〇明龍驤左鎮莊公用〇明定海守將章公原勳〇明銅山守將張公進〇明廈門守將英公渤〇明澎湖殉難張公顯〇明澎湖殉難廖公義〇明澎湖殉難林公德〇明澎湖殉難陳公士勳〇明海澄殉難葉公章〇明定海殉難阮公駿〇明東石殉難施公廷〇明東石殉難陳公申〇明祖山殉難張公鳳〇明懷安信弟沈工璉〇殉難世子諱濬〇殉難世子諱浴〇殉難世子諱溫

當時沈葆楨所上奏摺及上諭、禮部移咨，鐫板作額懸掛殿上，如下：

請建明延平郡王祠摺

為明季遺臣臺陽初祖生而忠正，歿而英靈，懇予賜諡、建祠，以順輿情，以明大義事。

本年〔同治十三年，1874年〕十一月二十五日，據臺灣府進士楊士芳等稟稱：「竊維有功德於民則祀，能正直而壹者神。明末賜姓、延平郡王鄭成功者，福建泉州府南安縣人。少服儒冠，長遭國恤，感時仗節，移孝作忠。顧寰宇難容洛邑之頑民，而滄溟獨闢田橫之別島，奉故主正朔，墾荒裔山川，傳至子孫，納土內屬。維我國家宥過錄忠，載在史成。厥後陰陽水旱之沴，時聞吁嗟祈禱之聲，肸蠁所通，神應如答，而民間私祭，僅附叢祠，身後易名，未邀盛典。望古遙集，眾心缺然，可否據情奏請將明故藩鄭成功准予追諡、建祠，列之祀典」等因。並據臺灣道夏獻綸、臺灣府知府周懋琦等議詳前來。

臣等伏思，鄭成功丁無可如何之厄運，抱得未曾有之孤忠，雖煩盛世之斧斨，足砭千秋之頑懦。伏讀康熙三十九年〔1700年〕聖祖皇仁帝詔曰：「朱成功係明室遺臣，非朕之亂臣賊子。敕遣官護送成功及子經兩柩歸葬南安，置守塚，建祠祀之。」聖人之言，久垂定論。惟祠在南安，而臺郡未蒙敕建，遺靈莫妥，民望徒殷。至於賜諡褒忠，我朝恢廓之規，遠軼隆古，如瞿式耜、張同敞等，俱以殉明捐軀，諡之忠宣、忠烈。成功所處，尤為其難，較之瞿張，奚啻伯仲。合無仰懇天恩，准予追諡，並於臺郡敕建專祠，俾臺民知忠義之大可為，雖勝國亦華袞之所必及，於勵風俗、正人心之道，或有裨於萬一。臣等愚昧之見，是否有當？理合恭摺具

奏，伏乞皇上聖鑒，敕部核覆施行。再，此摺係臣葆楨主稿，合併聲明。謹奏。

同治十三年〔1874年〕十月　日

上諭

光緒元年〔1875年〕正月初十日，內閣奉上諭：沈葆楨等，奏請將明室遺臣，賜諡建祠一摺。前明故藩朱成功，曾於康熙年間，奉旨准在南安地方建祠。前據奏稱，該故藩仗節守義，忠烈昭然，遇有水旱，祈禱輒應，尤屬有功。臺郡著照所請，准於臺灣府城建立專祠，並予返諡，以順輿情。欽此。

臣文煜

臣李鶴年

臣王凱泰

臣沈葆楨　恭錄

禮部移咨

禮部為移咨事。祠祭司案呈。內閣抄出追贈前明故藩朱成功諡號。奉

硃筆圈出忠節。欽此。欽遵。到部。相應抄錄諡號清漢各字樣知照。該督遵照辦理可也。須至咨者。

計開

忠節　危身奉上曰忠難危莫奪曰節

光緒元年二月　日

　　我領臺後，明治30年〔1897年〕2月3日，改稱開山神社，列為縣社。

關帝廟（Koan-tè-bīo）

　　在臺南城內關帝廟街。祀漢之壽亭侯關壯繆，與文廟對稱為武廟。明末鄭氏時創建（據云往時存寧靖王題「古今一人」匾額，今失）。清康熙二十九年〔1690年〕，分巡臺廈道王效宗，修後殿為三代祠（祀壽亭侯三代

祖）。康熙五十五年〔1716年〕，臺廈分巡道陳璸重修。康熙五十六年〔1717年〕，里人更就原址重建，爾後經過數次重修。乾隆五十一年〔1786年〕，林爽文亂之際，神祐赫護因得靖平。當時臺灣知府楊廷理倡首重修，碑建勒其事。

重修郡西關帝廟碑記　楊廷理（臺灣知府）

臺灣府城西定坊武廟，為春秋秩祀所在，典禮備於熙朝，規模敞於支邑，自建造以來，葺而治之者屢矣。乾隆五十一年〔1786年〕，逆匪不靖，蔓延經歲，南北騷然，焚郭戕吏，所在不免，而府城得堅守無恙者，每賊眾犯城時，輒聞廟中金鼓聲隱隱，似無數萬甲兵，出而撼賊，為我民呵護者，而城獲全，則神有功於茲城也大矣。迨大學士嘉勇公福康安抵臺掃逆，蕩滌海氛；距今年夏，廷理始得請於臺灣鎮奎公林、臺灣道萬公鍾傑捐修神宇，易其蠹蠹，完其頹缺，樸斲焉，丹艧焉，明禋告虔，象設維新。其所以報神功者，當如是也。方理之出入戎行也，躍馬提兵，數與賊遇，不殺賊則死耳，寧復作生計，然而不死者，向非神之威，有以作其力、助其氣，挫賊鋒而頓踣之，其能卒自保耶？重以勞形苦力，數月不安席，累夜不交睫，而身不病，卒以捍其人民，得與偕存活者，豈非神祐之彰彰者哉？此神之宇，所為不得不汲汲於葺而新之也。若夫臺灣平賊之後，聖天子簡畀重臣，臨蒞海疆，文修武備，飭吏蘇氓，于以蒙庥集福，歲且再登矣。雖其致此有由，抑所得邀於神貺者，豈淺尠歟？此神之宇，更不得不汲汲於葺而新之也。嗚呼！神有功於國，有德於民，非一世矣；而往往於急難危迫之時，呼號莫之救，而神若儼然立乎其上而指麾之者，或假形聲以顯於眾而示之威焉。於以直其義者而拯之。怒其亂者而殛之，有斷斷乎其不爽者，固知神之能為神，即天地間至正至直之氣，發揚森布，昭昭在上，如疾風震雷之所摧擊，必其物之狂且暴，有戾乎其常者，斯觸之也，則神之靈，有赫矣哉！顧若臺灣各邑，遞為賊所陷，而府城獨以神故得全，且不旋踵而所陷盡復，於以見國家洪澤之遠，敬神之至，俾府城固守有以扼臺之吭而拊其背，而臂指之患易治也。此神所以獨靈於府城也歟！抑豈獨靈於府城也哉！

真武廟（Chin-bú-bīo）

　　在臺南城內草花街，一稱元帝廟（祀北極佑聖真君）。明末鄭氏時創建。《臺灣縣志》記載：「鄭氏踞臺多建真武廟，以為此邦之鎮廟，有寧靖王書匾曰『威靈赫奕』」者是。清康熙二十四年〔1685年〕，臺灣知府蔣毓英重修，高聳甲於他廟。其他有在大北門內者，俗稱小上帝廟，亦鄭氏時創建。《臺灣府志》曰：「總鎮張玉麟渡臺遭風，夢神披髮跣足自檣而降。風恬抵岸，因重新之。後為知府蔣毓英祠。」

嶽帝廟（Gak-tè-bīo）

　　在臺南城內嶽帝廟街，一稱東嶽廟（祀東嶽泰山之神），明末鄭氏時創建。

彌陀寺（Mî-tô-sī）

　　在臺南城大東門內。明末鄭氏時創建。清領後久而傾圮。康熙五十八年〔1719年〕，僧一峰自閩武夷來，募化重興。

> 彌陀寺　張湄（乾隆六年〔1741年〕巡視臺灣御史）
> 官跡重溟外，遊情半日間。妙香禪室靜，灌木鳥音蠻。
> 重葉常書偈，留雲早閉關。稍聞烹水法，容我坐苔斑。
> 何必遠城郭，已空車馬壓。因心川共逝，觸指月如輪。
> 客愧乘槎使，僧兼賣卜人。他時期再訪，幽夢或通津。

觀音亭（Koan-im-têng）

　　在臺南城內觀音亭街，一稱興濟宮。明末鄭氏時創建。其他，大南門

內有觀音堂，亦鄭氏時代所建。

吳真人廟（Gô-chin-jîn-bīo）

在臺南城大西門內土名新街頭（祀保生大帝，一名吳真人）。明末鄭氏時代創建，清乾隆五年〔1740年〕里民重修，稱開山宮。《臺灣志》曰：「真人之廟宇，漳泉之間所在多有，自荷蘭踞臺與漳泉人貿易時，既建廟於廣儲東里。鄭氏及諸將士皆漳泉人，故祀真人廟甚盛。」

（附記）「按真人名夲，泉之同安白礁人，生於宋太平興國四年〔979年〕，醫藥如神。景祐二年〔1035年〕卒，里人祀之。部使者以廟額為請，敕為『慈濟』。慶元間敕為『忠顯』，開禧二年〔1206年〕封英惠侯。臺多漳泉人，以其神醫，建廟獨盛。」（《臺灣府志》）

水仙宮（Chúi-sian-keng）

在臺南城大西門外（祀夏王禹）。《臺灣府志》曰：「開闢後，商旅同建，壯麗異常。」

三山國王廟（Sam-san-kok-ông-bīo）

在臺南城內大銃街。清雍正七年〔1729年〕，臺灣知縣楊允璽及在營遊擊林夢熊，率粵人創建。《臺灣縣志》曰：「三山，為巾山、明山、獨山之神，在揭陽縣界（粵之潮州府）。原廟在巾山之麓，賜額『明貺』，凡潮人來臺者皆祀之。其在潮州者尤盛。」（因之，臺灣粵人街庄，概見有本廟之建置。）

北白川宮臺南御遺跡所

在臺南城內土名樣仔林街在。因該地為北白川宮能久親王殿下本島御

在營最終之地。明治34年〔1901年〕7月起工，同年12月落成，翌年2月26日舉行竣功奉告祭。

樣仔林

在臺南城內樣仔林街。明末鄭氏時之勇衛黃安故宅（樣仔林街土名，因之出）。清朝領臺之初，改為施將軍祠（祀施琅）。《臺灣府志》曰：「郡人以其入臺不戮一人，且奏請留臺勿棄。民免遷徙，建祠以報功德。康熙五十九年〔1720年〕，地震圮，未建。」

大井（Tōa-chínn）

在臺南城大西門內大井頭街。《臺灣府志》記載：「來臺之人，在此登岸，名曰大井頭。」另，該書記此井由來：「開鑿莫知年代。相傳，明宣德間太監王三保到臺，曾於此井取水。又傳，係紅毛所濬。紅毛築赤嵌城，恐有火患，鑿此井以制之。」按，明太監王三保遍歷西洋諸國遠航，永樂三年〔1405年〕、六年〔1408年〕、十年〔1412年〕、十四年〔1416年〕、十九年〔1421年〕、二十二年〔1424年〕及宣德五年〔1430年〕共7回。其中，宣德年間航海之際，遇風到泊臺灣，既見於《臺灣府志》。其寄航地，為今臺灣即赤嵌內港（臺江），郁永河《裨海紀遊》記載：「《明會典》，太監王三保赴西洋水程，有赤嵌汲水一語」明矣。蓋當時臺灣，未有番族以外之移民，果有於此地鑿井者，存疑。應是以其汲水事附會此井者。另一傳說謂係荷蘭人所開鑿，或近於事實。

臺江（Tâi-kang）

今臺南地方一帶海岸線，往時深入東方（約1里），該市街之西端，直接瀕海，形成一內港。根據《臺灣府志》及《臺灣縣志》以想像當時地形，此內港外面安平街處為島嶼，稱為一鯤身（Chit-khun-sin），自此至南方二層行溪河口的海中，連續有7個如聯珠的小嶼，從一鯤身順序往南數至七

鯤身。其形狀有如鯤身出現於海面，因擬之為名。《臺灣府志》謂：「一鯤身，與安平鎮接壤。自七鯤身至此，山勢相聯如貫珠，不疏、不密。雖在海中，泉甘勝于他處（黃叔璥〈赤嵌筆談〉曰：「康熙辛丑〔六十年，1721年〕，我師與賊戰於鯤身，正值炎熱，隨地堀尺餘，皆甘泉。」），多居民。距里許為二鯤身，有居民。再里許為三鯤身，又里許為四鯤身，又里許為五鯤身，又里許為六鯤身，又里許為七鯤身。七峰宛若堆草，風濤鼓盪，不崩、不蝕，多生荊棘，望之鬱然蒼翠。外為大海，內為大港，採捕之人多居之。」又，自一鯤身向北方北門嶼方向延伸，斷續地有數個小島沙洲。即，與一鯤身隔一水道者為北線尾（Pak-sòann-bé，一作「北綫尾」），北面接鹿耳門（Lok-hînn-mng）沙洲，進而控制加老灣（Ka-lâu-oan）。另，鹿耳門與加老灣之間有隙仔（Khek-á）沙洲，海翁線（Há-ang sòann）沙洲橫於其北邊。《臺灣府志》謂：「鹿耳門，水中浮沙突起，若隱、若現，形如鹿耳，鎮鎖水口」、「北線尾，與鹿耳門接壤，其南即安平（An-pêng）鎮。中一港名大港，紅毛時，水深夾板可入」者是。此洲嶼所抱擁之內港，即臺江。西曆 1726 年，荷蘭宣教師 Valentyn〈福爾摩沙及荷蘭在此之貿易記事〉所載地圖「Kaart van het Eyland Formosa en de Eylanden van Piscadores」將此內港記為 't Walvis Been，相當於七鯤身之位置記為 Vissers Eyl。今之臺南市街，在此內港之阜頭。《臺灣府志》記其位置：「臺江在縣治西門外。」《臺灣縣志》記其港勢：「臺江，汪洋浩瀚，可泊千艘」。實臺灣三大港口之一，稱一府（即臺江）、二鹿（彰化鹿港）、三艋（淡水內港艋舺）。

西曆 1650 年（明永曆四年），荷蘭人據而築 Providentia 城（今臺南城大西門內），實於此海岸。清雍正十一年〔1733 年〕環植莿竹為城時，因西方面海不植竹。乾隆五十三年〔1788 年〕改築土城之際，以東、南、北 3 方為弧、西方為弦，擬「半月沉江」之狀。又，《臺灣府志》記乾隆二十年代今該城大西門內大井頭街情形：「來臺之人，在此登岸……填海為宅，市肆紛錯。」可知，至少到乾隆五十年代，其地勢仍然瀕海。

臺江航路有南、北 2 口。南口，在一鯤身、北線尾之間，安平鎮港（臺

江之支港）在此處。《臺灣縣志》記載：「紅毛時，巨舟悉從此入泊於臺江。」北口，在鹿耳門、加老灣之間，水底沙線列布，港道極為窄狹，巨船出入通過極為不便。《臺灣縣志》記載：「水底沙線若鐵板，縱橫布列，舟誤犯之，則立碎。港路窄狹，僅容兩艘。其淺處若戶限，然潮漲時水可丈四、五尺，潮退不能一丈，進港須懸後舵以防抵觸，其紆折處必探視深淺，磐辟而行。最險者曰南北二礁，插竹立標，南白北黑，名為盪纓。」其他，加老灣港及隙仔港（皆為臺江支港）開於此處。《臺灣府志》謂：「加老灣港，鹿耳門之北。沙線一條，灣曲不堪泊舟，其西南為大洋」，「隙仔港，鹿耳門外之北。北風時可泊巨舟百餘艘，南風不可泊。外為大洋」。又謂海翁線內「洋船多泊此候潮」。

　　然，爾來地盤隆起，泥沙堆積，港勢變化極大。清康熙初年，安平鎮大港之南口逐漸淤淺。《臺灣縣志》記載：「自鄭成功由鹿耳門入臺後，遂淤淺。今惟往來南路貿易之船經此，巨舟不得入。」康熙二十三年〔1684年〕，臺灣府學教授林謙光《臺灣紀略》記載：「自臺灣至安平鎮，相去僅五里許，順風則時刻可到，風逆則半日難登。灣之津頭水淺，用牛車載入下船，鎮之澳頭淺處則易小舟登岸，其餘各港可沿溪而入。」又，康熙三十六年〔1697年〕，郁永河《裨海紀遊》謂：「鹿耳門內，浩瀚之勢不異大海，其下實皆淺沙，若深水可行舟處，不過一線，而又左右盤曲，非素熟水道者不敢輕入」，記載其登岸時情景：「近岸水益淺，小舟復不進，易牛車，從淺水中牽挽達岸。」乾隆二十年代，尚存港形。《臺灣府志》記載：「鹿耳門港，自廈至臺大商船，及臺屬小商船往諸彰淡水貿易，俱由此出入大港。臺屬小商港船，往鳳山貿易，由此出入。」（康熙三十二年〔1693年〕，分巡臺廈道高拱乾，於道衙門內建斐亭及澄臺，稱「斐亭聽濤」、「澄臺觀海」；乾隆四年〔1739年〕，分巡臺廈道鄂善，為送迎往來清國本土之文武官員，於登陸地設接官亭，據說其位置在今大西門外南勢街尾，亦皆臺南城瀕海之故。）

　　乾隆末年、嘉慶初年，以上諸洲嶼與本島海岸接續成為陸地，因而形

成今日之海岸線。余寵《臺灣地輿圖說》謂：「安平，前阻汪洋，非船莫渡，今已積沙成地，建造輿梁。昔之隙仔港，即今之洲仔尾，在鹿耳門北，前可泊巨舟百餘艘，今復淤為陸地。所謂滄海桑田者，非歟？」者是。另，臺江之一部今外武定里地方，嘉慶末年以前為海水所浸，但逐漸浮覆，至道光初年，才經開墾。自今屬效忠里之安平街至上、下鯤身庄，即古一鯤身至七鯤身之後身；今屬西港仔堡之國聖港一部，相當於加老灣港。

　　如上文所記，荷蘭人時代臺江之出入航路，為水深安全之南口，即安平鎮大港，因而於一鯤身頭築 Zeelandia 城築備邊防。北口即鹿耳門，沙線突起，為港路窄狹之天險，則恃之配置防備。明永曆十五年〔清順治十八年，1661 年〕，明遺臣鄭成功，因無法掌握對岸廈門地利之宜，欲東進佔有臺灣，以固其根據。適有荷蘭政廳通事何斌以事逃廈門，因利用其所齎地圖，了解此地水路防備布置情形，親自率領舟師踏上征途，先入澎湖媽宮港，然後自媽宮出發，以嫻熟地理之何斌為嚮導，按圖紆迴，令揀選探水者利用漲水時刻，乘敵不備進入鹿耳門口。當時 Zeelandia 城荷蘭守將，聞鹿耳門外砲聲轟隆，登臺樓，忽見船隻旌旗壓沒海面，但仗恃水路險惡彼不能入，且安平鎮大港口砲台堅固，仍談笑自若，無驚駭色。既而，聞鄭軍舳艫相唧進入港內，急忙嚴厲警備，感嘆國姓爺軍有如天降。如此，鄭軍殆無抵抗地進入臺江，輕易佔領可以遮斷陸上之 Providentia、島頭之 Zeelandia 兩城間的連絡地點（因曰，臺江之鎖鑰鹿耳門口水路困難如斯，故以當時水漲為天祐。《臺灣府志》特於祥瑞篇記載：「順治十八年〔1661 年〕五月，鹿耳門水漲丈餘。先是，鹿耳門水淺，僅容小艇出入。是月，水忽漲，鄭成功因之大小戰艦並進，忽據臺灣」，又「康熙二十二年〔1683 年〕八月，鹿耳門水漲。師乘流入臺，鄭克塽降，臺灣平」，「康熙六十年〔1721 年〕五月，朱一貴倡亂，陷府治，總督覺羅滿保悉心調度，發舟師萬七千人，戰船五百餘艘，適水漲丈餘，駢進鹿耳門，克復安平鎮」）。

　　清朝領臺當初，准與廈門通航，專以鹿耳門海口為稽查，特置臺防同知，以駐防該地之安平水師分汛協辦其事。乾隆三十一年〔1766 年〕，閩浙

總督奏請於南北兩路設理番同知之奏疏謂：「查臺灣府海防同知，專管船政，事務簡少，應以海防同知兼南路理番。」可推知港道逐漸淤塞之結果，使此時事務簡少了。

> 安平城旁自一鯤身至七鯤身，皆沙崗也，鐵板沙性重，得水則堅如石，舟泊沙上，風浪掀擲，舟底立碎矣。牛車千百，日行水中，曾無軌跡，其堅可知。
>
> 郁永河（康熙三十六年〔1697年〕作）
>
> 鐵板沙連到七鯤，鯤身激浪海天昏。任教巨舶難輕犯，天險生成鹿耳門。

> 紅毛城即今安平城，渡船往來絡繹皆在安平、赤嵌二城之間。而沙堅水淺，雖小艇不能達岸，必藉牛車挽之。赤嵌城在郡治海岸，與安平城對峙。
>
> 郁永河
>
> 雪浪排空小艇橫，紅毛城勢獨崢嶸。渡頭更上牛車坐，日暮還過赤嵌城。

> 鹿耳門　張湄（乾隆六年〔1741年〕巡視臺灣御史）
>
> 鐵板交橫鹿耳排，路穿沙線幾紆迴。浪花堆裏雙纓在，更遣漁舟響道來。

效忠里（Hàu-tiong lí）

以安平港為主腦之一區，清朝領臺當初稱安平鎮，康熙六十一年〔1722年〕改效忠里。在此之前，康熙六十年〔1721年〕五月朱一貴亂作，陷臺灣府治，全臺淪陷。六月，南澳總兵藍廷珍統大軍，自廈門而進，入鹿耳門，十三日先攻拔得安平鎮城。當時安平百姓喜官軍至，老幼爭趨供應軍食，少壯者自願充當鄉兵，引導官軍殺賊，旬日得以回復府治。於是，翌年亂平後，褒其奉公義勇，改名。當時此地限於一鯤身島嶼，廣袤不大。《臺灣府志》記之曰：「效忠里，廣半里，袤十里。」既而，乾隆、嘉慶年代，海面浮覆，一鯤身及相連各鯤身嶼與陸地相接，因以之屬本里。今上鯤身

及下鯤身海岸一帶，道光年間以來開闢為魚塭。故堡內到處多魚塭。（魚塭者，臺灣瀕海地區，特別是中部以南之西岸盛行的養魚池，起源於明末鄭氏時代。《臺灣府志》謂：「塭者，就海坪築岸納水，蓄魚而名。」）

安平港（An-pêng káng）

　　位於臺南市西方 1 里許，臨臺灣海峽，港口開向西北西方向，有廣大錨地，為南部臺灣主要貿易港。往時，今臺南之近岸，海水深入灣內形成臺江內港。安平街所在之處，為一鯤身島嶼。此處之港道，船舶出入最安全，且其港口（臺江之支港）安平鎮大港，為荷蘭人時代（西曆 1624-1662）唯一之碇泊港。爾來，地盤隆起，泥沙堆積，填塞港道，港勢變化。《臺灣縣志》記載清乾隆十年代情形：「安平鎮大港，……紅毛時，巨舟悉從此入泊於臺江……遂淤淺，今惟往來南路貿易之船經此，巨舟不得入矣。」乾隆末年，港內完全淤塞，島嶼與陸地連接。往昔形跡，今僅存於安平通臺南之狹窄運渠。此時，安平港之位置，與舊時完全相反轉而面向外海，完全失去港灣地形之本質。就現在地形而言，此一帶沿岸，長汀白沙之間，淤泥沙鹵犬牙相錯，距其埠頭 1 浬處，沙堆連互，中間開出一條水道為出入船舶航路，其內部僅稍存自然港灣而已。

　　《臺灣稅關要覽》記載本港碇泊地點的情形：「本港之碇泊地，以沙堆為界，區分內部及外部二區。內部碇泊地，狹隘之水道僅可供小蒸氣船及艀船往復，其他幾盡為淺瀨，不適船舶航行，但載量甚大之支那形船，通過閂洲，得以碇泊於沙堆內面。外部碇泊地，位置距沙堆尚有 1 浬至 1.5 浬，故距埠頭 2 浬至 2.5 浬，海陸交通不便。但因海底斜面較緩，水深之差較小，可泊 3,000 噸內外船舶 10 隻至 15 隻。總之，本港之兩處碇泊地，海底均為沙泥無巖礁，不失為適宜之錨地。11 月至翌年 5 月為東北信風季節，海上相較靜穩，船舶碇泊安全，但 6 月至 10 月為西南信風季節，強風洪濤，海上頗為險惡，船舶不能碇繫，海陸交通經常完全杜絕，碇泊船舶不得不去澎湖島（媽宮港）避難。」雖然本港形質上缺乏港灣資格，但其價值尚可不

墜者，實因有南部臺灣大集散地臺南市之故。

　　咸豐十年〔1860年〕，天津條約的結果，開本港為貿易港。該條約文，指本港為臺灣府（後臺南府），亦應是因為安平乃臺江之一支流的緣故。

> 渡安平　陳輝（乾隆三年〔1738年〕科舉人）
> 碧流春色海天寬，島嶼蒼茫雨後春。半櫂斜翻雲影碎，片眺遙送浪花殘。
> 沙浮曲岸漁人宅，樹隱孤村戰將壇。曾是昔年歌舞地，空城寂寂暮煙寒。

安平街（An-pêng koe）

　　在安平港頭。此地，早在荷蘭人佔據時，就築有Zeelandia城。爾後，鄭氏時代，設安平鎮。清領初期，亦沿襲安平鎮名，駐紮水師副將。故其地初闢極早，以安平港為主腦地，商業極為繁盛。本街原稱市仔街，以在安平鎮所在地，因稱安平鎮街。乾隆二十九年〔1764年〕，《（續修）臺灣府志》記載：「市仔街，在效忠里，即安平鎮街。」人口5,840人（男3,162人，女2,678人）。

安平（An-pêng）燈臺

　　在安平港頭該街外。結構，鐵造白色（燈竿）。等級及燈質，第六等，不動白色。照明弧度，134度，自北12度西，經東北至南58度東；燈火高度，自基座起算3丈3尺，自水面起算3丈7尺。光照距離，10浬。

赤嵌城（Chhiah-khàm-sîann）

　　在安平街。往時，此地方為臺江口外之一島嶼，稱一鯤身。西曆1624年（明天啟四年），荷蘭人據臺後，於島嶼海岸築一砲台。爾後，西曆1630年（明崇禎三年），更於島中丘上築Zeelandia城防備外海。Zeelandia者，取名於Nederland北部州名。漢族古來稱為紅毛城或赤嵌城，一名安平城。紅

毛名，因係荷蘭人所築乃稱；赤嵌名，因係位於 Chhiah-khàm 之地乃稱；安平名，因屬安平鎮所在乃稱。荷蘭人退出臺灣後，鄭氏改稱安平鎮，置其邸第於此處，且分駐侍衛兵。清領後，亦稱安平鎮，置水師副將。清康熙三十六年〔1697年〕，郁永河《裨海紀遊》記其實查情狀：「就臺灣城居焉。鄭氏所謂臺灣城，即今安平城也，與今郡治隔一海港，東西相望約十里許，雖與鯤身連，實則臺灣外沙，前此紅毛與鄭氏皆身居之者；誠以海口為重，而緩急於舟為便耳。」康熙六十一年〔1722年〕，巡視臺灣御史黃叔璥《臺海使槎錄》記載：「臺灣府無城，別有城在其西南，曰紅毛城；鄭氏僭竊時宮殿在焉。」又，《臺灣縣志》記載：「康熙元年（明永曆十六年〔1662年〕），偽鄭就內城改建內府，塞北門；欲闢南門，斧鑿不能入，乃止。」另，該書記載：「闔閭，春秋時鄭國城門名；偽鄭據紅毛城，因取以名內城之門。」城址年久漸歸傾圮，我領臺後，夷平土地充為官舍之建築用地，殆失舊觀。

根據荷蘭人記錄：「Zeelandia 城之外，於本城向下瞰望近處小丘，設 Utrecht 小石寨，且在本城北方約百米、其他方向約六十米處，沿著海濱築堡壁，連接城之西角及北角，該兩角據巨砲，以增加本城堅固。」漢族之記錄，《臺灣府志》記載：「紅毛城，在安平鎮，亦名安平城，又名赤嵌城。荷蘭于一鯤身頂築小城。又遶其麓而同築之，為外城。垣用糖水，調灰疊磚，監坿于石，凡三層，下一層入地丈餘，而空其中，凡食物及備用者悉貯之，雉堞俱釘以鐵，廣二百七十七丈六尺，高三丈有奇，女陴更寮，星聯內城，樓屋曲折高低，棟樑堅巨，灰飾精緻，瞭亭螺梯，風洞機井，鬼工奇絕，近海短牆，年久傾圮，潮水轍至城下」；《臺灣縣志》記載：「赤嵌城，亦名臺灣城，在安平鎮一鯤身，城基方廣二百七十六丈六尺，高凡三丈有奇，為兩層，各立雉堞，釘以鐵，瞭亭星布，凌空縹緲。上層縮入丈許，設門三。北門額鏤灰字，莫能識，大約記創築歲月者。東畔嵌空數處，為曲洞，為幽宮，城上四隅箕張，現存千斤大砲十五位。複道重樓，傾圮已盡，基址可辨。下層四面加圓凸，南北規井，下入於海，上出於城，

以防火攻，現存大砲四位。西城基內一井，半露半隱，水極清冽，可於城上引汲。西北隅繚築外城，抵於海，屋址高低，佶曲迷離，其間政府第宅，舞榭歌亭，化為瓦礫。倚城舊樓一座，檳棟堅巨，機車一軸，可挽重物以登城，大砲凡數位，內城之北基下闢小門，傴僂而入，磴道曲窄，已崩壞。地下有磚洞，高廣丈餘，長數丈，回轉旁出。」（本文謂北門額鏤灰字莫能識云云，據荷蘭人記錄文字為 TE CASTEL ZEELANDIA GEBOWED ANNO 1630，即記載創築歲月。）林謙光《臺灣紀略》記載：「安平鎮城，在一鯤身之上。東抵灣街渡頭，西畔沙坡抵大海，南至二鯤身，北有海門，原紅毛夾板船出入之處，接一鯤身，週圍四、五里。紅毛築城，用大磚，調油灰，共搗而成。城基入地丈餘，深廣亦一二丈，城牆各垜俱用鐵釘釘之，方圓一里，堅固不壞。東畔屋宇市肆，聽民貿易，城內屈曲如樓臺，上下井泉鹹淡不一。別有一井，僅小孔，桶不能入，水從壁上流下。其西南畔一帶，原係沙墩，紅毛載石堅築，水衝不崩」；黃叔璥〈赤嵌筆談〉記載：「安平城，一名磚城，紅毛相其地脈，為龜蛇相會穴，城基入地丈餘，雉堞俱釘以鐵。今郡中居民牆垣，每用鐵以束之，似仍祖其制也。城上置大砲十五位，年久難於演放。」

赤嵌城　孫元衡（康熙四十二年〔1703年〕臺防同知）
石樓盤百級，湧出似孤城。下岸臨滄海，依然禾黍生。

赤嵌城　楊二酉（乾隆四年〔1726年〕巡視臺灣御史）
極目天涯是水涯，荷蘭城上計程賒。潮光沸沸鳴奔馬，帆影星星照落鴉。
日麗九重天子闕，雲飛萬里使臣家。何時慰我桐花節，好向前津一泛槎。

赤嵌城　張湄（乾隆五十六年〔1791年〕巡視臺灣御史）
巍樓遙望屹西東，月戶雲窗結構工。極目晚天環海嶼，倚欄誰憶荷蘭宮。

登紅毛城　林鳳飛（福州人）

海上孤城落日昏，水天無際欲銷魂。雲旋兩腳鯤身島，風送潮頭鹿耳門。

堪笑霸圖歸幻夢，獨留遺跡弔寒暄。紆迴磴路誰過問，止有萋萋碧艸痕。

赤嵌（Chhiah-khàm）

　　《臺灣縣志》赤嵌樓條下記曰：「閩人謂水涯高處為墈（仄聲），訛作嵌（平聲），而臺地所用磚瓦皆赤色，朝曦夕照，若虹吐、若霞蒸，故與安平城俱稱赤嵌。」又，范咸（乾隆十年〔1745年〕巡視臺灣御史）〈赤瓦歌序〉謂：「臺屋瓦皆赤，下至牆垣階砌，無不紅者；此赤嵌城所由名也。」均將赤嵌稱呼，求諸於荷蘭人所築城樓款式、位置。但此不過是拘泥於「赤嵌」的強解。「赤嵌」乃漢族本於居住本地之平埔番族西拉雅部族 Chhìah-khàm 社名稱，寫成的近音譯字，早在明代即荷蘭人築城以前即有此地名。郁永河《裨海紀遊》記載：「《明會典》，太監王三保赴西洋水程，有赤嵌汲水一語」（參照臺南大井條），可為一證。荷蘭人亦承襲此稱呼，將其地名轉音成 Saccam、Zacam Scakam。後於赤嵌之地建築城樓，漢族因稱赤嵌樓或赤嵌城。可知以該城款式係赤磚疊築，或位置水涯，實乃附會。

　　另，當初 Chhìah-khàm 社之位置，以今臺南城為中心分布於附近。荷蘭人於此地築城後，移住東北方今新化西里新市街附近。漢族，以此移轉部落 Chhìah-khàm 之近音，且因其地瀕臨河港（新港溪往時流過此地附近，今有港仔墘地名），乃以意寓新移番社之文字作「新港」（Shinkan），荷蘭人亦襲用之拼寫成 Sinckan、Sinkan、Xincan、Zincan 等。至此，出於同一根源之「赤嵌」及「新港」二名稱，乃全然分離，一為城樓之名如純然漢族稱呼，一為固有番社名之音譯。

西拉雅番地

西曆 1600 年代，荷蘭人佔據臺灣時，其布教之平埔番地之一有 SIDEIA 之名稱。Sideia 即指西拉雅部族，原分成 9 個番社：一、Chhìah-khàm，後即 Shinkan 新港社（原住地在臺南市附近）；二、Tavokkan 即大目降社（原住地在大目降里大目降街附近）；三、Tokkau 即卓猴社（原住地在大目降里礁坑仔庄土名拔馬）；四、Tapani 即噍吧哖社（原住地在大目降里那拔林庄）；五、Boakkluwan 即目加溜灣社（原住地在安定里東堡直加弄庄）；六、Oobu 即芋匏社（原住地在新化北里大社庄）；七、Toavoran 即大武壠社（原住地在善化里西堡灣裡街附近）；八、Matau 即麻荳社（原住地在麻荳堡麻荳街）；九、Siaulang 即蕭壠，一名歐王社（原住地在蕭壠堡番仔寮庄）。當時佔臺灣最多數者，為此等土著番人，荷蘭人亦致力於化育土番，甚而利用自家爪牙，以之為手段藉耶穌教之力，以補教育的方法，得到教化啟導之效果。西拉雅部族之番人，屬其重要之布教範圍。根據宣教師 Candidius 的報告，西曆 1626 年，最初向附近的 Chhìah-khàm（新港）社布教，然後逐漸及於該部族內之各社。根據 1639 年管轄地 Batavia（瓜哇）之東印度公司來臺視察時，土番教化成績的報告有 Sinckan（即 Chhìah-khàm 社）、Tavokang（即 Tavokkan 社）、Bacloan（即 Boakkluwan 社）、Matau（即 Matau 社）、Soulang（即 Siaulang 社）。宣教師如 Robert Junius 特別熱心傳教，1643 年有學生 600，其中有能夠以羅馬字拼寫番語者，且有 5,400 人受洗。既而，教化區域逐漸擴大，西拉雅部族於以 5 社之外還及於 Tevoran（即 Toavoran 社）及其他南部馬卡道部族 Tapuliang（即大傑顛 Tā-kiat-ten 社）及中部之 Favorlang 即猫霧捒部族。此等各社內，設有教堂，堂內之一部為教育施設。1648 年，更為了培養土番教員，於 Chhìah-khàm 及 Matau 二社創立學校，而同時訂立對番人授產之法，特別對一部份獎勵牧畜，顯著促進番人開發。

以後，鄭氏代而統治臺灣時，Chhìah-khàm、Boakkluwan、Matau、

Siaulang 早早就撫，稱四大社。清康熙三十六年〔1697年〕，郁永河《裨海紀遊》記其查察情形：「新港社、嘉溜灣社、麻豆社，雖皆番居，然嘉木陰森，屋宇完潔，不減內地村落。余曰：孰謂番人陋？人言審足信乎？」；又謂：「新港、嘉溜灣、毆王、麻豆，於偽鄭時為四大社，令其子弟能就鄉塾讀書者，蠲其徭役，以漸化之。四社番亦知勤稼穡，務蓄積，比戶殷富；又近郡治，習見城市居處禮讓，故其俗於諸社為優。毆王近海，不當孔道，尤富庶。」在此之前，康熙二十二年〔1683年〕八月，清軍自臺南上陸時，以上附近各社番人接踵而至，乃賞與袍帽、銀牌及煙布之類，啟撫育之緒。康熙三十八年〔1699年〕，北部之平埔番族 Tonshiau（吞霄）社反謀時、康熙六十年〔1721年〕朱一貴作亂時，Chhìah-khàm、Boakkluwan、Matau、Siaulang四社皆應徵隨軍，又服一定之公役。康熙六十一年〔1722年〕，巡視臺灣御史黃叔璥《臺海使槎錄》記載：「郡中造船出水最艱，所司檄四社番眾牽挽，歲以為常。聞金一鳴，鼓力並進，事畢官酬以煙布、糖丸。」。如此，自蘭人、鄭氏時代以來至清領初期，因異族（主要為漢族）贌得或侵佔原住土地，概移往他處。往時荷蘭人所傳以羅馬字拼寫番語，亦用來書寫文書契字之類。今日遺存該文書所寫年號，多見康熙、乾隆，另也可見嘉慶，固乃蘭人教育之結果，可知蘭人退出後約150年間仍繼續使用。《臺灣府志》記載：「習紅毛字者，曰教冊，用鵝毛管削尖，注墨汁於筒，醮而橫書，自左而右，登記符檄、錢穀數目」者是。

（**參照**）Shinkan、Tavokkan、Boakkluwan、Matau、Siaulang、Toavoran等各社之稱呼，普通荷蘭人除了如本文記載拼寫之外，其他 Sinckan 也作 Sinkan、Xincan、Zincan，Tavokang 也作 Tavocan、Tabbacan，Bacloon也作 Bacluan、Baccaluan、Backeloang，Mattau 也作 Matthan、Mattou，Soulang 也作 Soelang、Zoulaogh，Tevoran 也作 Tevorangh、Teburangh。

烏鬼番（Ou-kúi-hoan）遺址

　　臺灣南部各地方，多有烏鬼番遺址之傳說。向來以其與荷蘭人佔據時代有關。《臺灣縣志》曰：「烏鬼，番國名，紅毛奴也。其人遍體純黑，入水不沉，走海面若平地。」（與之近似之記述，早見於《明史》〈荷蘭傳〉：「其所役使名烏鬼，入水不沉，走海面若平地。」）《鳳山縣采訪冊》又曰：「烏鬼番聚族而居，頷下生腮，如魚腮然，能伏海中數日」，蓋其種族皮膚黑色，常習能水。《臺灣縣志》之記載之傳說較近其實。《鳳山縣采訪冊》之記載應是更加以轉化潤飾者。其遺址現存者如下：

（一）烏鬼橋，永康里（屬今永康下里三份仔庄）紅毛時，烏鬼所築，後圮（《臺灣縣志》）。

（二）烏鬼井，在鎮北坊（屬今臺南城內打銃街）水源極盛，雖旱不渴。在此之前，紅毛命烏鬼鑿井，砌以林投，舟人需水，咸取汲焉（《臺灣縣志》）。

（三）烏鬼埔山，在觀音里（屬今觀音中里蜈蜞潭庄）。相傳紅毛時，烏鬼聚居於此，今遺址尚存。樵採者，常掘地得瑪瑙珠、奇石諸寶，蓋荷蘭時所埋也（《鳳山縣采訪冊》）（今烏鬼埔山麓有一古井，傳烏鬼所鑿）。

（四）小琉球嶼天台澳石洞。相傳，舊時烏鬼番聚族而居，後泉州人乘夜放火，盡燔斃之（《鳳山縣采訪冊》）（據東港人洪占春實查，自該遺址採得古土器及白螺錢）。

　　按，成於漢族之手的地誌，大致將屬於非洲 Nigro 或 Nigrito 系統之種族居住地，總稱為烏鬼國，蓋因其土人膚色帶黑而命名。荷蘭人據臺當時（西曆 1600 年代），歐美各國商賈有買賣非洲黑人奴隸之風，特別以西班牙、葡萄牙、荷蘭人為最甚，荷蘭人似亦將此等黑人奴隸帶來臺灣，役

使從事各種工程。其後，鄭成功使用武力逼迫荷蘭人歸還臺灣時，Ludwig Riess《福爾摩沙島史》就可見國姓爺銃卒內有黑奴2人，謂「此前久為荷蘭人傭役，使習得銃之使用法」云云。又，黃叔璥〈赤嵌筆談〉記載鄭經卒後，其長子監國克臧為諸弟所憚，謀欲殺之：「經諸弟又遣烏鬼往縊之，烏鬼畏不敢前」，為其旁證。（據傳其遺址，其在荷蘭人勢力所及地方者，於臺南城內及永康下里，橋樑、井泉即其被使役之工役；其在勢力未及地方者，於觀音中里及小琉球嶼，主要為聚居遺跡。前者或為彼等為荷蘭人服役從事工役之結果；後者或為荷蘭人退出臺灣後因自然解放，而保其餘喘退往山阪海島者矣。）但彼等奴隸之境遇，使其不但未能於臺灣有所生殖，徵之彼等即使在小琉球嶼，以後也遭漢族燔殺之厄運，蓋足以證明此懷疑，彼等僅留下些許遺址終歸絕滅了。

新昌里（Sin-chhiong lí）

在臺南西南之一區，蘭人、鄭氏時代拓殖早已就緒，鄭氏時立為一里，清領後沿襲之。鹽埕庄之土名瀨口，明永曆十九年〔康熙四年，1665年〕鄭氏初設鹽田之處，後為瀨北場。今此地仍以鹽田最盛。

五妃墓（Gó-hui-bōu）

在臺南城大南門外新昌里魁斗（Khue-táu）山，葬明寧靖王從死妃妾袁氏、王氏及秀姑、梅姐、荷姐，故稱五妃墓。墓前碑作「寧靖王從死五妃墓」。清乾隆十一年〔1746年〕，巡視臺灣滿御史六十七及漢御史范咸，命海防同知方邦基重修，且立碑於大南門外城壁作「五妃墓道」，其上刻六十七及范咸弔五妃墓詩。如下：

弔五妃墓　六十七

東風駘蕩天氣清，載馳總馬春巡行。刺桐花底林投畔，森然古墓何峰嶸。

路傍老人為余泣，當年一線存前明。天兵既克澎湖島，維時臺海五烈皆捐生。

至今杯土皆無恙，誰為守護勞山精。雲封馬鬣連衰草，四圍怪石爭縱橫。

時開鬼母悲啼苦，想見仙娥笑語聲。歲歲里民寒食節，椒醬頻莫陳相羹。

滿目荒涼已感嘆，更聽此語尤傷情。有明歲晚多節義，樵夫漁父甘遭烹。

島嶼最後昭英烈，頑廉懦立蠻婦貞。田橫縱死五百皆壯士，吁嗟乎五妃巾幗真堪旌。

弔五妃墓　　范咸

天荒地老已無親，肯為容顏自愛身。遙望中原腸斷絕，傷心不獨未亡人。

纍纍荒墳東海濱，魂銷骨冷為傷神。須知不是經溝瀆，絕勝要離塚畔人。

又逢上巳北邙來，宿草新澆酒一杯。自古宮人斜畔土，清明可有繼錢灰。

田妃金鷖留遺穴，何似貞魂聚更奇。三百年中數忠節，五人個個是男兒。

可憐椎髻文身地，小字人傳紀載新。卻恨燕宮翻泯滅，英風獨題費害人。

（**附記**）寧靖王，名術桂，字天球，別號一元子，明太祖九世孫長陽郡王之次支。明福王稱帝閩中，封寧靖王，督方國安之軍。隆武元年〔1645年〕五月，清軍渡錢塘江，浙東悉降，王涉曹娥江，奔避寧波，求海艇出石浦至舟山，乘舟南下入廈門。會閩守鄭芝龍，既降清北行，其子成功慷慨悲歌，焚儒服於文廟，後入海兵收閩粵，王亦率所部至。帝由榔立於肇慶時，乃赴之，次旋閩，取金門。及鄭氏據臺灣，永曆十七年（清康熙二年〔1663年〕）十月，轍東渡，就鳳山竹滬（長治二圖里）墾田數十町，以瞻朝晡，鄭氏將帥及兵民咸敬之。既而，聞清軍將調集水師進討臺灣，而見鄭氏諸臣處於燕雀堂晏如，仰天歎曰：「主幼臣強，將驕兵悍。又逢此荒亂，是天時、地利、人事三者咸失。臺灣有變，我不再他往，當以身殉。」永曆三十七年即康熙二十二年〔1683年〕六月，清大軍攻克澎湖，二十六日鄭氏之兵敗回。王乃謂妃妾曰：「我之死期已至，聽汝等自便。」皆曰：「王既能全節，妾等寧甘失身乎？王生俱生，王死俱死。請先賜尺帛，死隨王所。」王善之，乃以所有產業悉分所耕佃戶，居所、邸第附僧供

佛，各製新衣以待。鄭氏齎降表出鹿耳門之日，王曰：「是死日也。」
沐浴環坐共歡飲，其妃袁氏、王氏，媵妾秀姑、梅姐、荷姐俱冠笄更
衣，同於中堂縊死。王乃大書曰：「壬午（崇禎十五年〔1642年〕）
流賊陷荊州，因攜家南下。甲申（崇禎十七年〔1644年〕）避亂閩海，
總為保全幾莖頭髮遺體，遠潛外國，於今四十餘年，已六十有六歲矣。
時逢大難，全髮冠裳而死，不負高皇，不負父母，生事畢矣。無愧，
無怍。」次日，衣冠束帶，佩印綬，以寧靖王印紐送交鄭克塽，拜辭
天地祖宗，告訣耆士、老幼，又書絕命詞曰：「艱辛避海外，總為數
莖髮。於今事畢矣，祖宗應容納。」書罷，結帛於梁自經，且曰：「我
去矣」，遂絕。眾扶之下，顏色生如。越十日，歸葬鳳山竹滬。遠近
聞之，悉咨嗟歎息。先是，元妃羅氏先卒，葬此地，乃與之合埋，不
封，不樹，妃妾之五棺埋魁斗山，時人稱五烈墓（寧靖王故居，清領
後改為天后廟）。

臺灣鹽田地

鹽田，稱鹽埕，古來發達於臺灣南部海岸地方。明永曆十九年（清康
熙四年〔1665年〕），鄭氏參軍陳永華籌畫，以從來臺灣煎鹽苦澀難堪，
於瀨口（Nái-kháu）地方修築坵埕（天日製鹽的蒸發池之水坵及結晶池之埕
格），潑海水為滷，曝晒作鹽，上裕課餉，下資民食（據《臺灣外記》）。
此為臺灣天日製鹽之起源。

瀨口地方，即今新昌里鹽埕庄（後之瀨北場）。清領後，此業益加發
達，其製鹽及販賣全委諸民辦，只對製成之鹽埕課稅充作兵餉，但競曬爭
售之結果，鹽價無法均一，徒招窮民苦害。雍正四年〔1726年〕四月，製
鹽及其販賣全歸官辦，由臺灣府管理。如此，當時鹽埕之位置限於4處，
其他土地全部禁止製鹽。4處鹽埕為洲南（Chiu-nâm）、洲北（Chiu-pak）、
瀨南（Nái-nâm）、瀨北（Nái-pak）。雍正十年〔1732年〕，臺廈分巡道尹士

俄《臺灣志略》記載：「鹽場分設四處，洲南、洲北二場，坐落臺邑武定里；瀨南一場坐落鳳邑大竹橋莊；瀨北一場坐落臺邑新昌里」者是。洲南及洲北，在今外武定里洲仔尾南北，瀨南在今大竹里鹽埕庄，瀨北於鄭氏時代在瀨口（即新昌里鹽埕庄）。乾隆二十一年〔1756年〕，更增設瀨東（Nái-tang）、瀨西（Nái-sai）2場，其位置在今仁壽上里鹽埕庄、鹽田庄（彌陀港附近）。爾後，因土地變遷海陸異所，不能仍保鹽埕原形。於是，洲南及洲北2場，一旦轉往蕭壠堡之大寮庄（蕭壠附近），洲南場再遷大坵田西堡布袋嘴，洲北場再遷學甲堡北門嶼，瀨西場則在創設不久後歸於荒廢，瀨東場一旦遷來維新里竹仔港，再遷學甲堡井仔腳至今。

另，往時各鹽場，置巡丁若干，晝夜巡邏，且設管事、派家丁專司稽查，以防透漏；臺灣府內設鹽館，發售各販戶。咸豐中，北部竹北一堡虎仔山庄，有人民自煎曬試者。同治初年戴萬生亂後，私製私販之弊甚，鹽務大為紊亂。同治六年〔1867年〕二月，鹽場改歸臺灣道管理，嚴行監督。同時，虎仔山亦歸官辦。同治七年〔1868年〕二月，鹽務恢復由臺灣府管理。同治九年〔1870年〕二月，又歸臺灣道。同治十年〔1870年〕，更歸臺灣府。既而，光緒十四年〔1888年〕，南部稱臺南5場，分為洲南、洲北、瀨南、瀨北、瀨東；同時，北部稱臺北2場，分南廠（竹北一堡虎仔山庄）及北廠（竹北二堡油車港庄）。全臺之鹽務，南北兩屬，北部鹽務由布政使，南部鹽務由臺灣道分轄。臺北、臺南2處置鹽務總局，全臺置10處總館，掌理官鹽專賣。先是，光緒初年，有於澎湖島新設鹽場之議，終未落實（我領臺後獎勵開築鹽田的結果，新鹽田開拓及荒廢鹽田逐漸復興，其面積殆舊時5倍）。

（附記）舊來本島鹽田有2種。一是區劃地域，圍繞以堤防，且注海水入溝渠及開閉木桶。該地域內則區劃蒸發池、結晶池，海水透過水溝先注入蒸發池，水份蒸發後，漸次移至高度蒸發池，最後將鹹水（母液）注入結晶池，利用天日結晶，此為支那式之完全鹽田。其鹽

田設備完全，生產力亦豐富。這種鹽田，主要在濁水溪以南。一是只在每月大潮之際，利用潮水可浸入之砂濱，而非大規模生產者。即等待潮水減退之期，撒布海水於砂濱之土砂，然後加以過濾採取鹹水（母液），然後移至極單純、小規模之結晶池，以天日結晶。這種鹽田，主要在濁水溪以北。鹽田之位置，古來有局限於南部之傾向，蓋因北部較諸南部，雨量多，且沿岸概多山丘聳峙，鹽田適地較少。其製鹽時期，《臺灣志略》謂：「夏秋恆多雨水，鹽埕泥濘，不能曬鹽，惟春冬二季，天氣晴爽，方或收曬」，這是南部地方情形，北部因雨期不同，概於春夏2季開始。

仁和里（Jîn-hō lí）

臺南南方之一區，早在蘭人、鄭氏時代拓殖即已發端，鄭氏時成立一里，清領後沿襲之。

竹溪寺（Tek-khoe-sī）

在臺南城大南門外仁和里土名敖厘頭之地。清康熙二十三至二十八年臺灣知府蔣毓英在任期間所建。《臺灣府志》曰：「徑曲林幽，清溪環拱，竹木花果頗稱勝概，顏其山門曰小西天寺。」

竹溪寺　宋永清（康熙四十三年〔1704年〕鳳山知縣）
春來梅柳鬥芳非，散步清溪到翠微。盤石水藤迷野徑，辭枝風葉擁禪扉。
踏開覺路香生屐，振落天花色染衣。更上一層回首處，故山遙望寸心違。

遊竹溪寺　陳廷藩
古寺白雲裡，寒蟬滿樹吟。溪迴初渡月，花落忽驚禽。
棋局延清夜，琴張寄素心。欲歸山雨重，樽雨且勤斟。

法華寺（Hoat-hôa-sī）

　　在臺南城小南門外仁和里。據稱係原明末流寓李茂春構築茅亭夢蝶處。清康熙二十二年〔1683年〕，僧人貲鳩改建為法華寺。康熙四十七年〔1708年〕，鳳山知縣宋永清建前殿一座，祀火神，置鐘、鼓2樓，前後曠地偏蒔花果，起茅亭於鼓樓之後，顏曰「息機」，供退食之暇憩息。乾隆二十九年〔1764年〕，臺灣知府蔣允焄重建，嗣後疊次興修。《臺灣府志》曰：「殿宇巍峨，林木幽邃，備極勝概。」

　　（附記）李茂春，字正青，閩漳州府龍溪縣人，明末登鄉薦，富著述，風神秀整，跣足岸幘，旁若無人。遯跡來臺灣，構茅亭於永康里（屬今仁和里）以居，名夢蝶處。日誦佛經自娛，人稱李菩薩。卒葬新昌里（據《臺灣府志》）。

　　　　法華寺左新構草亭落成　孫元衡（康熙四十年〔1701年〕臺防同知）
　　綠野軒車得偶停，滄溟蹤跡幾浮萍。
　　香飄古寺曇花見（寺有曇花一叢），秋到間園蝶夢醒（寺本夢蝶園舊址）。
　　自有醉翁能載酒，不妨喜雨更名亭。
　　應芟惡竹斜添檻，收取岡山百丈青。

　　　　法華寺　張湄（乾隆六年〔1741年〕巡視臺灣御史）
　　疏林一碧映清渠，物外修然水竹居。指點昔年尋夢處，秋風蝴蝶自蘧。

仁德里（Jîn-tek lí）

　　連接於長興下里南方的一區。早在蘭人、鄭氏時代，拓殖即已就緒，

鄭氏時立為一里，稱仁德里，清領後襲之。康熙六十年代，更分為南、北2里。

歸仁里（Kui-jîn lí）

連接於保西里南方之一區。明末鄭氏時立為一里，稱歸仁里。清領後，雍正十二年〔1734年〕分南、北2里。本堡之開拓就緒，據說在雍正初年以後。

永寧里（Íng-lêng lí）

自新昌里之南方至二層行溪北岸的海岸一區。早在蘭人、鄭氏時代，拓殖即已就緒。鄭氏時立為一里，清領後沿襲之。往時二層行溪注於今河口之北方，稱為喜樹港（Hí-chhīu-káng），後移至灣裡。

二層行溪（Jí-Chàn-hâng khoe）

古作「二贊行溪」，發源於羅漢門里山中，西流永寧、文賢2里之中界入海，其北岸成為灣裡（永寧里）小港，尚存草仔寮港土名。往時分上、下2流，並行入海，因有此名，後合為一流。又，往時河口北方有村庄土名喜樹，因稱喜樹港。清乾隆二十九年〔1764年〕之《（續修）臺灣府志》記載：「喜樹港，在二贊行溪下流。」西曆1726年，荷蘭宣教師 Valentyn〈福爾摩沙及荷蘭在此之貿易記事〉所載地圖「Kaart van het Eyland Formosa en de Eylanden van Piscadores」記為 Verse Rivier 者為二層行溪，記為 Velden Suyck 者為喜樹港。

> 二贊行溪　陳輝（乾隆三年〔1738年〕科舉人）
> 竹橋平野路，春水漲清溪。風靜寒沙闊，煙濃遠樹低。
> 青燕喧海燕，碧岸叫村雞。為語南遊客，應知慎馬蹄（秋雨泥滑，行人難之）。

文賢里（Bûn-hiân lí）

二層行溪下游兩岸瀕臨海岸之一區。明末鄭氏時立為一里，清領後沿襲之。康熙年間，閩泉州林姓人，先著手開拓一部。爾後，同籍人各自分墾置庄。

車路墘（Chhia-lōu-kînn）

在文賢里東部。地當臺南、大湖街（長治二圖里）中路，東方可通關帝廟街（外新豐里）。臺灣鐵道縱貫線車站在此（基隆起點距224哩）。

依仁里（I-jîn lí）

二層行溪下游北岸之一區，蘭人鄭氏時代拓殖早已就緒。鄭氏時立為一里，清領後襲之。

中洲庄（Tiong-chiu chnng）

在依仁里中部。二層行溪所形成之洲埔，庄名因之出。臺灣鐵道縱貫線車站在此（基隆起點距224.9哩）。

永豐里（Íng-hong lí）

歸仁北里南方相連之一區，明末鄭氏時立為一里，清領後沿襲之。康熙末年，除一部份之外尚屬荒蕪，雍正初年以來逐漸開墾。

新豐里（Sin-hong lí）

歸仁北里之東方相連的一區，明末鄭氏時立為一里，稱新豐里，清領後沿襲之。光緒十四年〔1888年〕，分內新豐里（東部）、外新豐里（西部）2里。往時平埔番族Chhiah-khàm/ Sakam即新港（Sin-káng）社之一部，自臺南地方移來之地，外里舊社庄（屬關帝廟街）為其根據地。康熙中葉，

閩人得其地，成立一聚落，因原係舊番社所在地，故名舊社（內里之番社庄，為該番人之退卻地）。爾後，經雍正到乾隆，此地為其中心市場。乾隆二十九年〔1764年〕成書之《臺灣府志》已見舊社街。既而，嘉慶年間，建關帝廟街，乃代之。

關帝廟街（Koan-tè-bīo koe）

在外新豐里西部。最初，清康熙年間，閩人在本街西方10町處形成一聚落。乾隆二十年〔1755年〕代，形成稱為舊社街之一肆市。嘉慶年間，舊社街之泉、漳兩籍分類械鬥，漳人終於分離別建一街，因其地有關帝古廟（或曰係明末鄭氏時代所建），故名關帝廟街。爾後，隨著本街發展，舊社街全歸衰頹，本街成為此地之一中心市場。幾乎位於臺南、番薯寮之中間。人口1,762人（男962人，女800人）。

崇德里（Chông-tek lí）

羅漢門內里西方相連之一區，明末鄭氏時立為一里，稱崇德里，清領後沿襲之。光緒十四年〔1888年〕，分東、西2里。最初拓殖就緒之西里，雖早在蘭人、鄭氏時代，但其他西里東界之龜洞（Ku-tōng）庄（古之猴洞[Kâu-tōng]）、東里西南之狗氳氤（Káu-ûn-khun）庄（古之狗勻崑[Káu-ûn-khun]），在清康熙末年之前也不過是羅漢門之外鎮，分防汛兵而已。既而，乾隆末年，吳姓人自西里進入著手開墾狗氳氤，當時招徠8名佃戶，地分8份耕作，因稱八掛（一掛相當以牛3頭耕作之地，約3甲餘）。爾後，東里之古亭坑，亦有移住者，建庄當時，西南土名南勢之地有2座古亭，因此作為庄名。

大滾水（Tōa-kún-chúi）盆池

在崇德東里古亭坑庄土名大滾水（古亭坑部落東北約半里處）。工學士福留喜之助《臺灣油田調查報告》曰：「大滾水部落之路傍，有一周圍

九十間餘之一大盆池，充滿鹽水。池中有大小無數氣泡。大者形成池中高二尺許之泥火山，噴口徑三尺許，每二、三分鐘即噴發出驚人之大鳴動。自此池通向東南方二町半，遇二層行溪，自此順溪二町，至溪直角彎曲附近一帶，有間歇的小氣泡。自此屈折點下游四町餘，即古亭坑部落稍下，數處有小氣泡上升。」又，其北方有土名番仔鹽（Hoan-á-iâm）者，是見諸清康熙六十一年〔1722年〕巡臺御史黃叔璥〈赤嵌筆談〉之崇爻山鹹水泉。該書曰：「崇爻山，有鹹水泉，番編竹為鑊，內外塗以泥，取其水煎之成鹽。」按，此地方，與澤利先番族接界，該族稱為 Tsuongau 之部落佔居，漢族因以近音譯字，稱此方面一帶山地為崇爻山。（但崇爻山之稱呼，乃該番群佔居一帶之山地的籠統名稱，並非固定之山名。故《臺灣府志》也謂：「不知道里遠近」。）

嘉祥內里（Ka-siông lāi lí）

與嘉祥外里均為崇德東、西里南方相連之一區。明末鄭氏時，立為嘉祥里，清領初期沿襲之。當時之範圍限於大崗、小崗 2 山脈以西。爾後，拓成該山脈以東一帶，乃以該山脈為中界，西部為外里，東部為內里。外里之內土庫庄、前峰仔庄、五甲尾庄、九鬮庄、扡仔庄等，屬鄭氏開屯之地，中路庄、石案潭庄、崙仔頂庄、阿嗹庄、崗山營庄等為清康熙末年至乾隆年間，楊姓墾首分給多數移民墾拓者。外里雖在康熙末年已有漢族足跡，但墾成就緒，據云在乾隆年間。

大崗山（Tōa-kong soann）

一作大岡山。與小崗山（Sío-kong soann，一作小岡山）均為烏山山脈之分支。聳立於嘉祥內、外里之中界。北為大崗山（海拔 1,032 尺），南為小崗山（海拔 830 尺），均不甚高大。因崛起於此地方海岸平野之東端，古來為自支那大陸來航本島南部之船舶的目標。《臺灣府志》謂：「內地舟渡臺，過澎湖東，即見大岡山」者是。山中多岩石洞窟之奇勝，且為明代以

來即屬開闢之地，因此奇勝多有傳說。清康熙二十三年〔1684年〕，臺灣府學教授林謙光《臺灣紀略》曰：「大岡山，狀如覆舟，天陰埋影，晴霽則見，上有仙人跡，鐵貓兒碇、龍耳甕在焉。相傳國有大事，此山必先鳴」。乾隆六年〔1741年〕成書之《臺灣府志》曰：「大岡山之頂，蠣房殼甚多，滄海桑田亦不知其何時物也。山上有湖，雨則水滿。山陰有古石洞，莫測其所底，或以瓦擲之，窅然無聲，相傳其下通於海。」乾隆二十九年〔1764年〕成書之《（續修）臺灣府志》〈叢談〉引〈古橘岡〉詩序曰：「鳳邑治有岡山，未入版圖時，邑中人，六月樵于山，忽望古橘挺然岡頂，向橘行里許，則有巨室一座。由石門入，庭花開落，堦草繁榮，野鳥自呼，廟廊寂寂，壁間留題詩語及水墨畫蹟，纔存各半。比登堂，一無所見，惟隻犬從內出，見人搖尾，絕不驚吠。隨犬曲折緣徑恣觀，環室皆徑圍橘樹也。雖盛暑，猶垂實如碗大。摘餤之，瓣甘而香，取一、二置諸懷。俄而，斜陽照入，樹樹含紅，山風襲人，有凄涼氣。輒荷樵尋歸路，遍處誌之。至家，以語其人，出橘相示，謀與妻子共隱焉。再往，遂失其室，並不見有橘。」又，康熙四十四年〔1705年〕，王士禎《香祖筆記》記載：「鳳山縣有薑，名三保薑。相傳明初三保太監所植，可療百病。」雍正十年〔1732年〕，臺廈分巡道尹士俍《臺灣志略》，以之附會此山；且聯結前記岡山古橘說傳說謂：「明太監王三保，植薑岡山上，至今尚有產者。有意覓，終不可得。樵夫偶見，結草為記，次日尋之弗獲。故道有得者，可療百病。」其他，《鳳山縣采訪冊》記載：「大岡山樹木蔚然，為縣治八景之一，岡山樹色即此。」《臺灣府志》記載：「小岡山頭有巨石，圓秀如冠，為紗帽石。」

岡山　陳聖彪

車行十里見岡山，山接雲連萬仞間。高阜野花紅灼灼，平疇春水綠閒閒。

雄分壁壘龜蛇合，勢莫波濤竹木環。聲教漸隨新位置，一犁膏雨潤沙灣。

超峰寺（Thiau-phang-sī）

在大崗山之腰。祀觀音菩薩。《臺灣府志》所謂超峰石觀音亭者是。初，僧紹光建一亭。清乾隆二十八年〔1763年〕，臺灣知府蔣允焄修建為寺。《鳳山縣采訪冊》曰：「寺前活泉兩股，大旱不涸。俗名『龍目泉』。」

楠梓仙溪西里（Nâm-chú-sian khoe sai lí）

曾文溪上游沿著東岸之一區，原屬善化里西堡。清康熙年代概屬荒埔，其末年閩漳泉人開西部二重溪庄地方，為本堡開拓嚆矢（後據說道光年間，臺南巨豪黃姓者，趁其墾戶愚昧，自稱為官准大租戶，霸佔之，令年年納入定額砂糖）。東部之噍吧哖（Ta-pa-nî）地方，明末鄭氏時，漢族侵佔平埔番族Tapani社，更驅逐土著番人佔有之，芒仔芒庄亦為同時代漢族驅逐土著番人之佔有地，但墾成區域不大。雍正初年以來，漢族進入開拓附近一帶，噍吧哖以北之竹圍、鹿陶、龜丹、鹿陶洋、茄拔、灣坵、密枝諸庄，及以南自沙仔田庄至芒仔芒庄，接連墾成。乾隆初年，噍吧哖成為一集散市場。其後，漳州之樵人進入東南界之三埔、北寮、頭崎，最初從事材木、抽籐及燒炭，但隨著林產利益漸盡，乃著手土地開墾，終至形成村庄。道光年間，新立噍吧哖里。光緒十四年〔1888年〕，稱楠梓仙溪西里。

噍吧哖（Ta-pa-nî）

曾文溪上游東岸之山間村市。明末鄭氏時代，大目降里東北界那拔林庄地方之平埔番族Tapani社遭漢族侵佔，退向東北，驅逐佔居曾文溪岸今口宵里（善化里西堡）及噍吧哖地方之土著番人，移來居住開拓。清雍正初年，再被漢族墿得，建一庄。噍吧哖，為番社名Tapani之近音譯字（Tapani應是見諸荷蘭人記錄之Dobale、Daubali。荷蘭人記錄謂此番群性情兇惡常嗜殺人）。既而，附近一帶漸見拓殖，因形成為一集散市場。乾隆二十九

年〔1764年〕成書之《（續修）臺灣府志》已見噍吧哖街。

坑內（Khinn-lāi）油田

　　楠梓仙溪西里沙仔田庄土名坑內（噍吧哖街之東方約2里）糖仔恩（Thng-á-un）山之西南坑內溪流沿岸，有數處滲出石油。因在噍吧哖街近，夙以噍吧哖油田知名。工學士福留喜之助《臺灣油田調查報告》記載此石油滲出地曰：「沿坑內溪而溯，上游右岸有石油滲出處，往往被砂礫埋沒，不能見，稍攪拌溪底，則紫氣忽浮游瀰漫水面，亦點點湧出油粒。更上游，溪分歧3條，一稱火坑溪，自南方來，其他自東方及東北方流下。自溪之大分歧點溯火坑溪，大岩巨石累累橫陳，左岸山腹有轟轟沸沸鳴動，散發顯著油臭及多數瓦斯，伴隨著少量鹽水。其中，上端者最大，點火則猛烈燃燒。更上游不只到處散發瓦斯，其間之表土及岩磐皆呈赭色，留有瓦斯燃燒痕跡。分歧點下游左岸為數丈之斷崖，中游有巨大岩塊，溪底構成丈餘之段階。此岩塊之下露出的幾乎粘化之黑色泥岩，及左岸斷崖下露出之與泥岩畫出限界的同質岩磐，都是含油層，帶有顯著油臭味，鐵槌一打，不但紫氣滾滾遮蔽溪水流下，岩磐之縫隙亦可見填充有油粒。自斷層狀岩磐露頭下游，在稍大的流礫累累堆積之下，亦激烈滲出石油，紫色之浮游不絕，稍稍掘開局部滲路，油粒即滾滾湧出」。這些滲出之石油，根據漢人口碑，古來被稱為神油，但不詳是否曾經開掘。我領臺後，明治29年〔1896年〕7月，內地人荒井某始著手開掘。爾後，30年〔1897年〕8月大倉喜八郎曾試掘，其後又有大倉組店員試掘，但都未獲好結果而中止，39年〔1906年〕11月，田邊又五郎屢次在各處鑿井試掘。滲出之原油稍濃，帶黑褐色，攝氏15度時比重0.857。

楠梓仙溪東里（Nâm-chú-sian khoe tang lí）

　　接近東方番地，包擁內英（Lāi-eng）山，西臨楠梓仙溪，東瀕荖濃溪上游流域之大片區域。其地在楠梓仙溪流域，因以為里名。鄒族支那化之

番群分布之處，夙被稱為四社熟番地。現在雖形成有29部落（屬7庄），但因原由4個番社所分出，因有此稱呼。根據該番族之傳說，往時沿著其西北方曾文溪上游流域，存在著4社，一稱 Tavakang，二稱 Vogavong，三稱 Kapoa，四稱 Siauri。但明末鄭氏時代，西部平地一帶為開屯殖民區域，土著平埔番族之土地或被漢人贌得，或被佔領，而必須轉移尋找土地，其他移住而來之漢族亦因海岸地方之平野已無曠土，競而開墾山邊，結果侵佔曾文溪岸之4社，遂驅逐先住之4社番。此4社番為：

（甲）Tavakang 社故地，在今善化里西堡頭社庄附近一帶，被平埔番族西拉雅部族之 Toavurang（大武壠）社侵佔。

（乙）Kapoa 社故地，在今善化里東堡茄拔庄附近一帶，被平埔番族西拉雅部族之 Wakaruwan（目加溜灣）社侵佔。

（丙）Siauri 社故地，在今善化里西堡口宵宵裡庄及楠梓仙溪西里噍吧哖庄附近一帶，被平埔番族西拉雅部族 Tabani（噍吧哖）社侵佔。

（丁）Vogavong 社故地，在今楠梓仙溪西里芒仔芒庄附近一帶，被漢族侵佔。

如此，先住之4社番群，被他族侵佔而失其故地。因而，勢必求索其他地域以為活路。於是，更移動進入東南方，侵佔現在的佔居地（楠梓仙溪東里），驅逐先住之番族（鄒族）使更退往山地奧阪。既而，清朝領臺後，漢族（主要是閩之漳泉人）移殖漸多，偶而也有足跡及於此地者，但當時之移殖主要出於和平手段，或與番婦結婚形成親屬關係，或約定繳納一定租穀佃耕其土地。爾來，以共存互助狀態推進拓殖。乾隆初年，熟番歸附官府，開啟改化漢俗、漢語之端。乾隆二、三十年代，全里墾成過半，形成各自分散的29個部落，當時稱楠梓仙庄。其29部落，為 Tavakang 社移殖之溪東、阿里關、姜黃埔、甲仙埔、四社寮；Kapoa 社移殖之頂公館、大

邱園、蜈蜞潭、八張犁、紅毛山、芎蕉腳、匏仔寮；Siauri社移殖之茄苳湖、白水漧、山杉林、山林角、木欅寮；Vogavong社移住之响竹庄、頂老濃、下老濃、大苦苓、紅水坑、枋寮、水冬瓜、獅頭額、六龜里、舊庄、狗寮、二坡仔。

　　乾隆五十二年〔1787年〕，林爽文作亂之際，4社熟番亦出力防守一方。亂平後，建立屯番制，以之充當屯勇，屬蕭壠屯（設千總1名、把總5名、屯丁96名）。降及道光年間，清官猥弄官威，營私聚斂無度，尤其對4社熟番誅求太甚，若有不應者，輒拘禁押打苛虐之至。此歲十年事，4名清國胥吏前來聚斂，當時番人窮苦之餘，熱切陳情，但終無效。番人憤而殺其吏1名，其他3人纔得以身遁向理番廳告發，拘禁通事陳六生。當時番目4名赴臺灣府救援，道吏林勉以之為奇貨，告以出銀200元賄絡請託要路可免拘禁，番人貧弱無力備辦，乃向府城富豪張某借銀贈賄，通事方才得救。但經年無法償還所借銀兩，道光十七年〔1837年〕乃舉六龜里一帶地方之荒埔，作為補償張某及林勉之代價。

荖濃溪（Lāu-lông khoe）

　　下淡水溪之一支流。見下淡水溪條。

羅漢門（Lô-hàn-mn̂g）

　　東以楠梓仙（Nâm-chú-sian）溪為界，西以烏山（Ou-soann）山脈為障屏之一帶，往時稱為羅漢門。清國領臺當初，實為東界之關門（當時，臺灣府駐防千總、把總，遞年輪防）。原佔居維新里之大社庄、下社庄附近（此一帶地方稱為Peita）之平埔番族馬卡道部族Tapuien即大傑顛（Tāi-kiat-tian）社（應即荷蘭人時代施行教化的番社之一Tapouliangh。西曆1639年巴達維亞東印度公司來臺視察實況者之報告，記載該社有教堂，住有宣教師）。鄭氏時代，被驅逐後退至東方大、小崗山（Tōa-sío kong soann）山後，後再被移住進入此地之閩人侵佔，退卻移住之地，今之羅漢內門里

即其最初之根據地。既而，康熙中葉，亦不敵移殖漢族之生存競爭，被從新化西里新港（Sin-káng）庄（今新市街）及外新豐里關帝廟街（土名舊社庄）附近，越過烏山進入西南之平埔番族西拉雅部族Chhiah-khàm（即新港社番）奪其地，只好更往東南方尋求退卻之地。今之羅漢外門里，為其移動地。如此，羅漢門之地，先由平埔番族開創拓墾之緒。黃叔璥〈番俗六考〉記載：「莊秀才子洪云：康熙三十八年〔1699年〕，郡民謝鸞、謝鳳偕堪輿至羅漢門卜地」，可知此時已有漢族足跡。康熙四十二年〔1703年〕，臺灣（臺南）諸羅（嘉義）移民，招徠閩汀州縣民著手開墾。爾後，往來漸多。〈番俗六考〉記載當時情形：「耕種採樵，被土番鏢殺、或放火燒死，割去頭顱⋯⋯。生番環聚，緝治為難。立界絕其出入，可以杜患」，可知係番患頻起之危險地帶。黃叔璥《臺海使槎錄》，記載康熙末年此地一帶之光景，曰：

羅漢門，在郡治（臺灣府）之東。自猴洞口（今崇德西里，屬龜洞）入山，崇崗複嶺，多不知名。行數里，為虎頭山（烏山山脈之一峰）。諸峰環列，樹惟楝榔。過大灣崎、蘆竹坑、咬狗坑，又東南經土樓山，壁平如削，上則獼猴跳擲，虞人羅張以捕。稍前為疊浪崎，出茅草埔，度雁門關嶺，回望郡治，海天一色。去關口里餘，中為深塹，可數十丈。緣崖路狹，不堪旋馬，一失足便蹈深淵。五里至石頭坑，四里至長潭，清瑩可鑑。潭發源於分水山後，由羅漢門坑入崗山溪，同注於海。自番仔寮迤邐至小烏山後，入羅漢內門，峰迴路轉，眼界頓開，沃衍平疇，極目數十里。東則南仔仙山、東方木山，隔淡水大溪為旗尾山，西即小烏山，南為銀錠山，北為分水山、目貓徽山（乾隆十七年〔1752年〕成書之《臺灣縣志（重修）》曰：「羅漢內門，其山東北來者，上接大烏山，層巒疊翠，邑人不知其名，東北設木柵，則稱之曰木柵後山，疑即舊志所記目眉徽山者是也」），層巒疊巘，蒼翠滴欲，暝色尤堪入畫。民莊凡三，外埔、中埔、內埔，居民約二百餘口。內埔汛兵五十名分防。猴洞口（龜洞）、狗勼崑（狗氳氤）諸地，則寥寥三十餘人而已。先是，由長潭東南行，至夏尾藍、腳帛寮轉北至外埔莊，後以逆黨黃殿（朱一

貴匪黨）潛蹤內埔，而甕菜岑、鼓壇坑尤為奸匪出沒之所，禁止往來。外埔東南由觀音亭、更寮崙、番仔路至大崎，越嶺即為外門。去大傑巔社十二里，中有民居，為施里莊、北勢莊，莊盡番地。往年代納社餉，招佃墾耕，繼以遠社生番乘間殺人，委而去之，今則莽草不可除矣。自社尾莊、割蘭坡嶺可赴南路，由木崗社、卓猴社可赴北路。外此羊腸鳥道，觸處皆通；峻嶺深谷，叢奸最易。土人運炭輦稻，牛車往來，徑路逼狹，不容並軌。惟約晝則自內而外，夜則自外而內，因以無阻。夏秋水漲，坑塹皆平，則迷津莫渡。

　　即，當時隔大崎一嶺，分為內門、外門2區域。內門區域，以內埔、中埔、外埔等為其中心地；外門區域，以施里（即番薯寮）、北勢等為其中心地。其他屬尚未開拓之荒蕪，漢族移住者僅不過200口左右。但此地域，「其地四壁皆山，中開平疇，以形家之說較之，則邑之庫藏也」（《臺灣縣志》），自然之地利爾後逐漸促使移殖，康熙末年總稱羅漢門莊。康熙六十一年〔1722年〕，一旦唱亂即全臺淪陷的朱一貴之策源地，即在內門一隅（內埔庄之土名鴨母寮）。於是，雍正九年〔1731年〕，新派縣丞駐箚於此，其位置在外門之今番薯寮街。根據《臺灣府志》，乾隆二十七年〔1762年〕奉文建署，但並未完成，似官府實際上稽查未及（後，道光十五年〔1835年〕改設巡檢。光緒十一年〔1885年〕，移至澎湖八罩嶼）。因此，此地帶為無賴遊手潛蹤逋逃之區，其橫肆擾亂並及於附近之平埔番族。乾隆三十年〔1765年〕十月，臺灣知縣特頒保護該番人之示禁中謂：「社差不法，招引白役數十人及廳差民壯，日夜居住在寮，覬覦番婦，併設賭擾社番」，可見其一斑。

　　先是，乾隆二十五年〔1760年〕五月，臺灣知縣劃定民番境界，以保護平埔番族。其所劃定的內門區域之今內埔庄以北，外門區域之今番薯寮街以北，為番屬埔地，不准漢族私贌越墾，番人則於此埔地一面防番，一面力墾（外門之口隘、內門之木柵的土名，皆本於設隘、建柵堵禦山番之處）。乾隆二十九年〔1764年〕成書之《（續修）臺灣府志》記載：「東方

木山……內多曠土，以近生番，禁止開墾」，蓋指今東勢埔方面山地，木柵庄（分新、舊2部落）則在當時界外。然，爾後至近年，為匪徒橫肆之巢窟。道光中葉，臺灣道全卜年〈上劉玉坡制軍論臺灣時事書〉謂：「羅漢門，介居臺、鳳二邑之間，該處有內門、外門二處，歷來南北匪徒勾結滋事，即由此門往來，實為居中扼要之區。而二邑交界處所，又復犬牙相錯。鳳山所轄之旗尾、月眉、彌濃等莊，逼近內山，匪徒尤眾」，可知。後立里，稱羅漢內門里及羅漢外門里。

過羅漢門山　楊二酉（乾隆四年〔1739年〕巡視臺灣御史）

羅漢雲中塞，天關第一重。林幽深踞虎，潭靜隱蟠龍。

馬關蘆間道，塘虛竹外烽。鳥鳴訝行色，同出翠微峰。

羅漢內門（Lô-hàn lāi mn̂g）里

北與內外新化南里，西與內新豐里、崇德上里分界，東、南2方連接羅漢外門里，為往時羅漢門莊內門之地。羅漢門最初之開拓地域，清康熙三十八年〔1699年〕，謝鶯、謝鳳進入探檢。康熙四十二年〔1703年〕，閩汀州人著手開墾，皆屬內門區域內。康熙末年，內埔、中埔、外埔等為其中心地。既而，雍正年間，移民漸滋。乾隆二十九年〔1764年〕，陳大俊、張克讓大招佃人開墾，於是荒埔概成田園。

觀音亭（Koan-im-têng）

在羅漢內門里觀音亭庄。創建年代不詳，但乾隆二十九年〔1764年〕成書之《（續修）臺灣府志》已見其名，可知建於該年代以前（觀音亭之庄名，因從出）。

羅漢外門（Lô-hàn gōa mn̂g）里

北接楠梓仙溪東里，東隔楠梓仙溪與港西上里分界，南連觀音內里，西連羅漢內門里、嘉祥內里。往時為羅漢門莊外門之地。清康熙末年，內門之地逐漸開拓，當時以楠梓仙溪岸之施里（Si-lí，即番薯寮）、北勢（Pak-sì）等為其中心地。大部開拓就緒，當屬乾隆初年以來。蔡、鄭2姓人，開今番薯寮南北之北勢庄、圓潭仔庄一帶。與此前後，南部之溪州庄、嘮磽坑庄，北部之萊仔坑庄、溝坪庄（原作「猴坪」）亦逐漸墾成。

番薯寮街（Hoan-chû-liâu koe）

在羅漢外門里中部、楠梓仙溪西岸。此地方，最初為平埔番族Tapouliangh即大傑巔（Tāi-kiat-tian）社自內門移來開墾之區域。從南方溪州庄至今番薯寮附近，清康熙末年，自鳳山地方越過南界之嶺口進入的閩漳州人，與番人約定購得土地，建築草寮著手開拓，但其田園未及熟成，僅栽番薯維生，因此俗稱番薯寮。爾後，漢族相繼移殖形成一村庄。黃叔璥《臺海使槎錄》所見：「外門民居施里莊」，當即此。雍正九年〔1731年〕，已是設置縣丞之地。爾後，隨著漢族增加，此地之先住平埔番族，移退至北部之口隘方面。乾隆十七年〔1752年〕成書之《（重修）臺灣縣志》記載：「大傑巔社，今番民移在隘口，近番薯寮。」又，乾隆二十年〔1755年〕，臺灣知縣發佈之劃定民番境界告示，已見番薯寮庄，可知當時以其俗稱定為一般地名。光緒十四年〔1888年〕，臺灣知縣所發改定租目諭示，以番薯寮地記為太平（Thài-pên）庄。蓋為當時土地清丈之際改定者。但，普通地名通行之為番薯寮。我領臺後，亦從之。本街為羅漢內外門里為首之附近各里的集散市場。近年隨著此方面山地製腦業興起，頗為發達。原為番薯寮廳所在地，人口2,607人（男1,350人，女1,257人）。

楠梓仙溪（Nâm-chú-sian khoe）

下淡水溪之一支流。見下淡水溪條。

長治一圖里（Tiông-tī it thôu lí）

與長治二圖里（Tiông-tī jī thôu lí）均是介於依仁、維新2里中間之海岸一區。明末鄭氏時，立為一里，稱長治里。清領後康熙六十年代，分為長治里一圖、長治里二圖，後稱長治一圖里、長治二圖里。一圖里營後庄，為鄭氏設置鎮營之處；二圖里竹滬庄，明永曆十六年（清康熙元年〔1662年〕），寧靖王術桂渡臺開墾創始之地。《臺灣府志》〈寧靖王傳〉記載：「就竹滬，墾田數十甲，以贍朝哺」者是。（該庄西南之月眉[Gē-bâi]池，俗稱下田陂仔[ē-kah pi-á]。《鳳山縣志》謂：「明寧靖王術桂所鑿。植蓮其中，景致幽淡，頗堪玩適。」）當時總稱竹滬莊者，自今竹滬庄至東北之大湖、湖內2庄一帶。據說大湖、湖內地名，乃因此地往時為湖水。乾隆初年，形成大湖（Tōa-ôu）街肆。

大湖街（Tōa-ôu koe）

在長治二圖里北部，今屬大湖庄。往時，四鄰之湖內庄，均為湖水，地名因之出。明末鄭氏時代所開墾之竹滬莊的一部。街肆成於清乾隆初年。乾隆二十九年〔1764年〕成書之《（續修）臺灣府志》已見大湖街名。街內之長壽宮（祀保生大帝），乾隆四十年〔1775年〕葉春興募建。地當臺南市及阿公店街（仁壽上里）之中路。臺灣鐵道縱貫線大湖車站，在距本街東南10餘町之長治一圖里營後庄（距基隆起點227.2哩）。

明寧靖王墓

在長治二圖里湖內庄（往時屬竹滬莊）。明永曆三十七年（清康熙二十二年〔1683年〕），王自縊，與其元妃羅氏之墓合葬處（參照臺南五妃

墓條）。該王之廟，在該里竹滬庄，安置有王之塑像及神位。《鳳山縣采訪冊》曰：「寧靖王廟，屋五間，創建莫考。按舊志云，王忠義炳蔚，竹滬是其墾田地，鄉人立廟祀之。光緒十七年〔1891年〕莊當募修，廟租四十石。」

　　　輓寧靖王　　陳元圖
匿跡文身學楚狂，飄零故國望斜陽。東平百世思風度，此地千秋有耿光。
遺恨難消銀海怒，幽魂淒切玉蟾涼。荒墳草綠眠狐兔，寒雨清明枉斷腸。

　　　過寧靖王墓　　郭必捷
萋萋芳草憶王孫，碧水丹山日閉門。弔月蟪蛄悲故府，號風松柏泣忠魂。
一枝聊借猶堪託，四海無家豈獨存。歷盡艱辛逃絕域，但留正氣塞乾坤。

　　　寧靖王祠　　陳輝（乾隆三年〔1738年〕科舉人）
間關投絕域，遺廟海之濱。古殿山雲暮，空階野草春。
鷗鴉啼向客，杜宇咽迎人。自立千秋節，英風起白蘋。

維新里（î-sin lí）

　　長治一、二圖里南方連接之海岸一區。明末鄭氏時，立為一里，稱維新里，清領後襲之。此地方，原為平埔番族馬卡道部族Tapouliangh即大傑顛社所在地，地稱 Peita。應是荷蘭人時接受教化番社之一的Tapuliang。西曆1639年，巴達維亞之東印度公司來臺視察者之報告，記載Tapuliang社有會堂，駐有牧師。鄭氏時，開屯之結果，原住民被驅逐退至東方大、小崗山山後（本里北部之大社、下社2庄為其遺跡）。爾後，清康熙以來，漢族足跡擴大，半路竹街名已見於乾隆二十九年〔1764年〕《（續修）臺灣府志》。

半路竹（Pòann-lō-tek）

在維新里北部。清乾隆二十九年〔1764年〕成書之《（續修）臺灣府志》已見半路竹街。位於大湖（長治二圖里）、阿公店（仁壽上里）2街之中路。因其地原為竹叢，半路竹地名因之出。臺灣鐵道縱貫線車站在此地（距基隆起點229.3哩）。

半路竹　陳輝（乾隆三年〔1738年〕）科舉人）

客舍春郊裡，陰陰翠竹園。衝煙聞犬吠，隔樹見鶯喧。

草綠疑無路，雲深又一村。行行車馬過，從此近仙源（路近前窩仙堂）。

仁壽上里（Jîn-sīu siōng lí）

仁壽下里及維新里南方連接之海岸一區。明末鄭氏時，立為一里，稱仁壽里，清領後沿襲之。光緒十四年〔1888年〕，更分上、下2里。上里之前峰庄（原作「前鋒」）、後協庄，為鄭氏設置鎮營之處。康熙五十八年〔1719年〕之《鳳山縣志》所見之竿蓁林街，為今上里之阿公店街；所見之小店仔街，為今之下里橋仔頭街，可知當時已成街肆。往時，本里之海岸自上里西南之漯底（《臺灣府志》曰：「漯底山，平原曠野中浮一邱，頂寬平，有小竅出水，若霖雨，泥淖其深無底」）邱阜深入，於此處形成彌陀港。乾隆二十九年〔1764年〕，《（續修）臺灣府志》謂：「彌陀港，水逐大海出入」者是。北面接續竹仔港（維新里）。乾隆二十一年〔1756年〕，新設瀨東、瀨西2鹽場，連接港之左右者為今鹽埕、鹽田2庄。

嘉慶八年〔1803年〕，鳳山知縣所發照票謂：「據郡城東安坊商克治呈稱：緣彌陀港與竹仔港接壤一帶，原屬內海，邇來浮覆埔坪，堪築魚塭，畜養魚蝦，年征餉銀四兩，抵補缺餉。東至彌陀港，西至海嶼大港口，南至商裕魚塭溝，北至白沙尾，四至並無妨礙課地以及民間田產。……查該

處邇年因前峰港一帶溪流漲滿，各處崩陷，沙土積壓，海坪漸次墊高，鹽鹵之地只堪開築魚塭，……因給該墾戶即便查照四至界址，開築掌管」，可知此時海岸逐漸浮覆。如此，嘉慶末年至道光年代，海岸舊港口庄、海尾庄地方可見移民足跡，漁業之外傍及種植米穀、番薯等，至而建立一庄，同時鹽場亦不能再保其原形。

阿公店街（A-kong-tiàm koe）

在仁壽上里東北部。清康熙末年，閩人所開。康熙五十八年〔1719年〕，《鳳山縣志》所見竿蓁林街者是。據云，最初尚未開拓之際，此地帶為森林（竿蓁林地名，蓋因此而出），當時此地有一老翁構一草店饗食行人。南部福建語稱祖父（用為老翁之敬稱）為阿公（A-kong），因稱之為阿公店，遂轉為土名。如此，乾隆二十九年〔1764年〕成書之《(續修)臺灣府志》，記為阿公店街。該街之壽天宮（祀媽祖），嘉慶三年〔1798年〕黃協記、吳隆興募建。地當臺南、鳳山之中路，為此地方之一集散市場。人口1,792人（男908人，女884人）。臺灣鐵道縱貫線車站，在土名三塊厝（距基隆起點233.9哩）。

> 宿阿公店　錢元煌
>
> 數間茅店抱村孤，多少征塵向晚趨。犬慣迎人如問信，雞何逐客太狂呼。
>
> 更闌篝火喧初寂，夜半炊煙饌又鋪。物色英雄誰隻眼，不如濯足且傾壺。

橋仔頭（Kîo-á-thâu）

在仁壽下里東部，阿公店（仁壽上里）、楠梓坑（觀音中里）兩街之中間位置。清康熙五十八年〔1719年〕，《鳳山縣志》裡所見之小店仔街者是。可知當已經形成為一肆街。乾隆二十九年〔1764年〕，《(續修)臺灣府志》記載：「小店仔橋，在小店仔街，木梁長二丈許，輿馬可通，俗呼橋仔頭。」

橋仔頭地名，出自此俗稱。該街之鳳橋宮（祀媽祖），乾隆六十年〔1795年〕陳嘉謨董建。此地，近年因製糖業勃興，逐漸殷賑。臺灣鐵道縱貫線車站在此地（距基隆起點236.3哩）。

半屏里（Poànn-pêng lí）

　　北與仁壽下里，東與觀音下里，南與興隆外里分界，西方瀕海。因其西南界稱為半屏山之丘崗（《鳳山縣采訪冊》記載：「半屏山，平地起突，形如列嶂，如畫屏，故名；又如展旂，故亦名旂山。山腰有竅洞，闊丈許，深不見底，相傳其下通海云」，高735尺）崛起。清領當初稱半屏山莊，道光年間改為半屏里。明末鄭氏時代為開屯之區，北部之後勁庄、右沖庄為當時設置鎮營之處。郭姓人開啟拓殖之緒，爾後的清康熙年間，拓成南部之五塊厝庄、大灣庄。雍正年間，閩泉州人施士安，招徠移民開墾上述2庄中間之荒埔，鑿埤築屋。

　　　　半屏山　李丕煜（康熙五十六年〔1717年〕鳳山知縣）
　　陡然拔地起，半擘凌芳洲。翠色空霄漢，嵐光鎖綠疇。
　　鳥道暗峰拱，雲帆碧海收。影入蓮潭水（山下有蓮花潭），千年勝蹟留。

觀音里（Koan-im lí）

　　北連嘉祥內外里，東以下淡水溪與港西上里分界，南接小竹、赤山2里，西接仁壽、半屏、興隆3里。清康熙五十八年〔1719年〕，因里內之觀音山而稱觀音山莊，道光年間改稱觀音里，光緒十四年〔1888年〕更分為內、上、中、下4里。上、中、下3里，為明末鄭氏時代開屯之區。上里之援巢中庄、援巢右庄、角宿庄，下里之仁正庄等，為鄭氏設置鎮營之處。下里之南界考潭庄，為其部將張阿春開墾；灣仔內庄、新庄為閩泉州府安溪人吳天來，赤山仔庄為泉州府同安林姓人及漳州府龍溪方姓人，赤山庄

西北部之竹仔門庄、後庄仔庄為泉州府同安錢姓人，當時招佃著手拓地之地。中里西部之大社庄，為此地方平埔番族馬卡道部族Aaka（阿加）社所在地，此時亦被屯兵驅逐，南下退卻至今港東中里放縤港（即新打港）附近。清領之後，鳳山縣治地興隆莊之要路，中里之楠梓坑地方發展起來，康熙末年已形成街肆。內里，拓成較後，年代不詳，但以莊秋光為墾首開墾就緒。觀音山，為觀音中里中部之一丘陵（高562尺）。《臺灣府志》記載：「觀音山，起伏盤曲，中一峰屹立，若菩薩端坐，眾小峰拱峙於側，故名。」其麓有翠屏巖，建觀音寺。光緒二年〔1876年〕，恩貢生蘇懷珠募修。

> 觀音山　卓肇昌
>
> 嵯峨磊落映青螺，面面人看似普陀。洞口草深迷佛眼，峰前竹密護仙窩。
>
> 雲行老樹青題過，雪落長溪白鳥歌。菩薩低眉三鳥外，如如空相奈云何。

滾水山（Kún-chúi-soann）

有大、小2山，在觀音上里滾水坪庄。東西相對峙之丘崗，為泥火山。工學士福留喜之助《臺灣油田調查報告》曰：「滾水坪庄土名滾水山……距橋仔頭車站東方20町之平野上，有建設孤立三角點標之一小丘。其東麓有一大泥火山，底部周圍67間，高4、5間，噴孔徑3尺。自孔上端2尺許之下湛有濃厚泥土，約隔1分鐘便鳴動猛烈噴出瓦斯。三角點東微北2町處，更有一泥火山彙，由連續3箇泥火山形成。其正東約1町處有直徑2間餘之泥池，噴出泥土及瓦斯。此地之泥火山，其高大不只是本邦第一，恐也是世界無匹。」《鳳山縣采訪冊》記載：「大滾水山，不甚高，上有大湯泉，潢湧而出，水帶濁泥，味鹹，或湧出梘索。相傳，其下通海。近山之地，草木不生，煙氣逼人。小滾水山，上有小竅，徑二尺許，深不見底，湧出濁泥，晝夜不息，投以火則燃，亦奇景也」，《臺灣府志》記載：「湯泉，在大滾水山，山不甚高，其上潢湧出泉而溫，故名。」

滾水湖（Kún-chúi ôu）瓦斯發散地

在觀音上里之東北邊界千秋寮庄土名滾水湖的燃質瓦斯發散地。工學士福留喜之助《臺灣油田調查報告》曰：「自千秋寮庄土名千秋寮，通向南方土名滾水湖的道路峻坡之中腹，轉向右方小徑，在左方之凹處有瓦斯發散地。在點生桄榔的茅草中，有徑二十間許的泥池，從中發出無數瓦斯氣泡。其中中央有一大噴氣孔，不斷地伴隨少量暗灰色泥土，轟轟鳴動，猛烈地噴出瓦斯，放出油臭，試著點火，便會燒起直徑三尺餘，高五、六尺的火柱，其情況極為猛烈。距此南微西直徑二百十五間的竹林中，更有一大瓦斯，伴隨比前者稍淡的泥土，構成較低的泥火山，噴口成徑約一間半的泥池。瓦斯噴勢猛烈，油臭顯著不讓前者。泥水微溫，且有鹹味。此二瓦斯，在伴隨泥土的瓦斯中，是島內最大的大瓦斯，又不失本邦最大的一大瓦斯」。滾水湖土名，蓋由此出。

龍角寺（Liông-kak-sī）

在觀音上里角宿庄北方之七星山（《鳳山縣采訪冊》曰：「七星山，即角宿山。七峰聯絡，圓秀如星，故名。」）山麓（祀媽祖）。清乾隆三十八年〔1773年〕，貢生柯步生創建。

楠梓坑街（Nâm-chú-khinn koe）

在觀音中里之西部。往時，流過街南之一坑流兩岸，楠梓樹鬱茂。楠梓俗稱楠仔（Nâm-á），因而稱楠仔坑（Nâm-á-khinn）。清康熙中葉起，閩泉人移來伐木建築草店，為本街濫觴。既而，康熙末年，因為是鳳山縣治地興隆莊之要道而發達。楠子坑街名，見於乾隆二十九年〔1764年〕成書之《（續修）臺灣府志》。後改楠仔為楠梓，稱楠梓坑街，平常兩樣文字併存。臺灣鐵道縱貫線楠仔坑車站在此地（距基隆起點238.9哩）。

赤山里（Chhiah-soann lí）

　　觀音下里南方相連之一區，因其北部橫著稱為赤山之丘崗（《臺灣府志》曰：「自鳳彈山〔鳳山之支峰〕而聯於東北者，名曰赤山，以土色赤故名。」），清領當初稱赤山莊，道光年間改為赤山里。本里西南半部之赤山庄、山仔腳庄、灣仔內庄、本館庄、鳥松腳庄、夢裡庄等，康熙中葉以來已有漢族足跡。康熙末年，閩泉州府安溪人吳天來，開北部之十九灣庄。雍正初年，泉州府同安人陳元吉，開東半部之牛潮埔庄、崎仔腳庄、大腳腿庄、田草埔庄、坔埔庄等。

大將廟（Tāi-chiòng-bīo）

　　在赤山里赤山庄。祀武職陳元。陳元，清康熙末年臺灣鎮標左營千總。康熙六十年〔1721年〕，朱一貴唱亂時，與本標右營遊擊周應龍，一起率兵禦賊於南路之崗山，奮勇掩擊，賊稍退卻，官軍進屯赤山，但越日賊眾悉來，四面圍攻，官軍雖深入但不諳地利，陳元力戰數次受創被擒，逼降不屈而死。事聞，予恤賜祭一次。其後居民就地建廟祀之。

興隆內外里（Heng-liông lāi gōa lí）

　　北與半屏里，東與赤山里，南與大竹里分界，西方瀕海，打狗山聳立於其西南界，山麓為打狗港之北岸。清領當初，稱興隆莊，道光年間改為興隆里，光緒十四年〔1888年〕更分為內、外2里。明末鄭氏時代，為開屯之區。外里之左營庄，為當時設置鎮營之處。打狗港為南路寄航地。如此，康熙二十三年〔1684年〕，早就擬定為鳳山縣治。康熙四十三年〔1704年〕，於埤仔頭（Pi-á-thâu）街（即舊城）設縣署。雍正年間，全里已經拓成。

舊城（Kū-sîann）

　　屬興隆內里埤仔頭庄。原稱興隆莊埤仔頭（Pi-á-thâu，一作坡仔頭）。

清朝領臺之始，卜定為鳳山縣治地。康熙四十三年〔1704年〕，設縣署，六十一年〔1722年〕築城，當時城內稱興隆莊街，城之北門外稱埤仔頭街（其興隆莊街，以大道公街[一名縣前街]為中心，分為下街仔、南門口街、大街、總爺口街、北門內街等）。既而，乾隆五十三年〔1788年〕，縣城移築於大竹橋莊（今大竹里）下坡頭（ē-pi-thâu），於是稱舊城。以後，嘉慶二十二年〔1817年〕，巡檢自下淡水（崁頂街）移駐此地（同治八年〔1869年〕，再移往枋寮）。光緒四年〔1878年〕，有縣城回復舊城之議，因而將其舊址擴大規模，修築城壁，及將完成時，因事中止移駐，城內新設之衙署也漸歸頹敗，今城內民居極為寥落，僅城外埤仔頭尚存肆店之形。臺灣鐵道縱貫線舊城車站，在埤仔頭庄（距基隆起點243.2哩）。

舊城之西方海岸，即自打狗山延伸之蛇山背面有桃仔園庄，海灘遠淺、海水清澈、波平浪靜，是海水浴場之好適地。南方打狗山尖角突出海中，北方赤崁庄、螺底庄（仁壽上里）之凸處形成天然灣入，水深達12尺至30尺，尚便於船舶碇泊（往時，附近海岸形成萬丹港、蟯港等，見於《臺灣府志》，現時因沙泥壅塞已不為港矣）。

龜山（Ku-soann）

興隆外里埤仔頭庄鳳山舊城內之一丘陵。《鳳山縣采訪冊》謂：「龜山，在興隆里舊城內，形如龜，蟠踞城內，繁陰密蔭中多喬木，居民環聚，其下有天后宮、觀音亭諸勝，可供遠眺。」頂上有天后宮，稱龜峰巖，清康熙二十二年〔1683年〕創建，以後年久傾圮，乾隆二十七年〔1762年〕鳳山知縣王瑛曾重建。丘麓有觀音亭，稱興隆寺，康熙五十八年〔1719年〕鳳山知縣李丕煜創建。《鳳山縣采訪冊》曰：「觀音寺後有石磴，屈曲數層，通天后宮，陟其巔，煙海晴波，平沙落雁，皆在目前，可供遠眺。」

　　　　登龜山絕頂　陳斗南
　　攀蘿捫石上層巒，野曠天遙一望寬。海送潮音如欲雨，山含樹色暫生寒。

花宮清敞遊人集，草徑縈紆去路難。咫尺蛇峰餘故壘，蕭蕭煙景正貪看。

九日登龜山　陳輝（乾隆三年〔1738年〕）科舉人）
獨立龜峰最上頭，倚風舒嘯與誰儔。崖中曲岫苔痕破，島外長空浪影浮。
石冷雲歸山色暮，霜寒樹老海天秋。清猿洞口聲聲叫，也學登高伴客遊。

蓮池潭（Liân-tî-thâm）

　　一稱蓮花潭（Liân-hoe）或蓮陂（Liân-pi）潭，在興隆外里埤仔頭庄
（鳳山舊城）。清康熙四十四年〔1705年〕，鳳山知縣宋永清濬修，為舊鳳
山縣文廟泮池。《臺灣府志》曰：「蓮池潭，多蓮花，故名」；《鳳山縣采
訪冊》曰：「蓮花潭，每逢荷花盛開，香聞數里，昔人目為八景之一，泮
水荷香即此。」爾後，道光二十二年〔1842年〕，鳳山知縣曹瑾命紳士鄭蘭
等人，引潭水、開新圳，便利灌溉。

蓮池潭　張湄（乾隆六年〔1741年〕巡視臺灣御史）
蓮瓣芹絲一氣香，天然泮水繞宮牆。林端不許飛鴉集，山勢高騫拱鳳凰。

泮水荷香　覺羅四明（乾隆二十六年〔1761年〕分巡臺廈道）
心許池間鷗鷺同，緉來羈跡海天東。鴨頭波起無邊綠，蓮子花開異樣紅。
圓蓋響多傳急雨，高莖香暗遞微風。劇憐下馬清晨望，萬疊彤雲入鏡中。

大竹里（Tōa-tek lí）

　　赤山里及興隆內里南方連接之海岸一區，東界控鳳山街，西端開打
狗港（Tákáu káng）。明末鄭氏時代，即已拓殖就緒。清領當初稱大竹橋
（Tōa-tek-kîo）莊，道光年間改為大竹里。初見移民，在打狗港沿岸諸地方。

打狗（Tákáu）港之南方分歧的前鎮港，為鄭氏設置鎮營之處。康熙三十年〔1691年〕，已形成旗後（Kî-āu）肆市。乾隆二十九年〔1764年〕之《（續修）臺灣府志》記有「下坡頭（ē-pi-thâu）街」。康熙五十三年〔1714年〕，下坡頭成為鳳山縣城移設地。在此之前，已有許姓人於苓雅寮（Leng-á-liâu，一作能雅寮）形成一市場（該庄媽祖宮，乾隆二十二年〔1757年〕黃欽募建）。至此，成為聯絡鳳山及旗後之中路。《鳳山縣采訪冊》謂：「能雅寮街，逐日為市。」

打狗港（Tákáu káng）

　　現時西海岸之南部一帶，殆呈彎曲，長汀白沙遠連之間，突有高1,167尺之打狗山矗立水際，即歐美人所謂Ape Hill之一角。遠望如海島，古來為航海者之好目標，也是形成打狗港之最好障壁，包擁港之北岸一帶。港口之南角有旗後（Kî-āu）山，即歐美人所謂Saracen Head，形成高173尺之峻崖，然後漸向南方斜坡，遂延長成為狹窄洲帶，與海分界成為自然之防波堤，內面則成為一大鹹水湖海，長6哩、寬1哩至2哩，湖口以內雖形成打狗港，但港內中間有淺瀨而使其港寬顯著減縮。港口開向西北，打狗山及旗後山兩角南北呼應，因此狹隘僅只200尺，但為自然門戶。自港口外延，岩礁碁布不規則地點，不能容納大船，僅適合支那形船及小蒸汽船出入。因此，千噸以上船舶，必須碇泊於遠在港口外1浬餘之海邊。夏期5月至9月的5個月間，為西南風季節，風浪高難以碇泊，海陸交通經常斷絕。港內雖然不寬，但底質為黑細砂，錨泊安全。港內水深，常因砂堆而變更。但概在北岸哨船頭街至南岸旗後街之間及哨船頭街左右100間至200間，水深16尺至20尺，全長7、8浬，幅員1浬餘之灣內。其他部分，其深處也大多只有5、6尺至10尺左右，多只能通航艀船及小形支那形船。本港跨大竹里及興隆內里，夙為鳳山地方（楠梓坑以南，下淡水溪西方一帶）諸市街與對岸清國汕頭、廈門、泉州或橫濱、神戶、長崎貿易品之集散吞吐口。特別是南部特產砂糖，為其輸出品之大宗，所謂打狗糖最為著名（據《臺

灣稅關要覽》）。

　本港沿岸地方，原為平埔番族馬卡道部族 Takau 社所在。古荷蘭人因轉稱 Tancoia，漢族寫成近音漢字。清康熙三十六年〔1697年〕，郁永河《裨海紀遊》記載有打狗仔（Tá-kau-á）港。康熙六十一年〔1722年〕，巡視臺灣御史黃叔璥《臺海使槎錄》記載有打狗港。乾隆二十九年〔1764年〕，《臺灣府志》及《鳳山縣志》記載為打鼓（Tá-kóu）港。又，相對於東港（Tang-káng，港東中里），有西港（Sai-káng）之名。旗後街往時為港市，也稱旗後港。另，形成鹹水湖之內澳稱丹鳳澳（一名朱雀池），俗稱內海仔。（《鳳山縣采訪冊》曰：「丹鳳澳，在西港內，帆楫往來，欸乃聲不絕於耳，為縣治八景之一。八景中有丹渡晴帆即此。」）《臺灣府志》曰：「打鼓港，港口有巨石，劈分水門成南北二支，南入為前鎮港，又入為鳳山港，北入為硫磺港。」前鎮港，在鹹水湖東岸今前鎮庄（大竹里）。鳳山港，《鳳山縣采訪冊》謂：「鳳山港，即鹹水港。」鹹水湖東岸，為今鹽水港庄。硫磺港，即打狗山麓之今哨船頭街。《鳳山縣采訪冊》可見：「龍水港，即硫磺港。」又，《鳳山縣采訪冊》曰：「西港，源受丹鳳澳西行，由港門（旗後、打鼓二山左右對峙，相距七、八丈，若巨靈擘畫然，故曰港門。當中有雞心礁及港外各暗礁，皆舟行所宜謹慎者也）通外海（浪平可泊輪船）出入（按，此港潮之漲退不過八尺，為他邑所無），內為通商口岸。」港外布置之岩礁，《臺灣府志》曰：「隔海參差，遠近浮沉，而列於打鼓山左右者，西有石佛嶼（Chīoh-put-sū），石佛之北有石塔嶼（Chīoh-thah-sū），石佛之南有涼傘（Liâng-sòann）礁。舟人經此，必鳴金焚紙錢。」此皆港外點在之岩礁，為船舶進入港內之一大障礙，故古來漢族船舶進入本港，多於此地點鳴鑼燒帛祈求無事（《鳳山縣采訪冊》曰：「石塔嶼，即蛇山餘脈，特立海中，距蛇山數十武，高二十餘丈，可造其巔。石佛嶼，即打鼓山背，豎立海中，如石佛狀，漁人嘗坐其上。涼傘嶼，即猴跳石，當西港中，舟犯之立碎。下有雞心礁，別在海底，潮退則見」，詳細記載石塔嶼接近蛇山背之桃仔園庄海岸，石佛嶼接近打狗山土名鬼仔嶺之海岸，涼傘嶼在打狗山

土名笨埕口附近。本港雖不似安平港被認為淤塞嚴重，但仍不免有多少埋沒，港內外因砂堆而變遷。另，鹹水湖出水之際，西南季風使鹹湖流出之強潮激起風浪，則明顯變更港口水深。

　　我領臺後，認為在臺灣南部修築一良港為急務，又因本港之外難以找到適當候補地，於是明治37年〔1904年〕6月至40年4月，實施浚渫及埋立工事，更於明治41年〔1908年〕著手六年築港計畫。其計畫之目的，在於浚渫港內，完備岸壁等水陸連絡設備，除去港口障礙岩礁，同時浚渫港外部分淺洲，開拓航路，讓港內可以繫留10艘2,000、3,000噸汽船。

　　關於本港之變遷，《臺灣府志》引陳小厓《外紀》記載明嘉靖四十二年〔1563年〕海寇林道乾被都督俞大猷討敗時，艤舟此地附近：「明都督俞大猷，討海寇林道乾，戰敗，艤舟打鼓山下，恐復來攻，掠山下土番殺之，取其血和灰以固舟，乃航于海，餘番走阿猴林（A-kâu-nâ）社。」林道乾之艤舟打狗山下者，蓋一旦自臺江（臺南海岸之內港）脫出往占城（交趾支那廣南）的途中，恣殺土番，取血塗舟，應是當時虐殺暴掠土番並加潤飾的記事，固非事實，但似也有土番餘類退避深入內地（即阿猴林）。（《臺灣府志》更記載道乾竄入臺江之事：「林道乾，恣殺土番，取膏血造舟」，蓋誤引外紀文字。從土番退避之事情來看，其虐殺暴掠無疑應在打狗港內。）番人退去後，明末以來有漢族往來移住。清領後，雍正九年〔1731年〕，開本港為島內貿易之處。乾隆二十九年〔1764年〕成書之《臺灣府志》記載當時情形：「打鼓港，無大商船停泊，惟臺屬小商船往來貿易。」蓋此時北方近控臺江之安平港，且今鳳山尚非未縣治之地，因此本港並未十分發達。既而，臺江壅塞與鳳山地方開拓發展，自然促使本港殷賑。特別咸豐十年〔1860年〕天津條約之結果，同治二年〔1863年〕開放為安平港之附屬港。爾來，交通範圍頓形擴大，歐美通航船隻寄港者漸多，外船之來安平者，皆聽聞打狗風光，故寄泊此地。《鳳山縣采訪冊》記載光緒年代情形：「西港，華洋雜處，商賈雲集。」

（**附記**）打狗港口之南角旗後山，往時獨立如一小嶼。西曆 1726 年，荷蘭宣教師 Valentyn〈福爾摩沙及荷蘭在此之貿易記事〉所載地圖「Kaart van het Eyland Formosa en de Eylanden van Piscadores」記為 Handelaars Eyl。此應為西曆 1600 年代荷蘭人所知之南部臺灣當時情形。何喬遠《閩書》所記打鼓嶼，亦應指此。爾後，其南方狹窄洲帶相連之變遷，理學士井上禧之助《臺灣礦山地質調查報告》記載：「打狗山麓，由珊瑚石灰岩形成。打狗實為位於此石灰岩上之市街，港口是破壞珊瑚石灰岩而成。南方之丘陵（即旗後山），數百年前是一箇獨立小島。其後此小島之東南，生出淺海，因風之營力遂成為今日之一帶砂丘，其內部生成大海灣。此海灣水淺，而且有河水沉澱物與由海而來之揚砂，造成其深度不斷減小。內地之天橋立、三保之松原，皆風營力所生，其成因蓋相同也。」

　　打狗港之市街，分南、北 2 區，隔著內港相對，最近處水上約 1 町餘。北稱哨船頭街（興隆內里），南稱旗後街（大竹里）。哨船頭街之東北，有鹽埕埔庄（興隆內里），為打狗車站所在地。旗後街之西方，隔著鹹湖之對岸有苓雅寮庄（大竹里），地當往鳳山街之要路。

打狗山（Tá-káu-soann）

　　一作打鼓（Tá-kóu）山，又名埋金（Tâi-kim）山及麒麟山。歐美人稱 Ape Hill。打狗及打鼓者，原出於佔居打狗港沿岸地方之平埔番族 Takau 社，既是港名也是山名之近音譯字。西曆 1726 年，荷蘭宣教師 Valentyn〈福爾摩沙及荷蘭在此之貿易記事〉所載地圖「Kaart van het Eyland Formosa en de Eylanden van Piscadores」可見 Apen Berg，故 Ape Hill 應來自荷蘭人之命名。Ape Hill，海拔 1,167 尺，聳立於打狗港口之北角。《日本水路誌》記載：「打狗山，磽确崎嶇，自海峭立，北望如斷頭圓錐，遠望如島，晴天時自 35 浬外可得見，其他雖掩沒於陸上煙霧，尚易識別，為低海岸最重要目標。」山

麓有元興寺（祀觀音菩薩），據稱清乾隆八年〔1743年〕僧經元募建，光緒十七年〔1891年〕失火燒毀。

《鳳山縣采訪冊》記載此山景勝：「打鼓山，適當港門之右，與旗後山對峙。山麓一巖，有泉出石罅，夏秋雨潤，泉湧如噴雪翻花，潺湲遠聞，冬春稍細（土人云，此泉甚奇，雨則吞入，旱則吐出），下注汙池，灌田數十甲，汲以煮茗，清甘異常，極旱不竭，居民名為龍巖泉（亦名龍眼井泉），今補入為八景之一（八景中有龍巖冽泉，即此）。其上里許，為仙洞（按舊志云：打鼓山石洞，須秉燭而下，中一石柱潔丈許，寬四、五尺，內有石乳，淙淨可供把玩，或謂即鐘孔石云。又一新洞，相距三里許，其內亦有石乳下垂，與舊洞大同而小異）。」打狗山餘脈北延，名為蛇山。擬其蜿蜒之狀，乃有此稱。

（**附記**）打狗山，一名埋金山。因往時海寇林道乾曾艤舟山下，乃連接此史實而有此名稱，而有一傳說。《臺灣府志》引陳小厓《外紀》曰：「相傳，道乾有妹，埋金山上，有奇花異果，入山樵採者，摘而唼之，甘美殊甚，若懷之以歸，則迷失道，雖識其處，再往則失之。」又，據說山中出產一種香木，黃叔璥〈赤嵌筆談〉記載：「南路打鼓山，有香木，色類沉香，味較檀尤烈，不名何香，土人亦不知貴。傳說昔年有蘇州客商，能辨之，載數十擔去。後有官某，作為香杖。今所存者，零星碎木，有為扇器者。」

　　龍巖冽泉　章甫

　　千尺懸崖一隙通，長蛇盤在水流中。歸雲入洞山屏展，破浪回潮海氣空。

　　西望飛帆參石佛（志云：西有石佛，舟人經此鳴金焚紙錢），南遊采果問仙翁。

　　搜奇恰好三春最，四面拖藍萬點紅。

哨船頭街（Siàu-chûn-thâu koe）

一稱打狗（Tá-káu）街，在打狗港北岸，屬興隆內里（即硫磺港，一名龍水港之地）。清康熙末年以來，移民埋立海埔，建築家屋，形成漁戶，是為本街起原。雍正十一年〔1733年〕，安平水師右營把總一員分駐打鼓汛，哨船頭地名因之出。近年，大部份成為海埔。同治二年〔1863年〕打狗開港後，外商等共同設計，開鑿山地、埋立海埔，成為現在之街肆，故幅員僅1、2町。向來稅關及外國領事館、外人居留地等，皆在此地。現在人口789人（男523人，女266人）。臺灣鐵道打狗車站，在東北之鹽埕埔庄，為縱貫線終點（距基隆起點247哩）。又，鳳山線之起點，為臺灣鐵道最大規模之車站。

旗後街（Kî-āu koe）

一作岐後，在打狗港南岸，屬大竹里。明末鄭氏時代，即永曆二十七年（清康熙十二年〔1673年〕），閩漁民徐姓人飄到，搭蓋一小草寮，是其濫觴。而後，洪、王、蔡、李、白、潘6姓亦移來，爾來，移住者增加至20餘家。康熙三十年〔1691年〕，以上各姓頭人協議創建媽祖宮之際，劃定一定地域，於該地域內建築家屋，公約繳納定額香油料給媽祖宮。爾後，人煙稠密，發展為打狗港之主腦地，商業極為殷賑。人口5,103人（男2,807人，女2,296人），與哨船頭街皆為臺灣南部重要產物砂糖之中心市場。

打狗燈臺

在打狗港口之旗山頭（即Saracen頭）。煉瓦石造，四角形白色。等級及燈質：第6等，不動，白色。照明弧度195度30分，自北36度西，經東北至南20度30分東。燈火高度，自基礎起算9尺，自水面起算16丈4尺。光達距離10浬。

鳳山城（Hōng-soann sîann）

　　歷史上之鳳山地名，包含2個市街。一為興隆內里之鳳山舊城，一為大竹里之鳳山城。此地方，明末鄭氏時代，漸創拓殖之緒。鄭成功時置萬年縣，鄭經時改縣為州，置南路安撫司。康熙二十三年〔1684年〕清朝領臺之初，亦於南路置一縣，名鳳山。鳳山地名，蓋當時管轄區域之南部海岸有名為鳳山之丘陵崛起，向來為一勝境，因乃取為縣名（參照鳳山條）。最初卜定置縣之地於興隆莊（今興隆內里）埤仔頭（Pi-á-thâu），不築城，且土地寥曠未經開闢，加以藉口毒惡瘴地，知縣僑居臺灣府治內。既而，康熙四十三年〔1704年〕，知縣宋永清移駐設公署。

　　康熙六十一年〔1722年〕朱一貴亂後，署理知縣劉光泗，始築土城，周圍810丈，高1丈3尺，設東、西、南、北4門，左倚龜山，右連蛇山，外環以濠塹，濠塹寬1丈、深8尺，實南路參將陳炯倫擘畫籌成。雍正十二年〔1734年〕，知縣錢洙，依上命周圍種植3重刺竹。乾隆二十五年〔1760年〕，知縣王瑛曾，於4城門上增建砲台4座。乾隆五十一年〔1786年〕，林爽文亂起，南路賊首莊大田，再蹂躪縣城。五十三年〔1788年〕事平後，更卜移其東南之大竹橋莊（今大竹里）下坡頭（ē-Pi-thâu，一稱埤頭）周圍種植刺竹為城。嘉慶九年〔1804年〕，知縣吳兆麟首倡建4門，分為6座，大東曰「朝陽」，小東曰「同儀」又稱「東便」，西曰「景華」，南曰「安化」，北曰「平朔」，其外門掛匾曰「郡南第一關」。至此，稱興隆莊城為舊城（Kū-sîann）。

　　（附記）乾隆五十一年〔1786年〕，林爽文作亂，莊大田應之，為南路賊首，十二月十三日，進陷鳳山縣城（舊城）。知縣湯大奎、典史史鎌死之，參將瑚圖里奔府城，民心大動。乾隆五十二年〔1787年〕二月二十三日，海壇總兵郝壯猷率兵2,000來，恢復縣城，不久後復陷，郝壯猷棄城走。乾隆五十三年〔1788年〕正月十四日，將軍福康

安進兵南路，二十四日回復縣城，莊大田走琅嶠番界。

嘉慶十一年〔1806年〕，海寇蔡牽侵犯臺灣時，吳淮泗乘間陷縣城（新城），議者曰：「埤頭土薄水淺，地苦潮濕，不如舊城爽塏，且負山面海，形勢雄壯。」將軍賽沖阿再請復歸舊城，立議「改建以石，並請圍龜山於城中，以免敵人俯瞰」。閩浙總督方維甸，渡臺實地視察，因需要大量經費，不許。道光三年〔1823年〕，總督趙慎畛命當時之臺灣府署理知府方傳穟，考量地形決定可否復歸。明年〔1824年〕，福建巡撫孫爾準巡視臺灣，依從輿論上奏再建舊城。但適逢楊良斌作亂，自縣城竹圍隙處侵入，餘孽肆行劫掠，更被認為新城不如舊城。

（**附記**）嘉慶十年〔1805年〕，海寇蔡牽侵犯臺灣，十一月起事於滬尾（淡水）的同時，遣其黨羽至鳳山。地方之賊吳淮泗為首響應，爾後趁蔡牽入鹿耳門，攻取鳳山縣城，知縣吳兆精遁入粵庄。爾來，清軍雖屢屢欲恢復縣城但均不成。嘉慶十一年〔1806年〕二月，總兵愛新泰進擊敗賊，吳淮泗逃入船。十五日，討餘賊，縣城得以克復。道光四年〔1824年〕，鳳山民許尚謀反，楊良斌亦為其黨，將攻鳳山縣城，將及於府城。臺防同知杜紹祁，以兵300守縣城。當時只有少許竹圍蔽障內外，且因先已被蔡牽之亂毀損，因而謠言百出，人心不安，多逃難走避府城。至十一月，楊良斌被推為賊首，二十二日夜，自西、北2路進攻縣城，從竹圍隙處侵入，守備破處亦被餘孽趁虛進入，大肆劫掠。二十六日，臺灣府署理知府方傳穟，率兵至，夷餘孽，增補竹圍，浚渫外濠，中插竹籤，招撫逃民。

於是，方傳穟議請官先出捐誘導民間，募費築城。被允。因檄民間諸紳，得其贊同，定築城費120,000兩，官民分擔，遂募集140,000兩餘。傳穟乃選紳士黃化鯉、吳尚新、黃名標、劉伊仲為城工總理，自與知縣杜紹祁監督，就舊城基址加大規模，將蛇山留於外部但包擁龜山，

以石為壁，高1丈2尺，寬1丈5寸，上設雉堞，周圍1,224丈，設4門，各門上置樓，其高各4丈2尺，在東曰「鳳儀」，在西曰「奠海」，在南曰「啟文」，在北曰「拱辰」，又於4隅築砲台4座，高1丈3尺，經費92,100兩，道光五年〔1825年〕七月十五日起工，翌年〔1826年〕八月十五日竣工。以後，巡撫韓克均上奏賞賜致力諸紳品銜。

復建鳳山縣城　姚瑩

鳳山縣，舊有土城，在興隆里龜、蛇二山之間，外有半屏、打鼓二山環抱，形勢天成。康熙六十一年〔1722年〕，知縣劉光泗建。雍正十二年〔1734年〕，知縣錢洙植荊竹。乾隆二十五年〔1760年〕，知縣王瑛曾於四門增建炮台。五十一年〔1786年〕，廢於莊大田之亂，改治埤頭，插竹為城。嘉慶十一年〔1806年〕，蔡牽攻臺灣，吳淮泗乘間陷埤頭，頗有殘毀。議者皆謂，埤頭土薄水淺，地苦潮濕，不如舊城爽塏，且負山面海，形勢雄壯。將軍賽公沖阿，遂請移回舊治。十五年〔1810年〕，總督方勤襄公維甸，至臺相視，奏如賽議，改建以石，並請圍龜山於城中，以免敵人俯瞰。費鉅，部駁未行。其後頗思捐建而民間未有應者。道光三年〔1823年〕，勤襄從子傳穟署臺守，瀕行，總督趙文恪公令相度成之。明年巡撫孫公爾準巡臺，復採輿論奏建。適有楊良斌之亂，傳穟議請官捐以為民倡，眾從之。因為檄諭諸紳士曰：臺灣富庶之國也，而困於兵燹亟矣。自康熙二十二年〔1683年〕入版圖，三十五年〔1696年〕則有吳球之亂，四十年〔1701年〕有劉卻之亂，六十年〔1721年〕有朱一貴之亂，雍正九年〔1731年〕吳福生亂于岡山，乾隆三十五年〔1770年〕黃教亂于大穆降，五十一年〔1786年〕林爽文、莊大田相繼亂，北路先陷，南路應之。六十年〔1795年〕陳光愛、陳周全相繼亂，南路甫平，北路旋失。汪降之亂也，在嘉慶五年〔1800年〕。許北之亂也，在十五年〔1810年〕。中更間以蔡牽之亂，則吳淮泗陷鳳山矣。胡杜侯之亂，則陳錫宗據曾文矣。百三十年變亂十一見，近者楊良斌之事，又用兵。雖饒富，其何堪乎？且亂賊如吳球也，朱一貴也，莊大田也，陳光愛也，汪降與許北也，吳淮泗與楊良斌也，皆鳳山之事。前後十二亂，鳳山獨居其八。此一隅兵燹最多者，何也？

則近郡之故也。譬諸一身，郡城如心，鳳山則元首也，嘉則腹而彰則腰，淡水直脛股耳。嘉義以北關鍵重重，鳳山逼近咽喉，朝發而夕至，中無屏障，元首病則心以之，豈腰腹脛股所能救哉？此賊之所以常在于南也。南路有事，郡城必先受兵，北路之賊，乘間再發，則郡城恆有不及之勢。故鳳山尤重。南路安，則北路即有事，可無虞矣。

古者，五十里之國，必有三里之城。今鳳山，北自贊行溪、南至瑯嶠二百二十里，至沙馬磯頭四百里，西至海、東至傀儡山下亦百餘里，而無城，欲醜徒無覬覦之心，不可得也。鳳山舊城之宜建，眾議僉同。今將易土而石，乃以費重久不舉行，豈臺人好義之風稍衰乎？惟無以倡之耳。命匠計工需番銀十二萬有奇，願官與民分任之。今本道衙門籌捐三千，府捐一萬二千，鳳山縣捐六千，淡水、臺灣、嘉義、彰化四廳縣捐一萬二千，臺防同知捐二千五百，鹿港、澎湖、噶瑪蘭三廳捐四千五百，凡官捐者四萬，外此不能不于士民是望。臺人感動，于是，鳳山士民僉議：納正供者，每穀一石捐番銀一圓。凡四萬有奇。富民別捐，又四萬四千。郡中紳商聞之，亦捐二萬五千有奇。傳檄乃選紳士黃化鯉、吳尚新、黃名標、劉伊仲等為城工總理，分門鳩工，不經胥役，自與知縣杜紹祁親巡督之。道光五年〔1825年〕七月十五日興築，六年〔1826年〕八月十五日工竣，為石城周八百六十四丈，城樓砲台各四，用番銀九萬二千一百，又建知縣、典史衙署各一，倉廠、監獄備具，參將衙署一，火藥局附，用番銀二萬二千，以次興修，尚餘銀三萬，為歲修之費。巡撫韓公克均奏聞，議敘紳商有差。其明年署淡水同知李慎彝，亦勸捐建城竹塹焉。自是山前郡縣始皆有域矣。

城既及成，縣之有司，因有擇日之迷信，因循不移，先徙罪囚於新設之監獄，後卜吉辰，漸啟移轉之端。未幾，知縣杜紹祁病沒，終以為移城之凶兆而中止，新設衙署乃漸歸頹敗。咸豐三年〔1853年〕，清國本土長髮賊亂，福建一帶亦極騷擾。在臺奸民，乘機謀反，四月二十八日鳳山匪徒林恭，偽稱義民，破壞竹圍侵入縣城，殺害知縣王廷幹等。於是，臺防同知鄭元杰署理知縣，與中營遊擊夏汝賢，率兵3路分進，遂克復縣城。翌

四年〔1854年〕，參將曾元福，築土墙高8尺、寬2尺，墙外植莿竹。光緒十八年〔1892年〕，土墙崩壞，知縣李淦命人民修理。

鳳山街（Hōng-san koe）

在大竹里（古大竹橋莊）。清乾隆二十九年〔1764年〕成書之《(續修)臺灣府志》記載之下坡頭（ē-Pi-thâu）街為其前身，以後稱埤頭（Pi-thâu）街。乾隆五十三年〔1788年〕，卜定為鳳山縣治，自興隆莊（今興隆內里）移來築城。今之城內土名中和街者稱中街，城外土名外北門街者稱武洛塘街，是當時殷賑之市場。為臺南以南之中心市場，西方近控打狗港。自陸路集散該港之砂糖，經過本街。鳳山，縣名，非市街名，因其建城位置，隨而街名亦轉。人口6,118人（男3,189人，女2,929人）。原為鳳山廳所在地，臺灣鐵道鳳山線車站在此地（距打狗起點5.6哩，接續基隆起點合計252.6哩）。

曹公祠（Chô-kong-sû）

在鳳山街。祀鳳山知縣曹瑾（字懷樸，河南河內人）。鳳山縣下之地，多旱田。清道光十七年〔1837年〕正月，曹瑾任鳳山知縣，蒞任縣治之初，即巡田野，次察水源，至九曲塘（Káu-khek-tông，小竹上里）下淡水溪邊，喟然歎曰：是造物者留以待人力經營。於是，集紳耆、召巧匠，興工鑿築。公餘暇，徒步往觀，指授方略，言笑鼓勵，經2年竣工（當時稱灌田2,078甲）。翌年〔1838年〕，臺灣道熊一本，躬臨其地勘查，乃紀念曹瑾功勞，名曹公圳。道光二十一年〔1841年〕，大旱，縣民有憂色。曹瑾復命貢生鄭蘭生、附生鄭宣治，一面諭示業主由地方協議出資之法，准徵收賦課，經3年竣工（當時灌田1,050甲），乃亦名曹公新圳，前者稱曹公舊圳。在任5年去官之日，祖餞者數千人。既而，咸豐十年〔1860年〕，士民懷其舊德，於鳳山縣城鳳儀書院頭門內東偏，建祠三楹祀之。祠內曹瑾神位書「前任鳳山知縣丁卯解元懷樸曹公諱瑾祿位。」《鳳山縣采訪冊》記載舊政府時代

慣例：「每遇誕期，輒召梨園，設酒醴，以遙祀之。」

　　　　鳳山竹枝（折一）　謝苹香
　　新陂水與舊陂通，終歲無憂旱潦逢。種得水田三百頃，家家雞黍拜曹公。

雙慈亭（Siang-chû-têng）

　　在鳳山城內。前殿祀媽祖，後殿祀觀音。《鳳山縣采訪冊》指本廟：「俗稱大廟」。清道光八年〔1828年〕所建「重修雙慈亭碑」記載：「慈，何以名？取慈悲之義，而名之也。雙，何以名？是廟昔奉觀音佛祖。迄乾隆癸酉年（十八年〔1753年〕）始建前進，兼祀天上聖母。故名之曰雙慈亭」，可知其創建在乾隆十八年以前，該年重建。

　　（**附記**）廟內有臺灣府學教授羅前蔭所揭之匾，橫書「慈濟」二字，兩旁辭題曰：「時乾隆五十三年〔1788年〕季春穀旦。鳳山陂頭街雙慈亭，奉觀音天后聖像。住持僧戒香，存慈悲心，行濟人事，拯難扶危，素所持履者然也。丙午〔乾隆五十一年，1786年〕冬，逆匪搆亂，劫縣傷官。學博葉公夢苓、陳公龍池，招集義民，駐陂頭堵剿，不克被害，而葉公一家死者十三人，葉公孫人林氏自刎以殉，僅遺幼男一、幼女三。僧戒香罄素，積懺資買棺以殮，並衣食所遺幼男，其收埋官兵、義民之死難者，不可勝計，洵不愧雙慈亭之住持矣。余遭賊難，賴戒香引避得免。事定，爰旌以扁，兼題數言，以誌不忘云。」

三塊厝（Sann-tè-chhù）

　　在大竹里西北部。此方面近小集散地苓雅寮（Lêng-á-liâu），《鳳山縣采訪冊》可見「三塊厝街，逐日成市」。南部臺灣特產砂糖原料甘蔗產地。

臺灣鐵道鳳山線車站在此地（距打狗起點 1.4 哩，接續基隆起點合計 248.4 哩）。

小竹里（Sío-tek lí）

沿著下淡水溪下游西部之一區，清領當初稱小竹橋（Sío-tek-kiô）莊，道光年間改為小竹里。光緒十四年〔1888年〕，更分上、下2里。上里東北界之大樹腳及小坪頂庄地方，明末鄭氏時，部將吳燕山，傳說驅逐土著番人著手開墾。該里之其他大部份，為賜給清康熙二十二年〔1683年〕靖臺有功之將軍施琅的世襲業地，由施家給墾各個人，拓成就緒於該年代。下里地方開成時間稍後，大概在雍正以後。乾隆二十九年〔1764年〕成書之《（續修）臺灣府志》見有中港（Tiong-káng，今中芸〔Tiong-ûn〕庄）之名。

九曲堂（Káu-khek-tông）

在小竹上里中央，下淡水溪西岸。地當鳳山、阿緱2街中路，又與東港之間有舟運之便。臺灣鐵道鳳山線終點車站在此（距打狗起點距10.6哩，自基隆起點接續合計252.6哩）。

曹公圳（Chô-kong-chùn）

自小竹上里九曲堂庄九曲塘（Káu-khek-tông），分流下淡水溪，疏鑿水圳（灌溉水路），有舊、新2圳。清道光中，鳳山知縣曹瑾首倡開成，因稱曹公圳。舊圳，自道光十七年〔1837年〕啟工，經2年竣工，圳路44條，其灌溉區域包括小竹上里、小竹下里、大竹里、鳳山上里、鳳山下里等5里，現在約4,552甲田。新圳，道光二十一年〔1841年〕啟工，經3年竣工，圳路46條，其灌溉區域包括赤山里、觀音外里、半屏里、興隆外里、興隆內里等5里，現在約3,169甲田。故一稱五里舊圳、五里新圳。臺灣最大水圳。鳳山城內曹公祠前之曹公圳記碑，勒其事（參照曹公祠條）如下：

曹公圳記

朝廷建官千百，皆以為民也。而地與民近，情與民親，周知其利病，而權足以有為者，莫如縣令。縣令主持一邑，鰓鰓於期會、簿書，而不知民之本計，知民之本計，而行以苟且，不能有彊毅之力、真實無妄之心者，皆不足以圖久遠。是故，得俗吏百，不如得才吏一，得才吏百，又不如得賢吏一也。

予於道光甲午（十四年〔1834年〕）出守臺陽，蒞官之始，問政於先事諸君而求其要，僉曰：治臺之法，惟在弭盜而已。詢以民生衣食之原，則曰：臺地沃饒千里，戶有蓋藏，民食不待籌也。予是時甫蒞斯邦，見聞未悉，無以勝言者之口，而心竊不能無疑焉。丙申（十六年〔1836年〕）秋，臺鳳嘉接壤之區，被旱百有餘里，閭閻待哺，宵小跳梁，覺向所謂弭盜者洵為急務，而所謂民食不待籌者，猶未得治臺之本計也。予於議食、議兵之後，循行田野，察其被旱之由。

竊謂，饑饉之患，獨在此百餘里內，實由民之自取，而不得委為天災。蓋稻為水穀，自播種以至秋成，皆須深水浸之。《周禮》稻人之職，所謂以瀦蓄水、以防止水、以溝蕩水、以遂均水者，乃農家不易之經也。臺地惟山澤之田，有泉引灌，可期一歲再收，其平原高阜之田，往往行數十里而不見有溝渠之水，耕者當春夏陰雨之時，倉皇布種以希其穫。乃至數日不雨，而水涸矣；又數日不雨，而苗稿矣。前此被旱之百餘里，皆此類也，又安可委為天災，而不思所以補救乎？予為勸興水利，教以鑿陂開塘之法，而愚民狃於積習，不能奮然行之，論治者又目為迂遠，而不肯實為其事，則予第記諸空言而已，莫由收實效也。丁酉（十七年〔1837年〕）春，鳳山大令曹君懷樸，奉檄來臺，予於接見之初，首言及此，大令頷之，而不輕諾。予疑其事或未諳，抑所聞治臺之法，猶夫向者之言歟，固不能強以必行也。數月後，人有言其度地鳩工將為民開水利者，大令於繼見時，言不及之，亦不形諸簡牘，則又未見其必能行也。戊戌（十八年〔1838年〕）冬，大令果以水利功成來告，且圖其地形以進，凡堀圳四萬三百六十丈有奇，計可灌田三萬一千五百畝有奇。於是，廉訪姚公，亟獎其勞，將上其事於大府，而為之請於朝，檄予親往視之。

予於己亥（十九年〔1839年〕）仲春，躬臨其地，士民迎馬首者千數百人，予令董役之若干人隨行隴畔，向其一一詢之，乃知圳之源出淡水溪，由溪外之九曲塘，決堤引水於塘之坳，壘石為門，以時蓄洩，當其啟放之時，水由小竹里而觀音里、鳳山里，又由鳳山里而旁溢於赤山里、大竹里，圳旁之田，各以小溝承之，上流無侵，下流無靳，咸聽命於圳長，而恪守其官法。向之所謂旱田者，至是皆成上腴矣。豈非百世之利哉。

吾觀從政之士，有以才能自詡者，當其述職長官，往往累數十紙，不能盡觀者。咨嗟大息，謂古循良無以過之。及覈其政之所就，則皆飾詞邀譽，自為功利之謀，而所謂澤被生民者，曾不可以終日，此其居心尚可問乎？若大令者，未為而不輕諾，未成而不輕言，可謂務為實事，先行後從者矣。自經始以迄竣事，不辭勞瘁，不惜厚資，歷二載而如一日，庶幾知民之本計，而有彊毅之力，真實無妄之心者歟！廉訪嘉其績而特彰之，豈非體國愛民用賢若渴之大君子哉！鳳之士民，從大令之教，而合力成之，所謂民情大可見者，今豈異於古耶。予進士民而獎之，皆曰：是惟吾邑侯之仁賢勞苦，始克臻於有成，眾何力之有焉？然則大令之得於民者，不既深乎。予將歸報廉訪，眾復請予名圳以刊諸石。予曰：汝曹以是為邑侯功，即名之以曹公圳可乎？眾曰諾，於是乎書。

道光十九年〔1839年〕歲次己亥十月，賜進士出身誥授中憲大夫欽加道銜知臺灣事前署臺澎等處地方海防兵備道兼提督學政熊一本撰。

龍目井（**Liông-bak chínn**）

在小竹上里小坪頂庄之北。《臺灣府志》曰：「龍目井，並相連狀如龍目，故名，相傳沉痾者，飲其水即愈。」古來以清洌知名。

龍目井泉

山下流泉冷沁冰，滋荒開甃湧清澄。穴通海眼魚龍沸，波溢田膏雨霧蒸。
茶鼎夜寒分石乳，藥鑱春煖洗雲層。空潭老叟知誰氏，疑有安禪說偈僧。

424　　伊能嘉矩　　　　　　　　　　　　　　　　　　　　　　臺灣地名辭書

鳳山里（Hōng-san lí）

　　大竹里南方相連之海岸一區，明末鄭氏時代拓殖就緒。清領當初，以其地橫著鳳山丘崗，因稱鳳山莊，道光年間改為鳳山里。光緒十四年〔1888年〕，更分上、下2里。下里之鹽水港，為古鳳山港。乾隆二十九年〔1764年〕成書之《（續修）臺灣府志》記其名，為打狗港南方分歧。鹽水港西北之大林蒲，隨著該港壅塞而代之。《鳳山縣采訪冊》記載：「大林蒲，五日成市。」《臺灣稅關要覽》記載：「自滿潮界約百間有四尋水深，一海里處俄有四十五尋。離本港南方約半里處，鳳鼻頭突巖波浪激烈。春夏南風季節，風波高不堪船舶碇泊，唯秋冬北風季節海上稍平靜，僅見少許船舶出入。上里地方，往時為知名匪巢，交通自然疏陋，街肆不發達。鳳山丘崗中有石牛椆，《鳳山縣采訪冊》記載：「石牛椆，石壁削立，下有窩如半月形，盜牛者恆於此宰之，故名。」

鳳山（Hōng-san）

　　在鳳山上里及小竹下里交界處。南北橫亙丘崗，其最高點466尺。清朝領臺當初，南路置縣治名鳳山，實因之。古來漢族傳為南路勝境，《臺灣府志》謂：「鳳山，形若飛鳳，旁有二小峰，如翅，故名。」《鳳山縣采訪冊》記載：「鳳山，首昂如冠，俗名鳳髻山，最為圓秀。旁列二小峰，形若飛鳳展翅。縣治命名取此。」又，《臺灣府志》記載此丘崗一則神意傳說：「鳳山，相傳，昔年有石，忽自開，內有讖云：鳳山一片石，堪容百萬人，五百年後閩人居之。」其他，《鳳山縣采訪冊》謂：鳳山有鳳山洞、向天池、金面盆、清水巖、石翁媼、石鴝鵒、石牛椆、石鐘、石鼓、石船、石棋盤、仙人跡、獅子喉等十三勝（其中，獅子喉，丘上開一巨竅，擬獅子張口狀命名。里俗相傳，其喉若吐煙，東港市街必遭回祿）。又，鳳岫春雨為鳳

山縣治八景之一。清水巖南麓有一觀音堂，稱清水巖寺。道光十四年〔1834年〕，總理簡立募建。

鳳岡春雨　黃家鼎（光緒十年〔1884年〕鳳山知縣）
春陽時節雨瀟瀟，春到平岡景色饒。一抹輕煙迷鳳鼻，幾行新翠挂山腰。
樓頭燈火聽偏寂，樹裡人家望轉遙。正好栽桃兼植李，恩承膏澤發靈苗。

後庄（Aū-chng）

在鳳山上里之北部，屬竹腳仔庄。附近村庄，以米及木炭之產地知名。臺灣鐵道鳳山線車站在此地（距打狗起點7.9哩）。

下淡水溪（ē Tām-chúi khoe）

下淡水溪有2大源，一為楠梓仙（Nâm-chú-sian）溪（一稱楠仔仙溪），發源於新高山西側，收鹿林（Lok-lîm）山等之水，西南下楠梓仙溪東里之西部，自旗尾山（港西上里）之西麓過番薯寮（羅漢外門里）之東岸，名旗尾（Kî-bé）溪。一為荖濃溪，發源於新高山東側，到八通關（Pat-thong-koan）走其南，集中部山地諸水，西南下出荖濃（Lāu-lông）庄，過楠梓仙溪東里之東部（於港西上里中部，分出二重溪後又合）。2流於港西上里西端（溪洲庄）相會為下淡水溪，直南而下，又匯幾多溪流（發源自港西上里山中之武洛 [Bú-lok] 溪，即古之大澤機溪及自港西中里隘寮 [Aì-liâu] 溪分流之番仔寮溪等，亦入之），於新園里、小竹下里之間形成大三角洲。東分流與東港溪河口會合成東港（Tang-káng）之大灣，西分流於中芸庄東方注海。本溪古來夏秋雨期，常突然氾濫溢漲，浸害土地家屋。《鳳山縣采訪冊》記載：「夏秋水漲，或寬至四、五倍不等，沿溪田園廬舍，常被淹壞，民恆患之。」同時，溪上往來全絕，多為行旅之憂患。而且，渡頭舟子往往乘機勒索，剝掠舞弊。《鳳山縣采訪冊》附載廩生盧德嘉〈義渡論〉：「夏秋，

霖雨滂沱，積潦驟漲，野水縱橫，處處病涉。溪邊舟子，編竹筏以待行人，載至中流，需渡價，多方勒索（有勒至數金者），貪得無厭，甚而擠人於水（有擠下孤客，任急流滾出外海，而坐視不救者）、橫取衣物，大則殞命，小則傷財。狼子野心，實堪切齒。義渡之設安可少哉？」至於平時光景，《鳳山縣采訪冊》記載：「每逢秋夜月明，則如萬道金蛇，中流蕩漾，故昔人列為八景之一。八景中有淡溪秋月，即此。」因溪流過東港溪之西方，因而一稱西溪（Sai-khoe）。西曆 1726 年，荷蘭宣教師 Valentyn〈福爾摩沙及荷蘭在此之貿易記事〉所載地圖「Kaart van het Eyland Formosa en de Eylanden van Piscadores」記為 Rivier Van Dollatoek of Cattia。

　　　淡溪秋月　　林夢麟

　　玉兔娟娟碧水悠，波光萬頃映沙洲。聲歸長寂溪原淡，氣有餘清月帶秋。
　　泛棹潭忘身在世，行吟只覺魄吞喉。塵心對此全銷卻，半點繁華更不留。

　　　淡水溪渡　　何日藩

　　長堤柳軃覆江潯，一葉輕盈載綠陰。髣髴青來疑雨意，依稀影破蕩波金。
　　扣舷自唱無聊曲，解纜誰知不繫心。且與沙鷗隨上下，橫吹短笛起龍吟。

下淡水（ē Tām-chúi）

　　下淡水溪之東部，即北接羅漢門，東到番界，南瀕海一帶之谷野，古來漢族總稱之為下淡水。西曆 1726 年，荷蘭宣教師 Valentyn〈福爾摩沙及荷蘭在此之貿易記事〉所載地圖「Kaart van het Eyland Formosa en de Eylanden van Piscadores」所記載之 Sampsuy，亦應為淡水（Tampsui）之轉訛。明末鄭氏時代，早有漢族足跡，但其大部份拓殖就緒，應在清朝領臺以後。當時此地被認為水土苦惡之境，康熙三十六年〔1697 年〕郁永河《裨海紀遊》記載參軍尹復之言：「客秋朱友龍謀不軌，總戎王公命某弁率百人戍下淡

水，纔兩月，無一人還者。」在此之前，康熙二十三年〔1684年〕，為了稽查此地方，兼查東港船隻，置淡水巡檢，擇其地於大崑麓（Tōa-khun-lok，今港東下里大庄），但未實際建置。雍正九年〔1731年〕，移建崁頂街（今港東上里崁頂Khàm-téng庄）。其地方之區劃，康熙五十八年〔1719年〕，以貫流谷野中央之東港溪，分為東、西2部，東部稱淡水港東里，西部稱淡水港西里。道光年間，省略淡水二字，改稱港東里、港西里。光緒十四年〔1888年〕，更將港東里分成上、中、下3里，港西里分成上、中、下3里。

上淡水社　宋永清（康熙四十三年〔1704年〕鳳山知縣）
遙遙上淡水，草色望淒迷。魑魅依山嘯，鷗鴉當路啼。
茅檐落日早，竹徑壓風低。歲暮猶春意，花香趁馬蹄。

港西上里（Káng-sai siōng lí）

在下淡水溪上流之東方，北連楠梓仙溪東里及羅漢外門里，南以武洛溪與港西中里為界，東接番界，荖濃溪幾乎東西貫流中部，佔有舊港西里之北部。原為平埔番族馬卡道部族Tarau（搭樓）社及Vurak（武洛）即大澤機（Tōa-tek-ki）社所在地，南部之今搭樓庄及武洛庄為其據址。清康熙年間，閩粵人足跡已到，五十年代阿里港（A-lí-káng）地方已建庄。雍正年間，楊、王2姓為墾首，拓成里內之大部份。乾隆初年，已成阿里港街。乾隆年間，以北部之彌濃（Mí-lông）庄為中心之各庄，相繼拓殖就緒。乾隆十八年〔1753年〕，在此之前被粵人驅逐退入東方山番地界之Vurak移住地加蚋埔庄混入閩人。又，南界之武洛及番仔寮2溪之間一帶，以前是稱為永寧洲（一名永定洲）之溪埔，道光二十年〔1840年〕間有陳夢元者，開其地成立下冷水坑庄。

（**附記**）平埔番族之Vurak社，康熙年間被漢族侵佔故土，因而開墾

東方山番地界之移住區。當初，屢屢與山番（即澤利先族）衝突，終以威力加以懾服，鞏固拓地定居基礎，康熙六十一年〔1722年〕，巡視臺灣御史黃叔璥〈番俗六考〉謂：「武洛社，性鷙悍，逼近傀儡山。先是，傀儡生番（澤利先族）欺其社小人微，欲滅之。土官糾集社番往鬥，大敗生番，戮其眾無算。由是，傀儡懾服，不敢窺境。其子孫作歌以頌祖功，冬春捕鹿採薪群歌相和，音極亢烈，生番聞之，知為武洛社番，無敢出以攖其鋒者。」

阿里港街（A-lí-káng koe）

在港西上里之西部。清康熙五十年代，閩人開墾。乾隆二十九年〔1764年〕之《（續修）臺灣府志》已見阿里港街名，知其街肆形成在乾隆初年。乾隆二十六年〔1761年〕，成為萬丹（Bān-tan）街（港西下里）縣丞移設地。乾隆四十七年〔1782年〕，有莊鄉生者董建街內雙慈宮（祀媽祖）。同年，該廟頭門樓東壁所立縣丞禁開賭強乞翕紿碑謂：「阿里港街、媽祖宮前、市仔頭、營盤口、仁和街、國王廟前、永安街、北勢街等處柵內各街，正商民往來輻輳貿易交關之所」，可知當時為港西上里地方集散市場。人口3,044人（男1,523人，女1,521人）。

阿里港街　卓夢采

曳杖攜朋度港西，參差陌路幾番迷。白雲滿地蒼苔濕，流水一灣漠野齊。
錯落村莊猰吠犬，蕭壠竹樹叫山雞。虎溪三笑疑非我，興盡歸來夕照低。

港西中里（Káng-sai tiong lí）

下淡水溪東方之武洛溪與隘寮溪之間的長三角形一區，舊港西里之中部。原為平埔番族馬卡道部族 Akau（阿猴）社及 Tapoeliangh（大木連）即

上淡水社、Varovorongh（麻崙）即下淡水社所在地。中部之今阿猴街，為
Akau 社據址，西南之今社皮庄的土名上社皮，為 Tapoeliangh 社，下社皮為
Varovorongh 社據址。往時，Akau 社為其中心地，因以其近音漢字，且這一
帶為森林而添林字，總稱此地方為阿猴林（又作鴉緱林）。康熙二十三年
〔1684年〕，諸羅知縣季麒光《臺灣雜記》記載：「鴉緱林，在南路萆目社
外，與傀儡番相接，深林茂竹，行數日不見日色，路徑錯雜，傀儡番常伏
於此截人取頭而去。」同年，臺灣府學教授林謙光《臺灣紀略》記載當時情
形：「阿猴林，大樹蔽天，材木於是乎出。」（《臺灣雜記》所謂之萆目社，
為東部山中澤利先番族 Timor 之近音譯字。後稱山豬毛 [Soann-ti-mou] 社，
亦 Timor 之近音譯字加山字。傀儡 [Ka-lé] 番一作嘉禮 [Ka-lé]，為稱呼此之平
埔番澤利先族之他稱 Kalei 的近意譯字。）

康熙二十三年〔1684年〕，清朝領臺後，閩粵移民之足跡自今鳳山地
方越過下淡水溪，驅逐土著番人，伐木後爾後從事開墾。康熙四十二年
〔1703年〕，閩人方、江、李3姓共同為墾首，隨之大力招墾，而有從社皮
向大湖、公館、阿猴、歸來、崇蘭等地建庄。康熙四十六年〔1707年〕前後，
閩泉人更東進隘寮溪上流進入番界，於西瓜園庄附近開墾，但因水利不便，
同年移而選擇南方隘寮庄之地，而與此前被漢族侵佔故地而退卻至此的番
族雜居，一面與山番（澤利先族）和約，一面設隘防番，拓殖逐漸就緒。
隘寮地名因之出（後，道光二十年〔1823年〕，隘寮溪洪水，既開田園多流
失，因更移建一新庄。今尚存舊隘寮、新隘寮土名）。又，康熙五十年〔1711
年〕前後，其南方之番界下浮圳（屬番仔厝庄），平埔番族亦被漢族驅逐，
開發新移住區，與山番（澤利先族）和約、婚通、交換物品，拓墾土地。
雍正八年〔1730 年〕，閩人與之雜居，開鑿埤圳水利，田園大為開發（以
後，道光二十年〔1823年〕，隘寮溪洪水，既開田園浸失，但再復耕）。《臺
灣府志》記載雍正十年〔1732年〕添設南路營都司，駐紮山豬毛口，截堵
生番。拓殖之結果，隨而必須警備番界。如此，乾隆初年，阿猴街肆形成。

阿緱街（A-kâu koe）

　　幾乎位於港西中里之中央，原為平埔番族Akau社所在。Akau社，原稱Takau（打狗或打鼓，為其近音譯字），佔居打狗港沿岸地方。明末，被海寇林道乾虐殺暴掠，避退至此。《臺灣府志》引陳小厓《外紀》謂：「海寇林道乾戰敗，艤舟打鼓山下，恐復來攻，掠山下土番殺之，取其血和灰固舟，乃航于海，餘番走阿猴林庄。」取血塗舟，應是潤飾當時虐殺暴掠土番之記事，固非事實，但知土番餘類因而退避至此地方。如此，在少去發頭子音後稱為Takau=Akau，漢族更以近音譯字加上林字，稱此一帶為阿猴林（又作鴉緱林）。清康熙四十年〔1701年〕代，閩人建庄於Akau社據址，因是阿猴林中心地，亦以阿猴為庄名。乾隆二十九年〔1764年〕之《（續修）臺灣府志》已見阿猴街名，顯見其街肆形成在乾隆初年。而後，以同音佳字又作阿緱街或阿侯街。

　　我領臺後，明治36年〔1903年〕土地查定之際，特別為了避免地名用字不一，統一為阿緱。街內之關帝廟，乾隆四十五年〔1780年〕董事郭萃、王廷魁等募建，為港西中里物貨中心市場，地當往鳳山之要路。現為阿緱廳所在地。人口3,176人（男1,715人，女1,464人）。

港西下里

　　自隘寮溪及東溪之中間至下淡水溪東岸之一區，舊港西里之南部。原是平埔番族馬卡道部族Varovorongh即下淡水社、Tapoeliangh即上淡水社之區域。清康熙時，閩粵人移進，何、陳、王3姓完成開墾，特別是粵人以六堆聚落為中心發展起來。康熙末年，經營已遠及東方之山番地界。雍正元年〔1723年〕，發生粵人殺死山番（澤利先族）之事端，造成該番數百人埋伏東勢庄（今老東勢庄）殺害粵人之事件，因而宣示兵威勒緝兇番，結果番人送呈番豚、番布、番籃等乞請歸附者達700餘口。此事見於黃叔璥《臺海使槎錄》。此地方之拓殖遠及山番地界，蓋在此時。雍正九年〔1731

年〕，於萬丹（Bān-tan）街新設縣丞（乾隆二十六年〔1761年〕，移至港西上里之阿里港）。

萬丹街（Bān-tan koe）

在港西下里之西部。清雍正九年〔1731年〕，設縣丞之處。當時已成為街肆之情形，見於《臺灣府志》。地當通往鳳山之要路，為港西上里之集散市場。街內之萬泉寺（祀觀音菩薩），乾隆三十九年〔1774年〕李振利募建。又有將軍廟（《鳳山縣采訪冊》曰：「祀陳將軍，乾隆五十一年〔1786年〕莊大田之亂，將軍曾引兵禦賊，陣亡於此。」），乾隆六十年〔1795年〕吳善心募建。人口2,378人（男1,271人，女1,107人）。

赤山（Chhiah-soann）

孤立於港西下里後庄仔庄內之下淡水溪東岸平野的丘崗，南北2丘相連。在北方者稱滾水（Kún-chúi）山，在南方者稱鯉魚（Lí-hî）山。因2丘相連，別稱兩魚山。又，相對於赤山里之赤山，又稱下赤山。《鳳山縣采訪冊》謂：「兩魚山，在港西里淡水溪邊，平地起突，二山相連，勢如雙鯉，故名。」工學士福留喜之助《臺灣油田調查報告》曰：「鯉魚山周圍二十五町，滾水山周圍一里，高皆四、五十尺。古來，鯉魚山亦又名噴火地。瓦斯之裂口，在滾水山。根據耆老所言，此地平時，自該丘陵西麓南流小溪中的無數小孔，伴隨少量灰白色泥水發散出微弱氣泡，但連續數年有一次大破裂，泥土砂礫噴騰飛散，附近耕地歸於荒蕪，其噴出地曾連續噴發七、八年，通常其位置從東移轉至西。即古早的噴出在滾水山東方平野，漸次移轉至其山腹，今已越過丘陵到了西方平野。破裂之跡，以噴出之泥土自然恢復平準，不留孔穴，只留下荒蕪土地。而此荒蕪土地經過約八年又可耕作。我在明治38年〔1905年〕大破裂之後踏查，打聽當時狀況，該日上午二時突然隨著轟轟地鳴而地盤震動，爾後噴出熱水與瓦斯，土石飛揚。根據當時一種迷信，二、三土民點火，猛火忽高達五十尺，成為一大噴火，

至十時五十分才完全鎮靜。踏查之際，還殘留周圍約七間的橢圓形孔穴，地表下五尺許處有泥水，浮游著黑色油滓狀物，散發小氣泡。此破裂並非真正的火山作用，瓦斯或蒸氣鬱積於地下甚深之處，逐漸蓄積其勢力，達到勝過上部之壓力時，突然破裂，但間歇性的發作時間有長短之差，只是一種所謂的泥火山破裂。本島之泥火山，往往伴隨著各種石油徵候，而且泥火山一般也被認為是一種石油徵候，因此應該多少也與石油有關。」

清康熙五十八年〔1719年〕之《鳳山縣志》記載：「港西里赤山之頂，不時山裂湧泥，如火燄隨之，有火無煙，取薪芻置其上，則煙起，名曰火山。」乾隆二十九年〔1764年〕之《（續修）臺灣府志》記載：「赤山，在鳳山縣治東十里，由鳳山過淡水溪，陂陁平衍，時有火出其上」、「湯泉，在下淡水社，源出赤山，水流如湯，亦無定處。」光緒二十年〔1884年〕之《鳳山縣采訪冊》記載：「滾水山，不甚高，頂湧溫泉，先是潨湧出泉，水多泥淤，至乾隆十二年〔1747年〕，始湧溫泉，近地不生草木。」最初記載噴發的《臺灣府志》，謂：「六十一年〔1721年〕，鳳山縣赤山裂，長八丈、闊四丈；湧出黑泥。至次日，夜出火光高丈餘。」黃叔璥《臺海使槎錄》引南路參將陳倫炯之報告，記載其狀況：「康熙壬寅〔六十一年，1721年〕七月十一日，鳳山縣赤山裂，長八丈、闊四丈，湧出黑泥。至次日夜間，出火光高丈餘；熱氣炙人，多不敢近，有疑出礦者。參將陳倫炯報稱：赤山上一崙頗平。東南二百餘步，臨冷水阬，縱橫百三十步。土人稱自紅毛、偽鄭及入版圖後，遞年出火，或連兩晝夜，或竟日夜止。今自申至丑，焰較昔年稍低。炯查硫穴土色，黃黑不一；佳者質重，有光芒；風至硫氣甚惡，半里草木不生。今近火處草色蔚青，徧山土番種植；土色亦無光芒，溼處有如黑泥，及乾，色白輕鬆，與土無異。雖按法煎煉，全無磺味」，又「雍正癸卯（元年〔1723年〕）六月二十六日，赤山邊酉、戌二時紅光燭天，地衝開二孔，黑泥水流出；四圍草木，皆成煨燼。」我領臺後最初之破裂，為明治34年〔1901年〕12月21日，土塊噴騰3丈餘，爾後噴湧出瓦斯、熱水。

忠義亭（Tiong-gî-têng）

在港西下里西勢庄。清康熙六十一年〔1722年〕朱一貴亂之際，下淡水溪岸之粵庄民，相誓倡義，大力效命疆場。亂平，清帝聖祖賞其功，旌里「懷忠」，勒額。於是，閩浙總督覺羅滿保為建亭稱「忠義亭」，雍正十一年〔1733年〕，巡視臺灣御史覺羅栢修及高山重修，擴大規模。亭內奉清國皇帝牌位。爾來，每有事，為粵人會議之所。

新園里（Sin-hn̂g lí）

介在下淡水及東港2溪之間的海岸一區，原屬港西下里。我領臺後，立為一里。新園庄為其中心地，因此當為里名。此地一帶，成於洲埔。清康熙年間，東港溪西岸之今鹽埔仔庄的一部份，建立了東港主腦市街（以後，同治年間，移至形成於西岸之今東港街）。爾後，乾隆年間，閩之漳泉移民，開置各庄。乾隆二十九年〔1764年〕之《（續修）臺灣府志》，已見新園街名。北部之仙公廟庄的仙隆宮，乾隆四十五年〔1780年〕，監生高肇輝創建。

港東上里（Káng-tang siông lí）

北方及西方以東港溪與港西下里分界，東方接番界，南方以後寮溪與港東中里為界，位於舊港東里之北部。原為平埔番族馬卡道部族Netne即力力社所在地，東港溪岸之力社庄為其據址。清康熙中葉，閩泉人施文標，初入此地為墾首，贌得土著番人之土地，開啟南部一帶移民拓土之端緒（乾隆二十一年〔1756年〕，其裔施國義將大租權讓賣給臺灣府股戶陳瑞炳）。大約同時，粵人移住者，以北部地方為根據。南部之崁頂街，為雍正九年〔1731年〕設置巡檢之地。乾隆二十五年〔1760年〕前後，中部之潮州庄街亦成立。在此之前，此地方之土著番人（即Netne社），遭閩人侵佔，於康熙五十年〔1711年〕代，退往東界之今赤山庄內，當時此為森林地帶，

構居林中，逐漸致力農耕。乾隆末年，閩人逐跡前來雜居，終成一村庄。道光十四年〔1834年〕，閩人林新慶及林主生，更進入番界，與加走（Kacháu）山中之山番（排灣族）和約，進行物品交換，而且著手開墾。又，乾隆五十四年〔1789年〕，王、吳2姓閩人，自潮州庄方面進入其南方之新置庄，為其開墾之起源。嘉慶八年〔1803年〕前後，許、陳、吳3姓與山番（排灣族）相約，開始從事物品交換，拓墾其地。以後，至光緒十年〔1884年〕，鳳山縣官企圖在番界栽植茶樹，赤山庄土名大林庄之人民，嘗試在東界之太平山種茶，但三年後與山番（排灣族Kapiyan社）衝突，被害甚大，結果中止此事業，而且庄民遭毒手者多，因此舉庄進而攻擊該番社，殺斃若干番丁後撤退。爾後，配置壯丁於界外防備，以後約和始得恢復平穩。

潮州庄街（Têo-chiu-chng koe）

幾乎在港東上里之中央，為該里之主地。清康熙中葉，粵之潮州人始開其地，當時以開拓者原籍地而稱潮州庄。既而，乾隆年間，臺灣府豪商張姓人首先來從事商業，聚集多數閩人。乾隆二十五年〔1760年〕前後，稱虎仔（Hóu-á）街。但一般稱潮州庄街，因此成為本名。街內之廣澤尊王廟，嘉慶元年張國俊募建。人口1,696人（男892人，女804人）。

崁頂（Khàm-téng）

原作嵌頂，在港東上里之南部，為本里最初開發成立的街肆。清雍正九年〔1731年〕，移設巡檢於此（最初擬定港東下里之大崑麓[Tōa-khun-lok]，但未實際建置）。爾來，一直至嘉慶二十二年〔1817年〕，稽查地方，兼查東港船隻（該年移興隆里之舊城）。乾隆二十九年〔1764年〕十一月豎立於該庄之保護墓塚的示禁碑，謂：「港東之里，有街曰嵌頂，人煙輻輳，四民雲集，巍然一巨鎮也。東望傀儡，蜿蜒磅礴，趨街首而闢康衢，西北有埔，形勢陟起，寬且厚，實為本街藩屏、各庄門戶焉」，知當時已成為一中心市場。此地之媽祖宮，乾隆三十九年〔1774年〕莊江募建。爾後，隨

著潮州庄街之發展，商勢移至彼地。人口1,047人（男569人，女478人）。

港東中里（Káng-tang tiong lí）

東港溪一支流後寮溪以南與林仔邊溪兩岸之間的一區，舊港東里之中部。本里最初拓殖就緒之處，是海岸地方一帶。當時，東港溪下游以東沿岸，是平埔番族馬卡道部族Chiaren（奢連）社一名Katen（茄籐）社之所在地。林仔邊溪下游西岸，是早在明末鄭氏時代，被自北方平原驅逐之該族Aaka（阿加）社一名放索社的退卻地。明末鄭氏時，其部將閩泉州蔣、蔡2姓人，自茄籐港上陸開拓番地，成立一庄稱西勢庄。今碖仔口庄之一部即屬之。爾後，清朝領臺後，自康熙年代起，閩之泉漳及粵之潮州移民，企圖向此2溪流域移殖者多，或賸得其地，或侵佔其土，逐漸進入內部，林仔邊溪流域之田垵厝庄、林仔邊庄、羗園庄、大武丁庄等，為其初闢之地。爾後，延伸至竹仔腳庄。

既而，乾隆初年，粵人開拓南埔（屬碖仔口庄）荒地，但以後被多數前來移住之閩人壓迫，轉往東方之昌隆庄。同時，泉州之陳、蘇、洪、李、莊5姓人，從茄籐港上陸，從事漁業之外，開墾大潭新庄、下廍庄至三西和庄。又，粵人葉古與同志數人渡來，開墾其中間的今七塊厝庄之一部。爾後，閩之泉人湯、李、傳、蔡4姓，開拓其餘埔地，初稱萬興庄，當時有7座住屋，里俗因稱七塊厝，最後成為一般庄名。其中部之車路垵庄，為Chiaren社番之根據地，又稱番厝庄，泉人蔡姓進入此地與番人約定，雜居營生。爾後，同籍之陳、孫、林、李、鄭各姓，亦移來獲得番人埔地。又，七塊厝土名番仔厝，為Chiaren社番之分住區域，因而如此稱呼。漳人王、陳、林、張4姓與番人訂約獲得其地（後，陳姓舉族涉溪，擇地設製油場，港東上里油車庄之土名因之出）。乾隆中葉，閩粵人先後著手開拓林仔邊溪西之竹仔腳庄附近一帶。乾隆末年，陳志自七塊厝進入，開東港溪東之新街庄及內關帝庄。同地之巷仔內庄，分為巷仔內、什花、溪底、頂廍、古山等5土名。巷仔內，最早有泉人陳光建來住；什花，有泉人紀受華與5、

6同志來住；溪底、頂廍、古山，乾隆嘉慶年間，有漳人林姓、粵人劉姓先後開墾；另一方面，泉人林文龍、林笞、林荷兄弟，開拓後寮溪南之溪洲庄的一部崙仔頂（以後，道光二十年〔1823年〕，既墾土地因洪水氾濫全數流失，但以其泥土稍堆積後復墾有望，林姓子孫戮力傾注家產疏鑿水圳，招徠佃人再開田園）。又，泉人劉、陳、林3姓，開牛埔庄。如此，乾隆末年，林仔邊形成為一街肆形（該地之土地公廟，乾隆十四年〔1749年〕葉文賓創建）。既而，嘉慶年間，泉人余、許各姓人，完全開拓溪洲庄並立了庄。南界之茄苳腳庄地方，雍正年代以來，粵之嘉應州移民著手開墾。

　　乾隆五十一年〔1786年〕，林爽文匪黨莊大田作亂之際，被餘孽擾亂，住民遁避內埔（港西下里）、萬巒（港東上里）地方，再歸荒蕪。道光、咸豐年間，林、張、朱、吳4姓人為墾首，逐漸墾成這一地帶。東界之今糞箕湖庄的東北地方，嘉慶末年王姓者為墾首開之，初稱新庄，一時有300餘家移民。道光二十年〔1823年〕，林仔邊溪氾濫，土地流失過半，庄民多流離他往。Chiaren社之熟番潘鵞、潘尾先等，與同族留下來致力復耕，漸創今糞箕湖之基礎。光緒元年〔1875年〕，成立其東方番界之餉潭庄。（因曰，林仔邊溪口附近之烏樹林塭，乾隆四十年〔1775年〕前後，臺灣府城業戶潘中義，投資所開，塭長5清里、寬2清里，分內、外2格，內塭全收溪水，外塭與海水出入相通，可養魚苗10萬，納鳳山縣稅銀達80元。乾隆五十一年〔1786年〕，林匪作亂之際，正逢潘親臨該地巡視塭業，賊匪圍攻該地，潘散資產與庄民共同防禦，但不敵，庄民降賊者多。潘逃回府城，其塭業盡為賊匪所佔。亂平後，官府沒收逆匪之產，潘亦被認為散財助賊，家產沒於官，烏樹林塭亦在其中成為官塭。爾來，歸臺灣道管理出贌，塭租充作臺灣道管理之海東書院學費。光緒十二年〔1886年〕，更以剩餘供臺地學生赴省、赴京鄉會試之用。）

東港（Tang-káng）

　　下淡水溪、東港溪2河口相會形成的扁平大灣即為東港，港口開向西

南。碇泊處，東西20町，南北約50間。水深，滿潮9尺9寸，乾潮6尺3寸。潮汐漲退之差，本島西岸諸港未有如此之甚者。兩溪運砂作用頗大，埋沒本港港底，港灣形質逐漸變遷。但附近潮流不斷傳往沿岸西北，而洗去部分運砂，因此不甚減損港灣價值。下淡水溪河幅極廣，潮汐可以遠達其2支源楠梓仙溪及荖濃溪之會流點，即港西上里之西端（溪洲庄）。現在本港雖然底淺，不適大船巨舶碇泊，但外海風浪激烈、交通杜絕時港內尚可安全碇泊。但，向來港灣未有何等設施，只委諸自然所成，每到7、8月雨季，河身經常變更，碇泊位置不定，船舶多感不便，只不過是南部臺灣比較好的泊地（據《臺灣稅關要覽》）。

　　本港，清雍正九年〔1731年〕，開為島內貿易之處。乾隆二十九年〔1764年〕之《（續修）臺灣府志》記載：「無大商船停泊，惟臺屬小商船往來貿易。」爾後，與對岸清國之汕頭，拓林、潮州、安海、下寮、石潯、石井、東石交通往來。《鳳山縣采訪冊》記載光緒二十年〔1884年〕代情形：「東港，兩岸相距三里許，深丈餘，內地商船往來貿易，為舟艘輻湊之區。」我領臺後，明治30年〔1897年〕指定為特別輸入出港。東港溪口東岸之東港街，為本港主腦。

　　《臺灣府志》另記有關帝港（Koan-tè káng）之名。《鳳山縣采訪冊》記載：「關帝港，即東港上游」，應是今東港溪下游東岸之內關帝庄，現在該河底淤淺已失一港之價值。又，該書記有中港（Tiong-káng）之名。《鳳山縣采訪冊》記載：「中港，一名中芸港，一名汕尾港，深丈餘，商船便於出入」者是，地當下淡水溪西分流之河口。

　　　　東港　陳輝（乾隆三年〔1738年〕）科舉人）
　　漁人幾處學吹簫，海色蒼蒼弄晚潮。一片山間明月上，滿隄寒影渡橫橋。

東港街（Tang-káng koe）

　　現時在東港溪口之東岸（港東中里），往時為東港主腦市街，在西岸之鹽埔仔庄（新園里）的一部，有人家600、700（清乾隆二十九年〔1764年〕《臺灣府志》所載〈鳳山縣圖〉東港名稱記於東港溪東岸）。康熙年間，閩之漳泉人最初移住之處。此地東港溪、下淡水溪2水東西包夾，且地面低卑，每年雨期溪水氾濫，浸入家屋流失耕地，被害不可勝數。同治初年之洪水，市街流失過半（400餘戶），街民移轉至溪東之現今位置。先是，此地一帶為海埔，官給邱姓人開墾。乾隆十八年〔1753年〕，邱姓將瀕海部分售予鄭、張2姓，其他東部售予蔡姓人，3姓更給出予以街民。同治末年，移築市街，鹽埔仔舊市街地終於變為埔地。人口9,982人（男5,327人，女4,655人）。

茄籐港（Ka-tên káng）

　　往時，東港南方附近有茄籐港一港。清雍正九年〔1731年〕，開為島內貿易之處。乾隆二十九年〔1764年〕之《（續修）臺灣府志》謂：「無大商船停泊，惟臺屬小商船，往來貿易。」該書又曰：「茄籐港，向係內海，可通舟楫。乾隆十三年〔1748年〕經里民修濬，自府港（臺江）直達縣治（鳳山）之彌陀港，民甚便之。嗣為港邊磅裡、相美2塭奸民，藉端抽稅，互相爭控，因而禁塞，販運悉由外洋，多有不測。乾隆二十四年〔1759年〕，知府覺羅四明檄委臺灣知縣夏瑚、鳳山知縣秦其焜會勘，捐俸疏濬，仍通舟楫。並飭二縣，每歲秋季挑挖一次，以免雍塞。」《鳳山縣采訪冊》記載：「茄籐港，即南平（Nâm-pêng）港。」爾後，被從外海打揚而上之土砂雍塞嚴重，竟形成一直線，喪失港灣形質，成為今南屏庄海岸。

東港溪（Tang-káng khoe）

　　東港溪有2大源，一為自南崑崙（Nâm-khun-lûn）山中發源之東溪

（Tang-khoe），流向西南至港西下里，一為自南太武（Nâm-thái-bú）之山中湖（瓏空口）發源之隘寮（Aì-liâu）溪（出港西中里隘寮庄後變大，故有此名），分出番仔寮溪，注入下淡水溪，幹流西南下至港西下里，2 支流相會成為東港溪，更合南方之後寮（Aû-liâu）溪，自東港入海。

東港渡　陳輝（乾隆三年〔1738 年〕科舉人）

斜帆臨野渡，水漲海涯東。草色連長岸，嵐煙聚短蓬。

山山春雨霽，樹樹夕陽紅。欲向津頭問，桃源路可通。

林仔邊溪（Nâ-á-peng khoe）

一稱羌園（Khiong-hng）溪，為古放索（Pangsoa）溪，發源自港東中里方面之山地，匯合從南方山中而來之力力（Lek-lek）溪南流，自新打港（Sin-tá-káng，屬港東中里塭仔庄）入海，因而有一名新打港溪。《鳳山縣志》所稱之放索港，相當於新打港。又，《臺灣府志》可見：「放索溪，西出鼊興港（Pet-heng-káng）入海」，新打港或亦可比定為古鼊興港。《鳳山縣采訪冊》記載：「鼊興港，今不可考。」

港東下里（Kang-tang ē lí）

北方及西方連接港東中里，東方接番界，南方一方面瀕海、一方面與嘉禾里分界，佔有舊港東里之南部。明末鄭氏時代，其中一部已有漢人足跡。清康熙之時起，隨著漢族移住林仔邊溪流域（港東中里），原在其地的平埔番族 Akaa（阿加）社，一名 Pangsoa（放索）社因而移動。往時到處森林鬱茂，閩粵人最初伐木以進，後來著手開墾。最初拓成者為海岸一帶，清領後大崑麓（後作大軍麓）已被預定為設置巡檢之地（大崑麓當今之大庄，但實際未設官而止）。

康熙末年，枋寮地方開拓就緒。雍正初年，漢族之移進達於內部，粵

人先開西邊之下埔頭，閩人自番仔崙海岸達於北旗尾庄、水底寮庄方面。雍正四年〔1726年〕，漳人開拓枋寮東南之北勢寮。當時，水底寮為平埔番族墾耕及燒炭之區，此時閩粵人混入伐木開墾。乾隆初年，東邊之內寮庄由漳泉人及番族合墾，乾隆二十年代形成枋寮肆街。乾隆四十年代，於東邊成立新東庄（今之新開庄，土名中庄）。乾隆五十一年〔1786年〕時，水底寮發展成中心聚落。嘉慶十一年〔1806年〕，枋寮之股戶黃茂純，役使平埔番族開墾東部番界。咸豐初年，新開庄及餉營庄之大部，主要由平埔番族之手開成。

枋寮（Pang-liâu）

　　港東下里海岸之一村市。此地一帶，原為鬱蓊森林，康熙年間，閩人進入伐木，築枋寮（杣小屋）居住，枋寮之地名因之而出。當時伐木之木材，自此地海岸船載輸出對岸（清國）。康熙末年，股賑漸加。既而，乾隆初年，閩人組成7股自為墾首，招徠佃人開墾。乾隆二十一、二年〔1756、1757年〕時，形成肆街。乾隆二十九年〔1764年〕之《（續修）臺灣府志》已見枋寮口街。道光六年〔1826年〕，已有700餘人家，有成為臺灣南端一集散地之勢。該地之德興宮（祀媽祖），道光十年〔1830年〕，林光輝董建。道光二十六年〔1846年〕，該地之溪流（稱頂苦溪 [Téng-khóu-khoe]、下苦溪 [ē-khóu-khoe]。《鳳山縣采訪冊》曰：「二溪流最嶮惡，行人苦之，故曰苦溪。」）氾濫之際，肆屋全都流失。同治六年〔1867年〕，興隆（興隆內里）巡檢移駐此地。同治九年〔1870年〕，大地震，街肆過半破壞，且屢受水害，住民多移轉至里內之水底寮庄及港東中里之林仔邊地方，因而衰頹。其東南土名北勢寮，雍正四年〔1726年〕漳人陳東和，進入枋寮著手伐木，爾後墾地。枋寮附近之海岸，幾成一直線，不見港灣形勢。故枋寮亦受外海波浪影響，無任何遮蔽物，不便船舶碇泊；只冬季風波靜穩之際，稍堪寄泊。水深，距陸地60間以內有4尋，逐漸增深，600間處達12尋。明治28年〔1895年〕10月11日，我南進軍第二師團，自此海岸開始登陸，經鳳

山壓迫臺南之南面。人口2,476人（男1,244人，女1,232人）。

六堆（Lak-tui）聚落

下淡水溪東部平原之粵人大聚落，自古以來自有一種風俗，稱粵莊或客莊，一稱六堆聚落。初清康熙二十五、六年〔1686、1687年〕時，粵之嘉應州鎮平縣、平遠縣、興寧縣、長樂縣地方之民，渡來臺灣，企圖拓殖今臺南附近。既而，此地歸閩人佔有已無餘地，僅於東門外一帶地域開墾菜園為生，尋而發現下淡水溪流域東部有未經開墾之膏腴平原，乃相率移往其地墾拓，漸成田園，戶口亦漸繁殖。本籍民聞知，接連移來者漸多，至康熙末年，遂形成一廣大聚落。爾來，200餘年間，土地益開，生齒愈增，北自羅漢門之南界，南至林仔邊溪口附近，沿著下淡水、東港兩溪流域（港東上中里、港西上中下里），大小百餘村庄星羅碁布。

康熙六十年〔1721年〕，朱一貴作亂南路，勢甚猖獗，數日之間全臺淪陷。當時響應者，概為閩人。原就因氣類不同、生存競爭利害不同之下淡水、東港兩溪流域的粵人，相誓起義，乃糾合13大庄、64小庄，13,000餘人會合於萬丹庄（港西下里），樹立清朝旗號，奉戴清帝牌位，部署隊伍，大力討平。於是，閩浙總督覺羅滿保上奏其功，有功者百餘名獲賜都司、守備、千總、把總、外委等武職頭銜及銀950兩、其他米粟綵綢，旌其里御筆「懷忠」。六堆即此時的戰時部署組織。六堆（堆、隊，同音同義）根據地勢，粵莊全部為6區，此為堆之成因。其堆之區分如下。

六堆：

（一）先鋒堆（今港東上里之萬巒、四溝水、新厝、五溝水等大小13庄）

（二）前堆
上前堆（今港西中里之火燒、潭頭等大小11庄）
下前堆（今港西中里之麟洛等大小6庄）

（三）後堆（今港西下里之內埔、老東勢、新東勢等大小13庄）

（四）中堆

上中堆（今港西下里之西勢、新北勢、老北勢、南勢等大小10庄）

下中堆（今港西下里之中心崙、二崙、頓物等大小13庄）

（五）左堆（今港東中里之新埤頭、石光見、下埔頭、大武丁、南岸、建功、打鐵等大小13庄）

（六）右堆（今港西上里之瀰濃、中㘃〔壇〕、龍肚、新寮、大路關、新大路關、武洛、新圍等大小27庄）

　　各堆公選總理、副理，更推選六堆大總理、大副理。平時各自從事生業，有事之日，編隊從軍。大總理握指揮進退之一切權限，總理協辦軍務，各堆選拔壯丁稱為旗丁，50名為1旗，6旗為1堆。軍需糧餉，由庄民負擔，大租戶2分、小租戶5分、佃戶3分，是一種自治獨立編制之屯田兵組織。

　　爾後，雍正十年〔1732年〕吳福生之亂，乾隆五十一年〔1786年〕林爽文黨野莊大田之亂及嘉慶十年〔1805年〕蔡牽之寇等，均以6堆編制，隨從討剿建功。清朝亦多加鼓舞獎勵，有事每加利用為爪牙，倚賴為南方重鎮。但此實假公之名成為粵屬對閩屬之分類械鬥，彼等自以義民誇示他族，以之為向他族誇示之奇貨。既而，彼等心生驕傲，降及道光、咸豐之交，臺政綱紀逐漸弛廢，彼等誇負之氣益盛，雖官府之命亦敢不奉。道光十三年〔1833年〕，匪徒據南路大崗山逼迫鳳山城，乃藉名義舉，編組6堆卻不討賊，反而焚掠無辜閩莊，不論婦女老幼肆行殺戮，附近百餘庄殆成焦土。咸豐三年〔1853年〕，此等粵人有以事不遵官諭將官派縣吏追還鳳山之事，其極端者殆有武斷鄉曲，官終不能制之勢云。

番界南路

　　清國政府為了決行開山撫番方策，於同治十三年〔174年〕訂立計畫，自南、中、北3路進兵，橫斷中央山脈，開通自臺灣西部通往臺灣東部之

道路。其南路，由海防同知袁聞柝統領，分2條，一自赤山庄（港東上里）達於臺東之卑南，袁聞柝本人負責，號稱175清里；一自射寮（屬港東下里大晌營庄）達於臺東之卑南，總兵張其光負責，號稱214清里。光緒五年〔1879年〕，余寵《臺灣地輿圖說》記其路程：「由赤山往卑南路程，下淡水十二里赤山，十五里雙溪口，五里內社，十五里崑崙坳，十里大石巖，四十里諸也葛，二十里干仔崙，十三里大猫裡（太麻里），四十五里卑南」，又：「下淡水三十里射寮，八里半紅泥嘴，十六里立里社，八里半南崑崙，二十里古阿崙，二十三里春望巖，十里大鳥萬溪口，四十三里大猫裡（太麻里），四十五里卑南。」

小琉球嶼（Sío lîu-kiu sū）

一稱剖腹山嶼，歐美人所謂Lambay島，西曆1600年代佔據臺灣之荷蘭人稱為t' Goude Leeuws Eyland。在臺灣南部之東港西南方，距離約11海里。東經120度20分至23分，北緯22度19分至21分，周圍3里1町餘。島形為不均整之橢圓，走東北方向，島中央之丘陵稱剖腹山，海拔253尺。頂上平坦，但四方歧出起伏殆無平地，海岸排列珊瑚礁。小舟得以碇繫者有4澳，漢族之聚落皆位於澳岸。在北者，白沙尾澳；在東者，大寮；在南者，天台澳；在西者，杉板路澳。人口共3,627人（男1,882人，女1,745人）。漢族稱小琉球者，似早在明末鄭氏時代。當時流寓沈光文〈平臺灣序〉中已有記載。至於剖腹山嶼之名稱，出自聳立於島嶼中央之丘陵名稱。又Lambay名稱，源於平埔番族西拉雅部族稱呼本島Ramai之轉訛。根據口碑，本島原為平埔番族西拉雅部族之根據地，於年代不可考之往時，彼等移住臺灣南部西海岸之今喜樹港（永寧里）。黃叔璥〈番俗六考〉基於以上口碑，記載：「新港（Sin-káng）、蕭壠（Siau-lang）、麻豆（Môa-tāu）各番（屬西拉雅部族）昔住小琉球，後遷於此。」又，南方之天台澳有稱為烏鬼番聚居遺址的石洞。《鳳山縣采訪冊》記載：「後有泉州人，往彼開墾，番不能容。遂被泉州人乘夜縱火盡燔斃之。」（參照烏鬼番遺址條）。

漢族最初定居年代，在清朝領臺之後。東港之閩泉人，乘小舟往來。於北方之白沙尾澳結草寮定居，僧陳明山乃在此地創建王爺廟。黃叔璥《臺海使槎錄》記載康熙末年情形：「小琉球社，對東港，地廣約二十餘里，久無番社餉，同瑯嶠、卑南覓皆邑令代輸。山多林木，採薪者乘小艇登岸，水深難於維繫，將舟牽拽岸上，結寮而居。近因偵緝餘孽，所司絕其往來。」康熙六十年〔1721年〕，朱一貴亂後，恐餘匪潛竄，禁止漢族往來。乾隆二十九年〔1764年〕之《（續修）臺灣府志》謂：「小琉球山，大海中突起一峰，蒼鬱蔥翠，周圍三十餘里，中無人居，多產竹木、椰子，下多巉巖巨石，船碇泊甚難，為鳳山水口」，如此看來，乾隆初年似漢族一時絕跡，至乾隆中葉才再有漢族偷渡定居者，既而形成各澳聚落。東方之大寮澳的觀音寺，乾隆五十九年〔1794年〕居民創建。如此，其地殆如化外。嘉慶十七年〔1812年〕，臺灣府安平鎮官陳現瀾，實地巡視調查戶口、田園，為一定之課稅，置寮長統制之。以後，光緒三年〔1877年〕，為防止宵小藏匿，分駐水師汛於白沙尾澳。島之西北岸附近有花瓶石（Hoe-pân-chioh）岩礁，《鳳山縣采訪冊》謂：「花瓶石，峙海上，高二丈許，其上小松數株，類花之插瓶然，故名。」（現時島民，漁農之外飼養黃牛及花鹿，輸出島外。黃牛，起於道光二十年〔1823年〕，寮長洪加禮建立飼育之方。花鹿，起於光緒七年〔1881年〕，白沙尾澳陳發自臺東火燒嶼移入牝牡一對。）

琉球山　陳輝（乾隆三年〔1738年〕科舉人）

翠嶼孤懸在水隈，青蔥疑是小蓬萊。雲連遠影嵐光動，日映高峰海色開。
恍惚鼇遊千尺水（予到海岸望山下水高數仞，浪激過於山），蒼茫浪激數聲雷。
信知南極瀛壖地，物產猶傳鸚鵡杯（山出鸚鵡螺，土人以為酒杯）。

球嶼曉霞　覺羅四明（乾隆二十六年〔1761年〕分巡臺廈道）

孟陽佳句寫疎櫺，刺眼晴霞散作屏。山色照來千仞碧，波光蒸出萬重青。
軒軒似欲熏鱗翼，冉冉如將炙鳳翎。聖治光華朝彩煥，普天群視萬斯齡。

琉嶼曉霞　黃家鼎（光緒十年〔1884 年〕鳳山知縣）

鯤南天設小琉球，一嶼千家水上浮。燦爛晴霞明海市，迷離曉日見蜃樓。

綺橫平旦飛還駐，名類藩封禁又收。散錦煥文開盛運，孤懸片土亦瀛洲。

毗舍耶（Phi-sia-ya）

　　《文獻通考》（宋・馬端臨撰）曰：「琉球國，在泉州之東，有島曰澎湖，煙火相望，水行五日而至，旁有毗舍耶（一作那）國，語言不通，袒裸盱睢，殆非人類。」又，《諸番志》（宋・趙汝适撰）曰：「毗舍那，語言不通，商販不及，袒裸盱睢，殆畜類也。泉有海島，曰澎湖，隸晉江縣，與其國密邇，煙火相望。」可知，稱為毗舍耶或毗舍那者，往時漢族指澎湖近傍之一地。此與菲律賓群島內之 Bisaya 音近，蓋或當時地理學知識不精確而錯混耶？《諸番志》對於呂宋地方之地理較少誤謬，因此 Bisaya 之位置不應有如此之錯誤。即，必須在澎湖近海之外，考求可以比定為毗舍耶或毗舍那之地。按，臺灣本島附近，且面向澎湖群島之臺灣海峽內有一小島，今稱小琉球嶼。今該島之在住者，只有漢族。但往時該島曾有土番佔居之事實，黃叔璥〈番俗六考〉記載謂：「新港、蕭壟、麻豆各番，昔住小琉球，後遷於此」，也就是說新港、蕭壟、麻豆等以今臺南地方為中心，分布於附近之平埔番族之社名，「後遷於此」，即指當時之現住地域。相同之口碑，今亦流傳於新港社番之間，而此一群土番自稱 Siraiya 或 Siraya（荷蘭人古文書作 Sideia）。毗舍耶或毗舍那，應與此 Siraiya 或 Siraya 人族稱呼有關，則或為今小琉球嶼附近之古地名。更進一步說，Siraiya 部族之土番，與菲律賓群島 Bisaya 種族，在言語、土俗上呈現相當的近似性（參照《東京人類學會雜誌》第 254 號所載拙稿〈菲律賓群島的 Bisaya 與臺灣 siraya 的近似性〉[フィリッピン群島のビサヤと臺灣シライヤ近似]）。此近似性，與其說是偶然的暗合，毋寧說確實存在著種族上的關係。以此推之，Bisaya 種族於既往時代，

或因故意或偶然之動機移住小琉球嶼，而於宋代依然存在著固有之人族稱呼，自稱 Bisaya，爾後再因某動機移住臺灣本島，終而逐漸變訛而稱 Siraiya 或 Siraya。毗舍耶或毗舍那，或是尚有其純然固有語（即 Bisaya）之時代的近音譯字（毗舍耶為正確之音譯字，毗舍那應為其轉訛或誤寫）。

另，《諸番志》也記有與毗舍那並稱之地名談馬顏。談馬顏，顯然是臺灣東部海中一屬島紅頭嶼之古稱 Tabako 的近音譯字（參照紅頭嶼條），這也應是毗舍耶或毗舍那之位置在臺灣近海之旁證。

瑯璚（Long-kio）

恆春舊名，另有郎嶠、瑯嶠、郎嶠、瑯璚等同音異字，地名早見於明末流寓沈光文〈平臺灣序〉。西曆 1600 年代，荷蘭人記錄可見 Lonkiauw、Lonckjau、Lonckjuo，亦其音譯。古來，分布於此地方之土番稱瑯璚十八社，又其山岳一帶綜稱之為瑯璚山，以皆在瑯璚之地而有此稱呼。關於瑯璚稱呼之起因，有二說。其一說曰，此地方之土著番人排灣族，稱恆春地方西海岸，即以今車城（興文里）為中心之附近為 Jyonkiau，瑯璚為其轉訛近音譯字，最初只限於西部地方的番語地名，後來漢族以之總稱恆春一帶。今開向西部之一灣（今之車城灣），舊名瑯璚灣，即因此而出。番語 Jyonkiau，原為蘭科植物（漢族所謂尾蝶花）之名稱（Jyonkiau 或 Jonkiakiao），蓋本於此地往時特產該植物而命名。第二說曰，恆春之地勢，北方廣而向南漸狹，且車城南方之龜山以南連亙至大樹房地方（德和里）丘陵起伏之狀，自北端望之，肖似磨礱之挽木，因此最初移住之粵人，因之以意味磨礱之挽木礱鉤（Runkiou）命名，以後閩人更本於其土語（南部福建語）之發音，改佳字而為瑯璚。按，第一說謂出於番語地名之轉訛，應該正確。至於第二說，有失精緻而有後人附會之嫌。要之，地名總稱為瑯璚者，不論其原義如何，顯然都是漢族所命名。

恆春（Hêng-chhun）

在臺灣南端中央山脈盡處。由中央山脈之斜面地與南部之高原、縱橫此間之峽谷等形成，地域狹長地貌複雜。此地，原稱瑯璚（Lonkio），屬排灣番族佔據之處。明末鄭氏時代，兵勇進入開屯，從瑯璚灣即車城灣登陸，駐留於今車城（興文里）之東方荒埔，所到之處多為楝榔林，因稱楝榔埔（Khun-nng-pou）。有以其為駐屯地，一稱統領埔（Thóng-léng-pou），後略稱統埔庄（Thóng-pou）。當時屢與土著番人衝突，相互戰鬥。

康熙二十二年〔1683年〕，清朝領臺後，該屯兵多滯留下來與番人和約，且娶番婦定居，其區域達於西海岸之今射寮（德和里）、南海岸之今大樹房（Tōa-chhiū-pâng，德和里）及恆春街北方之今網沙（Bāng-soa，宣化里）。據說此地方之漢族朱、柯、董、趙、黃等姓，多其後裔。（因曰，聳立於恆春地方北界之里龍〔Lí-liông〕山，高壓附近之山岳，且山顛少樹木，岩石崩解露出，因此山嵐發達，古來有落山風之名。古來有一則與鄭氏時代屯兵、土番衝突相關之傳說。恆春人汪金明〈恆春沿革記略〉記載：「恆春，原名為瑯璚，前乃生番所居之地，人跡罕至，誠為榛莽之區，鳥獸之藪澤。康熙年間，有鄭成功統師到此剿撫番社，駐軍于統埔庄，其露營舊址至今猶存。俗傳，鄭王到此高揭帥旗，其旗尾由風招展，所指之處則該社土番盡皆瘟疫而死，不待剿討也。後因鄭王夢見山神土地靈祇，告曰：本地土番乃為臺灣開基始祖之民所流傳，天地有好生之德不可滅也。乃大發狂風，將旗拔棄，飛出楓港大海之外而去。從此以後，本地乃有狂風時作，必至楓港而後止，即此之故也，民乃呼為落山風也。其插帥旗之窟，今尚存于統埔庄外山石之中焉。」）

爾後，閩人相踵移居此地。莿桐腳溪北之枋山及該溪口之莿桐腳（嘉禾里）地方，則陸路自下淡水地方；楓港溪口之楓港（善餘里）、四重溪口之車城（即古柴城），則自海路登陸，均移殖創緒。康熙六十年〔1721年〕，朱一貴作亂，其黨王忠邱、金宣之徒等潛逃進入山後臺東地方。當時總兵

藍廷珍，一面以外委千總鄭佐、林天成招致北部澤利先番通事章旺，一同進入山中（即傀儡山）遍查番社，諭番眾嗣後不許窩藏賊匪；一面命外委鄭惟嵩，至此地訪緝，更繞山後至卑南覓即卑南番族之地。此為漢族自恆春過臺東之開端。

翌六十一年〔1722年〕十月亂平後，有司議曰：「瑯璚為極邊藏奸之所，房屋人民皆當燒毀驅逐，不許再種田園，砍柴來往。」當時總兵之幕僚藍鼎元以為不可，抗議提出意見，曰：「臺寇雖起山間，在郡十居其九，若欲因賊棄地，則府治先不可言，況瑯璚並無起賊，雖處極邊，廣饒十倍于羅漢門，現在耕鑿數百人，番黎相安，已成樂土，今無故欲蕩其居，盡絕人跡往來，則官兵斷不肯履險涉遠而巡入百餘里無人之地，脫有匪類聚眾出沒，更無他人可以報信。」此抗議雖終不被採用，但其劃界禁止亦有名無實。黃叔璥〈番俗六考〉記載：「瑯嶠諸社隙地，民向多種植田畝，今有司禁止，悉為荒田。沿海如魚房（Hî-pâng）港、大繡房（Tōa-sìu-pâng）一帶，小船仍往來不絕。」魚房港者，西海岸之車城灣；大繡房者，南海岸之大樹房。此時漢族出入此地之通路，自海路以小舟寄航沿岸諸港，自陸路則有2條，一經過山番地界，一沿海岸通行。〈番俗六考〉記當時情形曰：「路多險阻，沿海跳石而行。經傀儡山，非數十人偕行，未敢輕踐其境。」如此，劃界禁止終未果行。

康熙末年至雍正年代，車城及大樹房之海岸地方，為閩人根據，開拓車城北方之田中央庄（興文里）。而後，粵潮州府及嘉應州民亦移來。海岸地方既歸閩人佔有，粵人乃進入內地，以統埔庄及保力庄（興文里）為根據。又，保力庄之粵人王那，進入蚊蟀埔（Báng-sut-pou，永靖里）。爾後，曾、邱、烏諸姓之同籍人接踵而入。乾隆初年，閩人開拓射寮庄附近（德和里）、猫仔坑附近（仁壽里）地方。乾隆三、四十年間，泉人陳玉代與同族在楓港（善餘里）形成一聚落。乾隆末年，閩人自車城進入開拓網紗庄附近（宣化里），當時已發展成車城一街肆。乾隆五十二年〔1787年〕十一月，林爽文黨羽莊大田，敗逃竄入車城北方之尖山（Chiam-soann），不久，

將軍福康安大軍進入盪平。

　　嘉慶初年，粵人更自射麻裡庄進入擴大拓殖東海岸港口（Káng-kháu）溪口之港口庄（安定里）。道光初年，漳泉人開車城南鄰之新街庄（興文里）。又，泉人張金，成立枋山庄，同籍之黃礁，成立莿桐腳庄。道光八、九年〔1828、1829年〕時，泉人林枝全，自下淡水地方移入，開拓嘉祿堂庄（嘉禾里）地方。道光末年，宣化里地方也已見移民。咸豐初年，粵人溯四重溪進入四重溪庄。咸豐年間，閩人最初在新街庄（興文里）成立一街肆。同治初年，粵人鄭吉來兄弟，自仁壽里地方沿東海岸移駐泰慶里。同治年間，陳姓人著手開拓南勢湖（嘉禾里）。同治末年，長樂里、治平里地方已有漢族足跡。至光緒年間，二年〔1876年〕粵人大肆墾成泰慶里一帶；三年〔1877年〕閩人林望，招徠漳泉佃戶，開嘉祿堂南方之平埔庄（嘉禾里），開拓也及於南海岸之至厚里。

　　總之，此地方因係土著排灣番族之區域，其拓殖最初概遭土番抗拒，屢屢惹起相互之衝突，或趁著勝利將之驅逐山陬、或敗北而中止其業，其間或用和約婚通、或設隘禦害禦等手段，車城、田中央、楓港等番界，則常受害嚴重，因此三庄移民會合共盟，建立互助自衛之法，但各地相隔遙遠，有鞭長莫及之狀。此各地，屬閩人聚落。其他之統埔、保力等地，則係粵人移殖，因已與土番通婚、和約，土番乃出而侵犯閩人聚落、殺人馘首。閩人因而常走而進入統埔、保力等粵人聚落，閩人進入則粵人防之，所以民番爭鬥乃轉為閩粵軋轢，紛爭不息。當時，臺防理番同知分派總通事一人、軍功匠首一人於車城，擔任內治及民番管理，其他各庄則互選庄內有力者為庄主，雖皆恃勢比擬官長之尊，但終不能制止番害。偶有船舶遭風飄來海岸，濱海民番亦爭相搶掠不能禁。此為乾隆末年至嘉慶、道光、咸豐、同治年間之情形也。

　　降及同治六年〔1867年〕，美國船 Rover 號飄著南灣，船員被排灣番族 Kuralu（龜仔律〔用〕）社番殺害。爾後，同治十年〔明治四年，1865年〕，我琉球藩民飄到八瑤灣，54名也被該番族 Sinwojan（牡丹）社番殺害。此兩

事件，都延伸成為外交問題，因此有同治十三年〔1874年〕我征臺之舉。結局之後，清國政府為了加強臺灣沿海防備，特以淮軍200駐防車城至枋寮的西海岸一帶，且認為應該開拓未化番地。於是，先開瑯璠番地。同治十三年〔1874年〕十二月，臺灣督辦防務駐留船政大臣沈葆楨，奏陳於瑯璠番地新設一縣。光緒元年〔1875年〕，採用其議，乃改稱恆春縣，擇地於車城東南之猴洞（Kâu-tōng，宣化里）築城。於是，劃分宣化、仁壽、至厚、德和、興文、善餘、永靖、泰慶、咸昌、安定、長樂、治平12里、後再加嘉禾1里。另，特設撫墾委員掌理撫番墾地事宜。又於廈門、汕頭等地，設招墾局，獎勵移民，大加保護應募者，於一定期間給與口糧，貸與農具、耕牛等。開修自東港地方，經車城至恆春城之道路。如此，光緒三、四年〔1877、1878年〕間，發給之口糧及農具、耕牛等經費合計2,428兩，發給之現米108石8斗。但實際上，招墾而來之民人，徒貪口糧，或散逸逃亡，弊害百出，未幾官給終歸廢止。

其後，光緒十三年〔1887年〕，知縣程邦基，提議招墾，要點為：「初設縣，地方官以招墾為急務，苟請願開拓無不許可。然此等之徒，非地方之紳董，多本署外之吏胥或其親戚朋友、鄰縣之無能力者等，竊與衙內吏胥氣息相通，巧稔地理之良否，表面止於得到開拓之公許，自己實際從事者十中不過一、二。已許之區域轉賣他人，又徒壟斷其權利，因多有膏腴土地依然荒廢之弊，乃更設法舉墾種之實。」此善後之策，似亦無效而終。但恆春拓殖就緒，實在此際。光緒五年〔1879年〕，余寵《臺灣地輿圖說》謂：「惟是山多田少，謀食維艱，而傍山宜植茶、棉、雜糧，長民者以次第教導之。邑治無水利，近自城西至射寮港，築壩蓄水，以通運道而灌民田，庶幾成聚、成都，荒服皆稱樂土矣。」先是，光緒三年〔1877年〕，上述招墾獎勵之結果，命候補通判鮑復康，開自楓港經臺東阿郎壹（Alongit）通卑南之山路。

光緒六年〔1880年〕，官吏操縱番人失宜，惹起番變，出沒番界沿道肆行殺害，因此自恆春至東港地方往來呈斷絕之狀。於是，知縣蔡麟祥，

特立防番之制，自北方平埔庄至南方海口的番界沿道一帶，設大營盤1處、營盤6處、碉堡17處，大營盤統督各營盤，營盤指揮各碉堡，碉堡擔任防番護民之事，更於其下配置砲台（砲台相距5町至10町，數砲台之間的要地設置1碉堡），編制職員，營官1人，正哨官30人，副哨官20人，什長14人，兵勇（採用漢番兩族）500人，大營盤設置於南勢湖，營盤設置於海口、水坑、尖山、楓港、獅頭山、枋山，以王福祿擔任最初之營官，各碉堡完成於光緒八年、九年〔1882、1883年〕之間。以後，於海口、統埔2庄之間，設置3處碉堡，民設，庄民輪流擔任勇丁。此因光緒十六年至十八年〔1890-1892年〕間，車城附近庄民與Sinwojan（牡丹）社番人釀成爭鬥之結果，有必要防遏番害。

宣化里（Soan-hòa lí）

形成恆春之南部高原之幾乎中央的一區，三台（Sam-tâi）山（海拔1,757尺）為其東界。北部原為排灣番族之Savaruk即猫仔（Bâ-á）庄，中部、南部為排灣番族Shurindan即龍鑾（Liôn-loân）社之區域。清朝領臺後，康熙年間，明末鄭氏屯兵留下來定居於北部之網紗庄地方。乾隆末年，自車城（興文里）進入之閩人，開該庄附近一帶。爾後，道光末年，中南部地方歸漢族佔墾。光緒元年〔1875年〕，成為恆春城建設之地，今為恆春城所在地。道光初年，東港溪上游流域港東上里萬金庄平埔番族Riri（力力）社移來開墾。據其口碑，當時彼等故土被漢族侵佔，該族中之一部為了尋求新移住地，南下漸達此地，與土著番人和約，給與水牛若干交換土地定居。此際，彼等有不少水牛，使役之墾耕，但缺水利之便，不得好收穫，因此更有少數同族分進四重溪（咸昌里）谷地，或移住射麻裡（永靖里）之丘地。如此，恆春建城之際，彼等移而退至東門外之山腳庄。

恆春城（Hêng-chhun sîann）

今稱恆春街，在宣化里。原係稱為瑯璚（Lonkio）之番地，清同治十三

年〔1874年〕（即明治7年），因有我征討此地之舉，認為有防備沿海之必要，該年十二月船政大臣沈葆楨、臺灣知府周懋琦、總兵曾元福，自臺南來擇地車城東南之猴洞（Kâu-tōng），擬定新設省城計畫，上〈請瑯璚築城設官疏〉：

（前略）車城為前大學士福康安征林爽文駐兵之處。接見夏獻綸、劉璈，知已戡定車城南十五里之猴洞，可為縣治。臣葆楨親往履勘，所見相同。蓋自枋寮南至瑯璚，民居俱背山面海，外無屏障。至猴洞，忽山勢迴環。其主山由左迤趨海岸而右，中廓平埔，周二十餘里，似為全臺收局。從海上望之，一山橫隔，雖有巨礮，力無所施，建城無踰於此。劉璈素習堪輿家言，經畫審詳，現令專辦築城建邑諸事。惟該處不產巨杉，且無陶瓦屋材甎甓，必須內地轉運而來，匠石亦宜遠致。城地所用，己墾成田，不能不給價以卹貧戶，未免繁費。惟有囑委員等核實估計，不得虛糜。縣名謹擬曰恆春。可否之處，伏候欽定。如蒙允准，擬先設知縣一員，審理詞訟，俾民番有所憑依。卑之親勇一旗，以資號召，其餘武員、學官、佐貳，且置為緩圖，以一事權而節糜費。車城外西南地曰後灣者，倭人舊營之址也，濱海當風，水泉又惡，當時彼族居之病亡相繼，且船上礮彈可及，故淮軍之至，棄而不處。一營紮車城附近，以衛民居，一營紮統領埔，以扼牡丹各社出入之道。淮勇與番眾，均屬相安。惟倭人舊營雖只係草屋，然交收後，不數月，今無一存，或云火焚，或云風壞，四顧蕩然，現已飭查實在情形稟覆（下略）。

其議採用。光緒元年〔1875年〕興工，翌年竣工，經費約十餘萬兩，總由海防費支辦。其地在極南，取氣候恆如春之意，命名為「恆春」。城成，爾後建立市街建設計畫，先廣泛獎勵移住，給費、免租。光緒三、四年〔1877、1878年〕間，官給費額達2,428兩。原為恆春廳所在地，人口1,348人（男743人，女605人）。

猴洞，城內一小丘之名。往時盤據此地者，為排灣族 Shurindan 即龍鑾社番，馘取異族頭顱時之收藏所即在小丘之洞窟，因番語頭顱收藏場之義

而稱Pokourukouruan。又，該番稱恆春城為Vujiavujiao，乃出於河魚之名稱。蓋因東門外溪流中頗多產。恆春城通往車城之中途的虎頭山庄有一小亭，名飲和亭。此間一望埔地，夏季炎熱之際，行人頗艱，恆春城築成之同時，城內商民鄭萬達等捐貲建之，為憩息之所。

興文里（Heng-bûn lí）

　　自恆春之西海岸沿保力溪連亙內部之一區。西部之統埔（Thóng-pou）庄，屬明末鄭氏時代開屯之地，車城（Chhia-sîann）為當時上陸之地。清領後，康熙末年以來，為閩之漳泉人的根據地，爾後開拓北方之田中央庄。雍正初年，粵人進而自統埔開拓保力庄（當初，土番曾激烈爭鬥，後約和、通婚漸得開墾就緒）。車城，初為閩人之根據地形成聚落，屢遭土番襲擊，因於四圍環植木柵防禦，故稱柴城（Chhâ-sîann），後因近音轉訛稱車城（Chhia-sîann）。乾隆末年，漸發展成一街肆。乾隆五十一年〔1786年〕林爽文作亂，南路匪首莊大田一敗勢蹙，翌年十一月率其餘黨竄入北部之尖山（Chiam-soann），保其餘喘。乾隆五十三年〔1788年〕二月，將軍福康安水陸並進，兵分6隊，四面合圍，是月五日於尖山石洞中擒獲莊大田（據說當時清軍殺賊2,000餘人，投海死者不計其數，生擒莊大田等40餘人）。水師登陸地點為車城，為紀念軍事告捷因稱車城為福安（Hok-an）庄，並於庄內福德祠立石頌功。而後，咸豐年間，射寮庄（德和里）之閩人張光清，於車城南方（車城及射寮之中間）新建一肆，稱新街，大招商賈，有凌駕車城之勢，但終不壓車城（據說，當時張光清恃勢糾合無賴之徒，為鄉民所畏，若有船舶漂著海岸，常搶掠貨物，甚至劫殺人等，官全不問）。

　　（**附記**）車城福德祠內將軍福康安之頌功碑文如下。

　　　　欽命大學士公中堂將軍嘉勇侯福、參贊大臣一等超勇公海、參贊大臣四川成都將軍鄂，剿捕林爽文、莊大田，追兵到此，勒石碑曰：

天以大清，克肖其德，聖聖承承，四方為式，罔有海隅，咸歸皇極，蠢爾爽文，倡首違則，公麼大田，賜殘致力，帝念臣民，中心怛惻，簡命將軍，掃除宜丞，群匪膽寒，瑯嶠閃匿，匠請大兵，剛臨滅息，瞻仰神威，石碑銘刻，旌獎鴻恩，沾優外域，長樂昇平，於千萬億，乾隆五十三年〔1788年〕二月穀旦。

　　　沐恩軍前給賞職銜義民匠首陳元品、獎賞職銜生員林元輝等、童生陳蒼等

以後，同治六年〔1867年〕，臺灣總兵劉明燈，於該祠外題贊勒石如下。

奉君命，討強梁，統貔貅，駐繡房，道塗闢，弓矢發，小醜服，威武揚，增弁兵，設汛塘，嚴斥堠，衛民商，柔遠國，便梯航，功何有？頌維皇！
維皇同治丁卯〔六年，1867年〕秋
　　　提督軍門臺澎水陸掛印總鎮斐淩陵阿巴圖魯劉明燈統帥過此題

車城灣（Chhia-sîann oan）

　　一稱瑯嶠（Lông-kio）灣，北方之鼻仔頭（一名車城角）與南方之龜山之間，開出一灣，往時稱魚房（Hî-pâng）港（歐美人所謂 Expedition Bay）。《日本水路誌》曰：「雖完全暴露於偏西風，但可避自東北至東及南的風浪。但冬季東北山風強勁，常起波浪。泊地，水深6尋至7尋，向濱漸淺，底質概沙，但有些地方不混泥。」灣岸之四重溪口為車城庄，保力溪口為射寮庄。

琉球藩民五十四名墓

　　明治4年（清同治十年〔1871年〕），漂著恆春東海岸八瑤（Pat-iô）灣，被排灣番族殺害之我琉球藩民墳墓，在興文里土名統埔（Thóng-pou）庄。最初，該墳墓原在石門內雙溪口番地，明治7年征臺之際，西鄉都督移修

此地。墓石高5尺，寬1尺5寸，正面刻「大日本琉球藩民五十四名墓」12字，背面勒下文。

> 明治四年〔1871年〕十一月，我琉球藩民遇颶破船，漂到臺灣番境，誤入牡丹賊窟，為兇徒所殺者五十四人，五年琉球藩王具狀以聞，
>
> 天皇震怒，命臣從間道，往問其罪。今茲四月，候騎先發，諸軍次之。番人簞壺相迎，獨牡丹、高士滑等兇徒不下。五月，擊兇徒石門，斃巨酋阿碌父子以下三十餘人。我兵三道並進，屠其巢窟。九月，牡丹、高士滑等餘類，請罪轅門。
>
> 初琉人之遇害也，有廣東流氓劉天保者，痛其非命，拾收遺體，即葬之雙溪口，後移之統領埔。茲重修舊墳，建石表之，以敘其略云。
>
> 　　　　　明治七年〔1874年〕十一月　大日本陸軍中將西鄉從道建之

（**附記**）漢族之記述我征臺事件始末，概用誇誕之言，多枉傳事實。鳳山城東門外之敕建昭忠祠（光緒十三年〔1877年〕八月立）謂：「日本，以番戕難民為辭，於同治甲戌〔十三年，1874年〕春，入犯臺南。詔以今尚書沈公〔沈葆楨〕視師。公請益軍，則遣今福建提督唐公將淮軍萬人以往，旗鼓響指，號令明肅，日本度不可敵，請成而退」，即其一例。

咸昌里（Hâm-chhiong lí）

恆春北部四重溪上游谷地，因而有四重溪庄之名。咸豐初年，粵人開拓。明治7年〔1874年〕，我征臺之際激戰場之石門在其北界。四重溪中游西岸有溫泉（炭酸泉），我領臺後開闢為遊浴場。

石門（Chioh-mng）

恆春北界之中央山脈的盡頭，西方之虱母（Sat-bú）山（海拔1,246尺）

與東方之五重溪（Gō-têng khoe）山（海拔 1,408 尺）相逼屹立，其間為四重溪之隘流，恰為關門之狀。石門之名，因此而出（番族稱之為 Atsuatkusu，乃會合之義）。明治 7 年（清同治十三年〔1874 年〕）我征臺之役，為正面攻擊進路，最是苦戰之處。初，我朝議決定斷行征臺之舉，該年 4 月，陸軍中將西鄉從道為臺灣番地事務都督，陸軍少將谷干城及海軍少將赤松則良為臺灣番地事務參軍，同月 18 日，搭日進、孟春、有攻諸艦至長崎，規劃進征準備。臨出發之際，朝議一變，欲緩出師之期。西鄉都督斷然決意，27 日命有功艦啟航，直向臺灣西岸，5 月 7 日登陸瑯嶠灣之射寮。先指示射寮庄主阿綿，向附近人民傳達我軍來意。爾後，日進、孟春 2 艦載谷、赤松 2 參軍及兵士，自長崎出發，10 日入瑯嶠灣，設本營於射寮西南之龜山，18 日以降派斥候至排灣番界，偵察地形，與番人有數回衝突。22 日，陸軍中佐佐久間左馬太所率之 2 小隊，於石門開始有小戰鬥，最後越過石門之隘，拔番人之胸壁，斃兇番 Sinvojan（牡丹）社之酋長 Alok（阿碌）父子。在此之前，16 日西鄉都督搭高砂艦，22 日入瑯嶠灣，25 日附近各番社皆望風納款，獨 Sinvojan（牡丹〔Botan〕）及 Mutasukusu（高士滑〔Kuskus〕）2 社兇頑不服，因於 6 月 2 日進剿其巢窟。本營進至統埔（Thóng-pou），分三路，谷少將自西北之楓港（Hong-káng）方面，西鄉都督自正面之石門，赤松少將自東南之 Tatarivan（竹）社方面，各定部署進發。當時，都督發佈之作戰方略曰：

一、敵之本據，在牡丹及高士滑。又，其近傍有一、二屬營，相信有派人守備。其北路至女奶（牡丹社之一部），略略確知為敵所屬之處。

二、往楓港之一隊，谷少將率之，於 2 日昇前出發，儘速抵達牡丹社。

三、往竹社之一隊，赤松少將率之，攻擊高士滑。

四、本隊，西鄉中將親自督之，經過石門之難路，抵達高士滑或牡丹。此難路，實非道路，為最險隘之山徑，多天然妨礙物，加以敵人已設有人造妨礙物。因地勢如此，故本隊抵達目的地，或許時刻不無多少延遲。

如此三面合擊，完全屠其巢窟，5日凱旋。8日，歸附各番社酋長，來謁龜山本營，乃各授與歸順之證標及保護之旗章，且給物遣還。當時向我表示歸附之番社，有排灣族之 Terasok（豬勝束）、Kuraaru（龜仔律〔用〕Kuu-a-ru）、Rizuu（蚊蟀 Báng-sut）、Mutasukusu（高士滑）、Sinvojan（牡丹 Bó-tan）、Chiokdokudaru（牡丹中 Bó-tan tiong）、Keajunai（牡丹女奶 Bó-tan ní-nái）、Teputon（頂加芝來 Téng Ka-chí-lâi）、Pomotang（外加芝來 gōa Ka-chí-lâi）、Savari（射麻里 Sīa-mâ-lí）、Siratken（四林格 Sì-nâ-kiek）、Savdek（射武力 Sīa-bú-lek）、Savaruk（猫仔 Bâ-á）、Takurivan（竹 Tek）、Chorokoai（快仔 Khoài-á）、Surindan（龍鑾 Liông-lôan），阿美族之 Pakuru（巴龜兒 Pa-ku-lû）、Kanavusu（老佛山 Lâu-put soann）、Chovudasu（八瑤 Pat-îo）等各社。當時清國以正式公文書向我政府抗議。於是，該年8月以參議大久保利通為特命全權辦理大臣，赴清國反覆辯論，10月和議漸成，約定「清國承認日本國今回所辦，原為保民義舉，清國願支付日本國被害難民遺族撫恤銀十萬兩。又，日本國在該處修道路建家屋，若留為自用，應償其費用銀 400,000 兩」。於是，11月13日，我政府派特使至臺灣，正式傳命撤回征臺軍，我兵於12月27日凱旋。臨去，西鄉都督對歸附番人之曉諭，今尚藏 Terasok（豬勝束）社酋長家，其文如下：

大日本陸軍中將西鄉從道，告于生番各社：
往歲牡丹社番，殺我琉球民於難，大虐無道，罪莫大焉。從道謹奉
天皇之威命，來問其罪。既而，爾等悔過改德，稽顙於轅門，我憫而救之，可庶幾與共沐浴于聖澤，生長仁壽之域也。不料今也我與清國講和，悉聽其請。我歸期有日，爾等謹奉清國之教，勿敢犯三尺。特曉諭。

明治七年〔1874年〕11月20日　西鄉都督

嘉禾里（Ka-hô lí）

　　起自港東下里南端，接連善餘里之北部，瀕於西海岸之狹長如帶的一區，東界山嶽連亙。清康熙年間，閩之泉人從下淡水地方利用陸路進入，移入荊桐腳溪北之枋山（Pang-soann）地方及該溪口荊桐腳（Chhì-tông-kha）地方，是漢族足跡所及之嚆矢。道光初年，泉人張金，初立枋山庄；泉人黃礦，初立荊桐腳庄。道光八、九年〔1828、1829年〕，泉人林枝全，亦進入下淡水地方開嘉祿堂（Ka-lok-tông）庄（原作加六堂），但番擾不絕，不得不中止。爾後，道光十七、八年〔1837、1838年〕時，再有欲開此地者，亦因番害而止，既墾地全歸荒廢。道光二十三年〔1843年〕，泉人陳三傑率移民20餘名進入，鑑於前墾者覆轍，透過林枝全與土番（排灣族）和約，始得安全就業。光緒三年〔1877年〕，閩人林望三，招漳泉佃戶，開加祿堂南方之平埔庄，但因番擾，既墾田園屢歸荒廢。先是，同治年間陳姓人企圖開墾平埔庄南方之南勢湖庄，亦因番害一時委諸荒蕪，光緒十三年〔1887年〕泉人林克昌，與番人和約再開成就。

善餘里（Sīan-û lí）

　　在禾嘉里、興文里之間的西海岸狹長如帶的一區，東界山嶽連亙。原為排灣番族Savdek即射武力（Sīa-bú-lek）社之區域。清康熙年間，閩人與土番約創拓殖楓港溪口楓港地方之緒。以後，乾隆三、四十年時，泉人陳玉代與同族移住，開成一庄。明治7年〔1874年〕我征臺之際，部隊自此地衝至敵番背後。

仁壽里（Jîn-sīu lí）

　　連接於宣化里北方之一區，虎頭山（海拔456尺）為其東界。原為排灣族Savaruk即貓仔（Bâ-á）社之根據地。清乾隆初年，閩之漳泉人，開拓貓仔坑（Bâ-á-khinn）地方，後成虎頭山庄。

德和里（Tek-hô lí）

恆春之西海岸一帶，其南端為西南岬即貓鼻頭（Niau-phînn-thâu），原屬排灣番族 Kuraaru 即龜仔律〔用〕（Kuu-a-ru）社區域。清朝領臺後，康熙年間，明末鄭氏屯兵留下定居於西岸北界保力溪口之射寮庄及南岸即南灣西濱之大樹房（Tōa-chhīu-pâng）庄（原作大繡房 [Tōa-sīu-pâng]）地方。乾隆初年，閩人開拓射寮（Sīa-liâu）庄附近一帶，漸及南部地方。射寮，為明治7年（同治十三年〔1874年〕）我征臺之際登陸地，其西南之龜山（Ku-saonn）為我最初設置本營之處。（龜山為海岸丘陵，狀似龜背，故名。排灣族稱 Maruchyong，鍋臍之義，亦擬覆鍋狀命名。）

龍鑾潭（Liông-loân thâm）

德和里東界之一湖，周圍約1里。據說往時其廣袤為現在所見之數倍，且大湖口開向西岸，本里之南部呈半島狀。

沙馬磯（Soa-bé-ki）〔又作沙馬機〕

往時即知名的臺灣極南端之地名，一稱沙馬磯頭。乾隆二十九年〔1764年〕之《（續修）臺灣府志》謂：「臺灣府，南抵沙馬磯頭四百六十里，是曰南路。」該書所載〈臺灣府圖〉，於相當今西南岬即貓鼻頭（Niau-phînn-thâu）位置明記其地。又，該書謂：「沙馬磯頭山，龍巖磅礴，直抵海中。呂宋往來船，皆以此山為指南。」蓋應指南灣背後之山崗。今此地方之大樹房庄（屬德和里）土名沙尾堀（Soa-bé-khut），蓋或為沙馬磯之總稱轉而殘遺之土名。

至厚里（Chì-hāu lí）

恆春東南部之一區，其盡頭為南岬即鵝鑾鼻（Gô-lôan-phînn），原為排灣族 Kuraru 即龜仔律〔用〕社之區域。清光緒年間以後拓殖，其初於大尖

山（海拔 1,120 尺，以峰頂之巨岩尖角而有此名）麓成立墾丁庄。西岸近海中屹立一岩礁，狀似船舶張帆，因名船帆石（Chûn-phâng-chioh，海岸之一聚落，因稱船帆庄）。同治六年〔1867 年〕，美國商船 Rover 號遭難漂著船員被土番殺害之地，即在此地之東南岸。（另，同治五年〔1866 年〕，英國軍艦 Doob 號，測量臺灣沿海之際，其端艇在南岬附近遭排灣番族襲擊。翌六年〔1867 年〕，又有英國軍艦 Sylvia 號於此地遭排灣番族攻擊。）

（**附記**）同治六年〔1867 年〕3 月 9 日，美國船 Rover 號，自清國汕頭啟錨航往牛莊途中，遭遇暴風，漂入南岬西南 9 浬處之七星岩（即 Vele Rete）之危險岩礁之間，觸礁沉沒。船長 Hunt 及其妻及若干船員，乘端艇逃生，漂到臺灣之東南岸 Kuraru（龜仔律〔用〕）番地。該社番人見之，竟盡殺漂著者，適有 1 名支那水夫潛身荊棘間得免，晝伏夜行，西走打狗，向清國官吏訴其遭遇之狀。此緊急消息，立刻由臺灣府傳給英國領事，英國領事傳給北京駐箚公使，該公使更移牒美國公使 Burlingame。於是，美國公使著手處分之交涉。當時正碇泊於安平港之英國軍艦 Cormorant 號由 Broad 少佐指揮，航向遭難地，企圖救回可能之生存者。3 月 26 日，其端艇靠近海岸，再遭番人射擊，1 名負傷，只好先退艇避害，再由本艦進行激烈砲擊，反擊潛伏於林叢之番人，但此航行之目的在於搜索生存者，而非討伐番人，本未率來充分之水兵，因而中止繼續攻擊，回航打狗，並立刻出發前往廈門。4 月，駐廈門英國領事 Le Gendre 親自處理交涉，來到 Kuraru 社海岸，詰責加害番人之酋長，希望得到將來航海無虞之擔保，但遭頑兇番人抗拒，未達目的而返。清國政府當局，對於美國公使要求處分行兇番人，則拒絕負責。閩浙總督英桂命令臺灣鎮道答復 Le Gendre 曰：臺灣生番之地不隸清國版圖，難以用兵究辦。於是，6 月，美國水師提督 Bell，帶著美國政府的命令，率 Hartford、Wyoming 2 艦搭載 181 名兵員，於十九日登陸番地，短時交戰後，副艦長 MacKenzie 戰死，戰

隊倉惶退回艦上，而且因為自然地勢完全在預想之外多有障礙，竟不得不暫時中止。此情形經報告美國政府之後，當局者及Bell之間議定，決定採取強硬方針。其要旨曰：為使臺灣永遠安全，且防止近海危難，應驅逐番族退散內地，由有力之同盟國佔領該海岸。如此，到了9月，領事Le Gendre再統兵艦欲大舉親自究辦番人。當時之臺灣道張啟煊，緊急照會Le Gendre：本國將立刻派撥兵勇究辦，聲討其罪，不必勞遠來客兵，乃以總兵曾元福、臺防同知王文棨整兵，與Le Gendre一起登陸車城。但清國兵勇之態度，只在展示軍威，畢竟無法充分完成目的。Le Gendre於是決定獨力進行處置，而且改變最初臨以兵威之手段，改而使用平和手段。因而與通譯及嚮導6人，會見排灣族一部族之大酋長Terasokk（豬勝束）社卓杞篤。會見在預期之外的平穩友情中完成，卓杞篤以番俗之禮懇迎，對Kuraru番社之粗暴行為致歉，且曰：「今回出來事，或該社曾於往時遭遇被外來民族幾乎撲滅殺戮之不幸。爾來子孫傳其復仇念忘，無奈因缺乏遠外洋航行船舶，怨吞手空，偶然遇外人漂著，直視之奇貨，遂宿望，並無他意。」會見結果彼此約定：「將來漂著本島海岸之外人，應相當保護其生命財產，亦即外國船舶懸掛赤旗到海岸者，此為希望平和上陸，應同樣揮舞赤旗應之。未回應赤旗期間不會上陸；且上陸者不得濫入山中與村落。」但此和約之效力，實際不及於清國政府。這從以後仍然屢屢對漂至沿岸者行兇，可徵。

南灣（Nâm-uan）

位於臺灣之南端，南岬即鵝鑾鼻與成為直角的西南岬即貓鼻頭（Niau-phīnn thâu），形成深灣（歐美人所謂Kwaliang Bay）。位於其幾乎中央者，為大板轆（Tōa-páng-lok）港（一作大板埒）。水深，距陸地100間處17、18尋，距陸地稍遠處有18、19尋，但以後即忽達30尋。除了7、8、9三箇月

間有強烈南風之外，即使冬季東北強風之際，仍可安全碇泊。本港為恆春地方的樞要吞吐港。又，南岬西北西3鏈處有一小舟可以進入之小港，稱為馬頭港（Bé-thâu káng）。

南岬（Nâm-kah）

位於恆春之南端南灣之東角端，一稱鵝鑾鼻（Gô-luân-phīnn）。蓋為排灣番族語土名Goroan之近音譯字「鵝鑾」，加上意為岬角之「鼻」字而成。地勢自北向南逐漸傾斜，其邊緣沿布珊瑚礁。其東端有高33尺之孤立岩，東北季風期，激浪撞擊極為壯觀。

鵝鑾鼻（Gô-luân-phīnn）燈臺

位於南岬即鵝鑾鼻之北方550碼處。其結構，鐵色，圓形，白色；等級及燈質，第一等，不動，紅白色；照明弧度227度，自南55度4西，經西、北、東，至南28度東；燈火高，自基礎起算5丈9尺，自水面起算18丈；光達距離，20浬。

蓋臺灣南部之外海，為東洋航海必經通路，但多暗礁，最稱天險。因此，於此地建設燈臺，在美國船Rover號遇難交涉之際（同治六年〔1867年〕），美國領事Le Gendre已向清國政府要求納為善後處置之一，但清國政府推托並未實行。我琉球藩民被害後之交涉開始（同治十三年〔1874年〕）之後，Le Gendre建議我外務卿，應逼迫清國政府約期建築燈臺，若牽延不行，則由我築之自守，以保護世界人民為已事。我征臺之役後，清國政府刷新臺灣要務，建築燈臺亦成為其計劃，而於光緒元年〔1875年〕起工。當時，清國政府向各國公使發出通牒：已派遣兵勇在該燈臺，且深入各番地，禁獵鳥雀等事。惟該地以逼近生番，四方無人家，不同內地情形，特請嚴加慎重以免意外之虞。唯深恐來往此地各國船隻，未悉此中情形。故輪船若欲至該處者，務豫先照會領事或稅司，然後需得該處兵勇引導。既而，明治28年〔1895年〕，臺灣割讓之際，停止點火，且被清國殘

兵完全破壞，總督府乃於明治30年〔1897年〕6月著手修繕，再度點火。

永靖里（Áng-chēng lí）

連接於宣化里東方之一區，老佛（Lāu-put）山（海拔2,220尺）聳立於其西北。排灣番族Savari即射麻里（Sīa-mâ-lí）及Rizu即蚊率（Báng-sut）社所在地。清雍正年間，保力庄（興文里）之粤人王那，初履其地。爾後，曾、邱、烏諸姓粤人接踵而入，當時稱蚊蟀埔。嘉慶初年，粤人更擴大拓殖射麻里庄，民番雜居，開成土地。

安定里（An-tēng lí）

瀕臨恆春東海岸中部之一區，豬勝束山（海拔1,357尺）為其中心。屬排灣番族Terasok即豬勝束社區域。嘉慶初年，最初有漢族拓殖，粤人於港口溪口成立港口（Káng-kháu）庄。Terasok社（今稱豬勝束庄），排灣族一部族（Parizarisao）之大酋長的所在地，夙來馴化度較高，其富力足與漢族拮抗。我領臺以來，很早即傾心歸附。明治29年〔1896年〕，便創設番童教育之學校。又，臺灣地屬亞熱帶，殖產上可以殖育、製造、試驗適應之經濟植物，兼而護育本島固有之貴重用材。明治35年〔1902年〕，選擇港口庄附近區域，設置熱帶植物殖育場。

治平里（Tī-phêng lí）

連接咸昌里東方之一區，屬排灣番族Shirakken即四林格社之根據地，四林格（Sì-nâ-kiek）山（海拔2,670尺），聳立於其北界。清同治末年，漢族足跡所及，成立九個厝庄。

長樂里（Tiông-lok lí）

介於恆春東海岸泰慶里、安定里之間的一區，萬里得（Bān-lí-tek）山（海拔1,718尺）為其中心。清同治末年，漢族足跡來到，成立响林庄。

泰慶里（Thài-khèng lí）

瀕於恆春東海岸之北部一區。港仔鼻（Káng-á phīnn）及南仁鼻（Nâm-jîn phīnn）之間，開出八瑤（Pat-iô）灣，南仁山（海拔1,532尺）為其南界。清同治初年，粵人鄭吉來兄弟移住仁壽里地方，為其嚆矢。降而，光緒二年〔1876年〕，粵人接踵進入，民番雜居，成立九棚庄。八瑤灣，明治四年〔1871年〕，我琉球宮古島民漂著之地，最後遭土番殺害，成為明治7年〔1874年〕征臺原因。

（**附記**）明治四年即清同治十年〔1871年〕十月，琉球宮古島民69名，赴沖繩納進年貢之歸途，遭遇颱風，漂著八瑤灣（其中3名溺死），66名迷路進入西方山中，遭排灣番族Sinvojan即牡丹（Bó-tan）社（近音譯字原作新蟯牡丹[Sin-giâu]社，後略稱牡丹社）番人擄走，54名被屠戮，12名得免歸國。關於當時遭難情形，生存者仲本某等曾具詳報告，其節略如下。

辛未〔同治十年，1871年〕十月十八日，宮古島、八重山船（各二艘）自那霸港出帆，航向計羅間島，二十九日自該處出帆，翌十一月朔日晝後，遙見宮古島，亥子風轉，不能執港，任風漂流（八重山船一艘，漂著臺灣之支那支配領內，被送往府城。一艘今行方未明末。宮古島船一艘，後順利抵達生島，一艘為仲本等所組船）。該月五日，見臺灣之外山。六日不能近地方，四十餘人乘端舟登陸。舟小波高，三人溺死。又歸端舟，運送殘留之人。本船不久之後破壞。六十六人登陸，徘徊求人家。逢支那人兩名，問有無人家，兩名曰：往西方行，有大耳之人將被斬頭；教應往南方行。兩人引導向南方行。（兩人將六十六人所攜帶衣服類，盡己所能奪取後，餘皆投入山中，立木標示保護。推想他們同類也許很多，因此畏縮不敢反抗。）日既暮。兩人指路傍石穴曰：人家猶遠，今夜應在此洞中一宿。以非六十餘人可得宿之穴，皆答：不能。兩人

被強亦不承諾。激怒兩人均不聽我言。皆思此兩人似為盜賊，教以南行應亦屬詐。乃別此兩人，轉而西行。夜已更，此夜乃宿於路傍小山。此日自晨在船中食後不再有食。七日，見南方有人家，以之為目的行三里餘，果有茅屋十五、六軒。居住著耳大垂肩、身長之男女。暫以小器盛飯給六十六人。不久又唐芋雜米，以約二升之鍋炊給飯二鍋。被支那人兩人奪剩之物，皆被此家人奪去）。投宿此家，夜半一人左手握火把，右手帶長柄三尺許之片刃刀，推門進入，剝取二人衣服。八日朝，男女五、六人各攜銃砲，向宮古人曰：必滯留等我行獵歸來。皆謝請轉行他處。其餘之土人強止之。宮古人益生疑惑，三三兩兩逃散，又會合一處行一里二、三，有小川，在此休息。男三、四人與女四人追來。因又涉川逃行，路傍有人家五、六軒，窺內，有一人老翁（七十三歲）出迎，謂應試琉球，或許首里、或許那霸。賴有此詞，惶惶恐恐地憩翁家。翁子（三十歲）曰：應記下姓名送府城。仲本等乞筆紙寫姓名。先前追來者，漸漸達三十餘人，各攜刀立庭中剝取宮古人之簪及衣服，各帶著一、二人出門外，因僅剩二十三人。一人裸體自門外馳來，言皆被殺。仲本等欲出窺，以刀刎首。因驚騷，各散亂四方。九人躲藏翁家，此夜宿於翁家。九日上午，翁婿來曰此地甚危，請來我家。九人乃被誘到婿家（路程三里餘。有山川，也有人家）。過兩日，依三位老翁之指引，來到婿家。三人曰餘皆被殺於山中。於此家滯留四十日餘，被殺者五十四人（此地有支那管轄之人家三十五、六軒，能讀支那書、學支那字。滯留期間，日日出飯三次，有蔬菜野菜、漬物、醬油等，亦有混著地瓜的炊米飯。每被近鄰招請，享以酒肴、雞豚。酒則有支那老酒或燒酎類。氣候暑熱，十一、二月單衣一枚不寒）。十二月二十二日，與婿同伴起程陸行（行程三里，雖是山路但無坡道）。自此乘小舟，行五六里，又陸行。夜三更投婿友人家（滯留二日。有千餘之人家）。二十五日，由投宿主人以轎送起程（陸行九里餘，婿於前宿辭歸）。抵達之日出粥，翌晨給食八碗。各給十二人綿衣一件（滯留二日。有數千之人家。有來自支那之兩官在此。因面向西北故稍覺寒冷）。二十八日，經陸被護送宿於一大村落（行程六里，處處有村落，頗繁華之地）。二十九日，伴隨護送人啟程，抵臺灣府城（行程八里，有村落

田圃，滯留中每日二次供給八碗之飲食）。八重山漂流人護送既此地著居。壬申〔1872年〕正月十日，與八重山人同乘火輪船（臺灣府官船），於福州河口碇泊二日後，入琉球館。六月二日歸琉球。乘唐船，自該處出帆，七日船抵那霸港。

又，救助琉球人之始末，根據當時實地目擊之恆春地方故老記憶，綜合概記如下。

當時有出入此地之番地，從事番人貿易的粵人劉天保。一日（琉球人被害之翌日）來保力庄告有殺人慘事，救生存者九名於其家。庄主楊友旺聞之，遣其二子阿告及阿和偕天保赴見，入石門過雙溪口，見戮取之頭顱及死屍纍纍。是實被Sinvojan（牡丹）社番殺害者。此時，自附近林中出來二位琉球人，頻求救助，因Sinvojan社番將再逐至加害，楊等三人盡詞慰解，與先救之九人共十一人，約與酒牛豚及布等救命。然尚有一人生存者在Mutasukusu（高士滑）社，楊又赴該社，以酒肉交換救出，更給與酒肉及布換回被害者五十四名頭顱，與屍體合葬於雙溪口邊。其墓共四塚，一塚合葬十餘人。因此，楊給番人之物品，共酒十甕、水牛一頭、豚數頭、布十反餘。如此，生存者十二名留楊友旺家，接受懇切待遇四十餘日，楊父子伴隨離開車城，乘舟登陸楓港至枋寮，自枋寮歷東港至鳳山，訴狀於知縣孫幾祖。孫幾祖賞楊之義俠，給金若干，送琉球人至臺灣府，府以船送福州。

當時琉球人上書臺灣道夏獻綸曰：

奉呈。我等琉球人也，屬島太平山年貢納進之使者，為回山，十月二十九日，那霸起碇，渡海洋中，遇逆風。十一月初六日，漂流貴國，於東方浦，觸暗礁破船，船人共六十有九人，內三人海中失命，五十四人被瑯嶠山生番所殺，而受非命之死。餘十一人，生番臨殺刀處，幸保力庄庄主楊友旺，入山交易，厚

心對生番救命，將十一人引路，走出保力庄。別一人，逃在山林中，遇善心生番不殺，又遇楊友旺、楊阿和再入山查尋，用牛豚酒布，多與生番，而救。共十二人生命，送回粵庄保力。自到地以來，於楊家中，茶煙飯食日日三度，仁心救命全保。送得府城尊大人之前，誠厚心不淺，浩恩之程，一統感服。合為請其功勞重賞給助保我等生命之人。是特叩貴中國大人臺前，體念納貢之邦，中外一理，大發慈悲，配船送我等福建省寓館，早得回國，千萬叩首。

辛未〔1871年〕十二月 日 琉球國張謝敷、充得秀　敬謹奉呈

據傳，生存之琉球人，歸返故鄉後，為了謝恩致送楊某200金，但在臺支那官吏徇私，交付楊某之金額不過其十分之一。

七星岩（Chhit-chhinn gâm）

歐美人所謂 Vele Rete 岩，在東經120度49分，北緯21度45分。《日本水路誌》曰：「距鵝鑾鼻西南9浬的一團孤立岩，長約1浬，或露出、或隱沒。其中最高2岩，北微西與南微東相對立，其高15呎至25呎。此簇岩附近水深，17尋至50尋，僅其東南面半浬處19尋。此簇岩與臺灣南端之間水道雖安全，但有時其間會發生強烈激湍，其狀恰似淺灘上之破浪。」七星岩者，因其位置形似而命名。

臺東（Tâi-tong）

臺灣東部，即北自宜蘭之境界（大濁水），南至恆春之境界（港仔鼻）的細長形區域，由中央山脈及與之平行的海岸山脈之間開出的中央縱谷，及其南北膨大之卑南、蓓萊平野、海岸山脈之東的海岸狹野組成。中央縱谷所聯絡之卑南、蓓萊2平野一帶，為臺東之主要部分，番社、民庄相互錯雜，大小溪流多發源於西界之山地，縱橫互流其間，為羅網之狀，水派匯迴，或為深川，或為淺流，或為乾溪。多數支流湊合，在南為卑南溪，

在中部為秀姑巒溪，在北部為花蓮溪。其西部之山地，層巒鬱翠連屏，林深菁密，為未鑿之番地。向來臺東地方，蘭人、鄭氏時代，僅知存在其地，但全屬勢力範圍之外。清朝領臺後，亦長久被置於化外之域，單只總稱臺灣山後。西曆1500年代，將臺灣島名賦予「福爾摩沙」之葡萄牙人，在記載島內地名時，於南部相當卑南之位置寫作Alanger，北部相當花蓮溪位置寫作Rio Duero河。這些地名，於1600年代為荷蘭人襲用，荷蘭宣教師Valentyn在其著作所載臺灣地圖中，亦於卑南相當位置記為Alanger，花蓮港相當位置記為Duero。又，西班牙宣教師J. Esquivel之〈東部臺灣地名表〉記載Kita-Fosofol，相當於卑南即土著卑南番族之地名Pouson（漢族以「寶桑Póu-sùn」為其近音譯字）；記載Sakiraya，相當於薈萊即土著阿美番族之地名Okirai（薈萊為其近音譯字）。根據西班牙天主教Celedonio Arranz神父之調查，西曆1626年，西班牙人以北部臺灣為根據地後，更企圖將勢力範圍擴大至東海岸地方。1628年，西班牙船Carjabar漂到東海岸卑南附近之Parivon即八里芒番地（阿美番族之一社），除了1男5女之外，其他船員10名悉罹土番毒手，其中生存之女子2人，亦悲此慘狀，自縊而死，餘生之1男3女被捕入山中，終不再有消息。Ludwig Riess《福爾摩沙島史》記載：「西曆1650年前後，承認荷蘭人擁有主權，屬其勢力範圍者灣全島293村落中，在東海岸Pimala周圍者有37。」Pimala即指卑南番族。所謂37村落之區域，不詳，但應是以該族為中心之臺東土番番社，荷蘭人已知其存在。

爾後，清康熙二十三年〔1684年〕八月，陸路提督萬正色之船漂到臺灣山後，遭異類噉害之傳聞，尹士俍《臺灣志略》有所記載：「陸路提督萬正色，有海舶之日本，行至雞籠山後，因無風，為東流所牽，抵一山下，得暫息，舟中七十五人，皆無識何地。有四人，登岸探路，見異類數輩疾馳至，攫一人共噉之，三人逃歸。遇一人于莽中，與之語，亦泉人，攜之登舟，具道妖物噉人狀。莽中人曰，彼非妖，蓋此地之人，蛇首猙猙能飛行，然所越不過尋丈，往時余舟至，同侶遇噉，惟余獨存。問何以獨存故，則舉項間一物曰，彼畏此，不敢近耳。眾視之，則雄黃也。眾皆喜曰，吾

輩皆生，出其麓有雄黃百餘斤。頃之，蛇首人數百飛行而來，將近船，皆伏地不敢仰視，久之逡巡而退。逮後水轉西流，其舟仍回至廈門，乃康熙二十三年〔1684年〕甲子八月間事。」蓋按其位置，於雞籠山後為東流所牽，顯然是漂到臺東北部蓿萊附近海岸。而為異類土番加害，則應為奇怪之傳聞。《彰化縣志》〈叢談〉謂：「昔人相傳：臺灣山後有萬水朝東處，舟到其處不勝水力，皆不得返。必待水轉西流，始得生還。故至今臺地有三年水流東，三年水流西之謠」，亦應是胚胎於這些難破遭害傳說。如上之事實，乃成為漢族逐漸瞭解臺灣山後，即臺東地理的引導。

　　早在明末流寓沈光文〈平臺灣序〉中記載：「雞籠城以外，無路可行，亦無埃澳可泊舟隻。惟候夏月風靜，用小船，沿海坨而行，一日至三朝社，三日至蛤仔難，三日至哆囉堡（屬蓿萊平野），三日至直腳宣（屬蓿萊平野），以外則人跡不到矣。」既而，康熙三十二年〔1693年〕，陳文、林侃等人之商舶，遭風飄到臺灣山後，自此漸見漢族交通之端。康熙末年之見聞錄，見於藍鼎元《東征集》〈紀臺灣山後崇爻八社〉：「康熙三十二年〔1693年〕，有陳文、林侃等商舶，遭風飄至其處，住居經年，略知番語，始能悉其港道。於是，雞籠大通事賴科、潘冬等，前往招撫，遂皆嚮化，附阿里山輸餉，每歲矒社之人，用小舟裝載布、煙、鹽、糖、鍋、釜、農具往與貿易，番以鹿脯筋皮市之，皆以物交物，不用銀錢，一年止一往返云。」雞籠通事賴科等之事蹟，康熙三十六年〔1697年〕郁永河《裨海紀遊》記載：「客冬，有賴科者，欲通山東土番，與七人為侶，晝伏夜行，從野番中越度萬山，竟達東面。東番導遊各社，禾黍芃芃，比戶殷富，謂苦野番間阻不得與山西通，欲約西番夾擊之。又曰，寄語長官，若能以兵相助，則山東萬人，鑿山通道，東西一家，共輸貢賦，為天朝民矣。有當事者能持其議，與東番約期夾擊勤撫，並施烈澤焚山，夷其險阻，則數年之後，未必不變荊棘為坦途，而化盤瓠狓筰為良民也。」《東征集》以此地為崇爻。《東征集》〈紀臺灣山後崇爻八社〉記載：「崇爻八社，康熙三十四年〔1695年〕，賴科等招撫歸附，……東跨汪洋大海，在崇山峻嶺

之中。其間密箐深林，岩溪窮谷，高峰萬壑，道路不通。」蓋崇爻為北部薔萊平野之阿美番族，稱呼東部山地之泰雅番族的他稱 Tsongau 之近音譯字，由人族稱呼轉為其東界之山名，後再轉為薔萊地方之一慣用土名。康熙六十一年〔1722年〕，巡視臺灣御史黃叔璥〈番俗六考〉記載：「崇爻山後有九社，⋯⋯可至蛤仔難（今宜蘭）。但峻嶺深林，生番錯處，漢人鮮至。」此等所謂崇爻番社，應皆指該地方之阿美番族部落（〈番俗六考〉謂九社，《東征集》謂八社。據《東征集》，原為9社，但數年前一社遭疫盡沒，今虛而無人，是謂8社。今稱阿美番南勢八社）。據說，此時南部卑南番族 Zhipun（知本）社有名為 Pinarai 之番目，勢力威盛為該族大酋長，並征服附近阿美番族，統轄大小72社，康熙末年，越過中央山地來到西海岸之枋寮（港東下里）與漢族交易，從此移入農作物及耕耘工具等。當時之根據地，為今卑南街附近之 Pinan 社，漢族以近音譯字稱為卑南覓（Pinampa）。〈番俗六考〉記載當時所知之地理情形：「卑南覓，係番社總名，在傀儡山後沿海一帶，地與傀儡山相連，中有高山聳起。相傳七十二社，各社名不能盡記。贌社貿易，每在山腳沿海處所在：約行程四、五日，始窮其境。自卑南覓而北，有⋯⋯甕繺社（秀姑巒溪岸阿美番族之 Angtsou 社，今作紅坐社），離北路崇爻（Tsongau）社地界百有餘里，人煙斷絕。自卑南覓而南，有⋯⋯大鳥萬社（大鳥萬溪北之排灣番族 Tachiaban 社），離瑯嶠（今恆春）地界六、七十里，亦鮮人跡。」可見，康熙末年，已較知其確實地理，且漢族足跡漸及於南部卑南平野之卑南覓、北部薔萊平野之崇爻。藍鼎元《平臺紀略》謂：「臺灣山後崇爻、卑南覓等社，亦有漢人敢至其地，與之貿易。生聚日繁，漸廓漸遠，雖厲禁不能止」，實為當時光景。而其出入者，主要自海路沿岸而進，但只是與土番交易，尚未定居。

又，〈番俗六考〉謂：「卑南覓⋯⋯南仔郎港，可以泊船」，指卑南與成廣澳的幾乎中間之 Toriek（都歷）社附近的郎仔郎溪口（〈番俗六考〉記載：「南仔郎，一名農仔農」），可知南部之貿易及於此地。至其交易額，該書主要舉南部之卑南覓，謂歲輸正供銀68兩。又，《東征集》謂北部崇

爻之輸餉與諸羅阿里山合計銀百萬十五兩二錢三分二厘，可視為概數。關於卑南覓交易之進出，〈番俗六考〉記載：「貨則鹿脯、鹿筋、鹿皮、麞皮、麂皮、苧藤。果則蕉實、鳳梨、蔗、檨、柑、柚、檳榔、毛柿」、「富者，烏布為衣，嗶吱為抄陰，為方襠」，應主要是南部之搬入品。關於崇爻交易之進出品，《東征集》記載：「每歲贌社之人，用小舟裝載布、煙、鹽、糖、鍋、釜、農具，往與貿易。番以鹿脯筋皮市之。」

康熙六十年〔1721 年〕，朱一貴作亂，其黨王忠邱、金宣之徒等，自傀儡內山潛入臺灣山後，命外委千總鄭惟嵩至瑯嶠（恆春），繞山後招致番人通事章旺，探尋匪類蹤跡。自此開通經恆春至卑南之道路。〈番俗六考〉所謂「瑯嶠山後，行一日，至貓丹（Bâ-tan）（Sinvojan 即牡丹 Bóu-tan 社），又二日過丹哩（Tan-lí）溪口（今牡丹溪口），至老佛（Lâu-put）（遷移至今恆春的阿美番族 Kanavus 之舊社），又一日至大鳥萬（Tachiaban）社，又三日過加仔難（Ka-á-nân，Kanarun）社、朝貓籬（Tiâu-bâ-lî，Tamari 即太麻里）社，至卑南覓社。」《東征集》〈檄查大湖崇爻山後餘孽〉謂：「令外委千總鄭惟嵩，率健丁數十人，駕舟南下，由鳳山瑯嶠至沙馬磯頭，轉折而東，齎檄往諭卑南覓大土官文結（Bûn-kiat），賞以帽靴、補服、衣袍等件，令其調遣崇爻七十二社壯番，遍處搜尋，將山後所有盜賊悉行擒解，按名給賞，拒敵者殺死勿論。凡擒解山中漢人一名，該番賞布三十尺、鹽五十斤、煙一斤，獲劇賊者倍之。有能擒獲王忠，當以哆囉呀、嗶吱、銀兩、煙布、食鹽等物大加犒賞。諸番黎盡心搜緝，餘孽應無容身之地也」，為當時利用此地土番之情形。據傳，各土番奮力剿平殘賊，無所不搜探，餘黨悉就縛，功賞有差。然當時以後因番地劃界之禁，因而一時之間臺東地方之往來中止。黃叔璥《番俗雜記》記載：「山前俱立石為界，由雞籠沿山後山朝社（三貂社）、蛤仔難（宜蘭）、卑南覓（卑南），民人耕種樵採所不及，往來者鮮矣」，應為雍正以後之狀況。

乾隆年間，有一顯著之探撿目標為臺東之中部。其人即為 Mauritius Benyowsky，是波蘭伯爵，夙有智勇之名，因敗於西曆 1768、69 年之戰爭，

為俄軍所虜拘禁於獄中，1771年（乾隆三十六年）與同囚之28人破獄，掠奪軍艦1隻，於8月26日抵達臺灣之東岸。船進海岸，椗泊於北緯23度32分，此位置相當今秀姑巒溪口之大港口附近。於是直接登陸，探險沿岸地方，忽受土番襲擊，一行中有人負傷，不得已退入船中，爾後整備戰鬥，選擇船員中勇壯者若干，登岸為銃擊，彼眾我寡，固不相敵，但因武器銳利，土番望風歸服，因而進入其部落所在。更有其他未化番族，乘虛襲擊海岸之船，企圖掠奪重要器具。好不容易擊退多數番群，但損害甚大，認為將來拓殖內地將多有困難，乃斷然放棄此地方，即日下命解纜北進，繞過某一岬角，翌27日拂曉，於東北海岸發現有一河注海，乃溯河口探險內地，計畫殖民。降而，道光年間以來，臺灣西部之下淡溪谷野及楠梓仙流域之平埔番族，故土因被漢族侵佔不能保有生計之餘裕，於是越過中央山脈，進入中央縱谷，驅逐先住之阿美番族，於此地開出一部落（大庄），為擴大拓殖附近一帶之基礎。

　　道光年代中葉，宜蘭平野之平埔番族，亦因相同情況，從海路來到北部蓍萊平野登陸，於其北端開出一部落（加禮宛）。道光年代，枋寮（港東上里）商賈閩人鄭尚，橫越中部山地出巴塱衛（Pa-lôn-ōe），卜居於今卑南與土番交易，且傳授耕種之法，此實為此地漢族定居之嚆矢，為卑南街起源（參照卑南街條）。同時，今臺北地方之豪戶閩人吳全，自宜蘭地方出蓍萊，創吳全城開墾之緒（參照吳全城條）。爾後，咸豐元年〔1851年〕，臺北地方之閩人黃阿鳳，拓墾十六股庄（參照十六股庄條）。同治初年，陶姓之閩人，開創中央縱谷幾乎中部璞石閣庄之業。同治年間，閩人亦開海岸之成廣澳。同治七年〔1868年〕，英國人Milisch率宜蘭之平埔番族，登陸北界之大南澳，疑通附近土番計畫開墾土地。當時臺東之地，未有管轄官衙，清國政府責之犯國禁。答曰，臺灣東部之地，並非清國版圖。爾來，力爭數次，漸得停墾而去。

　　在此之前，臺灣西部一帶平地，悉經漢族拓殖，已無餘土，而臺東即臺灣山後則被認為地利上仍有可待，夙被嘖嘖傳唱。道光十二年〔1832

年〕，《彰化縣志》述其地必開謂：「埔社向東南行一百餘里，為東面太平洋。其地名卑南覓。自山到海，闊五、六十里，南北長約百里。他年此地開闢，可墾良田數萬甲，歲得租賦數萬石，足置一縣治，與繡孤鸞為鄰境。如今嘉、彰兩相接壤也。卑南覓土產，檳榔、薯榔極多，漫山遍野皆是。近時郡城有小船，私到山後向番擺流者，即卑南覓也。所出鹿茸、鹿脯等貨亦多。番與漢人交易，不用錢銀，但以物換物而已。卑南覓港澳數處，皆可泊船。小船由溪而入，可二、三十里，溪水清且深。」但當時，中部之秀姑巒（即繡孤鸞[Sìu-kou-loân]）溪流域地方，往往仍被視為異境。《彰化縣志》記載：「繡孤鸞山麓，皆菊花，有能結實者。老番不知幾百歲。相傳，海中有一浮嶼，上皆仙人所居，奇花異草，珍畜馴獸。每歲初冬，則遣一童子駕獨木小舟，到繡孤鸞偏采菊實。番有從童子至其處者，歸則壽數百歲，猶依稀能憶其概。或童子不來，欲自駕舟往尋，終迷失水路，莫知其處。惟童子往返者，登舟瞬息即到。山無城市，衹有人家，至今相傳以為仙山云。」到了同治年間，漢族往來之交易，及於菁萊平野今花蓮港。《淡水廳志》記錄雞籠故老林賢之談話云：「由海道一日可到，港口頗狹，僅容四、五百擔小船。入口後，水極陡。每年春三、四等月，乘風入口，各熟番牽舟競進。每番給予鹽一、二甌，歡極而去，陸續挾鹿茸、獸皮各貨來換布疋等物。該處寬廣與噶瑪蘭等，亦有中國人。」同治十二年〔1873年〕時，卑南漸形成一街市，約有50家。其他，據說璞石閣不過是40餘家，花蓮港40餘家，成廣澳5、6家的漢族聚落。又，北界之新城，道光年間，與宜蘭之間有海路往來。

　　同治年間成書之《淡水廳志》，論開墾臺灣山後納入行政區域之必要曰：「由噶瑪蘭大南澳，鑿山通道而南環，設州縣如東粵瓊州例，瓊地不及臺地之廣週，瓊設立十四州縣，內山為黎人如故。今臺有地方責者，僅二廳、四縣，幅員廣闊，每患鞭長莫及，加以後山未闢。同治七年〔1868年〕洋人美利士（Milisch）在南澳開墾，謂非中國地界，力爭始停墾。恐臥榻之下他人鼾睡，則為患滋多矣。」當時議者中有唱此說者，竟不決行。

同治十三年〔1874年〕，我征臺之舉漸結局後，清國政府受其衝擊，以洋務防護之必要，立開闢臺灣山後之議。十一月，臺灣督辦防務駐留船政大臣沈葆楨，先作準備，以南路海防同知袁聞柝，自海路到卑南覓（即卑南），視察地方情形。翌〔1875年〕十二月，基於其報告，奏請籌劃自南、中、北3路帶領兵勇，開設通向山後之道路，且上疏〈臺地後山請開舊禁疏〉：「蓋臺灣地廣人稀，山前一帶，雖經蕃息百有餘年，戶口尚未充牣。內地人民向來不准偷渡。近雖文法稍弛，每恐與例不合。今欲開山不先招墾，則路雖通而仍塞；欲招墾不先開禁，則民裹足而不前」，此議被採用。光緒元年〔1875年〕十一月，南、中、北3路竣工，同時以臺灣山後一帶為卑南廳（本於卑南覓地名命名），移南路海防兼理番同知為南路撫民理番同知，以袁聞柝任之，以Pouson（寶桑）即今卑南街為設置廳治之地。同時，特設撫墾委員，掌理撫番墾地事宜，且分卑南、璞石閣、花蓮港3區，各分駐一營兵力，兼理撫墾之事。另一方面，於廈門、汕頭等地置招墾局，獎勵移民，充分保護應募者，在一定期間內給與口糧、貸與農具、耕牛等。爾來，分50人或30人，少者10數人為1團，移住各處。於是，以卑南為起點，一南達恆春，一北通花蓮港之縱貫道路。南路以卑南為中心，中路以璞石閣為中心，北路以花蓮港為中心，另外開墾拔仔庄、水尾庄、新開園庄、里壠庄、鹿寮社即務祿臺、本社溪岸等移住區。但多風土不服，隨往隨病，加以移民多浮浪之徒，徒貪口糧不務力作，相踵半途退去、逃亡，弊端百出，未能充分得見成績（即，其移民極少持續拓墾。如知本社溪岸，已有20餘家移民，開拓區域不小，但光緒十五年〔1889年〕遭洪水浸害，田園、人家全數遭害）。然，臺東一帶拓殖之所以逐漸就緒，實在此際。

　　光緒五年〔1879年〕，余寵《臺灣地輿圖說》謂：「自卑南以逮蘇澳，拔木通道數百里，窮髮儋耳之民，咸得沐浴王化，則自光緒紀元之開山撫番始，而輿圖始可得而志也。」光緒十一年〔1885年〕，臺灣獨立為一省，劉銘傳任巡撫，銳意革新政務之結果，改卑南廳為臺東直隸州。光緒十三年〔1887年〕，〈籌議臺灣郡縣分別添改裁撤以資治理疏〉謂：「後山形勢，

北以蘇澳為總隘，南以埤南為要區。控扼中權，厥惟水尾。其地與擬設之雲林縣東西相直，聲氣未通。現開山路百八十餘里，由丹社嶺、集集街徑達彰化，將來省城建立，中路前後脈絡呼吸相通，實為臺東鎖鑰。擬添設直隸州知州一員，曰臺東直隸州。左界宜蘭，右界恆春，計長五百里，寬三四十里、十餘里不等，統歸該州管轄，仍隸於臺灣兵備道。其埤南廳舊治，擬改設直隸州同知一員。水尾迤北為花蓮港，所墾熟田約數千畝，其外海口水深數丈。稽查商舶，彈壓民番，擬請添設直隸州判一員，常川駐紮。均隸臺東直隸州。此後路添改之大略也。」此議允准，乃區劃全州為5鄉，稱南鄉（卑南地方）、廣鄉（成廣澳地方）、新鄉（新開園地方）、奉鄉（璞石閣地方）、蓮鄉（花蓮港地方），命知州歐陽春建置1州（水尾）、2廳（卑南、花蓮港），及籌劃開大港口便汽船往來，以通水尾。同年，歐陽病歿，隨而頓挫，籌畫中止，只定州治位置於從前之卑南廳治所在。十四年〔1888年〕，知州吳文杰，清丈既墾田園，始對漢族及一部歸化熟番（平埔番及加禮宛番）課稅（先是，光緒五年〔1879年〕，清丈土地賦課租稅，但以墾地成績未舉而延期）。十九年〔1893年〕，知州胡傳，夙稱治法平蕩、軍令嚴肅，更銳意拓殖臺東，命撫墾局（十三年〔1887年〕擴張撫墾委員）查定新開土地，未及實行而病歿。荒蕪未拓中途，臺灣割讓，我領臺後漸見開拓成效。

卑南街（Pi-nâm koe）

在臺東南部卑南平野之東方海岸，屬南鄉。此地方卑南番族語稱Pousong，以近音譯字作「寶桑」（Pó-sùng）。清道光年間，枋寮（港東上里）商賈閩人鄭尚，橫越中部山地出巴塱衛，卜居寶桑與土番交易，且傳授耕種之法，因有利益人多隨之。爾後，移住者踵接，遂迴航海路運輸貨物。同治末年，約有50家形成一街市。既而，光緒元年〔1875年〕，新設卑南廳之際，為其設廳之地。光緒十三年〔1887年〕，置臺東直隸州，逐漸更新、增建街市，卑南街名初次出現。現在街市由馬蘭街、卑南街、新街

3土名組成（馬蘭 [Má-lân] 街，以傳說此地古為阿美番族 Varagao 社所在地，應為在其故址所建街市；新街，成於光緒元年〔1875年〕置廳後；卑南街，成於光緒十三年〔1887年〕置州後），今為臺東廳所在地，人口1,582人（男918人，女664人）。卑南港，位於東方海岸直線狀之處，波浪常激，不便碇泊，天候靜穩之日，也僅能寄泊陸岸近處，起卸極為困難。水深，滿潮時60尺，干潮時50尺。風向，4月至9月多南風，10月至3月多東北風（據《臺灣稅關要覽》）。

卑南街西北有2大番社，一是 Pinan（卑南）社，為卑南族大社（社名，因其開基祖稱 Pinarai 而出），一是 Varagao（馬蘭拗）社，為阿美族之宗社（Varagao 社名，據說因最初建部落之處多蠅，以意為蠅之 Gagaurao 轉訛得名）。此2番社，馴化之度相較高，古來便與漢族接觸交通，其感化之影響亦多，墾田定耕，已是良好農民。我領臺後，明治30年〔1897年〕以來，設番童教育之學校，亦見成績。

卑南溪（Pi-nâm khoe）

卑南溪有3大支源。北源為發源於新開園（新鄉）方面中部山地之新武洛（Sin-bú-lok）溪，中源為發源於鹿寮社（南鄉）方面中部山地之鹿寮（Lok-liâu）溪，南源為發源於北絲鬮（Pak-si-khau）社（南鄉）方面中部山地之北絲鬮溪，更匯合自東、西山中注來之大小諸流而漸大，此間分歧湊匯，或露出數條沙洲，或磧礫堆積成層，急流滔滔南下，迴轉於海岸山脈南方，自卑南附近海岸入海。其水勢衝激，處處產生瀨渦，渡涉則多危險，一遇雨期暴漲，交通完全斷絕。

成廣澳（Sêng-kóng oh）

位於3分臺東海岸狹野卑南、花蓮港間的南方三分之一處，屬廣鄉。此地方之阿美番族稱之為 Vararatsai，有水深可供小支那形船自由出入之小港。清同治年間，有閩人移住。同治末年，建有5、6人家。但因地區狹

小，未見顯著發展。其南方之外角有稱為三仙台（Sam-sian-tâi）之岩嶼（高78尺）。《日本水路誌》謂：「此嶼與成廣澳之間，形成沙濱之淺灣，稍可遮屏西南季風期之中級風浪。」成廣澳與卑南中間阿美番族Toriek（都歷）社附近之郎仔郎（Lông-á-lông）溪口，當為黃叔璥〈番俗六考〉所謂：「卑南覓南仔郎（Nâm-á-lông）港可以泊船」（該書所記南仔郎，也一作農仔農Lông-á-lông），記載其水路狀況：「自卑南覓而北，……農仔農，……赴社水路僅容杉板船。懸崖石壁無可泊處。農仔農社有深溝一道，船至，土番群立岸上，船梢拋索，土番接索挽進，即泊溝內。若無接挽，溝外無可泊處。」又，其南方阿美番族Mavukut（馬武窟）社附近，為明治5年（同治十一年〔1872年〕）我小田縣民4名漂著，遭土番劫掠處。

（**附記**）我小田縣民遭難之始末。遭難者為備中國淺井郡柏島村籍之若蛭子丸（搭載量130石）船員佐藤利八外3名。根據當時上海領事之調查書、鳳山知縣之報告，明治5年〔1872年〕10月28日，從備中玉島出帆，翌6年〔1873年〕1月14日，於紀州海上遭遇大風，漂流南方洋中3日，3月8日午後，飄至臺東之Mavukut海岸，於此登陸，忽有土番20、30人來集，奪去所持物品，又有群集者200、300人，各掠取船中貨物，甚至毀船，且有欲加殺害之狀，幸因1老人庇護逃出虎口，該夜宿泊老人之家，9日老人導至其南方之Karivuogaru，停留此地2日，寓於1漢人家，被該漢人強制木挽難船，12日，適有番人通事陳安生來到，乃結伴至今卑南（馬蘭街），在安生家百日間，日日從事牧牛或耕作、木樵等雜役，6月14日，鳳山縣下之貿易商李成忠之船來到，搭乘之赴旗後港，20日安全抵達該地，22日被清國官吏送至臺灣府。幸得邂逅當時來此視察臺灣之我福島廈門領事，受其救助及清國官吏之保護，30日再返旗後，7月5日搭便船抵達福州，清國官憲各給與衣服杳毛布等及洋銀6弗，7月20日自福州交給上海帝國總領事，8月12日自上海返抵長崎。

大坡（Tōa-pi）⑥

在臺東之中央縱谷內，屬新鄉。臺東平地之大湖水，周圍約1里。此地方阿美番族之部落稱為Panao社，乃本於水池之義。漢族亦因係大坡所在，故稱大坡社。

平埔番（Pînn-pou-hoan）部落

臺東之秀姑巒溪以南，以中央縱谷之大庄及公埔2庄（新鄉）為中心，北自迪佳、蘇汝、織羅、水尾各庄（奉鄉），南至新開園、里隴庄（新鄉）之間，有平埔番族移住部落。臺灣西部之平埔番族受到漢族大肆侵佔，以道光年間為起點，中部、北部之平埔番族多數移動至埔里社窪地，南部之平埔番族或者退卻至臺東之中央縱谷。根據該番所傳之口碑，道光九年前後，下淡水溪平野之馬卡道部族Vurak（武洛）、Tarau（搭樓）、阿猴（Aakau）等各社番，被粵人侵佔，30餘家老幼相扶，男女相攜，離開故土退至南方的枋寮（港東上里），最終越過中央山脈抵達巴塱衛（Pa-lôn-ōe，南鄉），更北進至寶桑（Pó-sùn，即卑南），當時此地有優勢之卑南番族，雖曾一度因攜來之酒肉得以締約獲得耕地，但終不肯允其定居，常有敵對態度。因此，該族相率更涉卑南溪而北，發現一適於移殖之荒原。但此地有先住之阿美番族，因屢與之劇烈鬥爭，逆者殺戮，從者和解，遂成立一部落名大庄（Tōa-chng）。3年後，墾地漸熟，收穫稍豐，而未拓之土多、力耕之人少，乃自里隴（新鄉）方面橫越中央山脈，出臺灣西部荖濃地方（楠梓仙溪東里），招來故土同族及下淡水溪流域西拉雅部族Tapukian（大傑顛）、

---

⑥【譯按】此地即目前池上鄉的「大坡池」，原名「大陂」（Tōa-Pi），惟伊能寫作「大坡」。另，鳳山之下坡頭（ē-Pi-thâu）亦同。

Toavurang（大武壠）社番 12 家，合為 40 餘家。爾後，漸得餘裕之生活。從此，來自故土移住者接踵，至各地分住。

降而，光緒十四年〔1888 年〕六月，收租之吏來大庄，請以銀代納該番之穀粟，不准；請延緩賣穀換銀之時日，亦不肯，並拘禁未納之一老婦，招起激憤，以謝林及劉天王為首謀，聯合附近該族各庄，七月七日四方揭竿而起，殺害收租之吏，寸斷其屍，進而攻擊南方大坡（新鄉）之碉堡，漢族及阿美番族亦起而響應，隨而圍陷北方水尾（奉鄉）之碉堡，七月九日更迫卑南（南鄉），至卑南溪畔之擺仔擺（南鄉），與清軍哨官（兵員 40）相遇激戰，清兵大敗、生還者僅 5 人。翌日，番兵乘勢圍卑南營。營中兵不過 120，南路統領張兆連固守不出，急報臺南府。於是，七月十四日，1 隻軍艦進入卑南港，從艦上砲擊始漸解散。先是，北部阿美族之 Taparon（太巴塱）、Mataan（馬太鞍）等社番遙相呼應，攻花蓮港營。北路統領李得勝邀擊大破，番人走依該族 Chitkasoan（七腳川）、Pokpok（薄薄）2 社。2 社為已歸附之番人，陽諾之給酒，趁其酒醉熟睡，刎首 30 餘級，送清官得賞。

璞石閣（Phok-chioh-kok）

幾乎位於臺東中央縱谷之中部，屬奉鄉。原出諸於阿美番族語 Papako 的土名。Papako 意為蕨，因往時此地一帶多生蕨而得名。璞石閣為其近音譯字。清同治初年，陶姓之閩人，從臺灣西部集集方面越過中央山脈，出今拔仔（Poat-á）庄，南進至此地，與土番交易，見此地廣闊肥沃，乃勸誘移民，自集集地方移住之漢族移住者漸多。同治末年，已有 40 餘家形成聚落。現時人口 1,320 人（男 904 人，女 416 人）。

秀姑巒溪（Sìu-kou-loân khoe）

秀姑巒溪有 3 大支源。南源為發於𩵚𩵚埔（新鄉）方面中部山地之網綢（Báng-tîu）溪；中源為發源於秀姑巒山之轆轆（Lok-lok）溪與自其西南注

流之清水溪（Chheng-chúi）在客人城（奉鄉）南方匯合，是一大源流；北源為發源於拔仔庄（奉鄉）方面山中之媽蘭鉤（Má-lân-kou）溪。前2支流向北，後1支流向南，於水尾（奉鄉）東方相會，另有其他大小溪流湊合，切過海岸山脈間之峽谷入海，其河口即大港口（Tōa-kánh kháu）。橫於河口內之岩礁，稱獅毬嶼（Sai-kîu sū）。秀姑巒地名，早為臺東之一稱呼。西曆1632年，西班牙宣教師 J. Esquivel 之〈東部臺灣地名表〉所記 Tupaan 即此。成於漢族之手的文書，清康熙六十一年〔1722年〕巡視臺灣御史黃叔璥〈番俗六考〉記為「泗坡瀾」（Sì-pho-lân）或「芝母瀾」（Chi-bú-lân）；〈赤嵌筆談〉及乾隆二十九年〔1764年〕成書之《（續修）臺灣府志》記為「薛波瀾」（Sì-pho-lân）；道光十二年〔1832年〕，《彰化縣志》記為「繡孤鸞」（Sìu-kou-loân）；咸豐二年〔1852年〕，《噶瑪蘭廳志》記為「秀孤鸞」（Sìu-kou-loân）；光緒五年〔1879年〕，余寵《臺灣地輿圖說》記為「秀孤巒」（Sìu-kou-loân）。又，大港口，〈番俗六考〉所記「崇爻之薛坡蘭，杉板可進」當之。蓋此地方阿美番族語 Poai 意為「中央」，應為此之轉訛稱呼。西班牙人之 Tupaan、漢族之「四坡瀾」，應為比較接近原語的音譯。

水尾（Chúi-bé）

位於臺東中央縱谷內，卑南、花蓮港間之中央，在秀姑巒溪、媽蘭鉤溪會流之西岸，屬奉鄉。原阿美番族語稱為 Koko，意即「寬廣之原野」，以此地一帶廣開為一平地為名。水尾地名，因溪流流域位置得名。光緒十三年〔1887年〕，臺東直隸州州治擬定處，當時以此地位據要衝控制臺東之南北，並計畫開附近東方秀姑巒溪口之大港口，方便汽船往來，但終未實行而止。現時人口只367人（男218人，女149人）。清國政府時代之地圖，在臺東中央之位置別記為臺東者，即指水尾。

吳全城（Gôu-choân sîann）

連接臺東之北部薈萊平野的南端，屬蓮鄉。清道光年間，臺北地方豪

戶閩人吳全，自宜蘭蘇澳之海路於新城登陸南進，發現此荒原肥沃，企圖開墾，與同志蔡伯王，招募臺北宜蘭流民2,800名開墾，應募移民多浮浪之徒，缺乏耐忍持久之念，見開墾事業困難便多半途逃歸，加以不服風土疫癘，其成效甚為遲緩。但吳、蔡2人銳意不屈，鼓勵移民，拮据經營3年，拓得數頃耕地。當時屢被西界山番（屬泰雅族，稱木瓜[Bok-kue]番）襲擊。因而建築防堡備禦，名為吳全城。適吳全病死，蔡伯王知事不成，放棄既墾田地而去，再歸荒廢。我領臺後，明治32年〔1899年〕，內地人賀田金三郎，見此荒原有望，大力開墾，事業漸有進展。

花蓮溪（Hue-liân khoe）

花蓮溪有2大支源，一為發源於加籠籠（Ka-láng-láng）埔（奉鄉）中部山地之加籠籠溪，匯大小諸水，東北流至六階鼻（奉鄉）漸大，稱花蓮溪。至吳全城（蓮鄉）東北，匯合該方面山中東下之木瓜溪。此間河身分歧，紆迴錯綜，到花蓮港街（蓮鄉）附近，成為深潭狀注海。西曆1500年代，葡萄牙人所稱之Rio Duero河者是。荷蘭人亦沿襲其名。因流過薵萊平野南界，一名薵萊（Kî-lâi）溪。

花蓮港（Hue-liân káng）

在薵萊平野之臺東海岸山脈北端，與米崙（Bí-lûn）山（高345尺。《日本水路誌》謂：「此山突出海岸，10浬外即可識別，為辨識花蓮港之好目標。」）背後陡岸之間開成海灣，花蓮溪口在港內南岸。本港離滿潮線1、2間處水深2、3尋，1町處7、8尋，2町處9尋，稍出外海則10尋至15尋。夏季波浪稍靜平穩，冬季東北風季節，港內浪高，船舶碇泊困難。本港之主腦有2地。一為近花蓮溪口之花蓮港街，同治年間漢族往來薵萊平野交易，漸形發達，同治末年40餘家形成一肆。一為北方1里處米崙山下（往時，另名里浪[Lí-lōng]港）之新港（Sin-káng）街，光緒四年〔1878年〕創建，我領臺後，其發達專歸此地。人口1,175人（男722人，女453人）。

此地方之阿美番族稱花蓮港市街為 Tarawrai no Pateyamai，意為「大市場」。

　　花蓮港北方擢基利（Tak-ki-lī）溪口邊以北，至大南澳鼻（Tōa-nâm-oh phīnn，歐美人所謂 Dom 角）之間，概為險崖絕壁，自海岸幾乎成垂直狀隆起聳立，即使有稀小平地溪流穿通其間，但海浪激烈難以泊舟。其中，高峻絕崖峰頂約海拔 7,000 尺，成為一大奇觀。西曆 1882 年英國軍艦 Marchesa 號巡航之際，通過此崖下，生物學者 Guillemard 特別記其所見（*The Cruise of the Marchesa to Kamtschatka and New-Guinea with Notices of Formosa*），評為世界最高斷崖。

十六股（Chap-lak kó）

　　在臺東之北部萕萊平野的北方，屬蓮鄉。清咸豐元年〔1851 年〕春，臺北地方之豪戶閩人黃阿鳳，招募移民 2,200 餘人，自宜蘭海路前來在新城上陸，一部份人留在擢其利溪畔開拓荒埔，自己南進以米崙山西北為根據地，分地開墾，成立十六股、三仙河、武暖、沙崙、十八鬮等 5 聚落。《淡水廳志》記載：「有黃阿鳳者，集資率萬餘人，抵萕萊墾闢。黃阿鳳為總頭人，如官府儀，其餘頭人尚數十人分地而治」，記述雖稍誇大，但可想見當時拓地情形。數月後，黃阿鳳病歿。咸豐五、六年〔1855、1856 年〕時，其他墾首亦因缺乏資本，漸有不堪持續之狀，且屢與移住附近之平埔番族 Kalewan（加禮宛）仇殺，終至放棄而去，已墾土地再歸荒廢。既而，光緒元年〔1875 年〕，開撫後山之結果，漢族足跡亦及於此地。光緒二年〔1876 年〕，林蒼安募宜蘭地方移民，據黃阿鳳舊址復墾。光緒四年〔1878 年〕，接踵移來者漸多，十六股為其主要集中區，因此稱復興庄（Hok-heng）。

加禮宛（Ka-lé-oán）部落

　　以臺東之北部萕萊平野加禮宛庄（蓮鄉）為根據地，進入南方海岸狹野，至加露蘭、新社、姑律、石梯之間，為其顯著之新開移住區，此為加禮宛部落。清道光中葉，宜蘭平野一部分平埔番族 Kuvarawan 部族，因漢族

移殖而喪失故土窮於活路之餘，自蘇澳經海路登陸米崙山北方海岸，成立一部落稱為加禮宛庄。蓋以 Kuvarawan 部族中之 Kalewan（加禮宛）社為主（其他少數番社附屬之）移住，因以之為部落名。爾後，隨著人口增加，分成武暖、竹林、瑤高、七結等 4 小部落，分住各地。

　　光緒元年〔1875 年〕，番界之北路開通，加禮宛番人不悅，唆動阿美族 Chitkasoan（七腳川）社等番，趁清兵多為疫病所侵，謀亂。北路統領羅大春，招集各社通事，窮詰實情，切實曉諭平息異心，又淘汰遣散病羸兵勇，添補精銳，森嚴戒備，乃愈形愒息。光緒四年〔1878 年〕一月，加禮宛番人殺商人陳文禮。蓋因不悅漢族等其他人入墾。加禮宛之哨官命番人，給遺族金穀贖罪。加禮宛番人不肯，反殺害傳命兵，暗通阿美番族 Sakoru（即竹篙宛 Tek-ko-oán）社番，企圖於六月造反。於是，花蓮港之北路統領陳得勝，率兵討之，不克。璞石閣之中路統領吳光亮，乃傳令各地營汛出兵，七月二十六日先討伐 Saqor 社，翌日討伐加禮宛。2 番不支，走避北方之東角（Tang-kak）山。適有大暴風雨，山中食用皆盡，多餓死者，至有潛逃海岸地方者。至此，老番等下山至軍門乞降。吳光亮赦罪不問，而且給與衣食，令老幼婦女歸社。爾後，官給布 50 疋、嗶吱 6 疋、豚 6 隻、酒 6 罈買加禮宛之地，東至加禮宛溪，西至山，南至荳蘭（Tāu-lân），北至加禮宛山。事平立約：荳蘭溪以北為官地，准許漢族開墾，番人不得侵犯；該溪以南為番地，供番人耕種，漢族不得侵犯。事故因此完全平定。爾來，為表示治化歸服，命改加禮宛庄為佳落（Ka-lak）庄，改 Saqor 社為歸化（Kui-hòa）社，終不用加禮宛，僅 Saqor 社兼用。

哆囉滿（Toroboan）

　　原臺東之北部薈萊平野，被認為是臺灣產金地之一。西曆 1500 年代，葡萄牙人稱相當於花蓮溪之位置為 Rio Duero，意即「金河」。此為移植葡國產金地河名，可見此時已知此地產金。既而，西曆 1600 年代，西班牙人佔據北部臺灣之際的記錄（西班牙天主教神父 Celedonio Arranz 之調查）謂：

「臺灣東海岸之Turmoan多產砂金，北部Tapari（今金包里）之土番常往貿易，賣與支那人。」漢族之古文書，記為「哆囉滿」（To-lo-mán），蓋同為近音譯字。明末流寓沈光文〈平臺灣序〉為其最古老者。黃叔璥〈番俗六考〉拼寫為「倒咯滿」（Tó-lok-mán），比定為菶萊平原內阿美番族Tauran社之地，「或云崇爻山後多難（To-lân）社，一作倒咯滿」（崇爻為Tsongau之近音譯字。出於此方面之阿美番族稱東部山地之泰雅番族的他稱，轉而慣用於菶萊東界之山名，後成為菶萊地方之一土名）。

哆囉滿產金之事實，清康熙三十六年〔1697年〕，郁永河《海上紀略》記載：「偽鄭時，上淡水通事李滄愿取金自效，希受一職，偽監紀陳福偕行，率宣毅鎮兵並附近土著，未至卑南覓社，土番伏莽以待，曰：吾儕以此為活，唐人來取，必決死戰。福不敢進，回至半途，遇彼地番泛舟別販。福率兵攻之，獲金二百餘，並繫其魁，令引路，刀鋸臨之，終不從。按出金乃臺灣山後，其地土番皆傀儡種類，未入聲教，人跡稀到。自上淡水乘蟒甲，從西徂東，返而自北而南，溯溪而進，數月方到。其出金之水流，從山後之東海，與此溪無異。其地山枯水冷，巉巖拔峭，洩水下溪，直至返流之處，聚有金沙。土番善泅者，從水底取之，如小豆粒，鉅細藏之竹簍，或秘之瓿，間出交易。彼地人雖能到，不服水土，生還者無幾。」又，雍正十年〔1732年〕，分巡臺廈道尹士俍《臺灣志略》記載：「哆囉滿產金，從港底泥沙中淘之而出，與雲南瓜子金相似。陳小厓《外紀》云：鄭氏遣偽官陳廷輝往其地採金。老番云，采金必有大故。詰之，曰：初日本居臺，來採金，紅毛奪之；紅毛來採金，鄭氏奪之；今又來取，豈遂晏然無事？明年，為康熙癸卯，我師果克臺灣。」產金事已見諸西班牙人記錄。土著番人採金事實，郁永河〈番境補遺〉記載：「哆囉滿產金，淘沙出之，與瓜子金相似，番人鎔成條，藏巨甓中，客至每開甓自炫，然不知所用，近歲始有攜至雞籠、淡水易布者。」又，《噶瑪蘭廳志》謂：「港底金，或云產自菶萊。」即，哆囉滿地在菶萊平野，其名稱之起因，顯然亦與今Tauran社有關。（因曰，光緒元年〔1875年〕，番界北路開通之結果，北界新城地方

開拓就緒。光緒十八年〔1892年〕時，番語通事李阿隆，住於此地，與山番和約，私下採取砂金，因而惹起物議，官府禁止之。光緒十九年〔1893年〕，臺東知州胡傳，亦欲在此地採取砂金，終未開辦而於翌年病歿，其事業中止。）

火燒嶼（Hé-sio sū）

　　一稱雞心（Koe-sim）嶼，歐美人所謂Samasana島，東經121度27分至30分，北緯22度37分至40分，在臺東之卑南東方約18浬、紅頭嶼北微西約35浬。周圍5里5町，面積約1方里餘。島形北部闊、南端狹，其西側於北端附近稍灣形成南寮灣，北側於西端附近稍灣形成中寮灣，小形船舶可以碇泊。島內有2個丘峰，在北者阿眉（A-mî）山（海拔602尺），在南者火燒山（海拔923尺），住民之部落在海岸四方，但南寮、中寮2灣之外多斷崖，因此主要部落在此2灣岸。又，東北端，低角，附近有空洞之尖岩，其狀如高之空形門，名樓門岩（Lâu-mng gâm）。

　　火燒嶼之名稱，起於島中之火燒山。火燒山者，據說島民放小舟於海中捕漁者，若有風雨之虞時，常在此山頂燒火為標識，故名。雞心嶼者，因島形肖似故名，為該島之古稱。清康熙六十一年〔1722年〕，巡視臺灣御史黃叔璥〈番俗六考〉已見之。Samasana島之名稱，應為原佔居臺東之卑南及阿美2番族指稱本島為Sanasai而轉稱者。西曆1726年，荷蘭宣教師Valentyn〈福爾摩沙及荷蘭在此之貿易記事〉所載地圖「Kaart van het Eyland Formosa en de Eylanden van Piscadores」於火燒嶼位置記為Meeuwen Eyl。

　　火燒嶼，原為土著番人佔居之處。有傳說謂：以往曾有閩福州人陳品先，統率部下來襲土番，土番乘獨木舟逃往他處，陳品先乃佔墾之，但因土地貧瘠而放棄。符合此傳說之口碑，有住於臺東之阿美族北部Taparon（太巴塱）地方之一部群謂：「吾族原住Sanasai，但土地被漢族所侵，乃乘舟在秀姑蘭溪口之Tobbo（即大港口）登陸，爾後逐漸進入內地，分別形成數個部落」。現在島中尚有阿眉山土名，應與阿美族有關，火燒嶼之先住土

番應是阿美族之一部。其後，道光初年，小琉球嶼之泉州人曾勝開，與同志30人航來此島，再著手開墾。其中6人以不抱希望而歸還，其他24人則留下來從事耕漁。首先，在中寮灣岸成立中寮部落。爾後，自小琉球嶼來移者漸多，在南寮灣岸亦成立南寮部落。光緒初年，隨著臺東之招墾，移民也增加，往來交通頻繁。現在分中寮、南寮、公館3庄，人口1,155人（男598人，女557人）。

番地

現在臺灣稱番地者，在臺灣本島之中部山地及東部一帶之平地、紅頭（Âng-thâu）嶼，其面積在本島者1,245方里80（臺灣總面積2,318方里51，番地比例53.7%，非番地比例46.3%），在紅頭嶼者2方里97，合計共1,248方里77，屬於普通行政區域之外。其中，本島之恆春、臺東地方及隘勇線前進所包容之地域，扣除民番雜處幾與普通行政區域無異之番地，番地面積808方里17（總面積中番地比例34.9%，非番地比例65.1%）。這些番地，概均山勢峻險，貧瘠磽确，雖不適農耕，但森林豐富有伐木採腦之利，似亦頗有礦物之希望，番地之利源在此。

棲息於上述區域之番群，有泰雅、布農、鄒、澤利先、排灣、卑南、阿美及平埔之一部族賽夏（以上在本島）、雅美（在紅頭嶼）9種族，已知之大小社數716社，每社各有其領域，總戶數22,039戶，總人口115,245人（男58,433人，女56,812人）。

自臺灣西部埔里社地方橫斷中部山地，向臺東之花蓮港劃一線，其北部之番族（泰雅族），性質最為慓悍，常為兇害（尚存馬來系統人類之一特俗 Head-hunting 風習），因此在番界敷設隘勇線為警備機關。隘勇線，古來之防番施設，明末鄭氏時代，有土牛或紅線之名（土牛者，因積土為堆，其形如臥牛。紅線者，因磚疊為墻，其色赤而稱）。爾後，清朝領臺以來，漢族移殖漸多，進入番界擴大拓殖區域者，亦致力私設防禦機關以避免番害，其防守之人丁稱隘丁。既而，乾隆五十三年〔1788年〕，更立官隘之制。

光緒十二年〔1886年〕，改為勇營組織，稱隘勇。我領臺後，亦本舊制，改善設備，攻防皆增其力，逐漸前進線路。明治42年〔1909年〕現在之線，起於宜蘭南界之大南澳海岸，橫斷中部山地出臺灣西部，通過深坑、桃園、新竹、苗栗、臺中各方面之番界，抵達南投東界之埔里社濁水溪上流之一線；與臺東之花蓮港附近番界之一線。總長達150里餘。這些隘勇線，開鑿番界適宜之山嶺建設道路，稱為隘路。隘路之外面，即番人棲息方面數10間刈除草木為射界，便於監視番人之接近，隘路上要衝之地設哨舍，配置隘勇，其哨舍稱隘寮。隘寮，每1里平均設12、13箇，各寮配置隘勇2至4人，4、5箇隘寮內以1箇為監督分遣所，配置巡查或巡查補。又，連4、5箇為監督所，駐屯警部又或警部補。即，隘勇線猶如軍隊之步哨線。唯其所異者，只是步哨線即為主力，其他第二線等不配備防備攻擊主力。要之，隘勇線實為安寧與危險之境界，踏出此線外出，恰如進入敵疆。番界警備之任務，即在擔任此準戰線之警戒防備，保護臨接番界民庄之安寧，保護番地內各種之營生者，日夜手持銃器從事警戒，或深入番山探查地理，或潛伏警戒線外邀擊出草番人，有時與來襲之番人連日交戰。因此，番人損傷不少，被番人殺害者亦多。我領土內，職務上平素須維持如此戰鬥狀態者，恐無他者可比（據《臺灣理蕃概要》）。

（**附記**）根據《臺灣理蕃概要》之記載，概查番地利用區分如下。

區別	泰雅	賽夏	布農	鄒	澤利先	排灣	卑南	阿美	雅美	合計
總面積數	505	10	295	93	87	102	15	138	3	1,248
製腦地	多	無	少	多	少	無	無	少	無	
林業地	多	少	少	多	少	無	無	無	無	
礦產地	多金礦石油坑	無	多石版石	傳有石油坑	多石版石	無	無	金銀採礦中，有銅水銀礦	傳有銀礦	
既墾平地	無	2	無	無	無	無	5	30	1	38
未墾平地	20	1	無	無	無	無	無	20	無	41
山地	485	7	295	93	87	102	10	88	2	1,169

　　荷蘭人、西班牙人及明末鄭氏佔據時代，番地之經營，主要在平地平埔番族之疆域，很少及於此方面之番界。清朝領臺以來、歸我帝國版圖之後，或因征服之目的，或因膺懲之目的，才有事及於此等地方。舉其顯著之沿革年次，略敘如下。

【清朝領有時代】

・雍正元年〔1723年〕秋
　　因澤利先番族數百出港西下里東勢庄殺害粵人，乃宣示兵威，勒緝兇番，番人歸附。

・雍正六年〔1728年〕十二月
　　澤利先族Chimor（山豬毛）社番出港西中里番界之民庄，殺害

漢族。因此翌七年〔1729年〕二月,閩浙總督高其倬檄臺灣道
孫國璽、臺灣總兵王郡,調遊擊靳光瀚、海防同知劉浴帶兵討
伐。

・同治十三年〔1874年,明治7年〕

我征臺軍討伐排灣番族Sinvojan(牡丹)社等(參照石門條)。

・光緒元年〔1875年〕

排灣族Washoju(獅頭)社番,傷害駐屯番界之淮軍勇官及戕殺
附近庄民,因此該年三月淮軍提督唐定奎,自嘉禾里莿桐、南
勢湖、竹坑埔方面分路討剿(據說此役清軍戰死、病殁者合計
1,918人)。

・光緒二年〔1876年〕

臺東北界之泰雅族Taruku(太魯閣)番,屢屢加害通過之兵民,
統領羅大春舉兵討伐,設兵營於三棧溪畔稱順安城,為久守計。

・光緒三年〔1877年〕

開通自臺東奉鄉水尾通大港口道路之際,附近之阿美族Kiwit
(奇密)社番不悅,八月殺總通事反叛。統領吳光亮乃舉駐璞
石閣之營兵討伐,九月番人降附。

・光緒十年〔1884年〕

清國兵勇赴卑南者,自善餘里之楓港經過番界的南路之際,被
排灣族Suvon(率芒)社番邀殺,派兵討之,剿燼其社。

・光緒十一年〔1885年〕五月

為了膺懲泰雅番族之兇行,以揀東上堡之罩蘭為中心,分三路
攻擊,翌十二年〔1886年〕七月,巡撫劉銘傳督親兵100及各兵
勇、屯番合計9,500,設大師營於房裡溪上游埋伏坪討伐之。

・光緒十二年〔1886年〕九月

為了膺懲逞泰雅番族兇行,巡撫劉銘傳命劉朝祐率銘軍3營,
自文山堡之屈尺進討Urai(污來)社。

- 光緒十二年〔1886年〕

  海山堡大嵙崁方面之泰雅番族屢屢背反，騷擾已極。八月，巡撫劉銘傳親督銘軍3營，兵分2路，一自水流東，一自甘指坪進討，相持4個月，3營兵勇失其半，終諭番人和約，撤兵。（光緒十九年〔1893年〕，建昭忠祠於大嵙崁街，合祀戰死、病歿兵勇及番人死者，時巡撫邵友濂題匾「俎豆同榮」。）

- 光緒十二年〔1886年〕

  竹北一堡五指山方面之泰雅族，屢出番界民庄肆為兇行。十二月，巡撫劉銘傳命統領林朝棟督營官鄭有勤，舉棟字2營兵討伐以揀（石加祿）社為中心之南北各社。

- 光緒十二年〔1886年〕

  泰雅番族出揀東上堡水底寮附近出兇行。翌十三年〔1887年〕八月，統領林朝棟率兵2,500，自該方面分四路進討Mpaashin（白毛）、Mesieya（阿冷）等番社。

- 光緒十四年〔1888年〕八月

  統領劉朝帶率兵勇400，進入宜蘭之叭哩沙番界探查地理，至凍死人坑時被Karaisan（南澳）番襲擊，全軍陷於死地，中途放棄。因此，翌十五年〔1889年〕，巡撫劉銘傳求援福建水師，自蘇澳港搭汽船，以同安水師副將傅德高為先鋒，統率中、左、右3軍，在大南澳方面登陸，以遊擊都司王冠英統率鎮海前營，在小南澳登陸，共同扼番社之後，以總兵竇如田統率銘軍各營，駐紮蘇澳之北方澳及五里亭，防守於番社之前面，又以定海、永保2軍艦運送兵器、糧食，以軍艦靖遠泊於蘇澳港內以備緩急，劉銘傳親自總統全軍駐蘇澳，以為前後挾擊之計。當時，傅德高等數名進入大南澳山中偵察，被番人所殺，竇如田率兵2,000深入番地，進剿數日，番人突前後來襲，死傷甚多，無功收退，持久達2個月，全軍戰死、病歿幾半，只得以鎮海前營留駐北

方澳，其餘撤退。

- 光緒十五年〔1889年〕九月

  海山堡大料崁方面泰雅族，殺害警備番界之隘勇20餘名。巡撫劉銘傳分兵2路，以達字營、廣勝營自竹頭角，銘字營、宏字營、春字營自甘指坪進討。

- 光緒十五年〔1889年〕

  卑南族 Rokavon（呂家望）社番不穩，統領張兆連舉兵討伐之。

- 光緒十六年〔1890年〕，排灣族 Sinvojan（牡丹）社番，出恆春地方之番界民庄行兇，恆春知縣呂兆璜示以兵威彈壓，番眾不服，反殺其兵勇。翌年，總鎮萬國本舉兵勇千餘屯於牡丹山下，聲言剿討番社，未發之前，命通事諭番人與附近庄民約和，事乃止。

- 光緒十七年〔1891年〕

  海山堡大料崁及竹北一堡五指山方面之泰雅番族，加害當地駐屯之隘勇，以定海營統領桃秀率兵進剿不利，撫墾局總辦林維源派定海營兵，更求援棟字軍統領林朝棟，討伐月餘乃止。

- 光緒十八年〔1892年〕六月

  排灣族 Savdek（射武力）社番殺害善餘里楓港之庄民，兇行不止。總鎮萬國本帶兵勇千餘，駐紮楓港，進而討伐附近番社。爾後，恆春知縣陳文緯，曉諭番人與庄民和約，兵返。

【帝國領有時代】

- 明治29年〔1896年〕12月

  臺東北界之泰雅族 Taruku（太魯閣）番，以蓮鄉花蓮港口駐在守備隊新城監視哨（將校以下13人）違逆番人習慣，懷恨襲殺該哨全員。因此，翌31年〔1898年〕1月以來，為了膺懲之，舉1大隊兵討伐。

- 明治30年〔1897年〕

  竹北一堡五指山方面泰雅族Maiwarai（馬以哇來）社番，殺害我巡查。翌31年〔1898年〕，更誘殺五指山撫墾署主事補2人、傷1人，因此該年舉約1中隊兵討伐之。

- 明治33年〔1900年〕

  海山堡大料崁地方之番地，製腦者與泰雅番族衝突，被其襲擊。8月，守備兵1中隊與警察隊一起討伐之。

- 明治35年〔1902年〕11月

  排灣族Vuaraji（媽勝喇）社番，頑強不奉官命，屢出番界之民庄行凶，舉警察隊討夷之。

- 明治35年〔1902年〕

  竹南一堡南庄方面之賽夏族Pagasan（南獅里興）社頭目日阿拐，不滿有人企圖開墾其番界之山場，糾和附近番族及漢族匪徒之餘類，燒棄南庄，驅逐庄民。7月，先襲擊南庄支廳（新竹廳管轄），包圍之。新竹守備隊（3個中隊）及警察隊討伐5旬，平之。

- 明治35年〔1902年〕

  苗栗一堡大湖方面之泰雅族Maihagan（馬那邦）社番，受漢族匪徒之唆動，出番界之民庄肆行兇害。10月，舉2大隊兵討伐，12月平之。

- 明治36年〔1903年〕4月

  澤利先族之Samohai、Parirayan、Anvaku等3社番，久不服政令，放肆凶行，舉警察隊攻擊，燒夷番社。

- 明治36年〔1903年〕12月

  澤利先族之Vuaga（芒仔）、Tona（墩仔）等社番，不服政令，凶行不改，因舉警察隊討伐，一時驅逐至遠方山地。

- 明治36年〔1903年〕8月

美國帆船 Benjamin Sewall 號，自新嘉坡出發，航往清國上海途中，在恆春南岬附近遭遇颱風，帆檣折斷，舷側損壞，因而浸水失去航行自由，船長以下22名船員，分乘端艇3隻，其中1隻於中途顛覆，其乘員由其他2艇收容，划向紅頭嶼途中2艇相互失去聯繫，船長等10人所乘端艇漂到南岬，受到駐守該地之警察官吏救助，另1艇漂到紅頭嶼附近，被該島番人雅美族發見，遭到暴行，且衣服、攜帶物品被掠奪，而且該艇乘員中4名溺死、3名生死不明，其他5名好不容易漂至該島陸地。接到此遭難之報告，總督府立刻命令汽船須磨丸搭載警察官吏回航該島，更派遣臺灣警備軍艦宮古號進行搜索，救護漂著生存者，管收全部掠奪品，膺懲加害番人並使歸還。翌37年〔1904年〕1月，更為膺懲該番人，決行討伐，以臺東廳長當之，特派汽船明石丸回航卑南輸送討伐隊，該月27日抵達該島，部署確定後本隊3分，於翌日黎明挺進兇行番社，包圍搜索，逮捕番目以下諸人，押收武器，燒毀家屋，充分達成預期目的後撤退。

- 明治38年〔1905年〕3月

  揀東上堡東勢角方面之泰雅族Saorai（梢來）社番，屢屢逞兇襲擊隘勇線，因此以警察隊討伐之。

- 明治39年〔1906年〕12月

  濁水溪上流流域之布農番族Asan、Enga（郡大社）頑迷常違反官命，肆行兇害，因此以警察隊討伐之。翌年〔1907年〕1月，終於將之全社燒夷，潰亂四散。

- 明治40年〔1907年〕1月以來，排灣族 Chyokokovuari（草埔後）社之1小社（水坑）番，屢殺人行兇。6月，以警察隊3面包圍，全社付之灰燼。

- 明治39年〔1906年〕7月

  臺東北界之泰雅族Taruku（太魯閣）番，因該番界製腦事業上之

糾紛，襲殺官民30餘名，且頑迷自恃，肆行兇暴。翌年7月，以南清艦隊之浪速、秋津洲2艦從海上砲擊，同時由警察官及隘勇組成討伐隊，臨機自陸上突擊番社，燒夷2社6部落，蹂躪數百甲耕地。

- 明治41年〔1908年〕12月

  臺東北部之阿美族Chitkasuan（七腳川）社番主動騷擾，不得不暫時放棄在其山番界上敷設之隘勇線。於是，以軍隊、警察隊開始討伐，將該番社全部燒夷，恢復隘線，並加以追擊。翌年3月，番眾1,000餘人全部歸順。

- 明治42年〔1909年〕4月

  臺東南部之排灣族Tsuarogis（柴朗驛）社番，反抗警察逮捕犯罪嫌疑者，甚至加以殺害，以警察隊討伐，一舉佔領兇行番社。爾來，續行搜索，擒獲兇番，充分達到膺懲目的，5月撤退。

Sylvia 山

臺灣本島之中軸山脈Sylvia連嶺的主峰，在北部番地之幾乎中央。《臺灣第三統計摘要》（明治40年〔1907年〕）記載：根據總督府民政部殖產局概測，海拔11,289尺。Sylvia之稱呼，乃西曆1867年英國軍艦Sylvia號航行臺灣東海岸時，從海上遠望測定，而最初命名者。爾來，未經實地踏查，且因近傍比肩之高山重疊，難以確定位置，但英國水路部出版之海圖，畫於北緯24度31分、東經121度17分，大體近於實際。漢族稱為雪山（She-soann）或雪翁（She-ang）山，亦不過是從西部平地遠望命名者，此山峰秀出萬岳之中，冬天頂戴白雪景觀，漢族因命此名，即可認為是同山異名。《淡水廳志》記載：「玉山，在猫裡溪頭山後萬山中，晴霽乃見，巉巖峭拔，疊白如銀，可望不可即。相傳，偽鄭自率步卒往至山麓，遙隔一溪毒甚，涉者多死，遂止。或袖白石數枚而歸。竹塹（今新竹）一帶亦時見，或以為雪云。」又，《噶瑪蘭廳志》謂：「玉山，在廳治（今宜蘭）西南二百餘

里，以白得名，通臺之表障也。三峰並列，頂如盂，左右如柱。終歲雪封如紗籠香篆，春夏晴霽乃得遠望。有頃則雲霧復合，非風必雨，實為人跡罕到之區。蘭由大叭哩沙喃，作三日程，繞出生番界，可至其地。至則見其山上非煙非霧，白氣騰空，其下則四水環山，雖五六月，嚴冷而不可耐，聞天寒時土番不敢嚮邇，故居人絕少。惟避暑乘涼間遊其地」，雖謂為玉山，但並非精確記述，蓋推考其位置似指此山。（畢竟，漢族所謂玉山之稱呼，應視為一雅名。理學士石井八萬次郎《臺灣島地質圖說明書》談及此事謂：「支那人稱玉山者，或指新高山，或指 Sylvia。如內地之白根山有上州白根、甲州白根之別」，可為得中肯綮。）

新高山

　　與臺灣本島之中軸山脈 Sylvia 連嶺西側並行的新高連嶺之主峰，又實為臺灣之最高山。根據野呂寧（總督府技師）最近調查（明治41年〔1908年〕）謂：「位於北緯23度28分、東經120度57分，海拔約13,020尺。高聳之山脊南北延伸，南北各約2,200米，更其頭崛起。在北方者稱北山，海拔約12,580尺，在南方者稱南山，海拔約12,540尺。有一小支派走向東南，聳立一峻峰，是為東山，海拔約12,080尺。又，向西急傾斜走2,000米，海拔約11,700尺起劍峰，稱之為西山。這一群支最高峰，即主山南山、北山、東山及西山，總括稱為新高山。新高山一帶之山嶺，為古生紀之粘板岩及砂岩，岩層傾斜突起山脊之側面解體形成碎片，沿著急斜面崩壞落下，山脊恰如鋸齒，一昇一降，兩斜側急峻眩目，僅能匍匐始得抵達山脊巔頂。主山巔頂平台，不過寬10尺內外、長約百尺。斜面急處甚至達70、80度，岩片不斷掉落溪下，登降者屢為之膽寒。」漢族所謂玉山（Giek-soann）、歐美人所謂 Morison 山，即此。其中，最早稱呼玉山之名者，為清康熙三十六年〔1697年〕郁永河之〈番境補遺〉記載：「玉山，在萬山中，其山獨高，無遠不見，巉巖峭削，白色如銀，遠望如太白積雪，四面攢峰環繞，可望不可即，皆言此山渾然美玉，每晴霽，在郡城不啻天上白雲也。」《臺灣府

志》記載：「玉山，人跡罕至，三峰並列，終歲雪封，如紗籠香篆，冬日晴明乃見，有頃則雲霧復合矣。」又山名Morison取自從臺灣海峽首次航海來臺灣南部安平港的亞歷山大號船長之名，從西海岸可以看見此山的山容。此山之命名者為自1857年以來多年跋涉臺灣的英國領事郇和（Swinhoe）。此事見諸於1863年英國海軍提督Collinson之講演筆記（Remarks after the reading of R. Swinhoe's paper at the Roy. Geogr. Soc. on14 Dec.）。新高山者，我領臺後，明治30年〔1897年〕6月28日，聖上所賜命名，該年7月6日，以拓殖務省告示第6號公布。當時參謀本部為使此事傳之不朽，特命藤井包總撰〈新高山御命名記〉。其文如下。

> 巍巍峻高者山也。鞏固不動者亦山也。故自古表君父之恩德、頌國家之安寧，常取譬富岳。蓋富士山，我國山嶽中之最高者。明治28年〔1895年〕，因戰捷之結果，臺灣島歸我，又得與此伯仲之高山，Morison山即是也。此名，歐洲人所稱云。其7月，參謀本部派測量部員至此島，著手全島測量。據云，參謀總長殿下，於大本營御前會議奏上其事，談及此山名時，陛下謂其測量完成日，朕更勑給命名之。其後，測量部尚增發部員數班，於土匪、生番起伏叛亂之間，崎嶇間關盡力測量，其區域往往及於政化未達之所，昨年9月竣功。爾來，勉力製圖，本年6月將臨印刷，殿下派副官將校至京都奏上。該月下旬，參謀本部次長川上閣下西上伺候天機，恭獲下賜新高山嘉名，乃銘刻地圖之上，以為萬古不易之名。子之始生，父為之命名。今上陛下給此島第一高山命名，亦即應仰奉子愛此新邦之聖德。嗚呼，我大八洲於今上陛下之御代，更加此一大嶋，皇德之益高更比此山高，國安之益鞏固更比此山不動之鞏固。畏陛下之宸慮注給臺灣島如前述，臣民豈不應益鞠躬經營，宣揚皇威。
>
> 　　　　　　　　　　　明治30年〔1897年〕7月　藤井包總識

《雲林縣采訪冊》記載：「八通關山又名玉山。」蓋八通關，佔居新高山西方阿里山中之鄒番族稱呼該山之近音譯字，古作「八同關」（參照八通

關係）。另，新高山下之溫泉，亦夙為漢族所知。《臺灣府志》記曰：「溫泉，在玉山下，有土番至者云於山深處得之，泉上湧氣蒸騰如沸，凡數處」，《雲林縣采訪冊》謂：「（八通關）山前有溫池，俗名燒湯。聞有投以生卵，少頃即熟可食。」

望玉山記　陳夢林（康熙五十年〔1711年〕間諸羅知縣幕僚）

玉山之名，莫知於何始，不接人以迷障。諸羅邑治，去治莫知幾何里。或曰山之麓有溫泉，或曰山北與水沙連內山錯。山南之水，達於八掌溪。然自有諸羅以來，未聞有躡履登之者。山之見，恆於冬日數刻而止。

予自秋七月至邑，越半歲矣，問玉山，輒指大武巒山後煙雲以對，且曰是不可以有意過之。臘月既望，館人奔告玉山見矣。時旁午，風靜無塵，四宇清徹，日與山射，晶瑩耀日，如雪、如水、如飛瀑、如鋪鍊、如截肪。顧昔之命名者，弗取玉韞於石，生而素質，美有其中，而光輝發越於外。臺北少石，獨萃茲山。山海之精醞釀而象玉，不欲使人狎而玩之，宜於韜光而自匿也。山莊嚴瑰偉，三峰並列，大可盡護邑後諸山，而高出乎其半。中峰尤聳，旁二峰若翼乎其左右。二峰之凹，微間以青，注目瞪視，依然純白。俄而片雲飛墜中峰之頂，下垂及腰，橫斜入石，於是峰之二，頓失其二游絲，徐引諸左，自下而上，直與天接，雲薄於紙，三峰勾股，摩盪隱隱如紗籠香篆中，微風忽起，影散雲流，蕩歸烏有，皎潔光鮮，軒豁呈露。蓋瞬息間，而變幻不一，開闔者再焉。過午則盡封不見。以予所見聞天下名山多矣，嵩少、衡華、天台、雁蕩、武夷之勝，微奇涉怪，極巍峨，窮幽渺，然人跡可到；泰山、觸石、匡廬、山帶，皆緣雨生雲，黎母五峰，晝見朝隱，不遇疊翠，排空幻，形朝暮，如此地之內山，斂鍔乎雲端，壯觀乎海外而已，豈若茲山之粹精凝結磨理不加恥大璞之雕琢，謝草木之榮華，江上之青無能方其色相，西山之白莫得比其堅貞，阻隔乎人力舟車，縹緲乎重溟千嶺，同豹隱之遠害，擇霧以居類，龍德之正中，非時不見大賢君子，欲從之而未由，羽客緇流徒企瞻而生羨，是寰海內外，獨茲山之玉立乎天表，類有道知幾之士，超異乎等倫，不予人以易窺，可望而不可即也。

望玉山　周鍾瑄（康熙五十三年〔1714年〕諸羅知縣）

浮風高捲日初生，一片晴光照眼明。積雪不消三伏後，層水常訝四時成。

疑他匹鍊非吳市，遮莫胥濤向越城。大璞已教天地鑿，山靈穩臥不須驚。

玉山歌　吳性誠（嘉慶二十一年〔1816年〕彰化知縣）

須彌山北水晶宮，天開圖畫自瓏瓏。不知何年飛海東，幻成三個玉芙蓉。

莊嚴色相儼三公，皓白鬚眉冰雪容。夾輔日月挂穹窿，俯視眾山皆群公。

帝天不許俗塵通，四時長遣白雲封。偶然一見杳難逢，唯有霜寒月在冬。

靈光片刻曜虛空，萬象清明曠發蒙。須臾雲起碧紗籠，依舊虛無縹緲中。

山下瑪瑙如蟻叢，委蛇如斗捷如風。婆娑大樹老飛蟲，攢肌吮血斷人蹤。

自古未有登其峰，於戲，雖欲從之將焉從。

阿里山（A-lí-soann）

　　連接於新高山之山彙，總稱阿里山。自鹿林山（Lok-lîm-soann，海拔9,616尺）延伸為水山（Chúi-soann，海拔8,608尺），南走為石水山（Chioh-chúi-soann，海拔8,526尺），又北走為飯包服山（Png-pau-hok-soann，海拔8,083尺）、對高山（Tùi-ko-soann，海拔8,004尺），更西北延伸為塔山（Thah-soann，海拔7,507尺），其間有所謂阿里山大森林。阿里山森林，在海拔約4,500尺至約8,200尺之間，為面積約11,000町步之扁柏（檜）純林，其間混生多少薄皮（花柏）及杉松等。根據最近之調查，樹數約100萬，材積總共2,800萬尺，樹形完全且由美幹形成，即使日本內地著名之木曾山也未能見。（阿里山，土著鄒族稱為Sosorogana。又，水山實為阿里山之分水點，故名。該番族亦稱「水」之意為Tsomo。而因為該番之一大社所在，一名知母勝 [Te-bú-lô] 山。）

（**附記**）明治36年〔1903年〕以來，臺灣總督府著手阿里山伐木事業經營之調查。越而，39年〔1906年〕2月，與合名會社藤田組締結契約。爾來，該組一面從事該森林調查，一面以嘉義為起點，開始準備敷設距離40哩之森林鐵道始。41年〔1908年〕1月，該組認為有再調查之必要，一時中止事業經營。

鳳凰山（Hōng-hông soann，海拔5,462尺），在阿里山之北方盡頭，古來不但以奇勝聞名，而且富於樟樹等林產，夙多漢族進入從事各種林業。《雲林縣采訪冊》記載：「鳳凰山，山勢巍峨插天，不知其幾千丈尺，形如飛鳳，層巒聳翠，奇峰林立，雲樹參差，幽篁淨植。每值雨霽，山光晴煙騰樹，黛色參天，好鳥爭鳴，山花欲笑，前人鳳麓飛煙為八景之一。前臺灣鎮吳光亮，由此開路直通臺東州後山，於岩上勒『萬年亨衢』四字。聞此山第二峰腰，有數武之地，時有細雨，不見乾土，每晚群鴉歸宿，俗稱為烏鴉洞山。北與九頭尖仔山，苞仔林山相連。二山亦多奇峰怪石，並產樟腦。今各山麓，均有熬腦寮灶。所產大竹，可以編筏、蓋屋、製紙，筍則製以為脯，民賴其利。」

鳳麓飛煙　陳世烈（光緒十一年〔1885年〕雲林知縣）
翱翔千仞集高崗，聲應和鳴兆瑞祥。彩絢霞明滄海碧，光含雪霽暮山蒼。
雲中日出煙騰樹，雨後風清月照篁。縹緲晴嵐生色相，東來紫氣鳳朝陽。

傀儡山（Ka-lé soann）

一作加禮山。臺灣南部澤利先番族分布區域之中央山脈的總稱。蓋平埔番族馬卡道部族稱呼澤利先番為Karei，因而稱其佔居山地。傀儡及加禮，皆Karei之近音譯字。《鳳山縣采訪冊》記載：「……港東、西二里內山……，總名傀儡山。」

　　　　土番竹枝詞（折一）　郁永河（康熙三十六年〔1697 年〕作）
　　深山負險聚遊魂，一種名為傀儡番。博得頭顱當戶列，髑髏多處是豪門。

　　　　傀儡山　張湄（乾隆六年〔1741 年〕巡視臺灣御史）
　　傀儡山深惡木稠，穿林如虎攫人頭。群蠻社裏誰雄長，茅宇新添金髑髏。

紅頭嶼（Âng-thâu sū）

　　歐美人所謂 Botel-Tobago 島，土著之雅美番族自稱 Yami kami（意為雅美族之國土）。位於東經百 21 度 29 分至 36 分，北緯 22 度至 6 分，南岬東微北約 40 浬，火燒嶼南微東約 35 浬。周圍 928 町，面積 2 方里餘。島內概為山地，中央最高峰海拔 1,807 尺，僅海岸有平地，其山地、平地之比，殆如九一。地勢，自西北向東南較長，自東北至西南較短，海岸凹凸起伏，皆由立錐狀礁岩，自四面觀望雖各異其形，但大體呈馬鞍形。南方及東方開成港灣，水稍深，應風向可供船避泊。土番部落共 7 社（人口約 1,000 餘人），皆分布於海岸。本島南微東約 7 浬處有一露岩（周圍 1 里 9 町，高 569 尺），稱小紅頭（Sío âng-thâu sū）嶼，歐美人稱 Little Botel-Tobago 島。此露岩周圍，險礁甚多，特別是南端南南東方向約 8 纜長間礁脈擴延。

　　初期介紹紅頭嶼者，比較早的是西曆 1726 年荷蘭宣教師 Valentyn〈福爾摩沙及荷蘭在此之貿易記事〉所載地圖「Kaart van het Eyland Formosa en de Eylanden van Piscadores」於今小紅頭嶼島位置記為 't Eyl Groot Tabaco。而此名稱，早已被漢族用來命名此方面之海島。宋代成書《諸番志》記為毗舍耶、談馬顏，蓋為 Tabaco 之近音譯字（又，Valentyn 之地圖於小紅嶼相當位置記為 't Eyl Klyn Tabaco）。另，Tabaco 島之稱呼，日本人古已襲用之。長崎立山府庫藏臺灣古圖，於紅頭嶼相當位置明顯記為タバコ島。鳥居龍藏〈紅頭嶼地名考〉（第四章「歐美人對紅頭嶼之稱呼」）謂：「西曆 1785 年，

法國航海者 Perouse 之地圖（書名 *Atlas deVoyage de La Perouse*）及稍後 1791、92 年航海之 Abillardiete 之地圖（書名 *Atlas du Voyage Par Abillardiete*），均記該島為 Botol。Abillardiete 之地圖中只記 Botol，但 Perouse 之地圖中又別 Botol Tabaco Sima 和 Botol-Tabaco Xima。Sima 就是日語之「島」，因此明顯其意相同。該圖中之沖繩及日本內地地名中，如大島記為 Ufu-Sima、種子島記為 Tanac-Sima，多用 Sima。又，Xima、Sima 相同。此從九州附近記為 Tacu-Xima 可知）。」蓋 Botol 為佔居臺東之卑南及阿美 2 番族指稱紅頭嶼之地名，應即襲用之者。Tabaco 者，宋代既以之表示談馬顏，另日本人、荷蘭人之記錄亦見襲用（從附加 Sima 此語，庶幾可說準據日本人之稱呼），可知複合了向來 2 島之名稱 Botol 及 Tabako。而 Botol、Tabaco 之名稱，不外是此複合語之轉訛（Botol ＝ Botel Tabaco ＝ Yabago）。漢族之所謂紅頭嶼稱呼，已見於清康熙六十一年〔1722 年〕巡視臺灣御史黃叔璥〈番俗六考〉。鳥居龍藏〈紅頭嶼地名考〉（第二章「支那人之稱呼」）謂：「以余之見，該嶼位置在東方海中，因此天氣好日，立於臺灣南部海岸，太陽登上地平線之際，遠望該嶼方向，恰如太陽光線照在該嶼頭上，呈現美麗紅色以，因有此形容而稱紅頭嶼。此不只是余一己之說，支那人中亦有持此說者。」

　　關於本島之漢族記述，最古之〈番俗六考〉記載：「紅頭嶼番，在南路山後。由沙馬機（西南岬）放洋東行二更，至雞心嶼（火燒嶼），又二更至紅頭嶼。小山孤立海中，山內四圍平曠，傍岸皆礁，大船不泊，每用小艇以渡。無草木，番以石為室，卑隘不堪起立。產金，番無鐵，以金為鏢槍舌。昔年臺人利其金，私與貿易，因言語不諳，臺人殺番奪金。後復邀瑯嶠番（排灣族）同往，紅頭嶼番盡殺之，今則無人敢至其地矣。」（此記事多誤，鳥居龍藏〈支那人之紅頭嶼歷史〉（支那人の紅頭嶼に於ける歷史）指正此記載謂：「雖謂無草木，但其實山上草木繁茂。番雖以石為室，但彼等決不住石室。雖謂產金，但今日地質學調查結果，不認為該嶼有金。且後復邀瑯嶠番同往，紅頭嶼番盡殺之，今則無人敢至其地，應為支那人誇大之記事。」）即，可知至少在康熙末年以前，曾有在臺灣之漢族航行紅

頭嶼，試圖與土人交易，但結果惹起利害衝突，爾來往來中絕。黃叔璥〈赤嵌筆談〉記載：「紅頭嶼，皆生番聚處，不入版圖地。」雍正八年〔1730年〕，陳倫炯《海國見聞錄》記載紅頭嶼為呂宋群島之一。乾隆二十九年〔1764年〕，《（續修）臺灣府志》，僅將之附載於瑯嶠番項下。將本島視為臺灣之一屬島的歷史性根據，不甚明顯。

光緒三年〔1877年〕三月，清國政府因防護洋務之必要，始命恆春知縣周有基及船政藝生游學詩、汪喬年等，率20餘名，勘查紅頭嶼，其報告概要載於《臺灣地輿圖說》曰：「紅頭嶼，在恆春縣東八十里，孤懸荒島。此嶼皆番族穴居，不知耕稼，以捕魚、牧羊為生，形狀無異野番，而性較馴。牧羊於山，剪耳為誌，無爭奪詐虞之習。民人貿易至其地者，攜火槍至，則知其能傷人也，輒望然避之。語音頗類太西洋，然實莫測其所由。統島周圍約五、六十里，島有高至六、七十丈者，而男女大小不及千人。」先是，恆春之粵人潘蓮紀、張連升等10餘人，嘗往紅頭嶼2次。又，該年二月中，船戶黃金生亦航該島，為熟悉海路，傭用之引路。乃初為恆春縣管轄，但僅不過只在地圖上表示其名稱、位置而已，其實依然棄諸於政化之外。

我領臺後，明治30年〔1897年〕，當時之拓殖務大臣命總督府實查該島，以菊地陸軍步兵少佐為監督，率文武官僚數十人，搭陸軍運送船福井丸，3月11從基隆港解纜，15日抵達該島，撫慰土番，踏查實情，20日歸航基隆。蓋該島位置，在巴士海峽內與西班牙國領接壤。先是，29年〔1896年〕8月，我帝國與西班牙國協定版圖境界宣言，因而有舉實為帝國領土之必要。

澎湖群島

澎湖

　　歐美人之所謂Pescadore群島，位於分隔臺灣本島與中國大陸之臺灣海峽的中央，可謂是在絕島之孤島的位置。散布在北緯23度11分至23度45分，東經119度16分至119度43分，北回歸線大致橫斷本群島的中央。可舉其島嶼名稱者，總數有64。其中有居民之島嶼約20，其他多不過是露出之岩礁。各島之島名及有無住民，如次表：

島名	有無住民	異名	西洋名稱
澎湖本島 Pînn-ôu	有	大山嶼 Tōa-soann	Ponghau
牛母件嶼 Gû-bú-kīann	無	牛角嶼 Gû-kak 空殼嶼 Khang-khak	
大宋嶼 Tōa-jiok	無		
海墘岩 Há-kî	無		
測天嶼 Chhek-thinn	有	小案嶼 Sío-àn	
虎井嶼 Hóu-chínn	有	船蓬嶼 Chûn-phâng 檯嶼 Tài	Table
桶盤嶼 Tháng-pôa	有		Tablet
雞籠嶼 Koe-lam	無	圓頂嶼 Înn-téng	Dome
四角嶼 Sì-kak	無	平嶼 Phêng	Flat
查坡嶼 Cha-pou	無	陽嶼 Iông	Round
查某嶼 Cha-bóu	無	陰嶼 Im	Three
香爐嶼 Hiunn-lôu	無	鼎灣嶼 Tíann-oan	

島名	有無住民	異名	西洋名稱
雁晴嶼 Gān-chhêng	無	雁淨嶼 Gān-chēng	
錠鉤嶼 Tīann-kau	無	砧齒嶼 Tīann-khí	Organ
雞善嶼 Koe-siān	無	亂形嶼 Lōan-hêng	Ragget
白沙嶼 Peh-soa	有	北海嶼 Pak-hái 北山嶼 Pak-soann	Pehu
金嶼 Kim	無	金山嶼 Kim-soann	
鐵砧嶼 Tit-chiam	無	北鐵砧嶼 Pak-tit-chiam	
姑婆嶼 Kou-pô	無		Sand
屈爪嶼 Khut-jiáu	無		
毛司嶼 Mô-su	無	籃笨嶼 Lâm-pūn	
北礁 Pak-chio	無		
北白沙嶼 Pak-peh-soa	無		Sable
毛常嶼 Mo-siông	無		
南面瓜嶼 Nâm-bēn-jiáu	無	鎮海嶼 Tín-hái	
鳥嶼 Chiáu	無	二殼嶼 Jī-khak	Conch
中墩嶼 Tiong-tun	有		
小嶼 Sío	無		
尖嶼 Chiam	無	涼徹礁嶼 Lîang-sòann chio	
坪岐嶼 Pēng-kî	無		
草嶼 Chháu	無		
土地公嶼 Thóu-toe-kong	無		
南白沙嶼 Nâm-peh-soa	無		
雞籠嶼 Koe-lam	無		
大倉嶼 Tōa-chhng	有		
白沙礁 Peh-soa-chio	無		

島名	有無住民	異名	西洋名稱
員貝嶼 Oân-pòe	有	灣貝嶼 Oan-pòe	
草嶼 Chháu	無		
吉貝嶼 Kiat-pòe	有	大烈嶼 Tōa-liat	Bird
陰礁嶼 Im-chio	無	黑貂嶼 Hek-tiau	
過嶼 Kùi	無	小烈嶼 Sío-liat	
目斗嶼 Bak-táu	無	北嶼 Pak	North
漁翁嶼 Hî-ang	有	西嶼 Sai	Fisher
小門嶼 Sío-mng	有	丁字嶼 Teng-jī 三角嶼 Sann-kak	
八罩嶼 Pat-tà	有	挽門嶼 Bóan-mng	Rober
馬鞍山嶼 Bé-oann-soann	無	雞腎嶼 Koe-sīn	
金瓜仔嶼 Kim-koe-á	無		
狗沙嶼 Káu-soa	無		
將軍澳嶼 Chiong-kun oh	有	倉嶼 Chhng	
船帆嶼 Chûn-phâng	無	石崖嶼 Chioh-gâi 布袋嶼 Pòu-tē	
後帝仔嶼 Āu-tè-á	無		
大嶼 Tōa	有	南嶼 Nâm	Junk
頭巾嶼 Thâu-kun	無	頭軍嶼 Thâu-kun	Steeple
西嶼坪 Sai-sū-pēng	有		
利間嶼 Lī-kian	無	利塭仔嶼 Lī-un-á	
東嶼 Tang-sū-pēng	有		
鐘仔嶼 Cheng-á	無	方錐 Png-chui	
西吉嶼 Sai-kiat	有	筆錠嶼 Pit-tīann	Pe-Ting
東吉嶼 Tang-kiat	有	半坪嶼 Pòann-pēn	East
鋤頭嶼 Tōu-thâu	無		

島名	有無住民	異名	西洋名稱
花嶼 Hoe	有	半坪嶼 Pòann-pēng	Yih-Pan
大貓嶼 Tōa-niau	無	高嶼 Ko	High
小貓嶼 Sío-niau	無	低嶼 Tīe	
草嶼 Chháu	無		

　　漢族最早知道澎湖島的存在似在隋代。《福建海防考》有謂：「隋開皇中，遣虎賁陳稜略澎湖地，環島三十有六，如排衙。」可見最初稱36島。

　　降而，乾隆二十九年〔1764年〕之《（續修）臺灣府志》謂：「澎湖，憑山環海，有五十嶼，巨細相間，坡隴相望」，稱50島。爾後，乾隆三十二年〔1767年〕之胡三水《澎湖記略》，稱55島。光緒五年〔1879年〕之余寵《臺灣地輿圖說》及光緒十九年〔1893年〕之《澎湖廳志》，因襲之。但我領臺後實查結果，更增加其數為64島。

　　關於「澎湖」此島名之原意，《方輿紀要》謂：「波平浪息，無湖奔激射之狀，其狀如湖，因名澎湖，可泊舟。」《澎湖廳志》謂：「澎湖一名澎瀛，猶言澎海也。或謂之西瀛，以臺灣別號東瀛，澎在臺西，故稱西瀛也。大抵因港外奔濤澎湃，港內澄淨如湖，故得此名。」《臺灣府志》引《樵書二編》謂：「澎湖一名澎蠡湖」，蓋出同義。歐美人稱 Pescadore，原起因於荷蘭人之稱 Eyland Piscadore，乃漁人島之意。西元1726年，荷蘭傳教士 Valentyn〈福爾摩沙及荷蘭在此之貿易記事〉所載地圖「Kaart van het Eyland Formosa en de Eylanden van Piscadores」附有澎湖數島之荷蘭名稱。這應該是荷蘭人佔領時所命名。

（**附記**）Valentyn 地圖中所記載的島名，對照其位置，與現在島名的對
應大體如下：

Stik Grondt	目斗嶼
Vuyle Eyl	過嶼
Lange Eyl	吉貝嶼
Mitte Eyl	員貝嶼
De Swarte klip	陽嶼及陰嶼
Phehuo	澎湖本島
VessersEyl	漁翁嶼
Klyne Taaffel	桶盤嶼
Groote Taaffel	虎井嶼
't Rovers Eyl	八罩嶼
't Ooster Eyl	東吉嶼
't Wester Eyl	花嶼
't Hooge Eyl	大貓嶼
Steen Clipping Eyl	西嶼坪或東嶼坪
't Zuyder Eyl	大嶼
't Verdritig Eyl	西吉嶼

　　澎湖群島其數既多，海岸線之周長亦著，即使就各島而言，海岸概參
差凹凸頗甚，有時雖為險峻斷崖，但此等斷崖之下，亦常不直臨深海，崖
下雖廣狹有差，必有平坦岩盤，滿潮時隱於水面之下，水退則現。無有高
出海面逾200尺之丘阜，地盤頗低，平均海拔約50至60尺。地表全禿，到
處一望空漠，僅生矮草，不能見樹木之蒼然。又，島中無一河流，僅一縷
水擇低窪處而流，又常半途即失其蹤影矣。全無如池沼者，僅見狹小凹處
貯留之雨水。

（**附記**）澎湖群島，地表既異樣，但最異乃在於全島一望空漠，絕無樹木蒼蒼、綠草淒淒者。如此缺乏植物之地，蓋世界中所罕見。本島未成育植物者，原因何在？該島土壤蓋皆玄武岩霉爛所生，不可謂不肥沃。大凡如此玄武岩之火山岩質之岩石所生之次生土壤，毋寧常是甚為肥沃。本邦內地此土壤所被之地，毋寧多為樹木蒼鬱之森林或為好耕地，耕之則為沃田、沃野。然澎湖群島，則全反之而呈荒蕪之狀態，作物僅甘藷、落花生而已，全無水田，菜園也極稀。喬木雖有琉球桑、榕樹等2、3種，但全島亦僅數種而已，而且成育頗不完全，此乃因風威之影響所致。半年以上盛行之東北季風，因無山岳遮蔽，得以完全逞其猛威，直接、間接受害。一旦進入其時期，強風吹過渺漫之海上襲來本島，其狂風之強勁便可充分給與植物非常之損害，加上捲起海潮落下為鹹雨，植物之葉因而凋落，至於蔬菜則不免遭連枝幹都枯死之命運。偶有育成之樹木，也皆以牆圍之，出牆之部分或全枯凋，或折壓其伸育，甚至呈屈曲之狀。不只如此直接損害植物，間接亦有大害。何也？因除去了地表之土壤也。岩石逐漸分解而多少造出土壤，但未有雜草、樹根蔓延之前，不能防遏而被風刮去，底下之母岩裸露地表化為荒蕪之地。即，土壤之生成率遠小於被風刮去之率。無保持其根部、供給其養分的土壤，植物（附生於岩面或特別之種類除外）豈能充分成育？風之外，與植物成育有關的水利如何？地表之土壤水分甚少，常乾燥不能供給植物生活所要的水分（理學士齋藤讓《澎湖島地質調查報告》）。加之，住民缺乏薪材，即使野外雜生之矮草，亦競採其根莖，幾乎掘羅殆盡，此人為之原因亦妨礙植物之繁茂。往時較諸現在，植物似比較繁茂。《明史》〈外國傳〉荷蘭部分，記載荷蘭人佔據澎湖之狀謂：「伐木築舍為久居計。」又，西曆1726年荷蘭宣教師Valentyn〈福爾摩沙及荷蘭在此之貿易記事〉所載荷蘭人登陸澎湖諸島之圖，在島中畫有樹木叢生之狀。如此的話，應是爾後隨著漢族移住濫伐之結果，而成現狀。

澎湖群島地表荒涼乾燥，但地下水似比較豐富。因此，住民到處鑿井，其出水量並不甚多，而且多帶鹹味、濁臭。此亦缺乏植物與住民感覺生活困難的原因之一。《澎湖廳志》曰：「澎湖，素稱水鄉，而四面汪洋，水盡鹹鹵，又無高山大麓溪澗川流以資洩注。澎之人，其需井而飲也，較諸他郡為甚。一遇旱乾，則男婦徹夜守井取水，截竹筒以汲之，嗷嗷渴待，有甚於饑。噫！甚可憫也。然鑿井於澎，則有難焉者。或地中多石，井將成而為盤石所硬者有之；或地脈無泉，鑿至數尋終為棄井，虛費人力者有之；或即得泉，而水性鹹苦，面浮鐵膜不可食者又有之，或一澳得一井焉幸也，或一澳而得二、三井焉則更幸矣。」故偶有事之際，如得一良泉，則傳為神佑。此散見於舊記之中（參照「萬軍井」條）。

如前所述，澎湖島之存在，最初為漢族所知者，早在隋代。然當時是否已行移殖，則無史徵可據。唐代時往來此地者漸多，詩人施肩吾乃有詩詠之。

題澎湖嶼　施肩吾
腥臊海邊多鬼市，島夷居處無鄉里。黑皮年少學採珠，手把生犀照鹹水。

宋代之《文獻通考》記載：「琉球國在泉州之東，有島曰澎湖，煙火相望，水行五日而至。」同時代之《諸蕃志》謂：澎湖隸閩之泉州府晉江縣。根據《元史》，世祖至元二十九年〔1292年〕，海舡萬戶楊祥率6,000之軍遠征琉球，歸途四月至澎湖。當時，澎湖有定居之漢族，元代末葉置巡檢司。降及明代，以澎湖屬泉州府同安縣轄，分金門之哨兵駐屯，於白沙嶼東南之瓦硐港丘上築城垛，且延襲元代之制，置巡檢司，自島民徵征漁課若干。蓋其主要生業，乃捕魚也。

洪武五年〔1372年〕，信國公湯和經略海上，因澎湖島民叛服難信，故議徙於近郭以絕禍患。二十一年〔1388年〕，盡徙島民於閩本土之漳、泉

2府之間，廢巡檢司墟其地，但結果反成為不逞之徒潛據之區。嘉靖十二年〔1533年〕，海寇林道乾者，據澎湖本島之暗澳（今文澳）附近，肆虐中國沿海，都督俞大猷征之，道乾遁入臺灣，剽掠西部海岸。俞大猷偵知臺灣港道迂迴，不敢進，築城暗澳，留偏師駐防澎湖，時而分哨臺灣之鹿耳門口外（今安平附近）而已。後道乾遠去，據占城，乃罷臺灣之駐師。於是，明帝國仍從舊制，設巡檢司守之，但未幾裁撤。爾後，海寇吳平及許朝光之徒，亦先後據澎湖。萬曆八年〔1580年〕，粵人曾一本亦據此，出沒南海侵掠商船（澎湖島各處，據傳多有當時海寇之遺跡。如澎湖本島中央之大城山及虎井嶼之沉城）。先前被強制移徙至漳泉之島民，有再潛歸者，也有新移住者，官府之力不能制。萬曆九年〔1581年〕，洪姓族人20名自泉州之金門移來，佔居澎湖本島林投澳尖山鄉從事農漁。《方輿紀要》記載：「龍門有原泉，舊為居民聚落」，即近於此。龍門，若為今之良文港，則尖山鄉移民之上陸地便是本港。據說這便是澎湖聚落形成之嚆矢。萬曆二十年〔1592年〕後，設澎湖遊兵。（《方輿紀要》云：「萬曆二十年，倭犯朝鮮，二十五年〔1597年〕，增設澎湖遊兵。」萬曆二十年，即我文祿元年，豐臣氏發動征韓軍之年，明朝接此警報，恢復臺灣之防備。）萬曆三十五年〔1607年〕，增衝鋒遊兵（《臺灣府志》對此增置，稱是「以備倭」。《方輿紀要》記當時日本之犯澎湖謂：「萬曆三十五年〔1607年〕，倭突犯，泊龍門澳」），以備外寇，但均未幾而廢，荷蘭人實乃乘此不備而佔據者。

　　荷蘭人之初據澎湖，在1604年（即萬曆三十二年）7月。Wybrand van Warwijck率船艦2隻，經八罩島進入澎湖本島，當時澎湖守兵已撤，因此直接上陸為久居之計。明朝聞之大駭，迫其撤退，荷蘭人不肯。此時，媽公港已是漢人集中區，各處人民多潛載貨物來從事貿易者，當局之有司亦收賄30,000金默許之。於是，總兵施德政、都司沈有容，率兵至澎湖，嚴厲要求撤退，表示若未在折衝之間退去，將斷然訴諸兵力，另一方面則逮捕私通荷蘭人之福建巡撫徐學聚處以死刑，且嚴禁沿海人民載貨物至澎湖貿易。當時荷蘭船艦僅有2隻，固不堪以兵相爭，加上無法獲取糧食，因

此終於 10 月自澎湖撤退。西曆 1622 年（即天啟二年），Cornelis Reijersen 以船艦 17 隻，再度率兵來澎湖，登陸媽公港，掠奪當時定居於此的漢族漁舟 600 餘艘，且虐使漢族運搬土石建築城寨，於各要地設砲台。於是翌年，福建巡撫南居益，發舟師登陸白沙嶼東方之鎮海港。（荷蘭人所築城址在媽公港北方 10 餘町之海岸，今稱紅木埕。為了保護此城寨，在該港口的南北岬角，即風櫃尾的蛇頭與媽公半島的金龜頭，及蒔裡澳蒔裡的小丘上、幾乎中央港口外的四角島；為了防禦澎湖本島與白沙嶼之間的水道，在白沙嶼東南瓦硐港之山丘上，即明初築城的舊址；為了防禦白沙嶼與漁翁嶼之間的水道，在白沙嶼西北瞭望山上設砲台。明軍從瓦硐港砲台背後之鎮海登陸，陷瓦硐港砲台，直接南進突入紅木埕城寨的背後。另外，南方 18 海里處的八罩島網按鄉之南方山丘上，也有稱為荷蘭人城址者。蓋荷蘭人之澎湖佔領，具有阻礙西班牙人之支那、呂宋間貿易的一面，因此扼此南門以備西班牙於萬一。）

於是，開啟荷蘭人與明軍的戰端。勝敗未決之際，荷蘭人結合支那海寇，派 8 隻船艦出沒於福建浯嶼（金門）、東淀之間，企圖大肆侵略。天啟四年〔1624 年〕，巡撫南居益更派總兵俞咨皋赴澎湖，擒荷蘭渠帥 Kobunlut（即高文律）等 12 人於蒔裡之砲台，交戰 8 個月之久勝敗不決，明朝終於採取讓步手段，以荷蘭人如果放棄澎湖，則對其佔領臺灣島不表示異議為條件，締結媾和之局。此年八月，荷蘭人自澎湖撤退，改以臺灣為根據地。

爾後明代的澎湖經營，徵諸《方輿紀要》之記載：「娘宮嶼（即澎湖本島）面案山（即小案嶼），右西安（即井仔垵），俱設銃城；左風櫃山，山高七、八丈，紅毛坳其中，上壘土若雉堞，今毀其城，仍分軍戍守，與案山、西安相犄角。最南之衝有豬母落水（即豬母水）。銃城東南龍門澳、西北丁字門、水吼門，俱設戍守。又北有鎮海港城。又北太武山，與中墩稱兩太武，最高，便於瞭望。」縣志：「島嶼最險要而紆回，狹口不得方舟，而內港可容千艘。今設副將駐防……」，可知其梗概。支那人為逃避本土的明末之亂，有多數移住澎湖。永曆十六年〔1662 年〕，即清康熙元年時，泉、

漳2府的漢族在澎湖本島及白沙、漁翁3島已形成聚落數十處，如本島之東西澳、暗澳鄉（今文澳），白沙嶼之鎮海澳岐頭、港仔、鎮海3鄉、赤嵌澳、大赤嵌鄉，為其大者。又有移駐本島與白沙嶼之間的中墩嶼者，金門之許姓一族亦移住八罩島，於網按鄉形成聚落。

　　在此之前，明遺臣鄭成功據臺灣企圖恢復。永曆十四年〔1660年〕，自廈門先入媽公港，於此祭禱海神，並巡視附近各島嶼，向眾將謂：「臺灣若得，則此為門戶保障。」既而，成功死，其子經繼位，欲固守臺灣。永曆十八年（清康熙三年〔1664年〕），部將洪旭等隨其踏勘澎湖，旭議：「澎湖乃臺灣門戶……當設重鎮鎮守，不可苟且。倘被佔踞，則臺灣難以措手足」，因此設安撫司（與臺灣南北路同），媽公港初設營壘，於左右崎中置煙墩砲台，守將以四閱月為更代之期。

　　康熙二十二年（永曆三十七年〔1683年〕）六月，清朝決議征臺，鄭氏部將劉國軒為正總督統帥澎湖水路諸軍，當時防禦的配置為：澎湖本島之媽公港頭及測天嶼，各設砲城2座，風櫃尾砲城1座，崎裡砲台4座，四角嶼砲城1座，雞籠嶼砲城1座，漁翁嶼的內外塹砲台4座，牛心灣頭砲台1座。清軍以八罩島為根據，進取虎井、桶盤2嶼，壓迫媽公港，一面攻擊蒔裡的砲台，另外壓迫內、外塹的砲台，以分其防勢，一軍自崎裡進入，拔雞籠、四角2嶼的砲城，一軍破內、外塹奪牛心灣的砲台，直衝媽公港頭的砲城。鄭軍力盡，最後不得不乞降。澎湖一敗，雖使清朝兵不血刃地佔領臺灣，但當時大多數清朝之官員，卻認為領有臺灣並不有利，而主張只保有澎湖。征臺將軍水師提督施琅以之為不可，上疏極陳利害，因而決定領有臺灣，而且將澎湖隸屬臺灣府臺灣縣。康熙六十年〔1721年〕，臺灣發生朱一貴之亂，全臺淪陷，文武官員盡皆避難澎湖，澎湖獨得保全。而後，征剿之清軍以此為根據地進兵，不旬日而克復，因此而有臺灣難守之聲，及將臺灣總兵移駐澎湖之議。總兵藍廷珍及其幕僚藍鼎元，深以為不可，上書乃止。

　　如此，康熙二十三年〔1684年〕以來，漢族移住者漸多，三十二年

〔1693年〕乃開始有澳社之稱（最初稱為社，後稱為鄉。爾來，或稱社或稱鄉，成並用之勢。我領臺後，明治30年〔1897年〕11月，以澎湖廳令定街鄉長管轄區域時，以澳下全稱鄉，不復用社），其數為9澳。雍正五年〔1727年〕，增4澳，以至於今日；該年施行申報新開地之制，且課地租。乾隆年間，白沙嶼瓦硐澳瓦硐鄉、通梁澳通梁鄉形成聚落。嘉慶年間，有自鎮海鄉移住員貝嶼、自通梁鄉移住大倉嶼者，分布各島其數多矣。光緒十年〔1884年〕，清法戰爭之際，清國於媽公港口之北角設弯窘砲台、露天砲台各1座，且於對角及測天嶼、虎井嶼等築砲台數座，並以鎖鏈防障港口。翌年二月十三日，法國艦隊司令官孤拔（Courbet）中將率麾下艦船7艘攻擊澎湖本島，破之，自南方圓頂灣登陸佔領媽公港。明治28年〔1895年〕日清戰役時，我軍先於臺灣之征略，編制混成枝隊，2月20日各船艦抵達八罩島南岸，23日抵達澎湖本島東南的林投澳裏正角，陸軍自良文港敵前登陸，翌日前進攻擊中央拱北台之砲壘，佔領媽宮城。

因此，澎湖在其自然的位置及形式上，實兼有並發揮了人文地理學的所謂島的效用。（1）古來，便是通過臺灣海峽之內外諸船舶的寄泊地、中繼地。（2）漢族叛亂者或海寇的根據地，及躲避本土訌亂者的棲隱所。（3）明末鄭氏臺灣佔有之初，清朝時代鎮定臺灣匪亂時，清法之役法軍佔領臺灣時，日清之役日本軍征略臺灣時，都成為其海軍之根據地。這些都是顯著的事例。

總之，澎湖島雖然在生產上沒有太值得矚目者，但其發展甚久者，可謂並非偶然。《澎湖廳志》記載：「澎湖不過海上一漚耳，然島嶼譖環、港汊錯雜，為中外之關鍵、作臺廈之逆旅。前者施侯爭之以進取、鄭氏失之而議降。既入版圖，凡臺灣有事、內地舟師東征，皆恃澎湖為進戰退守之地。所關於沿海大局者，正匪淺矣」，即是此意。

（**附記**）澎湖全島之大部分地貌，為玄武岩所形成。該岩有三段，其段之不同即表示溢流時期之新舊。根據理學士齋藤讓《澎湖島地質調

查報告》謂：「組成澎湖群島之地體者為火山岩的玄武岩、水成岩的第四紀層及第三紀層。澎湖地質的最下層，雖可見或為第三紀層的層灰岩，但並無可視之為第三紀之正確證物，僅可從岩石上想像。另有玄武岩，其上可見應屬第四紀洪積層的粗鬆灰砂層，而掩蓋此洪積層的更有玄武岩瀰漫，此玄武岩到處分呈上、下兩段，上段較薄，因此也不無缺如之處。澎湖島之生成，在地質上並不甚古老，最初的熔岩溢流，在第三紀後，最後的噴出，應在洪積世或其後，而生成現在之地貌。」最上段之最新的溢流所形成的玄武岩下，有可稱為亞炭的變成物，尤以澎湖本島北端南寮澳青螺鄉虎頭山丘陵下的海岸最是顯著。根據齋藤讓的地質調查報告，該地亞炭層之情形是：「青螺之產炭地，在虎頭山東北麓的海岸，離青螺村落約7、8町處。虎頭山，表面覆蓋著玄武岩曝化所生之褚褐色分解土，少許岩礫散落其間，生長矮草，新鮮之玄武岩僅露出於山腹崩壞之處。山麓，厚積玄武岩礫及分解土。炭之露頭，在此石礫累積之間，寬8、9尺。檢視此露頭，炭層厚約5尺，上層夾著頗為霉爛的砂岩薄層，其上有玄武岩。乍見之下，難以區辨風化的玄武岩與此砂岩。」關於該亞炭層的擴張，尚未充分調查，但從地層走向傾向西南來推測，應該是伸入虎頭山丘陵的基底，可想像其區域並不狹小。但概未十分炭化，仍然維持木狀原樣，其中還有明顯可見埋下的樹木，甚至可清晰見其年輪。樹種則似是現在臺灣本島中部以南一帶海拔1,000尺以下茂密的茄苳（Bischofia javanica Bl.）之類。如此來看，現在被當成無木之境的澎湖，在遙遠的過去，至少島內的一部分地區還是森林鬱然繁茂呢！可以推想或許是後來因為地變，溢出了現在所見凝結於最上層的玄武岩漿，而掩蓋了森林。因此，今日本島所見的無木現象，蓋是因尚未充分恢復過去地質時代之植物分布。另如前文所述，天為、人為之障礙，或可謂庶幾其恢復之遲者也。

澎湖港（Pînn-ôu káng）

澎湖本島及其西方之漁翁（Hî-ang）島、北方之白沙（Peh-soa）嶼3島所合抱者，為澎湖港。漁翁島東南之小頭角（Síó-thâu-kak），與本島西南風櫃尾（Hong-kūi-bé）半島之岬角蛇頭（Chôa-thâu，即Chimney角），為其南口之兩角，可航水道寬約1浬。白沙嶼西方之牛角（Gû-kak）與漁翁島北端漁角（Hî-kak）之間，為其北口，兩側淺灘擴延，僅通一小水道。港內寬東西1里，南北2.5里，水深8、9尋，因此可容多數船舶。周邊之島嶼，遮屏風波，因此常靜穩可避暴風怒濤。澎湖港東南澎湖本島西南部的最大海灣，形成了臺灣唯一之安全港媽宮港，為澎湖港的支港。總之，本港位置扼臺灣海峽之中央，實為臺灣防備上樞要之地（據理學士齋藤讓《澎湖島地質調查報告》及《臺灣稅關要覽》）。

澎湖（Pînn-ôu）本島

澎湖群島中之最大島，周圍29里5町，面積4方里有餘。《澎湖廳志》謂：「行如蓮花，其餘諸嶼如荷葉散點」，可謂形容得當。澎湖群島，地盤概低下平坦，特別在本島中央有丘臺大城山，自邱阜漸向四方延亙，往東北隆起而成大武山，海拔約160尺，因稱大山（Tōa-soann）嶼。西南開為最大海灣，為媽宮港。故《方輿紀要》稱之為「孃宮嶼」。

東西澳（Tang-sai oh）

包含媽宮半島的大部分，媽宮港開於其西部，乃古今澎湖群島中心市場之地。

媽宮港（Má-keng káng）

澎湖港之支港，在澎湖本島西南部最大海灣之處。媽宮半島之岬角金

龜頭（Kim-ku-thâu），與風櫃尾半島之岬角蛇頭（Chôa-thâu），南北相對地扼其灣口，其間僅8町餘，海灣自此向東方灣入1.5里，周圍海岸線有3里餘。海灣內自本島中央丘陵向西方延伸之大案山的突出角及小案嶼（退潮之際，大案山之突出與岩盤連續），分為南北2部，北部即媽宮港，南部有戎克（Junk）港之名。媽宮港內雖有岩盤與珊瑚礁，使面積大為縮小，但水深較大，有7尋至8尋，足以繫泊吃水較深的船舶。而且，港外有雞籠、四角2嶼為自然之門戶，能挫外波足以緩和急潮。本島原來地貌平坦無高丘，加上地表禿露缺乏遮蔽，東北季風之際不免受猛威所侵，但因有此兩島遮蔽，而得免受影響。實為臺灣唯一之安全港。故為人所知為8、9月颱風通過臺灣海峽之際，南部臺灣之避難港。正如《澎湖廳志》所謂：「港口有龜蛇二山，南北拱恃，護衛周密，為全澎正口。所謂險口不得方舟，內港可容千艘。」媽宮城在港之北岸。本港為為了支那形船貿易所開之特別輸出港，因而無外國貿易汽船，但有內地各港間定期汽船及臺灣沿岸船寄椗，支那形船之清國對岸交通範圍為汕頭、香港、廈門、拓林、癩窟、晉江、蚶江、金門、深滬、崇武等（據理學士齋藤讓《澎湖島地質調查報告》及《臺灣稅關要覽》）。《日本水路誌》以本港為「馬公港」，蓋本於「媽宮」之官話發音，更改寫成近音之異字。

媽宮城（Má-keng sîann）

今稱媽宮街，在媽宮港織北岸，為澎湖群島之首府，今為澎湖廳之所在地。人口5,103人（男2,864人，女2,239人）。港頭古來有崇祀媽祖之宮廟，因起其名。明萬曆三十一年〔1603年〕，荷蘭人初據澎湖島時以來，一直為漢族集中區，荷蘭人與之貿易。澎湖島於元末設巡檢司，明代沿襲仍設該司，明末鄭氏據臺時設安撫司。康熙二十二年〔1683年〕領有臺灣後，隸臺灣縣，翌年設巡檢，設置之地在澎湖本島東西澳之暗澳鄉（今之文澳）。在此之前，明天啟二年〔1622年〕荷蘭人退去後，開築城堡戍守於此，後來圮壞，未再建築城垣。爾後，再逼近媽公港之海岸處築一城垣，

命名為澎湖新城（Pînn-ôu sin sîann）。

（**附記**）關於澎湖新城之建置，諸說不一，《澎湖廳志》所記載之如下考證，可為參考。

> 按臺灣志載，澎湖新城，康熙五十六年〔1717年〕，造周約里許，門二，城南設砲台。府志載，康熙五十六年，總督覺羅滿保、巡撫陳璸、布政使沙木哈，建澎湖新城。胡氏紀略，力辨其誤，以為當時建議後不果行者。而蔣氏續編，則疑為臆說。考媽宮澳之西，逼近海岸，有所謂新城者，小而堅緻，今已改建。其為何時所築，不可考矣！

要之，此小城，乃當時為了防海所設，只設砲門以守海口，非真城垣。蓋此新城之位置，應在今金龜頭附近原荷蘭砲台之處，《澎湖廳志》謂「城垣用糖水調灰疊磚，與臺灣安平城一樣堅緻」者是。新城者，似即加以修理而已。而後，嘉慶九年〔1804年〕，副將王得祿，更築成雉堞。光緒元年〔1875年〕，副將吳奇勳改而建砲台。

雍正五年〔1727年〕，改巡檢，置通判，設澎湖廳，就文澳之舊巡檢署略加式廓，設置廳署」，而有《澎湖廳志》所謂「澎湖，遂成海外樂郊，與臺灣並稱東南保障矣」之實。但尚未有廳城。光緒十年〔1884年〕，清法之役，法軍欲佔領澎湖島為根據地。翌年二月十五日，進而拔媽宮港，據之。六月，清法講和，法軍撤退，始有築城之議，其位置卜於媽宮港，擬移置廳署。略約：

> 澎之腹地，在大山嶼。大山之結聚，在媽宮港。其地內港澄淨如湖，小島環抱，帆檣雲集，燈家千餘家，為澎之市鎮。故設協營駐守，洵要地也。文澳則退處偪偏隅，居民稀少，較為僻陋，且文武號同城官，乃相去四、五里而遙、未免睽隔。

茲移治媽宮數便焉。賈舶所聚，便於稽查也。官倉所在，便於防範也。兵民雜處，便於彈壓也。塑望宣講、文武會商公事，便於往來也。夫廳縣為親民之官，而紳商者小民之望也。今澎之紳商多萃媽宮，以廳治移此，則腹地之勢常重、官紳之跡常親。耳目切近下情，亦可時達矣。有賢吏出，宣上德、達下情，與父言慈、與子言孝，課學謀士、務農通商、使疾苦得以時聞情偽，無由遁飾，眾心有所依附而政於是乎成。

於是，光緒十三年〔1887年〕十二月，總兵吳宏洛親自督工著手建城，發動兵勇助其築造，以補工費之缺。十五年〔1889年〕十月，竣工。城之周圍789丈2尺5寸，城垛570個，牆身連垛高1丈8尺，根腳入地3尺5寸，厚2丈4尺，設東、西、南、北、小西、小南等6門，東南臨海，西接今龜頭，北面有護城河1道，經費約23,537兩餘，據說實出於臺灣善後局。如此，光緒十五年〔1889年〕，文澳之廳署移至媽宮城內。

媽祖宮（Má-chóu-keng）

在媽宮城內，創建年代不詳，但明萬曆三十一年〔1592年〕，荷蘭人初據澎湖島時，此地已是漢族集中之區，則移住時應同時已創建。清康熙二十二年〔1683年〕，清軍討伐臺灣鄭氏時，以得以風平浪靜進入澎湖全是神靈庇佑，因此靖臺之後，當時的水師提督施琅奏上請加封天妃（即媽祖）疏，略謂曰：「康熙二十二年〔1683年〕六月十六、二十二日，臣在澎湖破敵，將士咸謂恍見天妃如在其上，如在其左右，而平海之人俱見天妃神像是日衣袍透濕，與其左右二神將兩手起袍，觀者如市，知為天妃之助戰致然也。又先於六月十八日夜，臣標署左營千總劉春夢天妃告之曰：二十一日必得澎湖克捷。七月初旬內，臺灣遂傾島投誠，其應如響。」事聞，清朝特遣禮部郎中雅虎赴澎湖，致祭於此宮廟，翌二十三年〔1684年〕加封天后。雅虎之祭文，今尚鐫額揭於堂內。其文如下：

國家茂膺景命，懷柔百神，祀典具陳，罔不祇肅。若乃天休滋至，地紀為之效靈；國威用張，海若於焉助順。屬三軍之奏凱，當專譯之安瀾。神所憑依，禮宜昭報。惟神鍾靈海表，綏奠閩疆，昔籍明威，克襄偉績，業隆顯號，禋享有加。比者慮窮島之未平，命大師之致討；時方憂旱，光澤為枯，神實降祥，泉源驟湧；因之軍聲雷動，直搗荒陬，艦陣風行，竟趨巨險。靈旗下颭，助成破竹之功；陰甲排空，遂壯橫戈之勢。至於中山殊域，冊使遙臨，伏波不興，片帆飛渡。凡茲冥佑，豈曰人謀？是用遣官，敬修祀事。溪毛可薦，黍稷惟馨。神其佑我家邦，永著朝宗之戴；眷茲億兆，益宏利賴之功。惟神有靈，尚克鑒之。

萬軍井（**Mân-kun-chínn**）

在媽宮城內。一稱師泉井，又稱媽宮大井。《澎湖廳志》曰：「靖海侯施琅既克澎湖，駐兵萬餘於此，水泉甚少，不足供眾師之食。侯禱於天后神，甘泉立湧，汲之不竭，至今井泉甚旺，俗名萬軍井。」陳昂之詩有句「仰伏威靈涉險來，地轉海鹹生淡水」者是。

師泉井記　施琅（康熙二十一、二年〔1682、83年〕清之征臺將軍）

今上御極之二十一載，壬戌〔康熙二十一年，1682年〕孟冬，予以奉命統率舟師，徂征臺灣。貔虎之校，犀甲之士，簡閱而從者，三萬有餘。眾駐集平海之澳，俟長風，破巨浪，以靖掃鮫窟。爰際天時晹亢，泉流殫竭，軍中取汲之道，遙遙難致。而平澳故遷徙之壤，今在海陬，昔之井廛，盡成堙廢。始得一井於天妃宮廟之前，距海不盈數十武，漬鹵浸潤，厥味鹹苦。其始未達深源，其流亦復易罄。詢諸土人，咸稱是井曩僅可供百家之需，至隆冬澤愆水涸，用益不贍。允若茲，是三軍之士所藉以朝饔夕飧者果奚恃歟？

予乃殫抒誠悃，祈籲神聰。拜禱之餘，不崇朝而泉流斯溢，味轉甘和。綆汲挹取之聲，盛夜靡間，歕涌滋溉，略不顯其虧盈之迹。凡三萬之眾，咸資飲沃，而無呼癸之慮焉。自非靈光幽贊，佐佑戎師，殄殄妖氛，翼衛王室，未有弘闡嘉祥，

湛澤汪濊，若斯之渥者也。因鐫石紀異，名曰師泉，昭神貺也。

在《易》，地中有水曰師。師之行於天下，猶水之行於地中；既著容民蓄眾之義，必協行險而順之德。是知師以眾正，乃克副大君討貳撫順、懷柔萬邦之命。而揚旌海外，發軔涯涘，神異初彰，闓惠覃布，誕惟聖天子赫濯之威，以致百靈效順，山海徵祥，蘯其然乎！

昔貳師劍刺大宛之山，而流水溢出；耿恭拜禱疏勒之井，而清泉奔涌；並能拯軍士于渴乏，著萬里之奇功。乃今井養不窮，三軍獲福，予之不敏，其曷以答茲鴻嘉之賜哉！是用勒之貞珉，以志不朽云（康熙二十一年〔1682年〕十一月）。

施將軍廟（Si-chiong-kun-bīo）

在媽宮城內。祀清之水師提督施琅。施琅，號琢公，福建人。康熙二十一年〔1682年〕，任水師提督，翌年討鄭氏於澎湖，克之，接受鄭克塽之降，將臺灣收入版圖。邇來，安撫殘孽，撫卹殺傷，因此被歌頌雞犬不驚、壺漿載道，以功被封靖海侯。廟之創建年代不詳，但據傳在清國領臺初年。《澎湖廳志》曰：「前靖海將軍提督施琅，平臺有功，封靖海侯，官民建祠祀之。通判蔣鏞（道光年間）查在澎奉差，因公遭風歿於王事者，皆無專祠，因籌捐銅錢三十二千文，發交鹽館生息，又籌捐銅錢四十千文，移營生息，附祭各木主於此，以報之」，則最初為施琅專祠，後合祀殉公者之靈。廟內正中位安置施琅衣冠束帶之塑像。廟側有施琅所建之〈靖臺碑記〉（碑內9字磨滅不可讀）曰：

閩海汪洋之東，有島曰澎湖。明朝備倭，更番戍守。及鄭氏據臺灣，勢為咽喉，環島要害皆設砲台，因以為城。康熙二十年〔1681年〕辛酉八月間，余奉命專征至閩，群議咸以浩渺之表，難以奏膚。余乃矢策，繕舟楫、訓甲兵，歷有歲餘，以二十二年〔1683年〕癸亥六月十四日，乘南鳳由銅山進師，直抵八罩。偽師劉國軒統眾拒敵。風息潮退，難以進取。余暫收軍八軍，再申軍令，以二十二日揚

帆齊發，砲聲駭浪，火焰衝天，將士用命奮戰，盡焚其舟而破其壘，偽軍全沒，屍浮海中，以□青波時，以為偽帥俱亡，不知其僅以身免乘小艇匿敗艘二十餘遁去也。所有在水中撈起偽將士八百餘，帶傷負創、喘息猶存者，俱施以醫藥，浹月痊愈，仍給糧食，撥船載歸，令其傳諭臺灣束身歸命，其陸地偽將卒楊德等四千餘員名倒戈乞降。余更奏請奉有旨赦其前罪，是以臺灣人心咸知有生，紛紛內潰。偽藩及偽文武，自度勢窮難保，修降表至矣。余□于□八日□□躬臨赤嵌受降。海疆從是廓清，以數十年來未靖之波，臨淵血戰始定，則斯島謂非巖區矣。爰是誌於□□□朝□成之，故記之云。

太子少保靖海將軍靖海侯世襲罔替水師提督事務　施琅　立

萬歲井

　　明治28年〔1895年〕3月，我比志島混成枝隊佔領澎湖後，兵士苦於炎熱、難於瘴癘者無數，而島中缺乏良水，皆甚憂渴。獨媽宮城內舊演武場邊之一井，水質佳良，而滾滾不涸，渴供士卒飲用提振勇氣，乃命名為萬歲井，永為紀念。井頭立一碑，刻詩如下：

　　萬歲井歌

櫻花爛漫別東洋。破浪西征萬里颺。精銳陷澎誰得比。功推志島大名揚。

颱輪雄撼鬼神驚。上陸良文港進名。鼓勇混成吾枝隊。一麾直投媽宮城。

眾軍萬歲快三呼。且喜登陣入版圖。未撲征塵思洗灑。齊聲欣領佔澎湖。

其時明治廿八年。三月暮春廿四天。地氣不同南化異。澎民望雨眼成穿。

未臨三伏暑威炎。山之樹陰井若鹽。入口不堪曾忍渴。舟心為國苦何嫌。

神州神武有神靈。保護全軍得水冷。演武場邊來一井。足供炊浴濺無停。

井泉最潔食清甘。凱唱歌風解慍南。飲水思源添壯氣。至今將士稱覃從。

茲勒石兮爰成歌。萬歲井名永弗磨。將軍義輝垂並久。源泉混混感恩多。

田中井

　　在西衛鄉外。明治28年〔1895年〕，我佔領澎湖之初，因媽宮城內疫癘流行，一時行政廳移至本鄉內之際，考慮缺乏飲用水乃起工鑿井。當時之長官為陸軍少將田中綱常，因名。井頭有碑記，記其始末。

> 田中井記
>
> 久旱遇甘雨，民人咸知其可歎。鑿斥鹵之地得清泉，其利于人間衛生可知也。今歲征清之役，予奉欽命俱帝國聯合艦隊及混成枝隊兵，進攻海南澎湖，佔據媽公城。嗣開行政廳，予為其長官。偶軍中疫癘熾播，姑移廳事於城西西衛社，駐轄理政。惟澎湖之地，磽确斥鹵、乏清泉，偶有井水，苦鹹不可飲。天侯烈炎，我軍民人因罹疾疫者為不鮮少，予常患之，遄相一地，督部僚鳩工人鑿井，起工以至完竣約四十日，水深約二丈，水質清冽，毫無鹹味，可喜也。吁，澎湖全島既鹹井，而今得井水之甘且美，俾後人永賴此井之澤，猶久旱之於甘雨，豈獨予之幸，亦闔鄉之幸也。名曰田中井。此勒緣由以傳不朽云。
>
> 有泉涓涓，清徹肺腑。井而汲之，萬斛任取。造物無主，其澤無數。
>
> 時在大日本帝國明治二十八年五月勒並題
>
> 　　　　　　澎湖列島行政廳長官海軍少將正五位勳三等　田中綱常

紅木埕（Âng-bak-tîann）城址

　　在紅木埕鄉（媽宮城北方10餘町之海岸）。西曆1622年（即明天啟二年），荷蘭人再次企圖佔領澎湖島時，Reijersen司令官率船艦17隻登陸媽宮港，搶掠當時居住漢人之漁船600餘艘，且使役漢族從事工事，搬運土石，建築城寨者是。Bax之旅行記（*The Eastern Seas*, 1875）謂：「城寨未完成之時，1500名支那人夫已有1300人餓死。蓋因提供之米，1日僅半斤而已。」又，Ludwig Riess的《福爾摩沙島史》謂：「荷蘭人乘勝，逮捕想從島逃出

之支那人，兩兩鎖縛，築一城壁。築城後，有力之勞動者販賣至巴達維亞當奴隸。荷蘭人送出這些支那人時，毫不顧惜這些人之生死，這從庋藏於海牙檔案館之公報可知。澎湖島上船之270名支那人當中安全抵達巴達維亞者僅137人，其餘皆苦痛而死、或因病痾而被從甲板上投棄了」，可想像其慘狀。《澎湖廳志》記載此城寨：「明天啟二年〔1622年〕，外寇據澎湖築城。明年毀其城，未幾復築」，又謂周圍120丈。今僅存廢址，但見堆疊玄武岩之巨材造成之牆壁殘基，可知其工程之巨大程度。往時稱紅毛城（Âng-mo sîann），因近音轉訛而作紅木埕。現時，遺址內建武廟，原為清乾隆三十一年〔1766年〕所建，在媽宮城西，光緒元年〔1875年〕移置。以後，光緒十年〔1884年〕，清法之役被法軍所毀，十七年〔1891年〕重修。

嘉蔭亭（Ka-im-têng）

在紅木埕，俗稱五里亭。舊時在澎湖廳署所在地文澳鄉至媽宮港之大路中，距文澳約5清里，故名。清乾隆四年〔1739年〕，澎湖通判胡格所建。《澎湖廳志》曰：「因澎湖道旁不長樹木，人無所休息，故建此以備往來偶憩之所，如樾之有蔭，因以名其亭焉。中祀文武二帝，左三官神，右龍王神。亭久漸圮，乾隆二十九年〔1764年〕，里人重修。前通判胡建偉額曰『古嘉蔭亭』。」

觀音亭（Koan-im-têng）

在媽宮城北門外。清康熙三十五年〔1696年〕，游擊薛奎所建。乾隆二十九年〔1764年〕，重修。《澎湖廳志》謂有「四方煙波浩杳，景頗幽曠」之趣。據說原有古代十八羅漢及鐘鼓等，但清法之役被法軍所掠。廟前之井泉，古來甘美，傳為澎湖第一，見諸《臺灣府志》。

Courbet 中將碑

清法之役，法軍攻澎湖佔領媽宮城，軍隊因犯此惡疫之地，陸海兵士

病死者多，艦隊司令長官 Courbet（孤拔）中將亦罹病歿於此地，其碑在媽宮城北門外，作方形，表面刻有下列銘文：

A LA MEMOIRE

DEL ADMIRAL COURBET

ET DES BRAVES

MORTS POUR LA FRANCE

AUX PESCADORES

1885

另外，法軍最初之登陸地點圓頂灣附近海岸，有法軍戰歿者碑，作方形，表面刻銘如下：

PESCADORES

1885

A LA MEMOIRE

DES MARINCE FRANCE

DE CEDESIA MAKUNGO

文澳鄉（Bû-oh hiunn）

原稱暗澳（Àm-oh），《方輿紀要》作「穩澳」（ún-oh）者亦指此地，在媽宮港之東岸。明嘉靖二年〔1523年〕，海寇林道乾據此地附近，暴掠支那沿海。都督俞大猷征之，初築城，留偏師築防之處。天啟二年〔1622年〕，荷蘭人自澎湖退去後，亦開築城壘戍守。《方輿紀要》記載：「議於隱澳山開築城基，大石壘砌，高丈有七，厚丈有八，東西南留三門，北設銃台一座，內蓋衙宇營房，鑿井一口，戍守於此，以控制孃宮（媽宮）」者是，

後圮壞。清朝領臺後，置巡檢時，為其公署之地。雍正五年〔1727年〕，置通判時，亦於舊署加式廓之位置。先是，據說永曆十六年（康熙元年〔1662年〕），漢族移住時即已形成村落。

城隍廟（Sîann-hông-bīo）

在文澳鄉，清乾隆四十四年〔1764年〕建。《澎湖廳志》曰：「光緒十年〔1884年〕二月，法夷犯澎。十三日，媽宮百姓扶老攜幼，北走頂山，皆口呼城隍神保佑。時夷砲沿途雨下，顆顆墜地即止，無一炸裂傷人者，亦足異也。及事平，廳主程公據實請大憲，奏明加封，號為靈應侯。御賜『功存捍衛』匾額。」匾今尚存該廟內。

祖師廟（Chóu-su-bīo）

在文澳鄉。《澎湖廳志》曰：「康熙間，有和尚從泉州清水巖到此，與人治病有神效，不取藥資，送錢米不受，去後因立廟祝之。」

混成枝隊陸軍軍人軍屬合葬墓

在文澳鄉外。明治28年2月〔1895年〕，我混成枝隊南進佔領澎湖島之際，軍人、軍屬戰死病歿者極多，乃築7塚合葬之（第一號墳204人，第二號墳78人，第三號墳220人，第四號墳68人，第五號墳181人，第六號墳180人，第七號墳70人），該年6月25日完成，俗稱千人塚。

峙裡澳（Sī-lí oh）

包含風櫃尾（Hong-kūi-bé）半島之大部分的區域，峙裡鄉為其中心地。風櫃尾半島，為繚繞蜿蜒之低地，成為一地峽，其盡頭崛起蛇頭（Chôa-thâu）小丘，丘勢宛如長蛇之頭。《澎湖廳志》記載：「風櫃尾社南有石崗臨海，中空一洞，可容數十人。四傍石壁，魚鱗重疊，上有竅如斗大，穿石透山背。竅傍常作小旋風，沙土滾滾漏下，聲如鳴鉦。洞口闢一溝，內

窄外寬，潮水入焉。風起潮來，巨浪鼓盪，竅中沙土噴出十餘丈，飛射半空，如鰍魚噴沫，風再滾布，浪隨噴出，土人謂之風櫃」，風櫃之地名出諸此。蛇頭及嵵裡鄉之一丘圓頂（înn-téng）山（其南麓之一海灣稱圓頂灣）上，有荷蘭人所築之砲台。清法之役，改修清國之砲台，今猶存其廢址。《方輿紀要》所記載之「風櫃尾山，高七、八尺。紅毛凹其中，上壘土若雉堞，今毀其城」即前者；《澎湖廳志》所記載之「明末外寇，築砲台於嵵裡澳海邊，堅緻如鐵。巡撫南居益遣兵攻之，賊首高文律拒守不下，官軍以火轟之，樓傾入海」即後者（高文律者，天啟四年〔1624年〕正月，為明總兵俞咨皋捕擒之荷蘭渠帥Kobunlut）。又，井仔垵鄉之西南海岸，原有疊石之古壘址，為明代所築之砲城遺址。清嘉慶十九年〔1814年〕，副將王得祿築成短堞，後廢不修，今僅存些少殘礎。

林投澳（Nâ-tâu oh）

澎湖本島東南大部分之區域，林投鄉為其中心地。與此鄰接之尖山鄉，明萬曆九年〔1581年〕，自福建泉州金門移來洪姓一族20人，形成澎湖最初之聚落。東南端之一角稱裏正角（Lí-chìann kak），該角轉西之良文港（Lîong-bûn káng）為明治28年〔1895年〕我澎湖佔領軍登陸地點。

大城山（Tōa-sîann-soann）

澎湖本島中央之丘台，屬林投澳，丘阜延亙四方。《澎湖廳志》曰：「大城山，當大山嶼之中，距廳治五里餘，為廳治少祖山，乃澎山最高者。延袤七、八里，崗巒平衍，遠盼如列屏。凡臺廈舟艘往來，皆指此山為圭臬。山頂高處，前人築城其上，周僅二、三里，遺址猶存（山以此得名）。陟其頂四望，則五十五嶼環繞目前，浮螺點黛，悉可指數。天氣晴霽，曉顧臺灣諸山，顯現如在咫尺。須臾紅輪湧起，海東萬道金光與波瀾相激射，髣髴不見臺山，而商舶漁艇，或遠或近，梭織島嶼間，真海外奇觀也。至春夏之交，芳草如繡，下視平疇，苗黍芃芃，四山蒼翠，洞豁心目；秋冬以後，

則風沙瘴霧，海氣蒼茫，蜃樓煙市，變幻又難以名狀矣。」城址在丘頂之稍北方斜面，今被開墾，殘礎稍可辨。根據島民記憶，周圍約15町，高5尺許，以玄武岩塊疊積而成。蓋明末海寇之據址。

大武山（Tōa-bú-soann）

澎湖本島中央丘台東北走隆起者，海拔160尺。不僅是本島內最高點，亦為群島內最高之隆起點，在林投灣之幾乎中央。丘分3部，俗有名大太武、二太武、三太武。凡船舶自東北方來航，先見陰陽2嶼，次望此丘頂，為接近媽宮港之標的。丘之南麓稱太武鄉，為明末流寓盧若騰遯跡之處。盧若騰，字閑之，生於閩之泉州同安，明進士出身授兵部尚書，屢屢疏劾當時高官，為忌直者排斥，明亡後，於康熙三年〔1664年〕，遯跡來澎湖島，卜居於太武鄉，病不2日而歿。遺命題墓自許先生，葬於太武山南。夙有文才，著述詩文甚富（據《臺灣府志》〈流寓傳〉）。《澎湖廳志》雖記墓址猶存，但今不詳。《臺灣府志》記載：「自隋虎賁將陳稜略地至澎湖，而澎湖之名始見於史。自唐施肩吾題澎湖嶼七絕一首，而澎湖始見於詩。自明末金門盧牧洲尚書流寓至澎，而始有名流踪跡。」

南寮澳（Nâm-liâu oh）

包含澎湖本島東北大部分之區域，其東北端之南寮、北寮2鄉，為最初創建之聚落。

鼎灣澳（Tíann-oan oh）

包含澎湖本島北方大部分之區域，鼎灣鄉為其中心地。又，沙港鄉海中產海松（土名海藤），漢族多用為手釧之原料。

中墩嶼（Tiong-tun sū）

在澎湖本島嶼白沙嶼之中間，周圍1里11町。各島之距離不出數町，

且海底由一面岩盤連接，退潮時露出水面，可涉行而過。島中有中墩鄉，清初康熙中，洪姓一族最初移住形成聚落。

中墩澤（Tiong-tung-tak）石橋

澎湖本島與白沙島之間，距離短小，且海底由岩盤聯絡，因於中間之中墩嶼為中繼地，於岩盤上築堤，聯絡前後各島。自澎湖本島北部之鼎灣澳西寮鄉，通中墩嶼南者為下澤（ē-tak）石橋，又名繼安橋。長約3町。中墩嶼之橋頭小廟內有光緒十三年〔1887年〕所建之〈創造繼安橋記〉碑。自中墩嶼北通白沙嶼東南部瓦硐澳之城前鄉者為上澤（Siōng-tak）石橋，又名永安橋。長約2町半。城前鄉之橋頭小廟內有清乾隆三十八年〔1773年〕之〈重修永安橋記〉，可知其創設久矣。《澎湖廳志》曰：「上澤舊有橋名永安橋，有碑，年久字跡難辨。光緒乙酉〔十一年，1885年〕間，增生陳維新、里人陳尚賢集貲添築數尺。下澤舊無橋，同治間，方外柯光明招同紳士鄭步蟾、黃步梯，捐貲填築上半段石梁，留下半未築，以便舟楫。每潮退時，行人猶有病涉者。丙戌〔十二年，1886年〕春，尚賢同廩生許夢暨夢叔父子嚴、媽宮諸生林維藩等，鳩集數十金為倡。尚賢又偕其族人蓮洲長澤，於臺南募得百金，再築下半段石梁。司其勞者，鼎灣社耆老洪誠一及倡議之尚賢也。既成，名繼安橋。橋低而平，潮退便於行人，潮漲並無礙於舟楫，亦善舉也。夢為文刻石紀其事」，可知其沿革。

白沙嶼（Peh-soa sū）

全島之骨幹，自西向東更折向南形成鉤形，為澎湖港之北屏。故一名北山（Pak-soann）嶼或北海（Pak-hái）嶼。周圍8里4町，面積1方里餘。海岸概非平岩盤之發育，白沙遠連而淺，而有白沙嶼之名。島之北方有姑婆、屈爪2島，因產海苔聞名。故古來島民定公約，限制採取。其中一例如下：

姑婆、屈爪二嶼所出紫菜，每年十月起派人看守，無論本鄉、外鄉人民不准到嶼捕魚等。如有偶到者，應罰金十二兩，違者鳴官究治。限至四月間，紫菜期過，方許本鄉及外鄉人民到嶼捕魚、採菜等。此係公禁。

瓦硐澳（Hīa-tháng oh）

包含白沙嶼南方大部分及中墩嶼之區域，瓦硐港（今稱瓦硐鄉）為其中心地。明初，分閩之金門哨汛兵，築城砦之處。其位置概似在今港尾鄉西南之丘上。爾後，荷蘭人亦在其遺址設砲台。《澎湖廳志》記載：「今瓦硐澳之港尾社西南里許，有紅磚一片，基址叢殘，不可辨矣，其南一社名城前，亦一明據也。」既而，清乾隆年間，瓦硐鄉建漢族聚落。又，後寮鄉北方海岸有一丘，高約120尺，5阜連排如五指。《澎湖廳志》記此丘阜：「北來商船，先望此山，故名瞭望（Liâu-bāng）山。」丘上，原有荷蘭人所築之砲台，後清國領臺後初期築墩台，今存廢址。另，鄉內威靈宮之西有古井，命名為紅毛井（Âng-mng-chínn），據傳為荷蘭人所鑿，水質清冽，至今鄉民尚存每年一次祭祀井神之儀。

鎮海澳（Tìn-hái oh）

包含白沙嶼東方大部分之區域，澳南有鎮海港。明天啟二年〔1622年〕荷蘭人據澎，翌年福建巡撫南居益率舟師防備之處。鎮海之地名，蓋或由此出。後，此地設城壘。爾後，永曆十六年（康熙元年〔1662年〕）時，已形成歧頭、港仔、鎮海3鄉。

赤嵌澳（Chhìah-khàm oh）

包含白沙嶼東北部分及鳥嶼之區域。大赤嵌鄉，在明永曆十六年（康熙元年〔1662年〕）時，已形成聚落。

通梁澳（Thong-liông oh）

包含白沙嶼西方部分及大倉嶼之區域。通梁鄉，在清乾隆年間，已形成聚落。鄉之保安宮前，有巨大之榕樹，蓋300餘年之物，為可證往時澎湖樹木繁生之古樹。《澎湖廳志》曰：「通梁社神廟前，有古榕一株，其始祇一本在東偏，已而榕根下垂至地，遂成兩株相連，高三丈，廣四丈許，枝葉茂密，鄉人取木數十條支之，以次遞接，長幾八丈餘，直至海濱，亦罕見也。」通梁與漁翁島東北漁翁角（Hî-ang kak）之間，相距僅14、15町許，大小岩礁碁布，潮流甚急，此水道內稱牛角灣（Gû-kak oan）。

大倉嶼（Tōa-chhng sū）

在中墩嶼西方，位於澎湖港約略中央稍北，周圍20町。此島與白沙嶼西南角之間，有岩盤相連，及於澎湖港北隅之大倉灣。據說，清嘉慶年間，陳、鄭2姓族人，從白沙嶼之通梁鄉移來，始形成聚落。《澎湖廳志》曰：「空青，產大倉嶼海濱。周凱云，搖之中響，有沙有水，水淡者治目疾。近多贋物，搏土貯於水中，置海濱月餘則成。按空青圓如雞卵，大小不一，質甚堅緻。澎人多眼疾，然罕有以此治之者。」蓋乃沼鐵礦之一種，與本邦所謂「鳴石」、「鈴石」相同。

員貝嶼（Oân-pùe sú）

在白沙嶼之東方，周圍24町。清嘉慶中葉，陳、王2姓最初移住，形成聚落。

吉貝嶼（Kiat-pùe sú）

位於白沙嶼之北方，周圍2里19町。嶼岸概為沙濱，其南濱有吉貝嶼。西南外端之丘陵（高59尺），為島中之最高部，稱西崁（Sai-khàm）。一島一澳，稱吉貝澳。島之近海，暗礁極多。《澎湖廳志》曰：「半沉半浮，隱

躍水面，沙線屈曲，形如吉字。」本島初有漢族移住之時代不詳，早期似為海寇之根據地，以後終於形成聚落。澎湖海防糧捕分府，給發禁止侵佔吉貝鄉魚滬的示禁碑，作乾隆三十一年〔1766年〕四月，可知建鄉應在此之前。

目斗嶼（Bak-táu sū）

一名北島，在澎湖群島之北端，周圍僅4町。島之附近多王公礁（在島西北3浬處之淺礁）、北烈岩（群島最北端之大險礁，由南北1浬之間的3岩組成，在自目斗嶼向北微西擴延1.5浬的礁脈上）等危險暗礁。古來號稱航海上東洋第一難處。今日之前有50隻以上船舶沉沒。目斗嶼有石洞，約10丈，內頗幽邃。《澎湖廳志》記載：「有石榻、石几，或入探之，覺陰森之氣，悚人毛髮。」

北島（Pak-tó）燈臺

設置於目斗嶼。結構，鐵造、圓形、黑白橫線。等級及燈質，第一等、閃光、白色，每20秒閃光。照明弧度，自北29度30分東，經東、南、西，至北30度30分西的300度間。燈火之高度，自基礎起算12丈，自水面起算15丈8尺。光達距離19浬。明治32年〔1899年〕4月起造，35年3月竣工，設備號稱東洋第一，工程費20萬3,000餘圓。

漁翁嶼（Hî-ang sū）

橫於澎湖本島之西方，與之相對，自北向南延伸，故一名西嶼（Sai-sū）。周圍10里8町，面積1方里餘。島之東北端稱漁翁角（Hî-ang-kak），南扼竹篙灣（Tek-ko-oan），雖不甚深入但足以避北風。東南端稱小頭角（Sío-thâu-kak），西南端為吃仔尾（Khit-á-bé，即 Richter 角），其中崛起一丘，分成東、西2灣。東稱內垵（原內塹），西稱外垵（原外塹），往來臺灣廈門間之支那形船，遭風者多於此避難。島內之水多於其他諸島。（《方

興紀要》謂：「西嶼頭有果葉澳，泉甚冽，可飲。」）其中部有一池，雖接近海濱，但卻是淡水，不鹹，全生水草。大池角、小池角2鄉之地名，因由此出。一島一澳，稱西嶼澳。外垵及小池角2鄉，出產文石（屬於碳酸石灰之aragonite，即一種霰石）。《澎湖廳志》曰：「文石，產於外塹、小池角二處，石外有璞，剖璞始出，石有五色，錯而成文，以黃者為上。土人以有眼者為貴，琢為念珠，以供玩賞。然石質鬆脆，遇北風則折裂，近日挖掘殆盡，購求甚難，不過零星細小，只可作扇墜而已，殆不及壽山石遠矣。」

漁翁島（Hî-ang tó）燈臺

在漁翁島西南端吃仔尾（Khit-á-bé），即Richter角之丘上。蓋古來往來臺灣廈門間之船舶，以本島為目標，而因風濤震盪時難以辨認，清乾隆三十四年〔1769年〕，臺灣知府蔣元樞與澎湖通判謝為祺商議，考察地理、聚積資財，於此丘上設下座5丈，礱石之七級浮圖，高凡7尺。道光八年〔1828年〕，改為燈塔，每夜點燈火，稱為西嶼燈塔，實為臺灣燈塔建設之嚆矢。既而，光緒元年〔1875年〕，仿西式為燈塔。我領臺後，更加修改、點火。結構，鐵造、圓形、黑色。等級及燈質，第4等、不動、白色。照明弧度，全方位（遮蔽群島之處，除外）。燈火高度，自基礎起算3丈3尺，自水面起算20丈5尺。光達距離，15浬。

虎井嶼（Hóu-chínn sū）

東西長，周圍2里14町。西端與東部，以沙頸地連接，在此有村落。村落西隅之崖下有淡水湧出，稱虎井。島名因之出。《澎湖廳志》曰：「虎井嶼東南港中沉一小城，周圍可數十丈，磚石紅色。每當秋水澄鮮，漁人俯視波底，堅垣壁立，雉堞隱隱可數。有善水者，沒入海底，移時或立城堞上，或近城趁魚蝦之屬。」所謂虎井嶼沉城者是。蓋或為明末海寇據址之殘廢。虎井嶼與八罩嶼之間，稱八罩水道（即Rover Channel）。

八罩嶼（Pat-tah sū）

南北狹長，周圍5里，島之幾乎中央西側崛起虎頭山丘阜，以此三分地勢，北走者為天台山之丘台，為島內最高之隆起，海拔約180尺。島之東方成一小灣，稱潭門（Thâm-mng）港，適於泊舟。南方之村落，稱網垵鄉，為島中主村。西方為花宅鄉，北方為水垵鄉。網垵鄉及將軍澳、東吉嶼、西吉嶼、東嶼坪、西嶼坪、大嶼，合為網垵澳。水垵、花宅2鄉及花嶼，合為水垵澳。潭門港西，虎頭（Hóu-thâu）山丘阜延亙之處，稱北坪，據稱有原為荷蘭人所築砲台之跡，今因開墾以不可見。又，天台（Theng-tâi）山上有據稱仙人足跡，島民於正月十五日在此有賽神之風習。漢族之移住本島者，據說最早者是金門之許姓一族，明末避亂來形成網垵鄉，爾後陳姓一族開花宅鄉、王姓一族開水垵鄉。

本島與北方虎井嶼之間，稱八罩水道，寬約5浬，水深無礙。南方與頭巾嶼之間，稱頭巾（Thâu-kun）水道（即Steeple Channel）。北部雖多有岩礁及點灘，危險；南方則水深12尋至17尋，安全。又，東方與將軍澳之間，稱將軍（Chiong-kun）水道，最狹部之寬約只四分之三鏈，且水道兩側險惡地延伸，加以潮流急湍，不適船舶安全航行。

將軍澳嶼（Chiong-kun oh sū）

在八罩嶼之東，周圍2里3町。此間之狹窄水道，稱將軍水道。島之西岸，有將軍澳鄉，鄉內有將軍澳廟。《澎湖廳志》曰：「神無考其名。將軍嶼者，亦因有此廟，故得名焉。」乾隆十七年〔1752年〕，《臺灣縣志》記載：「邑有稱王公廟、大人廟、三老爺廟者，不知何神。或云皆即澎湖將軍澳之神也。豈隋開皇中虎賁陳稜略地至此，因祀之歟。」該將軍澳廟之名，已見於乾隆二十九年〔1764年〕之《（續修）臺灣府志》，可知其創建由來久矣。

大嶼（Tōa-sū）

位於澎湖群島之南端，周圍3里24町。島之東部，有稱為東崁（Tang-khàm）山之丘阜，沿此開有村落。《澎湖廳志》曰：「海濱僻處，有花數株，莫知其名，開時色頗絢爛，有折之者則病作。或云前朝人避亂居此，遭海寇，有女子七人投井死，此花產於井中，殆魂魄所化也。近時農人鋤地者，嘗得磁器之屬。」奇花之傳說，雖素為後人之假作，但明末避難漢人開移住之端，或為事實。

臺灣近海

臺灣海峽

　　歐美人所謂 Formosa Channel，挾於臺灣本島與支那大陸之間。寬度，南邊較寬，隨著往北漸窄，245浬至62浬之間。澎湖群島，位於此海峽之中央。該群島與臺灣本島之間，特稱為澎湖水道（即 Pescadores Channel），長約40浬，最窄處寬15浬。臺灣海峽之水深，40尋至100尋，概南部比北部深（澎湖群島西南方大海區之大堆，稱為 Formosa Banks）。《日本水路誌》記載：「其界線之水深20尋，北界北緯23度29分，南界北緯22度33分，東界北緯23度、東經119度15分。但其西界，難以得確然之明確區劃。此因此堆與支那海岸之間，無可得觀察水深之變化。此堆雖尚未經全面之測量，但知堆上水深概為8尋至20尋，全由白色粗沙所成。」又，從臺灣本島最西端之虎尾溪口附近，有向西南方伸出長約10浬之大堆。外方由沙、內方由泥所成，低潮時露出，稱為塭港堆（Un-káng-tui），歐美人稱為 Wankan Bank，乃從塭港轉訛而來。塭港堆之西側，與其南部並行，有長約3浬之沙堆，稱為塭港淺灘，水深1尋至3尋，西南季風時推上產生破浪，號稱澎湖水道最險處。

　　臺灣海峽，古來號稱海洋險惡之處。自支那大陸通過此海峽航向臺灣，必須逆海峽內之寒流（漢族所謂黑水溝）、橫過暖流之分支（漢族所謂紅水溝），故自從漢族知歷史上臺灣之位置以來，常嘆航路難者在此海峽。關於此海路之險惡，成於漢族之手的最早記錄《續文獻通考》記載：「水至澎湖漸低，近琉球，謂之落漈。漈者，水趨下而不回也。凡西岸漁舟到澎湖以下，遇颶風風發，漂流落漈，回者百無一。」清雍正年間，藍鼎元之文集曰：「臺澎洋面，橫截兩重，潮流迅急，島澳叢雜，暗礁淺沙，處處險惡，

與內地迥然不同。非十分熟悉諳練，夫寧易以駕駛哉！……不幸而中流風烈，操縱失宜，頃刻之間，不在浙之東、廣之南，則扶桑天外，一往不可復返。即使收入臺江，礁線相迎，不知趨避，衝礧一聲，奮飛無翼，……與其悔之於後，何如慎之於初。」《澎湖廳志》所記海洋情形更為詳盡：「凡由廈門來澎，水程七更，必經三重溝，紅溝較濁而流不甚迅；黑溝流急而溝深，勢如稍窪，過者必焚香楮，乘風疾行，亂流而渡，遲則波濤衝擊易，致針路差失。又過小溝，始望見西嶼外塹之塔火以為標準，倘在溝中遭風無澳可收，則飄蕩莫知所之矣。」關於此危險之臺灣海峽海路，漢族所記尚多。《臺灣縣志》曰：「臺海潮流，止分南北；臺、廈往來，橫流而渡，曰橫洋；自臺抵澎為小洋；自澎抵廈為大洋；故稱重洋」，又曰：「黑水溝有二：其在澎湖之西者，廣可八十餘里，為澎、廈分界處，水黑如墨，名曰大洋；其在澎湖之東者，廣亦八十餘里，則為臺、澎分界處，名曰小洋。小洋水比大洋更黑，其深無底。大洋風靜時，尚可寄椗；小洋則不可寄椗，其險過於大洋。此前輩諸書紀載所未及辨也。」康熙三十六年〔1697年〕始踏查臺灣內地之郁永河《裨海紀遊》曰：「臺灣海道，惟黑水溝最險。自北流南，不知源出何所。海水正碧，溝水獨黑如墨，勢又稍窪，故謂之溝。廣約百里，湍流迅駛，時覺腥穢襲人。……舟師時時以楮鏹投之，屏息惴惴，懼或順流而南，不知所之耳。」康熙四十二年〔1703年〕，孫元衡所著《赤嵌集》曰：「大海洪波，止分順逆。凡往異域，順勢而行。唯臺與廈隔岸七百里，號曰橫洋。中有黑水溝，色如墨，曰墨洋，驚濤鼎沸，險冠諸海。或言順流而東，則為弱水。昔有閩船飄至弱水之東，閱十二年始還中土。」康熙六十一年〔1722年〕，巡視臺灣御使黃叔璥〈赤嵌筆談〉亦記曰：「由大擔出洋，海水深碧，或翠色如靛。紅水溝色稍赤，黑水溝如墨，更進為淺藍色。入鹿耳門，色黃白如河水。」如此，古今文獻經常述說的海路險惡現象，原是因臺灣海峽之地理關係。臺灣海峽內之潮流，主要被季風支配，經常引起大渦潮，且其流經之處，海面恰如斑紋，水色全異。船舶一旦進入此渦潮疊浪當中，打舵完全失效，故而漂流盪漾不知所之。加以臺灣附

近海洋，為駭人之颱風的發生地，與西印度之暴風Hurricane皆世界有名。古來，漢族稱之為颱風（歐美人所謂Typhoon）。與此暴潮、颱風相結者，則是縱橫於狹窄之海峽、叢雜其間的幾多島嶼、暗礁。船舶一旦遭遇此天時之危險，可謂亦難不陷於座礁沉沒之厄。試閱內外人之記錄，航行於此海峽之大小船舶，遇風、漂流、觸礁而沉沒、遇難之例極多。

- 康熙五年〔1666年〕，清朝派水師提督施琅討伐臺灣之鄭氏。兵船至臺灣海峽，被颱風飄散，不克而還。
- 康熙六年〔1667年〕，閩船在澎湖之南大嶼，桅被風吹壞折斷，20人駕一杉板，以船上所用之被褥為布帆，航抵臺灣。
- 康熙中，有海寇船在媽宮港外四角嶼附近，被風浪打壞，死者36人，屍體飄於白沙嶼之後寮，鄉人收葬後稱「三十六人坎墓」。
- 乾隆五年〔1740年〕，蘇祿之貢船遭遇颱風飄泊臺灣，官為咨送至福建廈門。
- 乾隆二十二年〔1757年〕十二月，水師哨船（綏字十三號）在臺運航行途中，於臺灣海峽遇風，戍兵22名淹沒。
- 乾隆二十三年〔1758年〕正月，水師哨船（甯字十四號）在臺運航行途中，於大嶼洋面遭風擊碎。
- 乾隆三十年〔1765年〕九月二十三日，因颱風，漁翁嶼內外塹附近，商船30餘艘遇難，120餘人淹斃。澎湖通判胡建偉建一祠祀之。
- 乾隆三十一年〔1766年〕八月，大風，澎湖近海之船覆溺者多。
- 乾隆五十五年〔1790年〕六月六日，夜起颱風，澎湖島岸上之小舟被飄至5清里外。
- 嘉慶十八年〔1813年〕七月二十日，夜有大風，海水驟漲5

尺餘，海船沉覆無數。

- 道光十二年〔1832年〕八月二十二日，大風，海水漲5尺餘，舟覆、人溺無數。
- 道光二十年〔1840年〕，有大風，於吉貝嶼擊碎外國船。
- 咸豐二年〔1852年〕六月，臺灣鄉試之船於草嶼，被大颶風所壞，溺死甚眾。臺灣縣學廩生石輝德等4名死之。
- 咸豐九年〔1859年〕夏，有大風，澎湖海面船隻翻覆無數。
- 同治四年〔1865年〕秋，彰化鹿港航向福州之全德勝商船，因颶風於臺灣海峽沉沒，臺灣府學附生黃炳奎、彰化縣學廩生陳振纓、黃金城、蔡鐘英赴鄉試途中溺死。
- 同治十年〔1871年〕八月十六日，颶風大起，澎湖港口之船隻皆碎。
- 同治十三年〔1874年〕十月二十五日，澎湖本島嵵裡澳圓頂灣北方近海，英國軍艦C.M.S.N.C.號之艦長George Henry Ainley因小船翻覆溺死（今圓頂灣之丘北有哀悼碑）。
- 光緒二年〔1876年〕四月十五、十六日，颶風大起，臺灣海峽內遇難船隻多，水師右營臺字一號銅底戰船被擊碎。
- 光緒十一年〔1885年〕四月，法國鐵甲船Triomphante號，在澎湖本島西角之南方觸岩擱淺。
- 光緒十一年五月，英國汽船Welcome號，亦於上述位置觸岩擱淺，大損。
- 光緒十八年〔1892年〕十月十日，英國汽船Bokhara號，於姑婆嶼近海沉沒（今該島上有英人所建紀念碑）。
- 明治28年〔1895年〕6月，我陸軍運送船姬路，回航澎湖媽宮港途中，觸及其北方海圖未記載之暗礁。
- 明治28年6月，我第十六水雷艇，於澎湖近海遇難。
- 明治28年12月21日，我軍艦廣丙，於倉嶼之東約2里處，

觸及海圖未記載之暗礁沉沒。

・ 明治30年〔1897年〕12月24日，我汽船奈良丸，於吉貝嶼外海沉沒。

　　夫臺灣，實為支那東南之門戶。此門戶之通路，有此不測之危險。建立其交通上的救濟之道，乃不可須臾等閒之事。於是乎，乾隆三十四年〔1769年〕，擇西嶼外塹之丘建7級之石塔，爾後於道光八年〔1828年〕改建燈塔，以為臺廈商船之標準，大有便利於航行，稱為西嶼燈塔，實為臺灣燈塔建設之嚆矢。今漁翁島燈臺所在處即其舊址，可知得其位置之宜。此危險之臺灣海峽，巨船大舶航行之艱難如此，況小船漁舟僅以布帆輕柁之力欲橫渡耶！此時，航行者全賴以擔保海上安全者，不外唯彼恆常崇敬的海神即媽祖之冥護。《裨海紀遊》記載當時（康熙三十六年〔1697年〕）航海之狀曰：「舟師時時以楛鏢投之，屏息惴惴，懼或順流而南，不知所之耳。」《澎湖廳志》記載當時之習俗曰：「凡由廈門來澎……過者必焚香楮，乘風疾行，亂流而渡。」可知前後200餘年，如出一轍。因此，臺灣之媽祖信仰強度不斷提高，全臺到處無不設置有所謂媽祖廟，蓋亦可謂孕育於此自然之境遇。另一方面，如此險惡之地理、危難之歷史的積習，不知不覺間導使島民心染殺伐，如北端之吉貝嶼、南端之八罩嶼，據說其島民遇有船隻遭難飄著之際，竟以為奇貨，而以掠奪貨物、毀折船體為業，甚至趁往時清國政府統治未及，而加害難民。《澎湖廳志》曰：「海島沙汕紆迴，颶颿不測，船隻每易失事。乃船一擱淺，而居民輒冒險撈拾；或將船毀折，以致船主控案，纏訟不休。其從前土霸，工於牟利者，又或關通丁役，立股收買，酌給賤值。故小民所得無幾，而受累甚劇也。」而使出現如此背天理、戾人道之習俗者，當歸清國政教不及於此之過，要亦可說自然之境遇影響人心、影響改變積習而成第二天性矣。

創建西嶼義祠記　胡建偉（澎湖通判）

國家於郡邑地方，咸建設無祀壇祠，每歲致祭，所以慰幽魂也。況風師鼓浪沒命於波臣者，可不有以妥侑之乎？乙酉九秋二十三日，颶風陡發，浪同山湧，擊碎通洋船隻，數不勝指；而灣泊於澎湖西嶼內、外塹被難者，不下三十餘船，淹斃人口至一百二十餘人之多。此誠歷年來所未有之奇災異厄也。孤魂渺渺，永與波濤相上下，誰實祀之？總戎戴君，特興義舉，於西嶼內塹、外塹適中之地，創建祠宇，招溺者之孤魂而普濟。由是靈有所依鬼無餒，而非仁人君子之用心而能若是乎？余於今歲〔乾隆三十一年，1766年〕仲春，始來分守斯土，聞之適洽予懷；遂與護協鎮林君共贊成之。鳩工庀材，越兩月而告成。從此昭茲來許，厥祀克綿；而戴君惻隱之懷，不且與祠宇常存勿替耶？是為記。

Bashi 海峽

臺灣與南方之菲律賓群島的 Batan 島之間的海峽。海峽內多數島嶼、岩礁碁布錯置，因此明治28年〔1895年〕8月，日本與西班牙兩帝國協議決定宣告，以通過可以航行之海面中央之緯度的平行線，為臺灣、菲律賓之版圖境界線。該海峽日本帝國疆域內，距小紅頭嶼南微西6浬半處，有一暗岩。岩上水深不及6呎，稱為 Forest Belle Rock。又，小紅頭嶼西南約15浬，海峽之航路中有 Gadd Rock，長約半鏈，岩上最少水深1尋半，周圍近處30尋至40尋，離約1浬則增加至69尋乃至127尋，因有此岩礁，可航行寬度大為減蹙。

地名索引

1-5劃

Bashi 海峽	541
Courbet 中將碑	524
Favorlang 番地	254
FORMOSA	72
Sylvia 山	495
七星岩	468
九曲堂	422
二八水	263
二林上堡	260
二林下堡	260
二林街	260
二結堡	155
二層行溪	387
八里坌	114
八里坌堡	113
八卦山	245
八堵	140
八堡圳	263
八罩嶼	534
八獎溪	324
十六股	483
三十六番社	160
三叉河	204
三山國王廟	367
三角湧	174
三林港	261
三貂堡	134
三貂嶺	136
三塊厝	421
下茄苳堡	327
下淡水	427
下淡水溪	426
下湖口	312
士林街	101
大井	368
大屯山	112
大水窟	292
大加蚋堡	86
大甲街	211
大甲溪	213
大目降里	343
大目降街	343
大目根堡	313
大安港	210
大竹里	409
大肚	236
大肚上堡	231
大肚下堡	235
大肚山	232
大肚中堡	233
大肚溪	236
大里杙街	231

大坡	479	中港	198
大圻田西堡	324	中港溪	198
大圻田堡	301	中墩澤石橋	529
大武山	528	中墩嶼	528
大城山	527	中壢街	169
大倉嶼	531	五妃墓	381
大將廟	407	五城堡	284
大崗山	390	五指山	189
大莆林	302	五堵	139
大嵙崁街	174	五條港	270
大嵙崁溪	174	五福宮	167
大湖	205	仁和里	385
大湖口	194	仁壽上里	402
大湖街	400	仁壽里	459
大滾水盆池	389	仁德里	386
大槺榔西堡	308	內外武定里	343
大槺榔東下堡	308	六堆聚落	442
大槺榔東頂堡	304	天后宮（彰化）	253
大稻埕街	91	天后宮（臺南）	361
大龍洞街	93	太子宮堡	332
大嶼	535	文山堡	140
小半天山	292	文賢里	388
小竹里	422	文澳鄉	525
小琉球嶼	444	斗六堡	296
山仔腳	172	斗六街	296
中山仔	126	日月潭	284
中洲庄	388	水仙宮	367

水尾 ———————————— 481
水沙連 ——————————— 278
水底寮 ——————————— 221
水返腳街 —————————— 139
水堀頭街 —————————— 321
水裏港 ——————————— 237
火山 ———————————— 330
火燒嶼 ——————————— 486
牛椆溪 ——————————— 324
牛椆溪堡 —————————— 313
牛罵頭街 —————————— 232
他里霧堡 —————————— 299
他里霧街 —————————— 300
仙洞 ———————————— 125
出礦坑 ——————————— 204
加禮宛部落 ————————— 483
北斗街 ——————————— 265
北白川宮征討紀念碑 ——— 135
北白川宮御露營遺蹟 ——— 186
北白川宮臺南御遺跡所 —— 367
北投硫磺產地 ———————— 103
北投堡 ——————————— 270
北投溫泉 —————————— 103
北門嶼 ——————————— 336
北島燈臺 —————————— 532
北港 ————————————— 73
北港街 ——————————— 304

北港溪 ——————————— 312
北港溪堡 —————————— 272
北關 ———————————— 151
半屏里 ——————————— 404
半路竹 ——————————— 402
半線 ———————————— 238
叭哩沙 ——————————— 159
叭哩沙溪 —————————— 160
四圍堡 ——————————— 152
布袋嘴 ——————————— 326
布嶼堡 ——————————— 268
平埔番部落 ————————— 479
打狗山 ——————————— 413
打狗港 ——————————— 410
打狗燈臺 —————————— 415
打貓北堡 —————————— 302
打貓西堡 —————————— 303
打貓東頂下堡 ———————— 301
打貓南堡 —————————— 302
打貓街 ——————————— 303
本城堡 ——————————— 152
民壯圍堡 —————————— 154
永康里 ——————————— 345
永靖里 ——————————— 464
永寧里 ——————————— 387
永豐里 ——————————— 388
瓦硐澳 ——————————— 530

田中井 ———————— 523

田中央 ———————— 259

白沙墩堡 ———————— 301

白沙嶼 ———————— 529

白砂岬燈臺 ———————— 195

白鬚公潭堡 ———————— 327

目斗嶼 ———————— 532

石門 ———————— 456

石碇堡 ———————— 138

石碇街 ———————— 142

石壁潭寺 ———————— 141

石觀音 ———————— 170

6-10劃

吉貝嶼 ———————— 531

回歸線標 ———————— 323

安平港 ———————— 373

安平街 ———————— 374

安平燈臺 ———————— 374

安平鎮 ———————— 193

安定里 ———————— 464

安定里東堡 ———————— 340

尖山堡 ———————— 311

成廣澳 ———————— 477

竹北一堡 ———————— 179

竹北二堡 ———————— 192

竹南一堡 ———————— 197

竹溪寺 ———————— 385

竹塹社 ———————— 178

竹塹埔 ———————— 175

竹塹溪 ———————— 187

竹蓮寺 ———————— 186

至厚里 ———————— 460

西拉雅番地 ———————— 378

西港仔堡 ———————— 341

西雲巖寺 ———————— 114

西螺堡 ———————— 267

西螺街 ———————— 268

冷水溪 ———————— 155

利澤簡堡 ———————— 156

吳全城 ———————— 481

吳真人廟 ———————— 367

吳鳳廟 ———————— 322

坑內油田 ———————— 393

沙馬磯 ———————— 460

沙連下堡 ———————— 294

沙連堡 ———————— 289

秀姑巒溪 ———————— 480

赤山 ———————— 432

赤山里 ———————— 407

赤山堡 ———————— 333

赤山巖 ———————— 334

赤嵌 ———————— 377

赤嵌城	374	東螺東堡	262
赤嵌樓	358	東瀛	74
赤嵌澳	530	枋寮	441
車城灣	455	枋橋街	95
車路墘	388	林內	298
佳里興堡	337	林仔邊溪	440
依仁里	388	林圯埔街	290
卑南街	476	林投澳	527
卑南溪	477	林鳳營	334
和尚洲	104	果毅後堡	332
宜蘭	143	武西堡	259
宜蘭城	153	武東堡	258
岸裏大社	221	治平里	464
店仔口街	328	法國兵士戰死者墓	123
忠義亭	434	法華寺	386
房裏溪	209	社寮	291
明寧靖王墓	400	社寮嶼	125
東石港	326	社頭	260
東西澳	516	芝山巖	102
東都	74	芝蘭堡	96
東港（宜蘭）	154	花蓮港	482
東港（鳳山）	437	花蓮溪	482
東港街	439	虎山巖	257
東港溪	439	虎井嶼	533
東番	73	虎尾溪	295
東勢角	219	金包里硫磺產地	115
東螺西堡	264	金包里堡	115

金廣福大隘	189	後壁寮	328
長治一圖里	400	後壠港	203
長樂里	464	後壠溪	202
長興里	347	急水溪	335
阿公店街	403	恆春	448
阿里山	499	恆春城	452
阿里港街	429	施將軍廟	521
阿緱街	431	毗舍耶	446
青峰闕砲台	325	紅木埕城址	523
保東里	345	紅毛井	320
南庄	199	紅毛城址（淡水）	110
南投堡	271	紅毛城址（基隆）	121
南投街	271	紅毛港	195
南岬	463	紅水溝堡	158
南崁	167	紅頭嶼	501
南港	94	苑裡港	207
南寮澳	528	苗栗一堡	201
南關	158	苗栗二堡	206
南灣	462	苗栗三堡	210
咸昌里	456	苗栗街	202
咸菜硼街	196	茄苳腳	257
哆囉嘓堡	328	茄籐港	439
哆囉滿	484	茅仔寮堡	155
城隍廟	526	茅港尾堡	334
宣化里	452	軍大王廟	191
後庄	426	香山港	188
後里	213	員山堡	158

員貝嶼 ⋯⋯⋯⋯⋯⋯⋯⋯ 531

員林街 ⋯⋯⋯⋯⋯⋯⋯⋯ 258

哨船頭街 ⋯⋯⋯⋯⋯⋯ 415

埔里社堡 ⋯⋯⋯⋯⋯⋯ 273

埔里社街 ⋯⋯⋯⋯⋯⋯ 278

崁仔腳 ⋯⋯⋯⋯⋯⋯⋯ 169

崁頂 ⋯⋯⋯⋯⋯⋯⋯⋯⋯ 435

揀東上堡 ⋯⋯⋯⋯⋯⋯ 216

揀東下堡 ⋯⋯⋯⋯⋯⋯ 227

效忠里 ⋯⋯⋯⋯⋯⋯⋯ 372

柴頭港堡 ⋯⋯⋯⋯⋯⋯ 323

桃園街 ⋯⋯⋯⋯⋯⋯⋯ 168

桃澗堡 ⋯⋯⋯⋯⋯⋯⋯ 165

泰慶里 ⋯⋯⋯⋯⋯⋯⋯ 465

浮洲堡 ⋯⋯⋯⋯⋯⋯⋯ 159

海山堡 ⋯⋯⋯⋯⋯⋯⋯ 171

海豐堡 ⋯⋯⋯⋯⋯⋯⋯ 269

海豐港 ⋯⋯⋯⋯⋯⋯⋯ 270

烏日 ⋯⋯⋯⋯⋯⋯⋯⋯⋯ 236

烏鬼番遺址 ⋯⋯⋯⋯⋯ 380

琉球 ⋯⋯⋯⋯⋯⋯⋯⋯⋯ 72

琉球藩民五十四名墓 ⋯⋯ 455

真武廟（宜蘭）⋯⋯⋯ 151

真武廟（臺南）⋯⋯⋯ 366

祖師廟（臺北）⋯⋯⋯⋯ 91

祖師廟（澎湖）⋯⋯⋯ 526

荖濃溪 ⋯⋯⋯⋯⋯⋯⋯ 395

蚊港 ⋯⋯⋯⋯⋯⋯⋯⋯⋯ 325

馬芝堡 ⋯⋯⋯⋯⋯⋯⋯ 249

高砂 ⋯⋯⋯⋯⋯⋯⋯⋯⋯⋯ 71

11-15劃

國聖港 ⋯⋯⋯⋯⋯⋯⋯ 341

基隆三金山 ⋯⋯⋯⋯⋯ 131

基隆山 ⋯⋯⋯⋯⋯⋯⋯ 130

基隆水道 ⋯⋯⋯⋯⋯⋯ 120

基隆炭坑 ⋯⋯⋯⋯⋯⋯ 128

基隆堡 ⋯⋯⋯⋯⋯⋯⋯ 116

基隆港 ⋯⋯⋯⋯⋯⋯⋯ 117

基隆街 ⋯⋯⋯⋯⋯⋯⋯ 119

基隆溪 ⋯⋯⋯⋯⋯⋯⋯ 130

基隆燈臺 ⋯⋯⋯⋯⋯⋯ 125

基隆嶼 ⋯⋯⋯⋯⋯⋯⋯ 126

將軍澳嶼 ⋯⋯⋯⋯⋯⋯ 534

崇德里 ⋯⋯⋯⋯⋯⋯⋯ 389

旌義亭 ⋯⋯⋯⋯⋯⋯⋯ 307

曹公圳 ⋯⋯⋯⋯⋯⋯⋯ 422

曹公祠 ⋯⋯⋯⋯⋯⋯⋯ 420

望海亭址 ⋯⋯⋯⋯⋯⋯ 114

桶盤嶼 ⋯⋯⋯⋯⋯⋯⋯ 126

梧棲港 ⋯⋯⋯⋯⋯⋯⋯ 234

淡水內港 ⋯⋯⋯⋯⋯⋯ 106

淡水河 ⋯⋯⋯⋯⋯⋯⋯ 105

淡水港	107	港西下里	431
淡水燈臺	112	港西中里	429
深坑街	142	港東上里	434
深耕堡	261	港東下里	440
混成枝隊陸軍軍人軍屬合葬墓	526	港東中里	436
清水溝堡	158	猫羅山	256
清水巖	258	猫羅堡	255
犁頭店街	228	猫霧拺	216
荷苞嶼湖	310	番仔田	334
許厝港	194	番地	487
通梁澳	531	番字洞	122
通霄港	207	番挖港	262
造橋	203	番界中路	293
頂雙溪街	135	番界北路	163
鹿仔草堡	327	番界南路	443
鹿港	250	番薯寮街	399
鹿港街	252	超峰寺	392
麥寮街	270	開山神社	361
麻荳堡	337	開元寺	345
傀儡山	500	集集堡	288
善化里堡	339	集集街	288
善餘里	459	雲林	298
富貴角燈臺	113	圓山公園	93
彭佳嶼	127	塗葛崛港	237
曾文溪	344	媽宮城	517
朝天宮	305	媽宮港	516
港西上里	428	媽祖宮	519

嵵裡澳	526	葫蘆墩街	218
慈天宮	191	鼎灣澳	528
新化里	341	嘉禾里	459
新市街	342	嘉祥內里	390
新庄街	96	嘉義西堡	316
新竹城	181	嘉義東堡	321
新店溪	142	嘉義城	317
新昌里	381	嘉蔭亭	524
新埔街	196	彰化文廟	247
新高山	496	彰化水道	247
新港街	303	彰化城	239
新園里	434	旗後街	415
新營庄	332	滬尾水道	111
新豐里	388	滬尾街	109
暖暖街	140	滾水山	405
楊梅壢	194	滾水湖瓦斯發散地	406
楠梓仙溪	400	漁翁島燈臺	533
楠梓仙溪西里	392	漁翁嶼	532
楠梓仙溪東里	393	漚汪堡	338
楠梓坑街	406	碧山巖	272
溪洲堡	267	福林堂	187
瑞芳	130	維新里	401
瑯璚	447	臺中街	229
罩蘭	218	臺北	75
萬丹街	432	臺北水道	92
萬軍井	520	臺北城	87
萬歲井	522	臺江	368

臺東	468	蓬山	209
臺南	347	蓬山港	210
臺南文廟	360	蓮池潭	409
臺南城	350	蔦松堡	313
臺灣	70	褒忠廟	197
臺灣海峽	536	諸羅	315
臺灣神社	97	鄭成功墓址	344
臺灣鹽田地	383		
艋舺街	89		
銅鑼灣	204		

16-20 劃

鳳山	425	噶瑪蘭	142
鳳山里	425	學甲堡	335
鳳山城	416	樸仔腳街	310
鳳山崎溪	195	樹杞林街	189
鳳山街	420	樹林	172
鼻頭角燈臺	133	橋仔頭	403
劍潭	100	濁水溪（宜蘭）	155
噍吧哖	392	濁水溪（彰化）	265
廣儲里	343	燕霧堡	257
德和里	460	璞石閣	480
潭仔墘	218	興文里	454
潮州庄街	435	興直堡	95
澎湖	504	興隆內外里	407
澎湖本島	516	蕭壠堡	339
澎湖港	516	錫口街	94
線西堡	248	頭圍堡	150
線東堡	239	頭圍街	150

龍山寺 — 91
龍目井（臺中） — 234
龍目井（鳳山） — 424
龍角寺 — 406
龍蛟潭堡 — 327
龍潭陂 — 170
龍鑾潭 — 460
龜山 — 408
龜山嶼 — 164
龜崙嶺 — 167
嶽帝廟（彰化） — 248
嶽帝廟（臺南） — 366
彌陀寺（嘉義） — 307
彌陀寺（臺南） — 366
檨仔林 — 368
擺接堡 — 94
歸仁里 — 387
舊城 — 407
舊港 — 187
藍興堡 — 228
鎮海澳 — 530
鎮番亭 — 247
雙慈亭 — 421
鯉魚頭堡 — 295
鯽魚潭 — 346
鵝鑾鼻燈臺 — 463
羅東堡 — 155

羅東街 — 155
羅漢內門里 — 398
羅漢外門里 — 399
羅漢門 — 395
關仔嶺溫泉 — 329
關帝廟 — 364
關帝廟街 — 389
關渡 — 106
蘇澳港 — 157

21劃以上

鐵砧山 — 212
鐵線橋堡 — 333
鶯哥山 — 173
鶯哥石 — 173
靈泉寺 — 187
鹽水坑鹽水泉 — 342
鹽水港堡 — 331
鹽水港街 — 331
灣裡街 — 340
觀音寺 — 175
觀音里 — 404
觀音亭（彰化） — 248
觀音亭（臺南） — 366
觀音亭（番薯寮） — 398
觀音亭（澎湖） — 524

伊能嘉矩・臺灣地名辭書 / 伊能嘉矩著；吳密察譯.
-- 初版 . -- 新北市：大家，遠足文化, 2021.01
　面；　公分 . -- (Common ; 60)

ISBN 978-957-9542-98-2(平裝)
1.歷史地名 2.臺灣史
733.37　　　　　　　　　　　　109012559

Common 60

伊能嘉矩・臺灣地名辭書

作　　　者　伊能嘉矩
譯　　　者　吳密察
審　　　訂　翁佳音
責任編輯　官子程、賴書亞
封面設計　鄭宇斌
內頁編排　吳郁嫻
行銷企畫　陳詩韻
總 編 輯　賴淑玲
社　　長　郭重興
發行人暨
出版總監　曾大福
出　　版　大家／遠足文化事業股份有限公司
發　　行　遠足文化事業股份有限公司
　　　　　231新北市新店區民權路108-2號9樓
電　　話　(02) 2218-1417
傳　　真　(02) 8667-1065
劃撥帳號　19504465　戶名・遠足文化事業股份有限公司
法律顧問　華洋法律事務所　蘇文生律師

Ｉ Ｓ Ｂ Ｎ　978-957-9542-98-2
定　　價　650元
初版一刷　2021年1月
初版四刷　2022年11月